14/18
Die Schweiz und der Grosse Krieg

Roman Rossfeld, Thomas Buomberger, Patrick Kury (Hg.)

HIER UND JETZT

Inhalt

Roman Rossfeld, Thomas Buomberger, Patrick Kury
Vorwort und Dank 6

Jakob Tanner
Die Schweiz im Grossen Krieg
Plädoyer für eine transnationale Geschichte 8

TEIL I
KRIEG! MOBILISIERUNG, GRENZBESETZUNG UND NATIONALE KOHÄSION 18

Rudolf Jaun
«Meuterei am Gotthard»
Die Schweizer Armee zwischen preussisch-deutschem Erziehungsdrill und sozialistischer Skandalisierung 20

Oliver Schneider
Diktatur der Bürokratie?
Das Vollmachtenregime des Bundesrats im Ersten Weltkrieg 48

Alexandre Elsig
Zwischen Zwietracht und Eintracht
Propaganda als Bewährungsprobe für die nationale Kohäsion 72

Alain Clavien
Schweizer Intellektuelle und der Grosse Krieg
Ein wortgewaltiges Engagement 102

TEIL II
LANDESVERSORGUNG, KRIEGSWIRTSCHAFT UND WIRTSCHAFTSKRIEG 124

Serge Paquier
Auswirkungen der Energieabhängigkeit
Die Kohlekrise als Chance für den Ausbau der Wasserwirtschaft 126

Roman Rossfeld
«Rechte hat nur, wer Kraft hat.»
Anmerkungen zur Schweizer Wirtschaft im Ersten Weltkrieg 144

Peter Moser
Mehr als eine Übergangszeit
Die Neuordnung der Ernährungsfrage während des Ersten Weltkriegs 172

Heidi Witzig
Krieg! – Krieg?
Kriegsalltag und Kriegserleben einer Familie aus dem Basler Bildungsbürgertum 200

TEIL III
NEUTRALITÄT, HUMANITÄRE DIPLOMATIE UND ÜBERFREMDUNGSANGST 212

Carlo Moos
Schweizer Neutralität(en) zur Zeit des Ersten Weltkriegs
Von der schwierigen Umsetzung eines umstrittenen Konzepts 214

Cédric Cotter, Irène Herrmann
Hilfe zum Selbstschutz
Die Schweiz und ihre humanitären Werke 240

Thomas Bürgisser
Menschlichkeit aus Staatsräson
Die Internierung ausländischer Kriegsgefangener in der Schweiz im Ersten Weltkrieg 266

Patrick Kury
Der Erste Weltkrieg als Wendepunkt in der Ausländerpolitik
Von der Freizügigkeit zu Kontrolle und Abwehr 290

TEIL IV
STREIK! WACHSENDE NOT, LANDESSTREIK UND ERINNERUNGSKULTUR   314

Elisabeth Joris, Beatrice Schumacher
Helfen macht stark
Dynamik im Wechselspiel von privater
Fürsorge und staatlichem Sozialwesen   316

Thomas Buomberger
Kampfrhetorik, Revolutionsangst und Bürgerwehren
Der Landesstreik vom November 1918   336

Konrad J. Kuhn, Béatrice Ziegler
Eine vergessene Zeit?
Zur geschichtskulturellen Präsenz des
Ersten Weltkriegs in der Schweiz   366

Bibliografie   388
Bildnachweis   400
Autorinnen und Autoren   405

Vorwort und Dank

Der Erste Weltkrieg war eine mit allen Mitteln geführte Auseinandersetzung von globalem Ausmass, die Millionen von Menschen das Leben kostete. Obwohl die Schweiz nicht direkt in den Krieg verstrickt war, waren seine Auswirkungen auf die Politik, Wirtschaft und Gesellschaft des Landes enorm. Die zunehmende «Totalisierung» des Krieges und der immer härter geführte Wirtschaftskrieg führten auch in der Schweiz zu einer Verarmung breiter Bevölkerungskreise, tiefgreifender Verunsicherung und einer fortschreitenden gesellschaftlichen Polarisierung und Desintegration, die im Landesstreik von 1918 kulminierten. Die einschneidenden Erfahrungen der Kriegsjahre und die langfristigen Veränderungen, die der Krieg zur Folge hatte, wurden bis heute aber noch wenig erforscht. Obwohl die mit dem Krieg verbundenen Lernprozesse für die weitere Entwicklung des Landes ausgesprochen wichtig waren, stand seine Erforschung lange im Schatten der Geistigen Landesverteidigung und des Zweiten Weltkriegs.

Im August 2014 jährt sich der Ausbruch des Ersten Weltkriegs zum hundertsten Mal. Mit Blick auf das anstehende Centenaire wurde im März 2011 der Verein «Die Schweiz im Ersten Weltkrieg» gegründet, um die Planung und Realisierung einer grossen Wanderausstellung vorantreiben zu können. Dank der grosszügigen finanziellen Unterstützung des Lotteriefonds des Kantons Zürich und weiterer Geldgeber kann die Bedeutung des Ersten Weltkriegs für die Schweiz nun einem breiten Publikum zugänglich gemacht werden. Vom August 2014 an wird die Ausstellung «14/18: Die Schweiz und der Grosse Krieg» in verschiedenen kantonalen historischen Museen sowie dem Landesmuseum in Zürich zu sehen sein. Das vorliegende Buch erscheint als Begleitpublikation zur gleichnamigen Ausstellung und bietet anhand von 16 Beiträgen einen breiten Überblick über den aktuellen Forschungsstand. Der Fokus der Beiträge liegt dabei auf dem Verhältnis von Krieg und Krise, der wachsenden Verunsicherung breiter Bevölkerungskreise sowie den vielfältigen, über den Nationalstaat hinausgreifenden Austausch- und Interaktionsprozessen zwischen der Schweiz und den Krieg führenden Ländern.

Die Realisierung der Ausstellung und die Veröffentlichung der Begleitpublikation wären ohne die tatkräftige Unterstützung zahlreicher Personen und Institutionen nicht möglich gewesen. Unser erster Dank geht an Severin Rüegg, der die vielfältigen Arbeiten für die Ausstellung als Geschäftsführer des Vereins «Die Schweiz im Ersten Weltkrieg» in den letzten beiden Jahren koordiniert und mit grosser Energie, viel Enthusiasmus und hohem Arbeitsaufwand kontinuierlich vorangetrieben hat. Antonia Banz, Markus Pawlick, Konrad Süsskow und Sofie Schweizer von der Raumprodukt GmbH danken wir für die gelungene Ausstellungsgestaltung sowie die schöne und engagierte Zusammenarbeit bei der Umsetzung der inhaltlichen Überlegungen. Heidi Witzig und Beatrice Schumacher möchten wir für ihr grosses Engagement in der Projektleitung in verschiedenen Phasen der Ausstellungsplanung sowie bei der Konzipierung der Publikation ebenso danken wie Kurt Koller, Andreas Schmidlin und Martin Widmer, die sich um die Buchhaltung und die Jahresrechnungen des Vereins sowie die termingerechte Abwicklung aller finanziellen Fragen gekümmert haben. Marco Curti, Jacqueline Fehr, Walter Leimgruber, Markus Notter, Peter Pfrunder, Werner Plumpe, David Streiff, Laurent Tissot und Nelly Wenger haben das Projekt als Beiräte unterstützt und uns mit ihrer grossen Fachkompetenz und breiten Berufserfahrung weitergeholfen. Auch bei ihnen möchten wir uns herzlich bedanken.

Stellvertretend für die zahlreichen Mitarbeiterinnen und Mitarbeiter der verschiedenen historischen Museen, ohne deren Engagement und Unterstützung diese Ausstellung ebenfalls nicht möglich gewesen wäre, danken wir Marie-Paule Jungblut und Gudrun Piller (Historisches Museum Basel), Andreas Spillmann, Pascale Meyer, Heidi Amrein und Jürg Burlet (Schweizerisches Nationalmuseum), Chantal Lafontant (Musée d'art et d'histoire Neuchâtel), Laurent Golay (Musée Historique de Lausanne), Daniel Studer

(Historisches und Völkerkundemuseum St. Gallen) sowie Gabriela Keck (Historisches Museum Thurgau). Unser Dank geht zugleich an die zahlreichen Mitarbeiterinnen und Mitarbeiter verschiedener Institutionen und Archive, die uns mit ihrem Fachwissen weitergeholfen und unsere Suche nach Bildern, Filmen und Objekten aus den Jahren 1914–1918 bereitwillig unterstützt haben. Namentlich erwähnt seien hier das Schweizerische Bundesarchiv (Roman Zwygart) und die Schweizerische Nationalbibliothek (Fabian Scherler) in Bern, das Schweizerische Nationalmuseum (Ricabeth Steiger) und das Schweizerische Sozialarchiv (Urs Kälin) in Zürich, Gretlers Panoptikum zur Sozialgeschichte (Roland Gretler) in Zürich, das Institut et Haute Ecole de la Santé La Source (Séverine Allimann) in Lausanne, die Fotostiftung Schweiz (Peter Pfrunder) in Winterthur, die Gosteli-Stiftung, Archiv zur Geschichte der schweizerischen Frauenbewegung (Marthe Gosteli) in Worblaufen, das Archiv für Agrargeschichte (Peter Moser), die Zentralbibliothek Zürich, die Staatsarchive in den Kantonen Bern, Basel-Stadt, Basel-Land, Aargau, Uri und Zürich, das Internationale Komitee vom Roten Kreuz (IKRK) in Genf, die Plakatsammlung des Museums für Gestaltung Zürich, die Bibliothèque de Genève, die Burgerbibliothek Bern und die Bibliothek am Guisanplatz in Bern, das Bildarchiv der ETH-Bibliothek in Zürich, die Stadtarchive in Schaffhausen und Zürich, die Privatsammlung Ulrich Gribi in Büren an der Aare sowie Arthur Eugster in St. Gallen.

Mireille Loher, Simon Messerli und Fabian Müller haben Bildmaterial für die Ausstellung und die Begleitpublikation zusammengetragen. Ihnen danken wir ebenso wie Adrian Gerber, der uns mit seinem Fachwissen bei der Recherche nach Filmen aus den Kriegsjahren weitergeholfen hat. Bei Rudolf Jaun, Elisabeth Joris, Konrad J. Kuhn, Maria Meier, Peter Moser und Beatrice Schumacher bedanken wir uns für das kompetente Verfassen verschiedener Ausstellungstexte. Katharina Blarer hat die Ausstellungstexte mit grosser Sorgfalt lektoriert, und Valentine Meunier danken wir für die Übersetzung dieser Texte ins Französische. Karin Fuchs, Hans Utz und Peter Gautschi von der Pädagogischen Hochschule Luzern haben ein didaktisches Konzept für verschiedene Schulstufen entwickelt und attraktive Unterrichtsmaterialien erarbeitet, welche die Vermittlung dieser Epoche in den Schulen erleichtern werden. Dafür danken wir ihnen sehr.

Ohne die aufwändige Mitarbeit der Autorinnen und Autoren sowie die kompetente Arbeit der Übersetzerinnen und Übersetzer, Lektoren und Korrektoren wäre die Veröffentlichung des vorliegenden Buches in einer deutschen und französischen Fassung nicht möglich gewesen. Für die Übersetzung französischer Beiträge ins Deutsche danken wir Caroline Gutberlet und Oliver Ilan Schulz; für die Übersetzung deutscher Beiträge ins Französische bedanken wir uns bei Valentine Meunier, Céline Corsini, Patrick Innocenti und Martine Sgard. Cédric Cotter, Alexandre Elsig, Alix Winter und Urs Hofmann haben die Texte lektoriert und korrigiert und uns immer wieder auf Fehler aufmerksam gemacht, die wir übersehen haben. Madlaina Bundi, Bruno Meier und Christine Hirzel vom Verlag hier und jetzt danken wir für die gute Zusammenarbeit und die schöne Gestaltung des Buches.

Für die grosszügige finanzielle Unterstützung des Ausstellungsprojektes und der Begleitpublikation bedanken wir uns schliesslich beim Lotteriefonds des Kantons Zürich, dem Swisslos-Fonds Basel-Stadt, der Pro Helvetia, der Loterie Romande Neuchâtel, der Vontobel-Stiftung, der Sophie und Karl Binding Stiftung, der Ernst Göhner Stiftung, dem Lotteriefonds des Kantons Thurgau, dem Swisslos-Fonds Basel-Landschaft, dem Lotteriefonds des Kantons St. Gallen, der UBS Kulturstiftung, der Georg und Bertha Schwyzer-Winiker-Stiftung, der Fondation Sandoz, der Stadt Zürich, der Jubiläumsstiftung der Schweizerischen Mobiliar Genossenschaft, der Metrohm Stiftung und dem Migros Kulturprozent. Alle genannten Personen und Institutionen haben nicht nur zum Gelingen dieses Projektes beigetragen, sondern auch dazu, dass die Auswirkungen des Ersten Weltkriegs auf die Schweiz – hundert Jahre nach seinem Ausbruch im August 1914 – nun breiter diskutiert werden können.

Zürich, im Mai 2014
Roman Rossfeld, Thomas Buomberger und Patrick Kury

Die Schweiz im Grossen Krieg
Plädoyer für eine transnationale Geschichte

Jakob Tanner

Im Grossen Krieg, der im August 1914 begonnen hatte, wurden während mehr als vier Jahren 65 Millionen Soldaten mobilisiert, von denen gegen 10 Millionen getötet wurden. Die Zahl der zivilen Opfer war fast ebenso hoch, und die Zahl der Verwundeten belief sich auf über 20 Millionen. In diesem industriellen Abnutzungskrieg kämpften Länder unter Aufbietung der gesamten Bevölkerung und aller volkswirtschaftlicher Kraftreserven gegeneinander. Im November 1918 kapitulierten die Mittelmächte Deutschland und Österreich-Ungarn; ein halbes Jahr später wurde das Kriegsende mit den Pariser Vorortverträgen besiegelt. Eine dauernde Friedensordnung kam jedoch nicht zustande. Im Nahen und Mittleren Osten hielten die militärischen Auseinandersetzungen an, und in Russland herrschte bis 1920 Bürgerkrieg. In jenen Ländern, in denen die Waffen schwiegen, wurde die Konfrontation mit Schuldzuweisungen fortgesetzt. Artikel 231 der Versailler Friedensverträge erklärte Deutschland zum «Urheber für alle Verluste und Schäden». Die am Krieg beteiligten Staaten warfen sich weiterhin gegenseitig vor, den Krieg verursacht, das Völkerrecht verletzt und Kriegsgräuel begangen zu haben.

Katastrophe des Weltkriegs – Geschichte der Schweiz

Die neutrale Schweiz war weder in die «Julikrise» von 1914 noch in die militärischen Auseinandersetzungen der darauf folgenden Jahre involviert. Auch die Friedensverträge tangierten sie nicht direkt; sie war aber am «Weltkrieg der Dokumente»[1] beteiligt, der schon während der Kriegsjahre eingesetzt hatte und darauf abzielte, mit der Publikation staatlicher Aktenbestände in der Kriegsschuldfrage zu intervenieren. Die erste, heute wenig bekannte, damals aber stark beachtete «Weltgeschichte» des «Grossen Krieges» wurde von Hermann Stegemann, einem Schweizer, verfasst. Als literarischer Redaktor der Berner Zeitung «Der Bund» hatte Stegemann die Kriegslage laufend kommentiert. Diese Kolumnen verarbeitete er zu einer *Geschichte des Krieges,* deren erster Band bereits 1917 in der Deutschen Verlagsanstalt herauskam. In seiner Einleitung betonte Stegemann, als «Bürger eines neutralen Landes» sei er imstande gewesen, «alle erreichbaren Quellen gleichmässig zu benützen». Der «neutrale Boden» sei überhaupt besonders geeignet, «die geschichtliche Wahrheit zu erkennen».[2] Der Schweiz widmete der Autor in diesem über 400 Seiten umfassenden Band nur gerade zehn Zeilen und sprach dabei – nicht besonders gut informiert – von einer «wohlausgerüsteten» Armee. Bis 1921 erschienen vier weitere Bände, die das kriegerische Geschehen mit unverkennbaren Sympathien für Deutschland schilderten. Die behauptete Neutralität fungierte als Camouflage für prononcierte Parteilichkeit. 1920 wurde Stegemann zum Ehrendoktor der Universität Freiburg im Breisgau erkoren.

Hermann Stegemanns Karriere zeugt von der Offenheit der Schweiz vor 1914. 1870 als Sohn eines preussischen Beamten im Elsass zweisprachig aufgewachsen, wirkte er in den 1890er-Jahren als Lokalredaktor in Affoltern und als Dramaturg am Stadttheater Zürich. 1901 erwarb er das Basler Bürgerrecht und wurde damit zum Schweizer Staatsbürger. Ab 1895 war er Redaktor und schliesslich Herausgeber sowie Chefredaktor bei den «Basler Nachrichten» und wechselte 1912 zum Berner «Bund». Dass die Deutschschweiz eine besondere Loyalität gegenüber Deutschland hatte, galt ihm als ausgemacht. Er kämpfte für die Revision des *Trugbildes von Versailles,* so der Titel einer Schrift von 1926. Wie nicht wenige seiner für die «deutsche Kulturnation» engagierten Mitstreiter sollte er 1933 die nationalsozialistische Machtergreifung freudig begrüssen, wovon vor allem sein Werk *Weltwende* von 1934 zeugt. Im Übrigen blieb er seinen lokalhistorischen Neigungen mit elsässischen und alemannischen Geschichten treu.[3]

Mit ähnlich prodeutscher Neigung äusserte sich während des Ersten Weltkriegs auch der 1878 geborene Historiker Jacob Ruchti. 1916 publizierte er seine am Historischen Seminar der Universität Bern preisgekrönte Schrift *Geschichte des Kriegsausbruchs,* die sich gegen Grossbritannien richtete und das Ressentiment-geladene Bild des «perfiden Albion» stark machte.[4] Ruchti fügte sich perfekt in die deutsche Propaganda ein, sein Werk wurde 1917 in Deutschland rezensiert und im selben Jahr auch ins Französische übersetzt. Der Autor verstand sich als Teil der germanophilen Phalanx, welche die Kriegsziele und Kriegsführung der Mittelmächte verteidigte. Die schon während der Kriegsjahre auf Anregung aus Berlin geplante Gesamtdarstellung zur Schweiz im Ersten Weltkrieg vermochte er aber erst ein Jahrzehnt später fertigzustellen. In den Jahren 1928 und 1930 veröffentlichte er eine, mit Hilfe einiger Koautoren verfasste, zweibändige *Geschichte der Schweiz während des Ersten Weltkrieges*.[5] Der Verfasser relativierte hier das Bild einer kulturell-sprachlichen Zerreissprobe im Krieg. Es habe zwar einen «Graben» zwischen der Deutsch- und Westschweiz sowie einige «Entgleisungen» gegeben. Dies dürfe aber nicht darüber hinwegsehen lassen «dass sich das Schweizervolk und seine Presse in der Beurteilung der Kriegsereignisse von den Pflichten gegenüber dem eigenen Land» hätten leiten lassen, und «eine Verletzung unserer Neutralität von aussen oder eine Bedrohung unserer Unabhängigkeit mit allen Mitteln abzuwenden» gewesen sei. Es hätte durchwegs der «schweizerische Standpunkt» triumphiert, und in diesem seien sich «alle Volksteile in Ost und West, Süd und Nord, völlig einig» gewesen.[6] Ruchtis selbstrechtfertigende und einseitig wertende Gesamtdarstellung, die bis in die jüngste Vergangenheit hinein noch als historisches Standardwerk gehandelt wurde, zeigt deutlich, wie sehr die Geschichtsschreibung der Schweiz in einem transnationalen Kräftefeld entstand und von diesem geprägt war.[7]

Kontinuitätslinien und Kontrasteffekte
Die Rückschau auf den Ersten Weltkrieg war in der Schweiz ähnlich gebrochen wie in anderen Ländern. Starke Kontinuitäten zeigten sich vor allem im politisch Imaginären der Schweiz als eines «neutralen Kleinstaates». Die im Ersten Weltkrieg geformten Sprachbilder und Bildsprachen der Insel, des Igels und der grenzbesetzten, abwehrbereiten Bergfestung lieferten das Repertoire für die Geistige Landesverteidigung der ausgehenden 1930er-Jahre. Ein antisemitisch aufgeladener Kampf gegen die Überfremdung, wie er nach 1917 stark aufkam und das nationale Selbstbewusstsein festigte, war noch in den ausgehenden 1930er-Jahren und in den Kriegsjahren nach 1939 omnipräsent. Was die Gefährdungen von aussen betraf, bildete das Diktum aus Schillers Wilhelm Tell «Der Starke ist am mächtigsten allein» das Leitmotiv einer Erzählung, in der sich militärische Bedrohung, mutige Abwehrbereitschaft und neutrales Abseitsstehen ein glückliches Stelldichein gaben. Der «Aktivdienst», der ab Sommer 1940 keine militärische Verteidigung der Landesgrenzen mehr vorsah, zehrte gerade deshalb vom Gedächtnis an die «Grenzbesetzung 1914–18». Durch Rollenmodelle wie *Füsilier Wipf* oder das Soldatenidol *Gilberte de Courgenay*, zu denen Ende der 1930er-, Anfang der 1940er-Jahre ausgesprochen erfolgreiche Filme gedreht wurden, konnten der Erste und der Zweite Weltkrieg emotional zusammengeschaltet werden.

Das «Vom-Krieg-verschont-Bleiben» war eine nachhaltige Erfahrung. Der Zürcher Historiker Ernst Gagliardi sah rückblickend (1937) in der Kriegsverschonung der Schweiz eine «ungeheure Bevorzugung», ja den «Hauptglücksfall eidgenössischen Geschicks». Dass das kleine Land eine «glückliche Oase friedfertiger, humaner Gesinnung» bleiben durfte, sei «ein nur unzulänglich verdientes Himmelsgeschenk», eine «Gnade», eine «ausnahmsweis segensreiche Fügung». Im Zweiten Weltkrieg wiederholte sich dieses neutrale Abseitsstehen, während andere Neutrale wie Dänemark, Norwegen und die Niederlande besetzt wurden. Das gab dem Gefühl eines Auserwähltseins Auftrieb.[8] Nach 1945 erklärte der Basler Professor für Allgemeine und Schweizer Geschichte, Edgar Bonjour, trocken: «Die Schweiz hatte wieder einmal Glück.»[9] Der Zweite Weltkrieg erschien als Wiedergänger des Ersten; die Schweiz musste sich einer weiteren staatspolitischen Nagelprobe unterziehen und hat diese, im Vertrauen auf ihre eigene Kraft, bestanden – eine prägende Erfahrung, die in den Kalten Krieg hinein fortgesetzt wurde.

In markantem Kontrast zu dieser emotionalen Kurzschliessung der beiden Weltkriege wurden die Jahre 1914–1918 aber auch als düstere Negativfolie gezeichnet, vor der sich die Zeit von 1939 bis 1945 positiv abheben konnte. Das Bild eines nach 1914 innerlich zerrissenen, auseinanderdriftenden, von «fremden» Kräften aussengesteuerten Landes ging einher mit der Vorstellung eines «tiefen Grabens» zwischen der Deutschschweiz und der Romandie, der gegen Kriegsende durch eine Spaltung entlang der Klassengrenzen überlagert worden sei. Der Landesstreik vom November 1918 wurde zum nationalen «Trauma» emporstilisiert. Zudem wurde der Bundesrat vor dem Zweiten Weltkrieg nicht müde zu betonen, dass sich nach 1914 ausländische «Schieber, Spekulanten und Schmuggler» auf Kosten des Schweizer Volkes bereichert hatten, was nun wirksam verhindert werde.

Gezeichnet wurde das Bild eines geglückten kollektiven Lernprozesses in Richtung eines inneren Ausgleichs und nationaler Geschlossenheit. Die Sozialpartner hatten ihre Lehren gezogen. Statt wie nach 1914 die klassenkämpferische Mobilisierung voranzutreiben, setzten Unternehmerverbände und Gewerkschaften nun auf Verständigungslösungen. Das im Sommer 1937 abgeschlossene Friedensabkommen in der Uhren- und Metallindustrie stand für den kollektiven Willen zum Arbeitsfrieden. Die Behörden hatten die Lektion ebenfalls begriffen. Der Bundesrat war 1938 mit einer Botschaft zur «schweizerischen Kulturwahrung und -werbung» an die Öffentlichkeit getreten und demonstrierte damit, dass die Schweiz sich nicht mehr, wie nach 1914, als Testfeld für die Propaganda missbrauchen lassen wollte. Die «Volksgemeinschaft» und die «Betriebsgemeinschaft», wie sie in den Jahren nach 1939 zelebriert wurden, stellten das pure Gegenteil zum Auseinanderdriften der Nation – zuerst durch den «Graben» und anschliessend entlang der Klassenlinie – dar. 1938 wurde das Rätoromanische in einer Volksabstimmung mit grosser Mehrheit zur vierten Landessprache aufgewertet, womit auch demonstriert wurde, dass sprachbezogene Ressentiments dieses Mal keine Chance haben sollten.

Auch Administration und Wirtschaftsdiplomatie agierten nun zielführend. Das reibungslos funktionierende System abgestufter Rationierung, die Preis- und Lohnpolitik sowie die soziale Absicherung der Wehrmänner hoben sich in den Jahren nach 1939 frappant ab von der inflationsbedingten Verarmung breiter Bevölkerungsschichten, die im Ersten Weltkrieg eingetreten war. Dass die Schweizer Wirtschaftsunterhändler nach 1939 das Heft auch unter schwierigen Bedingungen in der Hand zu halten vermochten und die nationalsouveräne Kontrolle der Aussenbeziehungen dieses Mal gewährleistet blieb, unterschied sich eindrücklich vom «Verlust der Wirtschaftsfreiheit» ab 1915. Das Vollmachtenregime – nach 1914 ein Moment politisch-parlamentarischer Entzweiung – wirkte ab Herbst 1939 als Katalysator einer parteiübergreifenden Konsens- und Kompromissbildung. Nachdem im Ersten Weltkrieg der Ausbau des Bundessteuersystems nur verhalten vorankam, wurde dieser mit dem 1941 beschlossenen Tandem von (direkter) Wehrsteuer und (indirekter) Warenumsatzsteuer vorangetrieben. Die 1947/48 geschaffene Alters- und Hinterbliebenenversicherung konnte – mittels der 1939/40 eingeführten Lohnprozentfinanzierung – auf eine finanziell sichere Grundlage gestellt werden, womit auch der schweizerische Sozialstaat einen Quantensprung verzeichnete. Nach 1945 konnte das Land eine Erfolgsgeschichte der Sozialpartnerschaft und der Konkordanzdemokratie schreiben.

Finanzplatz und Neutralitätsdividende

Wie in anderen Ländern kristallisierte sich das kulturelle Gedächtnis in der Schweiz nach 1945 stark aus dem Erlebnis des Zweiten Weltkriegs. Inzwischen ist der Grosse Krieg der Jahre nach 1914 aber in allen Ländern als Thema der Geschichtswissenschaft und der medialen Popularisierung zurückgekehrt. Dies lässt sich nur zum Teil mit einer massenmedialen «Erinnerungsindustrie» im Zeichen des *Centenaire* erklären. Vielmehr ist der Erste Weltkrieg der Gegenwart wieder näher gerückt. Der historische Rückblick hat an Relevanz und Tiefenschärfe gewonnen.[10] Der zentrale Grund dafür ist, dass «die Umbrüche in unserer eigenen Welt […] unsere Sichtweise der Ereignisse von 1914 verändert» haben, wie es Christopher Clark erst kürzlich formuliert hat: «Tatsächlich könnte man sogar behaupten, dass die Julikrise 1914 uns heute weniger fremd – weniger unerklärlich – ist als noch in den achtziger Jahren des vergangenen Jahrhunderts.»[11]

Hohe Aktualität kommt insbesondere dem Rückblick auf die mehrdimensionale, unkontrollierbare Globalisierung sowie die Fragilität und Krisenanfälligkeit der weltumspannenden Finanzmärkte zu. Nicholas Lambert hat in seiner minutiösen Studie *Planning Armageddon* gezeigt, dass die Wirtschaftskriegsplanung der britischen Admiralität im Gefolge der Finanzkrise von 1907 einsetzte. Die britischen Kriegsplaner erwarteten, dass das globale Clearinghouse London mit dem Empire im Rücken eine kumulative Krisenkaskade aussitzen könnte, während Deutschland rasch finanziell stranguliert würde.[12] Das waren Kontrollphantasmen, die sich – trotz Warnungen vor einem Weltkrieg mit langer Dauer – an der weithin dominierenden, kurzsichtigen Erwartung festmachten, der ganze Krieg sei «over by xmas». Die damaligen Entscheidungsträger liessen – das zeigen inzwischen mehrere Studien – ganz allgemein die Fähigkeit zur angemessenen Risikoevaluation vermissen; sie operierten in komplexen, jedoch völlig intransparenten Interaktionssystemen und gefielen sich darin, ihren Angstprojektionen und Machtvisionen freien Lauf zu lassen.

Die Schweiz ist, bezogen auf dieses Problem, ein interessanter Fall. Sie rechnete damals durchaus mit den Krisen der anderen. Während der Balkankriege von 1912/13 berichtete die «Neue Zürcher Zeitung», die Schweiz geniesse bei den «Balkanvölkern […] grosse Sympathien» und sollte «sich nach Abschluss des Friedens die günstige Gelegenheit nicht entgehen (lassen), sich neue Absatzgebiete zu sichern».[13] Diese Haltung wurde auch im Krieg eingenommen – und sie war ein starker Grund dafür, dass die Schweiz ihre Neutralität aufrechterhielt. Exemplarisch dafür ist ein Vortrag, den Emil Ott, Subdirektor der Schweizerischen Nationalbank, Mitte November 1915 anlässlich des 600. Jahrestages der Schlacht bei Morgarten im Bürgerhaus zu Bern hielt.[14] In der Weltgeschichte, so Ott, sei «noch nie ein Krieg mit auch nur annähernd dem ungeheuren Aufwande an Menschenmaterial und an auf's Höchste vervollkommneten technischen Hilfsmitteln aller Art ausgeführt worden, wie der seit Anfang 1914 ausgebrochene Weltkrieg». Ott sprach von «gigantischen Heeren» und machte sich keine Illusion über die Dauer des Kriegs: «Das Wort von dem schliesslichen Enderfolg desjenigen, der die letzte silberne Kugel zu versenden hat, ist wirklich nicht nur ein geistreicher Einfall, sondern wahrhaftiger, bitterer Ernst.»[15]

Ott stellte mit Blick auf die Schweiz fest, auch «nicht direkt beteiligte Grenz-Nationen» seien «in kurzer Zeit wirtschaftlich und finanziell schwer heimgesucht» worden und müssten sich gerade deswegen anstrengen, ihre Chancen zu nutzen, das heisst unter anderem die «Handelsbeziehungen zum Ausland zu fördern», und der «Industrie schon jetzt neue Absatzgebiete zu erschliessen».[16] Neutral zu sein verpflichte die Schweiz nicht dazu, «wirtschaftlich stille zu sitzen». Schweizer Kaufleute müssten «die Bedingungen der fremden Warenmärkte gründlich kennen», auf dass sie «Pioniere des schweizerischen Handels» werden könnten: «Wie von jeher, soll auch in Zukunft unsere Industrie, gerade im Hinblick auf unsere Wirtschafts- und Lebensbedingungen, auf Qualitätsware halten, denn diese ist es am Ende, die in der internationalen Konkurrenz obenauf kommt.» Bei dieser Exportförderung würden auch die Banken «ein gewichtiges Wort mitsprechen», seien sie es doch, die mit einem «rationellen Kapitalexport» den Kreditspielraum für erfolgreiche Geschäfte eröffnen könnten.[17]

Zum Kapitalverkehr hatte sich schon 1912 Adolf Jöhr, damals noch Generalsekretär der Schweizerischen Nationalbank (und späterer Direktor der SKA) geäussert. Jöhr prognostizierte, im Kriegsfall dürften sich – falls das Land seine Neutralität bewahren könne – «bedeutende Werte in die schweizerischen Banken» flüchten.[18] Steuerhinterziehung und Kapitalflucht wurden in den Kriegsjahren zu einem akuten transnationalen Problem. Im April 1917 stellte der Unternehmer Hermann Obrecht, der später Bundesrat werden sollte, in Aussicht, die Schweiz habe «nach dem Krieg die Gelegenheit, ein Lieblingsaufenthalt der Kapitalisten zu werden».[19] Nach 1918 war das Bankgeheimnis – lange vor seiner strafrechtlichen Kodifizierung Mitte der 1930er-Jahre – eine nationale Institution, die von der Diplomatie gegenüber ausländischen Anfechtungen verteidigt wurde.

Die Schweiz entwickelte aus dem Krieg heraus ein nationales Geschäftsmodell, das im Kern privatwirtschaftlich funktionierte und auf einer engen Verklammerung von Exportindustrie und internationaler Vermögensverwaltung basierte. Es garantierte dem Finanzplatz eine starke Stellung und erleichterte es vor allem einigen Kantonen, sehr niedrige Steuersätze mit beträchtlichen Steuereinnahmen zu kombinieren. Dieser Steuerwettbewerb, welcher der Ausweitung von Holdingprivilegien und Pauschalbesteuerungsabkommen förderlich war, verband föderalistische und finanzwirtschaftliche Interessen auf wirksame Weise. Innenpolitisch abgestützt wurde er durch einen «Bürger-Bauern-Block» und den verstärkten Einbezug der Katholisch-Konservativen in die vom Freisinn beherrschte Regierung. Dieses Geschäftsmodell trug in den 1920er-Jahren dazu bei, dass die Schweiz ihren

Spitzenplatz in der internationalen Rangliste der höchsten Pro-Kopf-Einkommen verteidigen konnte; in der Weltwirtschaftskrise der 1930er-Jahre erwies es sich aber als eine Hypothek für die Volkswirtschaft.

Im Innern der Schweiz wurde schon vor Kriegsende der Kampf gegen die «wirtschaftliche Überfremdung» aufgenommen. International operierende Handelsunternehmen reagierten nach 1914 auf den häufig erhobenen Vorwurf mangelnder Neutralität mit einer konsequenten Nationalisierung von Kapital, Verwaltungsräten und Management im Weltmassstab.[20] Im Innern der Schweiz wurde mit aktienrechtlichen Bestimmungen und Massnahmen auf Unternehmensebene (wie der Bildung stiller Reserven oder der Gründung von Sozialeinrichtungen) eine sogenannte Alpenfestung, ein nationales Schutzdispositiv gegen «unfreundliche Übernahmen», geschaffen.[21]

Die Beibehaltung der Neutralität befand sich im Einklang mit der politischen Kultur der Schweiz, dämpfte die inneren Spannungen und stellte angesichts der Kriegszerstörungen eine sinnvolle Option dar. Mit dem Sich-aus-dem-Konflikt-Heraushalten bei gleichzeitigem Einkassieren einer nationalen Neutralitäts- und Stabilitätsdividende fügte sich das Land jedoch in ein Negativstereotyp ein, aufgrund dessen es sich – so Chateaubriand nach der Französischen Revolution – «am Unglück der Andern bereichert und auf das menschliche Elend eine Bank gebaut» habe. Diese historisch verfestigte Wahrnehmung führte zu Kritik aus dem In- und Ausland, die der neutrale Kleinstaat – wie dies der Vortrag von Emil Ott ebenfalls mustergültig zeigt – mit der Berufung auf historische Traditionen und die heroische Schlachtengeschichte abwehrte. Beschworen wurde das Bild eines «einfachen, tüchtigen, weit ausschauenden und einigen Hirtenvolk mit dem festen Willen zur Erhaltung verliehener Rechte und zum Schutze der Heimat».[22] Das war eine kontrafaktische Einbildung – sie machte die Abhängigkeit der Schweiz von grösseren welthistorischen und europäischen Zusammenhängen nicht ungeschehen, war jedoch geeignet, den klaren Blick für aussenpolitische Spielräume und die Einsicht in ein – wie auch immer begründbares – opportunistisches Verhalten zu verstellen. Die nationale Mythenbildung wurde dadurch verstärkt; das ist 2014 nicht anders.

Die Schweiz in transnationalen Kraftfeldern

Eine transnationale Geschichte der Schweiz im Ersten Weltkrieg tut gut daran, sich generell an Fragestellungen zu orientieren, welche die internationale Forschung anleiten. In den erwähnten Überblicksstudien zum Ersten Weltkrieg zeichnen sich gegenüber dem bisherigen Erkenntnisstand wichtige Verschiebungen ab. *Zum einen* wird die Schuldfrage zurückgedrängt zugunsten eines komplexeren Verständnisses der Abläufe und Entscheidungsmechanismen, die eine lokale Krise in einen Weltkrieg transformiert haben. Die moralisierende «Warum-Frage» soll ersetzt werden durch eine analytische «Wie-Frage». Christopher Clark bezeichnet die damaligen Entscheidungsträger als «Schlafwandler – wachsam, aber blind, von Albträumen geplagt, aber unfähig, die Realität der Gräuel zu erkennen, die sie in Kürze in die Welt setzen sollten».[23]

Historiker wie Alan Kramer oder Oliver Janz versuchen, das «Wie» stärker auf das «Warum» zu beziehen. Auch von dieser Seite wird die allgemeine Unsicherheit, Ungewissheit und Offenheit der Entwicklung vor 1914 betont. Imperialismus, Militarismus und Aufrüstung mündeten nicht zwangsläufig in einen mörderischen Weltkrieg ein. Clark ist zuzustimmen, dass die deterministische «Illusion eines ständig wachsenden Kausaldrucks»[24] das «komplexe Ereignis» des Kriegsausbruchs nicht erklären kann. Analytisch angemessener als eine Kritik an Kausalitäten ist allerdings ein Erklärungsansatz, der mit Wahrscheinlichkeiten operiert. Es gab kapitalistische Profitinteressen, imperialistische Weltmachtaspirationen, expansive Mitteleuropaprojekte, sozialintegrative Aussenaggression, einen Kult der Offensive und – von besonderer Wichtigkeit – zunehmend aggressive Kriegsplanungen sowie eigendynamische Propagandamaschinerien, welche den von vielen befürchteten Weltkrieg in den Jahren vor 1914 immer wahrscheinlicher werden liessen.[25]

Zum anderen wird heute die «Sinnfrage» neu und kontrovers diskutiert. Der Erste Weltkrieg war kein «gerechter Krieg» (wie der Zweite Weltkrieg aus der Sicht der Alliierten), er war, wie der britische Historiker Niall Ferguson schrieb, ein «falscher Krieg», der kein einziges der Probleme, um derentwillen er geführt wurde, lösen konnte. Anstatt der Krieg zu sein, der nach einem Wort des US-amerikanischen Präsidenten Wilson dazu dienen sollte, «alle Kriege zu beenden», markierte er den Auftakt eines Katastrophenzeitalters. Zugleich entfaltete er eine gewalttätige Wucht, die schliesslich auch jene, die mit ihm ihre engstirnigen Ziele zu verfolgen beabsichtigten, wegfegte und eine grundlegend veränderte Welt hinterliess. In Anlehnung an Clausewitz lässt sich die Verkehrung von Absichten und Wirkungen als «Herrschaft der Paradoxien» interpretieren.[26]

Wer den Ersten Weltkrieg als «pure Sinnlosigkeit» charakterisiert, muss sich die Frage stellen (und wenn möglich beantworten), weshalb Armeeangehörige und die Zivilbevölkerungen diese Zerstörungsorgie so lange mitmachten. Wieso gab es keine *wirksamen* Bestrebungen, dem ganzen Irrsinn mit Befehlsverweigerung, Desertionen, Demonstrationen, Protestbewegungen und Streikaktionen oder mit zwischenstaatlichen Friedensinitiativen ein Ende zu bereiten? In der französischen Forschung macht die *école du consentement* die These stark, die Bevölkerung und – von der Grundstimmung her – auch die Soldaten hätten damals auf dem Sinn dessen, was sie taten, beharrt.[27] Gegen diese stark kulturgeschichtlich ausgerichtete These hält die *école de la contrainte* an der sozialhistorisch fundierten Erkenntnis fest, dass der Krieg vor allem durch die Ausübung von Zwang und die Androhung harter Sanktionen (bis hin zur Schaffung von Standgerichten) auf Dauer gestellt werden konnte.

Die schroffe Entgegensetzung von Konsens und Zwang, die vor allem in Frankreich zu heftigen Debatten unter Historikerinnen und Historikern geführt hat, verliert an Erklärungswert, wenn die Propagandaapparate und das Überzeugungsmanagement Krieg führender Staaten angemessen berücksichtigt werden. Der Erste Weltkrieg war auch ein Medienkrieg. Die Propaganda nahm die Bevölkerung gleichsam in Geiselhaft und dämonisierte den Feind als das Böse schlechthin. Umso mehr schien der Kampf für die eigene Sache und vor allem für die Rechtfertigung der bereits vollbrachten Opfer unverzichtbar. Das Prinzip der industriellen Massenproduktion verzahnte sich mit seriellen Techniken der Meinungsmanipulation und Zensurmassnahmen.

Solche Problemstellungen, wie sie in der Geschichtswissenschaft international aufgegriffen werden, betreffen auch die Schweiz. Das neutrale Land war vielfältig vom totalen Krieg betroffen; sehr rasch wurde für die Krieg führenden Länder Partei ergriffen und es tauchten «phantasmagorische Verschwörungstheorien» gegenüber dem jeweils anderen Landesteil auf. Der Kampf um den «schweizerischen Standpunkt», wie er von Carl Spitteler Ende 1914 in seiner berühmten Rede eröffnet wurde, fügte sich in komplexe, von vielerlei Verwerfungen gekennzeichnete Propaganda- und Zensurbestrebungen ein, die bisher kaum untersucht worden sind. Auch in der Schweiz lässt sich eine «Opferökonomie in der Heimat»[28] beobachten, die sich an der Frage festmachte, wie die Lasten verteilt werden sollten und wie sich die Opfer, die der Einzelne für seine Nation erbringen sollte, zu den Vorteilen und Gewinnen verhielten, die andere aus den Kriegsumständen ziehen konnten. Die Hauptwährung dieser Aufrechnung war allerdings nicht das Blut wie in den Krieg führenden Ländern, sondern soziale Vor- und Nachteile sowie der politische Einfluss. Im Zentrum der Auseinandersetzungen standen die Steuer-, Preis-, Lohn- und Rationierungspolitik sowie die Frage der Militarisierung der Bevölkerung (wie sie mit der allgemeinen «Arbeitsdienstpflicht», die der Bundesrat Anfang 1918 einführen wollte, beabsichtigt war). Am 6. Juni 1915 erzielte die Erhebung einer einmaligen Kriegssteuer mit 94,3 Prozent Ja-Stimmen das historische Spitzenresultat in der Geschichte der Volksabstimmungen im Bundesstaat, was sowohl auf den Willen, nationale Einigkeit zu zelebrieren, als auch auf die Brisanz von Verteilungsfragen schon zu Beginn des Kriegs hinweist.

Schicht- und geschlechtsspezifische Gerechtigkeits- und Ausgleichskriterien spielten eine wichtige Rolle in den Streikkämpfen und Nahrungsprotesten, die ab 1917 den Sozialkonflikt befeuerten. Die innenpolitische Polarisierung schleifte nicht nur den parteienübergreifenden Burgfrieden, der im August 1914 für kurze Zeit zustande gekommen war, sondern zersetzte auch den nationalen Konsens weit mehr, als es die kurzfristig immer wieder aufgeregten Diskussionen zwischen der Deutschschweiz und der

Romandie vermocht hatten. Als nationale Kohäsionsklammer fungierten die durch den Bundesrat ab 1917 (mit der Schaffung der Fremdenpolizei und weiteren Massnahmen) geförderten Überfremdungsängste, die zu einem weit über 1918 hinaus wirkenden Bedrohungsbild aufgebaut wurden.[29] Zugleich setzten sich jene Kräfte durch, die nach einer Phase des verstärkten Einbezugs der Frauen in Wirtschaft und Gesellschaft auf eine Restauration der männerdominierten Republik hinarbeiteten. Die Forderung nach Einführung des Frauenstimmrechts – die auch im Neun-Punkte-Programm der Landesstreikleitung auftauchte – stiess in der Schweiz auf Widerstand. 1920 verwarfen die stimmberechtigten Männer entsprechende Vorstösse in sechs Kantonen (Neuenburg, Basel-Stadt, Zürich, Genf, St. Gallen und Glarus) mit 65 bis 80 Prozent Nein-Stimmen.

Militärische Anfechtungen der Neutralität und Einbussen der nationalen Souveränität

Für das schweizerische Selbstverständnis von besonderer Bedeutung war und ist die Geschichte der Neutralität. Als 1914 der Krieg ausbrach, waren die meisten Staaten neutral. 1918 liess sich die Zahl der Neutralen an zwei Händen abzählen; neben der Schweiz waren dies Norwegen, Schweden, Dänemark, die Niederlande, Spanien, Mexiko, Chile und Argentinien.[30] Der Krieg entwickelte sich auch dadurch zu einem Weltkrieg, dass sich viele zunächst nicht daran beteilige Staaten entschlossen, sich einem der beiden Lager anzuschliessen und sich an den militärischen Auseinandersetzungen zu beteiligen. In der historischen Forschung herrscht ein Konsens darüber, dass die Geschichte der Neutralität noch bis ins ausgehende 20. Jahrhundert hinein nationalstaatlich enggeführt wurde. Als Edgar Bonjour Mitte der 1960-Jahre im zweiten Band seiner *Geschichte der schweizerischen Neutralität* den Ersten Weltkrieg behandelte, reproduzierte er diese Beschränkung. Er klagte über die Herabsetzung der schweizerischen Neutralitätsrechte «durch die Gewaltherrschaft der Grossmächte».[31] Ausgehend von der Feststellung, die Neutralität sei vor 1914 nicht nur eine «gemusste», sondern auch eine «gewollte» gewesen,[32] beklagte Bonjour deren progressiven Niedergang, vor allem im aussenwirtschaftlichen Bereich. Die Schweiz sei wider Willen «in den wirtschaftlichen Krieg zwischen den beiden Mächtegruppen hineingerissen» worden. Sie habe sich auf den «Rechtsboden» gestellt, jedoch zu ihrer «schmerzhaften Überraschung erfahren» müssen, dass man «sich nicht auf die völkerrechtlichen Regelungen über den Handel der Neutralen stützen durfte». Die Krieg führenden Mächte hätten vielmehr rasch eine «völkerrechtswidrige Ausweitung des Konterbanderechts» durchgesetzt und «schwarze Listen» eingeführt.[33]

Bonjour bedauerte, dass die Neutralen gegen solche Eingriffe in ihre Nationalsouveränität nichts hätten tun können und ausserdem unfähig gewesen seien, sich gemeinsam zur Wehr zu setzen, berichtete aber nicht darüber, dass sich die Schweiz bei entsprechenden Vorstössen skandinavischer Länder zurückhielt. Er brachte das Überleben des Landes in den interessanten Zusammenhang mit seiner relativ wachsenden wirtschaftlichen Stärke: «Wenn man die neutrale Schweiz nicht gerade verhungern liess, so wirkten neben humanitären Gründen auch Nützlichkeitserwägungen mit. […] Die Schweiz war ein industriell-wirtschaftlich leistungsfähiges Gebiet dicht am Rande des Kriegsschauplatzes. Deshalb nahmen beide Parteien das neutrale Land auch als Lieferant von Kriegsmaterial und von Gütern für den Zivilbedarf in Anspruch.»[34] Auffallend war nach Bonjour die «erstaunlich rasche Umstellung auf Kriegsnachfrage»,[35] was völkerrechtlich nach Artikel 7 der Haager Konvention in Ordnung gewesen sei. Auch wenn sich der Bundesrat gegen den Verlust von Souveränitätsrechten zur Wehr gesetzt habe, habe der «totale Wirtschaftskrieg mit seinen oft drastischen Massnahmen gegen die Neutralen» dem Schweizer erneut zum Bewusstsein geführt, «wie sehr der Inhalt nicht nur der Wirtschaftsneutralität, sondern der Neutralität schlechthin von machtpolitischen Gegebenheiten abhängt und sich im Lauf der Zeit ändert».

Bonjours Feststellung, dass es nach 1914 rasch zu einer «Krise des Völkerrechts»[36] gekommen sei, der Kleinstaat aber nichtsdestotrotz des Neutralitätsrechts nicht entbehren könne, wird durch neueste Forschungsergebnisse nur teilweise bestätigt. Einige Autoren haben in den letzten Jahren eine *Decline*-These vertreten, wonach die Neutralität völkerrechtlich demontiert und durch einen neuen Zustand der «Nichtkriegsführung» ersetzt worden sei.[37] Dagegen richtet sich eine andere, insbesondere von Samuël Kruizinga vertretene Interpretation, die von einer konstanten Neuaushandlung des Status und der Stellung neutraler Länder ausgeht.[38] Die beiden Positionen lassen sich – wie etwa Maartje M. Abbenhuis in ihrer Studie zu den Niederlanden beweist – durchaus vermitteln.[39] Wenig plausibel ist einzig die Sicht, der Niedergang der Neutralität sei gleichzeitig ein Verfall der internationalen Moral und des Rechts gewesen. So weist etwa Annie Deperchin nach, dass das Kriegs- und Völkerrecht zwischen 1914 und 1918 zwar vielfach gebrochen wurde, während dieser ganzen Phase als Referenzrahmen aber intakt geblieben sei.[40] Das galt gerade auch für die Schweiz, die ihren neutralen Status auf eine humanitäre Mission bezog und mit vielerlei Massnahmen versuchte, sich internationale Geltung zu verschaffen und ihre Verhandlungsposition als neutrales Land zu verbessern. Dies konnte sie deswegen zuversichtlich tun, weil jene geografischen und strategischen Faktoren, die Belgien gleich zu Kriegsbeginn zum Angriffskorridor des deutschen Heeres werden liessen, hier nicht oder nur beschränkt in Rechnung gestellt werden mussten.

Schon zu Beginn der 1970er-Jahre wurde die starke aussenwirtschaftliche Verflechtung und zunehmende wirtschaftspolitische Entmachtung der Schweiz während der Kriegsjahre nachgewiesen.[41] Sie war den ökonomischen Schockwellen des Wirtschaftskriegs direkt und unvorbereitet ausgesetzt; die wichtigsten Börsen des Landes wurden geschlossen, während Tagen herrschte Panik im Publikum, verbunden mit einem Run auf Sparkassen und Lebensmittelgeschäfte. Kaum hatte sich die Situation beruhigt, kämpften Industrieunternehmen gegen die gravierenden Störungen in der Versorgung mit Rohstoffen und Zwischenprodukten, welche durch die Politik von Blockade und Gegenblockade ausgelöst worden waren. Gleichzeitig erfreuten sich Lieferanten von Rüstungsgütern – im Herbst/Winter 1914 zunächst die Uhren- und Maschinenindustrie – einer steigenden Nachfrage. Seit dem Sommer 1915 wurde die Schweiz stärker in die Wirtschaftskriegsführung der sich bekämpfenden Blöcke einbezogen. Deutschland richtete in Zürich eine Treuhandstelle ein, welche – allerdings eher grobmaschig – die Verwendung der gelieferten Rohstoffe zu kontrollieren beabsichtigte. Ende 1915 zogen die Entente-Mächte mit der – nach niederländischem Vorbild ausgestalteten – *Société Suisse de surveillance économique* nach und errichteten ein Kontrollregime, das mit bis anhin gepflegten Vorstellungen staatlicher Souveränität kaum mehr vereinbar war. Der zuständige Bundesrat Arthur Hoffmann erklärte schon Mitte 1915, die Schweiz habe nur drei Optionen: Verhungern, Kämpfen oder Akzeptieren.[42]

Die militärische Führung interessierte sich wiederum kaum für die aussen- und finanzwirtschaftlichen Problemlagen. General Ulrich Wille, der nicht nur von seinem militärischen Führungsverständnis her, sondern auch verwandtschaftlich eng mit dem Deutschen Reich verbandelt war, registrierte die Diskreditierung der Neutralität aufmerksam und stellte sich darauf ein, dass die Schweiz in einem langen Krieg würde Partei ergreifen müssen. Im festen Glauben an den deutschen Sieg schrieb er Mitte 1915 sogenannte Säbelrasselbriefe an die Regierung und versuchte diese mental auf eine direkte Kriegsbeteiligung der Schweiz – selbstverständlich aufseiten der Mittelmächte – einzustimmen. Der Bundesrat hielt jedoch an der Neutralität fest, obwohl auch er zunächst daran gezweifelt hatte, dass sich ein am Krieg nicht beteiligtes Land auf Dauer aus den Kampfhandlungen heraushalten könnte. An ihrer Neuaushandlung waren die Krieg führenden Mächte vor allem deshalb interessiert, weil sie sich damit wichtige Vorteile sichern konnten. Neben einem starken Interesse an helvetischen Rüstungsgütern wurden auch humanitäre Aktionen und diplomatische Vermittlungsangebote geschätzt. Gleichzeitig fungierte das Land als eine Drehscheibe für Nachrichtendienste und Spionage. Die Deutsche Gesandtschaft in Bern beschäftigt zeitweise über 1000 Personen «in trade, espionage, press, propaganda, and so on», und einige helvetische Beobachter lebten durchaus in der Angst, diese «kleine Armee» könnte eines Tages das Bundeshaus besetzen, um die Schweiz für einen Durchmarsch fremder Truppen zu öffnen.[43]

Politische Einsätze und gesellschaftliche Lernprozesse

Der Erste Weltkrieg erwies sich in vielerlei Hinsicht als gesellschaftliches Laboratorium, aus dem wichtige Sozialtechnologien des 20. Jahrhunderts hervorgingen. Der kriegsbedingte Veränderungsdruck förderte auch in der Schweiz die Reorganisation des staatlichen Verwaltungsapparats. Die durch soziale Spannungen ausgelösten Konflikte wiederum regten das Austesten der Grenzen von Protest und Herrschaftssicherung in einer Demokratie an. Seit den 1960er-Jahren wurde der Landesstreik vom November 1918 durch eine sich mit der Arbeiterbewegung identifizierende Sozialgeschichtsschreibung breit untersucht, welche die Erinnerung an den Landesstreik zurück in die Diskussion brachte. 1968 erschienen die Darstellungen von Paul Schmid-Ammann (*Die Wahrheit über den Generalstreik von 1918*), Markus Mattmüller (über den linken Theologen und Pazifisten Leonhard Ragaz) sowie von Willi Gautschi (zur Entwicklung der sozialen Verhältnisse während der Kriegsjahre und zum Landesstreik). Diese materialdichten Studien pulverisierten empirisch die These eines von Bolschewisten gesteuerten Revolutionsversuches, wie sie seit Paul de Vallières Pamphlet zu den «Troubles révolutionnaires en Suisse» (aus dem Jahr 1919) grassierte und immer wieder für Kampagnen gegen die Linke politisch instrumentalisiert worden war.

Rudolf Jaun sieht im Landesstreik inzwischen das «längste Freilichttheater der Schweizer Geschichte»: «Das Oltener Aktionskomitee spielte das Stück vom revolutionären Generalstreik, der keiner war, und das Armeekommando bekämpfte einen Revolutionsversuch, der keiner war.»[44] Ein Vergleich mit anderen, insbesondere skandinavischen Ländern könnte demgegenüber zeigen, dass es vor allem die Versuche waren, die organisierte Arbeiterbewegung institutionell und staatspolitisch zu marginalisieren, welche die Streikbereitschaft schufen. Die schweizerische Linke wurde nicht – wie etwa in Schweden ab 1917 – in einer nationalen Krisenphase in das Regierungssystem integriert, sondern musste sich gleichsam von der Strasse her wieder in das politische Spiel zurückmelden. Dass sie dies mit wenig strategischem Gespür und eher getrieben von einer provokativen und frappant gewaltbereiten Militärführung tat, macht die – auch aus der Sicht der damaligen linken Kritiker – klägliche Kapitulation in dieser innenpolitischen Kraftprobe verständlich.

Die Nationalratswahlen vom Herbst 1919 stellten für die Arbeiterbewegung eine Enttäuschung dar, weil auch auf parlamentarischer Ebene kein linker Erdrutschsieg stattfand. Im Dezember 1922 beendigte die haushohe Niederlage der sozialdemokratischen Volksinitiative für eine einmalige Vermögensabgabe die Diskussion um eine gerechte Verteilung der Kriegslasten mittels des Steuersystems. Anders als in anderen Ländern brachte der Erste Weltkrieg in der Schweiz keinen dauerhaften Ausbau des bundesstaatlichen Steuersystems. Wie gezeigt, hatte auch die Forderung nach dem Frauenstimmrecht keine Chance. Sie stellte, zusammen mit der klassenkämpferischen Spannung, weiterhin eine Herausforderung für die Demokratie dar. Die rechtstaatliche Problematik zeigte sich vor allem im Wildwuchs von (mit modernen Waffen ausgerüsteten) Bürgerwehren, die bis in die 1920er-Jahre hinein als paramilitärischer Ordnungsfaktor auftraten und vom *Schweizerischen Vaterländischen Verband* koordiniert wurden.

Aussenpolitisch richtungsweisend war der 1920 in einer heftig umkämpften Volksabstimmung beschlossene Beitritt der Schweiz zum Völkerbund. Die «Friedensinsel» schloss sich nun einer internationalen Organisation an, welche die Sicherung des Friedens auf ihre Fahne geschrieben hatte. Mit dieser Öffnung setzte sie einen Gegenakzent zur Abschottungsidylle einer abwehrbereiten Schicksalsgemeinschaft, wie sie in den 1930er-Jahren wieder bewusstseinsprägend werden sollte. Mit den Lausanner Verträgen von 1923, welche es der Türkei ermöglichten, den Vertrag von Sèvres (1920) nach ihren Vorstellungen zu revidieren und die Vertreibung von griechisch-orthodoxen Türken und Griechen nachträglich zu legalisieren, spielte der neutrale Staat jedoch den nationalistischen Kräften in die Hände. In dieselbe Richtung arbeitete auch der Neuenburger Anthropologe George Montandon, der schon 1915 eine ethnonationalistische Aufteilung Europas vorgeschlagen hatte.[45]

Eine transnationale Geschichte der Schweiz versucht, solche disparaten Entwicklungen in ihrer grenzüberschreitenden Dynamik zu verstehen. Sie wendet sich ab von einem Container-Bild der Nation und weist nach, auf welch vielfältige Weise die Schweiz mit dem Kriegsgeschehen verflochten war und wie nachhaltig der Erste Weltkrieg das politisch Imaginäre, die Strukturen der Staatlichkeit und die volkswirtschaftlichen Wertschöpfungsstrategien dieses neutralen Staatswesens verändert hat. Umgekehrt kann gezeigt werden, weshalb das Bild eines auf sich selbst gestellten, seine Probleme aus eigener Kraft lösenden Kleinstaats dermassen attraktiv war. Im Licht aktueller Krisenlagen erweist sich der Erste Weltkrieg als Erinnerungsraum und Analysefeld, in dem es möglich wird, eine neue historische Interpretation zu entwickeln, welche jenseits nationaler Sonderfall-Illusionen die Wichtigkeit transnationaler Austauschbeziehungen auch für die Ausübung staatlicher Souveränität erkennen lässt.

1 Schwertfeger, Weltkrieg der Dokumente.
2 Einleitung zu: Hermann Stegemann: Geschichte des Krieges. Bd. 1, Stuttgart/Berlin 1917, XV.
3 Bamler, Hermann Stegemann. Stegemann schrieb vor allem unter seinem Pseudonym Hermann Sentier.
4 Ruchti, Jacob: Zur Geschichte des Kriegsausbruches. Nach den amtlichen Akten der Königlich Grossbritannischen Regierung. Bern 1916. 2001 brachte der esoterische Perseus-Verlag (Basel) diese Schrift von Ruchti zusammen mit jener von Moltke neu heraus; die Verbindung läuft hier über Rudolf Steiner, der sich am 7. September 1914 auf Drängen der Ehefrau von Moltke in Koblenz mit dem deutschen Generalstab unterhielt und der die Publikation Ruchtis am 17. Mai 1917 in der «Neuen Badischen Landeszeitung» (Mannheim) sehr positiv besprach.
5 Ruchti, Geschichte der Schweiz.
6 Ruchti, Geschichte der Schweiz, Band 1, 98f.
7 Georg Kreis legt mit Insel der unsicheren Geborgenheit die erste Überblicksdarstellung vor, die es ermöglicht, das Werk von Ruchti angemessen zu bewerten, und die auch zeigt, wie unterentwickelt der Forschungsstand in der Schweiz zurzeit noch ist.
8 Gagliardi, Geschichte der Schweiz, 1669f.
9 Tanner, Glück.
10 An dieser Stelle soll die Nennung einiger Autoren von Überblicksdarstellungen genügen: David Fromkin, Hew Strachan, Roger Chickering, Philipp Blom, Alan Kramer, Daniel Marc Segesser, Christopher Clark, Hannes Leidinger/Verena Moritz, Herfried Münkler, Oliver Janz, Jörn Leonhard, Jay Winter. Siehe dazu die drei Rezensionsessays: Kramer, Recent Historiography of the First World War; Evans, The Greatest Catastrophe the World Has Seen; Meteling, Neue Forschungen zum Ersten Weltkrieg.
11 Clark, Die Schlafwandler, 14f.
12 Lambert, Planning Armageddon.
13 Zit. nach NZZ, 12.11.1912, Nr. 315 (1. Morgenblatt), S. [2], zit. nach Leu, Balkankriege.
14 Ott, Emil: Krieg und Geld. Bern 1916.
15 Ott, Krieg und Geld, 1.
16 Ott, Krieg und Geld, 44.
17 Ott, Krieg und Geld, 44.
18 Jöhr, Adolf: Die Volkswirtschaft der Schweiz im Kriegsfall. Zürich 1912, 194.
19 Guex, Finanzpolitik, 1077–1130, hier 1098.
20 Dejung, Welthandelshaus und «Swiss Firm».
21 Lüpold, «Festung Schweiz».
22 Ott, Krieg und Geld, 47.
23 Clark, Schlafwandler, 718.
24 Clark, Schlafwandler, 17.
25 Janz, Der Grosse Krieg, 18ff., 32. Vgl. z. B. die Kritik von Alan Kramer an der «Zufallserklärung» von Christopher Clark. Wer Fritz Fischer differenziert liest, wird ihn eher korrigieren als abschreiben wollen.
26 Münkler, Der Grosse Krieg, 785ff.
27 Gregory, The last Great War.
28 Meteling, Neue Forschungen, 637.
29 Hürlimann, Die Schweiz und der Grosse Krieg, 62–64.
30 Kruizinga, Neutrality, 542–575, hier 542.
31 Bonjour, Neutralität, Bd. 2, 655.
32 Bonjour, Neutralität, Bd. 2, 548.
33 Bonjour, Neutralität, Bd. 2, 654f.
34 Bonjour, Neutralität, Bd. 2, 659.
35 Bonjour, Neutralität, Bd. 2, 659.
36 Bonjour, Neutralität, Bd. 2, 670.
37 Frey, The neutrals and World War One.
38 Kruizinga, Neutrality, 575.
39 Abbenhuis, The art of staying neutral; vgl. auch: Wolf, Guarded neutrality.
40 Deperchin, The laws of war, 615.
41 Ochsenbein, Verlorene Wirtschaftsfreiheit; Rossfeld/Straumann, Wirtschaftskrieg.
42 Ochsenbein, Verlorene Wirtschaftsfreiheit, 331.
43 Gagliardi, Geschichte, Bd. 3, 1678.
44 Jaun, Militärgewalt, 196.
45 Montandon, Georges: Frontières nationales. Détermination objective de la condition primordiale nécessaire à l'obtention d'une paix durable. Lausanne 1915. Montandon begann als Ethnonationalist, trat nach dem Ersten Weltkrieg als Kommunist auf, bevor er sich in den 1930er-Jahren als Antisemit und zu Beginn der 1940er-Jahre als Anhänger des Vichy-Regimes profilierte.

TEIL I

KRIEG! MOBILISIERUNG, GRENZBESETZUNG UND NATIONALE KOHÄSION

«Meuterei am Gotthard»
Die Schweizer Armee zwischen preussisch-deutschem Erziehungsdrill
und sozialistischer Skandalisierung

Rudolf Jaun

Am Beispiel der «Meuterei am Gotthard» soll im Folgenden gezeigt werden, wie die Schweizer Armee nach 1915 zunehmend mit Widerwärtigkeiten des Dienstbetriebs konfrontiert wurde und Probleme mit der Aufrechterhaltung der Truppendisziplin bekam. Die Armeeführung ging diese Probleme mit der immer gleichen Therapie der Soldatenerziehung an, sah sich dabei einer zunehmend schärferen politischen Skandalisierung durch die sozialdemokratischen Zeitungen ausgesetzt und versuchte, auf die Deutungshoheit in der Presse und im Parlament Einfluss zu nehmen. Zugleich soll gezeigt werden, wie diese Skandalisierung die Stigmatisierung des Offizierskorps als angebliches Instrument der militärischen und gesellschaftlichen Klassenherrschaft des Bürgertums ins Zentrum rückte. In den vielfältigen Facetten dieser Vorkommnisse kommen die sich während der Mobilmachung 1914–1918 zuspitzenden Problemlagen der Schweizer Armee wie unter einem Brennglas zusammen. Mehr noch: Sie sind Ausdruck der sich seit dem letzten Drittel des 19. Jahrhunderts verschärfenden Grundproblematik einer Milizarmee, die mit der Bewaffnung und Organisation der stehenden Wehrpflichtsarmeen Europas mithalten wollte und sich in der Kampfweise und Ausbildung am deutschen Kaiserheer orientierte.[1]

Diese neue Orientierung wurde mit dem 1914 vom Parlament zum Oberbefehlshaber der Armee gewählten Ulrich Wille identifiziert. Seine eiserne Verteidigung militärischer Zuständigkeiten und Prinzipien gegenüber gesellschaftlichen und politischen Gesichtspunkten wurden seit der Mobilmachung 1914 als «System Wille» bezeichnet. Seit den 1890er-Jahren hatte die «Neue Richtung» im Offizierskorps eine immer grössere Anhängerschaft gewonnen, der die «Nationale Richtung» gegenüberstand, die sich für republikanisch-nationale Prinzipien der Kampfführung und Ausbildung von Offizieren und Soldaten stark machte und dem *Erziehungsdrill* der Neuen Richtung das *funktionale Exerzieren* gegenüberstellte. Nach der Jahrhundertwende machte sich eine dritte Richtung im schweizerischen Militärdiskurs bemerkbar, welche die Milizarmee aus einer anarchistisch-marxistisch-pazifistischen Position heraus zunehmend als Klassenarmee denunzierte und jegliche Ordnungsdienst-Einsätze als gegen sich gerichtet ablehnte.[2] In der «Meuterei am Gotthard» trafen diese drei Orientierungen paradigmatisch aufeinander; eine Konstellation divergierender Positionen, die sich im Rahmen des Landesstreiks weiter akzentuierte, wobei die Nationale Richtung an den Rand gedrängt wurde.[3]

1

Nach zehnmonatigem Aktivdienst wird das Urner Bataillon 87 im Mai 1915 von den Bewohnern in Altdorf herzlich empfangen und mit Ehrbezeugungen bedacht.

Die «Meuterei am Gotthard»: Straftatbestand und Urteil

Am 24./25. Juli 1917 hielt das Divisionsgericht 5a in Andermatt fest, dass die Korporäle Kunz, Muheim, Aschwanden und Schaffner am 4. Juni 1917 dem Befehl von Oberleutnant Rudolf, sich abends acht Uhr in auf der Abdeckung der Kaserne Bühl zu einer Instruktionsstunde über den Wachtdienst einzufinden, keine Folge geleistet hätten. Stattdessen seien sie im Restaurant zur Teufelsbrücke geblieben, hätten «ferner die durch Ordonnanz Arnold überbrachte Bestätigung dieses Befehls missachtet» und seien «nach dem Eintreffen des Oberleutnant Rudolf im genannten Restaurant zunächst sitzen geblieben». Damit – so das Divisionsgericht – hätten sie «sich der öffentlichen und beharrlichen Widersetzung gegen einen an sie besonders gerichteten Dienstbefehl schuldig gemacht» und damit den Tatbestand der Insubordination erfüllt.[4] Bestraft wurden die vier Unteroffiziere mit zwei bis fünf Monaten Gefängnis, Degradierung und der Einstellung des Aktivbürgerrechts für ein bis zwei Jahre. Zu bemerken ist, dass die vier Unteroffiziere sich in der «Teufelsbrücke» betranken und durch eine Eskorte mit geladenen Gewehren und aufgepflanztem Bajonett zur Kaserne geführt wurden. Dort attackierte einer der Korporäle den Oberleutnant, worauf alle in Arrest gesteckt wurden.

Zu einer zweiten strafwürdigen Szene kam es anschliessend im Mannschaftstrakt der Kaserne Bühl, als sich das Zimmer Nr. 37 unter dem Wortführer Füsilier Zahnd dem Abendverlesen und der Nachtruhe verweigerte: «Jetzt git's kei Abigverläse, mir sind bereit, das sind gueti Unteroffizier vo üsere Kompanie, die müend use […] die beste Unteroffizier nimmt me üs weg, das lömmer is nüd la gfalle, mer mönd die ge befrie, bevor die Unteroffizier dusse sind, git's eifach kei Ruhe.»[5] Manche Kameraden unterstützten Zahnd in Unkenntnis des illegalen und unfreiwillig beendigten Ausflugs ihrer Unteroffiziere ins Restaurant Teufelsbrücke.

Das Divisionsgericht hielt bei Zahnd den Tatbestand der Aufwiegelung zu einem Aufruhr für erfüllt.[6] Zahnd erhielt für diese und eine weitere Insubordination eine Gesamtstrafe von sieben Monaten Gefängnis und zwei Jahren Einstellung des Aktivbürgerrechts. In seinem Urteil kam das Divisionsgericht allerdings auch zum Schluss, dass lediglich ein einziger Mann im strafrechtlichen Sinn gemeutert habe und dass für die Strafzumessung wesentliche mildernde Umstände in Betracht zu ziehen seien. Umstände, welche für die Kommentierung und Skandalisierung in der Presse wie auch für die Reaktion von General Wille von zentraler Bedeutung waren: «[…] im weiteren strafmildernd [ist] zu berücksichtigen, dass in diesem Instruktionskurse allgemein eine gewisse Missstimmung unter der Mannschaft herrschte, welche zum grössten Teil auf die nicht ganz einwandfreie Behandlung durch den Komp. Kommandanten, Oberlt. Rudolf, zurückzuführen war, der die Mannschaft und im Cadrevorkurs auch die Unteroffiziere häufig mit ‹Du› anzureden pflegte und denselben gegenüber auch die Entstellung ihrer Namen, z. B. Kunzli, Schaffnerlie, Bürschteli eine gewisse Geringschätzung bezeugte […] Auch war es nach der Ansicht des Gerichts unter diesen Umständen nicht richtig, die fragliche Theoriestunde am 4. Juni auf abends 8 Uhr, also auf die freie Zeit, zu verlegen.»[7]

Angesichts des alles andere als militärischen, eher schwankhaften Verhaltens der Unteroffiziere und der Füsiliere zog niemand in Zweifel, dass Strafen ausgefällt wurden. Das Verhalten der Verurteilten und des kommandierenden Oberleutnants evozierten jedoch Fragen nach dem Zusammenhang zwischen der Handlungsweise des Vorgesetzten und der Unterstellten und danach, ob nicht auch Oberleutnant Rudolf ein zwar nicht strafrechtliches, aber doch dienstliches Fehlverhalten zuzuschreiben war – ein Fehlverhalten, welches seit langem als Stereotyp wahrgenommen und dem «System Wille» zugerechnet wurde.

Die Intervention von Major Hans Enderli im «Grütlianer»

Drei Tage nach dem Urteil des Divisionsgerichts erschien im «Grütlianer», dem Parteiblatt des mit der Sozialdemokratischen Partei fusionierten Grütlivereins, ein Artikel unter dem Titel «Antimilitarismus

2

3

4

2
Im Restaurant Schöllenenschlucht bei der Teufelsbrücke begann 1917 die schwankhafte «Meuterei am Gotthard». Hier betranken sich vier Unteroffiziere aus widerständigem Protest gegen ihren Oberleutnant und verpassten dadurch eine als Schikane interpretierte Instruktion zum «Wachtdienst» auf der Abdeckung der Festung Bühl.

3
In der Kriegskaserne des Artilleriewerks Bühl am Ausgang der Schöllenen spielte sich der Hauptakt der «Meuterei am Gotthard» 1917 ab.

4
In die Friedenskaserne Altkirch wurde der einzige 1917 im Militärjustizfall «Meuterei am Gotthard» wegen Meuterei verurteilte Füsilier Zahnd verbracht, der sich zuvor mit den arrestierten Unteroffizieren solidarisiert hatte.

GENERALMOBILMACHUNG UND ABLÖSUNGSDIENSTE 1914–1918

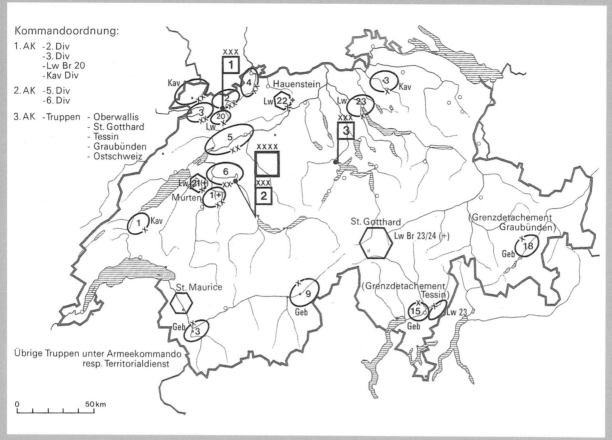

Karte 1

Am 31. Juli 1914 beschloss der Bundesrat, die gesamte Armee ab dem 3. August 1914 einrücken zu lassen. Am Tag darauf wurden Mobilmachungstelegramme an die Kantone verschickt, in der ganzen Schweiz Mobilmachungsplakate aufgehängt, Kirchenglocken geläutet, Gemeindetrommler und Ausrufer durch die Dörfer geschickt und die dienstpflichtigen Sennen von den Alpen geholt. Während dreier Tage rückten die Truppen auf den Mobilmachungsplätzen der Kantonsbezirke ein. Pferde wurden herbeigeführt und gemustert, Fahrzeuge, Kanonen, Munition, Zelte und kollektive Ausrüstungsgegenstände in grosser Zahl gefasst. Das Parlament genehmigte die erste Generalmobilmachung in der Geschichte der Schweiz und wählte einen Oberbefehlshaber: General Ulrich Wille. Nach drei Tagen marschierten die Formationen von den Besammlungsplätzen ab und erreichten am sechsten Mobilmachungstag die Mobilmachungsaufstellung der Armee. Sie erstreckte sich vom Waadtland über den Jurasüdfuss bis ins Toggenburg,

im Süden wurden nur die Transversalen besetzt – kein Dispositiv, um einem möglichen Gegner entgegenzutreten. Die Frage, wie sich die Schweizer Armee aufstellen sollte, fiel der Armeeführung leicht: Abmachungsgemäss traf aus Berlin das Telegramm «ante portas» ein. Der deutsche Generalstabschef Moltke d. J. meldete: Der Schlieffen-Plan wird ausgelöst – die deutsche Armee greift Frankreich über Belgien an. Mit einem französischen Entlastungsangriff über Schweizer Territorium war damit zu rechnen; die Armee wurde im Westen konzentriert, und im Jura wurde ein Schwergewicht gebildet. Mit dem Scheitern des Schlieffenplans und dem Übergang zum Grabenkrieg an der Westfront ergab die Lagebeurteilung der Armeeführung: Ein Entlastungsangriff über Schweizer Gebiet bleibt möglich, kann aber nicht überraschend und unerkannt erfolgen. Um diese Eventualität zu beobachten und die Neutralität des schweizerischen Grenzgebiets zu überwachen, brauchte es nicht die ganze Armee. Zwei Drittel der mobilisierten Bestände wurden entlassen, und die Armee ging in einen *Ablösungsdienst* über, der bis zum November 1918 anhielt. Im August 1914 erreichten die Bestände einen absoluten Höchststand von 238 000 Mann und 50 000 Pferden. Vom September 1914 bis März 1915 sank der Bestand auf 58 000; im April 1917 erreichte er nach intensiven Debatten noch einmal 104 000 Mann, um im Oktober wieder auf rund 36 000 abzusinken. Im November 1918 wurde im Zusammenhang mit dem Generalstreik für wenige Tage noch einmal ein Bestand von 110 901 Mann erreicht. Welche Truppenkörper wieder in Dienst genommen werden sollten und das Ausmass der temporären Aufstockungen des Armeebestandes waren während der ganzen Kriegsdauer ein Zankapfel zwischen Bundesrat, Oberbefehlshaber und den Kantonen – und bald auch ein Tummelfeld parteipolitischer Querelen. Seit 1917 nahmen die Bereitstellungen für *Ordnungsdiensteinsätze* zu. Linke Krawalle und Manifestationen führten in Zürich dazu, dass in der Stadt und den Vororten stets ein Bataillon stationiert wurde. Im November 1918 drängte General Wille den Bundesrat zu einer präventiven Einschüchterungsaktion und liess insgesamt acht Regimenter in und um Zürich aufmarschieren, was einen Proteststreik auslöste und unter Druck der linksradikal beherrschten Arbeiterunion Zürich schliesslich zum Landesgeneralstreik führte.

Rudolf Jaun

Karte 1
Das Armeedispositiv nach der Konzentration vom 12. August 1914. Quelle: Rapold, Der Schweizerische Generalstab, 273.

5

6

7

5
Damit die Mobilmachung Anfang August 1914 ungestört vor sich gehen konnte, wurden unverzüglich lokale Landsturmformationen aufgeboten und mit der Bewachung von sensiblen Infrastrukturen – wie hier dem Bahnhof Zürich – betraut.

6
Um die Mobilmachung ohne Verzögerungen durchführen zu können, wurde die Schweizer Armee am 31. Juli 1914 gleichzeitig mit dem Generalmobilmachungsbeschluss auf Pikett gestellt.

7
Am 1. August 1914 wurde die Generalmobilmachung von Bern aus den Kantonen durch Telegramme mitgeteilt, welche die Mobilmachung durch den vorbereiteten Plakataushang kommunizierten. Der erste Mobilmachungstag war der 3. August 1914.

8

9

8
Um die Kohärenz der Truppenkörper und die Verbundenheit mit dem Volk zu dokumentieren, wurde nach Abschluss der Mobilmachungsarbeiten und bei Entlassungen aus den Ablösungsdiensten vor den verantwortlichen Kommandanten defiliert.

9
Die Verschiebung der Truppen in das Armeedispositiv im Nordwesten der Schweiz erfolgte grösstenteils per Bahn.

10

11

10 Nach Ende der ersten Aktivdienstperiode stellten sich die Stabs- und Kompanieoffiziere des Urner Füsilierbataillons 87 im Mai 1915 vor dem Hotel Schlüssel in Altdorf für eine Erinnerungsfotografie auf. Die schmucklosen, zerknitterten Uniformen der alten farbigen und der neuen feldgrauen Ordonnanz kennzeichnen die Offiziere der Milizarmee.

11 Korporäle und Wachtmeister der 2. Kompanie des Urner Bataillons posieren für eine Erinnerungsfotografie, die durch einen gewerbsmässigen Fotografen aufgenommen wurde, wie die mobil einsetzbare Tafel «Grenzbesetzung 1914» zeigt.

unten – Antimilitarismus oben», gezeichnet von Dr. Hans Enderli, grütlianisch-sozialdemokratischer Rechtsanwalt, Inhaber einer Presseagentur, aber auch Major und aktiver Kommandant einer Fahrenden Mitrailleur-Abteilung. Enderli war amtlicher Verteidiger der Unteroffiziere und des Füsiliers Zahnd gewesen und stellte das Verhalten von Zahnd und Rudolf gegeneinander: «Füsilier Zahnd, der Anführer dieser kleinen ‹Revolte›, erwies sich als ein durchaus harmloser, ungefährlicher Antimilitarist, der unzweifelhaft das Opfer systematischer Aufhetzung und gewissenloser antimilitaristischer Propaganda geworden war. Ihm ward selbst ganz wirr im Kopfe, als er zur Begründung seines Verhaltens von Begriffen: Sozialdemokratie, Solidarität, Kapitalismus, Imperialismus und Antimilitarismus redete […] Das Gegenstück zu ihm war sein Vorgesetzter, Oberleutnant Max Rudolf aus Zürich, […] ihm mag […] ab und zu die bittere Selbsterkenntnis aufgestiegen sein, dass in Tat und Wahrheit er selbst auf der Anklagebank sitze, und dass über ihn ein viel vernichtenderes Urteil gefällt werde, denn seine Soldaten!»[8]

Enderli, der die «Vorsintflutlichkeit» des aus der ersten Hälfte des letzten Jahrhunderts stammenden Militärstrafgesetzbuches beklagte, brachte das widerständige Verhalten der Verurteilten mit demjenigen des Kompaniekommandanten in Verbindung: «Oberleutnant Rudolf aber, der durch seine verächtliche Redensarten, durch sein brutales Wesen, durch seine systematisch ungehörige und verkehrte Behandlung die Leute fast zur Verzweiflung […und] ins Gefängnis gebracht hat, er geht frei aus, ohne Strafe! Weil das Militär-Strafgesetz wohl unter Strafe stellt, wenn ein Untergebener sich gegenüber einem Vorgesetzten oder Höheren vergeht, nicht aber, wenn es umgekehrt, wie hier der Fall ist!»[9]

Enderli, der als hervorragender Offizier galt, enthielt sich nicht nur gängiger Vorurteile und Stereotypen, sondern scheute sich auch nicht, auf die politische und militärische Seite auszuteilen: «Das ist die Züchtung des Antimilitarismus von oben! Darin liegt für unsere Landes-Wehrkraft die ungleich grössere Gefahr, denn in der Phrasenpropaganda der anarchistisch-antimilitaristischen Hetzer und Verführer; denn diese schweren, ungestraft bleibenden Verfehlungen von Offizieren verbittern die Herzen von hunderten und tausenden braver Soldaten. […] Solche Sünder an der Sache der Verteidigung unseres Vaterlandes gehören vor allem hinaus aus der Armee.»[10]

Das «Volksrecht» und die «Berner Tagwacht» mochten nicht auf seine Betrachtungsweise eintreten, sondern frönten auch in diesem Fall, der zur «Meuterei am Gotthard» aufgebauscht wurde, der einseitigen Offiziersschelte. Ganz anders General Wille: Er stellte die Richter des Divisionsgerichtes, Major Enderli und die Medienöffentlichkeit, das heisst die Presse, unter den schweren Verdacht der nicht wahrheits- und sachgetreuen Beurteilung des Falles. Er beauftragte deshalb den ihm vertrauten Staatsanwalt und Obersten Johann Jakob Merkli mit einer Untersuchung, um die Richter, Major Enderli sowie die Presse der Unwahrhaftigkeit zu überführen.

Diese Weiterungen des Straffalles «Meuterei am Gotthard» lassen sich vor dem Hintergrund dreier grundlegender, sich im Lauf des Aktivdienstes verschärfender Problemlagen darstellen: *erstens* der Zuspitzung der Disziplinproblematik und der Widerwärtigkeiten des Dienstbetriebs, *zweitens* des Kampfes um das Bild der Armee in der Presse und *drittens* der sozialen Stellung des Offizierskorps.[11]

Aktivdienst und Disziplin: Ulrich Wille, Soldatenerziehung und Offiziersautorität

Welch hoher Stellenwert der Disziplinfrage und damit der Frage nach dem Kampfwert der Miliztruppen zukam, zeigen die zahlreichen von General Wille erlassenen Befehle, Weisungen, Memoriale und Schreiben an die Direktunterstellten zu Fragen der Erziehung, Pflichtauffassung und Ausbildung der Truppen. Nach einer Kaskade im August und September 1914 sind es bis zum «Befehl zur Soldatenerziehung» im Juni 1918 über ein Dutzend Erlasse, die sich mit dem Thema «Disziplinlosigkeit» und «Disziplinierung» befassen.[12] Disziplinierte soldatische Pflichterfüllung aller Dienstgrade war für Wille nicht nur die Einlösung seiner staats- und geschichtsphilosophisch basierten Normen und Werte einer männlich erzogenen Männernation, sondern bildete auch die Grundlage seiner strategisch-operativen Vorstellungen, wie einem Angriff auf die Schweiz zu begegnen sei. Grundlage hierfür bildeten agile, disziplinierte, technisch solide ausgebildete und schneidig kommandierte Truppen. Wille hielt dies mit Miliztruppen für machbar, wenn sie sich einer straffen Erziehung und Ausbildung unterzogen. Bewaffnung und Ausrüstung hielt er hingegen für sekundär.[13] Seit den 1890er-Jahren kämpfte Wille mit wachsendem Erfolg für diese «Doktrin» der Kampfführung, im Aktivdienst 1914–1918 sollte er sich dabei (fast) die Zähne ausbeissen.

Neben der Kaskade an zunehmend aufgeregteren Erlassen zur Aufrechterhaltung von Disziplin und Subordination muss die Zahl von über 1500 In-

12

13

30 Jaun, Mobilmachung und Grenzbesetzung

14

15

16

12
Bei den ländlichen Truppen – wie hier im Simplongebiet – gehörte Schwingen zu den beliebten Veranstaltungen des Zeitvertreibs und der körperlichen Ertüchtigung.

13
Während und nach dem Ersten Weltkrieg wandelte sich Fussball vom akademisch-städtischen Sportvergnügen zum populären Mannschaftssport, dem auch im Dienst – wie hier in Mendrisio – nachgegangen wurde.

14
Als seltene Exerzierübung wurde auch Bajonett-Fechten geübt. Fotografie vom November 1915 in der Nähe von Ascona.

15
Die Kavallerie- und Gebirgsmitrailleure gehörten zu den Elitetruppen der Schweizer Armee. Insbesondere die Gotthardmitrailleure zeigten nicht nur Stolz, sondern auch Eigensinn.

16
Nachdem auf den Kriegsschauplätzen mit unterschiedlichem Erfolg Kampfgase eingesetzt wurden, musste sich auch die Schweizer Armee mit dem Schutz vor diesem Kampfmittel vertraut machen.

17 18

subordinationen und über 40 Meutereien, die während des Aktivdienstes durch die Militärjustiz zu beurteilen waren, als Symptom gravierender Missstände interpretiert werden.[14] Dazu kommen Tausende von Disziplinarstrafen, die durch die Truppenkommandanten ausgefällt wurden. Diesen Zahlen sind die Truppenbestände entgegenzustellen: Durchschnittlich waren ungefähr 70 000 Mann unter den Fahnen, maximal 238 000 im August 1914, minimal 12 000 im Dezember 1918. Der einzelne Soldat leistete zwischen 550 und 600 (in der Kavallerie 400 bis 450) Tage Aktivdienst. Es ist davon auszugehen, dass knapp über zwei Prozent der Aufgebotenen wegen Insubordination und ähnlichen Delikten verurteilt und wenig über zehn Prozent disziplinarisch bestraft wurden. Dies belegt, dass der Dienst- und Ausbildungsbetrieb zwar keine flächendeckende Problemlage, aber eine ätzende Schwachstelle war, welche in der Presse generalisiert und skandalisiert werden konnte. Nicht nur die Ansichten über den Sinn und die Anwendungsweise des Drills gingen auseinander. Auch über die Auffassung der militärischen Soldaten- und Offiziersrolle sowie die Vorstellung, wie Staatsbürgersoldaten und Staatsbürgeroffiziere miteinander umgehen sollten, bestanden grosse Differenzen, wie die «Meuterei am Gotthard» sichtbar machte.

17
Während des ganzen Aktivdienstes hielt der Oberbefehlshaber der Milizarmee, Ulrich Wille, an seinen preussisch-deutsch gefärbten militärischen Prinzipien und Erziehungsgrundsätzen fest und scheute keinen Konflikt mit politischen Behörden und militärischen Untergebenen.

18
Rechtsanwalt, Major Hans Enderli, Verteidiger der angeklagten Unteroffiziere und von Füsilier Zahnd, veröffentlichte im «Grütlianer» einen Artikel mit dem Titel «Antimilitarismus unten – Antimilitarismus oben», in dem er den fehlbaren, aber nicht bestrafbaren Oberleutnant Rudolf benannte. General Wille versuchte darauf, ihn vom Kommando absetzen zu lassen.

19
Die Karikatur aus der Westschweizer Satirezeitschrift «L'Arbalète» nimmt ein Motiv der Drill-kritischen «Nationalen Richtung» im Offizierskorps auf und weist auf die nationalen, nicht von Drill geprägten Traditionen der Kampfweise hin, welche die Alten Eidgenossen zu Erfolgen führten.

DER GENERAL ALS GNADENHERR: MILITÄRJUSTIZ IM ERSTEN WELTKRIEG

«In der Zeit vor dem Weltkrieg und der Mobilisation des schweizerischen Heeres fristete die Militärjustiz während langer Jahre ein bescheidenes Dasein. In ihre Wirksamkeit hatten wenige Einblick, und nur selten, wenn ein besonderes Aufsehen erregender Fall zur Verhandlung stand, beschäftigten sich weitere Volkskreise mit ihr. Das ist seit August 1914 mit einem Schlage anders geworden.»[15] Der Bundesrat, der diese Worte Ende 1918 – wenige Wochen nach Beendigung der Mobilmachung – ans Parlament richtete, musste diesem eingestehen, dass die politische Führung zu Beginn des Kriegs nicht nur überrascht, sondern auch völlig unvorbereitet darauf gewesen war, was die Mobilmachung für die Militärjustiz bedeutete. Ebenso wenig hatte er vorausgesehen, dass nach Beendigung des Aktivdienstes Tausende von Schweizern und Hunderte von Schweizerinnen kriegsgerichtlich verurteilt worden sein werden, ohne zuvor mit dem Gesetz in Konflikt gekommen zu sein. Und es mag als Ironie der Geschichte gelten, dass ausgerechnet der häufig als volksfern wahrgenommene General Ulrich Wille als Einziger die Härten der Militärjustiz während der gesamten Mobilmachung zu lindern vermochte. Der umstrittene Oberbefehlshaber hatte als einzige Begnadigungsinstanz die Möglichkeit, die Verurteilten aus der Haft zu entlassen und sie vor einer weiteren wirtschaftlichen – und meist auch sozialen – Not zu bewahren.

Ein erweiterter Geltungsbereich...

Mit der Mobilmachung vom 3. August 1914 traten 250000 Wehrmänner unter die Fahnen. Damit wurde der militärischen Gerichtsbarkeit eine Viertelmillion männliche Staatsbürger unterstellt, welche zuvor – bis auf die Rekrutenschule und die Wiederholungskurse – nur den kantonalen bürgerlichen Gerichten unterstellt gewesen waren. Darüber hinaus unterstanden mit sofortiger Wirkung nun auch Frauen und Zivilisten dem Kriegsstrafrecht. Die Grundlage dafür lag in der «Verordnung betreffend Strafbestimmungen für den Kriegszustand»[16] vom 6. August 1914, die wiederum auf dem Vollmachtenbeschluss und den Notverordnungen vom 3. August 1914 beruhte. Weil die Verordnung vom 6. August 1914 generalklauselartig formuliert worden war, dehnte sich der Kreis derjenigen, die unter das Kriegsstrafrecht fallen konnten, faktisch auf die gesamte erwachsene Schweizer Bevölkerung aus. Doch nicht nur der Höchststand an Mobilisierten und die Ausdehnung des Geltungsbereichs auf Zivilpersonen führten im Verlauf des Kriegs zu mehr als 20000 militärjuristisch zu beurteilenden Fällen. Es war auch das Militärstrafgesetz selbst, welches aus dem frühen 19. Jahrhundert stammte und damit den militärischen, politischen und sozialen Realitäten und Anforderungen nicht mehr gerecht werden konnte – schon gar nicht für den Aktivdienst, der darin keine Erwähnung fand.

... und ein veraltetes Gesetz

Das im August 1914 geltende Militärstrafgesetz war 63 Jahre zuvor in Kraft getreten – als Überarbeitung der Strafgesetzgebung für Schweizertruppen in fremden Diensten von 1806. Die Kriegsgerichte mussten demnach während des Aktivdienstes aufgrund von Gesetzesartikeln und mit Strafmassen richten, die ursprünglich für straffällige Söldner gegolten hatten. Die Tatsache, dass das Militärstrafgesetz von 1851 ein äusserst hartes, schwer umsetzbares, fehlerhaftes und unvollständiges Regelwerk darstellte, war dem Gesetzgeber bereits 1884 bewusst gewesen, als man den Strafprozessteil ausgegliedert hatte. Das veraltete Militärstrafgesetz wurde vor allem aufgrund seiner hohen und nicht einheitlichen Strafminima breit abgelehnt. So wurden beispielsweise bereits geringste Diebstahldelikte mit «mindestens halbjähriger Gefängnisstrafe» geahndet, während Schwerstverbrechen – wie beispielsweise Verrat der Eidgenossenschaft an eine fremde Kriegsmacht – mit Zuchthaus bestraft wurden und bereits nach einem Jahr verjährten.

Ulrich Wille als Gnadenherr

Das Militärstrafgesetz führte nicht nur zu chronisch überlasteten Divisionsgerichten, sondern auch zu heftigem, oftmals medial begleitetem Widerstand gegen die Militärjustiz. Unter anderem reichten die Sozialdemokraten im August 1916 eine Initiative zur Aufhebung der Militärjustiz ein, die allerdings erst 1921 zur Abstimmung gelangte. Auch General Ulrich Wille, der bereits vor seiner Wahl zum General ein Kritiker der Militärgerichtsbarkeit gewesen war, verurteilte das veraltete Militärstrafgesetz. Mit dessen Folgen kam er nun täglich in Berührung, wie er in einem Bericht über den Aktivdienst bereits 1919 feststellte: «Soweit es galt, Härten des alten Militärstrafgesetzes zu mildern, so geschah es in vollem Umfange durch weitgehende Anwendung der Begnadigung. Dies Vorrecht meiner Stellung beanspruchte mich oft mehr, als es vielleicht im Interesse anderer Obliegenheiten lag, aber der Öffentlichkeit war ich es schuldig, den Verurteilten, die so oft als Opfer der allen zur Last fallenden Schlampigkeit gefehlt hatten, die Wohltat der Begnadigung zu teil werden zu lassen.»[17] Als Oberbefehlshaber konnte er durch seine Gnadenkompetenz als Einziger die Härten des Gesetzes mildern. Und so begutachtete er Tausende von Justizakten und hatte wöchentlich über Dutzende von Gnadenbriefen von Verurteilten und deren Angehörigen zu urteilen. Der preussischdeutsch gesinnte General liess durchaus Milde und Nachsicht walten, es sei denn, die Offiziersautorität und die Disziplin der Soldaten standen seiner Ansicht nach auf dem Spiel.

Lea Moliterni Eberle

20

Diese Studioaufnahme bringt zum Ausdruck, was mit Erziehungsdrill erreicht werden sollte: Appell. Die gespannte Aufmerksamkeit des Soldaten sollte ermöglichen, im Gefecht aktionsfähig zu bleiben und auf die Befehle der Vorgesetzten reflexartig zu reagieren.

Die Grundproblematik, die sich auch hier zeigte, war eine Auffassung des Soldaten und Offiziers, die mit dem Status des Staatsbürgers und des mündigen Individuums nicht kompatibel war. Wille forderte eine permanente mentale Achtungsstellung des Soldaten und einen permanenten Befehlshabitus des Offiziers. Der Soldat sollte durch «moralische Erziehung zur Zuverlässigkeit» jederzeit verfügbar gemacht werden und sich dem Offizier in seinem ganzen physisch-mentalen Dasein hingeben: «Ein Soldatenerzieher, der eine Unregelmässigkeit in der Haltung eines vor ihm stehenden Mannes beobachtet, muss unbewusst im Blick und der ganzen Haltung des Mannes fühlen, ob der Mann unter Anspannung jedes Muskels, jeder Faser dasteht als ein Mann, der sein Bestes leisten will.»[18] Dies gab Wille den Offizieren Anfang 1915 zu bedenken. Mit dem Blick in die Augen und auf den Körper des Soldaten sollte dessen Bereitschaft zur selbstgewollten Unterwerfung erkannt werden. Pflichterfüllung wurde zum Schlüsselwert dieser physisch-mentalen Erziehung. Wer diese Fähigkeit als Offizier nicht entwickelte, disqualifizierte sich als Truppenführer: «[...] die Persönlichkeit des Führers ist entscheidend für die soldatische Tüchtigkeit der Truppe.»

An diesem Anspruch scheiterte das Erziehungs- und Führungskonzept der Neuen Richtung Ulrich Willes immer wieder. Die Behandlung der Wehrpflichtigen als Erziehungsobjekte musste Widerstand hervorrufen, nicht nur auf dem Drillplatz. Viele Offiziere waren überfordert, die mental-physische Zurichtung der Mitbürger vorzunehmen, sich glaubwürdig durchzusetzen, und flüchteten in formales Schikanieren und Distanzgehabe, was ihre Offiziersautorität in Frage stellte und bisweilen zu noch mehr Widerstand führte. Vor diesem Hintergrund war für den General die Aufrechterhaltung der Offiziersautorität bei allen Konflikten des Truppenalltags und der Ausbildung das höchste Gut, das es zu schützen galt.

Druck auf die Militärjustiz, die Presse und Major Enderli

Unter diesem Aspekt ist es nicht verwunderlich, dass sich General Wille persönlich mit der «Meuterei am Gotthard» befasste und dabei in Rage geriet. Zum einen hielt er das Strafmass für zu gering: «Die Angeklagten haben eine Strafe bekommen, die lächerlich gering und geradezu eine Verhöhnung der Pflichten des Gerichts, militärische Disziplin und Ordnung aufrecht zu erhalten, bedeutet.»[19] Er verlangte die Absetzung der Richter und beschied der Regierung des Kantons Uri, die sich für seine unbescholtenen, lediglich in der «Teufelsbrücke» versumpften Landsleute einsetzte: Die Verurteilten seien mit Strafen belegt worden, «deren Milde in gar keinem Verhältnis steht zur Schwere ihres Vergehens. Im demokratischen Frankreich wären die meisten der Verurteilten füsiliert worden und im Militärstaat Preussen hätten sie langjährige Kerkerstrafen erhalten.»[20] Die Anschuldigungen gegenüber Oberleutnant Rudolf hielt er für «gänzlich grundlos».

Nicht minder brachte ihn die Intervention des Kommandanten der Fahrenden Mitrailleur-Abteilung 5 zur Weissglut. Major Enderli sei «weit über das Mass dessen hinausgegangen, was sich ein Offizier erlauben [...] dürfe», und habe «der Vorgesetztenautorität schweren Schaden zu[ge]fügt», was «sich mit den Pflichten der Offiziersstellung nicht vereinigen» lasse. Er beauftragte den direkten Vorgesetzten von Enderli, Oberstdivisionär Steinbuch, die «Angelegenheit auf eine taktvolle, befriedigende Art, die mir erspart, gegen den Major Enderli vorzugehen», zu regeln. Enderli sollte dazu gedrängt werden, um Entlassung nachzukommen, denn Wille war klarsichtig genug, bei einer Entlassung die Öffentlichkeit gegen sich zu haben: «Wenn wir [...] Herrn Enderli für seine gänzlich unqualifizierte Tat massregeln, so haben wir die ganze Welt gegen uns.»[21] Eine Untersuchung des in seinem Geiste wirkenden Oberst Merkli sollte es deshalb ermöglichen, Enderli kaltzustellen und in der Presse die Unschuld von Rudolf zu beweisen.

Gerade weil Enderli als untadeliger, angesehener Offizier und Kommandant galt, tat sich Steinbuch jedoch schwer, gegen ihn vorzugehen, und verlegte sich auf eine politische Argumentation. Major Enderli habe die Tendenz, «[...] seinem impulsiven Sozialisten-Herzen zu folgen und überall Vergewaltigung des unterdrückten Volkes zu vermuten».[22] Seine Eignung als Offizier und verantwortlicher Truppenkommandant wurde «ernstlich in Frage gestellt», war Enderli von Beruf doch «Inhaber eines Advokaturbureaus im Arbeiterviertel, Inhaber eines Pressebureaus und ultrademokratischer, volksbeglückender Berufspolitiker». Als treuer Wille-Schüler stellte Steinbuch den Offiziersstatus in militaristisch-ständischer Weise – und in Verkehrung des Milizprinzips – über den Staatsbürgerstatus und beantragte die vorläufige Absetzung Enderlis vom Kommando. Gegenüber Enderli mochte er die politische Argumentation nicht direkt zu verwenden, sondern flüchtete sich in eine ständische Anstandsargumentation: «Was für einen Offizier in meinen Augen unanständig ist, ist es auch für jeden Bürger [...]. Das Vorgehen ist doppelt unanständig, wenn der Bürger dank seiner Stellung als Offizier eine vermehrte Einsicht in die Verhältnisse besitzt und eine vermehrte Kenntnis der Mittel und Wege, wie er sein Ziel erreichen kann, ohne der Armee und dem General die schon an und für sich schwierige Arbeit zu erschweren. Sie haben aus Partei-Interesse und persönlichem Interesse als Politiker gehandelt.»[23] Dass Enderli sich dezidiert gegen die Offiziers-Verhetzung der «Berner Tagwacht» und des «Volksrechts» gewandt hatte, vermochte den Divisionskommandanten nicht zu beeindrucken. Im Einklang mit dem Oberbefehlshaber war ihm die öffentliche Aufrechterhaltung der Offiziersautorität eines Offiziers der Neuen Richtung wichtiger, als über den eigenen Schatten zu springen und diesen zu massregeln. Etwas spät nahm der General auch die Beurteilungen des Kommandanten der Gotthard-Besatzung und dessen Unterstellten zur Kenntnis, die ein zweifelhaftes Bild von Oberleutnant Rudolf zeichneten: «Fehlende Energie, kein Takt, wenig Ernst sind die Merkmale [seines] Auftretens. Vor seinen beiden Schulkommandanten verstand es Oberlt. Rudolf diese Mängel durch äusseren Schneid zu verdecken.»[24] Ein Schulkommandant qualifizierte ihn gar als «Blender». Damit erhärteten sich die Einschätzungen Enderlis. Er sollte sein Bataillonskommando auch 1918 ausüben.

Das vielfältige Reden über die strafbaren Handlungen der Soldaten und Unteroffiziere, ihre Motivationen und das Verhalten eines schneidigen Offiziers zeigten die mannigfachen Muster der Einordung und Interpretation, der Diagnose und Therapie, mit welchen die zahlreichen Insubordinationsfälle kommentiert wurden. Die Meuterei, welche laut Strafrechtsurteil genau aus einem Mann bestand, wurde im militärinternen und öffentlichen Diskurs zur «Meuterei am Gotthard» und damit zur Projektionsfläche. Die Ereignisse wurden so zum Gegenstand eines dauernden Kampfes um die interne und externe Deutungshoheit über das Verhalten von Soldaten und Offizieren in der Armee.

Der Kampf um die Deutungshoheit in der Medienöffentlichkeit

Der vom General bei Oberst Merkli bestellte Bericht sollte darlegen, dass es keinen Zusammenhang zwischen dem strafbaren Verhalten der Verurteilten und demjenigen von Oberleutnant Rudolf gab und dass diesem kein schuldhaftes Verhalten nachgewiesen werden konnte. Merkli hatte keine Mühe, dem Anliegen nachzukommen und alle Probleme dem «bösen Geist», welcher seit Jahrzehnten im Urner Bataillon herrsche, und der «gefährlichen und landesverräterischen Propaganda des Antimilitarismus» zuzuschreiben. Im letzten Punkt traf er sich mit Major Enderli; Merkli sah in der Affäre jedoch «Symptome, deren Bedenklichkeit und Gefährlichkeit nicht verkannt werden sollten».[25] Man solle sich nicht «durch die heuchlerische Art, welche unterm scheinheiligen Mantel der Fürsorge für die Armee das wirkliche Ziel der Antimilitarisierung und der Zerstörung des geordneten Staates» anstrebe, blenden lassen. Merkli verzichtete darauf, auf die wirklich angefallenen Probleme und das zweifelhafte Verhalten des Oberleutnants einzutreten. Antimilitarismus kam für ihn nur von unten. Unter dem Eindruck der linken Skandalisierung der Armee und der zunehmenden Revolutionsrhetorik sah Merkli bereits Anzeichen einer Zersetzung der Armee und des Staates heraufziehen. Für ihn war eine unabhängige Position in Armeefragen jenseits von Klassenkampfpositionen deshalb nicht mehr möglich. An General Wille schrieb er, dass Enderli «gerade wegen seiner politischen Stellung zur Armeefrage sich von seiner Partei trennen müsste, um zur Armee zu gehören!».[26]

GRENZBESETZUNG – AKTIVDIENST – NEUTRALITÄTSSCHUTZDIENST – ORDNUNGSDIENST

In der zeitgenössischen Erinnerung ist die Mobilmachung der Schweizer Armee während des Ersten Weltkriegs als «Grenzbesetzung 14/18» ins historische Bewusstsein eingegangen. Dies deshalb, weil die aufgebotenen Truppen grösstenteils im Grenzraum standen, um bei einem Angriff ersten Widerstand zu leisten und ganz allgemein die Neutralität des schweizerischen Territoriums durchzusetzen. Militärrechtlich war es ein «Aktivdienst», das heisst, die Truppen waren nicht nur zur Ausbildung aufgeboten, sondern hatten bei einer mit Gewalt geführten Gefährdung der Souveränität und der verfassungsmässigen Rechte auch zu intervenieren und allenfalls den Kampf zu führen.

Im Gegensatz zur Mobilmachung, die minutiös vorbereitet war und reibungslos klappte, wurde mit Absicht und Bedacht auf eine Operationsplanung der Kampfführung verzichtet. Der Oberbefehlshaber sollte ohne alle vorbereiteten Schemen im Kopf bei Bedarf situativ ein Kampfdispositiv ansetzen. Grundüberlegungen zur Umsetzung der strategischen Defensive lassen sich gleichwohl erkennen: Die Grenztruppen sollten einen auf Schweizer Territorium eingedrungenen Gegner hinhalten, bis sich das Gros der Armee zusammen mit einem Allianzpartner dem Hauptkampf stellte. Dieses strategisch defensive, aber operativ-taktisch offensive Vorgehen erforderte einen hohen Ausbildungsstand des einzelnen Soldaten und der Truppenformationen – eine Zielsetzung, die Wille seit Jahrzehnten verfolgte und auch während des Aktivdienstes eisern durchzusetzen versuchte.

Der zur Erreichung einer «kriegsgenügenden» Ausbildung der Soldaten und Truppen eingesetzte Erziehungsdrill führte seit 1915 zu einer anhaltenden Drill- und Offizierskontroverse. Der angestrebte «Appell» der Soldaten und die Kultivierung einer autoritären «Adresse» der Offiziere wurde von der Mehrheit der Truppe, einem Grossteil der Presse und mehrheitlich von der Öffentlichkeit abgelehnt. Zusammen mit schlechten Truppenunterkünften, langweiligen Wachtdiensten, überlangen Dienstperioden und nicht ausreichender Besoldung ohne Lohnersatz ergab sich in der Truppe eine legitime, immer brisantere Grundstimmung. Die bereits vor dem Krieg heftig diskutierte und umkämpfte Frage, ob die Armee zur Ergänzung der Polizei für Ordnungsdienste bei Streiks herbeigezogen werden dürfe, spitzte sich nach 1917 zu und erreichte im November 1918 während des Generalstreiks einen Höhepunkt. Gröbere Zusammenstösse mit der Truppe bildeten die Ausnahme; in Zürich wurden jedoch ein Soldat und in Grenchen nach angekündigtem Streikabbruch – infolge Provokation der Truppe und ungenügender Vorwarnung des Kommandierenden – drei Streikende erschossen.

Der Aktivdienst hinterliess einen zwiespältigen Eindruck: Gross waren die Entbehrungen und Zumutungen an die Truppe, zu klein die Empathie und die Problemlösungsfähigkeit der Armeeführung. Trotzdem bildeten sich nach dem Krieg eine Vielzahl von Veteranenvereinigungen und eine lebendige Erinnerungskultur im Andenken an die «Grenzbesetzung 14/18».

Rudolf Jaun

21
Neben dem Schutz der militärischen Neutralität des schweizerischen Territoriums kam der Überwachung der mit den nationalen Emblemen gekennzeichneten Grenzlinien – wie hier bei Neuweiler, Allschwil – ein hoher Stellenwert zu.

22

23

24

22
Am Hauenstein und bei Murten/Jolimont wurden im Verlauf des Kriegs oberirdische permanente Befestigungen angelegt, um einen schnellen Durchbruch in die Landeshauptstadt Bern zu verhindern.

23
Die Truppen waren meist auf engem Raum in behelfsmässigen Unterkünften untergebracht. Küchen und Waschanlagen befanden sich vielmals im Freien.

24
Rauchen gehörte zum männlichen Militärhabitus. Soldaten und Unteroffiziere rauchten primär Pfeife, Offiziere eher Zigaretten.

25
Ausserhalb der Truppenkantonnemente wurde mit Gamellen, welche in die Glut der Feuerstellen gestellt wurden, abgekocht.

25

Der Bericht zeigt, welch eminenten Stellenwert die Skandalisierung von Vorfällen bei der Truppe im Lauf des Aktivdienstes einnahm und wie sie nach 1915 zu einer harschen ideologischen Politisierung der «Armeefrage» führte. General Wille benutzte den Bericht als Instrument in der Auseinandersetzung um die Deutungshoheit über die Führungsprobleme in der Armee. Er liess den Bericht in 400 Exemplaren drucken und an alle Zeitungen senden, die der Kontrolle des Pressebüros des Armeestabs unterstanden. Dieses zentrale Pressekontrollbüro beim Armeestab war eingerichtet worden, um die Veröffentlichung militärischer Nachrichten zu vermeiden beziehungsweise unter Kontrolle zu halten. Interveniert wurde bei den Redaktionen, wenn sie über Truppenbestände, Standorte, Verschiebungen und insbesondere permanente Führungs-, Kampf- oder Logistikanlagen berichteten. Doch bald bemerkten die Argusaugen der zentralen und lokalen Pressebeobachtung, dass «harmlose Äusserungen über Standort oder Kommando einer Truppe den Verfasser vor Gericht bringen konnten, während schwere Angriffe auf die Armee und zersetzende Propaganda unbestraft blieben».[27] General Wille und die Armeeführung versuchten diesem gesetzlich nicht zu ändernden «Übelstand» mit einem Pressebefehl abzuhelfen, der besagte, dass Zeitungsartikel geprüft würden, wenn sie Klagen über Vorkommnisse in der Armee enthielten. War die Armeekritik berechtigt, wurden Massnahmen getroffen, um Wiederholungen zu vermeiden. Stellte sie sich jedoch «als unwahr oder in der Hauptsache übertrieben heraus, so wurde gegen die fehlbare Zeitung» vorgegangen. Das hinderte gewisse Organe aber nicht daran, «die Zustände in der Armee durch ihre Tonart anzuschwärzen».[28] Als sich die kritischen Artikel mit Vorstössen im Parlament zu verbinden begannen, trat Ulrich Wille selbst auf den Plan. Er erliess am 14. November 1916 ein «Memorial über die Verunglimpfung des militärischen Dienstbetriebes in der Presse und im Ratssaal» und begann, selbstgefertigte Traktate oder Berichte, wie den von Oberst Merkli, in die Redaktionsstuben zu senden. Im Memorial gab Wille seiner durch nichts zu erschütternden Ansicht Ausdruck, dass sich das Schweizer Volk auch ohne Demokratie und ohne Pressefreiheit bedenkenlos der Probe des Kriegs zu stellen vermöge: «Ich bin zur Stunde noch ganz gleich wie seit 40 und noch mehr Jahren der Überzeugung, dass man mit unserem Volk ein kriegstüchtiges Heer herstellen kann; allein die Presse und viele Führer des Volkes stehen dem feindlich gegenüber, sie vergiften die Gesinnung des Volkes. […] Es muss den Herren Volksvertreter bedeutet werden, dass selbst [wenn] alles das, was sie behaupten, über ungeziemende Behandlung der Mannschaft durch die Offiziere, über Überanstrengung etc. wahr ist, sie pflichtwidrig handeln, wenn sie dieses zum Gegenstand der öffentlichen Diskussion machen und dadurch das Ansehen der militärischen Vorgesetzten beim Volk und bei ihren Untergebenen untergraben.»[29]

Diese in der Tat seit über 40 Jahren vertretene, wenig republikanische und freiheitliche Prinzipienfestigkeit war schwierig zu halten. Auch wenn die sozialdemokratische Presse mit der Militärkritik nicht allein war, beanspruchte sie dieses Kampffeld ausschliesslich für sich. So auch bei der «Meuterei am Gotthard» 1917, zu der das «Volksrecht» schrieb: «Die Sozialdemokratie und ihre Presse werden im Kampf gegen den volks- und demokratiefeindlichen Militarismus alleine bleiben.»[30] Die Skandalisierung des

Militärs und der Milizoffiziere sollte über 1918 hinaus ein wesentliches Element der sozialdemokratischen Stigmatisierung des Klassenfeindes bleiben.

Die sozialistische Skandalisierung des Militärs

Zwischen 1915 und 1918 lässt sich in der sozialdemokratischen Presse ein Steigerungslauf der Skandalisierung der Schweizer Armee und ihres Oberbefehlshabers Ulrich Wille verfolgen. Nur schon die Durchsicht eines der sozialdemokratischen Leitblätter (der «Berner Tagwacht») zeigt, mit welcher Vehemenz die offensichtlichen Problemlagen der mobilisierten Milizarmee bewirtschaftet und zur permanenten Skandalisierungskampagne genutzt wurden. Als Gravitationszentren der Skandalisierung erwiesen sich das Subordinationsverhältnis von Offizieren und Soldaten sowie die militärische Ausbildung und Erziehung. Diese Problemfelder hatten schon vor der Mobilmachung der Armee im Rahmen des Streits zwischen der «Neuen Richtung» Ulrich Willes und der «Nationalen Richtung» im Offizierskorps zu zahlreichen Auseinandersetzungen geführt.[31] Die «Berner Tagwacht» eröffnete die Skandalisierungskampagne im Januar 1915 mit der Bemerkung: «Drill und sonstige Extravaganzen überspannter Herrchen bilden einen guten Teil der militärischen Skandalchronik. Die Grenzbesetzung hat diesen Dingen offenbar kein Ende gemacht. Unzählige Klagen laufen bei den Zeitungsredaktionen über die Erziehungsmethoden ein.»[32] Die Skandalisierung wurde durch echte und fingierte Soldatenbriefe und Zusendungen genährt. Als der Sohn des Generals, Ulrich Wille Junior, als Stabschef der 5. Division einen «Befehl» erliess, der die Autorität und den Führungseinfluss der Unteroffiziere stärken wollte und ihnen mehr Distanz zu den Mannschaften verordnete, geriet Robert Grimm in der «Berner Tagwacht» erstmals richtig in Fahrt: «In der Demokratie ist ein derartiger Befehl ein hanebüchener Unsinn. [...] Die Klassenscheidung, die sich im Gesellschaftsleben vollzog, wurde auf das Heerwesen übertragen. Kastengeist, Giglertum, Paradeschliff sind längst an der Tagesordnung bei den höheren Offizieren. Nun musste auch eine Mauer zwischen Unteroffizieren und Mannschaften errichtet werden. Der Gemeine soll fühlen, dass er eine Kreatur ist. Nicht Intelligenz, Fähigkeiten, Wissen und Tüchtigkeit seines Vorgesetzten sollen ihm Achtung einflössen, der Galon, der Gamaschenknopf, der baumwollene Handschuh ist es, vor dem man ihn auf die Knie zwingt. [Es ist] die blöde, lächerliche Nachäffung preussischer Methoden, die bewusste Schaffung einer neuen militärischen Kaste, die künstliche Erzeugung von Gegensätzen, die hundsföttische Erniedrigung des gewöhnlichen Soldaten, die gewollte Züchtung eines Grössenwahns, dessen Ausflüsse heute mehr denn je als die schwerste Schädigung des Milizzwecks anerkannt wird.»[33] Diese bebenden Worte galten mehr den Offizieren, welche verdächtigt wurden, eine neue verhaltensdistinktive Gruppe zwischen den Mannschaftsdienstgraden und den Offizieren zu schaffen, als der Unteroffiziersproblematik, wie sie sich im Rahmen der Gotthard-Affäre gezeigt hatte. Die Deutung der Massnahmen als Ausfluss einer gesellschaftlichen Klassenscheidung, welche auf das Militär übergreife, musste die distinktiven Zeichen des Offiziersstatus und das Verhalten der Offiziere ins Zentrum der Kritik rücken. Immer wieder wurden Schmähreden gegen die Offizierspriviliegien in die Texte eingestreut, zuweilen auch in geballter Ladung. So etwa als der General zur Bekämpfung des Alkoholismus eine Polizeistunde für die Truppe, nicht aber für die Offiziere einführte: «Wir leben in einer Demokratie! Darum kaufen sich die Offiziere ihre Paradeuniform selber, darum bekommen sie einen fetten Sold, darum dürfen sie sich selber beköstigen, darum wählen sie sich ihr Kantonnement selber, und darum gibt es für sie keine Polizeistunde, darum wird ihnen das Recht zum Saufen zugestanden. So sorgt die Armeeleitung tapfer dafür, dass die Klassenunterschiede nicht verwischen.»[34]

Im Verhalten der Offiziere wurde ein zunehmendes, aber nicht generell zu konstatierendes distanziert-überhebliches Gebaren gegeisselt: «Nie traten Anmassung, Kastengeist, Autoritätsdünkel, Gamaschenknopfdienst und Paradedrill stärker in Erscheinung, nie wurden sklavischere Unterordnung, stillschweigender Kadavergehorsam gebieterischer gefordert als jetzt.»[35] Seit den 1890er-Jahren wurde dieses Offiziersgebahren mit der «Verpreussung» der Schweizer Armee durch Ulrich Wille in Zusammenhang gebracht. Grimm, welcher in der «Berner Tagwacht» der Skandalisierungskampagne eine unverkennbare Tonalität gab, tat sich insbesondere mit der Tatsache schwer, dass dem Oberkommandierenden von Gesetzes wegen eine Anzahl Kompetenzen zukamen, die in Friedenszeiten den zivilen Behörden oblagen. Unter den Kampfvokabeln «Militärdiktatur»

26
Der sozialdemokratische Nationalrat Robert Grimm führte in der Berner Tagwacht eine Skandalisierungskampagne gegen General Wille und das Offizierskorps, das er in vulgärmarxistischer Weise als Agenten der bourgeoisen Klasse darstellte. Karikatur aus dem «Nebelspalter» vom 4. Dezember 1915.

Die militärische „Egalité"
(Frei nach Genosse Grimm)

(Zeichnung von J. S. Boscovits.)

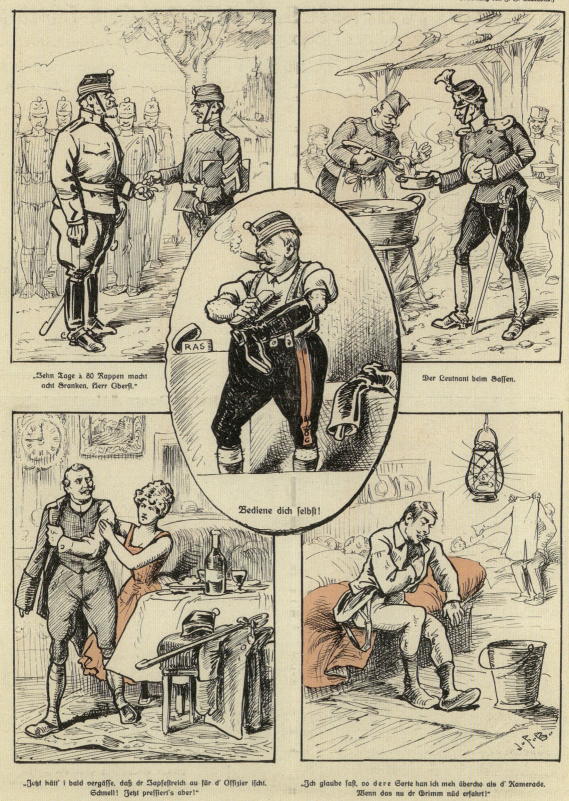

„Zehn Tage à 80 Rappen macht acht Franken, Herr Oberst."

Der Leutnant beim Saffen.

Bediene dich selbst!

„Jetzt hätt' i bald vergässe, daß dr Zapfestreich au für d' Offizier ischt. Schnell! Jetzt pressiert's aber!"

„Ich glaube fast, vo dere Sorte han ich meh übercho als d' Kamerade. Wenn das nu dr Grimm nüd erfahrt!"

27
Karikatur aus der Westschweizer Satirezeitschrift «L'Arbalète» vom 15. April 1917. Hier wird das preussisch-deutsche Vorbild der «Neuen Richtung» als versteifter Götze in der Form einer Pickelhaube persifliert dem Schweizer Offiziere salutieren.

und «Säbeldiktatur» bekämpfte er die Erhöhung von Truppenbeständen, die Bildung von neuen Truppenformationen und die vorsorglichen Truppenbereitstellungen für Ordnungsdiensteinsätze: «Nicht nur die grenzenlose Steigerung der militärischen Aufwendungen, mehr noch der Geist, das System, auf denen die ganze Herrlichkeit aufgebaut ist, mit einem Wort: die Verpreussung der Armee, haben in weitesten Kreisen tiefen Unmut erzeugt.»[36]

Zur «Militärdiktatur» wurde auch die Militärjustiz gezählt, die unter dem veralteten Militärstrafgesetzbuch von 1851 litt, aber nicht durchwegs gegen Unteroffiziere und Soldaten entschied, wie das Urteil zur «Meuterei am Gotthard» zeigt. Für die «Berner Tagwacht» war jedoch klar: «Offiziere spricht man frei, auch wenn es sich um unbestreitbare Verfehlungen handelt, einfache Soldaten werden wegen Bagatellen auf Monate hinaus ins Gefängnis geworfen.»[37] Zutreffender wäre jedoch die Bemerkung, dass Wille in der Militärjustiz ein Instrument sah, um Subordination und Offiziersautorität zu stärken und deshalb versuchte, Einfluss auf die Zusammensetzung der Gerichte zu nehmen oder Anklagen zu verhindern, um Problemlagen nicht öffentlich zu machen. Paradefall ist die 1917 nicht zur Anklage gekommene geringfügige Meuterei der Batterie 54.[38]

Grimm schreckte auch nicht davor zurück, General Wille direkt anzugreifen oder ihn latent zu stigmatisieren. Typisch für die Skandalisierungstexte Grimms ist die Darstellung Willes als «der grosse Herr mit einem noch grösseren Tagessold».[39] Damit transportierte er seine These von der Identität zivilgesellschaftlicher und militärischer Klassenbildung. In systematischer Weise kritisierte er die Empfänge des Generals bei den Kantonsregierungen und wies dabei immer auf die üppigen Mahlzeiten hin, welche der arbeitenden Bevölkerung vorenthalten würden. Er beargwöhnte die «Spritztouren des Generals» und die «Festessen», die ihm auf seiner «Paradetour geboten» würden, und brachte seine Kritik auf den ideologischen Punkt: «Die arbeitende Bevölkerung ist sich des ‹furchtbaren Ernstes der Lage› längst bewusst; sie bezieht einen Lohn, der auch nicht annähernd den Gagen der Herren Offiziere entspricht, und sie hat auch keine Gelegenheit, den Jammer des Alltags ab und zu an vollbesetzten Bankett-Tafeln zu vergessen.»[40]

Solche Phraseologismen verweisen auf das diskursive Grundmuster, das den allermeisten linken Skandalisierungstexten unterlegt ist. Im Zusammenhang mit der Diskussion um eine weitere Unterstützung der Landesverteidigung durch die SPS in den

— Pour l'amour de Dieu qui leur a appris ça?

28

Jahren 1916/17 hat Grimm in seiner marxistisch geprägten Idiosynkrasie Elemente seiner immer wieder aufscheinenden Gedankengänge zusammengeführt und in seine sozialistischen Militärpolemiken integriert. Dabei ging er von der basalen Annahme aus: «Als einem Organ des Klassenstaates lebt der Klassengegensatz auch in der Armee.» Auch hier würden sich die ehernen Gesetze der Verschärfung der kapitalistischen Klassenverhältnisse durchsetzen: «Hier liegt der Schlüssel für die ganze Entwicklung der Armee in den letzten Jahren, soweit die Erziehungsfrage, das Verhältnis zwischen Galonierten und Gemeinen in Betracht kommt. [...] Das] moderne kapitalistische Verhältnis des befehlenden, dirigierenden, herrschenden Ausbeuters zum gehorchenden, duldenden Ausgebeuteten wurde in anderer Form auf die Armee übertragen.»[41] Bekämpften die Mehrzahl der Sozialdemokraten strenge militärische Formen und Hierarchien als Ausdruck monarchisch-absolutistischer Herrschaft und hielten als Alternative an der Milizarmee der Staatsbürger fest, blendete Grimm den Milizcharakter der Armee aus und verlegte sich auf eine vulgärmarxistische Deutung der Schweizer Armee im Dienst der herrschenden kapitalistischen Klasse: «Militarismus und Klassenherrschaft stehen in einem so engen Zusammenhang, dass der eine ohne die andere nicht bekämpft werden kann.»[42] Grimm zeichnete sich sowohl durch seine unverkennbare Polemik im Tagesjournalismus wie durch seine klassentheoretischen Abhandlungen zum Militär aus; eine klassentheoretisch inspirierte Militärpolemik, die sich in der nicht-grütlianischen Linken breit durchsetzte und bei Manifestationen zelebriert wurde.[43]

28
Diese Postkarte des Westschweizer Karikaturisten Charles Clément weist aus nationaler Perspektive auf die Herkunft des preussisch-deutschen Erziehungsdrills hin, den General Wille während des ganzen Aktivdienstes eisern verteidigte.

An einer Manifestation der Berner SP rief Ernst Nobs[44] Anfang Dezember 1915 den Demonstranten zu: «Wer nicht mit der Rolle eines willenlosen Werkzeuges der heutigen militärischen Machthaber einverstanden ist, der muss sich als Soldat der Freiheit in die proletarische, die sozialistische Kampfesarmee einreihen lassen.» Der Kampf gegen die Schweizer Armee wurde damit als ein Beitrag zur Erlösung von der Klassenherrschaft des schweizerischen Bürgertums gedeutet und mit dem Aufruf zum proletarischen Klassenkampf verbunden. Zwar würden sich auch bürgerliche Kreise gegen die «militärische Reaktion» zur Wehr setzen, ein energischer Kampf dagegen sei jedoch nicht zu erwarten, wisse das Bürgertum doch genau, «dass mit dem Militarismus als bürgerlichem Klasseninstrument auch ihre kapitalistische Klassenherrschaft steht und fällt. [...] bis zu dem Tag, wo wir den Sieg des Menschlichkeitsgedankens verkünden können».[45]

Gerade diese auf Revolution und Erlösung gerichteten Aussagen waren es, die den grütlianischen Sozialdemokraten Enderli in seinem Artikel zur «Meuterei am Gotthard» dazu veranlassten, nicht nur den Antimilitarismus von oben anzuklagen. Es sei ihm darum gegangen, «zu zeigen, wie neuerdings das unverantwortungsvolle, verbrecherische, anarchistisch-antimilitaristische Treiben und Hetzen der sog. ‹offiziellen› oder Patent-Sozialisten einem jungen, unreifen Mann derart den Kopf wirr gemacht» hätten, dass «er zu so arger Verfehlung kam, die ihm nun harte Strafe und einen Makel fürs ganze Leben eingebracht» hätten.[46] Major Enderli war das Gegenteil der von Grimm pauschalisierend angeklagten «Säbelrassler, Ultramilitaristen, Kriegsgurgeln, Militärbonzen, Galonierten, Säbelhelden», sondern gehörte zu den nicht wenigen Offizieren, die sich mit dem «System Wille» anlegten und in ihren Truppenkörpern für einen Ausbildungs- und Dienstbetrieb ohne Schikane und Überheblichkeiten sorgten. Unversöhnlich folgten jedoch Grimm und die zunehmend auf Antimilitarismus getrimmte Linke dem Grundsatz des Klassenkampfes. Ebenso unbeirrt und stur folgten General Wille und ein Grossteil des Offizierskorps dem Glauben, die Staatsbürgersoldaten im Namen des Kriegsgenügens mit Erziehungsdrill und Kultivierung der Offiziersautorität kriegstauglich zu machen. «Kampf der Klassen» beziehungsweise «Krieg der Nationen» stellten die unverrückbaren Glaubenssätze dar, die das Reden und Handeln von Robert Grimm und Ulrich Wille bestimmten. Die zum Neutralitätsschutz- und Ordnungsdienst aufgebotene Aktivdienstarmee litt zwischen 1914 und 1918 nicht wenig an diesem «Antimilitarismus» von unten und oben.

1 Jaun, Schweizer Armee, 541.
2 Jaun, Preussen vor Augen, 133–253; Müller, Grütliverein, 773, sowie Degen, Robert Grimm, 142.
3 Jaun, Militärgewalt, 196.
4 Bundesarchiv (BAR) E 27 / 4528. Untersuchung der Meuterei in der Kp III/87 am Gotthard. Protokoll Divisionsgericht 5a, 24./25. Juli 1917.
5 BAR E 27 / 4528.
6 BAR E 27 / 4528.
7 BAR E 27 / 4528.
8 Enderli, Hans: Antimilitarismus unten – Antimilitarismus oben! In: Der Grütlianer 28. 7. 1917.
9 Enderli, Antimilitarismus.
10 Enderli, Antimilitarismus.
11 Bericht an die Bundesversammlung über den Aktivdienst 1914/18, Bern 1923.
12 Kurz, Dokumente.
13 Jaun, Preussen vor Augen, 133–210.
14 Unter Meuterei wird hier ein militärjuristischer Tatbestand verstanden. Diese waren meist unspektakuläre kollektive Manifestationen, welche als Gesten des Widerwillens zu deuten sind. Dies gilt auch für die beiden andern in der zeitgenössischen Presse und der Historiografie bekannten Meutereifälle 1917 in Seewen SO und 1918 in Kloten. Thiriet, Meuterei; Gautschi, Landesstreik, 83.
15 Bericht des Bundesrates an die Bundesversammlung über das Volksbegehren betreffend Aufnahme eines Art. 58bis in die Bundesverfassung (Aufhebung Militärjustiz) vom 11. Dezember 1918. BBl 1918 V 661.
16 Verordnung betreffend Strafbestimmungen für den Kriegszustand vom 6. August 1914. AS 30, 370–372.
17 Wille, Ulrich: Bericht an die Bundesversammlung über den Aktivdienst 1914/1918. 3., unveränderte Auflage. Bern 1919, 46.
18 Grundsätze für das Verfahren bei der Rekrutenausbildung 18. 2. 1915. In: Kurz, Dokumente, 86. Dort auch folgende Zitate.
19 General an den Kommandanten 5. Division, 1. 8. 1917.
20 General an den Landammann und Regierungsrat des Kantons Uri, 12. 9. 1917.
21 General an Oberstdivisionär Steinbuch, Kommandant 5. Division, 5. 8. 1917.
22 Kommandant 5. Division, Steinbuch, an General, 11. 8. 1917.
23 Kommandant 5. Division, Steinbuch, an Major Enderli, 11. 8. 1917.
24 Kommandant St. Gotthard-Besatzung, Biberstein, an General, 17. 10. 1917.
25 Bericht über die Meuterei am St. Gotthard vom Montag 4. Juni 1917, hg. vom Armeekommando der Eidgenössischen Armee, [Zürich] 1917.
26 Oberst Merkli an General, 31. 8. 1917.
27 Bericht Aktivdienst, 488.
28 Bericht Aktivdienst, 490.
29 Memorial über die Verunglimpfung des militärischen Dienstbetriebes in der Presse und im Ratssaal, November 1916. In Kurz, Dokumente, 157.
30 Volksrecht 21. 8. 1917.
31 Jaun, Preussen vor Augen, 133–253.
32 Berner Tagwacht 20. 1. 1915.
33 Berner Tagwacht 22. 7. 1915.
34 Berner Tagwacht 3. 5. 1915.
35 Berner Tagwacht 12. 11. 1915.
36 Berner Tagwacht 1. 9. 1915.
37 Berner Tagwacht 14. 3. 1916.
38 Thiriet, Meuterei
39 Berner Tagwacht 17. 11. 1916.
40 Berner Tagwacht 14. 9. 1915.
41 Grimm, Robert: Die Militärfrage. In: Neues Leben 7/8, 1916, 210.
42 Grimm, Militärfrage, 210.
43 Zur Radikalisierung der Sozialdemokratischen Partei in der Armeefrage und der damit verbundenen Agitation, siehe Greter, Sozialdemokratische Militärpolitik.
44 Seit 1915 Redaktor der sozialdemokratischen Tageszeitung Volksrecht in Zürich. Später SP-Regierungsrat und Stadtpräsident in Zürich sowie erster SP-Bundesrat. HLS, Bd. 9, 273.
45 Berner Tagwacht 6. 12. 1915.
46 Major Enderli an Oberstdivisionär Steinbuch, 2. 8. 1917.

Diktatur der Bürokratie?
Das Vollmachtenregime des Bundesrats im Ersten Weltkrieg

Oliver Schneider

Der 3. August 1914 ist ein Datum, das die politische Entwicklung der Schweiz während des Ersten Weltkriegs und darüber hinaus prägen sollte. Während zwischen den europäischen Mächten ein Konflikt von bislang unvorstellbarer Zerstörungskraft ausbrach, schritt die Bundesversammlung in Bern zu zwei folgenschweren Entscheidungen. Zum einen wählte sie an diesem Tag den als deutschfreundlich geltenden Oberstkorpskommandanten Ulrich Wille zum General der Schweizer Armee. Zum anderen verabschiedeten die National- und Ständeräte fast einstimmig den vom Bundesrat vorgelegten «Bundesbeschluss betreffend Massnahmen zum Schutze des Landes und zur Aufrechterhaltung der Neutralität».[1] Der kurz gehaltene Text beauftragte den Bundesrat, den Krieg führenden Staaten die Neutralitätserklärung der Schweiz mitzuteilen, und nahm von der zwei Tage zuvor beschlossenen Mobilisierung der Armee «genehmigende Kenntnis». Am wichtigsten waren allerdings die Artikel 3 und 4: Sie gewährten dem Bundesrat eine «unbeschränkte Vollmacht zur Vornahme aller Massnahmen, die für die Behauptung der Sicherheit, Integrität und Neutralität der Schweiz und zur Wahrung des Krediles und der wirtschaftlichen Interessen des Landes, insbesondere auch zur Sicherung des Lebensunterhaltes, erforderlich werden» sowie den dazu notwendigen «unbegrenzten Kredit». Mit diesem Beschluss übertrug das Parlament der Landesregierung weitreichende politische Kompetenzen, von denen sie in den kommenden vier Jahren ausgiebigen Gebrauch machen sollte. Passenderweise wurde der politische Zustand, in dem sich die Schweiz während der Dauer des Weltkriegs befand, denn auch als «Vollmachtenregime» bezeichnet. Je länger der Krieg dauerte und je stärker die Schweiz durch seine Auswirkungen in Mitleidenschaft gezogen wurde, umso intensiver griffen Bundesrat und Departemente kraft dieser Vollmachten in Wirtschaft, Gesellschaft und Kultur des Landes ein. Besonders in der zweiten Hälfte des Kriegs führte dies zu einem Ausbau von Personal und Befugnissen der Bundesverwaltung, die in ihrer Regulierungtätigkeit immer enger mit der Privatwirtschaft zusammenarbeitete. Die Rechtsordnung des Vollmachtenregimes, das bereits vor seiner Einführung sichtbare Tendenzen der Zentralisierung und Stärkung der Staatsmacht entscheidend beschleunigte, stiess auf Widerstand. In der Romandie fürchteten Politiker aller Parteien eine schleichende Unterwanderung föderalistischer und demokratischer Prinzipien sowie eine Militarisierung des Bundesstaates durch eine – aus ihrer Sicht – den Mittelmächten nahestehende Armeeführung. Und selbst ein Vertreter des Bundesrats selbst, wie der langjährige Vorsteher des Eidgenössischen Volkswirtschaftsdepartements (EVD) Edmund Schulthess, bezeichnete den Weltkrieg in der Rückschau als eine – freilich notwendige – «Periode der Allmacht des Staates».[2]

In den kontroversen Diskussionen um das Vollmachtenregime zeigte sich, wie eng Aussen- und Innenpolitik, Wirtschaft und Gesellschaft im Ersten Weltkrieg miteinander verknüpft waren. An seinem Ende steckte die Schweiz nicht nur mitten in einer schweren Krise, sie hatte sich auch politisch stark gewandelt. Viele heute fast selbstverständliche Institutionen, Verfahren und Zuständigkeiten entstammen der Praxis des Vollmachtenregimes oder wurden durch dieses beeinflusst.

29
Karikatur zur eidgenössischen «Reglementitis» vom 26. Mai 1917. Das Vollmachtenregime führte zu einem Schub an Regulierung und Bürokratie, der den Bürgern des bis anhin liberalen Staatswesens zuweilen überwältigend erscheinen musste.

30

Die Vollmachten des Bundesrats

Dass angesichts einer schweren Krise wie dem Weltkrieg der Landesregierung gesetzgeberische Kompetenzen übertragen wurden, geschah 1914 nicht zum ersten Mal. Obwohl die schweizerische Verfassung eigentlich gar kein Notstandsrecht in dieser Form vorsah (weshalb es sich beim Vollmachtenregime um einen Fall von Verfassungsrecht «extra constitutionem» handelte), hatte das Parlament den Bundesrat bereits in früheren Ausnahmesituationen mit zeitlich begrenzten Vollmachten ausgestattet, um eine rasche und nicht durch die demokratischen Prozeduren verlangsamte Lösung der anstehenden Probleme zu ermöglichen. So kam es bereits angesichts der Badener Wirren 1849 zu einer ausserordentlichen Ermächtigung des Bundesrats, ebenso im Deutsch-Französischen Krieg 1870/71 und während der Reblaus-Plage von 1878.

Dauer und Dimension der 1914 erfolgten Ermächtigung waren jedoch beispiellos. Nach Einschätzung des Staatsrechtlers Alfred Kölz bedeutete sie «für den Bundesstaat eine noch nie dagewesene Konzentration der Macht beim Bundesrat und der Verwaltung. Diese konnten nun ohne Mitwirkung der Bundesversammlung und selbstverständlich ohne das Volk Notverordnungen erlassen, die sonst vom ordentlichen Gesetzgeber, ja vom Verfassungsgeber hätten erlassen werden müssen. Weiter konnte mit diesen Notverordnungen in die Zuständigkeit der Kantone eingegriffen werden. Es war möglich, verfassungsmässige Rechte ganz oder teilweise zu suspendieren.»[3]

Eine Kontrolle des Vollmachtenregimes war nur rudimentär vorgesehen. Der Bundesrat hatte dem Parlament auf die Sessionen hin jeweils über den Gebrauch der Vollmachten «Rechenschaft abzulegen».[4] Die reibungslose Ausstattung der staatlichen Exekutive mit unbeschränkten Vollmachten und ohne effektive parlamentarische Kontrolle war für die Schweiz mit ihren tief verwurzelten Institutionen von direkter Demokratie und Föderalismus sowie ihrem liberalen Wertekonsens erstaunlich. Der Bundesrat vertrat aber den Standpunkt, «des ganzen Heeres und der ganzen ökonomischen Kraft der Nation» zu bedürfen, um die Herausforderungen der Kriegszeit, und hier vor allem die Wahrung der Neutralität, bewältigen zu können. Die Regierung war sich «des hohen Masses von Vertrauen und der schweren Verantwortlichkeit, die in einer solchen Gewährung unbegrenzter Vollmacht und unbegrenzter Kredite liegen», durchaus bewusst und versicherte den Räten, davon «den gewissenhaftesten Gebrauch» zu machen.[5] Mit diesen Beteuerungen hatte sie Erfolg. Der Vollmachtenbeschluss wurde von beiden Kammern ohne Gegenstimme angenommen. Einzig die beiden im linken Spektrum der SP politisierenden Nationalräte Charles Naine und Ernest-Paul Graber aus La Chaux-de-Fonds enthielten sich zum Zeichen der Ablehnung ihrer Stimme. Dies geschah im Gegensatz zu ihrer Partei, welche sich mit der Zustimmung zum Vollmachtenregime und zur Landesverteidigung zu einem innenpolitischen Burgfrieden bekannte.

Der Bundesrat begann bereits unmittelbar nach dem Parlamentsbeschluss, seine neuen Kompetenzen anzuwenden. Er beschloss noch im August 1914 Massnahmen gegen die Verteuerung von Nahrungsmitteln, zum Schutz von Mietern und Kreditnehmern, gegen verbotenen Nachrichtendienst und Sabotage, aber

auch zur ausnahmsweisen Ausserkraftsetzung des erst im Juni 1914 verabschiedeten Fabrikgesetzes. Zur Sicherstellung der Versorgung des Landes und vor allem der Armee wurden Ausfuhrverbote (zum Beispiel für Pferde, Waffen, Getreide und Kommunikationsgeräte) erlassen sowie Besitz und Handel bestimmter Güter (wie Sprengstoffe und Tierfutter) unter die Kontrolle der Behörden gestellt. Die Ahndung von Vergehen gegen seine Beschlüsse übertrug der Bundesrat mit den «Strafbestimmungen für den Kriegszustand»[6] der Militärjustiz, womit diese auch für Zivilpersonen zuständig wurde, welche gegen die Erlasse des Vollmachtenregimes verstiessen. Für die Ausübung polizeilicher Funktionen unter den zum Aktivdienst aufgebotenen Truppen wurde die bereits seit 1907 vorgesehene Heerespolizei geschaffen.

30
Der schweizerische Bundesrat, wie er sich nach Kriegsausbruch auf einer Postkarte präsentierte. Die Darstellung zusammen mit Rütlischwur und Wilhelm Tell stellte die mit umfassenden Vollmachten ausgestattete Landesregierung und die Mobilisation der Armee in die Tradition einer wehrhaften und geeinten Schweiz.

31
Vor allem in der Romandie wurden die Vollmachten des Bundesrats und die Befugnisse des Generals als Angriff auf Demokratie und Föderalismus wahrgenommen. Wie diese Karikatur aus der Westschweizer Satirezeitschrift «L'Arbalète» vom 1. September 1916 zeigt, geschah dies vor allem durch die Zensur, die auffallend oft Westschweizer und Tessiner Publikationen ins Visier nahm.

DIE WILLKÜR DER ZENSUR

Le dessinateur. — Dis-moi ce que tu censures, je te dirai ce que tu es ?!...

Bereits am 1. August 1914 wurde in der Schweiz die Pressefreiheit aufgehoben. Für die Zensur war zunächst das Pressebüro des Armeestabs zuständig, das von den Redaktionen Selbstzensur forderte und an ihre patriotische Pflicht appellierte. Nachdem viele Verstösse gegen die Bestimmungen festgestellt wurden, intervenierte der Bundesrat am 30. September 1914 zum ersten Mal und erliess eine Verordnung über die politische Zensur von Schrifterzeugnissen. Aufgrund seiner ausserordentlichen Vollmachten konnte er Veröffentlichungen verbieten, «durch welche die guten Beziehungen der Schweiz zu anderen Mächten gefährdet» wurden. Zwei satirische Zeitschriften, «Guguss'» (aus Genf) und «Le Clairon» (aus Lausanne), waren die Ersten, die verboten wurden und während des gesamten Kriegs nicht mehr erscheinen durften.

Die Zensurbehörde der Armee arbeitete in vielem unprofessionell. So entbehrte ihr Vorgehen im Zusammenhang mit politischen Schriften im Januar 1915 jeder Rechtsgrundlage. Oberst Karl Fisch aus dem Aargau, der das Pressebüro leitete, räumte ein, dass die Parteilichkeit der Zensurbehörde «sich – wenigstens scheinbar – durch Tatsachen belegen liess».[7] Diese Parteilichkeit war das Ergebnis der sehr unterschiedlichen Vorgehensweisen der regionalen Büros. Am 26. März 1915 ermahnte der Bundesrat die Kantonsregierungen in einem Kreisschreiben, strenger gegen Propagandaschriften vorzugehen, sei es doch «eine vergiftende Saat»,[8] die durch ihre Verbreitung im Land ausgestreut werde. Indirekt waren damit die Kantonsregierungen der Romandie gemeint, erfolgte das Kreisschreiben doch als Antwort auf den Druck von deutschen Diplomaten nach in Freiburg begangenen Ausschreitungen.

Im Juni 1915 machten die Westschweizer Politiker ihrem Unmut im Parlament Luft, nachdem Zensurmassnahmen gegen die «Gazette de Lausanne» und die «Gazetta Ticinese» verhängt worden waren. Die darauf folgende Kontroverse zwang den Bundesrat, Ordnung in sein Zensursystem zu bringen. Am 2. Juli 1915 erliess er eine erste Verordnung, die der Bundesanwaltschaft die Möglichkeit einräumte, strafrechtlich gegen Schweizer Publikationen wegen Beschimpfung fremder Regierungen vorzugehen. Am 27. Juli setzte der Bundesrat eine Pressekontrollkommission ein, die vor allem ausländische Propagandaschriften ins Visier nehmen sollte. Zwei Mitglieder der fünfköpfigen Kommission waren Journalisten, die dem Komitee des Schweizerischen Pressevereins angehörten. Die Umstrukturierung konnte die Gemüter aber nicht beruhigen. Germanophile wie Frankophile warfen der Zensurbehörde Parteilichkeit vor, wann immer sie etwas an ihren Schriften zu bemängeln hatte. Die Protokolle der Kommission geben die opportunistischen Tendenzen der Bundesbehörden recht deutlich zu erkennen. In den Jahren 1915 und 1916 war die Bereitschaft der Kommission, die Augen vor Verstössen zu verschliessen, auf der Seite der Germanophilen eindeutig grösser. Erst ab Ende 1916 und noch deutlicher nach dem Kriegseintritt der USA im April 1917 stiessen die Interessen der Ententemächte auf ein milderes Urteil. Insgesamt passten die Behörden ihren repressiven Apparat pragmatisch den sich wandelnden strategischen Interessen der Schweizer Aussenpolitik an.

Alexandre Elsig

32
«Der Zeichner. – Sag mir, was du zensierst, und ich sag dir, wer du bist?!…» – Die in der Romandie erschienene Postkarte zeigt, wie Dame Anastasie, die Personifikation der Zensur, sich schützend vor eine Eule mit Pickelhaube stellt, also eigentlich deutsche Interessen vertritt. Die Eule steht hier für den Obskurantismus.

Sorge um Neutralitätsverletzungen und nationalen Zusammenhalt

Besondere Aufmerksamkeit widmete der Bundesrat in den ersten Monaten des Kriegs dem Schutz der Neutralität und dem Verhältnis zum Ausland. Bereits am 4. August 1914 verordnete er den Einwohnern des Landes weit gefasste Vorschriften zur «Handhabung der Neutralität der Schweiz». Diese regelten unter der Maxime einer «strengen Unparteilichkeit in den Beziehungen zu allen Kriegführenden» den Umgang mit Deserteuren und Flüchtlingen, verboten die Nutzung von schweizerischem Territorium für Angriffe auf die Nachbarländer und die Werbung von Kriegsfreiwilligen. Schweizer, «die sich nicht ruhig und der Neutralität gemäss» verhielten, konnten interniert, Ausländer ausgewiesen werden.[9]

In den kommenden Monaten verschärfte sich die bereits bei der Wahl der Armeeleitung zu Tage getretene innenpolitische Spaltung entlang der Sprachgrenzen, und es öffnete sich ein Graben, in dem sich gewissermassen die Fronten des Weltkriegs als ideologischer Konflikt fortsetzten. Bereits mit der Invasion Belgiens verfestigte sich in der Romandie und im Tessin die Wahrnehmung eines aggressiven, auch vor Verbrechen gegen die Zivilbevölkerung neutraler Staaten nicht zurückschreckenden Deutschen Reiches, dem trotz der Unparteilichkeit der Schweiz Paroli geboten werden musste. Dagegen war in der Deutschschweiz ein durch kulturelle, wirtschaftliche und persönliche Beziehungen begründetes Verständnis für die nördlichen Nachbarn und die Mittelmächte feststellbar. Viele Zeitgenossen sahen diese innere Spaltung zwischen Entente-Anhängern und «Germanophilen» mit Sorge und riefen wie der spätere Literaturnobelpreisträger Carl Spitteler in seiner im Dezember 1914 gehaltenen Rede «Unser Schweizer Standpunkt» zu nationaler Einheit und Selbstbeschränkung der persönlichen Sympathien auf.

Auch der Bundesrat appellierte in dieser emotional aufgeheizten Situation an die Bevölkerung und erinnerte an die «Pflichten [...], die die Neutralität in diesem Kriege uns auferlegt». Verstösse gegen die Gebote der Neutralität sowie die Wurzeln der inneren Spaltung ortete der Bundesrat in der Presse, «der Wortführerin und Leiterin der öffentlichen Meinung».[10] Um gegen «Pressorgane, durch welche die guten Beziehungen der Schweiz zu andern Mächten gefährdet werden», vorgehen zu können, gab er sich deshalb Ende September 1914 mit dem Bundesratsbeschluss «betreffend Ausschreitungen in der Presse» die Kompetenz, Publikationen zu verwarnen oder sogar zeitweilig zu verbieten.[11] Neben der zum Schutz von Armeegeheimnissen und nachrichtendienstlichen Zwecken bereits vorher eingerichteten militärischen Pressekontrolle wurde damit auch eine politische Zensur geschaffen, welche die von der Verfassung garantierte Pressefreiheit einschränkte. Ergänzt wurden diese Massnahmen im Juli 1915 durch den Beschluss betreffend die «Presskontrolle während der Kriegswirren». Dieser trennte die bislang unklaren Zuständigkeiten zwischen militärischer und politischer Pressekontrolle, präzisierte das Strafmass für Verstösse und schuf eine fünfköpfige «eidgenössische Presskontrollkommission», welche «alle für die Öffentlichkeit bestimmten Drucksachen» überwachte. Zugleich meldete sie Verstösse schweizerischer Medien gegen das Neutralitätsgebot dem Bundesrat oder entschied im Fall von aus dem Ausland eingeführten Schriften aber «selbständig und endgültig» über Verbote.[12] Über die Pressekontrolle hinaus auf alle öffentlichen Äusserungen «in Wort oder Schrift, in Bild oder Darstellung» gerichtet war ausserdem eine gleichzeitig erlassene Verordnung gegen die «Beschimpfung fremder Völker, Staatsoberhäupter oder Regierungen».[13]

Widerstand gegen das Vollmachtenregime aus der Romandie

Angesichts der schnellen und einmütigen parlamentarischen Zustimmung zum bundesrätlichen Vollmachtenregime im August 1914 überrascht es nicht, dass sich Kritik zunächst nur vereinzelt bemerkbar machte. Dies war auch darauf zurückzuführen, dass Politik und Öffentlichkeit in der Schweiz wie im Rest Europas davon ausgingen, dass der Krieg wie 1870/71 nach einigen Monaten beendet sei und die gewährten Vollmachten damit hinfällig würden. Als sich durch weitere Kriegseintritte und den Stillstand im Grabenkrieg an der Westfront aber eine längere Dauer des Konflikts abzeichnete, entwickelte sich eine Auseinandersetzung um Legalität und Praxis des immer häufiger in Verfassung und bestehendes Recht eingreifenden Vollmachtenregimes.

Schon während des Kriegs wurde das Notverordnungsrecht des Bundesrats in der Rechtswissenschaft kontrovers diskutiert. Eine Mehrzahl der Juristen war der Ansicht, das Vollmachtenregime sei angesichts der schwierigen Lage der Schweiz im Weltkrieg zwar legitim, über seine Verfassungsmässigkeit war man sich jedoch nicht einig. Walther Burckhardt, Professor für Staats- und Völkerrecht in Bern, etwa verteidigte 1916 die Notwendigkeit, im Sinn der Erhaltung des Gemeinwesens einer einzelnen Behörde im Staat eine

33

34

33
«Abgesehen davon bin ich frei», stellt der Schweizer in der Westschweizer Zeitschrift «L'Arbalète» vom 1. August 1917 fest und meint damit die zunehmende Gängelung durch Vollmachtenregime und Armeebehörden.

34
Wütend verkündet dieser Bürger, er werde sich die Macht im Staat bald wieder zurückholen. Politik und Militär scheinen ihn allerdings nicht sonderlich ernst zu nehmen. Karikatur aus der Westschweizer Zeitschrift «L'Arbalète» vom 1. Juli 1917.

klare Vorrangstellung zukommen zu lassen und hielt das Parlament zu diesem Machttransfer grundsätzlich berechtigt. Ähnlich sahen es seine Kollegen Eduard His und Otto von Waldkirch. Eine andere Meinung vertraten nach dem Krieg Zaccaria Giacometti und Lili Zoller. Letztere schrieb in ihrer Dissertation 1928 nicht nur, dass die Bundesversammlung mit der Erteilung der ausserordentlichen Vollmachten ihre Kompetenzen überschritten habe, sie sah im Vollmachtenregime vielmehr ein Instrument gesellschaftlicher Gruppen, ihre Macht im Staat zu bewahren: «Ein solches Notverordnungsrecht bedeutet eine Revolution, den Geltungsanfang einer neuen einzelstaatlichen Rechtsordnung mit den Grundzügen der Diktatur. Die Vorstellung, dass das bestehende Verhältnis der sozialen Kräfte um jeden Preis aufrecht erhalten werden soll, auch unter Verletzung der bestehenden Rechtsordnung, wird immer die notwendige Wirksamkeit erlangen, so lange die Machtverhältnisse im Staatsgebiet dieselben bleiben, dieselben Gruppen die Herrschaft halten.»[14] Zoller bezweifelte mit dieser deutlichen Stellungnahme nicht nur wie ihre Kollegen die Rechtmässigkeit des Vollmachtenregimes, die Schülerin des bekannten Verfassungsrechtlers Fritz Fleiner vermutete dahinter vielmehr einen Versuch der «herrschenden Gesellschaftsgruppen», unter dem Vorwand der Rettung des Landes ihre Macht im Staat gegenüber anderen Kräften abzusichern.[15]

Der Bundesrat selbst liess offen, ob seine Vollmachten eine Grundlage in der schweizerischen Verfassung besassen, er sah sich in erster Linie in einer «durch ausserordentliche Ereignisse geschaffenen Notlage des Staates» zu deren Anwendung befugt.[16] Rückendeckung erhielt er dabei vom Bundesgericht, das es im Dezember 1915 ablehnte, eine auf die Vollmachten gestützte Bundesratsverordnung auf ihre Verfassungsmässigkeit zu überprüfen. Mit diesem und späteren Urteilen entband das Gericht den Bundesrat, der nun «materiell die Funktionen des Gesetzgebers ausübte», in der Handhabung seiner neuen Kompetenzen von allen konstitutionellen Schranken.[17]

Während die Jurisprudenz über die rechtlichen Grundlagen des Vollmachtenregimes debattierte, von seiner Notwendigkeit jedoch prinzipiell überzeugt war, regte sich eine weitaus schärfere Form der Opposition in der Westschweiz. Wie im Beschluss vom 3. August 1914 vorgesehen, hätte der Bundesrat dem Parlament eigentlich auf jede Session hin einen Rapport über seine Kriegsmassnahmen zur Genehmigung unterbreiten müssen. Am 1. Dezember 1914 hatte er auch tatsächlich seinen ersten sogenannten Neutralitätsbericht vorgelegt, sah sich jedoch durch die «äussern Verhältnisse» nicht im Stande, über alle politischen, militärischen und wirtschaftlichen Fragen Auskunft erteilen zu können, und schlug vor, die parlamentarische Behandlung auf die Zeit nach Kriegsende zu verschieben.[18] Weiterhin in der Annahme, das Ende des Konflikts würde nicht mehr lange auf sich warten lassen, akzeptierten die Räte dieses Vorgehen, und für die nächsten 14 Monate gab es keine Neutralitätsberichte und somit auch keine Aufsicht über das Vollmachtenregime mehr. Ende 1915 hatte sich die Situation jedoch grundlegend verändert. Das Blutvergiessen zwischen der Entente und den Mittelmächten ging ohne Aussicht auf eine Entscheidung weiter und wirkte sich nicht nur durch Grenzverletzungen und Spionageaffären, sondern immer stärker auch wirtschaftlich auf die Schweiz aus. Gleichzeitig hatte sich die innenpolitische Lage spürbar verschärft. Der Graben zwischen den Sprachregionen hatte sich in vereinzelten Tumulten, wie in Freiburg im März 1915 oder im Januar 1916 in Lausanne, sowie in beinahe alltäglichen öffentlichen Anfeindungen entladen. In der Westschweiz wuchs angesichts von Prozessen gegen die Presse und der ausufernden Militärjustiz der Unmut über die Landesregierung, die Armeeleitung und das Vollmachtenregime.

Es geschah nicht zufällig während der bis ins Ausland hohe Wellen schlagenden «Oberst-Affäre» um die beiden Generalstabsoffiziere Karl Egli und Moritz von Wattenwyl – sie hatten insgeheim mit den Zentralmächten nachrichtendienstliches Material ausgetauscht –, dass der Staatsrat und Bundesparlamentarier des Kantons Waadt, darunter der spätere Bundesrat Ernest Chuard, in Bern vorstellig wurden. Ihre Resolution forderte neben einer Beschränkung der Vollmachten auf die «gegenwärtigen Notwendigkeiten des Landes» die Unterstellung der Armee unter die «Zivilgewalt» und eine genaue Festsetzung der Kompetenzen des Generalstabs.[19] Die Waadtländer sahen im «régime dictorial» des Bundesrats eine Nachahmung der autoritär-militaristischen Exekutivsysteme der deutschen Monarchien, die ihren Vorstellungen von Föderalismus und Parlamentarismus entgegenstanden.[20] Sie fanden mit dieser Haltung nicht nur im Kanton Genf, sondern auch bei Politikern der Arbeiterbewegung in der Deutschschweiz Unterstützung. Der Bundesrat konterte den Vorstoss aus der Romandie in seinem zweiten Neutralitätsbericht vom 19. Februar 1916. Zwar begrüsste er, dass sein Umgang mit den Vollmachten einer parlamentarischen Diskussion ausgesetzt werden sollte, da dies die Lage entschärfen und er sich vergewissern könne, «ob die Behörde [...] noch das ihr für die Lösung der schweren Aufgabe erforderliche Vertrauen geniesst». Gegen eine Beschränkung seiner Befugnisse widersetzte er sich allerdings. Unabhängig von der Rechtsgültigkeit seiner Notverordnungen gab sich der Bundesrat überzeugt, mit diesen im Sinn der «Sicherheit, Integrität und Neutralität des Landes» zu agieren. Das oft geäusserte Argument, die Lage habe sich seit Kriegsausbruch soweit entspannt, dass das Vollmachtenregime nicht mehr notwendig sei, wies er zurück. Dass der Schweiz die Teilnahme am Krieg bislang erspart blieb, habe das «Volk in ein ebenso gefährliches als unbegründetes Sicherheitsgefühl eingelullt» und «gegen die gewaltigsten und erschütterndsten Eindrücke abgestumpft». Die Notlage bestehe jedoch besonders in wirtschaftlicher Hinsicht mehr denn je und lasse einen Abbau der Kompetenzen des Bundesrats keinesfalls zu.[21]

Der zweite Neutralitätsbericht wurde in einer ausserordentlichen Session der Räte behandelt, die am 6. März 1916 begann. Die Stimmung war durch Gerüchte, Verdächtigungen und Affären aufgeheizt. Nationalratspräsident Arthur Eugster appellierte an seine Kollegen, den Streit um Vollmachtenregime, Neutralität und Armee im Interesse des Landes schnell beizulegen: «In dieser schicksalsschweren Zeit ist Misstrauen der schlimmste innere Feind. Nahe unserer Heimatgrenzen donnern alltäglich die Kanonen und verkünden uns, wie die zu Feinden gewordenen edlen Nachbarnationen täglich und stündlich blutige Opfer ohne Zahl bringen, und wir sollten im Inneren unseres Landes einen Bruderstreit dulden? So lange unsere Berge stehen, müssen wir treu zusammenstehen als ein einiges Volk. Wir wollen uns wiederfinden, uns wieder die Bruderhand geben. Laut möge die Botschaft durchs Schweizerland klingen und freudiger Widerhall wird sie allüberall finden: Wir haben uns wieder gefunden. Wir wollen Schweizer sein, und nur Schweizer!»[22] Dennoch kam es zu langwierigen Debatten zwischen Westschweizern und Deutschschweizern, zwischen Sozialdemokraten und Bürgerlichen, in die sich auch die Bundesräte Hoffmann und Motta einschalteten. Der für seine scharfen Worte bekannte Lausanner Journalist und Vertreter der Romandie in der Neutralitätskommission Edouard Secrétan warb vergleichsweise versöhnlich um Verständnis für die Beunruhigung in der Westschweiz angesichts des bevollmächtigten Bundesrats und des eigenmächtigen Armeekommandos. Eine Einschränkung der Vollmachten lehnte er aber ab, obwohl er dies als Teil der Waadtländer Fraktion noch kurz zuvor gefordert hatte. Deutlicher wurden die Sozialdemokraten. Die Antimilitaristen Graber und Naine beantragten die Überprüfung der Stellung von General und Generalstabschef. Eine weitere Gruppe unter Führung von Robert Grimm forderte, die auf Grundlage der Vollmachten getroffenen Massnahmen der Kontrolle und Genehmigung des Parlaments zu unterstellen. Beide Anträge konnten sich indes nicht durchsetzen.

Auch die für die Behandlung der Bundesratsberichte zuständigen Neutralitätskommissionen fanden zunächst keine gemeinsame Stimme. Trotzdem wurde dem Bericht schliesslich mit 159 zu 15 (zumeist sozialdemokratischen) Stimmen die Genehmigung erteilt und dem Bundesrat somit erneut das Vertrauen ausgesprochen. Die «Neue Zürcher Zeitung» (NZZ) schrieb, dass die Aussprache zwar «Fehler, Mängel und Missgriffe in Verwaltung und Armee aufdeckte» und den schweizerischen Graben offen zutage treten liess, dabei aber wie ein «reinigendes Gewitter» gewirkt und eine heilsame Wirkung gezeigt habe.[23] Deutschschweizer und Romands konnten das gegenseitige Misstrauen im Dialog entkräften, der Bundesrat überzeugend die Notwendigkeit seiner Vollmachten darlegen; und er versicherte, von nun an auf jede Session hin einen Neutralitätsbericht vorzulegen. Entscheidend für die Zustimmung der Räte war jedoch letztlich die Klärung des Verhältnisses zwischen den zivilen Behörden und der Armeeleitung. Es gelang dem Bundesrat, «den Beweis zu erbringen, dass die politischen Geschäfte ausschliesslich seine Angelegenheit waren und dass die Armeeleitung nie den leisesten Versuch einer Einmischung unternommen habe».[24]

WIE VIELE NOTVERORDNUNGEN GAB ES?

Während des Ersten Weltkriegs erliessen Bundesrat, Departemente und Ämter Hunderte von Beschlüssen, Verordnungen und Verfügungen, die sich direkt oder indirekt auf den Vollmachtenbeschluss vom 3. August 1914 stützten. Nicht alle diese Erlasse wurden in den amtlichen Veröffentlichungen publiziert, und auch Experten waren sich offenbar nicht einig, welche davon eigentlich Manifestationen des notrechtlichen Regimes waren. Viele Beschlüsse und Kreisschreiben des Bundes ermächtigten ausserdem die Kantone zu eigenen Gesetzen, Dekreten und Verordnungen, was den Überblick über die gesamte legislative Tätigkeit in der Kriegszeit enorm erschwerte; eine vollständige amtliche Zusammenstellung existierte nicht. Im Mai 1919 legte der Bundesrat auf Verlangen des Parlaments eine Liste mit 437 «zurzeit geltenden, auf dem Notverordnungsrecht beruhenden Bestimmungen» vor und merkte an, dass insgesamt über 1000 solcher Erlasse zustande kamen.[25]

Der Bezirksrichter Fritz Baer begann während des Kriegs mit einem Verzeichnis der «sämtlichen wichtigen, durch die Kriegsverhältnisse veranlassten Verordnungen, Beschlüsse und Kreisschreiben der Bundesbehörden» und kam dabei bis Ende 1918 auf die Zahl 647. Ein Blick in die amtliche Rechtssammlung des Bundes zeigt allerdings, dass auch dieses Werk keineswegs alle auf den 3. August 1914 gestützten Notgesetze beinhaltet, denn Baer verzichtete bis 1916 bewusst auf die Aufnahme von wirtschaftlichen Erlassen.

Das Vollmachtenregime wurde während der Kriegsjahre zu einem undurchdringlichen Geflecht von Regelungen und Vorschriften, zigfach geändert und ergänzt, auf verschiedenste Institutionen verteilt und in Bereiche von Gesellschaft und Wirtschaft vordringend, in denen der Staat vor dem Krieg kaum Regulierungsbedarf sah. Die Schwierigkeiten beim Versuch, dieses juristische Gewirr in seiner ganzen Tragweite zu erfassen, erkannte auch Baer: «Nicht nur für die Gewerbetreibenden, den Kaufmann, auch für die Behörden wird das ins ungeahnte wachsende Kriegsverordnungsrecht nachgerade immer unübersichtlicher, komplizierter; es gibt kaum noch Gebiete der Volkswirtschaft, die nicht in einer oder verschiedenen Richtungen durch Kriegsverordnungen beherrscht werden.»[26]

Oliver Schneider

35
Auch in den Kantonen und Gemeinden verlor man angesichts einer nie dagewesenen Menge von Beschlüssen und Verordnungen irgendwann den Überblick. Karikatur aus dem Nebelspalter vom 17.11.1917.

Seit dem Frühjahr 1916 mehrten sich aber nicht nur die Rufe nach Einschränkung der ausserordentlichen Vollmachten des Bundesrats, auch die Zahl der auf den Vollmachtenbeschluss gestützten Erlasse stieg markant an. Immer öfter handelte es sich dabei nicht nur um Beschlüsse des Bundesrats, sondern auch um direkte Verfügungen einzelner Departemente und derer Abteilungen. Einige Zahlen sollen dies verdeutlichen: Insgesamt produzierten die Bundesbehörden von Kriegsausbruch bis Ende 1918 mindestens 1110 Erlasse, die sich entweder direkt auf den Vollmachtenbeschluss vom August 1914 stützten oder in anderer Weise mit dem Kriegszustand zusammenhingen. Betrachtet man die Verteilung dieser Erlasse auf die einzelnen Departemente, werden die Verschiebungen von Zuständigkeiten deutlich, die während des Kriegs in der Bundesverwaltung stattfanden. Die Zahl der neuen Erlasse blieb während der ersten beiden Kriegsjahre zunächst konstant, explodierte dann aber ab 1916 geradezu. Dabei waren es vor allem die staatlichen Eingriffe in die Wirtschaft – und hier vor allem in die Lebensmittelversorgung – die das stärkste Wachstum erfuhren und bei Kriegsende mehr als die Hälfte der notrechtlichen Tätigkeiten ausmachten. Das Militärdepartement und das Politische Departement mussten in dieser Beziehung Regulierungsbefugnisse schrittweise an das Volkswirtschaftsdepartement abgeben.

Ein ähnliches Bild ergibt sich, wenn man nur die zehn am häufigsten vorkommenden Themen betrachtet. Mit den Problemen bei der Versorgung der Schweiz mit Lebensmitteln, Rohstoffen und Energie nahm in der zweiten Hälfte des Kriegs auch die Zahl der darauf abzielenden Erlasse stark zu. Anzumerken ist allerdings, dass die Zuteilung der vielen verschiedenen Beschlüsse, Verfügungen und Kreisschreiben zu einem bestimmten Thema nicht immer möglich ist und oftmals mehrere Politikfelder tangiert werden. Ausserdem nahm mit zunehmender Dauer des Kriegs die Zahl der Erlasse zu, welche bereits bestehende Rechtstexte ergänzten oder aufhoben. Besonders häufig waren hierbei Höchstpreisfestsetzungen, Truppenaufgebote und Ausfuhrverbote.

In dieser Entwicklung schlug sich nicht nur eine durch die Kriegswirtschaft befeuerte Zunahme der Aufgaben und Tätigkeiten der staatlichen Behörden nieder, sondern auch eine Tendenz zu grösserer Entscheidungskompetenz und Autonomie der Bundesverwaltung. Hier sind besonders die ab 1916 eingeräumten Strafbefugnisse zu nennen, gegen die keine Möglichkeit der Anfechtung bestand. Indem beispielsweise das EVD im Mai 1918 mit einer Kommission ausgestattet wurde, welche vorsätzliche wie fahrlässige Vergehen gegen Ausfuhrverbote, Preisfestsetzungen oder Handelsvorschriften bestrafen konnte, erhielt es zusätzlich zu den bereits bestehenden legislativen auch noch umfangreiche strafrechtliche Kompetenzen. Es waren Ermächtigungen wie diese, welche Gewaltenteilung und Rechtsstaatlichkeit in Frage stellten und den Befund zulassen, dass mit dem Vollmachtenregime letztlich der «moderne Interventionsstaat, der insbesondere tief in die Wirtschaft eingriff», begründet wurde.[27]

Volksentscheide und die neue Rolle der Bundesverwaltung

Der intensive Gebrauch, den der Bundesrat von seinen Vollmachten machte, soll nicht über die Tatsache hinwegtäuschen, dass auch Parlament und Stimmberechtigte an der politischen Entscheidungsfindung während des Weltkriegs beteiligt waren. Bei manchen Vorhaben kam die Landesregierung nicht umhin, die Zustimmung des Souveräns einzuholen. Neben den Wahlen von National- und Ständerat, die planmässig im Herbst 1914 und 1917 stattfinden konnten und nur leichte Veränderungen der Sitzanteile mit sich brachten, waren es vor allem Finanzfragen, die an der Urne entschieden wurden. Die starke Ausweitung der Staatsaufgaben durch das Vollmachtenregime schlug sich, zusammen mit den Kosten für den Aktivdienst der Armee, deutlich in den Bundesfinanzen nieder. Hatten die jährlichen Ausgaben des Bundes 1913 noch wenig mehr als 120 Millionen Franken betragen, stieg dieser Betrag bis 1918 auf fast 550 Millionen Franken. 171 Millionen Franken hiervon entfielen auf die Verwaltungsrechnung, 286 Millionen auf Mobilisationskosten und 51 Millionen auf Subventionen, von denen die Hälfte für die verbilligte Abgabe von Nahrungsmitteln gebraucht wurde.[28] Die Zahl der Angestellten der Bundesverwaltung und von Staatsunternehmen (ohne SBB und PTT) nahm zwischen 1913 und 1920 von knapp 8000 auf 11 000 zu, wobei der stärkste Anstieg in Ämtern mit kriegswirtschaftlichen Aufgaben zu verzeichnen war. Nach der Krise der Nachkriegszeit nahm der Personalbestand des Bundes wieder stark ab.[29]

Der Bundeshaushalt, der sich bis 1916 vor allem auf die im Krieg eingebrochenen Zolleinnahmen gestützt hatte, konnte mit dieser Entwicklung nicht Schritt halten. Die Einführung von Bundessteuern wurde deshalb bald für unumgänglich angesehen, sollte das bereits vor dem Krieg bestehende Defizit in Grenzen gehalten werden. Am 6. Juni 1915 stimmte das Volk der Erhebung einer einmaligen Kriegssteuer in den Jahren 1916/17 – der ersten direkten Bundessteuer

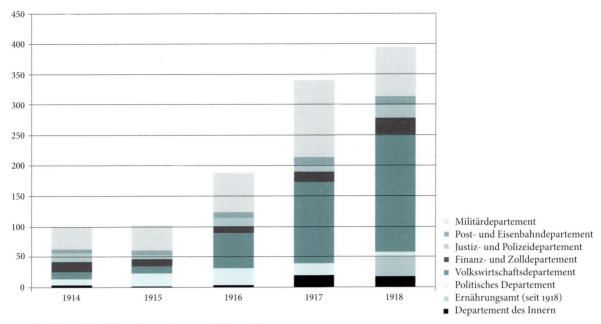

Grafik 1: Erlasse des Vollmachtenregimes nach Jahr und Departement, 1914–1918.

auf Einkommen und Vermögen – denn auch mit grosser Mehrheit zu. Die Kriegssteuer brachte Finanzminister Giuseppe Motta fast 125 Millionen Franken zusätzliche Einnahmen. Darüber hinaus beschloss der Bundesrat in Anwendung seiner Vollmachten Mitte 1916 eine Kriegsgewinnsteuer, welche Betriebe zu entrichten hatten, die ihren Ertrag während der Kriegsjahre steigern konnten. Sie warf bis 1920 insgesamt 732 Millionen Franken ab.[30] Die breite Zustimmung des Volkes zu den neuen Geldquellen des Bundes in der Kriegszeit – 1917 wurde auch der Erhebung von Stempelabgaben die Erlaubnis erteilt – führte jedoch nicht zu einer grundlegenden Akzeptanz von dauerhaften staatlichen Steuern. Eine entsprechende Initiative der SP für die Einführung einer direkten Bundessteuer wurde im Juni 1918 knapp verworfen.

Trotz den zusätzlichen Einnahmen liessen sich aber nicht alle Ausgaben durch neue oder erhöhte Steuern finanzieren. Zur Deckung des expandierenden Staatshaushalts nahm der Bund deshalb auch Anleihen im Wert von insgesamt 1,3 Milliarden Franken auf und beschaffte sich durch die Diskontierung von Schatzanweisungen Kapital von der Schweizerischen Nationalbank, die sich schon kurz nach Kriegsausbruch selbst als «Kriegsbank» bezeichnete.[31] Eine Folge dieser Finanzpolitik war neben einem starken Anstieg der Staatsschulden vor allem eine inflationäre Entwicklung, während der sich die Preise von 1914 bis 1918 mehr als verdoppelten und die zur stetigen Verschärfung der sozialen Konflikte der Kriegszeit beitrug.

Die Schweiz war im Ersten Weltkrieg von vielerlei Spannungen geprägt, die nicht nur zwischen den Sprachregionen bestanden. Dieser Zustand manifestierte sich auch zwischen den staatlichen Institutionen und innerhalb des Bundesrats selbst. Zwei Ereignisse verdeutlichen dies besonders. Im Zuge der Oberstenaffäre traf die Armee Vorkehrungen, um im Fall von Unruhen kurzfristig 3000 Soldaten in die Städte der Westschweiz verschieben zu können. Ein Sturm der Entrüstung, die «Affaire des Trains», brach aus, als diese Massnahme in der Öffentlichkeit bekannt wurde. Das Armeekommando hatte den Einsatz offenbar geplant, ohne den Bundesrat vorher zu informieren. Der Vorsteher des Militärdepartements und einziger Westschweizer im Bundesrat, Camille Decoppet, trug sich daraufhin mit der Absicht zurückzutreten, konn-

Grafik 1
Die Zahl der Erlasse von Bundesrat und Departementen nahm ab 1916 stark zu. Das Wachstum entfiel dabei besonders auf das Volkswirtschaftsdepartement, das sich im Lauf des Kriegs immer mehr Kompetenzen sichern konnte. Quellen: Baer, Kriegs-Verordnungen; Amtliche Sammlung der Bundesgesetze und Verordnungen der schweizerischen Eidgenossenschaft.

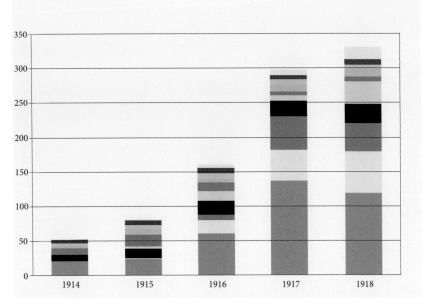

Grafik 2: Erlasse des Vollmachtenregimes nach häufigsten Themenbereichen, 1914–1918.

te durch seine Ratskollegen aber umgestimmt werden, die mit einem kollektiven Rücktritt drohten. Das Beispiel zeigt, wie konfliktreich die Beziehungen zwischen Armeeführung, Bundesrat und besonders dem Waadtländer Decoppet während des Kriegs waren. Militär und General agierten in einem «Schwebezustand zwischen Krieg und Frieden» als eigene Gewalt neben den zivilen Behörden und waren wie jene mit weitreichenden, allerdings unvollständig definierten Kompetenzen ausgestattet.[32] Darunter fiel nicht nur die bereits erwähnte Zensur militärischer Nachrichten, sondern auch die Kontrolle über den Eisenbahnverkehr, eine auf viele Bereiche des zivilen Lebens ausgreifende Militärjustiz und die Aufrechterhaltung von Ruhe und Ordnung im Innern. Nach der Obersten-Affäre sah es auch der Bundesrat als notwendig an, in Bezug auf die Zuständigkeiten der Armee «klare Verhältnisse zu schaffen», und versicherte, dass sich seine Vollmachten nicht auf den General erstreckten. Ausserdem übertrug er einige Kompetenzen der Militärjustiz an bürgerliche Gerichte. Vergehen gegen Erlasse zur Versorgung des Landes mit Brot oder Leder sowie gegen die zahlreichen Ausfuhrverbote wurden somit der kantonalen Justiz überanwortet. Der SP gingen diese Massnahmen aber nicht weit genug. Sie reichte im August 1916 eine Initiative zur gänzlichen Aufhebung der nicht nur in sozialdemokratischen Kreisen als veraltet geltenden Militärjustiz ein. Alle Vergehen gegen das Militärstrafgesetz sollten stattdessen von den Kantonsgerichten beurteilt werden. Die Initiative kam erst nach dem Krieg zur Abstimmung und wurde abgelehnt.

Probleme bestanden aber auch innerhalb des Bundesrats selbst. Als Aussenminister Arthur Hoffmann im Sommer 1917 dem in den Wirren der Revolution nach St. Petersburg gereisten Sozialdemokraten Robert Grimm telegrafisch Unterstützung bei der Vermittlung eines Friedens zwischen Deutschland und Russland anbot, löste das eine weitere Affäre aus, die von der Entente als Verletzung der Neutralität scharf verurteilt wurde. Hoffmann hatte, wohl in der Absicht, Frieden zu schaffen und die wirtschaftliche Versorgung der Schweiz zu verbessern, eigenmächtig und ohne Zustimmung der anderen Regierungs-

Grafik 2
Die Lebensmittelversorgung war bereits von Kriegsbeginn an ein Schwerpunkt der staatlichen Regulierungstätigkeiten. Die zunehmende Knappheit von Rohstoffen und Energie schlug sich in der Ausweitung der Bundesaufgaben deutlich nieder.
Quellen: Baer, Kriegs-Verordnungen; Amtliche Sammlung der Bundesgesetze und Verordnungen der schweizerischen Eidgenossenschaft.

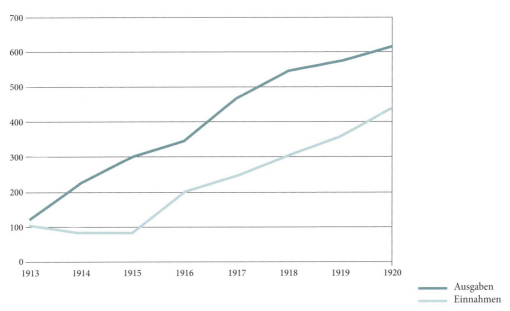

Grafik 3: Einnahmen und Ausgaben des Bundes 1913–1920.

mitglieder gehandelt und musste zurücktreten. Sein Nachfolger wurde am 26. Juni 1917 der Genfer Gustave Ador, der Ende 1915 die Politik des Bundesrats selbst noch als «conspiration du silence» kritisiert hatte.[33] Die Wahl des international angesehenen Ador hatte Signalwirkung für die Romandie, der nun eine stärkere Vertretung in der Regierung gewiss war, ebenso wie für das westliche Ausland, das der neutralen Haltung der Schweiz versichert werden sollte. Hoffmanns Ausrutscher hatte auch Folgen für die staatliche Administration. Der Bundesrat kehrte zur Regel zurück, nach welcher der Bundespräsident stets auch Vorsteher des Politischen Departements war und dieses zentrale Amt somit jedes Jahr neu bekleidet wurde. Per Notverordnung verschob er ausserdem die wichtige Handelsabteilung vom Politischen Departement ins EVD, in welchem wenig später eine grosse «Abteilung für industrielle Kriegswirtschaft» gebildet wurde, die für die Versorgung des Landes mit Rohstoffen und Energie zuständig war. Laut Historiker Edgar Bonjour war diese Neuordnung, wie die Wahl Adors, ein Entgegenkommen gegenüber dem Ausland, da die Ausfuhrangelegenheiten unter der Ägide von Edmund Schulthess «ein für die Entente gefälligeres Aussehen und eine geschmeidigere Führung» erhielten.[34]

Organisatorischer Wandel zeigte sich aber auch in anderen Abteilungen. Der Aufbau der Bundesverwaltung des Jahres 1919 unterschied sich in wesentlichen Details von demjenigen der Vorkriegszeit. Bereits erwähnt wurde die Übernahme der Handelsabteilung und der Zuständigkeit für Getreide, Zucker und Monopolwaren durch das EVD. Allerdings sind nicht alle strukturellen Veränderungen der Bundesverwaltung in diesen Jahren auf die Auswirkungen des Kriegs und die Praxis des Vollmachtenregimes zurückzuführen. Bereits im März 1914 hatte das Parlament eine Reform der Verwaltung beschlossen, die der Bundesrat auf den 1. Januar 1915 umsetzte. Wiederum war es vor allem das EVD, welches dadurch Veränderungen erfuhr und seinen neuen, bis 2012 gültigen Namen erhielt.

Die im Lauf des Kriegs dem Staat übertragene Fülle an neuen Aufgaben und Befugnissen wurde in der gesamten Bundesverwaltung deutlich, war aber

Grafik 3
Die Mobilisation und der Ausbau der Verwaltung führten zu einer stetigen Erhöhung der Bundesausgaben während der Kriegszeit. Mit neuen Steuern und Abgaben wurde versucht, mit dieser Entwicklung Schritt zu halten. Quelle: Ritzmann-Blickenstorfer, Historische Statistik, 952.

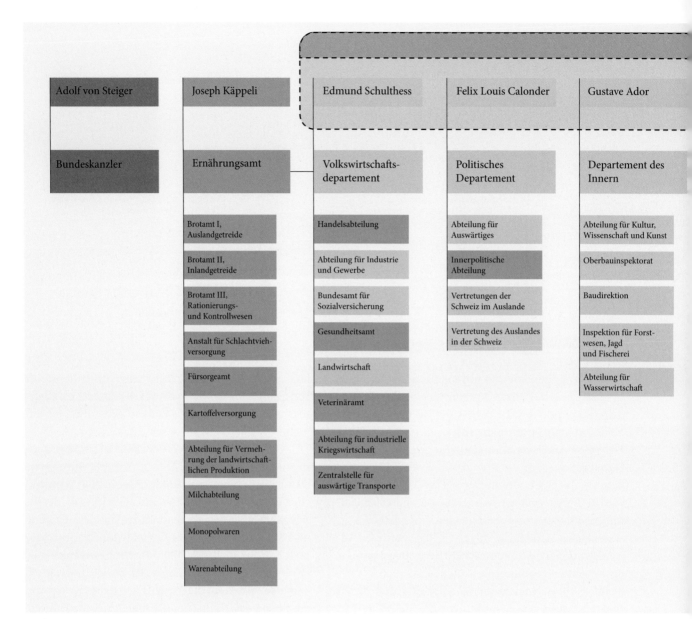

Grafik 4: Organigramm der Bundesverwaltung 1919.

nirgends so gross wie im Volkswirtschaftsdepartement. Edmund-Schulthess-Biograf Hermann Böschenstein schrieb dazu: «Die Bewirtschaftung aller energieerzeugenden Stoffe und industriellen Rohstoffe, aller wesentlichen Nahrungsmittel, aller Importprodukte, die Preisnormierungen, die Handhabung der Ausfuhrverbote und Ausnahmen davon, die Wucherbekämpfung, Beschlagnahmung, das Fürsorgeamt mit seinen Notstandsaktionen, die kriegswirtschaftlichen Aufgaben auch des Veterinär- und des Gesundheitsamtes gaben dem Departementschef eine ungeheure Machtfülle. Überall trat das Volkswirtschaftsdepartement mit seinem Chef in Erscheinung. Schulthess befiehlt, er redet in alles hinein, er will alles an sich reissen, hiess es in der Wirtschaft und weit darüber hinaus.»[35]

Es überrascht nicht, dass sich angesichts dieser Entwicklung im Bundesrat Tendenzen von Überlastung bemerkbar machten, während immer mehr Entscheidungen direkt in der Verwaltung gefällt wurden. Stimmen wurden laut, welche die angewachsene Macht der Verwaltung auf der einen, den Entscheidungsstau in Bundesrat und Parlament auf der anderen Seite bemängelten und eine Neuorganisation des Staates forderten. Ein bereits früher vorgebrachter Vorschlag war die Erhöhung der Mitgliederzahl der Regierung von sieben auf neun, um die verschiedenen Landesteile besser zu repräsentieren und weniger Geschäfte aus Zeitmangel an die Bundesämter delegieren zu müssen. War der Bundesrat bislang noch gegen eine solche Erweiterung, sprach er sich nach der Hoffmann-Grimm-Affäre einstimmig für eine entsprechende

Bundesrat

Robert Haab	Camille Decoppet	Eduard Müller	Giuseppe Motta
Post- und Eisenbahndepartement	Militärdepartement	Justiz- und Polizeidepartement	Finanz- und Zolldepartement
Eisenbahnabteilung	Generalstabsabteilung	Justizabteilung	Finanzverwaltung
Postverwaltung	Abteilung für Infanterie	Grundbuchamt	Zollverwaltung
Telegraphen- und Telephonverwaltung	Abteilung für Kavallerie	Polizeiabteilung	Steuerverwaltung
	Abteilung für Artillerie	Bundesanwaltschaft	Statistisches Büro
	Abteilung für Genie	Versicherungsamt	Amt für Mass und Gewicht
	Abteilung für Sanität	Amt für geistiges Eigentum	Amt für Gold- und Silberwaren
	Abteilung für Veterinärwesen		Alkoholverwaltung
	Oberkriegskommissariat		
	Kriegstechnische Abteilung		
	Kriegsmaterialverwaltung		
	Landestopographie		
	Pferderegieanstalt in Thun		
	Verwaltung der Militärrechtspflege		
	Befestigungskommission		
	Landesverteidigungskommission		
	Artilleriekommission		
	Militäreisenbahnkommission		
	Pensionskommission		
	Kommission der Winkelriedstiftung		
	Militärkassationsgericht		

Grafik 4
Das Organigramm der Bundesbehörden 1919 zeigt die Verschiebungen, die während des Kriegs in der Verwaltung stattfanden: Das Volkswirtschafts- und das Finanzdepartement konnten ihre Zuständigkeiten auf Kosten des Politischen Departements und des Innendepartements erweitern. Mit dem Ernährungsamt wird eine eigene Behörde für die Lebensmittelversorgung geschaffen, die bis 1922 bestehen blieb. Quelle: Bundeskanzlei (Hg.): Staats-Kalender der schweizerischen Eidgenossenschaft. Bern 1914/1919.

Motion des Genfer Nationalrats Horace Micheli aus. Obwohl sich dieser auch eine Mehrheit der Räte anschloss, wurde das Begehren schliesslich nicht weiter verfolgt. Zum einen war die lateinische Schweiz nach dem Ausscheiden Hoffmanns wieder mit drei Bundesräten in der Regierung vertreten, zum anderen gaben Gegner wie der Urner Ständerat Karl Huber zu bedenken, dass unter einem vergrösserten, nach «Stammes- und Parteienverschiedenheiten» zusammengesetzten Bundesrat die Einheit und Handlungsfähigkeit des Gremiums gefährdet würden.[36]

Ähnlich erging es einem 1918 in Angriff genommenen Vorhaben, das der Bundeshaus-Korrespondent der «NZZ» ausdrücklich bejahte: «Vieles, sehr vieles wird nach dem Krieg im Lande der Eidgenossen zu revidieren sein, zahlreiche Wünsche, Anregungen, Begehren werden auftauchen. Sollen wir auf die Dauer nur Flickwerk an unserer Verfassung vornehmen? Die veränderte neue Zeit verlangt ganze Arbeit. Sie rechtfertigt, wie wir glauben, die Parole: Totalrevision der Bundesverfassung!»[37] Das Thema sollte in der Dezembersession 1918 beraten werden, was jedoch so kurz nach den turbulenten Tagen des Landesstreiks und Kriegsendes nicht mehr möglich war. Doch auch als sich National- und Ständeräte im darauffolgenden Jahr erneut der Totalrevision zuwandten, die dem Bund vor allem in der Sozialpolitik neue Kompetenzen schaffen sollte, fand diese keine Mehrheit. Bundesrat Felix-Louis Calonder gab zu bedenken, dass die Exekutive «mit Arbeit überhäuft sei» und eine Überarbeitung der Verfassung deshalb nicht in Angriff nehmen könne. Calonder schlug die schrittweise Revision gemäss den anstehenden Problemen vor und fand darin die Zustimmung des Parlaments. Dass die Totalrevision nicht zustande kam, hatte aber auch noch einen anderen Grund. Im Oktober 1918 hatte das Volk in einem höchst folgenreichen Entscheid die Initiative für die Proporzwahl des Nationalrats angenommen. Die ersten Wahlen nach dem neuen Modus fanden im Herbst 1919 statt und sollten zahlreiche Sitzverluste für die bislang dominierenden Freisinnigen zugunsten der Sozialdemokraten sowie den Bauern- und Bürgerparteien, den Vorläufern der heutigen SVP, mit sich bringen. Den Nationalräten waren diese Verschiebungen im Vorfeld wohl bewusst, und die «NZZ» bezeichnete es als «taktischen Fehler», so wichtige Traktanden wie die Revision der Verfassung einem eigentlich «beschlussunfähigen Nationalrat» vorzulegen. Der aus Herisau stammende Sozialdemokrat Arnold Knellwolf beschrieb die Zustände so: «Was kann es wichtigeres geben, wenn nur noch ein Drittel der Mitglieder des Rates anwesend ist, [...] und von diesem Drittel hat, verzeihen Sie mir diesen harten Ausdruck, wieder ein Drittel den Verhandlungen auch nicht mehr mit voller Aufmerksamkeit zu folgen vermocht.»[38]

Zäher Abbau des Vollmachtenregimes

Der Abbau des Vollmachtenregimes gestaltete sich äusserst zögerlich. Seit der Hoffmann-Grimm-Affäre hatten sich die Stimmen gehäuft, die einen Rückbau der überbordenden Bürokratie und ein Ende der notrechtlichen Kompetenzen des Bundesrats forderten. Dieser machte jedoch auch nach dem Ende des Weltkriegs keine Anstalten, auf die 1914 gewährten Vollmachten zu verzichten. Im Herbst 1918 erreichte die Zahl der Bundesratsbeschlüsse und Departementsverfügungen unter dem Eindruck des Landesstreiks und den Umwälzungen des Kriegsendes vielmehr ihren Höhepunkt. Bereits im März 1918 hatte der Neuenburger Pierre de Meuron im Ständerat eine Motion eingereicht, die den Bundesrat um eine Prüfung des Vollmachtenbeschlusses ersuchte. Wenige Monate später folgte ihm eine Gruppe um den Genfer Nationalrat Marc-Ernest Peter, die nun eine Beschränkung der Vollmachten auf dringende wirtschaftliche und militärische Massnahmen sowie den Einbezug des Parlaments in die Beschlussfassung verlangte. Der Bundesrat nahm zu diesen Anträgen erst im Dezember 1918 Stellung. Er räumte zwar ein, dass sich mit dem Ende des Kriegs «endlich die Aussicht auf die Wiederkehr besserer Zustände» geöffnet habe, einem Abbau der langjährigen Vollmachten erteilte er jedoch ebenso eine Absage wie einer stärkeren gerichtlichen oder parlamentarischen Kontrolle seiner notrechtlichen Praxis: «Es wäre freilich verfehlt und gefährlich, zu glauben, dass heute schon oder in nächster Zeit die Schwierig-

---

36
Das Parlament, das dem Bundesrat bei Kriegsbeginn die Vollmachten übertragen hatte, war in den folgenden Jahren von Entscheidungsstau, endlosen Reden und zahlreichen Abwesenheiten von Parlamentariern gekennzeichnet. Dieses «Schattendasein» herrschte laut dem «Nebelspalter» vom 6. April 1918 auch, als es um die Einschränkung der Vollmachten ging.

Beschränkung der außerordentlichen Vollmachten

Zur Einreichung der Motion schreibt ein Zürcher Blatt: „Das Schattendasein, das das Parlament jetzt in wichtigen Fragen führen muß, ist nicht geeignet, die notwendige Einheit zwischen Volk, Parlament und Bundesrat herzustellen und das Vertrauen zu schaffen, das wir jetzt dringender brauchen als je."

(Zeichnung von S. Boscovits jun.)

Abstimmung

Das obenstehende Bild zeigt das „Schattendasein, das das Parlament in wichtigen Fragen führen muß" und beweist, wie notwendig es ist, solchen Zuständen ein Ende zu bereiten.

KOOPERATION VON STAAT UND WIRTSCHAFT: DIE ZENTRALSTELLEN

37

Zwar hatte es bereits beim Ausbruch des Weltkriegs erste Engpässe bei der Versorgung mit Waren aus dem Ausland und eine kurze Bankenkrise gegeben, markant verschlechterte sich die Lage der schweizerischen Wirtschaft, die auf den Import von Lebensmitteln und Rohstoffen angewiesen war, jedoch erst ab dem Frühjahr 1916. Die Krieg führenden Länder versuchten zu verhindern, dass in die neutrale Schweiz gelieferte Waren zum Gegner gelangten, und veranlassten zu diesem Zweck 1915 die Schaffung der Kontrollinstitutionen «Société Suisse de Surveillance Economique» (S.S.S.) der Entente, die bei Kriegsende mehr als 500 Personen beschäftigte, und der kleineren «Schweizerischen Treuhandstelle für Überwachung des Warenverkehrs» (S.T.S.) der Mittelmächte.

Stellten bereits diese Organisationen einen aussergewöhnlichen Eingriff in die Abläufe der schweizerischen Wirtschaft dar, kam der Bundesrat angesichts der wachsenden Proteste aus Bevölkerung und Wirtschaft gegen steigende Preise und knappe Güter nicht umhin, kraft seiner Vollmachten weitere Massnahmen zur Regulierung vor allem des Lebensmittelmarktes zu ergreifen. Departemente setzten Höchstpreise fest, verstaatlichten die Ein- oder Ausfuhr bestimmter Produkte, erliessen Vorschriften für Verarbeitung und Handel von Rohstoffen, verhängten Strafen gegen Spekulation, Hortung oder Verschwendung und schritten im Herbst 1917 schliesslich zur Rationierung und Subventionierung von Brot, Käse, Zucker und anderen Lebensmitteln. Die Umsetzung der rasch steigenden Zahl solcher Regulierungen geschah mangels Planung vor dem Krieg oft improvisiert und wurde einer Vielzahl sogenannter Zentralstellen aufgetragen. Manche dieser mit umfangreichen Befugnissen ausgestatteten Institutionen wurden neu gegründet und der Bundesverwaltung angegliedert, wie die wichtige Schweizerische Zentralstelle für Einfuhr- und Ausfuhrtransporte (FERO) im März 1917 oder das eidgenössische Ernährungsamt im Herbst 1918. Letzteres war zwar dem EVD angegliedert, unterstand aber wegen der Bedeutung seines Tätigkeitsbereichs direkt dem Bundesrat, weshalb sein Leiter an Sitzungen der Landesregierung zu Lebensmittelfragen teilnehmen und vor dem Parlament auftreten konnte. In anderen Fällen übertrug der Staat Aufgaben an bereits bestehende private Organisationen oder Kaderleute aus der Wirtschaft. Beispiele sind der Schweizerische Bauernverband, der unter seinem umtriebigen Sekretär Ernst Laur bei Fragen von Produktion, Ein- und Ausfuhr sowie Verteilung von Lebensmitteln ein gewichtiges Wort mitredete, oder der Schweizerische Handels- und Industrieverein, der die Politik der Kriegswirtschaft massgeblich mitgestalten konnte.

Die enge Zusammenarbeit, die sich zwischen den Behörden und der Privatwirtschaft entwickelte, ermöglichte Wirtschaftsverbänden und einzelnen Unternehmern, zentrale Positionen im politischen System zu erreichen und Einfluss auf die Prozesse der Entscheidungsfindung auszuüben. Die Versuche zur Steuerung der Kriegswirtschaft in der vom Liberalismus geprägten Schweiz stiessen aber auch auf Widerstand, besonders wenn vermutet wurde, sie könnten bestimmte Unternehmen oder Berufsgruppen bevorzugen. Während des Kriegs mehrten sich denn auch die Rufe nach Bestrafung der vielerorts vermuteten Kriegsgewinnler, Spekulanten oder Hamsterer. Bauern und Industriellen wurde vorgeworfen, sie hätten sich in den Zeiten der Kriegskonjunktur bereichert, zur Linderung der Armut dagegen nichts beigetragen.

Oliver Schneider

37
Die Kriegszeit führte zu einem starken Ausbau der Bundesverwaltung, in deren Räumlichkeiten auch immer häufiger direkt über die verschiedenen Regulierungen entschieden wurde. Im Bild ein Büro zur Kontrolle des Rechnungswesens der Internierung in Bern um 1917.

keiten, die der Krieg uns gebracht hat, überwunden seien. Noch ist der Zweck nicht erfüllt, den die Bundesversammlung im Auge hatte, als sie den Bundesrat beim Kriegsausbruch mit unbeschränkten Vollmachten ausstattete.»[39] Um dennoch eine «Rückkehr zum verfassungsmässigen Zustand» zu ermöglichen, ohne die durch die Umstände notwendigen Aufgaben zu gefährden, schlug die Regierung vor, den Anwendungsbereich ihrer Vollmachten genauer zu definieren und wichtige Massnahmen «wenn möglich» vor dem Erlass den Neutralitätskommissionen zur Begutachtung vorzulegen.

Im Wesentlichen wollte der Bundesrat seine ausserordentlichen Vollmachten also auch über die Kriegszeit hinaus behalten und selbst entscheiden, wann die bestehenden Erlasse aufgehoben oder geändert werden sollten. Doch das Parlament war damit nicht einverstanden. Obwohl sich die Räte einig waren, dass der Exekutive die Grenzen ihrer Macht aufgezeigt werden mussten, gingen die Vorstellungen, wie dies zu bewerkstelligen sei, Anfang 1919 weit auseinander. Nachdem Vorschläge wie eine Volksinitiative oder die sofortige Aufhebung aller Vollmachten gescheitert waren, setzte sich schliesslich am 3. April 1919 eine Mehrheit durch, die den Vorschlägen des Bundesrats entgegenkommen wollte. Die Artikel 3 und 4 des Vollmachtenbeschlusses wurden aufgehoben, die Regierung blieb aber ermächtigt, «ausnahmsweise Massnahmen zu treffen, die zur Sicherheit des Landes oder zur Wahrung der wirtschaftlichen Interessen des Landes unumgänglich notwendig sind». Das Parlament konnte gegen diese Massnahmen nun nachträglich ein Veto einlegen und verpflichtete den Bundesrat ausserdem dazu, die bestehenden Notverordnungen aufzuheben, «sobald die Dringlichkeit nicht mehr vorhanden ist und die Umstände es erlauben».[40] Diese Verlängerung des Vollmachtenregimes dauerte bis 1921, als der Bundesrat selbst dessen Aufhebung beantragte, was die Bundesversammlung im Oktober genehmigte. Ein faktisches Ende des notrechtlichen Zustands kam aber auch durch diesen Entscheid nicht zustande. Der Bundesrat sicherte sich nicht nur das Recht, die bestehenden Notverordnungen beizubehalten und mit Zustimmung des Parlaments zu ändern (der letzte Neutralitätsbericht wurde im Mai 1923 vorgelegt), sondern es dauerte auch nicht lange, bis während der Weltwirtschaftskrise und vor allem des Zweiten Weltkriegs erneut zur umfassenden Ermächtigung der Exekutive geschritten wurde. Die letzte durch das Vollmachtenregime des Ersten Weltkriegs erlassene Verordnung, eine Änderung von Artikel 818 des ZGB über das Grundpfandrecht, blieb schliesslich bis 1952 in Kraft.

1 Beschluss der Bundesversammlung vom 3. August 1914. In: Amtliche Sammlung der Bundesgesetze und Verordnungen der schweizerischen Eidgenossenschaft (AS) 30 (1914), 347.
2 Böschenstein, Bundesrat Schulthess, 84.
3 Kölz, Verfassungsgeschichte, 666f.
4 Beschluss vom 3. August 1914. In: AS 30 (1914), 347.
5 Botschaft des Bundesrates an die Bundesversammlung betreffend Massnahmen zum Schutze des Landes und zur Aufrechthaltung der Neutralität vom 2. August 1914. In: Schweizerisches Bundesblatt (BBl) 66 (1914), 5.
6 Verordnung betreffend Strafbestimmungen für den Kriegszustand vom 6. August 1914. In: Baer, Kriegs-Verordnungen (Bd. 1), 33.
7 Schweizerisches Bundesarchiv, E27/13589, Protokoll der Konferenz der Chefs der Pressebüros, vom 17.3.1915 in Bern.
8 Schweizerisches Bundesarchiv, E2001(A), Bd. 797, Kreisschreiben des Bundesrates an sämtliche Kantonsregierungen betreffend Massnahmen gegen neutralitätswidriges Verhalten, 26. März 1915.
9 Verordnung betreffend Handhabung der Neutralität der Schweiz vom 4. August 1914. In: AS 30 (1914), 353–356.
10 Aufruf an das Schweizervolk vom 1. Oktober 1914. In: AS 30 (1914), 510.
11 Bundesratsbeschluss betreffend Ausschreitungen der Presse vom 30. September 1914. In: Baer, Kriegs-Verordnungen (Bd. 1), 178.
12 Bundesratsbeschluss betreffend die Presskontrolle während der Kriegswirren vom 27. Juli 1915. In: AS 31 (1915), 273.
13 Verordnung betreffend die Beschimpfung fremder Völker, Staatsoberhäupter oder Regierungen vom 2. Juli 1915. In: AS 31 (1915), 249f.
14 Zoller, Notverordnung, 121.
15 Zoller, Notverordnung, 2.
16 2. Neutralitätsbericht des Bundesrates vom 19. Februar 1916. In: BBl 68 (1916), 122.
17 Entscheid des schweizerischen Bundesgerichts 44 I 87 (E.3 S. 90).
18 1. Neutralitätsbericht des Bundesrates vom 16. Dezember 1914. In: BBl 66 (1914), 707.
19 Kurz, Dokumente, 136.
20 Kölz, Verfassungsgeschichte, 669.
21 2. Neutralitätsbericht des Bundesrates vom 19. Februar 1916. In: BBl 68 (1916), 123.
22 Neidhart, Politik und Parlament, 58.
23 Neidhart, Politik und Parlament, 64.
24 Schoch, Oberstenaffäre, 102.
25 Bericht des Bundesversammlung betreffend die zurzeit geltenden, auf dem Notverordnungsrecht beruhenden Bestimmungen vom 23. Mai 1919. In: BBl 71 (1919), 277.
26 Baer, Kriegs-Verordnungen (Bd. 4), III.
27 Kley, Verfassungsgeschichte, 265.
28 Vgl. Siegenthaler, Historische Statistik, 952.
29 Vgl. Durrer, Personalbestand, 20.
30 Vgl. Siegenthaler, Historische Statistik, 956.
31 Schweizerische Nationalbank, 44.
32 Müller, Innere Sicherheit, 208.
33 Tingsten, Les pleins pouvoirs, 78.
34 Bonjour, 211.
35 Böschenstein, Bundesrat Schulthess, 103.
36 Neidhart, Politik und Parlament, 86f.
37 Neidhart, Politik und Parlament, 88.
38 Neidhart, Politik und Parlament, 111f.
39 Bericht des Bundesrates an die Bundesversammlung betreffend die Motion von M. de Moron und das Postulat von M. Peter (Beschränkung der ausserordentlichen Vollmachten des Bundesrates vom 18. Dezember 1918). In: BBL, 26. Dezemeber 1918, 736.
40 Bericht des Bundesrates an die Bundesversammlung betreffend Beschränkung der ausserordentlichen Vollmachten des Bundesrates vom 3. April 1919. In: AS 35 (1919), 255f.

Zwischen Zwietracht und Eintracht

Propaganda als Bewährungsprobe für die nationale Kohäsion

Alexandre Elsig*

38

Das Werben um die Neutralen
(Zeichnung von Karl Czerpien)

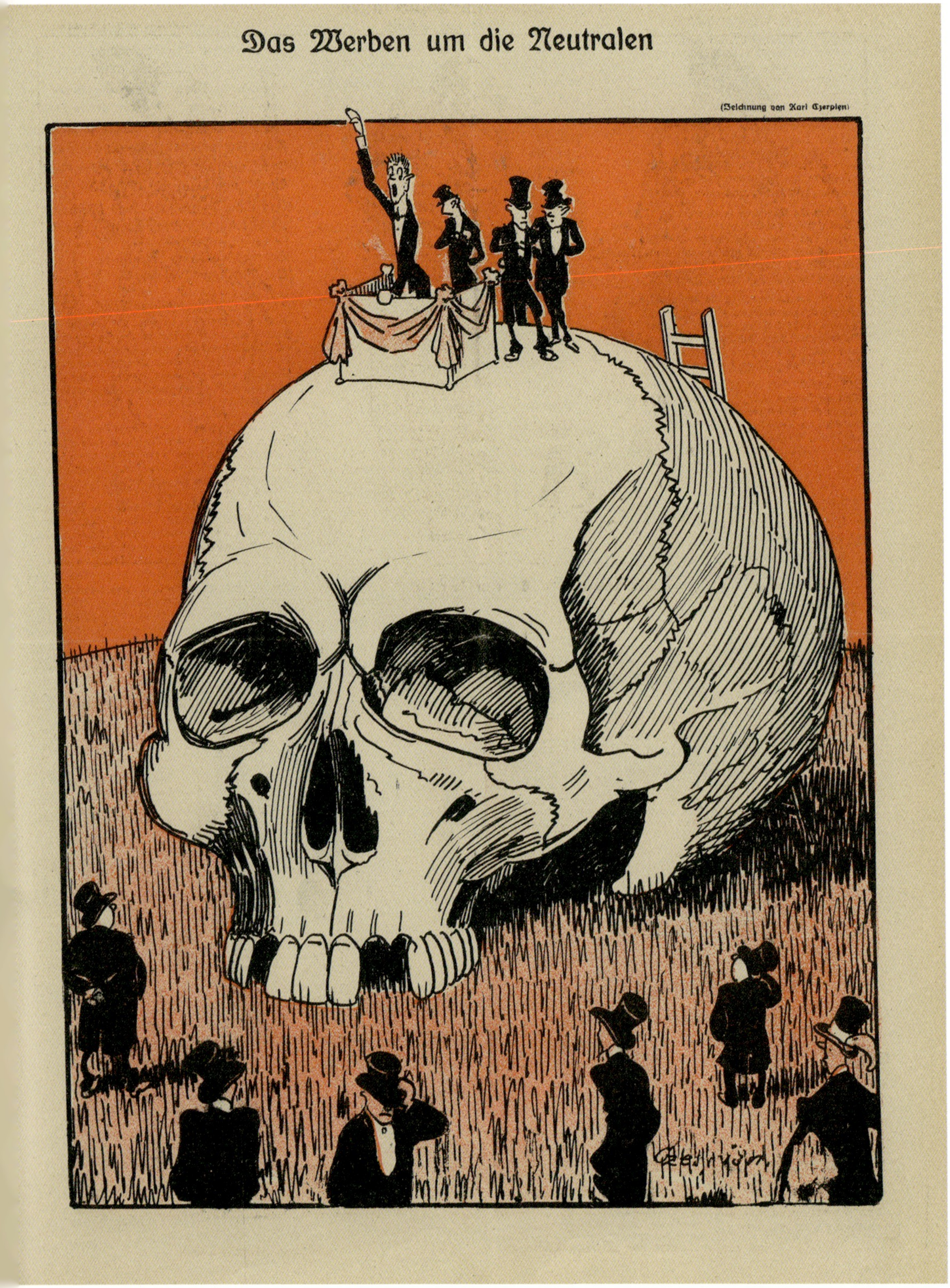

Die Schweiz hielt sich im Ersten Weltkrieg zwar vom militärischen Konflikt fern – dem Beschuss durch die Propaganda der Krieg führenden Mächte konnte sie aber nicht entkommen. Die fortschreitende Totalisierung des Kriegs führte dazu, dass er auch im Namen der «Zivilisation» oder der «Kultur»[1] ausgetragen wurde. Von der Depesche bis zum Pamphlet, vom Plakat bis zur Konferenz, vom Theater bis hin zum Kinofilm mobilisierten die Krieg führenden Nationen alle Wege der Vermittlung, um die Öffentlichkeit in den neutralen Ländern von der Legitimität ihres Kampfes zu überzeugen. Die im Herzen Europas gelegene mehrsprachige Schweiz wurde insbesondere für Frankreich und Deutschland eine zentrale Propagandaplattform. Beide Mächte lieferten sich einen erbitterten Kampf, der im Hintergrund auch von Propagandaeinrichtungen unterstützt wurde, die Österreich-Ungarn und England sowie zu einem späteren Zeitpunkt Italien und die Vereinigten Staaten geschaffen hatten. Da diese ausländischen Propagandaapparate mit allen Mitteln versuchten, die Gunst der Schweizer Öffentlichkeit zu gewinnen, störten sie das sensible Gleichgewicht der Sprachen und vertieften den Graben, der sich seit dem Kriegsbeginn zwischen den Deutschschweizern und den West- und Südschweizern auftat.

Die Propagandaaktivitäten wurden für Streitigkeiten im Land verantwortlich gemacht und deshalb mit verschiedenen öffentlichen und privaten Massnahmen zur Erhaltung der inneren Eintracht bekämpft. Dennoch verzichteten die sich im Krieg befindlichen Staaten in den Jahren 1914 bis 1918 zu keinem Zeitpunkt auf ihre Stimmungsmache in der Schweiz. Ihre Feindschaft trieb sie zu immer neuen Initiativen an, wobei die Mobilisierung einheimischer Strukturen ihre Einflussnahme möglichst verbergen sollte. Langfristige Investitionen veränderten die Medienlandschaft und die Kunstszene nachhaltig; und am Ende des Kriegs war die Schweizer Kultur durch diese psychologische Schlacht von beispiellosem Ausmass grundlegend erschüttert. Der Schock hielt weit über die unmittelbare Nachkriegszeit hinaus an. Von nun an wurde die öffentliche Meinung in der politischen Agenda berücksichtigt, und auch die Wurzeln der Geistigen Landesverteidigung können bis in die traumatische Periode nach dem Ende des Ersten Weltkriegs zurückverfolgt werden. 1938 zeugte die Botschaft des Bundesrats «über die Organisation und die Aufgaben der schweizerischen Kulturwahrung und Kulturwerbung» vom ausdrücklichen Willen, sich präventiv gegen ausländische Propagandaaktivitäten zur Wehr zu setzen.

38
In einer Welt voller Tod und Verwüstung werben die Eliten der Krieg führenden Mächte um die Neutralen. Karikatur aus dem «Nebelspalter» vom 21. August 1915.

39
Anfang 1915 attackierte der welsche Maler Edmond Bille die Germanophilie der Deutschschweizer Presse. Zwei Deutschschweizer Autoren unterwerfen sich einem Ritter, der für ein militaristisches, preussisches Deutschland steht.

Die mit der Mobilmachung am 1. August 1914 angestrebte *Union sacrée* erwies sich schnell als brüchig. Die Wahl von Ulrich Wille zum General am 3. August war ein erstes Alarmsignal. Die Übernahme dieses Postens durch den von preussischer Kultur geprägten Offizier missfiel den Sprachminderheiten im Parlament; und der am nächsten Tag eingeleitete Überfall auf das neutrale Belgien legte die Lunte ans Pulverfass. Sehr schnell prangerte die grosse Mehrheit der West- und Südschweizer Presse eine Völkerrechtsverletzung an, während sich die meisten Deutschschweizer Kommentatoren nachsichtig zeigten. Die öffentliche Meinung in der Schweiz schlitterte in eine existenzielle Krise, die von den Kontroversen des Kriegs bestimmt wurde. In einer Atmosphäre, die von widersprüchlichen Informationen aus dem Ausland getrübt war, gewannen häufig irrationale und emotionale Elemente die Oberhand. Die Berichte über «Gräueltaten», die von beiden Krieg führenden Lagern mittels einiger Legenden (wie abgeschnittene Hände und Brüste oder ausgerissene Augen) verbreitet wurden, riefen höchst emotionale Debatten in der Presse hervor.[2]

Im Herbst 1914 verwendete die Presse den Ausdruck «Graben», um die inneren Spannungen zu benennen, welche die Atmosphäre in den Medien vergifteten. Die Metapher des Grabens bildete die Positionen auf beiden Seiten der Saane und des Gotthards allerdings nur sehr unvollständig ab. Jede Gemeinschaft hatte in sich wiederum voneinander abweichende Sichtweisen, was den Verlauf der Ereignisse anbelangte. Darüber hinaus war der kulturelle Graben im Lauf des Konflikts nicht immer gleich tief. Besonders ausgeprägt war er während der ersten Monate des Bewegungskriegs, zusätzlich geschürt durch die Skandale,

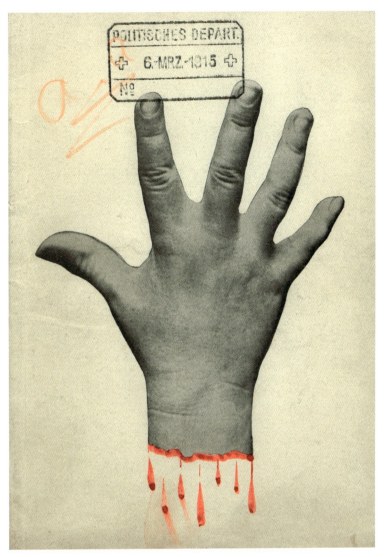

40
Diese von den eidgenössischen Behörden im März 1915 beschlagnahmte französische Flugschrift gab den Gerüchten neue Nahrung, die Deutschen hätten bei ihrem militärischen Vormarsch an der Westfront ihren Gegnern die Hände abgeschnitten.

40

die den Generalstab und den Bundesrat betrafen, bevor er gegen Ende des Kriegs von einem anderen, sozialen Graben überdeckt wurde. Die gesellschaftliche Tragweite dieses Phänomens lässt sich zwar nicht genau abschätzen, die moralische Krise beeinflusste die Mentalitäten aber sicher tief greifend. Den gesamten Krieg über blieb das Klima im Land durch die gegenseitigen Anschuldigungen der Anhänger des einen oder anderen Lagers vergiftet. Die ausländischen Propagandaeinrichtungen hatten einen nicht unwesentlichen Anteil an diesem Phänomen. Sie mobilisierten ihre Schweizer Unterstützer mit aller Macht und fachten damit die inneren eidgenössischen Streitigkeiten heftig an.

Die Beeinflussung

Der Krieg lenkte von nun an die öffentliche Meinung, ganz egal ob es sich um einheimische, neutrale oder gegnerische Standpunkte handelte. In dieser «totalen» Mobilisierung der Meinungsäusserungen taten sich die Krieg führenden Staaten schwer damit, die Nichteinmischung eines Landes zu akzeptieren. «Neutralität ist den Beteiligten etwas Aufreizendes»,[3] notierte beispielsweise der österreichische Schriftsteller Stefan Zweig in sein Tagebuch. Mit der engen Verknüpfung von politischer Kommunikation, Zensur und Desinformation übernahm die Propaganda die Vorgehensweise der Krieg führenden Staaten. Dank dem technischen Fortschritt wurde der Kampf vor der Weltöffentlichkeit ausgetragen, und die Grossmächte rechtfertigten ihr Vorgehen vor dem «Gericht der Neutralen».[4]

Da die Schweiz seit Mai 1915 von Krieg führenden Ländern ganz umgeben war, wurde um ihre Zuneigung besonders geworben. Mit seiner Mehrsprachigkeit war das Land ein bevorzugter Resonanzkörper für Propagandaaktivitäten, die den Kriegsgegner demoralisieren und die Zustimmung zur eigenen Meinung erhöhen sollte. Die kulturellen Verbindungen der Schweizer Intellektuellen zum Ausland ermöglichten es den Kriegsparteien, in der Schweiz qualifizierte und dynamische Kräfte anzuwerben, die durch ihre schein-

41

41
Diese Karikatur aus dem «Nebelspalter» vom
3. Oktober 1914 zeigt das intensive Werben der
Krieg führenden Länder um die Neutralen,
hier Dänemark, die Schweiz, die Niederlande
und Italien. Ein deutscher Michel lockt einen
kleinen Schweizer Bauern mit Kohle und einer
Kanone.

Elsig, Propaganda und nationale Kohäsion

bare Neutralität begehrt waren. Zudem befanden sich viele politisch engagierte Ausländer auf eidgenössischem Territorium. Als Zufluchts- oder Kontaktstätte für «Dissidenten» und Schlichtungsversuche aller Art stellte die Eidgenossenschaft einen wichtigen europäischen Treffpunkt dar. Die Zensur wurde hier wesentlich liberaler angewandt als in den Krieg führenden Ländern. Vom Kriegsausbruch in Vevey überrascht, entschied sich der französische Pazifist Romain Rolland, hier zu bleiben: «Ich habe mich vorübergehend in der Schweiz niedergelassen, weil es das einzige Land ist, in dem ich meine Beziehungen zu Persönlichkeiten aus allen Nationen aufrechterhalten konnte. Hier kann ich den Puls des im Krieg befindlichen Europas fühlen, hier kann ich, bis zu einem gewissen Punkt, sein inneres Leben ergründen und auch über seine Ideen urteilen, und zwar nicht als Franzose, Deutscher oder Engländer, sondern als Europäer.»[5]

In den ersten Konfliktmonaten hatten die Krieg führenden Staaten ihre Propagandaaktivitäten in der Schweiz noch nicht kanalisiert. Mehrheitlich auf private Initiativen zurückgehend, stützten sich die oft hasserfüllten «Kriegskulturen» auf die Verbindungen ihrer Anhänger, die sie in der Schweiz zahlreich vorfanden. Die verschiedenen Pamphlete, intellektuellen Manifeste und Berichte über Gräueltaten verteufelten den Feind und verklärten die eigenen Truppen, sie reagierten aufeinander, bekämpften und widersprachen sich gegenseitig. Für die Leserschaft war es schwierig, sich ein klares Bild zu machen, umso mehr, als die Öffentlichkeit buchstäblich nach Informationen «dürstete».[6] Das gesamte Medien- und Kulturspektrum wurde nun zum Propagandaträger. In den Buchhandlungen in Basel oder Zürich lagen deutsche Kampflieder – «Jeder Schuss ein Russ» – aus. Auf dem Westschweizer Markt wurde ein – schliesslich verbotenes – Gänsespiel vertrieben, in dem eines der Felder dazu aufrief, «Es leben die Alliierten» zu schreien.

Zwischen den Krieg führenden und neutralen Ländern erschien die geistige Beeinflussung fast selbstverständlich, und so liessen die Propagandaaktivitäten die deutschsprachigen Schweizer auf der einen und die romanischsprachigen auf der anderen Seite auseinanderdriften. Die «Schaffhauser Zeitung» griff die «Barbarei» Russlands an und bezeichnete beispielsweise Frankreich und England als «die Verräter Europas, die Verräter der weissen Rasse, […] die Schänder des Christentums».[7] Auf der anderen Seite der Saane schlug der Hass ebenso hohe Wellen. Eine in La Chaux-de-Fonds verbreitete Postkarte des Schweizer Malers und Soldaten Pierre Châtillon zeigte den deutschen Kaiser Wilhelm II. als blutrünstigen Schlächter. Die «Schaffhauser Zeitung» wurde daraufhin von der Zensur ermahnt und Châtillon zu einer Geldstrafe verurteilt.

Gelehrte standen bei dieser geistigen Mobilmachung an vorderster Front. Im September 1914 publizierten Professoren aus Oxford ihr Manifest *Why we are at war*. Am 4. Oktober 1914 veröffentlichten dann 93 deutsche Wissenschaftler, unter ihnen mehrere Nobelpreisträger, ihren *Aufruf an die Kulturwelt*. «Während die Kanonen Schrapnelle ausspeien, stossen die Federn Beschimpfungen, Beschuldigungen und Dementis aus»,[8] stellte der Lausanner Professor Maurice Millioud fest.

Die Propaganda war aber nicht von Anfang an institutionalisiert. Das völlig neue Ausmass der Konditionierung der öffentlichen Meinung im Ausland brauchte eine gewisse Anlaufzeit, selbst wenn offizielle Bücher über die diplomatischen Ursachen des Konflikts schon seit August 1914 in Umlauf waren und die grossen, halboffiziellen Informationsstellen augenblicklich gleichgeschaltet wurden. England richtete im September 1914 ein *War Propaganda Bureau* ein, und Deutschland gründete seine *Zentralstelle für Auslandsdienst* im Oktober 1914. Mit dem *Maison de la Presse* schuf Frankreich eine vergleichbare Organisation aber erst im Januar 1916. Die neuen Bedürfnisse dieser psychologischen Kriegsführung erforderten grosse Improvisationskünste und beständige Umstrukturierungen.

In der Schweiz waren die Propagandahauptquartiere in den diplomatischen Vertretungen in Bern angesiedelt, die wichtigsten Einsatzgebiete waren jedoch das international geprägte Zürich und die Grenzstädte Genf, Basel und Lugano. Die Krieg führenden Mächte konzentrierten sich zunächst auf die schriftliche Beeinflussung, sei es in den Medien oder in der Literatur, bevor sie allmählich auch andere Kanäle nutzten – die Kriegsfotografie, Vorträge, die Kunst, das Kino…

Die Überflutung

Der Graben zwischen der Deutsch- und Westschweiz beschreibt aber nur einen Teil der Erschütterungen in der Öffentlichkeit. Ab dem Herbst 1914 erleichterte der Übergang zu einem Stellungskrieg das Einsetzen erster Diskurse zur nationalen Eintracht. Seit dem strategischen Wendepunkt der Marne-Schlacht wurden die parteiischen Standpunkte in der Schweiz mit einer Rhetorik der inneren Einheit bekämpft, wie etwa der zu Ruhe und Gelassenheit mahnende Appell des Bundesrats vom 1. Oktober 1914 zeigt:

42
Im Dezember 1914 konfiszierte der Schweizer Zoll 100 Stück dieser in Dresden hergestellten «humoristischen» Europakarte. In der Legende heisst es, die Schweiz, die als Chalet dargestellt wird, «sieht dem Weltbrand in aller Behaglichkeit zu».

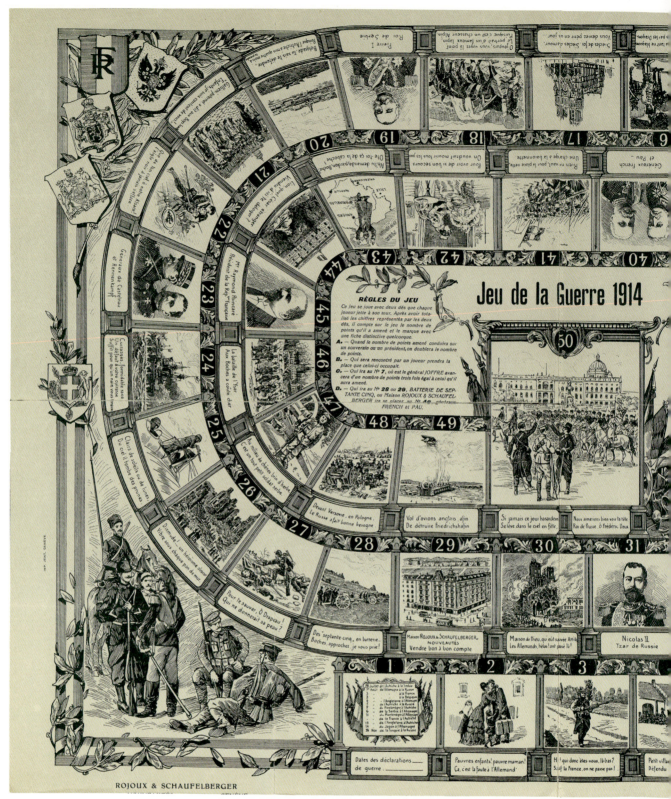

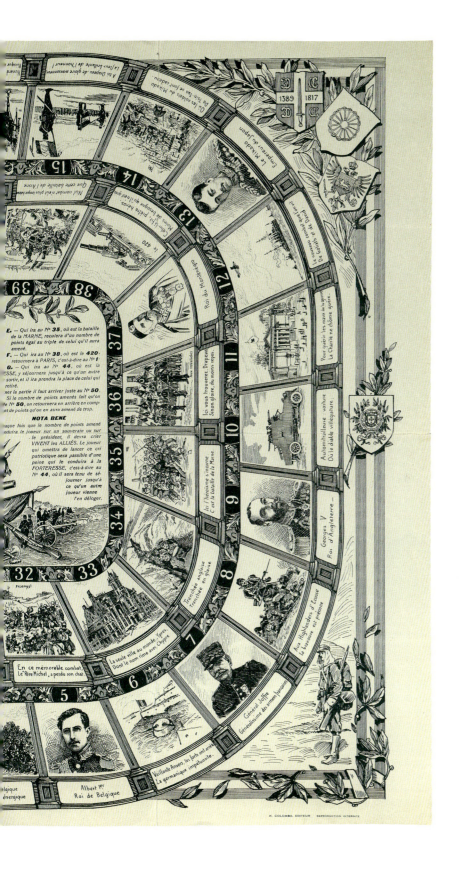

43
Die eidgenössischen Behörden nahmen
dieses «Kriegsspiel 1914», von dem eine Genfer
Firma 13 000 Exemplare hergestellt hatte, 1915
vom Markt. Die unterhaltsame Aufmachung
verbirgt eine klare politische Botschaft.

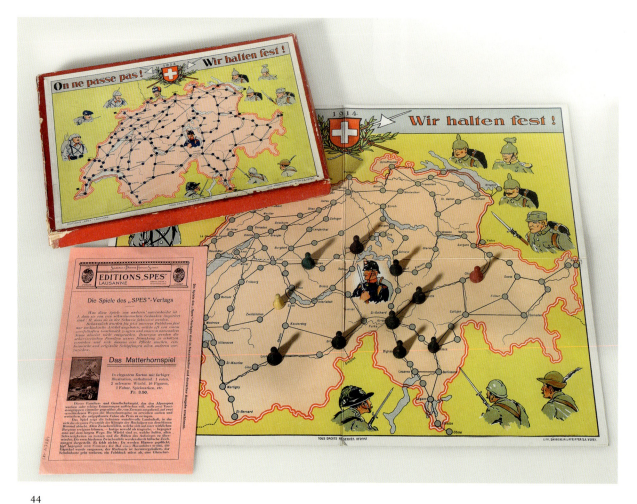

44

44
Der Geist der Mobilmachung steckte auch die Schweizer Jugend an. Dieses zweisprachige Spiel eines Unternehmens aus Lausanne betont den Widerstandswillen eines helvetischen Wachpostens, der von bedrohlichen ausländischen Soldaten umgeben ist.

45
Das Medium der Karikatur diente zunehmend der Verteufelung des Gegners. Dieser Anschlag des berühmten französischen Plakatmalers Adrien Barrère, der von den Behörden konfisziert wurde, zeigt den österreichisch-ungarischen Kaiser als Aasfresser.

FRANÇOIS-JOSEPH L'IMPUTRESCIBLE
Empereur des vautours

46

46
Der junge Schweizer Illustrator Pierre Châtillon, der selbst Soldat war, fertigte eine ganze Postkartenserie zum Thema der deutschen «Barbarei» an, wie etwa diesen Wilhelm II. mit blutigen Händen. In Frankreich waren diese Werke sehr beliebt.

«Zuerst und allem weit voraus sind wir Schweizer, erst in zweiter Linie Romanen und Germanen»,[9] versuchte die Landesregierung nun zu beschwichtigen.

Die vor dem Krieg von jungen Intellektuellen der konservativen Rechten gegründete *Neue Helvetische Gesellschaft* (NHG) war das sichtbarste Signal für diesen Wunsch nach kultureller Selbständigkeit. Die patriotische Vereinigung überwand ihr Misstrauen gegenüber dem Staat und stellte sich seit dem Herbst 1914 in dessen Dienst. Die NHG definierte sich als Bollwerk gegen ausländische Einflüsse und veröffentlichte im Oktober 1914 ebenfalls einen Aufruf zur Mässigung, der von Delegierten aus Genf, Bern und Locarno unterzeichnet wurde: «Die Zeit ist gekommen, nicht mehr zu verkünden, was uns spaltet, sondern was uns eint. […] Unsere frei gewählte Neutralität erhebt uns über die Nationalismen, die uns umgeben und uns bisweilen auch bedrohen. Sie ist unser Nationalismus.[10]

Im Zuge des von Carl Spitteler im Dezember 1914 in Zürich gehaltenen Vortrags *Unser Schweizer Standpunkt* wurde die NHG einer breiten Öffentlichkeit bekannt. Der Autor des *Olympischen Frühlings* liess die Abgeschiedenheit des Schriftstellers hinter sich und betrat auf Einladung der NHG die politische Bühne. «Wir müssen uns bewusst werden, dass der politische Bruder uns näherstellt als der beste Nachbar und Rassenverwandte»,[11] lautete das Plädoyer von Spitteler. Indem der Schweizer Dichter in der belgischen Frage klar gegen Deutschland Stellung bezog, löste er in der Deutschschweiz und den Mittelmächten aber einen Sturm der Entrüstung aus. In Frankreich und der französischen Schweiz hingegen wurde er gepriesen.

Da die Propagandaaktivitäten der Krieg führenden Mächte für die internen Unstimmigkeiten verantwortlich gemacht wurden, richteten sich die Aussöhnungsdiskurse direkt gegen sie. So erfuhr sogar der Begriff «Propaganda» eine semantische Veränderung. Er war kein Synonym mehr für Werbung, wie das in der Vorkriegszeit der Fall gewesen war. Das Wort bekam nun seine aktuelle, negativ konnotierte Bedeutung und wurde zum Synonym für Manipulation und Indoktrination. Dieser Wandel spiegelte sich im Bild einer Schweiz wider, die von Propagandaschriften «überflutet» wurde. Carl Spitteler kritisierte die Kampagne der deutschen Medien: «Die tausend und abertausend geistigen Einflüsse, die tagtäglich von Deutschland her gleich einem segensreichen Nilstrom unsere Gauen befruchtend überschwemmen, sind in Kriegszeiten nur filtriert zu geniessen.»[12] Das Bild der von ausländischer Propaganda «überfluteten» Schweiz wurde zu einem veritablen Gemeinplatz des patriotischen Diskurses.

Verschiedene symbolische Bereiche galten nun als Bollwerke der «Gegenpropaganda». Bei den Behörden löste die neuartige Herausforderung der Kontrolle der öffentlichen Meinung mehrere Initiativen aus. Die erste kam vom Generalstab: Ulrich Wille gründete im November 1914 den *Vortragsdienst der Armee*. Die von Gonzague de Reynold geleitete Dienststelle versuchte das Ideal des Staatsbürgers in Uniform im Bewusstsein zu verankern. «Die Armee muss Schweizer aus uns machen. Nur sie allein verbindet die Sprachen, die Religionen und die unterschiedliche Herkunft; sie unterwirft sie ein und derselben Disziplin»,[13] betonte de Reynold. Mangels überzeugender Ergebnisse stellte der Vortragsdienst seine Tätigkeit nach dem zweiten Kriegswinter zwar ein, war aber dennoch ein Wegbereiter des konservativen Nationalismus auf Bundesebene. Patriotische Feiern boten ebenfalls eine Gelegenheit, vergangene gemeinsame Kämpfe für eine nationale Mobilisierung zu instrumentalisieren. Im November 1915 feierte die Eidgenossenschaft im grossen Stil den 600. Jahrestag der Schlacht am Morgarten. Und 1917 gab der 500. Geburtstag von Niklaus von Flüe Anlass zu einer patriotischen Gedenkfeier. Der Staat reagierte aber auch mit repressiven Massnahmen, wurde am 1. August 1914 doch die Pressefreiheit ausgesetzt und die Armee mit der Zensur der militärischen Informationen beauftragt. Dieses System wurde jedoch von allen Seiten kritisiert und im Juli 1915 deshalb durch eine politische Zensurbehörde ergänzt. Die neu geschaffene *Eidgenössische Pressekontrollkommission* bekämpfte danach vor allem die von den Propagandaeinrichtungen verbreitete Literatur.

Nicht nur der Bundesstaat machte in Sachen Gegenpropaganda mobil – tatsächlich gingen die meisten Initiativen von der Zivilgesellschaft aus. Die an der Spitze dieser Bewegung stehende Neue Helvetische Gesellschaft beschloss, «durch die Presse und das gesprochene Wort eine öffentliche Meinung zu schaffen, die voller Opfergeist alles dem gemeinsamen Ideal einer geeinten und starken Heimat unterordnet».[14] Neben Vorträgen, die zum Teil auch vor Truppen gehalten wurden, richtete die NHG eine eigene Pressestelle für Lokalzeitungen ein, denen die grössten Entgleisungen vorgeworfen wurden. Diese kleinen Blätter speisten sich stark aus Unterhaltungsbeilagen aus Deutschland. Durch den Krieg nahm diese scheinbar harmlose Beeinflussung der Medien eine aggressivere und politischere Form an. Im Sommer 1915 reagierte die NHG und sicherte sich das Monopol über die illustrierten Sonntagsbeilagen, indem sie ein deutsches Unternehmen in Zürich übernahm. Die «Schweize-

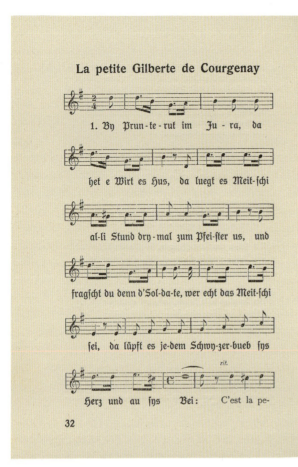

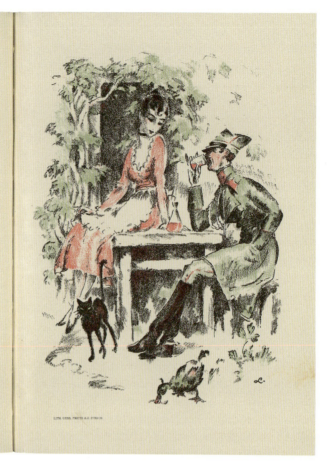

47
Während seiner Tätigkeit für den Vortragsdienst der Armee sang Hanns in der Gand auch das berühmte Lied «La Petite Gilberte de Courgenay». Es ist ein Loblied auf eine junge Kellnerin aus dem Jura, die angeblich über ein unglaubliches Erinnerungsvermögen verfügte.

48
Diese offizielle Postkarte erinnert an eine legendäre Szene aus der Schlacht am Morgarten. Der 600. Jahrestag dieses «Gründungsmythos» der Schweiz bot Gelegenheit, die Vergangenheit für die nationale Einheit zu instrumentalisieren.

49
Die Mobilisierungsbemühungen der helvetischen Bewegung zielten auch auf die Schweizer Jugend ab, wie diese Titelseite des «Schweizer Kamerad» vom 1. Januar 1916 zeigt. Die neugegründete Zeitung war für die Deutschschweizer Pfadfinder bestimmt.

rischen Sonntagsblätter» waren ausdrücklich für ein «Massenpublikum» und Familien bestimmt. Mit 300 000 Exemplaren pro Woche waren sie das illustrierte Blatt mit der höchsten Auflage, das die heimische Literatur- und Bildproduktion in den Vordergrund stellte.[15] Auch die im Ausland lebenden Schweizer wurden dazu aufgerufen, sich sogenannten helvetischen Gruppen anzuschliessen. Bereits im Sommer 1916 wurden über die ganze Welt verteilt neun Gruppen gegründet, deren harter Kern in London angesiedelt war.[16] «Die Ausländer bei uns sind gut organisiert und ihre Propaganda ist beherrschend; deshalb drängt sich die Organisation der *Auslandsschweizer* für uns von nun an als Akt der Verteidigung auf, als notwendige Gegenpropaganda»,[17] erläuterte Gonzague de Reynold dieses Vorgehen und orientierte sich dabei ausdrücklich an den ausländischen Modellen der *Alliance française* und dem *Verein für das Deutschtum im Ausland*.

Zahlreiche Strukturen bedienten sich einer Rhetorik der «préférence nationale», der Bevorzugung der eigenen Staatsbürger auf kulturelle oder wirtschaftliche Art, so zum Beispiel die im November 1915 gegründete *Nationale Vereinigung schweizerischer Hochschullehrer*, die *Schweizer Mustermesse* in Basel oder die 1917 eingeführte *Schweizerwoche*.[18] Das Einsetzen der ausländischen Propaganda veränderte nicht nur die Art, wie die Schweizer den Konflikt wahrnahmen, sondern bewog sie auch zu ähnlichen Aktivitäten. Als die Krieg führenden Länder die ersten ausführlichen Dokumentarfilme über den Krieg produzierten, gab der Schweizer Generalstab einen Film über die Mobilmachung in Auftrag. Der Film *Die Schweizer Armee* war die erste Initiative der Behörden in diesem Bereich überhaupt. Die Dokumentation stellte die verschiedenen Armeekorps vor und wurde zu einem grossen Publikumserfolg.[19]

Die Tarnung

Im Frühling 1915 zwang das Erstarken des kulturellen Protektionismus die Propagandisten, ihre Tätigkeiten neu auszurichten, die bisher zu durchschaubar gewesen waren. Diskretion und Umsicht wurden in den in Paris oder Berlin verfassten Berichten nun zu den Kardinaltugenden aller Beeinflussungsversuche. Die

50

50
Dieses Plakat des grossen offiziellen Films über die Mobilmachung stammte vom 26-jährigen Georges Darel, einem Schüler von Hodler. Es zeigt eine archetypische Soldatenfigur: den Wachposten, der entschlossen und mit aufgepflanztem Bajonett an der Grenze steht.

51

Sanitätshund mit Gasmaske.
Chien sanitaire muni d'un masque contre les gaz asphyxiants.

52

51
Am 20. November 1916 pries diese Werbung in der «Tribune de Genève» – die zu diesem Zeitpunkt von der französischen Propaganda kontrolliert wurde – die Wirkung eines Mittels gegen deutsche «Mikroben». Für diesen Verstoss bekam die Zeitung eine Verwarnung der Zensurbehörde.

52
Das von der Entente gegründete Magazin «Mars» zeigte eine «akzeptable» Sicht der Grausamkeit des Kriegs. Im Februar 1917 wurde über den Einsatz von Giftgas mit der Fotografie eines Sanitätshundes berichtet.

Krieg führenden Staaten verwischten ihre Spuren, indem sie versuchten, ihre Einmischung durch die Anwerbung einheimischer Kräfte zu vertuschen. Im März 1915 erwarb Deutschland durch eine Überweisung in der Höhe von 300 000 Franken die Kapitalmehrheit an der «Züricher Post». Die Tageszeitung der Demokratischen Partei sollte es Deutschland ermöglichen, die im Ausland bekannteste Schweizer Zeitung, die «Neue Zürcher Zeitung» (NZZ), zu bekämpfen. In Berlin galt die von der «NZZ» angestrebte «unparteiische» Linie, die es jedem Lager ermöglichte, sich in der Zeitung zu äussern, als gleichbedeutend mit einem Kniefall vor der Entente. Dank der finanziellen Unterstützung konnte die «Züricher Post» nun täglich zwei Ausgaben produzieren, ihr Einfluss reichte aber nicht über die Grenzen des Kantons hinaus. Ihre höchste Auflage lag bei 10 000 Exemplaren, gegenüber 45 000 Exemplaren der «NZZ».

Frankreich übernahm im Sommer 1915 die Kontrolle über die «Tribune de Genève», eine der auflagenstärksten Tageszeitungen der französischen Schweiz mit 41 000 Exemplaren 1914. Für die Unterwanderung dieser Zeitung, die bereits für die französische Sache gewonnen war, wurden 900 000 Franken investiert. Der Aufkauf der «Züricher Post» und der «Tribune de Genève» wurde mit demselben Argument gerechtfertigt: In ihren Berichten erklärten die deutschen und französischen Diplomaten, sie sähen sich gezwungen, in Titel zu investieren, die ihnen bereits wohlgesinnt seien, weil sie befürchten, dass sie sonst in die Hand des gegnerischen Lagers übergingen. Gerüchten zufolge sollte die «Züricher Post» durch Engländer, die «Tribune de Genève» durch Deutsche übernommen werden.

Neben den Tageszeitungen war auch der Markt der Agenturmeldungen durch den Krieg stark gewachsen. Agenturtelegramme waren zu dieser Zeit die schnellsten Informationsträger. Die Meldungen schienen sich auf einfache Tatsachen zu beschränken, enthielten unter dem Mantel der Unparteilichkeit je-

Deutsche Soldaten inmitten französischer Bevölkerung in Nordfrankreich.
Soldats allemands mêlés à la population française dans le nord de la France.
Soldati tedeschi in mezzo alla popolazione francese nella Francia del Nord.

53

doch tendenziöse Informationen – und die Diplomaten waren dafür nicht unempfänglich. 1915 gründete die Entente in Basel ihre Agentur *Neue Korrespondenz* für kleine deutschsprachige Publikationen. Die Österreicher richteten in Zürich die *Schweizerische Telegraphen-Information* ein, während Deutschland 1916, ebenfalls in Zürich, den *Schweizer Press-Telegraph* übernahm und eine neue Agentur, den *Allgemeinen Pressedienst,* gründete. Der Schweizer Fritz Walz und der Deutsche Otto Coninx, Mitglieder der Leitung des «Tages-Anzeigers», fungierten bei der Übernahme des *Press-Telegraph* als Strohmänner; und Coninx wurde sogar vom Militärdienst befreit, um die Agentur umzustrukturieren. Insgesamt wurden in der Schweiz zwischen 1914 und 1918 46 Presseagenturen gegründet, von denen mehr als 30 mit offiziellen oder inoffiziellen Propagandaorganisationen im Ausland in Verbindung gebracht werden können.

Dieselbe Dynamik war auch im Bereich der Illustrierten zu spüren. Das Publikum war begierig auf Bilder, die damals als unwiderlegbare Beweise für die Kriegsrealität wahrgenommen wurden. Frankreich erwarb im Mai 1915 die Basler Wochenzeitung «Mars», die hauptsächlich hochwertige Fotografien publizierte.

53
Für den «Illustrierten Kriegs-Kurier», ein deutsches Magazin aus Zürich, war der Krieg ein positives Ereignis, dank dem sich die französische Bevölkerung in den eroberten Gebieten und die deutschen Besatzer näher kommen konnten. Fotografien wurden zu dieser Zeit noch als eine getreue Abbildung der Wirklichkeit verstanden.

54
Dieses in Zürich herausgegebene englische Propagandamagazin betonte, wie gut Grossbritannien seine Kriegsgefangenen behandelte. Als Beweis diente diese grosszügige Essensration für einen Gefangenen.

54

Die Bildunterschriften des Magazins, das in einem neuartigen Format erschien, waren auf Deutsch und Französisch verfasst. Im Juni 1915 starteten die Deutschen eine vergleichbare Aktion und brachten eine Zürcher Version des «Illustrierten Kriegs-Kuriers» heraus, ihrem wichtigsten Propagandamagazin im Ausland. Die Bildunterschriften waren in den drei Landessprachen verfasst; und im Oktober 1917 ergriff auch England die Initiative und gründete in Zürich eine ebenfalls dreisprachige «Illustrierte Rundschau».

In dieser «Tintenschlacht» bekam auch der Buchmarkt die Wirkung der verdeckten Propaganda mit voller Wucht zu spüren. Zwischen 1914 und 1918 verdoppelten sich die Exporte der in der Schweiz verlegten Bücher. Auf dem internationalen Markt hatte eine Druckschrift aus einem neutralen Land grössere Erfolgschancen als eine Publikation aus einem der Krieg führenden Länder. Um die Zensur und das Misstrauen der Kriegsgegner zu umgehen, versuchten die Propagandisten Schweizer Verlage und Autoren in ihr Kriegsprogramm aufzunehmen. Zwei Unternehmen spielten bei diesen Bestrebungen eine massgebliche Rolle: Die Buchhandlung Wyss in Bern publizierte eine umfangreiche deutsch-österreichische Buchproduktion, während der Verlag Payot in Lausanne von den Entente-Mächten genutzt wurde. Auch hier liefen die Prozesse auf beiden Seiten ähnlich ab. Im April 1915 finanzierte Frankreich die Veröffentlichung des Buchs *J'accuse,* das vom deutschen Exilanten Richard Grelling, einem demokratischen Gegner der Herrschaft Wilhelms II, anonym verfasst worden war. Die von Payot verlegte Schrift wurde unter der Hand in Deutschland weitergegeben und entwickelte durch ihre demotivierende Wirkung eine grosse Schlagkraft. *J'accuse* nahm symbolisch auf Zola und die Dreyfus-Affäre Bezug, wurde in etwa zehn Sprachen übersetzt und in ganz Europa verbreitet. Eine Tatsache unterstreicht ihre Bedeutung: In Deutschland und der Schweiz wurden nicht weniger als sieben Gegenschriften verfasst, die ihren Einfluss eindämmen sollten. Besonders die Entgegnung des Schweizers Karl Weber, einem ehemaligen Bundesrichter, wurde von der deutschen Propaganda aufgegriffen, verbreitet und auch in einer schwedischen Fassung herausgegeben. Die

55

56

55
In der französischen Schweiz wurde die Bombardierung der Kathedrale von Reims mehrheitlich als unwiderlegbarer Beweis für die deutsche «Barbarei» angesehen. Diese Fotografie wurde dem literarischen Kreis um die «Cahiers vaudois» von der französischen Botschaft zur Verfügung gestellt.

56
Nach Ansicht der Lausanner Satirezeitschrift «L'Arbalète» vom 1. Juli 1916 riefen die «Stimmen im Sturm» von Pfarrer Eduard Blocher, der auf einer Pickelhaube steht, ihre Liebe zu Deutschland in die «Wüste». Unter den spärlichen Besuchern befinden sich ein Offizier des Generalstabs, ein Geistlicher und ein Journalist der katholischen «Neuen Zürcher Nachrichten».

Schweizer Behörden waren zu diesem Zeitpunkt sehr empfänglich für die deutschen Interessen. Mit zornigen Worten ordnete General Wille höchstpersönlich die Beschlagnahmung von *J'accuse* in den Bahnhofsbuchhandlungen an.[20] Die Eidgenössische Pressekontrollkommission zensierte Karl Webers Schrift präventiv, obwohl ihr Regelwerk eine Vorzensur eigentlich nicht zuliess.[21]

Gleichzeitig inspirierte der Erfolg von *J'accuse* auch die deutschen Propagandaeinrichtungen. Sie übernahmen die Methode, einen Gegner des feindlichen Lagers von der Schweiz aus zu Wort kommen zu lassen. Im April 1916 veröffentlichte die Buchhandlung Wyss die Broschüre *La Vérité* des Franzosen Jacques de Bonal unter dem Pseudonym Joseph Bertourieux. In Berlin plante man, diese Schrift in grossen Stückzahlen in den neutralen Ländern Europas und Südamerikas zu verbreiten. Die Schlagkraft der deutschen Kopie erreichte aber nicht die ihres Vorbilds. Im Ausland wurden nur einige Hundert Stück verbreitet, und die 2000 für die französische Schweiz vorgesehenen Exemplare wurden von der deutschen Vertretung zurückgehalten, weil die Genfer Presse das deutsche Manöver frühzeitig aufgedeckt hatte.

Neben den Verlagen und Buchhandlungen wurden auch die Schweizer Autoren von den Kriegsparteien geschickt vereinnahmt. In der französischen Schweiz erschien Ende 1914 anlässlich der Zerstörung von Löwen und Reims eine Doppelausgabe der «Cahiers vaudois». Sie wurde diskret von der französischen Diplomatie gefördert, die Fotografien bereitstellte und mehrere Hundert Exemplare bestellte.[22] Der Kreis um die «Cahiers vaudois», dessen führende Köpfe C. F. Ramuz und René Morax waren, beteiligte sich daran, Deutschland als ein der «Barbarei» verfallenes Land anzuklagen. Ein Mitarbeiter der französischen Propaganda, der aus Neuenburg stammende Guy de Pourtalès, hielt dazu fest: «Vergessen wir nicht, dass es sich um neutrale Zeitungen handelt, aber sie stehen so klar unter französischem Einfluss, dass sie im Ausland unsere besten Propagandaträger sind».[23] Auf der anderen Seite der Saane konnten die Deutschen auf ebenso ergebene Parteigänger zählen. Im März 1915 gründete der Pfarrer Eduard Blocher in Zürich die Genossenschaft «Stimmen im Sturm», in deren Schriften die Westschweiz und die Entente heftig angegriffen wurden. Deutschland verbreitete in den neutralen Staaten Europas eine Schrift von Blocher, in der die Neutralität der Schweiz über diejenige Belgiens gestellt wurde.[24] Diese aggressive Taktik wurde den «Stimmen im Sturm» aber zum Verhängnis. Am 9. März 1916 (während der Obersten-Affäre) prangerte der gegenüber Deutschland üblicherweise sehr versöhnlich eingestellte Bundesrat Arthur Hoffmann die Unterwanderung durch die «Stimmen im Sturm» öffentlich an, «die in sehr unglücklicher Weise die einzelnen Landesteile gegeneinander ausspielten».[25]

Der Umbruch

In der öffentlichen Meinung hatte die deutsche Propaganda im Vergleich zur Entente von einer schlechteren Position aus begonnen. Das Reich bemühte sich zu beweisen, dass es einen defensiven Krieg führte, während es an der Westfront Belgien, Luxemburg und den Nordosten Frankreichs besetzte. Im März 1915 stellte der ehemalige Bundesrat Robert Comtesse fest, dass sich die Lebensweisheit «qui s'excuse, s'accuse» bei einem Grossteil der Schweizer Öffentlichkeit durchgesetzt habe.[26] Eine zweite Schwachstelle der deutschen Propaganda hing mit der Entwicklung des intellektuellen Umfelds in der Schweiz zusammen. Zwar wollte die helvetische Bewegung die Gesamtheit der ausländischen Einflüsse bekämpfen, in erster Linie richtete sie sich aber gegen den deutschen Einfluss, der seit 1914 in der Schweiz überwog. Seit der Obersten-Affäre war diese Entwicklung besonders ausgeprägt. Die Affäre brachte die engen Beziehungen zwischen dem schweizerischen und dem deutsch-österreichischen Generalstab ans Licht und schwächte dadurch die Position der deutschfreundlichen Eliten ganz erheblich. Im Gespräch mit einem deutschen Diplomaten äusserte ein Journalist der «Neuen Zürcher Nachrichten», «dass er mit grosser Sorge beobachte, wie konstant und verhältnismässig schnell die Stimmung in der östlichen Schweiz (die man hier aus Neutralitätsgründen die alemannische und nicht mehr die deutsche Schweiz nenne) sich zu Ungunsten Deutschlands verändere».[27]

Seit 1916 goss die Entente Öl in das von der Obersten-Affäre angefachte Feuer und setzte die Deutschschweizer Öffentlichkeit systematisch unter Druck. Zugleich waren auch England und Italien ernstzunehmende Propagandaakteure geworden; und Frankreich organisierte nun Künstlertourneen, unter anderem des *Oratoire de Paris,* und grosse Vortragsreihen, wie etwa *Die Anstrengungen Frankreichs und seiner Verbündeten* mit dem Bürgermeister von Lyon, Edouard Herriot, oder dem belgischen Dichter Emile Verhaeren. Da die Staaten der Entente in neue Mittel investierten und Deutschland zugleich durch alarmierende Berichte über seinen schwindenden Einfluss aufgeschreckt war, blies das Reich zum Gegenangriff. «Die politische Lage in der Schweiz erfordert dringend eine verstärk-

DAS STANDARDWERK VON JACOB RUCHTI

Bis vor kurzem war die einzige Überblicksdarstellung zur Geschichte der Schweiz während des Ersten Weltkriegs das 1928 und 1930 erschienene zweibändige Werk des Berner Historikers Jacob Ruchti. Seine Untersuchungen haben die Schweizer Geschichtsschreibung im 20. Jahrhundert stark geprägt. Die Entstehung dieses Werks geht ursprünglich allerdings auf einen Auftrag der deutschen Diplomatie aus dem Jahr 1917 zurück und illustriert die Langzeiteffekte, die durch den Propagandakrieg hervorgerufen wurden. 1916 war Jacob Ruchti Grundschullehrer in Langnau und schrieb eine kurze Schrift, die sich mit den Ursachen des Kriegsausbruchs befasste. Die Berliner Diplomatie war sehr eingenommen von diesem Werk, das auf eklatante Weise die «Doppelzüngigkeit der englischen Politik»[28] aufzeige. Die Zentralstelle für Auslandsdienst wollte die Veröffentlichung verwenden, doch die Kritik, die Ruchti stellenweise an der deutschen Diplomatie übte, stand dem im Weg. Ruchti war aber damit einverstanden, sein Werk im Sinn der Position Deutschlands zu verändern. Eine neue Version der Schrift erschien im April 1917, ihre französische Übersetzung im November 1917. Daraufhin wurde ein umfassenderes Projekt in die Wege geleitet. Die deutsche Propaganda gab eine Buchreihe in Auftrag, die sich mit der Position der neutralen europäischen Staaten während des Kriegs befassen sollte, und Ruchti willigte ein, den Band über die Schweiz zu schreiben. Nach Ansicht Berlins sollte dieses Werk «eine Haltung des wohlwollenden Verständnisses für den deutschen Standpunkt einnehmen, ohne auf Kritik zu verzichten». Die Aussage eines hohen Beamten des Auswärtigen Amts, er erwarte, «dass dieses Buch das standard work über den Krieg für jeden Schweizer»[29] werde, erwies sich als prophetisch. Trotz dem Waffenstillstand wurde das Buchprojekt fortgesetzt, und Ruchtis 1920 abgeschlossenes Manuskript wurde 1928 veröffentlicht, zehn Jahre nach dem Ende des Konflikts. In Anbetracht seines ursprünglichen Auftraggebers weist das Buch einige interessante Verzerrungen auf. In der Kriegsschuldfrage etwa wird kritisch auf England verwiesen, während der Autor Deutschland von jeder Verantwortung freispricht. Was die Frage der Propagandaeinrichtungen anbelangt, beschäftigt sich der Berner sehr eingehend mit den Aktivitäten der Entente, seine eigenen ehemaligen Verbindungen zu Deutschland erwähnt er hingegen kaum.

Alexandre Elsig

te Propagandaaktivität unsererseits, um den neuerlichen starken Anstrengungen unserer Gegner die Stirn zu bieten»,[30] argumentierte Gisbert von Romberg, der deutsche Gesandte in Bern. Im Herbst 1916 beschloss das Auswärtige Amt eine umfassende Verstärkung seiner Bemühungen, sich die Schweiz gewogen zu machen. Die zunehmende Totalisierung des Kriegs schritt voran, und es wurden immer bedeutendere Mittel aufgebracht, um die öffentliche Meinung in der Schweiz zu beeinflussen.

Im November 1916 versuchte der Bundesrat, die inflationär zunehmenden Propagandaaktionen einzudämmen. Justizminister Ludwig Forrer plädierte für ein allgemeines Verbot der von Ausländern gehaltenen Vorträge und für eine Vorzensur aller Kino- und Theatervorstellungen. Der Vorschlag vermochte seine Kollegen jedoch nicht zu überzeugen. Die Mehrheit des Bundesrats war der Ansicht, dass sich die Eidgenossenschaft keinen öffentlichen Konflikt mit der französischsprachigen Schweiz erlauben könne, die diese Massnahme als diskriminierend für die Entente empfunden hätte. Wie das Jahr 1917 bestätigen sollte, war die Aussenpolitik der Schweiz an einem Wendepunkt angelangt. Der Kriegseintritt der Vereinigten Staaten im April 1917 und der umstrittene Vermittlungsversuch von Bundesrat Arthur Hoffmann für einen Separatfrieden zwischen Deutschland und Russland im Juni 1917 erschütterten das Bundeshaus. Die im Sommer 1917 vom Bundesrat in die Vereinigten Staaten entsandte Delegation veranschaulichte diesen Kurswechsel. Professor William Rappard, der Industrielle John Syz und Oberstleutnant Wilhelm Stämpfli sollten die Öffentlichkeit in Amerika davon überzeugen, dass sich die Schweiz an die Regeln der alliierten Wirtschaftsblockade hielt. Einige Wochen später wurde der Genfer Gustave Ador zum Bundesrat gewählt. Die Ernennung des renommierten Vorsitzenden des Internationalen Komitees vom Roten Kreuz (IKRK) und bekennenden Frankophilen sollte bei den Alliierten den durch die Grimm-Hoffmann-Affäre verursachten Imageschaden beheben.

Die Entente hatte sehr wohl verstanden, welchen Nutzen sie aus dieser neuen Konstellation ziehen konnte. Sie wurde nicht müde, den aufkeimenden Diskurs über die kulturelle Selbständigkeit des Landes zu stärken. Erfolgreiche Schriften von Carl-Albert Loosli oder Samuel Zurlinden, die den Einfluss Deutschlands anprangerten, wurden verdeckt von England subventioniert.[31] Das Projekt einer grossen Deutschschweizer Zeitung wurde in Angriff genommen und provozierte 1918 aller Wahrscheinlichkeit nach die Gründung der «Schweizer Republikanischen Blätter». Nachdem der russische Zar in der Februarrevolution 1917 gestürzt worden war, konnte nun auch der «demokratische» Pfeil aus dem Köcher der moralischen Argumente geholt werden, welche die Entente in der Schweiz einsetzte.

Die Radikalisierung

Mit den gigantischen Schlachten in Verdun und an der Somme ging es für die Kriegsparteien nicht mehr darum, die Zustimmung ihrer Bevölkerungen zu stärken, sondern lediglich darum, diese wenn irgendwie möglich zu erhalten. Diese Verschärfung der Kriegsintensität färbte auch auf die Bevölkerung der neutralen Staaten ab. Sie waren den Abnutzungskrieg leid und entwickelten starke Vorbehalte gegen ausländische Einflüsse. Die Krieg führenden Staaten suchten noch einmal nach neuen Wegen der geistigen Mobilisierung, und die Schweiz wurde zu ihrem «bevorzugten Versuchslabor».[32] Hier testete man neue Mittel der Meinungsmanipulation, bevor sie in anderen Ländern eingesetzt wurden; und den Löwenanteil machte nun die künstlerische Propaganda aus. In diesem moralischen Kampf ging es nicht mehr darum, die vom Krieg aufgeworfenen Fragen offensiv anzugehen; vielmehr konzentrierte man sich auf das bescheidenere Ziel, die Gemeinsamkeiten zwischen den Bevölkerungen der Krieg führenden und der neutralen Staaten hervorzuheben. Frankreich übernahm darin eine Vorreiterrolle und entsandte im Frühling 1916 eine Filmdelegation in die Schweiz. Mit ähnlichen Bestrebungen absolvierte eine verkleinerte Truppe der *Comédie Française* eine Tournee durch Schweizer Säle und trat auch zum ersten Mal in Zürich auf.[33] Dieser erste Versuch einer mit Hilfe der Kunst verdeckt operierenden Propaganda war ein solcher Erfolg, dass die anderen Krieg führenden Länder dieses System kopierten. Theater- und Konzertsäle, Museen und sogar Kabaretts wurden nun Austragungsorte für die symbolische Schlacht und empfingen die wichtigsten Künstler der Zeit. Im Bereich Musik präsentierte Richard Strauss seine Oper *Elektra,* Felix von Weingartner dirigierte die Wiener Philharmoniker, André Messager leitete das Orchester des Pariser Konservatoriums und Bernardino Molinari das Orchestra Augusteo aus Rom. Im Herbst 1917 öffnete das Kunsthaus Zürich seine Pforten nacheinander für zwei grosse Malereiausstellungen, die von der deutschen und der französischen Diplomatie organisiert worden waren. Auf die Bilder von Ludwig Richter oder Max Liebermann folgten diejenigen von Edgar Degas, Paul Cézanne oder Auguste Renoir. 1918

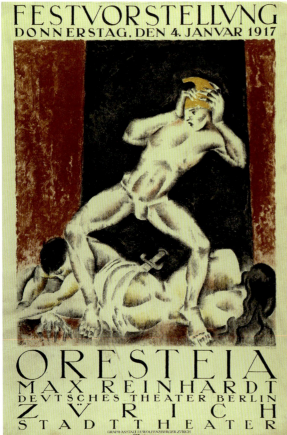

57

58

wurden dann die Werke italienischer, englischer oder österreichischer Künstler in Schweizer Museen ausgestellt, darunter Bilder von Gustav Klimt und Oskar Kokoschka. «Sollen die Bilder Kanonen sein?», fragte sich ein deutscher Verleger 1918 ironisch.³⁴

Die deutsche Kunstoffensive blieb die imposanteste und deckte das gesamte künstlerische Spektrum ab. Ihr Leiter für die Schweiz, Harry Graf Kessler, erklärte, er wolle «Theater, Musik, Kunst (namentlich unser Kunstgewerbe), auch Varieté und hübsche Mädchen herbringen».³⁵ Dabei waren beträchtliche finanzielle Mittel im Spiel – so stellte Berlin für den ersten Winter 1916/17 eine Million Schweizer Franken zur Verfügung. «Beabsichtigt ist, alle Schichten der schweizerischen Bevölkerung zu erreichen, das stärkste Gewicht aber auf die breiten Massen zu legen»,³⁶ erklärte Kessler. Um dieses Ziel zu erreichen, versuchte Deutschland im Bereich der leichten Unterhaltung ein Monopol zu erlangen. Die Resultate dieser Ballung ausländischen Kapitals elektrisierte die noch sehr junge helvetische «Massenkultur», die vom Varietétheater und dem Kino getragen wurde. Mit Hilfe hoher Subventionen gelang es Deutschland ab 1917, die Kontrolle über einen Grossteil der Deutschschweizer Varietétheater und Kabaretts zu übernehmen, unter ihnen die imposanten Säle des *Küchlin* in Basel und des *Corso* in Zürich (inklusive seiner Nebenspielstätte, dem *Palais Mascotte*), die in einer Woche bis zu 25 000 Zuschauer erreichen konnten.³⁷

Ähnliches gilt für das Filmangebot. Nach Angaben des Politischen Departements waren Ende des Jahres 1917 zwei Drittel der schweizerischen Kinosäle in deutscher Hand.³⁸ Die Propaganda der Entente stand dem aber kaum nach. Sie konzentrierte sich auf die französischsprachigen Säle und nutzte die von den Firmen Pathé und Gaumont vor dem Krieg geschaffenen Strukturen. Am 1. Mai 1918 gründeten Frankreich, England und die Vereinigten Staaten in Genf die *Compagnie générale du cinématographe*. Ihr Direktor war

57
Das von Max Reinhardt geleitete Deutsche Theater unternahm eine der ersten Künstlertourneen, die für das Schweizer Publikum veranstaltet wurden. Das vom Zürcher Otto Baumberger im expressionistischen Stil gestaltete Plakat wurde von den Deutschlandgegnern umgedeutet – sie interpretierten es als Symbol für «barbarische» Kunst.

58
Die im April 1918 von Frankreich in Basel organisierte Rodin-Ausstellung war mit ihren 18 000 Besuchern ein grosser Erfolg. Sie würdigte den kurz zuvor verstorbenen Pariser Bildhauer.

96   Elsig, Propaganda und nationale Kohäsion

59

59
Das Kino war das bevorzugte Medium der Krieg führenden Mächte, um das städtische Publikum zu erreichen. Dieses Plakat für einen österreichischen Film über die Schlacht am Isonzo versprach Aufnahmen nah am Alltag der Soldaten.

der Sohn von Gustave Ador, Louis Ador, während Frédéric Bates, Geschäftsführer der «Tribune de Genève», Mitglied des Verwaltungsrats wurde. Das gut dotierte Unternehmen kontrollierte 17 Kinosäle in der französischen Schweiz, Bern und St. Gallen.[39]

Während der zweiten Hälfte des Kriegs verstärkten die Propagandaeinrichtungen ihre Dauerberieselung in allen ihnen zur Verfügung stehenden Bereichen und weiteten die Aktivitäten auf drei neue Tätigkeitsfelder aus: Das erste betraf die zahlreichen nationalistischen Gruppierungen, wie etwa die Balten, Polen, Ägypter und Ukrainer, die von ihrem Schweizer Exil aus für ihre Unabhängigkeit kämpften. Ein Beispiel war die im Juni 1916 in Lausanne organisierte dritte *Conférence des Nationalités*, bei der mehr als 400 Delegierte anwesend waren. Die diskret von der deutschen Diplomatie gesteuerte Veranstaltung kritisierte vor allem den Imperialismus der Entente-Staaten.[40] Diese wiederum spielten die jugoslawische und tschechische Karte aus und versuchten, das österreich-ungarische Kaiserreich zu destabilisieren. Ab 1917 schufen die Italiener und Engländer schliesslich Wege für subversive Aktionen zwischen der Schweiz und der österreichischen Doppelmonarchie.[41]

Seit 1916 befand sich eine weitere Zielgruppe der Propaganda in der Schweiz. Es handelte sich um schwerverletzte Kriegsgefangene, die aufgrund internationaler Abkommen hier interniert waren. Da diese etwa 65 000 Internierten wieder in ihre Heimatländer zurückkehren sollten, versuchten die feindlichen Propagandaeinrichtungen die Kriegsmoral der Internierten mithilfe von pazifistischen Schriften zu schwächen.[42] Darüber hinaus waren die Internierten auch von Interesse, weil sie mit der Schweizer Bevölkerung in Kontakt standen. Die deutschen Militärbehörden bauten eine Struktur der Mund-zu-Mund-Propaganda auf, die sich auf die Internierten stützte. Die öffentliche Meinung sollte durch «Flüsterpropaganda» beeinflusst werden. Unter den für die Internierung zuständigen Offizieren waren jede Woche Flugblätter in Umlauf, um die Soldaten über den offiziellen Standpunkt zur aktuellen Kriegsentwicklung zu informieren. Anschliessend sollten die Internierten diese Ansichten in informellen Gesprächen weitergeben und damit ein günstiges Meinungsumfeld in immer grösseren Diskussionszusammenhängen schaffen.[43]

Das letzte intensiv bearbeitete Tätigkeitsfeld betraf die pazifistische «Dissidenz». Die Schweiz war für

EINE «FRIEDLICHE INVASION»

60

Dem Erfolg des französischen Impressionismus konnte die deutsche Malerei zwar nichts Gleichwertiges entgegensetzen. Die industrielle Kunst war jedoch eine Trumpfkarte der deutschen Kunstpropaganda. 1910 hatte der Deutsche Werkbund bei der Weltausstellung in Brüssel einen bleibenden Eindruck hinterlassen und insbesondere die Gründung eines Schweizerischen Werkbunds (in der Westschweiz unter dem Namen *L'Œuvre*) angeregt. 1917 fanden in Basel und Winterthur nacheinander zwei Ausstellungen des Deutschen Werkbunds im Sinn der deutschen Propaganda statt. Ende des Sommers war in Bern eine grosse Ausstellung vorgesehen, für die der bekannte Architekt Peter Behrens eigens einen Pavillon errichten sollte. Unter dem Einfluss der zur selben Zeit in Zürich eingerichteten Wiener Werkstätten entschloss sich Harry Kessler, zur Ausstellungseröffnung eine Schau mit Berliner Mode zu veranstalten. Als die französischsprachige und die frankophile Presse von diesen Plänen erfuhr, kritisierte sie diese als «wirtschaftliche Propaganda» und «nichtmilitärischen Einmarsch».[44] Auch die Deutschschweizer Fachleute, wie etwa die Schweizer Konsumenten-Vereinigung, waren wütend, auch wenn das Haus Grieder aus Zürich als Gegenleistung den Lieferauftrag für einen Grossteil der verwendeten Stoffe erhielt. Der Schweizerische Werkbund distanzierte sich von den deutschen Tätigkeiten.[45]

Die Ausstellung wurde am ersten Septemberwochenende 1917 eröffnet. Eine Ballettaufführung und die Modeschau bezauberten 400 sorgfältig ausgewählte Gäste. Das «Berner Intelligenzblatt» veröffentlichte einen überschwänglichen Bericht und würdigte die «schönen Mannequins mit ihren fantastischen Pelzmänteln […], ein stets wechselnder Zug von Luxus und modeschöpferischer Pracht».[46] Kessler, ein der künstlerischen Avantgarde nahestehender Mäzen, war völlig berauscht von der Veranstaltung. «Mondschein und Scheinwerfer auf den Bosketts, Terrassen und Statuen des Parkes, der in der warmen Nacht wie eine Friedensinsel inmitten des Krieges sonderbar geheimnisvoll und märchenhaft erschien»,[47] notierte er in seinem Tagebuch. Die Mehrzahl der Kommentatoren teilte diese Begeisterung hingegen nicht. Das tödliche Wüten auf den Schlachtfeldern und die Verarmung der Gesellschaften bildeten einen zu starken Kontrast zu einer Ausstellung, die sich vor allem an eine kleine, privilegierte Gesellschaftsschicht richtete.

Alexandre Elsig

60
Die fortschreitende Totalisierung des Kriegs erreichte alle Kulturbereiche. Im Bild eine Modeschau mit Berliner Damenbekleidung anlässlich der Vernissage einer grossen Ausstellung des Deutschen Werkbundes in Bern 1917.

61

viele Aktivisten, die sich den dominanten «Kriegskulturen» verweigerten, ein internationaler Ort der Zuflucht. Die Krieg führenden Staaten, die seit dem Sommer 1916 mit den ersten Verschleisserscheinungen in ihrer Bevölkerung konfrontiert wurden, fürchteten das «defätistische» Potenzial solcher Diskurse sehr. Zugleich hofften sie, den Feind auf diese Weise indirekt auf seinem eigenen Territorium zu schwächen. So liess die deutsche Propaganda den in Genf und Lausanne ansässigen pazifistischen Netzwerken eine diskrete finanzielle Unterstützung zukommen. Sie subventionierte insbesondere die Zeitschriften «La Feuille» und «La Nation» des Genfers Jean Debrit sowie die Publikationen französischer Exilanten wie *demain* von Henri Guilbeaux, *Les Tablettes* von Claude le Maguet und *Paris-Genève* von Charles Hartmann.[48] Die meisten dieser Autoren stellten sich – mit seiner Zustimmung oder nicht – unter die Ägide von Romain Rolland. Die Publikation von Henri Guilbeaux, die Lenins Ideen nahestand und auch von der bolschewistischen Propaganda unterstützt wurde, stiess in den politischen Kreisen in Paris «auf starke Resonanz»,[49] wie die französische Diplomatie anerkennen musste.

Die Einrichtungen der Entente konzentrierten sich dagegen auf demokratische Zirkel von deutschen Bürgern in Zürich und Bern. Am 14. April 1917 erschien die «Freie Zeitung», ein «Unabhängiges Organ für Demokratische Politik». In dieser deutschen Oppositionszeitung schrieben Hugo Ball, Ernst Bloch, Hermann Rösemeier und Richard Grelling mit spitzer Feder. Die Finanzierung des Blatts ist nach wie vor ungeklärt. Wichtige Schweizer Persönlichkeiten, wie der

61
Seit seiner Gründung wurde «La Feuille» – und das völlig zu Recht – beschuldigt, seine Mittel von der deutschen Auslandsvertretung zu beziehen. In der Ausgabe vom 31. August 1917 wies der Grafiker Frans Masereel diesen Korruptionsverdacht (die «30 000» Franken) zurück und kritisierte die einseitige Weltsicht seiner Gegner.

«Schoggibaron» Theodor Tobler, waren der Öffentlichkeit zwar bekannt; es gibt aber auch zahlreiche Hinweise auf eine gemeinsame Beteiligung der Entente-Mächte, allen voran Frankreichs und der USA.[50] Der im September 1918 daraus hervorgehende *Freie Verlag* gab vor allem Broschüren des amerikanischen Propagandadienstes heraus, der sich dem Chor der ausländischen Propagandaeinrichtungen als letzter angeschlossen hatte.

Letztlich wollten die Propagandabehörden der Krieg führenden Staaten in erster Linie ihr Terrain behaupten. In ständiger Konkurrenz mit der Propaganda der Gegenseite hielten sie ihre Beeinflussungsbemühungen unermüdlich aufrecht. Die Käuflichkeit einiger Personen vor Ort, die mehr als angespannte wirtschaftliche Lage und die Kampfbereitschaft zahlreicher Intellektueller erleichterten ihnen die Arbeit – und schliesslich entstand ein Teufelskreis: Als die Propagandaeinrichtungen mit der von ihnen betriebenen Verhärtung der unterschiedlichen Meinungen konfrontiert wurden, mässigten sie sich nicht, sondern trumpften noch stärker auf. Die Auswirkungen dieses Wettkampfs waren eher schädlich als nützlich. Mit der Unterzeichnung des Waffenstillstands begannen die Staaten mit dem Abbau der von ihnen errichteten Strukturen, aber der Rückzug erwies sich als schwierig. Manche Stellen zeigten durchaus Vorbehalte, die vertrauensvollen Beziehungen zu beenden, die sie in der Schweiz aufgebaut hatten. Hinzu kam, dass viele Verträge weiterliefen. So verkaufte beispielsweise die Berliner Tarnfirma, die den Corso-Saal in Zürich betrieb, ihre Anteile erst im Dezember 1924.[51] Die Schlacht um die Neutralen zeigt also die zunehmende Totalisierung des Kriegs auf, in dem selbst die Kultur in Geiselhaft genommen wurde. Die Schweiz stand im Mittelpunkt dieses Kampfes um Prestige und wurde zur Bühne eines luxuriös ausgestatteten Kriegstheaters, in dem sich die Krieg führenden Mächte zur Schau stellten und ein reichlich unzutreffendes Bild von sich selbst vermittelten.

* Übersetzt aus dem Französischen von Oliver Ilan Schulz.

1 Im französischen Originaltext auf Deutsch [AdÜ].
2 Als deutsches Beispiel für die Kritik an den Gewalttaten vgl. die illustrierte Flugschrift Russische Greueltaten. Berlin 1915. Als französisches Beispiel vgl. Bédier, Joseph: Les crimes allemands d'après des témoignages allemands. Paris 1915.
3 Zweig, Stefan: Tagebuch. Frankfurt 1984. Die Notiz vom 5. Januar 1915 bezieht sich auf die Debatte, die in den Mittelmächten vom Vortrag «Unser Schweizer Standpunkt» ausgelöst wurde, den Carl Spitteler 1914 in Zürich gehalten hatte.
4 Diese Formulierung wurde übernommen aus Mortier, Raoul: Au tribunal des neutres. A la gloire de la France. Paris 1917.
5 Rolland, Romain: Journal des années de guerre. Paris 1952. Eintrag vom 15. Januar 1915 (Brief an Gabriel Séailles), 213.
6 Brief von Oskar Wettstein (Chefredakteur der Zürcher Post) an den Zürcher Regierungsrat. Zürich, 8. August 1914, Staatsarchiv des Kantons Zürich, O 44.2.
7 Schaffhauser Zeitung, 29. September 1914.
8 Millioud, Maurice: La guerre de plume. In: La Gazette de Lausanne, 20. September 1914.
9 «Aufruf an das Schweizervolk», Schweizerisches Bundesarchiv, Diplomatische Dokumente der Schweiz, E 2001, Archiv-Nr. 709. Er wurde in zahlreichen Zeitungen abgedruckt, zum Beispiel mit der Überschrift «Un appel au peuple suisse» in der Gazette de Lausanne vom 5. Oktober 1914.
10 «Appel des délégués et du secrétariat central». In: Mitteilungen der Neuen Helvetischen Gesellschaft, Oktober 1914, 5.
11 Spitteler, Carl: Unser Schweizer Standpunkt. Zürich 1915, 8.
12 Spitteler, Standpunkt, 16.
13 De Reynold, Gonzague: Quatrième rapport du Bureau des conférences. Berne, 15 mars 1915, Archives littéraires suisses, Fonds Gonzague de Reynold, Doss. Div. 22.2.
14 Mitteilungen der Neuen Helvetischen Gesellschaft, Dezember 1914, 1.
15 Vgl. Elsig, Propagande allemande.
16 Mitteilungen der Neuen Helvetischen Gesellschaft, September 1916, 1. Vgl. Arlettaz, Société helvétique.
17 Mitteilungen der Neuen Helvetischen Gesellschaft, September–Oktober 1918, 3.
18 Die Mustermesse ist heute unter dem Namen Muba bekannt. Die Schweizerwoche ist der Vorläufer der heutigen Gesellschaft Swiss Label, die als Erkennungszeichen eine Armbrust im Logo führt. Vgl. Oberer, Armbrust und Schweizerwoche.
19 Notiz des Vizekonsuls Dobrowohl über die Genfer Kinos [Juli 1918], Bundesarchiv Berlin, R901/71967.
20 Brief von Ulrich Wille an das Eidgenössische Politische Departement. Bern, 5. Juli 1915, Schweizerisches Bundesarchiv, E27/13892, Bd. 1.
21 Protokoll der Eidgenössischen Presskontrollkommission. Bern, 29. September 1915, Schweizerisches Bundesarchiv, E27/13586.
22 Telegramm von Paul Beau, Bern, 23. Januar 1915, zit. in: Montant, propagande extérieure, 1127.
23 Brief von Guy de Pourtalès an Auguste Bréal, 24. Februar 1917, zit. in: Bongard, L'autre guerre, 153.
24 Die Zentralstelle für Auslandsdienst und ihre bisherige Tätigkeit, [siehe September 1915], Bundesarchiv Berlin, R901/72438.
25 Zit. in: Steiner, Emil: Kritik der «Stimmen im Sturm» und ihre Beziehungen zum deutschschweizerischem Sprachverein. Zürich 1916, 1.
26 Bericht von Emile Waxweiler, Genf, 4. März 1915, 14, Archives du Royaume de Belgique, Brüssel.
27 Telegramm von Hermann von Simson (Legationsrat der Auslandsvertretung) an Fritz Thiel, Zürich, 28. Februar 1916, Bundesarchiv Berlin, R901/72166.
28 Notiz von Fritz Thiel (Auswärtiges Amt), Berlin, 7. März 1916, Bundesarchiv Berlin, R901/72479.
29 Telegramm von Wilhelm von Radowitz (Auswärtiges Amt) an Gisbert von Romberg (Gesandter Deutschlands in der Schweiz). Berlin, 25. April 1917, Bundesarchiv Berlin, R901/71722.
30 Telegramm von Gisbert von Romberg an Theobald von Bethmann-Hollweg, Bern, 8. September 1916, und nicht unterzeichnete Note an Direktor Hammann (Auswärtiges Amt), Berlin, 17. September 1916, Politisches Archiv des Auswärtigen Amt, Berlin, R122982.
31 Zum Beispiel Loosli, Carl Albert: La Suisse et ses rapports avec l'étranger. Neuenburg 1917; Zurlinden, Samuel: La guerre mondiale et les Suisses, Zürich 1917. Bezüglich Loosli vgl. Marti, Loosli, Bd. 3, 21–75. Bezüglich Zurlinden vgl. das Telegramm von Gisbert von Romberg an den Reichskanzler, Bern, 19. Juli 1917, Bundesarchiv Berlin, R901/71264.
32 So Lazare Weiller, ein französischer Industrieller aus dem Elsass, der 1914 von der französischen Regierung in die Schweiz gesandt worden war, zit. in: Gazette de Lausanne, 13. April 1917.
33 Bericht von Guy de Pourtalès an Philippe Berthelot, 1916, zit. in de Pourtalès, Guy: Correspondance. Bd. 1: 1909–1918. Genf 2006, 564ff.
34 Cassirer, Paul: Krieg und Kunst. In: Die Weissen Blätter, September 1918, 156. Vgl. Kostka, modernité tronquée.
35 Kessler, Harry: Das Tagebuch, 1880–1937, Bd. 6. Stuttgart 2006, Eintrag vom 14. September 1916, 76.
36 Brief von Harry Kessler an Gisbert von Romberg, Zürich, 26. Oktober 1916, Bundesarchiv Berlin, R901/71197.
37 Vgl. Brief von Harry Kessler an Wilhelm von Radowitz, o. O. [18. April 1917], Bundesarchiv Berlin, R901/71197.
38 Vgl. Bericht von Walter Turnheer (Politisches Departement), Ausländische Filmpropaganda in der Schweiz, Bern, 11. Dezember 1917, AFS, E27/13898.
39 Vgl. Memorandum «Swiss Cinemas», um 1918, zit. in: Culbert, Film and propaganda, 368ff.
40 Vgl. Senn, Alfred Erich: The Russian revolution in Switzerland 1914–1917. London 1971, 46ff.
41 Vgl. Cornwall, Undermining. The Battle for Hearts and Minds. Basingstoke 2000.
42 Vgl. Schweizerisches Bundesarchiv, E27/13894, Propagande auprès des internés, 1916–1919.
43 Vgl. Bericht von Hans von Haeften (Militärische Stelle des Auswärtigen Amts) über die Sitzung vom 28. Februar 1917 bzgl. der Mundpropaganda, Berlin, 5. März 1917, Bundesarchiv Berlin, R901/72179.
44 Vgl. Junod, Edgar: L'infiltration allemande. In: Gazette de Lausanne, 8. Juni 1917; L'Epicier suisse, Juli 1917.
45 Vgl. Schweizer Büchermarkt, 11. Juli 1917.
46 Abendunterhaltung und Modenschau. In: Berner Intelligenzblatt, 3. September 1917.
47 Kessler, Tagebuch, 153.
48 Vgl. Telegramm von Gisbert von Romberg an Georg Dehn-Schmidt, bzgl. der Anpassung der deutschen Propaganda in der Schweiz, Bern, 4. Dezember 1918, Bundesarchiv Berlin, R901/71084.
49 Äusserung von Emile Haguenin, überliefert von Rolland, Romain: Journal des années de guerre. Paris 1952, Eintrag vom 24. Juni 1918, 1506.
50 Korol, Dada, 294.
51 Auszug aus dem Protokoll der turnusgemässen Vollversammlung der Corso-Gesellschaft, Zürich, 7. Dezember 1924, Staatsarchiv des Kantons Zürich, Z. 2.1099.

Schweizer Intellektuelle und der Grosse Krieg
Ein wortgewaltiges Engagement

Alain Clavien*

LE NEUTRE: — Allons, ... faites la paix; ... je souffre trop!

Der Erste Weltkrieg lieferte den Schweizer Intellektuellen die Gelegenheit für eine nationale Debatte, die emotionsgeladen und pointenreich war und sich für extreme Positionierungen und harte Auseinandersetzungen vor einem leidenschaftlichen und leicht mitzureissenden Publikum anbot. Politisch und militärisch war das Land neutral, was von niemandem in Frage gestellt wurde; aber durfte sich der einfache Bürger überhaupt ein moralisches Urteil über das Verhalten einer der Kriegsparteien erlauben? Die Antworten auf diese Grundsatzfrage gingen weit auseinander und verbreiteten innerhalb kurzer Zeit eine Stimmung des Argwohns, die das Land entzweite. Die Debatte wurde schnell hitzig, die Lager verdächtigten sich gegenseitig, Sympathien für die jeweilige Kriegspartei zu hegen und sich folglich nicht an die Pflichten zu halten, die «wahre» Neutralität gebot. Phasen fiebrigen Eifers wechselten sich mit Phasen relativer Ruhe ab, wobei die Obersten-Affäre Anfang 1916 zweifellos den Höhepunkt der Krise markierte. Die Intellektuellen griffen in diese Debatte ein und nutzten ein breit gefächertes Repertoire, wobei sie häufig einen scharfen, ja aggressiven und beleidigenden Ton anschlugen, was einen Bruch mit der Debattenkultur der Vorkriegszeit darstellte.

Dem Klischee zufolge hätte der «moralische Graben» dem Verlauf der Saane folgen müssen, also dem «Röstigraben». In Wirklichkeit war die Teilung jedoch komplexer: Während die welschen Intellektuellen überwiegend frankophil waren, wenn auch in unterschiedlich starker Ausprägung, waren längst nicht alle Deutschschweizer germanophil. Einige wünschten sogar die Niederlage des autoritären und militaristischen Deutschlands, das sie beunruhigte. Die Verhältnisse änderten sich im Frühjahr 1917 als Folge von Ereignissen im Ausland (unter anderem der Februarrevolution in Russland und dem Kriegseintritt der USA) wie im Inland (der Grimm-Hoffmann-Affäre). Die Germanophilen verloren daraufhin an Boden, doch während die Spannungen tendenziell zurückgingen, wurden insbesondere in der jüngeren Generation neue Befürchtungen laut. Mehrere neue Zeitschriften entstanden, meist in Zusammenarbeit von Schweizern und Emigranten, die pazifistische und antimilitaristische Positionen vertraten und einen Teil der studentischen Jugend anzogen. Nach dem Ausbruch der Oktoberrevolution schlugen sich einige auf die Seite der Revolutionäre, die meisten Schweizer Intellektuellen zogen sich aus Angst vor sozialen Unruhen, die sie nicht vorausgesehen hatten, jedoch auf streng konservative Positionen zurück. Verstärkt durch den schädlichen Einfluss der ausländischen Propaganda, hinterliess die Erfahrung der intellektuellen Teilung des Landes zudem Spuren im kollektiven Gedächtnis. Dass die Idee der Stärkung des Nationalbewusstseins und der Geistigen Landesverteidigung in den 1930er-Jahren Fuss fassen konnte, hängt sicherlich auch mit dieser bitteren Erinnerung zusammen.

62
Im Januar 1917 karikierte Charles Clément diesen wohlgenährten, engelsgleichen «Doktor des Pazifismus», der einem verwundeten Soldaten einen Friedensvertrag zum Unterzeichnen vor die Nase hält. Die Zeichnung verrät die profranzösische Haltung der Zeitschrift «L'Arbalète», für die unter keinen Umständen ein Kompromissfrieden, sondern nur ein Sieg Frankreichs in Betracht kam.

Eine grosse nationale Debatte

Wie in den meisten westeuropäischen Ländern trat die Figur des Intellektuellen auch in der Schweiz an der Wende vom 19. zum 20. Jahrhundert in Erscheinung.[1] Allgemein wird angenommen, dass sie in Frankreich im Zusammenhang mit der Dreyfusaffäre 1898/99 aufkam. Schriftsteller, Wissenschaftler und Künstler traten hier für den zu Unrecht angeklagten Hauptmann Alfred Dreyfus ein, indem sie ihre Bekanntheit nutzten und sich auf universelle Werte beriefen. Sie verwendeten die vielfältigen Instrumente der Meinungsäusserung, angefangen bei Petitionen, offenen Briefen und Manifesten über Vorträge, Flugschriften und Pamphlete bis hin zu heftigen Polemiken, persönlichen Angriffen, Prozessen und sogar Duellen. Doch während die Figur des Intellektuellen in der französischen Öffentlichkeit kraftvoll und schillernd auftauchte, trat sie in den übrigen europäischen Ländern erst allmählich in Erscheinung. Wie sein italienisches oder deutsches Pendant erschien auch der Schweizer Intellektuelle eher zögerlich auf der Bildfläche. Was ihm fehlte, war eine «Affäre» von nationaler Tragweite, welche die Gemüter erregte und ihm zu einem raschen Durchbruch verhalf. Denn die Debatte jener Zeit, welche die Schweizer Intellektuellen zu einer gesellschaftlichen Gruppe formte, war zäher und unspektakulärer. Es ging um die Frage des Helvetismus, die Neubestimmung der Identität und Gesellschaft eines Landes, das die Möglichkeiten des radikalen Ideals von 1848 scheinbar ausgeschöpft hatte und einer moralischen Erneuerung bedurfte, um sich den Herausforderungen der Zeit stellen zu können. Erwähnt seien hier nur die Landflucht und das Verschwinden einer «staatsbegründenden» Lebensweise, die Entwicklung des Tourismus und die Zerstörung schöner Naturschauplätze, eine hohe Ausländerzahl und die «Entnationalisierung» der ortsansässigen Bevölkerung, der Verfall der parlamentarischen Demokratie zu einer vom «vorherrschenden Materialismus» bestimmten «Mediokratie» oder die Konfrontation mit den aggressiven Nationalismen der Nachbarländer.

Um über diese Fragen zu debattieren, wurden im Jahrzehnt vor dem Ersten Weltkrieg mehrere Kulturzeitschriften gegründet: «Der Samstag» (1904–1913) in Basel, «La Voile Latine» (1904–1910) und «Les Feuillets» (1911–1913) in Genf, die «Berner Rundschau» (1906–1910) in Bern (1911–1913 unter dem Namen «Die Alpen») sowie «Wissen und Leben» (1907–1925) in Zürich. Alle diese Zeitschriften, in denen sich die junge Generation der Intellektuellen zu Wort meldete, bemühten sich vor allem um eine geistige Erneuerung des Landes, für welche die verschiedenen Blätter allerdings sehr unterschiedliche Wege vorschlugen. Schon bald beteiligten sich auch einige grosse Tageszeitungen an diesem Diskurs und trugen so zu einer breiteren Wahrnehmung der Debatte bei.

Das Engagement des Schweizer Intellektuellen erfolgte also zunächst nicht «auf die französische Art»: Einerseits machte er sich nicht zum Fürsprecher der universellen Werte wie die Dreyfus-Anhänger, vielmehr bemühte er sich um eine Wiederbelebung, ja sogar Erschaffung und Förderung der nationalen – zum Teil auch nationalistischen – Werte; andererseits wurde er im Wesentlichen mittels Beiträgen in Zeitungen und Zeitschriften, Flugschriften und Vorträgen aktiv, bediente sich jedoch nicht der aggressiveren Aktionen, wie sie in Paris zum Einsatz kamen.

Erst der Grosse Krieg bot den eidgenössischen Intellektuellen das nötige Rüstzeug für ein klares und andauerndes Engagement in einer grossen nationalen Debatte um eine «moralische» Frage, die sich für dramatische Erklärungen und handfeste Auseinandersetzungen eignete: die Schweizer Neutralität, ihre Definition und Tragweite. Zwar waren sich alle darin einig, dass die Schweiz ein neutraler Staat sei, der weder militärisch noch diplomatisch Partei ergreifen durfte. Doch was war mit dem einfachen Bürger, dem Journalisten, dem Intellektuellen? Hatte er das Recht, seine persönliche Meinung zu äussern und moralische Urteile über das Verhalten eines der Krieg führenden Staaten zum Besten zu geben? War es nicht sogar seine Pflicht, «angesichts der Taten, die begangen wurden, wenn nötig Partei zu ergreifen, zu urteilen und sich zu entrüsten»?[2] Anzuprangern, was gegen die zivilisatorischen Grundprinzipien verstiess? Oder sollte er sich im Gegenteil jeglicher Verurteilung enthalten, «alles

Le fils de Guillaume Tell: Père pardonne-leur car ils ne savent ce qu'ils font!

63

dem Interesse der Allgemeinheit unterordnen [...], seine Pflichten über seine Rechte stellen, sich eine einvernehmliche bürgerliche Disziplin auferlegen, ähnlich der militärischen»,³ schweigen und im Namen der übergeordneten Anforderungen der Zeit, im Namen der notwendigen «moralischen Neutralität» sich der Regierungsposition anschliessen?

In einer ersten Phase wurde die Debatte durch Vorkommnisse entfacht, die sich ausserhalb des Landes ereigneten. Der deutsche Überfall auf Belgien löste in der Schweiz gegensätzliche Gefühle aus. Die öffentliche Meinung in der Romandie reagierte empört; sie argumentierte von einem moralisch-ethischen Standpunkt aus und verurteilte den Überfall als einen barbarischen Akt, der gegen jedes internationale Recht verstiess. Die deutschsprachige Schweiz zeigte sich gemässigter in ihrer Einschätzung; sie missbilligte den Überfall zwar, fand aber, dass man die Erfordernisse des Kriegs bedenken müsse oder, um es mit den Worten des deutschen Kanzlers Bethmann Hollweg zu sagen: «Not kennt kein Gebot». Diese Meinung kam in der Westschweiz sehr schlecht an und weckte prompt den Verdacht einer moralisch verwerflichen Komplizenschaft der Deutschschweizer mit dem Deutschen Reich. Die Ereignisse der ersten Kriegswochen – die Plünderung der belgischen Stadt Löwen und die Zerstörung ihrer berühmten Universitätsbibliothek (am 26. August), die vielen Gerüchte über «deutsche Gräueltaten» an belgischen Zivilisten und die Bombardierung der Kathedrale von Reims (am 20. September) durch wilhelminische Truppen – vertieften das Unverständnis innerhalb der Eidgenossenschaft. In der Romandie wurde Deutschland jetzt gnadenlos verteufelt. Ausserdem verstand man nicht, warum die Deutschschweizer zu den deutschen Verbrechen schwiegen. Oder man verstand es nur allzu gut: Einige Westschweizer Journalisten und Intellektuelle argwöhnten, die «moralische Neutralität», auf die sich die Deutschschweizer beriefen, um die Romands zur Mässigung in ihren Urteilen aufzufordern, diene kaum verhohlen als Deckmäntelchen für ihre stillschweigende Billigung der deutschen Machenschaften, die inakzeptabel sei. Argwohn machte sich breit und spaltete das Land in zwei Lager. Man verdächtigte sich wechselseitig der schuldhaften Sympathien für die Mittelmächte oder die Entente und beschuldigte sich gegenseitig, sich nicht an die Pflichten der «wahren» Neutralität zu halten und demzufolge ein schlechter Patriot zu sein.

63
Die Postkarte aus der Romandie klagt die Ergebenheit des Bundesrats gegenüber der deutschen Politik an. Der Zeichner greift ein Motiv aus dem Wilhelm-Tell-Mythos auf und stellt dem Schweizer Nationalhelden, der sich stolz weigert, Gesslers Hut zu grüssen, die Unterwürfigkeit der Regierung gegenüber, die vor der Pickelhaube den Hut zieht.

Die Debatte wurde durch mehrere inländische Affären zusätzlich angeheizt: Das peinliche Verbot eines Vortrags, den ein Schweizer Ingenieur und Zeuge der Plünderung von Löwen initiiert hatte; die unangebrachte Veröffentlichung eines das Deutsche Reich verherrlichenden Gedichts von Ernst Zahn, dem Präsidenten des Schweizerischen Schriftstellerverbands, in einer deutschen Zeitung; die schrillen Äusserungen begeisterter Offiziere wie Eugen Bircher, der behauptete, die Schweiz hätte in der Marne-Schlacht auf deutscher Seite intervenieren sollen;[4] oder provokative Stellungnahmen von Journalisten: All das lieferte Argumente, die sich das eine oder andere Lager zunutze machte, um die Kontroverse anzufachen. Die Diskussion über die Unterstützung dieses oder jenes Krieg führenden Landes kippte rasch in eine Kritik der Positionierung des Landes und stellte die politische oder militärische Führung wegen Parteilichkeit an den Pranger.

Dass die Debatte sich so schnell aufheizte, lag an den seit Anfang des Jahrhunderts bestehenden Spannungen zwischen den französisch- und deutschsprachigen Gemeinschaften. Einige der renommiertesten Westschweizer Journalisten der damaligen Zeit wie Albert Bonnard oder Maurice Muret prangerten schon vor dem Krieg unermüdlich einen brutalen preussischen Geist an, der Gewaltakte im Namen der «Realpolitik» rechtfertige. Die Zwangsgermanisierung Polens, die deutschen Machenschaften im dänischen Schleswig, mehr aber noch die Zabern-Affäre im Herbst 1913 und im Frühjahr 1914, als deutsche Offiziere elsässische Rekruten misshandelten und beschimpften, bevor sie damit drohten, in eine Menschenmenge zu schiessen,[5] gefolgt von den Auseinandersetzungen des berühmten elsässischen Karikaturisten Hansi mit den deutschen Behörden[6] – all das war Wasser auf die Mühlen der starken antideutschen Strömung. Schon am Vorabend des Kriegs war die Westschweizer Öffentlichkeit gegen Deutschland aufgebracht. Andererseits war aufseiten der Deutschschweizer beim Besuch des französischen Präsidenten Armand Fallières im August 1910 ein gewisser Groll gegen Frankreich und die Romandie zu spüren gewesen. Mehrere radikalliberale deutschsprachige Zeitungen, darunter «Der Bund», äusserten sich verärgert über den Westschweizer Einspruch gegen die Gotthard-Konvention und meinten einen «rassischen Chauvinismus» in einer Serie von Volksentscheiden erkennen zu können, die schon seit mehreren Jahren von den proföderalistischen Liberalen der Romandie gegen zentralistische Projekte aus Bern initiiert worden waren.[7] Kurz, die Vorurteile und das gegenseitige Misstrauen der zwei grossen Schweizer Sprachgemeinschaften traten schon vor dem Krieg deutlich zutage. Allerdings gingen diese Spannungen nicht über ein Gefühl des Unbehagens hinaus, und ausser einigen heftigen Ausbrüchen gab es keine direkten Anfeindungen. Dennoch tendierten die deutschsprachigen und die frankophonen Zeitungen zu einer immer stärkeren Gegenüberstellung der deutschen und der französischen Schweiz, als handelte es sich um monolithische Blöcke, was bei weitem nicht der Realität entsprach. Der Erste Weltkrieg schürte alte Spannungen, und so entstand der berühmt-berüchtigte «moralische Graben», der das Land fast den gesamten Krieg über auf gefährliche Weise schwächen sollte.

Die Wogen der Kontroverse

Dieser Graben wies eine besondere Dynamik auf, bei der Phasen grosser Spannung sich mit Phasen relativer Ruhe abwechselten. Der Sommer und Herbst des Jahres 1914 waren durch ein Aufflammen heftiger Kontroversen im Rahmen einer Debatte gekennzeichnet, die sich hauptsächlich auf den deutschen Überfall auf Belgien und die Verteufelung Deutschlands bezog. Im Herbst jedoch, als sich die Lage an der Westfront stabilisierte, gingen von mehreren Akteuren Beschwichtigungsversuche aus. Auf Betreiben mehrerer Intellektueller, die der Zeitschrift «Wissen und Leben» unter der Leitung von Ernest Bovet nahestanden, schaltete sich der Bundesrat am 1. Oktober offiziell ein und wandte sich mit einem dringenden Aufruf zur Mässigung an alle Eidgenossen und die Presse im Besonderen: «Höher als alle Sympathien für diejenigen, mit denen uns Stammesgemeinschaft verknüpft, steht uns das Wohl des einen gemeinsamen Vaterlandes; *ihm ist alles andere unterzuordnen.*»[8] Unmittelbar danach bezogen mehrere bekannte Intellektuelle öffentlich Stellung für eine Mässigung des Tons in der Öffentlichkeit. Anfang Dezember trafen sich zwei namhafte Journalisten, Edouard Secrétan von der «Gazette de Lausanne» und Oskar Wettstein von der «Züricher Post», zu einer Veranstaltung in Lausanne und versuchten dem Publikum die Gründe für ihre unterschiedlichen Ansichten darzulegen.[9] Zwei Wochen später hielt der weit über die Landesgrenzen hinweg bekannte Basler Schriftsteller Carl Spitteler in Zürich seine Aufsehen erregende Rede *Unser Schweizer Standpunkt*.[10] Er warnte die Deutschschweizer vor übertriebener Deutschlandliebe und forderte sie zu grösserer Mässigung gegenüber den Krieg führenden Nationen, aber auch gegenüber der Westschweiz auf. Die Nachbarn jenseits der Landesgrenze, und seien es noch so liebe, sollte man nicht mit den

64

64
In seiner versöhnlichen Rede hob Carl Spitteler die Tatsache hervor, dass die Deutschschweizer und die Westschweizer Brüder seien: «Auch der beste Nachbar kann unter Umständen mit Kanonen auf uns schiessen, während der Bruder in der Schlacht auf unserer Seite kämpft. Ein grösserer Unterschied lässt sich gar nicht denken.» Karikatur aus dem «Nebelspalter» vom 27. März 1915.

65

Les bombes allemandes à Porrentruy
— Sentinelle! tirez donc!
J' peux pas, ma vieille, j' n'ai qu'un balai et pas de cartouches!

66

Madame Helvétia et ses enfants Berne, Soleure, Vaud, Genève, Valais, Tessin, Fribourg, Neuchâtel, Bâle, Argovie, Zoug, Uri, Lucerne, Unterwald, St-Gall, Grisons, Thurgovie, Schaffhouse, Appenzell, Zurich, Glaris et Schwytz;

Mesdames Constitution et Liberté;

Leurs parentes et amies Légalité, Concorde et Egalité;

ont la profonde douleur de faire part aux peuples du Monde civilisé du décès survenu, à Zurich, le 29 février 1916, de

Mademoiselle Neutralité Helvétia

leur chère et regrettée fille, surprise par une attaque de bocho-influenza compliquée.

Les obsèques auront lieu à Berne, le lundi 6 mars prochain, à 2 heures après midi.

On ne reçoit pas.

Les fleurs, particulièrement les lauriers, ne seront pas acceptées.

Saignelégier, le 1er mars 1916.

Nachbarn diesseits verwechseln, denn sie seien «mehr als Nachbarn, nämlich unsere Brüder».[11] Einige Wochen später meldete sich der Westschweizer Professor und Journalist Paul Seippel zu Wort, kritisierte die frankophilen Exzesse und rief zu Mässigung auf.[12]

Anfang 1915 machten sich Zürcher Professoren aus dem Kreis um Leonhard Ragaz, dem Beispiel ihrer deutschen Kollegen folgend,[13] an die Redaktion eines Manifestes und legten es ihren Kollegen an anderen Schweizer Universitäten vor. Im April 1915 erschien der von 314 Professoren aus der deutschen und französischen Schweiz gleichermassen unterzeichnete Text in allen grossen Zeitungen. Streitbare Themen wie der Überfall auf Belgien wurden nicht angeschnitten, sondern man beschränkte sich auf allgemeine Betrachtungen. Es wurde daran erinnert, dass die Schweiz ungeachtet der Vielfalt der Rassen, Sprachen, Sitten und Religionen sehr wohl existierte: «Ihre Einheit findet Ausdruck im Gemeinschaftswillen zur Lösung politischer, gesellschaftlicher und moralischer Fragen mit den Mitteln eines demokratischen und republikanischen Staates, der auf Freiheit und Gerechtigkeit gründet.»[14] Die Unterzeichner bekräftigten, dass sie diesen Prinzipien anhingen, die stärker sein müssten «als die Leidenschaften, die der Kampf der Völker hier bei uns entfacht hat».

65
Am 31. März 1916 bombardierte ein deutscher Flieger Porrentruy. Die Schweizer Soldaten konnten das Feuer nicht erwidern, weil ihnen keine Munition zur Verfügung stand. Von staatlicher Seite wurde diese befremdliche Situation mit der Vermeidung von Unfällen erklärt, mehrere Journalisten sahen darin jedoch einen Akt des Misstrauens gegenüber den Westschweizer Truppen der II. Division.

66
Das Datum vom 29. Februar 1916 auf dieser Postkarte aus dem Jura spielt auf den Tag der Urteilsverkündung in der Obersten-Affäre an: Beide Angeklagten wurden vom Militärgericht in Zürich freigesprochen.

ENTSTEHUNG DER JURASSISCHEN SEPARATISTENBEWEGUNG

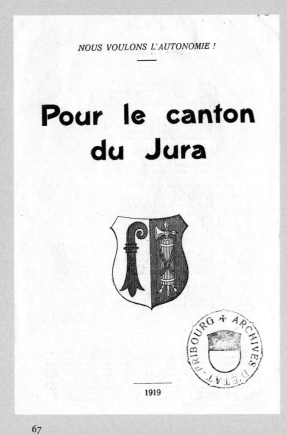

67

Im September 1917 gründete eine Gruppe jurassischer Intellektueller unter Federführung des Journalisten und Essayisten Alfred Ribeaud und des Lehrers und Schriftstellers Jacques-René Fiechter ein Komitee für die Schaffung eines Kantons Jura. Die separatistischen Bestrebungen verdankten sich der besonderen Situation, die durch den Krieg entstanden war: Die Region nahm grosse Truppenkontingente auf, hauptsächlich Deutschschweizer, die der Generalstab im Raum Pruntrut konzentrierte. Die lang andauernde Präsenz der Truppen verlief nicht ohne Zwischenfälle. Die Soldaten mussten untergebracht und ernährt werden, und man musste auch die Arroganz einiger Offiziere ertragen, die keine Rücksicht auf die bewirtschafteten Felder nahmen, wenn sie Manöver durchführten, um ihre Truppen bei Laune zu halten. Die Stimmung war gereizt, und es kamen mehrere politisch-militärische Affären dazu, über die in der Lokalpresse berichtet wurde. Léon Froidevaux, der bisweilen mit scharfer Feder schrieb, wurde mehrmals zu Haftstrafen verurteilt, was die Öffentlichkeit in der Romandie empörte. Als «wahrer Resonanzkörper des moralischen Grabens» war der Jura in den Augen einiger das symbolische Opfer von Exzessen seitens der politisch-militärischen Führung und Entgleisungen deutschfreundlicher Offiziere. Andere gingen sogar so weit, den Jura als «Elsass-Lothringen der Berner» zu bezeichnen. Damit war der Weg frei für die Gründung eines separatistischen Komitees. Dieses schockierte die deutsche Schweiz 1919 mit der Veröffentlichung einer Flugschrift, deren Wahlspruch lautete: «Wir wollen die Autonomie! Für den Kanton Jura.» Der separatistische Vorstoss währte allerdings nicht lange. Viele jurassische Intellektuelle sahen das Gleichgewicht in der Eidgenossenschaft bedroht und lehnten diesen Weg ab, so auch der Lehrer und Historiker Paul-Otto Bessire, der für eine föderalistische Lösung innerhalb des Kantons Bern eintrat. Das konstruierte Kriegsgedenken in der Zwischenkriegszeit blendete diese Spannungen durch die Betonung des jurassischen Patriotismus aus. Gilberte de Courgenay, die schon 1917 von Hanns in der Gand besungen worden war und deren Leben 1941 verfilmt wurde, sowie das berühmte Denkmal *La Sentinelle des Rangiers* von Charles L'Eplattenier von 1924 avancierten zu den schillerndsten Symbolfiguren dieses Patriotismus.

Alain Clavien

67
Die Flugschrift aus der Feder des Journalisten Louis Merlin fasst die Position der jurassischen Separatisten zusammen. Das Wappen auf der Titelseite verbindet den Baslerstab und das Liktorenbündel aus dem Wappen der Raurakischen Republik von 1792/93 mit dem Ziel, die konservativen Katholiken und die Radikalliberalen zu vereinigen.

Das Manifest verstimmte allerdings einige Professoren in Neuenburg und Lausanne, die nicht unterzeichnet hatten und mit zwei offenen Briefen reagierten, der eine mit 19, der andere mit 50 Unterzeichnern. Beide liessen sich des Langen und Breiten über die belgische Frage aus, «in der Überzeugung, dass es auf Europas Schlachtfeldern um die Sache der Freiheit und der Unabhängigkeit selbst geht, und geleitet vor allem von der Sorge um die nationale Einheit, die nur überdauern kann, wenn die internationalen Abkommen strikt eingehalten werden».[15] Im Frühjahr 1915 wurde die Polemik zwischen Frankophilen und Germanophilen durch Vorkommnisse im Ausland erneut angefacht. Der Kampfgas-Einsatz der Deutschen in Ypern Ende April und am 7. Mai 1915 sowie das Versenken des britischen Luxusdampfers Lusitania durch ein deutsches U-Boot, bei dem 1200 Zivilisten starben, boten eine Steilvorlage für die glühendsten Anhänger der französischen Seite. Waren sie im Unrecht, wenn sie die deutsche Barbarei an den Pranger stellten? Dass Deutschschweizer Intellektuelle sich weiter darauf versteiften, ihre Freundschaft zum Deutschen Reich zu erhalten, war für sie nicht zu begreifen. Die Zeit der Versöhnung war vorbei. Der «moralische Graben», der eine Weile zugeschüttet worden war, vertiefte sich wieder in gefährlicher Weise durch mehrere Affären im Inland, die jedes Mal wie ein Katalysator für diverse Polemiken wirkten.

An dieser Stelle alle Affären aufzuzählen, würde den Rahmen sprengen, dennoch sollte nicht unerwähnt bleiben, dass die meisten von ihnen die Parteilichkeit des Bundesrats und die deutschfreundliche Haltung des Generalstabs, die oft zu Ressentiments gegen die Westschweiz führte, deutlich zutage treten liessen. So untersagte der Generalstab im Frühjahr 1915 den Zwischenhalt von Zügen mit schwerverwundeten Franzosen aus Deutschland im Bahnhof von Freiburg, nachdem die ersten Transporte, obwohl sie spät in der Nacht hielten, zu Sympathiebekundungen in der Bevölkerung geführt hatten. Als ein Zürcher Militärgericht im Januar 1916 zwei Generalstabsoberste freisprach, welche die deutschen und österreichisch-ungarischen Militärattachés mit diplomatischen Depeschen beliefert hatten, bereitete der Generalstab Züge für eine militärische Besetzung der Grossstädte in der Romandie vor,[16] da man befürchtete, dass dieser Freispruch Unruhen auslösen würde. Zwar erwiesen sich diese Befürchtungen als unbegründet, das Bekanntwerden des Vorhabens während der Nationalratssession im Frühjahr 1916 löste aber eine Welle des Zorns aus. Auch ein Vorfall an der Grenze zu Frankreich, bei dem Westschweizer Soldaten wegen fehlender Munition nichts gegen zwei deutsche Flieger unternehmen konnten, die ihre Ladung im März 1916 ungestört über Pruntrut abwarfen, trug nicht dazu bei, die Wogen zu glätten – umso weniger, als Léon Froidevaux, der die ganze Affäre in seiner Zeitung «Le Petit Jurassien» aufdeckte und scharf kritisierte, im August 1916 zu einer Haftstrafe von 13 Monaten verurteilt wurde.

Die Zensur, die im August 1914 eingeführt wurde und in die Zuständigkeit des Militärs fiel, sorgte immer wieder für Reibungen, zumal französischsprachige Presseerzeugnisse häufiger betroffen waren als deutschsprachige und mehrere pro-französische Flugschriften verboten wurden, während pro-deutsche Flugschriften ungestraft kursieren durften. Im Juli 1915 beschloss der Bundesrat dann eine Umstrukturierung, entzog dem Militär die Zensuraufsicht und setzte eine Pressekontrollkommission ein. Das war allerdings zu wenig, um die Gemüter zu beruhigen, da diese Kommission nicht den Eindruck erweckte, weniger parteiisch zu sein als ihre Vorgängerin. Im Gegenteil: Da die Zensur bei den hartnäckigsten pro-französischen Intellektuellen öfter eingriff,[17] weil sie sich offensiver einmischten, sahen sie darin einen zusätzlichen Beweis für die von ihnen kritisierte Parteilichkeit der Deutschschweizer.

Jede Entgleisung, jedes Versagen, jede Affäre uferte in endlose Diskussionen aus. Die Journalisten und Intellektuellen nutzten jede Möglichkeit zur Intervention, die sich ihnen bot, sie bezogen Stellung und veröffentlichten Flugschriften, welche die politische Debatte bereicherten, zuweilen aber auch vergifteten. Paradoxerweise liessen die Spannungen zwischen Frankophilen und Germanophilen erst durch eine schwere Krise nach, die im Frühjahr 1917 eintrat und auf die später noch eingegangen werden soll.

Topografie einer Debatte

Die Schlacht der Petitionen, die im Frühjahr 1915 an den Universitäten stattfand, verdeutlicht die Polarisierung innerhalb der Romandie. Dennoch waren die meisten Westschweizer Intellektuellen, trotz geringfügigen Abweichungen in der Argumentation, gleicher Meinung: Sie verurteilten das Vorgehen der deutschen Armee, bedauerten Belgien und bekundeten ihre Sympathien für die Entente. Aber welche Haltung sollten sie gegenüber der Mehrheit der deutschsprachigen Intellektuellen einnehmen, deren Präferenz eher den Mittelmächten galt? Diese Frage spaltete die Romands in zwei Lager, die sich zum Teil heftig bekämpften. Die einen nahmen besorgt wahr, wie sich der Graben des Unverständnis-

68

68
Dieser Karikatur im «Nebelspalter» zufolge interessierte sich Anfang März 1916 niemand mehr für die spektakulären Verrenkungen der «Hetz-Akrobaten», die den Hass zwischen Westschweizern und Deutschschweizern schürten. Vermutlich teilten kurz nach der Obersten-Affäre nicht alle Zeitungen und Zeitschriften diese optimistische Vision.

ses zwischen den beiden Sprachgemeinschaften immer weiter vertiefte. Den nationalen Zusammenhalt im Blick, plädierten diese moderaten Stimmen dafür, mit den Deutschschweizern nicht allzu scharf ins Gericht zu gehen. Selbstredend ging es nicht darum, die eigenen Überzeugungen, Vorlieben, Freundschaften oder Ängste zu verleugnen. Doch sollte man vermeiden, sie in einer Weise öffentlich kundzutun, welche die in der Schweiz lebenden Staatsangehörigen der einen oder anderen Krieg führenden Nation und mehr noch die Kompatrioten aus anderen Landesteilen verletzen könnte. Von der Gegenseite wurden diese Ratschläge mit Geringschätzung quittiert, und man verhüllte sich lieber hinter unantastbaren Prinzipien und gekränkten Gefühlen. *Neutral, nicht feige (Neutres, non pas pleutres)* lautete der kraftvolle Titel eines Artikels des Lausanner Professors Maurice Millioud.[18] Wie konnte man nicht Stellung beziehen, wo es doch um nichts Geringeres ging als um den Kampf des Rechts gegen die Gewalt, den Kampf für die Demokratie und gegen militärischen Despotismus, den Kampf für die Kultur und gegen die Barbarei. Wie sollte man umhinkommen, die laufenden Ereignisse zu beurteilen und im Namen der Gerechtigkeit, «diesem grossen, ewig währenden Gesetz der Geschichte», Stellung zu beziehen? War nicht genau das die Pflicht des Neutralen?

Ein öffentlich ausgetragener, erbitterter Streit illustriert diesen Riss, der durch die Intellektuellenszene der Romandie ging: Im Mai 1915 zerbrach eine 20-jährige Freundschaft, als Philippe Godet, Neuenburger Kritiker und fanatischer Frankophiler, und der moderate Genfer Professor Paul Seippel, abwechselnd Artikel im «Journal de Genève» veröffentlichten, die voller ätzender Äusserungen und persönlicher Angriffe waren.[19] Auch bei den jungen «Helvetisten», die Seite an Seite in der Zeitschrift «Les Feuillets» gekämpft hatten, bevor sie die *Nouvelle Société Helvétique* gründeten, und dabei tunlichst vermieden hatten, ihre Meinungsunterschiede in der Öffentlichkeit auszutragen, kam es zu einem Zerwürfnis: Im Frühjahr 1915 kränkte der Genfer Professor Alexis François seinen alten Mitstreiter Gonzague de Reynold in einem giftigen Artikel zutiefst: «Ein schönes Beispiel für Kaltblütigkeit, die heutzutage selten geworden ist, liefert mir mein Freund Reynold mit seinem hanebüchenen Vorhaben, Schriftsteller aus den kriegführenden Ländern zur Mitarbeit an einer [neuen] Zeitschrift einzuladen».[20] Der Freiburger zog es vor, auf eine Entgegnung zu verzichten.

Es ist nicht verwunderlich, dass es bei dieser Debatte nicht bei persönlichen Anfeindungen blieb. Eine Flut von Artikeln und Flugschriften, in denen man sich zu übertrumpfen suchte und nicht mit Provokationen sparte, war die Folge. So liess sich der Bühnenautor René Morax nicht von den Moderaten einschüchtern und legte sogar nach, indem er sie in mehreren Artikeln in der «Gazette de Lausanne» der Lächerlichkeit preisgab: «ein freies Volk, dessen Gewissen verletzt wird und das seinen Schmerz nicht hinausschreit, ist ein Volk ohne Jugend, Mut und Kraft. Dieses Volk zweifelt an sich selbst und, im Geheimen, am bittern Sinn seiner Zurückhaltung.»[21]

Anders verhielt es sich mit der Intellektuellenszene in der Deutschschweiz. Zwar teilte sich das pro-deutsche Lager ebenfalls in Moderate und Fanatische, allerdings war von Ersteren kaum etwas zu hören: Sie befürworteten die offizielle Schweizer Haltung, hielten sich mit ihrer Sympathie für Deutschland bedeckt und fielen durch keine besondere Frankophobie auf. Einen dringlichen Grund, sich zu engagieren, hatten sie nicht, ausser vielleicht bei der einen oder anderen Polemik gegen die Romands, denen man vorwarf zu «übertreiben», insbesondere während der Obersten-Affäre. Die stark deutschfreundlichen Intellektuellen waren dagegen oft offensiv und verletzend gegenüber den Romands, wenn es darum ging, die Idee der Zugehörigkeit der (Deutsch)Schweizer Kultur zur deutschen Kulturgemeinschaft zu verteidigen. Auf Carl Spittelers versöhnliche Rede reagierte etwa der Basler Theologieprofessor Paul Wernle völlig überzogen mit einer plumpen pro-deutschen Flugschrift.[22] Für den Zürcher Pfarrer Eduard Blocher und seine Freunde der Verlagskooperative «Stimmen im Sturm» waren die Romands unsichere Bürger, weil sie keine echten Schweizer, sondern nur «historische Gäste auf Schweizer Boden»[23] seien. Diese Behauptungen riefen bei einigen Deutschschweizer Intellektuellen Empörung hervor; Blocher hatte aber auch zahlreiche Unterstützer.

Ein ähnlicher Riss wie in der Westschweiz verlief auch in der Ostschweiz durch die Intellektuellenszene, die deutschsprachige war aber nicht einfach zweigeteilt. Einige Intellektuelle schwammen durchaus gegen den Strom: Sie denunzierten die allzu engen Verbindungen, welche die Eliten des Landes mit Deutschland unterhielten, und befürworteten zum Teil die Entente-freundliche Haltung in der Romandie. Sie beklagten aber auch, dass die Frankophonen ihre berechtigten Vorwürfe zu oft mit unbedachten Anschuldigungen vermengten. Dazu zählten der Berner Schriftsteller und Essayist Carl Albert Loosli, der Zürcher Pfarrer und Professor Leonhard Ragaz, der Schriftsteller und Essayist Konrad Falke, der Zürcher Professor Fritz

69

Fleiner, der Pfarrer Adolf Keller und der Journalist Johann Baptist Rusch. Sie alle teilten die Überzeugung von Ernest Bovet, der in Zürich lehrte, dass man «das Existenzrecht der kleinen Staaten und die Unverletzlichkeit von Verträgen verteidigen» müsse.[24] Andere Intellektuelle aus dem Umfeld der *Nouvelle Société Helvétique* wiederum kämpften gegen die deutsche Propaganda an, ohne sich über die Zerwürfnisse im Land selbst zu äussern.

Es ist also festzustellen, dass die Spannungen, die der Erste Weltkrieg mit sich brachte, nicht nur zwei ethnische Gruppen betrafen, die von unterschiedlichen Sympathiegefühlen mitgerissen wurden. Weder die West- noch die Deutschschweizer Intellektuellenszene waren homogene Blöcke. Das relativiert die Vorstellung eines «moralischen Grabens», der sich mit dem «Röstigraben» entlang der Saane deckt. Wenn es einen Graben gab, war sein Verlauf viel verworrener, als das übliche Klischee es glauben machen will.

Vielseitiges Engagement

Im Zuge der lebhaften Debatte bedienten sich die Schweizer Intellektuellen ab Herbst 1914 eines breiten Aktionsrepertoires. Die Veröffentlichung von Artikeln war und blieb das wichtigste Instrument. Fast alle Kulturzeitschriften stürzten sich ins Debattier-Getümmel, obwohl in einigen von ihnen vor dem Krieg politische Betrachtungen kaum eine Rolle gespielt hatten. «Semaine littéraire», «Bibliothèque universelle», «Cahiers vaudois», «Wissen und Leben», «Neue Wege» und später auch «Schweizerland» – alle beteiligten sich aktiv an der Debatte. Auch die grossen Zeitungen machten Platz für Stellungnahmen von Intellektuellen und starteten von Zeit zu Zeit Diskussionsreihen, die als Verkaufsargument nicht unerheblich waren. Nicht selten kam es auch zu Auseinandersetzungen zwischen Zeitungen: So erteilte die «Gazette de Lausanne» am 28. Oktober 1915 etwa Professor Rodolphe Reiss das Wort für eine Replik auf den Westschweizer Korres-

69
Die Ligue patriotique romande wurde im September 1916 von Westschweizer Intellektuellen und Politikern gegründet, deren Bestreben es war, «gegen Umtriebe anzukämpfen, die tendenziell darauf aus sind, unser Land in den Dienst einer unrechtmässigen Sache zu stellen». Obwohl die Liga kaum Zuspruch fand, sorgte sie bei den Deutschschweizern für gehörige Irritationen, wie die beissende Karikatur aus dem «Nebelspalter» vom 16. September 1916 zeigt.

pondenten der «Neuen Zürcher Zeitung», der ihn zwei Tage zuvor wegen seiner Äusserungen über österreichische Gewalttaten in Serbien angegriffen hatte.[25]

Die Kriegsjahre lösten ausserdem eine Flut von politischen Flugschriften aus. Viele Intellektuelle fanden kürzere Artikel nicht ergiebig genug, also schrieben sie längere Texte, die eine grössere Verbreitung hatten und langlebiger waren. Einige schlossen sich sogar zusammen, um ihren Aktivitäten zusätzliches Gewicht zu verleihen, und veröffentlichten ihre Kampfschriften in einer Reihe. Im März 1915 gründete Eduard Blocher, der für seine deutschlandfreundliche Haltung bekannt war, zusammen mit einigen Gesinnungsgenossen in Zürich die Verlagskooperative «Stimmen im Sturm». Unter den rund 30 Mitgliedern waren Pfarrer und Theologen wie Hans Baur, Rechtsanwälte wie Fritz Fick oder Edgar Schmid, Universitätsprofessoren wie Paul Wernle oder Hermann Bächtold, Journalisten, bekannte Schriftsteller wie Ernst Zahn, ja sogar Anton Sprecher von Bernegg, der Sohn des Generalstabschefs der Schweizer Armee, und Ulrich Wille, der Sohn des Generals. Die «Stimmen im

70
Die im Frühjahr 1915 gegründete prodeutsche Zeitschrift «Stimmen im Sturm» schürte mit ihren scharfen Angriffen die Spannungen zwischen den Sprachregionen.

71

ARMÉE SUISSE

Cahiers du Bureau des Conférences

N° 1.
(Programme.)

Les Cahiers du *Bureau des Conférences* paraîtront toutes les semaines ou tous les 15 jours, durant quelques mois. Leur format ne devra point dépasser une feuille de 16 pages.

Chaque unité (compagnie, escadron, batterie) en recevra environ 5 exemplaires.

Chaque cahier sera en 4 parties:
Histoire nationale,
Connaissance du pays,
Education nationale,
Guerre.

On trouvera en appendice des références et des renseignements bibliographiques, ainsi que toutes indications utiles.

L'usage des Cahiers n'est pas obligatoire: il n'en est pas moins vivement recommandé par le général, dans son ordre d'armée du 10 novembre 1915.

* * *

Le *but* des Cahiers est d'aider les officiers dans l'exécution de l'ordre édicté par le général.

On s'efforcera par conséquent de procurer aux soldats un gain intellectuel et moral durable; il s'agit moins d'augmenter chez eux la somme des connaissances que de développer leur énergie intérieure et affermir la conscience de leurs devoirs patriotiques et militaires.

72

71, 72
Der Vortragsdienst der Armee wurde im November 1914 ins Leben gerufen, um die Moral der vom Warten ermüdeten Truppen mit allerlei Veranstaltungen zu verbessern. Sein Leiter, der Freiburger Gelehrte Gonzague de Reynold (Mitte), organisierte Vorträge, Konzerte, Theateraufführungen und anderes. Als der erhoffte Erfolg ausblieb, weil die Veranstaltungen zu moralisierend waren, wurde der Dienst Anfang 1917 wieder eingestellt.

Sturm» organisierten Vorträge und veröffentlichten 1915 und 1916 insgesamt neun Schmähschriften, deren Ton äusserst scharf, ja geradezu ausfallend war, was mehrere Prozesse nach sich zog.[26] Die neun Schriften erschienen auch auf Französisch; Herausgeberin war die Zeitung «Indépendance helvétique», welche die deutsche Propagandastelle in Genf gegründet hatte.

Solche Zusammenschlüsse zwecks Veröffentlichung von Kampfschriften fanden freilich nicht nur aufseiten der «Fanatischen» statt. In Genf lancierten «moderate» Intellektuelle, von denen die meisten dem «Journal de Genève» nahestanden – William Rappard, Philippe Bridel, Paul Seippel, William Cougnard, Théodore Aubert und André Oltramare – eine Reihe mit dem Titel «Opinions suisses». Von 1916 bis 1919 erschienen 13 Hefte, die von einigen Kollegen mit beissendem Spott quittiert wurden. So stellte Louis Debarge, Chefredakteur der «Semaine littéraire», die Legitimität eines Komitees in Frage, das «sich herausnimmt, zu entscheiden, was schweizerisch ist und was nicht ...».[27]

Ein bis dahin selten eingesetztes Mittel, der offene Brief mit einem Politiker oder Intellektuellen als Adressaten, trat jetzt in den grossen Tageszeitungen wie dem «Journal de Genève» oder der «Neuen Zürcher Zeitung» in Erscheinung. Erstere veröffentlichte am 2. September 1914 einen «Offenen Brief von Romain Rolland an Gerhardt Hauptmann», letztere am 3. Juni 1917 einen «Offenen Brief an Kaiser Wilhelm II.» aus der Feder des deutschen Schriftstellers Alfred Klabund.

Manchmal taten sich die Intellektuellen auch zu Clubs zusammen, um ihre Kräfte zu bündeln. Die *Ligue patriotique romande* und die *Idée libérale* waren zwei davon. Letzterer wurde im April 1916 vom Rechtsanwalt und Essayisten Marcel Guinand in Genf ins Leben gerufen, um «populäre Vorträge zu organisieren und eine populärwissenschaftliche Reihe politischer Studien zu veröffentlichen». Die Publikationen dienten als Reaktion auf die Politik des *Coup de Force* und die *Realpolitik* sowie «zum Schutz des internationalen Rechts und der Verteidigung des Föderalismus», dem Bern grossen Schaden zugefügt habe.[28]

Auch das bis zum Krieg wenig genutzte Mittel der Petition kam nun als Kampfmittel häufiger zum Einsatz. Um einem Appell oder einer Protestnote Nachdruck zu verleihen, vereinten die Intellektuellen ihre Namen und erhoben ihre Stimme zum Beispiel gegen den Einsatz von Kampfgas (im Juli 1915), den türkischen Völkermord an den Armeniern (im Oktober 1915) oder die Verschleppung von Zivilisten in Lille und anderen Städten Nordfrankreichs (im November 1916). Sogar Petitionen mit rein humanitären Anliegen wurden Teil der Debatte, konnte in diesen Krisenzeiten doch nichts einer Politisierung entgehen. Jede Unterschrift, jedes Wort, jede Anwesenheit oder Abwesenheit bekam eine Bedeutung und konnte als Zustimmung oder Kritik gegenüber einem Krieg führenden Land ausgelegt werden.

Die Feder war zwar die wichtigste Waffe der Intellektuellen, aber es gab noch andere Möglichkeiten, das Wort zu ergreifen, insbesondere im Rahmen von Vorträgen. Schon vor dem Krieg waren Vorträge bei Schriftstellern und Professoren sehr beliebt gewesen, auch weil sie häufig gutes Geld brachten. Ein Blick in die Zeitungen zeigt, wie gross das Angebot war. In Städten wie Genf, Lausanne, Basel oder Zürich standen fast jeden Abend mehrere Vorträge zur Auswahl.[29] Natürlich bot sich auch der Krieg für derartige intellektuelle Wortmeldungen an und lieferte neue Themen. In unzähligen Vorträgen wurde über Ereignisse, die an dieser oder jener Front «gesehen» worden waren, oder über die Lebensbedingungen in den besetzten Gebieten berichtet. Manchmal griff die Zensurbehörde ein, und es wurden regelrechte Affären daraus.[30] Mehrere staatliche Institutionen wie der *Vortragsdienst der Armee* unter der Leitung von Gonzague de Reynold, aber auch nichtstaatliche Institutionen wie die *Nouvelle Société Helvétique* organisierten ganze Vortragsreihen, die sich nicht auf grosse Städte beschränkten, sondern ein breiteres Publikum erreichen wollten.

Schliesslich nutzten auch einige Romanautoren ihre Fertigkeiten, um ihre Ideen in fiktionalen Werken zu verbreiten. So setzten Benjamin Vallotton,[31] Virgile Rossel[32] und Louis Dumur[33] Deutschschweizer Offiziere in Szene, die dem Deutschen Reich fanatisch ergeben waren, während in den Romanen von Carl Albrecht Bernoulli[34] oder Jakob Schaffner[35] Westschweizer geschildert wurden, die unter den Einfluss Frankreichs geraten waren. In seiner Offiziersgeschichte *Der starke Mann* (1917) beschrieb Paul Ilg – ohne in die Falle der Grabenpolemik zu tappen – das tragische Schicksal eines jungen Ausbildungsoffiziers, der auf die deutsche Disziplin und Militärdoktrin schwört. In einem Moment grosser Erregung und in seiner Überheblichkeit und Demokratieverachtung streckt er eines Abends einen Anführer der Sozialisten nieder, was das Ende seiner Militärkarriere bedeutet und ihn in den Selbstmord treibt. Der Roman wurde umgehend ins Französische übersetzt und bekam, wie nicht anders zu erwarten war, in der Westschweizer Presse sehr positive Kritiken.

GLORIFIZIERUNG DER ARMEE

Sie trugen Titel wie *Carnets d'un soldat de 1914, A l'abri de la tempête, Juju aux frontières, La guerre sans ennemi, Croquis de frontière, La Mob à Constant 1914–1918, Journal d'un soldat qui ne s'est pas battu, Fils de leur sol* oder *Schweizer im Waffenkleid*.[36] Die Mobilmachung liess in den Kriegsjahren ein eigenes literarisches Genre entstehen, die Armeememoiren. Mit der Entlassung der ersten Truppen Anfang 1915 begannen viele Soldaten ihre Erinnerungen als Mobilisierte (die aber nie gekämpft hatten) niederzuschreiben. Die meisten von ihnen besangen die Schönheit der soldatischen Dienste, der freiwilligen Disziplin, des blinden Vertrauens in die Vorgesetzten, des vitalisierenden körperlichen Einsatzes, der Verbrüderung zwischen Männern aus unterschiedlichen Klassen, des Mannschaftsgeistes, der Solidarität bei Gemeinschaftsaktionen oder des Glaubens an einen unstrittigen Auftrag … All diese Schriften rühmten die militärischen Tugenden und knüpften unmittelbar an bestimmte Bestseller aus der Vorkriegszeit an, etwa den Bildungsroman *L'Homme dans le rang* (1913) von Robert de Traz oder die heroisierende Geschichte der Schweizer Söldner *Honneur et fidélité* (dt. Treue und Ehre, 1913) von Paul de Vallière. Es ging darum, die Schweizer Armee und ihre Tugenden zu verteidigen, die Werte, die sie jungen Männern einschärfte, und ihre Rolle als Begründerin der nationalen Einheit zu verklären. Diese Literatur verbreitete die Idee, die Schweizer Armee sei etwas Heiliges und deshalb unantastbar, weil sie die nationale Identität begründete. Sie war massgeblich am Prozess der «Rückkehr zur Ordnung» beteiligt, welche die eidgenössische Nachkriegsgesellschaft prägte.

Alain Clavien

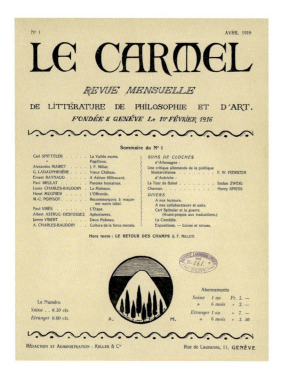

73

74

Mit weniger Tragik und vom Wunsch beseelt, das Werk der Versöhnung voranzutreiben, rückte die Romanautorin Noëlle Roger die humanitäre Aufgabe der Schweiz in den Mittelpunkt und setzte Krankenschwestern in Szene, die sich um alle Verwundeten kümmerten, egal aus welchem Land sie kamen.[37] Selbst Wissenschaftler griffen auf diese Metaphorik zurück. Als der Psychologe Pierre Bovet 1917 sein Buch *L'instinct combatif. Psychologie, Education* veröffentlichte, hob er in seinem Vorwort vorsichtig hervor, er hoffe, mit seiner Studie dazu beizutragen, «einige in ihrem Glauben zu bestärken, dass am Ende die Stärke des Rechts und nicht das Recht des Stärkeren siegt». Alle Leser verstanden diese Anspielung.

Andere Intellektuelle engagierten sich ganz konkret, indem sie sich mit ihrem Ruf für wohltätige Zwecke einsetzten. Benjamin Vallotton gründete den *Fonds suisse romand en faveur des soldats aveugles* und liess ihm die Einnahmen aus mehreren seiner Bücher zukommen.[38] Die Neuenburger Romanautorin T. Combe gründete ihrerseits eine *Alliance des enfants*, die sich für die Wiedereingliederung blinder Soldaten in das zivile Leben einsetzte. Die Einrichtung finanzierte sich aus den Erträgen einer kleinen Zeitschrift, «Rameau d'olivier», die von T. Combe selbst verfasst und von Schulkindern verkauft wurde.[39] Humanitäres Engagement erschien in den Augen einiger Intellektueller als ein ehrenwertes Aktionsmittel, das aber nie ganz unpolitisch sein konnte.

Neue Themen: Pazifismus und Antimilitarismus

Paradoxerweise trug eine letzte, besonders heftige Affäre dazu bei, die Differenzen zwischen den Sprachregionen zu verkleinern. Es war die Grimm-Hoffmann-Affäre. Als im Juni 1917 durch schwedische Zeitungsberichte bekannt wurde, dass Bundesrat Arthur Hoffmann an Gesprächen mitgewirkt hatte, bei denen über einen Separatfrieden zwischen Deutschland und Russland verhandelt worden war, löste das einen Skandal aus. Hoffmann musste unter Schimpf und Schande über Nacht von der politischen Bühne abtreten. An seine Stelle wurde der Genfer Gustave Ador in den Bundesrat gewählt, der für seine pro-französischen Sympathien bekannt war. Die Wahl stellte das Kräftegleichgewicht innerhalb der Regierung wieder her. Dazu kam, dass nach dem Kriegseintritt der USA der Sieg Deutschlands in immer grössere Ferne rückte und einige germanophile Deutschschweizer anfingen, ihre Position zu überdenken. Schliesslich wurde die Entente-freundliche Position auch durch die Februarrevolution in Russland gestärkt: Jetzt, wo der Zar entmachtet war, konnte man den Krieg leichter als Kampf zwischen demokratischen und autoritären

73
1916 lancierten der Franzose Charles Baudoin und seine Schweizer Freunde André Mugnier und Alexandre Mairet die Zeitschrift «Le Carmel» «als offene Tribüne für alle Stimmen, die eine Insel des Friedens suchen». Sie wollte sich «über das Getümmel» stellen, bezog keine politische Stellung und sprach sich allgemein gegen den Krieg aus.

Mächten präsentieren. Der einsetzende Stimmungswechsel trug mit dazu bei, die Spannungen zwischen Frankophilen und Germanophilen zu entschärfen.

Dann tauchten neue beunruhigende Themen auf, welche die Aufmerksamkeit und den Einsatz der jüngeren Generation der Intellektuellen weckten. Sie fanden ihren Niederschlag in einer Vielzahl kleinerer Zeitschriften, wie beispielsweise in Genf: «Demain» (1916–1918), «Le Carmel» (1916–1918), «Les Tablettes» (1916–1919), «La Nation» (1917–1919), «La Feuille» (1917–1920); in Lausanne: «L'Aube» (1917/18); in Zürich: die «Friedens-Warte» (1899 in Deutschland gegründet, 1915 infolge der Zensur aber nach Zürich umgezogen), die «Friedens-Zeitung» (1916/17), «Die Weissen Blätter» (1913 in Berlin gegründet, 1916 aber ebenfalls nach Zürich umgezogen), «Der Revoluzzer» (1916/17), der «Friedensruf/Le cri de la paix», (1917/18); und schliesslich in Bern: «Zeit-Echo» (1914 in München gegründet, im April 1917 nach Bern umgezogen und im November 1917 eingestellt) oder die «Freie Zeitung» (1917–1919). Allein die Titel einiger dieser Blätter deuten an, um was es damals ging: Um den Jahreswechsel 1916/17 entstand eine breite pazifistische und antimilitaristische Bewegung, die vor allem Studenten und Intellektuelle mobilisierte. In den Zeitschriften meldeten sich Schweizer und Exildeutsche oder -franzosen, die sich in der Schweiz niedergelassen hatten, gemeinsam zu Wort.

Zu Kriegsbeginn hatte der renommierte französische Schriftsteller Romain Rolland mehrere Artikel für das «Journal de Genève» geschrieben, von denen einer mit dem Titel *Au-dessus de la mêlée* (dt. *Über dem Getümmel*) im September 1914 besonders grosses Aufsehen erregte. Rolland übte direkt und indirekt einen starken Einfluss auf die pazifistischen Kreise aus, dies umso mehr, als eine Gruppe junger französischer und belgischer Flüchtlinge in der Schweiz in seine Fussstapfen trat. Die Hauptakteure waren Henri Guilbeaux, Pierre-Jean Jouve, Charles Baudoin und Claude Salives (genannt Le Maguet) sowie die Maler Frans Masereel und Gaston Thiesson. Diese jungen Anhänger von Rolland zogen viele ortsansässige Pazifisten (Jean Debrit, Henri Mugnier, Alexandre Mairet, Ernest Gloor und andere) in ihren Wirkungskreis.

In der deutschen Schweiz stellte sich die Lage anders dar: Die Exildeutschen waren untereinander verfeindet, und es fehlte eine Integrationsfigur. Im Umfeld von Alfred H. Fried und seiner Zeitschrift «Friedens-Warte» vertraten Hermann Fernau, Otfried Nippold und Friedrich W. Foerster einen eher moderaten pazifistischen Kurs in der Hoffnung, dass mit dem Ende des Kriegs in Deutschland die Demokratie eingeführt würde. Die «Friedens-Warte» veröffentlichte auch einige Beiträge von Schweizer Intellektuellen (Carl-Albert Loosli, Leonhard Ragaz und anderen); umgekehrt schrieben ihre deutschen Autoren gelegentlich für «Wissen und Leben» oder die «Neue Zürcher Zeitung». Radikaler und sektiererischer war das Redaktionsteam der «Freien Zeitung». Richard Grelling, Hugo Ball, Karl Ludwig Krause und Ernst Bloch schlugen einen sehr aggressiven und kritischen Ton gegenüber dem deutschen Autoritarismus und Militarismus an und verlangten, zwischen «Deutschen» und «Barbaren» zu trennen. Die Zeitung lieferte sich zahlreiche kontroverse Diskussionen mit einem Teil der deutschsprachigen Presse. Das rief die Zensur auf den Plan, die versuchte, die Zeitung zu verbieten und die Unruhestifter mundtot zu machen. Aber die Zeiten hatten sich geändert, und die neuen Kräfteverhältnisse im Bundesrat verhinderten dies: Die Westschweizer Presse ging auf die Barrikaden, und Bundesrat Ador persönlich setzte sich für den Erhalt der «Freien Zeitung» ein.[40]

Die Städte Genf und Zürich waren zwei Hauptanlaufpunkte für Intellektuelle aus dem Ausland, welche die Schweiz als Exil wählten, um der Zensur in ihren Heimatländern zu entgehen und ihren Kampf fortzuführen. Es gab aber noch einen dritten Ort, ein unscheinbarer, der auf der Landkarte der Intellektuellen in der Schweiz nicht vergessen werden darf: den Monte Verità in der Nähe von Ascona. Schon vor dem Krieg war der Ort eine Hochburg des Antikonformismus gewesen, wo sich mehrere deutsche Intellektuelle zusammenfanden. Während des Kriegs entwickelte er sich zu einem Zentrum des Antimilitarismus, wo sich Hermann Hesse, Erich Mühsam, Johannes Nohl, Gusto Gräser und viele andere trafen.

74
Flugblatt für eine Friedensdemonstration im Volkshaus in Zürich vom Februar 1917. Das Flugblatt stammt vom Zürcher Pazifisten Max Rotter, der bereits im Oktober 1914 den «Weltfriedensbund» gegründet hatte und im Herbst 1917 gemeinsam mit dem Pazifisten Max Daetwyler zur Schliessung von Munitionsfabriken aufrief, was die Novemberunruhen in Zürich auslöste.

GEGEN DIE ABSURDITÄT DER WELT

75

Zur Zeit des Ersten Weltkriegs liessen sich viele Schriftsteller, Künstler und Musiker aus Deutschland und Osteuropa in Zürich nieder, weil hier eine Freiheit herrschte, die ihnen in ihren Heimatländern nicht mehr vergönnt war. Die Stadt verwandelte sich in ein wahres europäisches Kunstzentrum und das *Café Odeon* in das pulsierende Herz deutschsprachiger Literatur. Eine künstlerische und literarische Bewegung fand unter Historikern später viel Beachtung; allerdings weniger, weil sie in der Weltstadt Zürich selber besonders bedeutend gewesen wäre, sondern vielmehr, weil sie bis heute nachwirkt: Dada.

Im Februar 1916 eröffnete eine Gruppe emigrierter Künstler, denen sich bald auch einige Schweizer Kollegen anschlossen, die *Künstlerkneipe Voltaire* in der Spiegelgasse, die einige Wochen später in *Cabaret Voltaire* umbenannt wurde. Zu den Hauptakteuren zählten die Deutschen Richard Huelsenbeck, Hugo Ball und seine Gefährtin Emmy Hennings, der Elsässer Hans Arp und seine Gefährtin Sophie Taeuber sowie die Rumänen Tristan Tzara und Marcel Janco. Sie wollten auf die Absurdität des Kriegs und des Bürgertums, das ihn ermöglicht hatte, hinweisen, um «über den Krieg und die Vaterländer hinweg an die wenigen Unabhängigen [zu] erinnern, die anderen Idealen [nachlebten]» (Hugo Ball). Das Cabaret Voltaire veranstaltete Soireen mit Gedichtvorträgen, Geräuschen aller Art, Bildpräsentationen und Tänzen, angelegt als Kulturexperiment, das alle Kunstformen zusammenführte und die spontane Meinungs- und Ausdrucksfreiheit über alles stellte. Damit war der Begriff Dada eingeführt. Schon nach wenigen Monaten schloss das Cabaret Voltaire, sein Geist lebte aber in der Galerie Dada weiter, die 1917 eröffnet wurde, und in den Publikationen und Manifesten der Künstlergruppe. Nach dem Krieg verliess die Dada-Bewegung Zürich und hinterliess kein nennenswertes Erbe in der Schweiz.

Alain Clavien

75
Plakat (kolorierte Lithografie) von Marcel Janco für eine Soiree der Dada-Bewegung im Juli 1918. Janco schuf auch eine Reihe von Masken für die Theatervorstellungen seiner Freunde Hugo Ball und Tristan Tzara.

76

Der gebürtige Belgier und Pazifist Frans Masereel arbeitete zunächst in Paris, bis er aufgrund der Kriegsereignisse gezwungen wurde, sich in Genf niederzulassen. Hier arbeitete er unter anderem für die Zeitschriften «Demain» und «Les Tablettes». In der Schweiz veröffentlichte er 1918 seinen ersten «Roman ohne Worte» unter dem Titel «25 Images de la passion d'un homme», eine Holzschnittfolge, die eine Geschichte in symbolischen Bildern erzählt. Er illustrierte auch mehrere Text- und Gedichtbände von Schriftstellern, die sich gegen den Krieg engagierten.

Im Unterschied zur Februarrevolution, die mehrere Schweizer Intellektuelle, auch konservative, begeistert aufgenommen hatten – man denke an Charles Ferdinand Ramuz' schwärmerischen Essay *Le grand printemps* – wirkten die Ereignisse im Oktober 1917 in Russland auf sie eher beunruhigend. Dies umso mehr, als sich die Schweizer Sozialisten durch das russische Beispiel offenbar angespornt fühlten. Tatsächlich wechselten einige pazifistische Zeitschriften wie «Demain» (in Genf) oder «L'Aube» (in Lausanne) auf die Seite der Revolution und erhielten Verstärkung durch Neugründungen wie «Le Phare», die Jules Humbert-Droz 1919 in Neuenburg ins Leben rief. Aber als der «historische Augenblick von 1917» vorbei war, erkaltete die allgemeine Begeisterung für die russische Revolution und die Beendigung der Zarenherrschaft. Die Zuspitzung der sozialen Spannungen und die wachsenden Forderungen der Bevölkerung verschreckten die meisten Schweizer Intellektuellen, die sich auf streng konservative Positionen zurückzogen. Die Intellektuellen Ernest Bovet, Carl-Albert Loosli oder Leonhard Ragaz wirkten mit ihrer Kritik der bestehenden gesellschaftlichen Ordnung und ihrem Bemühen um ein Nachdenken über eine «neue Schweiz» wie auf verlorenem Posten. Mehr noch, die Veröffentlichung eines Buches mit eben diesem Titel – *Die neue Schweiz* – löste in den grossen Zürcher Zeitungen eine regelrechte Hetzkampagne gegen seinen Autor Leonhard Ragaz aus.

* Übersetzt aus dem Französischen von Caroline Gutberlet.

1 Vgl. Charle, Les intellectuels; Clavien, Les helvétistes; Clavien/Hauser, L'intellectuel suisse, 11–15.
2 De Traz, Robert: La vie en Suisse. In: Semaine littéraire, 26. Februar 1916.
3 Reynold, Gonzague de: Indépendance et neutralité. Le devoir suisse. Lausanne 1915, 36.
4 Vgl. Autour de l'affaire Bircher-Loys. In: Semaine littéraire, 9. September 1916.
5 Vgl. Wehler, Krisenherde, 70–88, 449–458.
6 Hansi war der Künstlername von Jean-Jacques Waltz. Er wurde 1873 in Colmar geboren und war Illustrator und Karikaturist. Seine kritischen und despektierlichen Zeichnungen gegenüber den deutschen Besatzern, die Elsass-Lothringen germanisierten, brachten ihm ab 1908 mehrere Prozesse ein. 1913 wurde er in Leipzig für seine illustrierte Geschichte *Histoire d'Alsace. Racontée aux petits enfants d'Alsace et de France par l'Oncle Hansi* zu einem Jahr Haftstrafe verurteilt. Daraufhin floh er nach Frankreich. Die Probleme von Hansi mit der deutschen Justiz wurden von der welschen Presse aufmerksam verfolgt.
7 Ab 1882 und nach ihrem erfolgreichen Widerstand gegen ein eidgenössisches Primarschulgesetzesvorhaben, das sogenannte Schulvogtgesetz *(Loi du bailli scolaire)* initiierten die Liberalen der Romandie gemeinsam mit den Katholiken zahlreiche Volksentscheide gegen Gesetzesinitiativen der Radikalliberalen – und waren damit oft erfolgreich.
8 Dieser *Aufruf an das Schweizervolk* wurde in zahlreichen Zeitungen abgedruckt, zum Beispiel mit der Überschrift *Un appel au peuple suisse* in der Gazette de Lausanne vom 5. Oktober 1914 [Herv. im Orig.].
9 Restons suisses! In: Gazette de Lausanne, 10. Dezember 1914.
10 Vgl. Vallotton, Carl Spitteler.
11 Die Rede von Carl Spitteler findet sich unter http://www.zeit-fragen.ch/index.php?id=155 (Stand: 4. 2. 2014) [AdÜ].
12 Seippel, Paul: Les événements actuels vus de la Suisse romande. Zürich 1915 (Die heutigen Ereignisse vom Standpunkte der romanischen Schweiz. Zürich 1915); L'indépendance intellectuelle de la Suisse. Genf 1917; Vérités helvétiques. Genf 1917 (Schweizerische Wahrheiten. Zürich 1917).
13 Das *Manifest der 93* schlug hohe Wellen und wurde als *Aufruf an die Kulturwelt* im Oktober 1914 in zahlreichen deutschen Zeitungen abgedruckt.
14 Das Manifest wurde in mehreren Zeitungen veröffentlicht, so unter dem Titel *La mission des universités suisses* in: Journal de Genève, 13. April 1915.
15 A l'Université de Lausanne. In: Gazette de Lausanne, 5. Mai 1915.
16 Vgl. Praz, Un monde bascule, 174; Mittler, Der Weg, 78of.
17 Von Juli 1915 bis Oktober 1918 verteilten sich die Zensureingriffe in Presseerzeugnissen wie folgt: 62 % Romandie, 28 % Deutschschweiz, 10 % Tessin. Vgl. Catarino, La censure en Suisse, 63.
18 Neutres, non pas pleutres. In: Gazette de Lausanne, 23. August 1914.
19 Godet, Philippe: La casquette élastique. In: Journal de Genève, 8. Mai 1915; Seippel, Paul: Où en sommes-nous? In: Journal de Genève, 10. Mai 1915.
20 L'indignation. In: Semaine littéraire, 10. April 1915.
21 La modération. In: Gazette de Lausanne, 9. April 1916.
22 Wernle, Paul: Gedanken eines Deutsch-Schweizers. Zürich 1915.
23 Die Formulierung stammt von Emil Garraux in einem Brief vom April 1916 an Eduard Blocher, zit. in: Winkler, Stimmen im Sturm, 33.
24 Sur la mort d'un ami. In: Wissen und Leben, 15. August 1916, 925. Vgl. insb. Loosli, Carl Albert: Wir Schweizer und unsere Beziehungen zum Ausland. Zürich 1917; ders.: Ausländische Einflüsse in der Schweiz. Zürich 1917; Ragaz, Leonhard: Die geistige Untergrabung der Schweiz. Eine Antwort an die Basler Theologen. Zürich 1916; Falke, Konrad: Das demokratische Ideal und unsere nationale Erziehung. Zürich 1915.
25 Vgl. Stamenkovic, Vie de Rodolphe Archibald Reiss.
26 1917 strengte der Freiburger Politiker und Schriftsteller Georges de Montenach eine Klage gegen «Stimmen im Sturm» und ihren Präsidenten Eduard Blocher an.
27 Debarge, Louis: Notes. In: Semaine littéraire, 12. Mai 1917.
28 Pour l'Idée libérale. In: Journal de Genève, 24. April 1916.
29 Vgl. Clavien/Vallotton, Devant le verre d'eau.
30 Die Füglister-Affäre ist dafür ein gutes Beispiel. Vgl. Praz, monde bascule, 167.
31 Ce qu'en pense Potterat. Lausanne 1915 (dt. Polizeikommissär Potterat. Deutsch v. Max Schwendimann. Zürich 1920); Les loups. Lausanne 1917.
32 Le roman d'un neutre. Lausanne 1918.
33 Les deux Suisse. Paris 1917.
34 Der sterbende Rausch. Basel 1915.
35 Das Schweizerkreuz. Berlin 1916.
36 Tagebuch eines Soldaten im Jahr 1914; Vom Sturm verschont; Juju an den Grenzen; Krieg ohne Feinde; Grenzskizze; Die Mobilmachung in Constant 1914–1918; Tagebuch eines Soldaten, der nie gekämpft hat; Söhne ihrer Scholle.
37 Les carnets d'une infirmière. Neuenburg 1916 (dt. Das Tagebuch einer Krankenpflegerin. Aus französischen Lazaretten. Deutsch v. Friedrich Maibach. Neuenburg 1916); Le cortège des victimes. Paris 1917 (dt. Mit den Evakuierten von Schaffhausen bis Genf. Deutsch v. Friedrich Maibach. Neuenburg 1916).
38 Fonds suisse romand en faveur des soldats aveugles en France. Articles et rapports. Lausanne 1916.
39 Calame, Ecrivaine engagée.
40 Vgl. Korol, Dada, 412; Schuwey, To get the truth.

TEIL II

LANDESVERSORGUNG, KRIEGSWIRTSCHAFT UND WIRTSCHAFTSKRIEG

Auswirkungen der Energieabhängigkeit
Die Kohlekrise als Chance für den Ausbau der Wasserwirtschaft

Serge Paquier*

Wirtschaftskrisen und Kriege, zumal lang anhaltende wie der Erste Weltkrieg, fördern die Suche nach innovativen Lösungen, die langfristige Veränderungen zur Folge haben. In der Schweiz beschleunigte sich die Substitution der Importware Kohle durch Wasserkraft in den Kriegsjahren deutlich, wie die Verdoppelung des Anteils der Wasserkraft von 7,2 Prozent 1914 auf 13,2 Prozent 1918 belegt.[1] Es waren jedoch grosse Anstrengungen nötig, um den überaus hohen Anteil der Kohle am schweizerischen Energieverbrauch von 78,8 Prozent im Jahr 1914 zu reduzieren. Holz machte mit 13,9 Prozent den wichtigsten übrigen Anteil aus, während der Erdölverbrauch mit 0,6 Prozent minimal war und Torf bis zur Wiederaufnahme des Abbaus während des Kriegs nicht ins Gewicht fiel.

In den Kriegsjahren wurden einige strategische Entscheidungen für Veränderungen in der Energieversorgung getroffen. Manche wirkten sich unmittelbar aus, man denke an die spektakuläre Verbreitung der elektrischen Haushaltsgeräte, andere waren mittelfristig angelegt und betrafen sensible Bereiche wie die Elektrifizierung des Schienennetzes der Schweizerischen Bundesbahnen (SBB) und die Zusammenlegung der verschiedenen Elektrizitätsnetze. Die Weichenstellungen von damals zeigten ihre Wirkung aber erst in der hektischen Zwischenkriegszeit.

Die Korrelation von Kohlekrisen mit der verstärkten Nutzung der Wasserkraft war schon vor dem Ersten Weltkrieg ein bekanntes Phänomen. Im Folgenden wird deshalb zunächst die Entwicklung seit dem Erkennen der Abhängigkeit von Energieträgern in der Mitte des 19. Jahrhunderts bis zur aufsehenerregenden Kohlekrise im Jahr 1917 nachgezeichnet. Danach folgt eine kurze Beschreibung der Vorteile der «Fée électricité»,[2] die dem Land von Schweizer Elektrogeräteherstellern beschert wurden, bevor vertieft werden soll, wie die Schweizer Behörden auf die Kohlekrise von 1917 reagierten. Schliesslich soll anhand der Verbundnetze, die in der Zwischenkriegszeit aufgebaut wurden, geprüft werden, inwiefern die im Ersten Weltkrieg getroffenen strategischen Entscheidungen auch umgesetzt wurden, wobei sich hier ein Rückstand der Westschweiz gegenüber der Ostschweiz zeigen lässt.

77
Die Karikatur aus dem «Nebelspalter» erschien am 18. Mai 1918, auf dem Höhepunkt der Kohlekrise, und illustriert auch, wie umfangreich die deutschen Kohlelieferungen im Vergleich zu jenen aus Frankreich waren.

Kohlekrisen und Nutzung der Wasserressourcen: eine Langzeitbetrachtung

Das Zeitalter der Abhängigkeit von Energieträgern begann mit der forcierten Industrialisierung. Nachdem Grossbritannien bei der Weltausstellung 1851 in London Stärke demonstriert hatte, kam die Schweiz nicht umhin, dem britischen Modell zu folgen, wenn auch um den Preis des Freiheitsverlusts, wie es der spätere Friedensnobelpreisträger Elie Ducommun (1833–1906) im Rahmen des 1857 durchgeführten Wettbewerbs für die Industrialisierung Genfs ausdrückte.[3] Damit war die Industrialisierung kein regionales, auf die Nordostschweiz begrenztes Epiphänomen mehr. Wenn auch recht überstürzt, wurden nun alle Kräfte des Landes mobilisiert, als nach zwei Jahrzehnten endloser Diskussionen über den Nutzen des Eisenbahnbaus die Bundesversammlung 1852 ein Eisenbahngesetz verabschiedete. 1853 wurde eine Ingenieurschule in Lausanne und 1854 ein Eidgenössisches Polytechnikum in Zürich gegründet; 1855 fand in Bern eine Industrieausstellung statt, und 1856 erfolgte die Gründung der *Schweizerischen Kreditanstalt* (SKA, heute *Credit Suisse*) nach dem französischen Modell einer Aktienbank (der *Crédit mobilier* der Brüder Emile und Isaac Péreire), um den Eisenbahnbau und die Industrialisierung des Landes zu finanzieren.

Jetzt stand noch die Mobilisierung des Energiesektors an. Anders, als gemeinhin angenommen wird, gab es Kohlevorkommen in der Schweiz: An Hunderten von Orten lag die Kohle knapp unter der Erdoberfläche, es erwies sich allerdings als unmöglich, den Adern zu folgen und Stollen zu bauen wie in den Steinkohlebecken von Saint-Etienne oder in der Saarregion. Einerseits waren die Flöze in den Bergen im Zuge der Alpenbildung vor rund 60 Millionen Jahren unterbrochen worden, andererseits hatte das Vorstossen der Gletscher ins Mittelland zu kleinen Kohleeinschlüssen in der Molasse geführt.[4] Ausserdem enthielt die alpine Kohle viel Schwefel und verbreitete beim Verbrennen einen ekelerregenden Geruch, was ein grosser Nachteil für die Hersteller von Leuchtgas war, die einen hohen Kohleverbrauch hatten. Die 1843 errichtete Gasfabrik in Genf verbrauchte allein fünf Tonnen Kohle pro Tag.[5] Die Schweiz musste also Kohle importieren und wandte sich dafür an die grossen Nachbarn Deutschland und Frankreich. Anfang der 1860er-Jahre, als die Städte und die Kohleabbaugebiete über die Schiene miteinander verbunden waren, wurden bereits mehr als 100 000 Tonnen Kohle pro Jahr eingeführt. In der Belle Epoque stieg der Verbrauch sprunghaft an: 1896 wurde die Schwelle von 1,5 Millionen Tonnen überschritten, ab 1911 waren es mehr als 3 Millionen Tonnen. Dieses hohe Niveau blieb auch in den ersten Kriegsjahren bestehen, bis es zu drastischen Restriktionen kam.[6]

Ein Alpenland wie die Schweiz verfügte allerdings über einen fast grenzenlosen natürlichen Ersatz für die fehlende Kohle: In den Bergmassiven mit ewigem Schnee und Eis entspringen grosse Bäche und Flüsse, die durch die Täler in Richtung Mittelland fliessen. Doch wie ein Genfer Ingenieur und Berater Mitte des 19. Jahrhunderts darlegte, lag die Ausbeute der gigantischen Energiereserven, die Flüsse und Bäche kostengünstig bereithielten, damals gerade einmal bei einem Tausendstel.[7] Die Aufgabe versprach schwierig zu werden, denn es bedurfte der Entwicklung einer neuen Technik, um Energie aus der kostengünstigen Wasserkraft zu gewinnen und diese den weit verstreuten Verbrauchern zuzuführen. Mehrere technologische Methoden wurden erforscht: das Potenzial des teledynamischen Kabels anhand der Energieversorgung von Textilunternehmen; Druckluftbohrmaschinen (in den 1860er-Jahren für den Eisenbahn-Tunnelbau und für Minenschächte entwickelt) oder der Anschluss kleiner Wassermotoren (Wassersäulenmaschinen) an städtische Druckwassernetze. Am Ende dieser technisch vielfältigen und erfindungsreichen Phase stand der Durchbruch der Hydroelektrizität Mitte der 1890er-Jahre.

Die Korrelation zwischen Kohle und Wasser bestand seit dem Krieg von 1870/71, als der Norddeutsche Bund und die Süddeutschen Staaten unter Federführung Preussens den Truppen Napoleons III. eine vernichtende Niederlage beibrachten. Zwischen Mai 1869 und Dezember 1873 stieg der Preis für Kohle aus der

78
Der ehrgeizige AEG-Firmenchef Emil Rathenau (1838–1915) entwickelte das Unternehmergeschäft, dessen Finanzierungsstrategie in der Schweiz durch Brown, Boveri & Cie aufgegriffen und umgesetzt wurde.

Saarregion insbesondere wegen der hohen Inflation nach dem Krieg um 230 Prozent.[8] In Genf und Zürich wurden nun kleine Wassersäulenmaschinen an das städtische Druckwassernetz angeschlossen, und dieses mechanische Prinzip wurde auf die Stromerzeugung übertragen. Ausgehend von einem einfachen Dynamo konnte der Basler Pionier Emil Bürgin (1848–1933) die Adhäsion von Lokomotiven an Steilhängen durch Magnetisierung der Achse um 25 Prozent steigern.[9] Diese Erfindungen stiessen zunächst jedoch auf wenig Interesse. Erst der Bergarbeiterstreik von 1889 in Deutschland verhalf ihnen zum Durchbruch.[10] Die Stunde der Hydroelektrizität schlug 1891 auf der Internationalen Elektrotechnischen Ausstellung in Frankfurt am Main, wo die Überlegenheit der elektrischen Energie demonstriert wurde. Hier gelang die Fernübertragung von 200 PS Drehstrom über die Distanz von 175 Kilometern von Lauffen am Neckar bis nach Frankfurt am Main mit einer Übertragungsrate von 75 Prozent. Da das Ziel die Energiegewinnung aus Wasserkraft war, fand sich unter den Hauptakteuren auch ein Schweizer Hersteller von Elektroausrüstungen, die *Maschinenfabrik Oerlikon* (MFO),[11] ein Familienbetrieb und das zukünftige Flaggschiff für die «nationale Option».[12] Nachdem die grosse Streitfrage, ob Gleichstrom oder Wechselstrom produziert werden sollte, mit der Präsentation einer Wechselstrom-Anlage auf der Weltausstellung 1893 in Chicago gelöst worden war,[13] begann das Zeitalter des Massenkonsums mit der Errichtung von Laufwasserkraftwerken mit einer Leistung von mehr als 10 000 PS, insbesondere entlang der Rhone, des Rheins und der Aare.

Am Vorabend des Ersten Weltkriegs wurde der Kuchen in der Wasserwirtschaft mit einem typisch schweizerischen Kompromiss aufgeteilt, was auf eine breite Verteilung der Zuständigkeiten hinauslief. Die Gemeinden, die schon früh in diesen Markt investiert hatten, vornehmlich die grossen Städte, erhielten das Monopol des Stromtransports auf ihrem Territorium; als Eigentümer der Wasserläufe konnten die Kantone die Wasserrechte entweder kostengünstig vergeben oder sie auf eigene Rechnung im Rahmen eines kantonalen Unternehmens selbst nutzen. Auch der private Sektor, die Hersteller hydroelektrischer Ausrüstungen, als einer der Hauptakteure dieser Schweizer Erfolgsgeschichte ging nicht leer aus.

Die Elektrifizierung des Landes war schon vor dem Krieg ein heiss umkämpftes Pflaster zwischen den Verfechtern der Nutzbarmachung der Wasserläufe im Dienste der Nation einerseits und den Akteuren einer internationalen Geschäftspraxis andererseits gewesen, die in Deutschland aufkam und bei der grosse Industrieunternehmen Verbindungen mit Banken eingingen. Auf Betreiben der Elektrokonzerne, die sich Absatzmärkte sichern wollten, waren Mitte der 1890er-Jahre Finanzierungsgesellschaften gegründet worden, welche die Gründungsfinanzierung von Firmen übernahmen, die Elektrizität herstellten beziehungsweise verbrauchten. In der Schweiz wurde diese Strategie des sogenannten Unternehmergeschäfts von Walter Boveri, dem deutschen Mitbegründer des Konzerns *Brown, Boveri & Cie* (BBC), eingeführt. Die 1895 von BBC gegründete *Motor AG für angewandte Elektrizität*[14] sicherte sich erhebliche Marktanteile in den Bereichen Produktion, Transport und Vertrieb von elektrischer Energie.

Genaugenommen waren die Finanzplätze Basel und Zürich vor allem für zwei Berliner Elektrokon-

79
Die Karikatur mit der Überschrift «Zahlungsbefehl» aus der Zeitschrift «L'Arbalète» vom 1. Juli 1916 macht deutlich, dass die Rechnung für die Kohleimporte aus Deutschland schon zu diesem Zeitpunkt sehr hoch war und wie ungleich die Kräfteverhältnisse waren.

zerne tätig, die *Allgemeine Elektrizitäts-Gesellschaft* (AEG) und *Siemens*[15] – die involvierten Schweizer Banken hatten das Angebot der deutschen Unternehmen nicht ausschlagen können.[16] Dieser Umstand war für die Entwicklung der Schweizer Industrie aber nicht wirklich problematisch, da der Binnenmarkt auf Schweizer Unternehmen aufgeteilt worden war, die Elektroausrüstungen herstellten und die Elektrizitätsnetze bewirtschafteten. Ab diesem Zeitpunkt waren die deutsch-schweizerischen Finanzierungsgesellschaften – die mit der AEG verbundene *Bank für elektrische Unternehmungen* (Elektrobank) in Zürich und die von Siemens gegründete *Schweizerische Gesellschaft für elektrische Industrie* (Indelec) in Basel – auf die Erschliessung internationaler Märkte insbesondere in Deutschland, Italien, Spanien und Russland ausgerichtet. Mit dem Sieg der Westmächte wurden diese vor dem Krieg geschmiedeten deutsch-schweizerischen Allianzen aber wieder zerschlagen.

Diese Geschäftspraxis und die internationalen Verflechtungen von BBC, besonders mit Deutschland und Grossbritannien, liessen den Konzern und seine Niederlassungen im Ersten Weltkrieg als potenzielle Feinde erscheinen. Die Ambitionen von BBC stiessen in der Schweiz auf den Widerstand einer militärischen Elite, die mittlerweile in Schlüsselpositionen sass. Sie bevorzugten die *Maschinenfabrik Oerlikon* (MFO) als Flaggschiff für die Umsetzung der nationalen Option, insbesondere als mitten im Krieg die Entscheidung zwischen zwei Traktionssystemen für die Schweizerischen Bundesbahnen anstand.

Wie einleitend ausgeführt, beschleunigte der Erste Weltkrieg den Prozess der Substitution von Kohle durch Wasserkraft. Einen gewaltigen Schub bekam diese Entwicklung jedoch, als die Gesamtausgaben für Importkohle explodierten. Während des Kriegs stieg der Preis pro Tonne um das 4,6-fache von 30 Franken im Jahr 1914 auf 145 Franken im Jahr 1918. 1915 stiegen die Gesamtausgaben um 26 Prozent (von 99,4 auf 125 Mio. Franken), 1916 um weitere 21 Prozent (von 125 auf 151,3 Mio. Franken). 1917 blieben sie mit einer Steigerung von 5 Prozent relativ stabil (159 Mio. Franken), schossen aber 1918 mit einer Steigerung von 96 Prozent in astronomische Höhen: Es mussten 312 Millionen

80

Franken bezahlt werden.[17] Bestimmend dafür war neben dem Gesetz von Angebot und Nachfrage die kriegsbedingte Inflation, die besonders ab 1916 sehr hoch war.

Wie noch darzustellen sein wird, machte die Kohlekrise ab Mitte 1917 ein promptes Handeln sowohl auf institutioneller Ebene als auch im Bereich der Erforschung neuer Energieträger auf Schweizer Boden erforderlich. Die behördlich angeordneten Restriktionen und die notwendig gewordene Reduzierung der Belastung durch die hohe Energierechnung hatten zur Folge, dass die Abhängigkeit des Landes von Rohstoffen reduziert wurde. 1917 ging der Import von Kohle um 28 Prozent von 3,2 auf 2,3 Millionen Tonnen zurück, 1918 sank die Einfuhr abermals um 6,5 Prozent auf 2,15 Millionen Tonnen.

80
Diese Fotografie vermittelt ein sehr plastisches Bild davon, wie sich die mitten im Ersten Weltkrieg gesunkenen Kohleimporte aus Deutschland in der Schweiz auswirkten. Am alten Badischen Bahnhof in Basel graben Kinder auf dem Gelände, wo seit Jahrzehnten die Kohlen abgeladen wurden, die letzten Reste aus dem Boden.

ALTERNATIVE BRENNSTOFFE IN DER SCHWEIZ: TORF UND ERDÖL

Die Einschränkung des Energieverbrauchs war nicht die einzige Massnahme, die aufgrund der Kohlekrise von 1917 getroffen wurde. Auch die Erschliessung neuer Energiequellen im Land wurde angeregt. In jenem entscheidenden Jahr entstand die Schweizerische Torfgenossenschaft, die sich die Arbeitskraft internierter Soldaten für den Torfabbau zunutze machte. Die Produktion dieses vor dem Krieg fast verschwundenen Energieträgers wurde verdreifacht.[18] Allerdings eignete sich Torf wegen seines geringen Heizwertes nur bedingt als Ersatz für Kohle. «Torf heizt die Öfen nur mässig», wie es der Historiker François Walter formuliert hat.[19] Oder Stefan Zweig: «In der Not halfen wir uns mit Torf, der wenigstens einen Schein von Wärme gab…». Immerhin wurden 1918, am Ende des Weltkriegs, 44 540 Tonnen Torf auf Schweizer Boden abgebaut. Aber im harten Winter 1918/19 schrieb Zweig seine Arbeiten «drei Monate lang […] fast nur im Bett mit blaugefrorenen Fingern».[20] Auch als die Nachfrage nach Kohle wieder stärker anzog, stagnierte die Produktion der Torfgenossenschaft auf dem Niveau von 59 150 Tonnen jährlich. Am Vorabend des Zweiten Weltkriegs wurde Torf noch in den Kantonen Aargau, Neuenburg, Luzern, Schaffhausen, Schwyz, Obwalden und im Wallis abgebaut.

Wer die Arbeitskräfte waren, die an die Stelle der Internierten im Ersten Weltkrieg traten, ist nicht klar, dagegen ist bekannt, dass Maschinen mit einer Gesamtleistung von 202 PS für die Gewinnung zum Einsatz kamen.[21]

Obwohl der Erdölverbrauch 1917 nur 0,3 Prozent des Gesamtverbrauchs an Primärenergien ausmachte, nachdem er vor dem Krieg noch 0,8 Prozent betragen hatte, wurde im Zug der Kohlekrise auch nach Erdöl auf Schweizer Boden geforscht.[22] Die Explorationsarbeiten leitete das Eidgenössische Polytechnikum in Zürich unter der Federführung des Geologen Arnold Heim, und sie wurden durch die *Georg Fischer AG* und die *Gebrüder Sulzer AG* finanziert.[23] Doch erst mit dem Wirtschaftswunder der Nachkriegszeit (1945–1975), als die Nutzung von Erdöl sich allgemein verbreitete und dieser Rohstoff in der Schweiz mehr als ein Drittel des Primärenergieverbrauchs ausmachte (1957: 35,7 %), wurde ein auf die Erforschung von Erdöl- und Erdgasvorkommen spezialisiertes Unternehmen gegründet, die *Aktiengesellschaft für schweizerisches Erdöl* (SEAG). Für ihr Gründungskapital kam zu drei Vierteln ein Konsortium von Industriellen auf.[24]

Serge Paquier

81

Die Postkarte mit dem Schild «Koks von der Ruhr» spielt auf die im September 1916 zwischen der Schweiz und Deutschland getroffene Übereinkunft an, mit der sich die Schweiz unter anderem zur Lieferung von Landwirtschaftsprodukten gegen Kohle verpflichtete, obwohl die Lebensmittelrationierungen im Krieg eine schwere Last darstellten. «Tja, dann essen wir diesen Winter Kohlen», lautet der ironische Kommentar des «Volkes».

Die Kohlekrise hatte ihren Ursprung zweifellos in Deutschland. Entsprechend den Abkommen, die vor dem Krieg geschlossen worden waren, «sicherte uns Frankreich die Belieferung mit Getreide [...] und Deutschland die Lieferung von Kohle zu».[25] Einige wenige Zeilen, 1920 in einer Statistik der *Société Suisse de Surveillance Economique* erschienen – die im Oktober 1915 unter dem Druck der Westmächte eingerichtet worden war – belegen, dass die deutschen Kohlelieferungen mehr als 90 Prozent der Kohleimporte der Schweiz ausmachten; genau genommen sogar 99 Prozent, wenn man die Lieferungen aus dem Steinkohlerevier Lüttich hinzunimmt, das damals unter deutscher Besatzung stand.[26] Als einziger Lieferant dieses kostbaren Rohstoffs übte Deutschland Druck auf die Schweiz aus, wie zahlreiche Karikaturen zeigen. 1916 gingen die Lieferungen erstmals um 9,89 Prozent zurück – drastische Massnahmen waren die Folge, wie noch zu sehen sein wird. Und auch in den darauffolgenden zwei Jahren wurden sie um 25 beziehungsweise 9,4 Prozent reduziert. Den so entstandenen Kohlemangel konnten die aufgestockten Lieferungen aus Frankreich nicht ausgleichen.[27]

Wirtschaftliche und soziale Vorteile der Nutzung von Elektrizität

Bevor auf die Bedeutung der elektrischen Heiz- und Kochapparate im Ersten Weltkrieg eingegangen wird, soll darauf hingewiesen werden, dass ihre Verbreitung mit der lange andauernden Entwicklung des häuslichen Komforts zusammenhängt, die bereits Mitte des 17. Jahrhunderts in Grossbritannien einsetzte.[28] Die neuen Stromnutzungen legten neben dem Verbrennungsmotor und der organischen Chemie die Grundlagen für die «zweite industrielle Revolution».

Die Elektrizität brachte viele Vorteile mit sich. Gegenüber der Gasbeleuchtung, die zwischen 1840 und 1850 in der Schweiz etabliert worden war, verfügte die elektrische Beleuchtung über eine höhere Leuchtkraft, die Explosions- und Feuergefahr wurden erheblich reduziert, ausserdem setzte sich kein Russ mehr an den Wänden fest.[29] Elektromotoren wiederum hatten nicht nur den Vorteil, einfacher in der Handhabung, weniger wartungsintensiv und wirtschaftlicher zu sein, sie waren vor allem eine grosse Stütze für das Handwerk, das weit verstreut war und mit den Fabriken konkurrierte. Das elektrische Tram verbesserte die Lebensqualität in den Städten, weil es zweckmässiger und hygienischer war als von Pferden gezogene oder dampfgetriebene Transportmittel. Diese frühen Nutzungen der Elektrizität wurden von Schweizer Firmen abgedeckt. Die Hersteller elektromechanischer Ausrüstungen waren in der Region Zürich (Maschinenfabrik Oerlikon, Brown, Boveri & Cie in Baden), in Basel (Elektrizitätsgesellschaft Alioth AG) und in Genf ansässig (Compagnie de l'Industrie Electrique et Mécanique); die Hersteller von Wasserturbinen verteilten sich noch weiter übers Land: *Escher, Wyss & Cie* in Zürich, *Théodore Bell* in Luzern, *Ateliers de constructions mécaniques* in Vevey, *Piccard, Pictet & Cie* in Genf. Erweitert wurde dieses Spektrum von drei Kabelwerken mit Sitz in Cortaillod, Cossonay und Brugg.[30] Alle diese Unternehmen stärkten mit ihren Exporten auch das Ansehen der Schweiz im Ausland.

Der neue Energieträger liess über Nacht auch eine mächtige elektrochemische Industrie entstehen, in der die *Lonza AG* und die *Aluminium Industrie AG* führend wurden. Bis zum Ersten Weltkrieg verbrauchte dieser Industriezweig, der Zugang zu den Kraftwerken mit den grössten Fallhöhen hatte und die Nähe zum Schienennetz nutzte, über die Hälfte des in der Schweiz erzeugten Stroms, der ein Drittel des Bedarfs abdeckte. Die Energieversorgung dieser strategisch wichtigen Unternehmen zu sichern, war das wichtigste Anliegen während des Kriegs.[31]

Zwischen 1914 und 1918 stieg die Gesamtleistung der Wasserkraftwerke um 46 Prozent von 130 000 auf 190 000 Kilowatt, die jährliche Kilowattstunden-Produktion um 36 Prozent von 700 auf 950 Millionen.[32] Die Anstrengungen zugunsten der landesweiten Nutzung der Wasserkraft wurden mit den Massnahmen, die anlässlich der Kohlekrise getroffen wurden, weiter verstärkt. In seinem Beschluss vom 21. August 1917 stellte der Bundesrat klar, dass das «Volkswirtschaftsdepartement autorisiert ist, eigene Massnahmen zu ergreifen, die geeignet sind, die Herstellung von Maschinen, Transformatoren, Leitungen und Apparaten aller Art sowie der Hauptkomponenten von Wasserkraftwerken zu beschleunigen. Insbesondere wird es sein Möglichstes daransetzen, um zu erreichen, dass Materialien und Arbeitskräfte leichter zu beschaffen sind.»[33] Zu untersuchen bleibt, welche Schritte auf nationaler Ebene unternommen wurden.

Der Bund fordert den landesweiten Zusammenschluss der Elektrizitätswerke

Mit dem Beginn des Kriegs stellte sich auch die Frage der Versorgung der Industriesektoren Elektrochemie und Elektrometallurgie. Allerdings konkurrierten die Schweizer Unternehmen in einer Weise miteinander, welche die Einflusssphären der grossen Nachbarn im Kleinen widerspiegelte. Die französische Unterneh-

82

mensgruppe *Société d'Electro-Chimie, d'Electro-Métallurgie et des Aciéries Électriques d'Ugine* liess sich in der Nähe von Martigny nieder, um strategisch wichtige Güter zu produzieren und für den Fall gewappnet zu sein, dass die Rüstungsindustrie in Saint-Etienne in die Hände des Feindes fiel. Das Kraftwerk an der Dranse in Martigny-Bourg arbeitete parallel zum Kraftwerk am Stausee Fully, das eine Bruttofallhöhe von 1650 Metern nutzte – lange Zeit die höchste Europas. Diese Firma in den Alpen trug das ihre dazu bei, den Bedarf der französischen Armee von täglich 200 000 Granaten abzudecken.[34] Auch einige Genfer Firmen klinkten sich in diesen gewinnträchtigen Markt ein, und die Neuenburger Uhrenindustrie stellte auf die Produktion von mechanischen Zündern um, die auf den Granaten festgeschraubt wurden.[35]

Aufseiten der Mittelmächte war unter anderem die Aluminium Industrie AG (AIAG, später Alusuisse) tätig. Die deutsch-schweizerische Unternehmensgruppe stellte das strategisch wichtige Aluminium her, das den Vorteil hatte, leicht und rostfrei zu sein. In der Folge versuchte der französische Geheimdienst mehrfach, das Unternehmen zu destabilisieren, indem er Streiks anzettelte und von Thonon aus (auf der französischen Seite des Genfer Sees) Spione zum Wasserwerk sendete, um Druckleitungen zu sprengen.[36]

Um den grossen Energiebedarf dieser Fabriken zu decken, wurden umgehend Mehrlieferungen von 500 bis 600 Kilowattstunden diskutiert. Bei der ersten Versammlung des Schweizerischen Wasserwirtschaftsverbands am 15. Mai 1915 in Luzern wurde auf die strategische Bedeutung der Rohstoffversorgung der

82
Die Karikatur «Im Zeichen der Gasnot» aus dem «Nebelspalter» vom 10. März 1917 verdeutlicht, dass Gas als Energieträger mit dem Aufkommen der Elektrizität in den 1890er-Jahren bei weitem nicht verschwand, im Gegenteil. Ausser für die Beheizung der Wohnungen – die Kohleöfen wurden mit Koks befeuert, einem bei der Gasherstellung durch die Verkokung von Steinkohle in Hochöfen anfallenden Rückstand – wurde es jetzt auch für das Heizen von Wasser und das Kochen von Speisen verwendet. In der Kohlekrise wurde Gas aber ebenfalls knapp.

135

83

Lonza AG aufmerksam gemacht, nicht nur für die Herstellung von Sprengstoffen, sondern auch von Düngemitteln, um das Land von Nahrungsmittelimporten unabhängiger zu machen. Die Lonza stellte die Produktion um, und am 9. Juli 1915 wurde in Zürich eine weitere Versammlung abgehalten.

Nach und nach setzte sich die Erkenntnis durch, dass man sich nicht nur auf Massnahmen zur Versorgung dieses einen wichtigen Sektors beschränken, sondern auch die Energienetze verbessern sollte. So nahm die Idee einer landesweiten Zusammenschaltung der Wasserkraftwerke Formen an, die zu den grossen strategischen Vorhaben im Ersten Weltkrieg gehörte. Wie die Karte für das Jahr 1909 zeigt, hatten isolierte Energienetze den Nachteil, dass sie keinen Austausch von elektrischer Energie vornehmen konnten. Netze mit Unterkapazitäten konnten nicht durch Netze mit Überkapazitäten aufgefangen werden. Die nationale Zusammenschaltung passte gut zu den Zielen des Schweizerischen Wasserwirtschaftsverbands, der 1908 gegründet worden war, um eine möglichst

83
Abgesehen von dem Wortspiel der «Isolation der Schweiz» und der Isolatoren an einem Strommast legt diese Karikatur aus dem «Nebelspalter» vom 12. Juni 1915 auch nahe, dass die Schweiz auf eigene Wasserkraft setzen müsse, um ihre Abhängigkeit von Energieimporten zu reduzieren und damit die Folgen ihrer Isolierung möglichst klein zu halten.

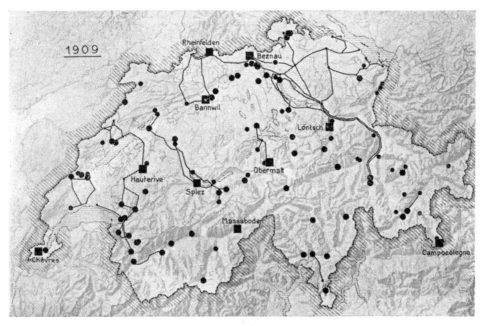

Wasserkraftwerke der Schweiz und ihre Verbindungsleitungen. Stand Ende 1909.
● 450—999 kW   ● 1000—9999 kW   ■ 10,000 kW und mehr

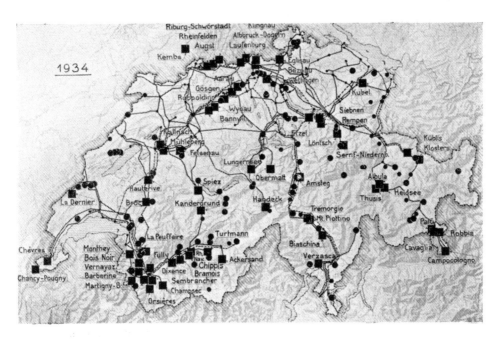

Wasserkraftwerke der Schweiz und ihre Verbindungsleitungen. Stand Ende 1934.
● 450—999 kW   ● 1000—9999 kW   ■ 10,000 kW und mehr

Karte 2

Karte 2
Wasserkraftwerke der Schweiz und ihre
Verbindungsleitungen, 1909 und 1934. Aus:
Arnold Härry: Entwicklung der Schweizer
Wasser- und Elektrizitätswirtschaft 1909–1934,
Zürich 1935, Tafel 14.

zweckmässige Nutzung der Ressource Wasser durchzusetzen. Doch die Vielzahl der Produktionsstandorte stellte ein Hindernis dar, das nur mit grossem Verhandlungsgeschick ausgeräumt werden konnte. Eine Rationalisierung erschien aber absolut zweckmässig, zumal man sich 1908 auf konkrete Beispiele stützen konnte: Die Elektrizitätswerke des Kantons Zürich schlossen sich mit dem Albulawerk in Graubünden zusammen, und es entstand ein Stromverbund durch die Koppelung einer Leitung zwischen den Elektrizitätswerken Beznau (an der Aare) und Löntsch (Glarus) durch die Motor AG. Weitere Schritte in diese Richtung erschienen unumgänglich, und der Erste Weltkrieg beschleunigte diesen Prozess.

Auf Beschluss der Versammlung von 1915 richtete der Schweizerische Wasserwirtschaftsverband eine Sonderkommission ein, der die Direktoren der Elektrizitätswerke von St. Gallen, Basel, Luzern, Baden und Zürich angehörten. Diese regte an, erst einmal statistische Daten über die tägliche Minimalauslastung der Kraftwerke in PS für das Jahr 1913, die bestehenden Verbindungsleitungen und ihr Transportvermögen zu sammeln. Als erste Lösung wurde daraufhin die Einrichtung einer «Eidgenössischen Sammelschiene» vom Bodensee bis zum Genfersee vorgeschlagen, die alle Netze miteinander verbinden sollte.[37] Aber der «vom Bund aufgezwungene» Vorschlag wurde von vielen betroffenen Akteuren als zu zentralistisch kritisiert. Dennoch war damit der erste Schritt getan, denn nach dem Krieg nahmen diese Akteure das Projekt selbst wieder auf.

Bei dieser Entwicklung stach eine Persönlichkeit besonders heraus: Heinrich Wagner (1866–1920), Vizepräsident des Schweizerischen Wasserwirtschaftsverbands und Erbauer der Verbindungsleitung zum Albulawerk. Im Juli 1917, auf dem Höhepunkt der Kohlekrise, wurde er zum Leiter der neu errichteten Abteilung für industrielle Kriegswirtschaft des Eidgenössischen Volkswirtschaftsdepartements ernannt, deren Chef, Bundesrat Edmund Schulthess (1868–1944), den Sektor der Wasserwirtschaft aufmerksam verfolgte. Dieser neuen Abteilung fielen die Aufgaben zu:
– Kohle zu importieren und im Land zu verteilen;
– die sparsame Nutzung der Elektrizität für die Industrie und die Haushalte zu organisieren;
– Rohstoffe und lebensnotwendige Güter zu verteilen;
– die Nahrungsmittelversorgung im Land mit einheimischen und importierten Produkten zu sichern sowie
– Exportverbote und -genehmigungen zu erteilen.[38]

Einschränkungen des Energieverbrauchs

Die Schaffung der Abteilung für industrielle Kriegswirtschaft 1917 wurde von Massnahmen begleitet, durch die der Energieverbrauch im Land eingeschränkt werden sollte. Alle waren gleichermassen davon betroffen: Industrieunternehmen, Geschäfte, Hotels, Cafés, Restaurants, Theater und private Haushalte. Die Einführung der «englischen Arbeitszeit», mit der die Arbeitszeit durch eine kürzere Mittagspause verkürzt wurde, war eine erste Massnahme. Der Bundesratsbeschluss vom 21. August 1917 «betreffend Massnahmen zur Einschränkung des Verbrauches an Kohle und elektrischer Energie» legte die Bedingungen dieser Einschränkungen fest. Da die Erzeugung hydroelektrischer Energie vom Gletscherwasser abhängig ist, sinken die Produktionsmengen im Winter drastisch, wenn das Wasser fast nur in Eis- und Schneeform vorhanden ist, also ausgerechnet in einer Zeit, in der die Energienachfrage (vor allem für die Beleuchtung) am höchsten ist. Umgekehrt werden im Sommer, wenn die Schneeschmelze die Flüsse anschwellen lässt, Energieüberschüsse produziert, also dann, wenn die Energienachfrage am geringsten ist. Unter diesen Umständen war es schwierig, der hohen Nachfrage im Winter nachzukommen, zumal diese Energie überwiegend in Thermoelektrizitäts-Kraftwerken erzeugt wurde, das heisst entweder in kleinen Anlagen, die in Flusskraftwerken integriert waren, oder in grösseren Anlagen mit eigenem Standort, wie beispielsweise in Genf. Um Stromeinsparungen zu bewirken, stellte der Bundesratsbeschluss klar, dass den schweizerischen hydroelektrischen Werken «die Erlaubnis gegeben wird, in derjenigen Zeit, in welcher die hydraulische Kraft zur Bewältigung der Energieabgabe nicht ausreicht, bei ihren Abonnenten eine Reduktion eintreten zu lassen». Erst 1908, mit der Installation einer Leitung zwischen dem Flusskraftwerk Beznau (an der Aare) und dem Talsperrenkraftwerk Löntzsch mit einer im Jahresverlauf schwankender Wasserführung, fand sich eine Lösung, die nur mit Wasserkraft arbeitete. Diese Art von Zusammenschluss war im Ersten Weltkrieg aber noch eine Ausnahme.

HEINRICH WAGNER

Heinrich Wagner (*1866 in Lörrach, †1920 in Zürich) war zweifellos einer der grossen Protagonisten der schweizerischen Wasserwirtschaft.[39] Seine Karriere in den höchsten Kreisen verdankte er den Erfahrungen, die er auf zwei Gebieten gesammelt hatte, in der Elektroindustrie und der Elektrizitätswirtschaft. Nach dem Studium am Eidgenössischen Polytechnikum in Zürich (heute ETH) und einem Abschluss als Maschinenbauingenieur arbeitete Wagner zunächst in der *Bell Maschinenfabrik* (Luzern), die Wasserturbinen herstellte, danach wechselte er nach Basel zur Firma Alioth, die Elektromotoren baute. 1910 fusionierte das in *Elektrizitätsgesellschaft Alioth AG* umbenannte Unternehmen mit Brown, Boveri & Cie. Neue Erfahrungen sammelte Wagner anschliessend in Cannstatt bei Stuttgart in einer auf die Herstellung kleiner Elektroapparate spezialisierten Firma, einer Sparte also, die während der Kohlekrise eine strategische Bedeutung erlangen sollte.[40]

Als Nachfolger von Walter Wyssling, der an die ETH Zürich berufen worden war, wurde Heinrich Wagner 1894 Direktor des städtischen Elektrizitätsdienstes in Zürich. In diesem Amt entwarf und realisierte er die berühmte Verbindungsleitung, die ab 1908 Elektrizität vom Albulawerk nach Zürich transportierte. Im erbitterten Kampf um die künftige Norm, den sich die Hersteller von Elektroausrüstungen lieferten, bedeutete die Entscheidung für den Dreiphasenwechselstrom im Fall der Albula-Leitung das Aus für den Gleichstrom, für den sich die Genfer *Compagnie de l'Industrie Electrique et Mécanique* (später SA des Ateliers de Sécheron) stark gemacht hatte. Als Gründer (1908) und Vizepräsident des Schweizerischen Wasserwirtschaftsverbands schwebte Wagner eine nationale, zentralisierte Lösung vor, die während des Kriegs bevorzugt wurde. Dank seinem Einfluss gelang es ihm, die Direktoren der Elektrizitätswerke der grössten Deutschschweizer Städte in einer Kommission zusammenzubringen, und schuf damit eine solide Basis, um den schwerfälligen Prozess der Zusammenschaltung der Elektrizitätsnetze zu beschleunigen. 1917 wurde Wagner, der im Krieg Oberst der Artillerie war, vom Bundesrat zum Vorsteher der neu errichteten Abteilung für industrielle Kriegswirtschaft des Eidgenössischen Volkswirtschaftsdepartement ernannt.

Serge Paquier

Der Bundesrat folgte der allgemeinen schweizerischen Rechtsauffassung und überliess den Kantonen die Umsetzung der Beschlüsse. Diese wurden aufgefordert:

a. die Nutzung von Räumen mit Publikumsverkehr aller Art einschliesslich Gaststätten, Amüsierlokalen, Theatern, Konzertsälen und Kinos einzuschränken oder ganz zu verbieten;
b. das Servieren warmer Speisen und heisser Getränke in Hotels und Gaststätten nach 21 Uhr zu verbieten;
c. einschränkende Bestimmungen über die Öffnungs- und Schliesszeiten von Detailgeschäften und ähnlichen Läden zu erlassen;
d. die Warmwassernutzung in Hotels, Gaststätten und Räumen mit Publikumsverkehr sowie der Privathaushalte einzuschränken;
e. die Nutzung der Zentralheizungen in Hotels, Gaststätten und Räumen mit Publikumsverkehr aller Art sowie in Privathaushalten usw. einzuschränken;
f. den Betrieb öffentlicher Badeanstalten zu beschränken.

Als Strafen bei Nichtbefolgen dieser Regelungen waren Geldbussen von 10 000 Franken oder Gefängnisstrafen von bis zu drei Monaten vorgesehen. Beide Strafen konnten auch kumulativ verhängt werden.

Die spektakuläre Verbreitung der Haushaltsgeräte

Wie bereits erwähnt, bildeten die Elektrogeräte einen wichtigen Baustein für die Entwicklung des häuslichen Komforts. Neben elektrischem Licht und Elektromotoren entstand um 1900 eine ganze Palette von Produkten, welche die Hausarbeit erleichtern sollten: Wasserboiler, Bügeleisen, Heizplatten, Kocher aller Art, sogar die ersten Radiatoren. Eine elektrische Küche wurde zum ersten Mal auf der Weltausstellung 1893 in Chicago und dann auch auf der zweiten Landesausstellung 1896 in Genf gezeigt, wo die «Fée électricité» mit der Inbetriebnahme eines Laufwasserkraftwerks, das 2-Phasen-Wechselstrom produzierte, Triumphe feierte. Bis 1912 wurden nicht weniger als 80 000 Elektrogeräte in Schweizer Haushalten installiert.

Dabei war dieser erste Verbreitungsschub ziemlich schwach verglichen mit den Spitzenwerten, die in den letzten Kriegsjahren durch die Massnahmen der Abteilung für industrielle Kriegswirtschaft erreicht wurden. 1917 und 1918 überstiegen die jährlichen Zuwächse jeweils die Gesamtzahl der bis 1912 installierten Gerätschaften. Im Jahr 1917 wurden 110 000 Apparate installiert, 1918 waren es 143 000.[41] Genaugenommen war der Absatz dieser Produkte notwendig, um ein ausgeglichenes Wachstum der Elektrizitätsnetze zu garantieren. Elektroherde, Heizplatten und Toaster füllten die Verbrauchslücke zwischen zwei Phasen mit hohem Stromverbrauch, der Arbeit in den Fabriken und den Fahrten mit dem Tram. Die Jahre 1917/18 setzten Massstäbe, denn nach dem Ersten Weltkrieg fanden elektrische Grossküchen eine weite Verbreitung, insbesondere als die Konjunktur ab 1925 wieder anzog. Von 1926 bis 1934 wurden in der Schweiz 1112 elektrische Grossküchen in Hotels, Restaurants, Kantinen und Spitälern installiert. Der Zuwachs von 579 Grossküchen entsprach einer Leistung von über 10 000 PS.[42] Damals war das Ziel, so viel elektrische Energie wie möglich «unterzubringen».

Die Elektrifizierung der Eisenbahn als zweite strategische Front neben dem Zusammenschluss der Elektrizitätswerke

Die Elektrifizierung des Schienennetzes der SBB schreibt sich ein in die Problematik einer grundsätzlichen Entscheidung zwischen der *nationalen* Option einerseits, mit der *Maschinenfabrik Oerlikon* (MFO) als Hauptrepräsentantin der Branche,[43] und der *internationalen* Option andererseits, die der Konzern *Brown, Boveri & Cie* (BBC) vertrat. Die MFO hatte vor dem Krieg mit Problemen zu kämpfen, nachdem zwei ehemalige Mitarbeiter sich 1891 zusammengetan und eine eigene Firma gegründet hatten: der Engländer Charles Brown Jr. (1863–1924), ein begnadeter Techniker, und der deutsche Finanzstratege Walter Boveri (1865–1924). Aber in Kriegszeiten lagen die Chancen für eine nationale Option deutlich besser. Während die MFO die elektrische Zugförderung mit Einphasenwechselstrom einführen wollte, versuchte BBC – ausgehend von der bereitgestellten elektrischen Energie, die mit Dreileiter-Drehstrom erfolgte – den Betrieb der Bahnen mit Gleichstrom durchzusetzen. Das Ziel von BBC war es, den eigenen Schweizer Holdinggesellschaften der Elektrizitätswerke einen neuen, grossen Absatzmarkt zu sichern.

Das Schienennetz der SBB hatte damals den Nachteil, dass die Lokomotiven mit Kohle betrieben wurden. Doch die technischen und finanziellen Gewinne, die eine Studienkommission 1912 in Aussicht stellte, bewogen den Verwaltungsrat, den elektrischen Betrieb auf der Strecke Erstfeld–Bellinzona (auf der Gotthardlinie) einzuführen.[44] Ende November 1913 stimmte man für einen ersten Kredit in der Höhe von 38,5 Millionen Franken, woraufhin mit den Arbeiten begonnen wurde. Mit Ausbruch des Kriegs kamen die

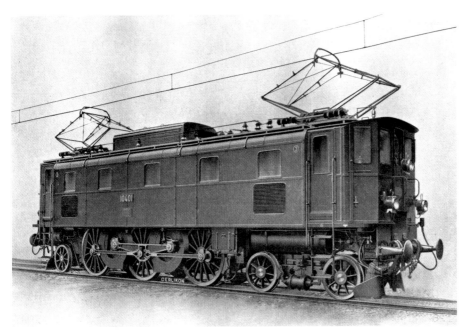

84

Arbeiten zwar zum Erliegen, die Kohlekrise beschleunigte aber die Entscheidungsfindung im Hinblick auf die Wahl des Traktionssystems. Ende Dezember 1915 trat eine Bundeskommission zusammen; die Situation war jedoch festgefahren, denn Walter Boveri leistete heftigen Widerstand.[45] Eine weitere Sitzung wurde für Januar 1916 anberaumt, bei der die BBC-Vertreter durch die Miliz-Obersten überstimmt wurden, die jetzt die Schlüsselpositionen innehatten. Mit Oberst Emil Huber-Stockar (1865–1939) – Sohn des Gründers der MFO, Peter Emil Huber-Werdmüller (1836–1915) – sprang der «elektrische Funke» logischerweise über; er bekleidete bei der SBB das strategische Amt des Leiters der Abteilung für die Einführung der elektrischen Zugförderung. Aber noch ein anderer Miliz-Oberst machte sich bei dieser Versammlung mit fast 200 Teilnehmern aus allen Landesteilen, darunter Vertreter von rund 60 Unternehmen, für eine Lösung stark, die auch die Direktion des Polytechnikums in Lausanne und der Schweizerische Elektrotechnische Verein unterstützten: der «Superexperte» Walter Wyssling (1862–1945), der als Professor für angewandte Elektrotechnik an der ETH Zürich wirkte.[46]

Die Wahl fiel auf die Option, welche die MFO vorgeschlagen hatte, und 1916 wurden die Arbeiten an der Gotthardlinie wieder aufgenommen. Doch es gab viele Probleme; es entstanden Mehrkosten von 60 Millionen Franken, und beim Bau der Wasserkraftwerke bereiteten Risse in einem Staudamm Schwierigkeiten. Nicht zuletzt machte BBC gegen die Entscheidung der SBB, eigenen Strom zu produzieren, mobil. Die Elektrifizierung der Gotthardlinie wurde schliesslich erst 1920 fertiggestellt.

Im erbitterten Streit um die Stromart zwischen BBC und der MFO während des Ersten Weltkriegs spielten die Entscheidungsträger der SBB die nationale Karte aus und verteilten den Grossauftrag auf drei Schweizer Firmen der Elektroindustrie. Aus Furcht vor möglichen Preisabsprachen zwischen den beiden Unternehmen aus der Region Zürich holte man ein drittes Unternehmen ins Boot. Die Wahl fiel auf die angeschlagene *SA des Ateliers de Sécheron*. Am Vorabend des Zweiten Weltkriegs waren schliesslich 92,3 Prozent des Schienennetzes der SBB elektrifiziert.

Am Ende des Kriegs fiel eine Entscheidung, die strategisch noch wichtiger war: die Einführung der elektrischen Zugförderung auf dem gesamten Schienennetz der SBB, sobald die allgemeine Lage dies zuliess. Doch Anfang der 1920er-Jahre, als der Preis für Importkohle sank, wurde diese Entscheidung wieder in Frage gestellt. Nachdem der Tonnenpreis 1920 inflationsbedingt die Höchstmarke von 205 Franken erreicht hatte, fiel er 1921 um die Hälfte auf 105 Franken und pendelte sich dann von 1922 bis 1924 auf einen Wert zwischen 67 und 57 Franken ein, bevor er 1925 mit 48 Franken die Talsohle erreichte.[47] Zu diesem Preis war ein elektrischer Fahrbetrieb nicht zu bekommen. Zwei wichtige Argumente sprachen aber dennoch dafür: Nur

84
Hochgeschwindigkeitslokomotive der Schweizerischen Bundesbahnen, 1926.

wenn die neue Betriebsart im gesamten Schienennetz der SBB verbreitet wurde, konnte man die Anfangsschwierigkeiten der Gotthardlinie überwinden und eine Rentabilität im grossen Massstab sichern. Ausserdem mussten Grossaufträge für die Schweizer Industrie her, die seit dem Ende des Kriegs angeschlagen war. Der starke Schweizer Franken – im Unterschied zu den Krieg führenden Staaten erfreute sich die Schweiz gesunder öffentlicher Finanzen – erschwerte den Zugang zu den benötigten Absatzmärkten im Ausland. Da waren die Aufträge der SBB in der Höhe von 850 Millionen Franken ein Segen für die Schweizer Fabrikanten hydroelektrischer Ausrüstungen.

Die Schaffung von Verbundnetzen in zwei Gangarten: fortschrittliche Ostschweiz und zögerliche Westschweiz

Föderalismus verpflichtet: Nachdem die einengenden Zeiten der zentralisierenden Zwänge vorbei waren, nutzte die Elektroindustrie ihre zurückgewonnene Freiheit. Die Stromhersteller zogen es vor, die Zusammenschaltung der Elektrizitätsnetze selbst zu übernehmen. Dieser Prozess verlief jedoch unterschiedlich schnell. Während die Ostschweiz durch Verbundnetze mit weitem Aktionsradius einen Vorsprung verzeichnen konnte, brachte eine grössere Zersplitterung der Akteure in der Westschweiz ein gewisses Chaos mit sich.[48] Die Gesellschaft *Energie de l'Ouest-suisse,* die den Aufbau der Verbundnetze in der Romandie bewerkstelligte, seit dem Bau der ersten Dixence-Staumauer in der Krise der 1930er-Jahre aber angeschlagen war, stand 1934 kurz vor der Pleite. Jetzt, wo Kohle billiger war als noch vor dem Krieg, wurde die elektrische Energie zu teuer.[49] Das Schlimmste konnte gerade noch abgewendet werden, indem der *Schweizerische Bankverein* einen Kredit über 20 Millionen Franken gewährte. Aber der Preis dafür war hoch: Über einen Zeitraum von 20 Jahren musste zusätzlicher Strom eingekauft werden, obwohl der Markt gesättigt war.

In der Deutschschweiz sah es wesentlich besser aus. Vor dem Krieg hatten die neun Kantone der Nordostschweiz für 36 Millionen Franken das ab 1908 von der Motor AG aufgebaute Verbundnetz aufgekauft, ein zweites regional bedeutendes Netz hatten die *Forces Motrices Bernoises* von BBC aufbauen lassen. Im Mai 1918, einige Monate vor Kriegsende, gingen diese beiden grossen regionalen Akteure in die Offensive und gründeten eine «Gesellschaft für Vermittlung und Verwertung von Elektrizität», die *Schweizerische Kraftübertragung AG,* mit dem Ziel, die Führung in der Branche zu übernehmen. Die Schweizerische Kraftübertragung wurde 1939 «nach einem unerfreulichen Vorgang»[50] zwar aufgelöst, aber das bedeutete keineswegs eine Schwächung der Verbundnetze in der Deutschschweiz, im Gegenteil, ihre Grösse erlaubte komfortable Handlungsspielräume und sicherte die Rentabilität der Investitionen.

Die ununterbrochenen Krisen seit dem Beginn des Ersten Weltkriegs und die kurzzeitige relative Entspannung in der zweiten Hälfte der 1920er-Jahre hat der englische Historiker Eric Hobsbawm in *Das Zeitalter der Extreme* gut beschrieben.[51] Dass vor diesem Hintergrund eine nationale Option der internationalen Geschäftsvision vorgezogen wurde, ist kaum verwunderlich. Obwohl die Schweiz aufgrund ihres unmissverständlichen Bekenntnisses zur Neutralität vom Krieg verschont blieb, spielten die Kriegsjahre eine wichtige Rolle dahingehend, dass strategisch wichtige Entscheidungen getroffen wurden, um die Abhängigkeit des Landes von Energieeinfuhren zu reduzieren. Tatsächlich beugten sich nach dem Krieg fast alle Bereiche der Elektroindustrie nationalen Interessen. Die Westmächte machten Druck, um die Deutschen dazu zu bewegen, sich aus der Aluminium Industrie AG und den Aufsichtsräten der Basler und Zürcher Finanzierungsgesellschaften, die für Berliner Grosskonzerne tätig waren, zurückzuziehen.[52] Dieser Schritt war notwendig, um den Schweizer Unternehmen den dringend benötigten Zugang zu den internationalen Märkten zu ermöglichen.

In der «harten Schule» des Ersten Weltkriegs wurde eine Lösung gefunden, um den Import von Kohle für viele Millionen Franken einzudämmen. In der Folge lief die Korrelation Kohle/Wasserkraft auf eine Art Kuhhandel hinaus, der es der Schweiz ermöglichte, Kohle aus dem nationalsozialistischen Deutschland im Austausch gegen Strom zu importieren. Aber das ist eine andere Geschichte.[53] Nach den strategischen Entscheiden im Ersten Weltkrieg waren die Weichen gestellt: Das gesamte Schienennetz der SBB war elektrifiziert und die Zusammenschaltung der Wasserkraftwerke abgeschlossen, wie die Karte der Schweiz von 1934 mit den Verbindungsleitungen zeigt. Das trug mit dazu bei, dass der Anteil der Kohle am Primärenergieverbrauch am Ende des Zweiten Weltkriegs auf 38,6 Prozent begrenzt werden konnte und der Anteil der Wasserkraft auf 35,2 Prozent stieg. Es war der höchste Wert, der jemals erreicht worden war.[54] Angesichts dessen gerieten alle früheren Bedenken schnell in Vergessenheit.

* Übersetzt aus dem Französischen von Caroline Gutberlet.

1 Vgl. Ritzmann-Blickenstorfer, Statistique, 588.
2 Die «Fee der Elektrizität» drückt die Verzauberung durch die Elektrizität aus; die Allegorie ist im deutschen Sprachraum unbekannt. [AdÜ]
3 Vgl. Paquier, Diversification, 91–108, hier 91.
4 Vgl. Pelet, Charbon; Marek, Der Weg, 56–75.
5 Vgl. den Bericht der Genfer Gesellschaft für Gasbeleuchtung: Rapport fait au nom du comité de la Société genevoise pour l'éclairage au gaz, Genf 1845–1947, 8.
6 Vgl. Ritzmann-Blickenstorfer, Statistique, 665 und 679.
7 Vgl. Colladon, Jean-Daniel: Notes et considérations générales sur l'utilisation de la puissance motrice des rivières et des fleuves, 1858, Bibliothèque de Genève, Ms 3758 und Ms 3242, 118–125; ders.: Nouveaux moteurs à eau, Extrait du Journal de l'Académie nationale, manufacturière et commerciale. Paris 1857, 1.
8 Vgl. Die Eisenbahn. Schweizerische Wochenschrift für die Interessen des Eisenbahnwesens, Jg. 3, Nr. 5 (1876), 56.
9 Vgl. Die Eisenbahn, Jg. 1, Nr. 11 und 13 (1874), 191f.
10 Vgl. Duc, Les tarifs, 320–322.
11 Vgl. Pally, Martin: Die Elektrifizierung, 117–147.
12 Zusammen mit der AEG.
13 Vgl. Hughes, Networks, 122–125.
14 Vgl. Paquier, Histoire, 677–692.
15 Vgl. Hertner, Espanzione, 819–860.
16 Die Basler Handelsbank arbeitet mit Indelec, die Schweizerische Kreditanstalt (SKA, später Credit Suisse) mit der Elektrobank zusammen. Zu den deutsch-schweizerischen «Elektro-Banken» vgl. Paquier, Histoire, 947–1032; ders., Swiss Holding Companies, 163–182.
17 Vgl. Ritzmann-Blickenstorfer, Statistique, 489, 678 und 679.
18 Vgl. Schmidlin, T.: Zur schweizerischen Torfgewinnung. Referat gehalten in der vom Schweizerischen Volkswirtschaftsdepartement am 14. März 1917 in Bern veranstalteten Konferenz über Gewinnung und Verwertung von Torf. Bern 1917.
19 Walter, Hiver, 215.
20 Zweig, Stefan: Die Welt von gestern, Kapitel 14: «Heimkehr nach Österreich».
21 Vgl. Eidgenössische Betriebszählung 24. August 1939, Bd. 1: Die Gewerbebetriebe in den Kantonen. Bern 1941, 147.
22 Vgl. Ritzmann-Blickenstorfer, Statistique, 588.
23 Vgl. ETH-Bibliothek, Archiv, Hs 494: 5 und 494: 32–37.
24 Vgl. Niederer, Erdölforschung.
25 Société suisse de surveillance économique 1915–1919. Tableau de son activité. Bern 1920, 8.
26 Vgl. ebd., 91. Die heikle Frage wird nur kurz angesprochen, da die Kohlelieferungen nicht in den Zuständigkeitsbereich der Société suisse de surveillance économique fielen.
27 Mit Beginn des Kriegs reduzierte Frankreich seine Kohlelieferungen an die Schweiz. Von durchschnittlich 346 Tonnen in den Jahren 1911 bis 1913 fiel die Menge 1915 auf 12 und ein Jahr darauf sogar auf 10 Tonnen. Während der Kohlekrise 1917 stiegen die Lieferungen auf 20 und 1918 auf 90 Tonnen, danach erreichten sie wieder das Vorkriegsniveau.
28 Vgl. Caron, L'innovation, 355f.
29 Caron, L'innovation, 22–25.
30 Société d'exploitation des câbles électriques, système Berthoud, Borel & Cie (Cortaillod), Aubert, Grenier & Cie (Cossonay) und Câbleries de Brugg. Vgl. Cortat, Cartel, 63, 75 und 101.
31 Siehe Bundesratsbeschluss vom 21. August 1917. In: Bulletin des Schweizerischen Elektrotechnischen Vereins, 1917.
32 Vgl. Wyssling, Elektrizitätswerke, 498–500.
33 Bundesratsbeschluss vom 21. August 1917. In: Bulletin des Schweizerischen Elektrotechnischen Vereins, 1917.
34 Vgl. Paquier, La S. A., 72.
35 Vor allem die Genfer Compagnie de l'Industrie Electrique et Mécanique (später S. A. des Ateliers de Sécheron) und Piccard, Pictet & Cie (später Ateliers des Charmilles S. A.).
36 Vgl. Schweri, La grève.
37 Vgl. Härry, Zusammenschluss, 113–118.
38 Bundesratsbeschluss vom 21. August 1917.
39 Vgl. Mumenthaler, Heinrich Wagner.
40 Vgl. Paquier, Histoire, 838f.
41 Vgl. Härry, Zusammenschluss, 33f.
42 Vgl. Härry, Zusammenschluss, 37.
43 Vgl. Hughes, Networks, 122–125.
44 Die Elektrifizierung der Schweizerischen Bahnen, mit besonderer Berücksichtigung der ehemaligen Gotthardbahn. Sonderbericht der Schweizerischen Studienkommission für elektrischen Bahnbetrieb. Zürich 1912.
45 Vgl. Procès-verbaux des séances du conseil d'administration des CFF, février 1915–janvier 1917, 147–150.
46 Vgl. Bulletin des Schweizerischen Elektrotechnischen Vereins, 1916, 1–26.
47 Vgl. Ritzmann-Blickenstorfer, Statistique, 678f.
48 Vgl. Paquier, La S. A.
49 Vgl. Ritzmann-Blickenstorfer, Statistique, 678f.
50 Moll, Bernische Kraftwerke, 61.
51 Hobsbawm, Extreme.
52 Vgl. Segreto, Made in, 347–367.
53 Vgl. Kleisl, Electricité.
54 Vgl. Ritzmann-Blickenstorfer, Statistique, 588.

«Rechte hat nur, wer Kraft hat.»
Anmerkungen zur Schweizer Wirtschaft im Ersten Weltkrieg

Roman Rossfeld

Der Erste Weltkrieg war nicht nur ein mit aller Härte geführter Stellungskrieg, der Millionen von Soldaten das Leben kostete, sondern auch ein immer brutaler geführter Wirtschaftskrieg. Die Krieg führenden Länder benötigten enorme Mengen an Waffen und Munition, und um die «Materialschlachten» durchstehen zu können, wurden die Kontrolle über die wirtschaftlichen Ressourcen und ihre optimale Nutzung zentral. Die Schweiz war schon vor dem Ersten Weltkrieg eines der am stärksten industrialisierten Länder der Welt, verfügte über eine starke Exportindustrie und war wirtschaftlich mit den Krieg führenden Ländern eng verflochten. Durch die Abhängigkeit von Nahrungsmittel- und Rohstoffimporten beider Kriegsparteien erwies sich die Neutralität des Landes rasch auch als eine wirtschaftliche Notwendigkeit; zugleich eröffnete sie neue Marktchancen. Die Schweizer Wirtschaft profitierte in den Kriegsjahren nicht nur von der hohen Nachfrage nach Gütern, sondern auch von den in verschiedenen Branchen spürbaren «Konkurrenzferien»,[1] dem Ausfall ausländischer Konkurrenten auf den internationalen Märkten. Bereits im Februar 1915 hielt die «Neue Zürcher Zeitung» (NZZ) mit Blick auf die Neutralität des Landes fest: «Den einen Vorteil der Neutralität, mit niemand verfeindet zu sein, sollte die schweizerische Industrie ausnützen können.»[2]

Den in vielen Branchen guten Geschäften und zum Teil hohen Gewinnen standen jedoch zunehmende Eingriffe in die wirtschaftliche Handlungsfreiheit der neutralen Länder gegenüber. Seit dem Kriegseintritt Italiens im Mai 1915 war die Schweiz von Krieg führenden Ländern ganz umschlossen, und die Kontrolle der wirtschaftlichen Aktivitäten wurde im Verlauf des Kriegs immer umfangreicher und restriktiver. Im November 1917 beschrieb der Vorsteher des Departements des Inneren, Bundesrat Felix Calonder, die wirtschaftliche Situation des Landes wie folgt: «Unsere Lage wird in der Hauptsache dadurch charakterisiert, dass unsere wirtschaftliche Existenz ebensosehr von der Zufuhr von Kohle, Eisen usw. aus den Zentralmächten, wie von der überseeischen Zufuhr von Nahrungsmitteln und Rohstoffen aus den Ländern der Entente abhängt. Und da der Wirtschaftskrieg zwischen den feindlichen Mächtegruppen […] immer schärfer und rücksichtsloser geführt wird, so läuft die kleine, neutrale Schweiz Gefahr, zwischen den kämpfenden Riesen wirtschaftlich zerdrückt zu werden.»[3] Hohen Kriegsgewinnen und steigenden Dividenden in den exportorientierten Unternehmen standen eine wachsende Teuerung und zunehmende Eingriffe in die wirtschaftliche Handlungsfreiheit des Landes gegenüber. Der Verlust der «Wirtschaftsfreiheit»[4] stand in einem scharfen Kontrast zur ausgesprochen wirtschaftsliberalen Tradition des Landes und machte die grosse Abhängigkeit von Rohstoffimporten und die Verletzlichkeit der schweizerischen Volkswirtschaft rasch deutlich. Bereits im Krieg kam es zu einer (auch von aussen erzwungenen) Renationalisierung der Unternehmensleitungen, der in den Nachkriegsjahren verschiedene Massnahmen gegen die wirtschaftliche «Überfremdung» folgten. Die Unternehmen reagierten auf die Erfahrungen im Krieg mit der Gründung von Holdinggesellschaften und der Errichtung von ausländischen Tochtergesellschaften, dem «Export von Fabriken».[5]

85
«Unter der Ententepresse»: Anfang Oktober 1916 kommentierte der (deutschfreundliche) «Nebelspalter» die Verschärfung des Wirtschaftskriegs nach der interalliierten Wirtschaftskonferenz in Paris drastisch.

86

Wirtschaftsneutralität, «Konkurrenzferien» und Kriegsgewinne

Nach dem Kriegsausbruch stand die Schweizer Wirtschaft zunächst weitgehend still, weil die Einfuhr blockiert war und bedeutende Teile des männlichen Personals mobilisiert wurden. Zugleich musste der Aussenhandel auf eine neue Grundlage gestellt werden. Bereits zu Kriegsbeginn waren die bis dahin gültigen Handelsverträge als Grundlage des schweizerischen Aussenhandels durch die sogenannte Kriegsklausel «ausser Wirkung getreten».[6] Die Handelsverträge mit den Krieg führenden Staaten mussten in den folgenden Jahren in einer Art Pendeldiplomatie – und immer kürzer werdenden Zeitabständen – mehrfach neu ausgehandelt werden, eine Aufgabe, die während des gesamten Kriegs von Alfred Frey (1859–1924) wahrgenommen wurde. Frey war seit 1900 nicht nur ein einflussreicher freisinniger Nationalrat, sondern auch Verwaltungsrat zahlreicher Unternehmen und von 1917 bis 1924 Präsident des Schweizerischen Handels- und Industrie-Vereins (SHIV oder Vorort).[7] Als Unterhändler des Bundesrats hielt sich Frey oft monatelang in den Hauptstädten der verschiedenen Krieg führenden Länder auf und profilierte sich nach dem Krieg (vielleicht auch aufgrund seiner Erfahrungen im Krieg) als ein überzeugter Vertreter des Beitrittes der Schweiz zum Völkerbund.

Schon am 18. September 1914 hatte der Bundesrat ausserdem umfangreiche Exportverbote für die Versorgung der Bevölkerung erlassen, die in der Folge – hauptsächlich für die Kontrolle und nicht die Unterbindung der Ausfuhren – immer weiter ausgedehnt wurden. Die Exporte erfolgten in Kriegsjahren zunehmend über Ausfuhrbewilligungen, die es dem Bund erlaubten, den Export gemäss den jeweils gültigen Abkommen zu kontrollieren und über Kompensationsgeschäfte und Kreditabkommen diejenigen Produkte zu erhalten, die man dringend benötigte.

Trotz diesen Schwierigkeiten und dem damit verbundenen zunehmenden bürokratischen Aufwand setzte nach dem Schock des Kriegsbeginns schon im Frühling 1915 eine eigentliche Kriegskonjunktur ein. Die Zahl der Mobilisierten war (nicht zuletzt auf Drängen der Industrie) bis Ende 1914 um mehr als die Hälfte zurückgegangen, und für Traugott Geering, Sekretär der Basler Handelskammer, tat sich nun «ein unabsehbar grosses und reiches Feld geschäftlicher Erfolge»[8] vor der Schweizer Wirtschaft auf. Das Fabrikgesetz war schon zu Beginn des Kriegs insbesondere in Bezug auf die Arbeitsdauer, die Schicht-, Nacht- und Sonntagsarbeit sowie die Beschäftigung von jugendlichen Arbeitskräften stark gelockert worden.[9] Die Exporte nahmen 1915 und 1916 in realen Preisen und Mengen deutlich zu, und 1916 wies die Handelsbilanz, die traditionell immer deutlich im Minus war, einen kleinen Überschuss auf.

Ohne hier auf Unterschiede zwischen einzelnen Unternehmen und Branchen eingehen zu können – und unabhängig von den Schwierigkeiten bei der Beurteilung von nominalen oder realen, unternehmensinternen oder publizierten Zahlen – kann gesagt werden, dass die international tätigen Banken und Versicherungen ihre Stellung im Ersten Weltkrieg markant ausbauen konnten.[10] Die für die Krieg füh-

87

renden Länder wichtigen Exportindustrien wie die Uhren-, Metall- und Maschinenindustrie, die Textilindustrie, die chemische Industrie oder die Ernährungs- und Genussmittelindustrie konnten zumeist hohe Gewinne erzielen und zum Teil auch hohe Reserven für die Nachkriegsjahre bilden.[11] Verbunden mit dem guten Geschäftsgang war eine «Hochflut»[12] von Unternehmensgründungen. Im Juli 1916 berichtete die «NZZ» über die «geradezu beängstigende Erscheinung» der sogenannten Kriegsgründungen – Aktiengesellschaften mit einem «wenige zehntausende Franken betragenden Aktienkapital» –, die «wie Pilze nach einem Niederschlage» aus dem Boden schiessen würden und oft «ausländischen Ursprungs» seien.[13] Die «grössere Zahl» dieser Gründungen geschah in spekulativer Absicht, und der Kampf «gegen die zunehmende Verwilderung der Verhältnisse»[14] erwies sich trotz mehreren Bundesratsbeschlüssen als schwierig.

Die durchschnittlichen Dividenden von über 200 industriellen Aktiengesellschaften (ohne Handel, Banken und Versicherungen) erhöhten sich von 6–8 Prozent in den Vorkriegsjahren bis auf 11,75 Prozent 1918.[15] Seit 1917 folgte «eine Kapitalerhöhung der anderen», die nicht selten «unter der Hand, ohne öffentliche Subskription»[16] und mit Hilfe zurückgestellter Gewinne vorgenommen wurden. Zur Abschöpfung der seit 1915 teilweise hohen, gegenüber den Vorkriegsjahren überdurchschnittlichen Gewinne in der Industrie wurde im Herbst 1916 eine «Kriegsgewinnsteuer» eingeführt. Ähnliche Steuern waren zu diesem Zeitpunkt schon in einer Reihe ausländischer Staaten erlassen worden, und steuerbar wurden damit alle Kriegsgewinne, die seit dem 1. Januar 1915 erzielt worden waren.[17] Abgezogen werden konnten vom Bund genau definierte «Zuwendungen für Wohlfahrtszwecke»,[18] die bis zum Ende des Kriegs eine Höhe von 242 Millionen Franken erreichten. Insgesamt brachte die Kriegsgewinnsteuer (ohne die Zuwendungen für Wohlfahrtszwecke) Bund und Kantonen rund 730 Millionen Franken ein, wovon 555 Millionen für die Begleichung der Kosten der Mobilisation und 110 Millionen für die Arbeitslosenfürsorge verwendet wurden.

86, 87
Die Ausrüstung der Armee mit neuen, feldgrauen Uniformen, Gasmasken oder Maschinengewehren kam auch der Schweizer Wirtschaft zugute. Die Bilder zeigen das Umwalzen eines Aluminiumblocks für die Herstellung von Gasmasken sowie die Fertigung des neuen, 1918 eingeführten Stahlhelms.

Dennoch müssen die im Krieg erwirtschafteten Gewinne differenziert betrachtet werden. Einerseits konnten Schweizer Unternehmen im Gegensatz zu den Krieg führenden Ländern von der Abwesenheit ausländischer Konkurrenten auf den internationalen Märkten profitieren. Andererseits stellte der Krieg für nicht kriegswichtige Industrien und die Binnenwirtschaft eine grosse wirtschaftliche Herausforderung dar. Insbesondere die «Hotelindustrie» mit zu Kriegsbeginn rund 3500 Betrieben und 168 000 Betten wurde durch das «fast gänzliche Ausbleiben des Fremdenstromes […] nahezu ihres ganzen Umsatzes beraubt».[19] Die Unterbringung von – über alle Kriegsjahre verteilt – mehr als 67 000 Internierten brachte seit 1916 zwar eine spürbare Erleichterung, war aber kein Ersatz für die ausbleibenden Gäste. Zum Verlust der Wirtschaftsfreiheit kam im Verlauf des Kriegs ein zunehmender Verlust der Planungssicherheit hinzu, der die Kalkulation wirtschaftlicher Aktivitäten immer schwieriger werden liess. Rohstofflieferungen trafen verspätet ein oder blieben ganz aus, die Bürokratie nahm zu, und für die grossen exportorientierten Unternehmen waren die eingegangenen Risiken – je nach Kriegsverlauf – häufig ebenso hoch wie die erzielten Kriegsgewinne. Der rasche Ausbau von Produktionskapazitäten konnte nach dem Krieg zu Überkapazitäten, hohen Kosten und Verlusten führen. Die Umstellung auf die Friedenswirtschaft dauerte mehrere Jahre, der Abbau der Notverordnungen des Bundes erfolgte nur langsam und schrittweise, und die Nachkriegskrise von 1921–1923 hinterliess in den Unternehmen zum Teil ebenfalls tiefe Spuren.

Die Neutralität des Landes erwies sich für die wirtschaftliche Entwicklung als Chance und Schwierigkeit zugleich. Alfred Sarasin, Mitgründer und späterer Präsident der Schweizerischen Bankiervereinigung, hatte zur engen Verbindung wirtschaftlicher Interessen mit der schweizerischen Neutralitätspolitik bereits 1915 festgehalten: «Unsere Neutralität ist nicht nur unser Recht, sie ist auch unser höchstes Interesse. Unsere Industrie muss freie Bahnen finden in aller Herren Länder, wenn sie bestehen soll.»[20] Als «Hyänen des Wirtschaftskrieges»[21] waren die Neutralen aber nicht überall gern gesehen, und der Zürcher Jurist Fritz Fick hatte schon 1915 vor einer «Aasgeier-Neutralität» gewarnt, die aus wirtschaftlichen Überlegungen darauf spekulierte, dass Deutschland und Frankreich «gleichmässig verbluten»[22] würden. Die «Eigeninteressen einzelner Wirtschaftsakteure» konnten ausserdem dem «Gesamtinteresse des Landes» zuwider laufen.[23] Eingriffe in die wirtschaftliche Handlungsfreiheit waren durch die ausgesprochen wirtschaftsliberale Tradition des Landes aber verpönt, und die Umsetzung einer wirtschaftlichen Neutralität erwies sich auch aufgrund gewachsener, zwischen den einzelnen Ländern unterschiedlicher Wirtschaftsbeziehungen und zum Teil jahrzehntealter Unternehmensstrukturen als schwierig. Beschränkungen der wirtschaftlichen Handlungsfreiheit kamen deshalb weniger *von innen*, der nationalen Politik, als vielmehr *von aussen*, den Krieg führenden Ländern, die immer stärker in die wirtschaftlichen Aktivitäten der neutralen Länder eingriffen.

«Politics of Hunger» und Verschärfung des Wirtschaftskriegs seit 1916

Bereits im Mai 1915 hatte der Vorsteher des Eidgenössischen Volkswirtschaftsdepartementes, Bundesrat Edmund Schulthess, zum wachsenden Druck auf die Schweizer Wirtschaft festgehalten: «Rechte hat nur, wer Kraft hat. […] Am härtesten ist vielleicht für ein kleines Land der Kampf um seine wirtschaftliche Situation. Da gibt es vollends keine Rechte, wenn nicht die Kraft besteht, sie zu wahren.»[24] Insbesondere die Entente versuchte mit einer im Verlauf des Kriegs mehrfach verschärften – und völkerrechtlich umstrittenen – Blockadepolitik, der sogenannten Politics of Hunger,[25] den deutschen Aussenhandel so gut wie möglich auszuschalten und übte auch zunehmend Druck auf die neutralen Länder aus. Nicht nur, dass «alle Länder die Konterbandelisten stets verlängerten, die Ausfuhrverbote stets erweiterten und an die Lieferung gewisser Dinge die Bedingung der Abgabe von Waren aus der Schweiz knüpften»,[26] wie Bundesrat Schulthess schon im Frühling 1915 beklagt hatte. Seit dem Sommer 1915 wurde der Warenverkehr der Schweiz mit den Krieg führenden Ländern auch von Überwachungsgesellschaften beider Kriegsparteien kontrolliert.[27] Deutschland hatte bereits im Juni 1915 die «Schweizerische Treuhandstelle» in Zürich errichtet, um zu verhindern, dass deutsche Waren über Schweizer Firmen an die Entente gelangten. Der Handel mit Deutschland erfolgte danach zunehmend in Form von *Kompensationsgeschäften*, dem Austausch dringend benötigter Produkte, auf die das Land angewiesen war.

Wesentlich umfangreicher waren die Kontrollmassnahmen der Entente, für die im November 1915 die «Société Suisse de Surveillance Economique» (S.S.S.) mit Sitz in Bern gegründet wurde. Zur Durchführung der Aufgaben der S.S.S. – im Volksmund bald mit «Souvraineté Suisse Suspendue» übersetzt – wurden neben dem Hauptsitz in Bern Büros in Paris, London, Rom und Washington geschaffen. Dazu kamen zahl-

Auf dem falschen Weg

Helvetia: Halt! Halt! Eure Gäule bringen mich ja an einen ganz unrichtigen Ort!
Kutscher: Allright!

88

reiche Zwangssyndikate, die ein Einfuhrmonopol für die Rohstoffe in der Schweiz besassen und denen die S.S.S. die Waren zur Weiterleitung an die einzelnen Fabriken überliess. Bis zum November 1916 entstanden insgesamt 51 Syndikate verschiedenster Branchen, die der S.S.S. garantierten, dass die Importe ihrer Mitglieder für den Verbrauch im Inland und nicht den Reexport an die Mittelmächte verwendet wurden.[28] Mitte 1918 beschäftigte die S.S.S. allein in Bern 420 Angestellte; in fünf Seehäfen und an sieben Grenzübergängen kamen weitere 77 Personen dazu. In den Jahren 1915–1919 bearbeitete die S.S.S. über 270 000 Import- und 530 000 Exportgesuche und führte mehr als 7100 Kontrollen durch.[29] Als Druckmittel für die Einhaltung der Vorschriften dienten neben der Verweigerung von Import- oder Exportgenehmigungen auch Bussen, die Erstellung von schwarzen Listen oder die Sequestrierung von Tochtergesellschaften im Ausland.[30]

Nach der interalliierten Wirtschaftskonferenz in Paris im Juni 1916, dem neuen Handelsabkommen zwischen der Schweiz und Deutschland vom September 1916 und dem Kriegseintritt der USA im April 1917 wurde der wirtschaftliche Druck auf die Schweiz weiter erhöht.[31] Um die Materialschlachten weiterhin durchstehen zu können, mobilisierte Deutschland mit dem Hindenburg-Programm nun sämtliche wirtschaftlichen Ressourcen für den Krieg. Soutou spricht mit Blick auf die Wirtschaftskonferenz in Paris von einer – über den Krieg hinaus angelegten – «politique de discrimination permanente contre le Reich»,[32] und mit dem Kriegseintritt der USA waren die Alliierten der stärkste Wirtschaftsblock auf den globalen Warenmärkten. Seit der zweiten Hälfte des Jahres 1916 begannen die Importe von Kohle und Eisen aus Deutschland abzunehmen, und seit 1917 sanken auch die für die Schweiz zentralen Getreide- und Rohstoffimporte aus den USA. Der immer härter geführte Wirtschaftskrieg führte jetzt auch in der Schweiz zu ersten Versorgungsschwierigkeiten. Bis 1916 hatten die Lebensmittel- und Rohstoffimporte auf rund 75 Prozent der Vorkriegsmenge gehalten werden können; 1918 konnte die Schweiz aber nur noch ein Drittel der Vorkriegsmenge an Lebensmitteln einführen, und bei den Rohstoffen (insbesondere Kohle und Eisen) war es rund die Hälfte.

88
Am 15. Juli 1916 kommentierte der «Nebelspalter» die Gründung der «Société Suisse de Surveillance Economique» (S.S.S.) als falschen Weg in die Abhängigkeit von der Entente.

149

89

90

150 Rossfeld, Kriegswirtschaft und Wirtschaftskrieg

LA PRESSION SUR LES NEUTRES

Comment on la voit de Genève.

Comment on la voit de Zurich.

91

89
Die Postkarte aus Lausanne spielt auf den neuen, von der Entente scharf kritisierten Handelsvertrag zwischen der Schweiz und Deutschland vom 2. September 1916 an. Die Schweiz verpflichtete sich hier, gegen die Lieferung von Kohle und Stahl auch Nahrungsmittel nach Deutschland zu liefern.

90
Nach der interalliierten Wirtschaftskonferenz in Paris im Juni 1916 wurde der Brotkorb für die Schweiz noch einmal «höher gehängt». Die Versorgung des Landes mit hauptsächlich über Frankreich importieren Nahrungsmitteln sah der «Nebelspalter» vom 19. August 1916 nun ernsthaft gefährdet.

91
Mitte Januar 1917 sah sich die Lausanner Satirezeitschrift «L'Arbalète» zu einer Replik auf eine Karikatur aus dem «Nebelspalter» veranlasst. Aus Sicht der Westschweiz wurde der Druck auf die Schweizer Wirtschaft seit 1916 nicht durch die Entente, sondern das wilhelminische Kaiserreich erhöht.

92

Kriegsmaterialexporte und Fabrikation von Munitionsbestandteilen

Nicht unter die Kontrolle der S.S.S. fiel der Import von Rohstoffen, die für die Herstellung von Kriegsmaterial verwendet wurden. Da die Schweiz nicht (oder nur in unbedeutenden Mengen) über eigene Rohstoffe verfügte, wurden Kriegsmateriallieferungen hauptsächlich als *Veredelungsverkehr* zwischen der Schweiz und den Krieg führenden Ländern abgewickelt. Die Auftraggeber stellten nicht nur die Rohstoffe, sondern zum Teil auch die benötigten Maschinen zur Verfügung, gingen im Verlauf des Kriegs aber zu immer schärferen Kontrollen über, um sicherzustellen, dass die gelieferten Materialien nicht für Exporte an den Kriegsgegner genutzt wurden. Der Bundesrat hatte die «Ausfuhr von Waffen, Munition und Kriegsmaterial in die angrenzenden kriegführenden Staaten»[33] zwar schon am 4. August 1914 verboten. Nicht verboten war aber der Export von *Munitionsbestandteilen*, der in der Folge rasch einsetzte. Den Zoll passierten diese

92
Nach dem Kriegseintritt der USA im April 1917 gingen die Getreideeinfuhren in die Schweiz deutlich zurück. Der «Nebelspalter» interpretierte diese Entwicklung im Dezember 1917 als einen erpresserischen Erziehungsversuch der USA gegenüber den (immer weniger werdenden) Neutralen.

93
«Der Gast!» Die Karikatur aus der Westschweizer Zeitschrift «L'Arbalète» vom Dezember 1917 zeigt die Schweiz als eine vom deutschen Militär geschändete Helvetia. Das Porträt von Generalfeldmarschall Paul von Hindenburg verweist auf das im August 1916 erlassene Hindenburg-Programm, mit dem die deutsche Kriegsmaterialproduktion noch einmal mehr als verdoppelt werden sollte.

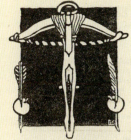

11ᵐᵉ année. N° 12. NOEL 1917 Le Numéro : 30 cent.

l'Arbalète

Journal Satirique suisse. — Illustré. — Bi-Mensuel
Abonnement : Un an 7 fr. :: Six mois 4 fr. :: Trois mois 2 fr. 50
ADMINISTRATION - RÉDACTION : 23, Avenue de la Gare.

FONDATEURS : LES PEINTRES EDMOND BILLE
CHARLES CLÉMENT. — V. GOTTOFREY. — M. HAYWARD
ÉDITION DE LA TRIBUNE DE LAUSANNE

PAGE D'HISTOIRE SUISSE

Dessin de Edm. BILLE

L'Hôte !

94

Lieferungen «als Messingstücke, Guss, schmiedeiserne Röhren, Schrauben, kurz unter allen möglichen harmlosen Benennungen».[34] Im September 1915 stellte das Politische Departement mit erfrischender Offenheit fest, «die in grossem Umfang in der Schweiz erstellten Munitionsbestandteile» würden «unbeanstandet nach den verschiedenen Staaten» exportiert und die Ausfuhr von «Messingfabrikaten» nach Deutschland werde nur «aus praktischen Gründen» – zur Umgehung des Ausfuhrverbotes – nicht als Munition deklariert.[35]

Die Herstellung von Munition erfolgte sowohl in traditionsreichen Unternehmen wie *Zénith* (in Le Locle) oder *Piccard, Pictet & Cie.* (in Genf) als auch in kleineren, über das ganze Land verstreuten gewerblichen Betrieben.[36] Besonders schwerwiegend war in den Krieg führenden Ländern der Mangel an Zeit- beziehungsweise Präzisionszündern für Schrapnell-Granaten, deren Herstellung technisch anspruchsvoll war und für deren Produktion die Uhrenindustrie besonders gut geeignet war. Mitte Juli 1915 meldete Theophil Sprecher von Bernegg, Chef des Generalstabs der Armee, an das Politische Departement: «Ich habe durch den Generalsekretär der Neuenburger-Handels-Kammer erfahren, dass die Munitionsfabrikation für Frankreich eine immer grössere Ausdehnung gewinnt. Auch für andere Staaten des Viererverbandes setzen die Lieferungen jetzt ein. In Chaux-de-Fonds sind mehrere Ingenieure der Creusotwerke ständig eingerichtet, um die Lieferungen zu kontrollieren und den Abtransport zu regulieren. In Tavannes arbeitet die Tavannes-Watch Comp. ebenfalls ausschliesslich für Frankreich. Sie soll in der letzten Zeit wiederholt durch französische Generale inspiziert worden sein. Auch soll der Unterstaatssekretär des Kriegsministeriums [für Artillerie und Munition], Thomas, kürzlich dort gewesen sein.»[37]

Eine Woche später bezeichnete Ulrich Wille die Produktion von Kriegsmaterial für Frankreich und England in einem Schreiben an Bundesrat Hoffmann als «sehr beträchtlich».[38] Schon ein kurzer Blick auf die Exportzahlen macht deutlich, dass es sich dabei um grosse, für die Krieg führenden Länder relevante Lieferungen handelte; und im Gegensatz zur Ausfuhr von zivilen Gütern – wo der Höhepunkt der Kriegskonjunktur bereits 1916 erreicht war – dauerte der Export von kriegswichtigen Gütern bis 1918 an.[39] Im Februar 1917 hielt der Bundesrat fest, dass «nach und nach ein grosser Teil der schweizerischen Maschinenindustrie

95

96

zur eigentlichen Kriegsindustrie» geworden sei und «gegenwärtig von beiden Gruppen gewaltige Aufträge in der Schweiz untergebracht»[40] würden. Während sich die Exportmengen bei den eisernen Schmiedewaren bis 1917 vervierfachten, stiegen sie bei den Werkzeugmaschinen und Kupferwaren um rund das Zwölffache. In der Uhrenindustrie führte die Munitionsfabrikation zu einer «Verdoppelung ihres Produktionsumfanges»,[41] und im Rekordjahr 1917 wurden schliesslich mehr «Kupferwaren» als Uhren exportiert. Im Februar 1917 hielt der Bundesrat mit Blick auf die Beschäftigtenzahlen in der Uhren-, Metall- und Maschinenindustrie schliesslich fest: «Waren schon bisher mindestens 30 000 schweizerische Arbeiter in der Munitionsfabrikation tätig, so ist diese Zahl jedenfalls gegenwärtig noch wesentlich gestiegen.»[42] Inwieweit diese Lieferungen auch dazu dienten, andere für die Schweiz notwendige Güter zu erhalten und der Preis für die «Rohstoffversorgung aus Übersee während der letzten Kriegsjahre»[43] waren – wie Geering schon 1928 vermutete – lässt sich nicht mehr eruieren. Ein Grossteil des Exports von Munitionsbestandteilen ging im Verlauf des Kriegs aber an die Entente.

94, 95
Fabrikation und Montage von Munitionsbestandteilen bei Piccard, Pictet & Cie. in Genf. Die seit 1915 wachsende Kriegsmaterialproduktion führte in der Metall- und Maschinenindustrie rasch zu einem Arbeitskräftemangel. Auch in dieser traditionell von Männern dominierten Branche wurden nun vermehrt Frauen beschäftigt.

96
Auspacken und Kontrolle der Lieferung eines Subunternehmers in der Genfer Munitionsfabrik Piccard, Pictet & Cie. Das Fabrikgesetz war schon kurz nach Kriegsbeginn gelockert worden und ermöglichte nun auch die Beschäftigung von Kindern beziehungsweise jugendlichen Arbeitskräften.

DIE AFFÄRE BLOCH – «MUNITIONSKÖNIG», MULTIMILLIONÄR UND STEUERHINTERZIEHER

97

Wie umfangreich die Lieferungen von Munitionsbestandteilen der Schweizer Wirtschaft im Ersten Weltkrieg waren, zeigt auch der nach dem Krieg durchgeführte Prozess gegen den schweizerischen «Munitionskönig» Jules Bloch aus La Chaux-de-Fonds. Ursprünglich als Repräsentant für den Verkauf amerikanischer Landwirtschaftsmaschinen in der Schweiz tätig, begann Bloch schon kurz nach Kriegsbeginn als Agent der französischen Waffenschmiede *Schneider* in Le Creusot Aufträge für die Herstellung von Granatzündern an die Westschweizer Uhrenindustrie zu vermitteln.[44]

Anfang August 1918 wurde durch eine Indiskretion öffentlich, dass bei einer amtlichen Prüfung der Geschäftsbücher von Bloch festgestellt worden war, dass seine Kriegsgewinne weit höher waren, als er in der Steuererklärung angegeben hatte. Zugleich hatte Bloch über einen längeren Zeitraum Zahlungen in der Höhe von insgesamt 36 000 Franken (ohne Angabe eines Gegenwertes) an Julien Junod, einen «Jugendfreund»[45], getätigt. Junod – wie Bloch ursprünglich aus Le Locle stammend – hatte zunächst als Steuerinspektor im Kanton Neuenburg gearbeitet und war Anfang 1917 zum Inspektor der eidgenössischen Kriegsgewinnsteuerverwaltung und Delegierten für die Einschätzungen in der Westschweiz ernannt worden. Weitere Gelder waren für die «Begünstigung bei der Erteilung von Ausfuhrbewilligungen» an Achille Rossé, ehemaliger Beamter im Ausfuhrbureau der Handelsabteilung des Politischen Departementes, und – als Geschenk – an das Zollamt in Le Locle geflossen.[46]

Am 7. August 1918 wurden Bloch und Junod schliesslich verhaftet und Bloch von der Bundesanwaltschaft wegen Beamtenbestechung und Steuerhinterziehung angeklagt. Gemäss der Anklageschrift hatte Bloch mit der Vermittlung von Munitionsgeschäften 1915 4,8 Millionen, 1916 14,1 Millionen und 1917 19,8 Millionen Franken Gewinn erzielt und zugleich Steuern in der Höhe von mehr als 11 Millionen Franken hinterzogen.[47] Ende Januar 1919 wurde er in einem Aufsehen erregenden Prozess vor dem Bundesstrafgericht in Lausanne zu acht Monaten Gefängnis und einer Busse von 10 000 Franken verurteilt. Julien Junod – der für die «NZZ» durch «die Zeit der Herrschaft des goldenen Kalbes»[48] zu seiner Tat verführt worden war – wurde ebenfalls zu acht Monaten Gefängnis und einer Busse von 2000 Franken verurteilt.[49]

Gemäss der «NZZ» herrschte «landauf und landab» schon bevor das Ergebnis der Untersuchung feststand «eine Stimmung bittern Unwillens».[50] Die Einschätzung der Ereignisse war in verschiedenen Zeitungen der Deutsch- und Westschweiz allerdings sehr unterschiedlich: Während das sozialdemokratische «Volksrecht» festhielt, der «Bombenkönig der Schweiz» habe seine Kriegsgewinne aus «Blut und Leichen»[51] erzielt, hob die «NZZ» den «Unternehmungsgeist», die «Regsamkeit» und «Wohltätigkeit» von Bloch in den Kriegsjahren hervor.[52] Bloch habe nicht «wie so viele, die nicht verhaftet» worden seien, «zur Verteuerung der Lebenshaltung, zur Schmälerung der Lebensmittel, zur Spekulation auf Kosten des Volkes oder dergleichen beigetragen».[53] Auch in der Westschweiz wurden die Schaffung Tausender von Arbeitsplätzen, die eingegangenen Geschäftsrisiken und das «génie industriel de Bloch» gelobt. Die kritische, gegen Bloch gerichtete Berichterstattung in der Berner «Tagwacht» wurde in La Chaux-de-Fonds hingegen «certains milieux bernois bolchevistes et germanophiles»[54] zugeschrieben.

Roman Rossfeld

97
«Business is Business». Anfang Juni 1916 stellte der «Nebelspalter» die damals noch neutralen USA als Kriegsgewinnler dar. Kritisiert wurde hier auch die Doppelmoral der USA – auf die Kriegsmateriallieferungen der Schweiz wurde aber mit keinem Wort eingegangen.

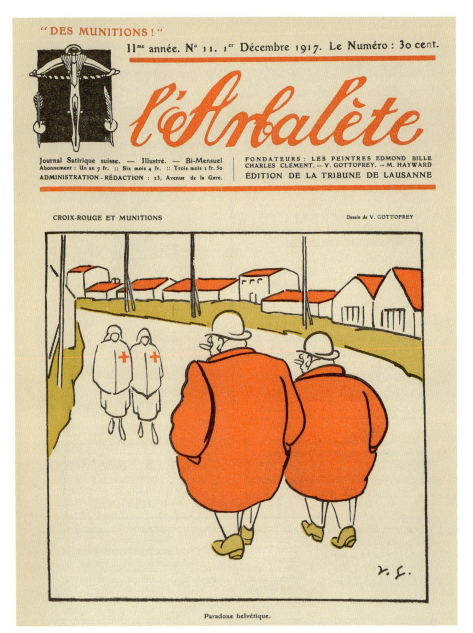

98

Die Kritik an den Munitionslieferungen wurde erst seit 1917 lauter, als die Ausfuhren ihren Höhepunkt erreichten. Der Ende 1915 nach Genf geflüchtete flämische Maler Frans Masereel (1889–1972), Mitbegründer der pazifistischen Monatsschrift «Les tablettes», kritisierte die Munitionslieferungen ebenso eindringlich wie die Westschweizer Satirezeitschrift «L'Arbalète», die im Dezember 1917 unter dem Titel «Des munitions!» mehrere Karikaturen und ein satirisches «Plaidoyer pour le fabricant de munitions» publizierte.[55] Kritisiert wurden hier nicht nur die hohen Kriegsgewinne der Fabrikanten, thematisiert wurde auch der Widerspruch zwischen den staatlich geduldeten Munitionslieferungen und der humanitären Tradition des Landes – hatte das Internationale Komitee vom Roten Kreuz (IKRK) im Herbst 1917 doch den einzigen im Verlauf des Kriegs vergebenen Friedensnobelpreis erhalten. Mitte November 1917 riefen die Pazifisten Max Daetwyler und Max Rotter die Arbeiterschaft schliesslich zu einer Grossdemonstration «gegen die Munitionserzeugung»[56] in Zürich auf, die zu schweren Ausschreitungen mit drei toten Arbeitern und einem «aus dem Hinterhalt» erschossenen Stadtpolizisten führten.[57]

98, 99
Anfang Dezember 1917 widmete die Satirezeitschrift «L'Arbalète» der Munititionsfabrikation eine ganze Nummer. Die umfangreichen Lieferungen von Munitionsbestandteilen wurden hier den Aktivitäten des Roten Kreuzes und der humanitären Tradition des Landes gegenübergestellt.

100
«Riechen sie denn nicht den Gestank ihres Geldes?» Holzschnitt des 1915 in die Schweiz geflüchteten flämischen Künstlers und Pazifisten Frans Masereel aus «Les morts parlent», Genf 1917.

Bereits Anfang 1917 waren die «Deutschschweizerischen Gesellschaften» von Basel, Bern, Glarus und Zürich mit einem Gesuch an den Bundesrat gelangt, «die Ausfuhr von Geschossen, Geschossteilen, Zündern und Zünderteilen aus der Schweiz zu verbieten». Begründet wurde das Gesuch damit, «dass durch die Lieferung von Munition an beide Kriegführende Parteien ein Teil der schweizerischen Industrie, entgegen dem Willen weiter Kreise des Schweizervolkes, zur Verlängerung des Krieges beitrage».[58] Der Bundesrat lehnte dieses Gesuch jedoch ab, weil er sich mit seinen «Massnahmen betreffend Munitionsausfuhr» und seinen «Verständigungen mit den beiden Mächtegruppen auf völkerrechtlich unanfechtbarem Boden» befand und für ihn nicht einzusehen war, «warum allfällige Verbote auf Munitionslieferungen beschränkt werden sollten».[59] Wollte man die Lieferungen aus «humanen oder spezifisch christlichen Erwägungen beanstanden», war für ihn «völlig unbegreiflich, warum dann die Lieferung von Werkzeugmaschinen, die notorisch für die Herstellung von Munition Verwendung finden, nicht auch verboten werden müsste […], warum Tausende von Lastautomobilen für die Kriegführenden fabriziert werden können, warum nicht ohne weiteres die Aluminiumindustrie, die fast ausschliesslich für Kriegszwecke arbeitet, die Karbidwerke und die elektrochemische Industrie, deren Produkte zum grössten Teil bei der Sprengstoffbereitung verwendet werden, stillgelegt werden sollten […]. Dann wären aber nicht 30 000 oder 50 000, sondern Hunderttausende von Arbeitern brotlos.» Um das «drohende Gespenst einer allgemeinen Arbeitslosigkeit abzuwehren»,[60] entschied man sich deshalb, lieber nichts zu verbieten, statt auf den Begriff *Kriegsmaterial* näher einzugehen. Zugleich machte der Bundesrat mit dieser Aufzählung aber auch deutlich, wie tief die Schweizer Wirtschaft in Kriegsmateriallieferungen verstrickt war – und der Bundesrat sich dieser Tatsache auch bewusst war.

«Vom sozialen Schamgefühl»: Teuerungsdemonstrationen, Kriegsgewinne und Landesstreik

Der immer härter geführte Wirtschaftskrieg und die sinkenden Rohstoff- und Lebensmittelimporte wurden spätestens seit 1916/17 auch in der breiten Bevölkerung spürbar. Neben höheren Nahrungsmittelpreisen belasteten auch steigende Mieten, Heizungs- und Bekleidungskosten das Budget der Arbeiter und Angestellten massiv. Organisiert von sozialdemokratischen Arbeiterinnenvereinen kam es seit dem Sommer 1916 in verschiedenen Städten zu Protesten und Marktdemonstrationen gegen den wachsenden Hunger und die Teuerung.[61] Der allgemeine Preisindex hatte sich bis 1918 rund verdoppelt, und im Juni desselben Jahrs zählte man 692 000 sogenannt notstandsberechtigte Personen, die zum Bezug verbilligter Nahrungsmittel und Bedarfsgegenstände (wie Petrol, Holz oder Kohle) berechtigt waren. Parallel zur wachsenden Teuerung und den stagnierenden oder real sogar sinkenden Einkommen in der Arbeiterschaft stieg in der Bevölkerung der Unmut über die Kriegsgewinnler, Schieber, Wucherer und Spekulanten. Mit der zunehmenden Dauer des Kriegs stellte sich auch in der Schweiz die Frage, wie die (hauptsächlich finanziellen) Lasten des Kriegs verteilt werden sollten.

Nach den Bundesratsbeschlüssen vom 4. April und 29. Mai 1917 zur Abgabe von Brot und Milch an Bedürftige zu herabgesetzten Preisen[62] stellte die sozialdemokratische «Berner Tagwacht» im August 1917 unter dem Titel «Dieweil wir hungern» fest, die Gewinne der Unternehmen seien «unerhört». In den letzten Jahren habe sich «ein System der Verschleierung» herausgebildet, dessen Ziel es sei, der Öffentlichkeit «die schamlosen Wuchergewinne»[63] vorzuenthalten. Für den promovierten Ökonomen und Aargauer SP-Nationalrat Arthur Schmid (1889–1958) zeigte sich gerade im Krieg, «dass das Vaterland der Reichen R e i c h t u m heisst».[64] Zugleich erwies sich das Vorgehen gegen den Kettenhandel, die Schmuggler, Schieber oder Spekulanten angesichts der wechselnden Verhältnisse und oft nur «schwer durchleuchtbaren Vorgänge»[65] als schwierig. Die kantonale Strafgesetzgebung aus der Vorkriegszeit war unzureichend, und auch die vom Bundesrat bereits am 10. August 1914 (hauptsächlich gegen den Wucher mit Nahrungsmitteln) erlassene Verordnung sowie ein ergänzender Beschluss vom 18. April 1916 erwiesen sich in der Praxis als ungenügend. Das Bussenmaximum war tief, und die Produzenten waren von dieser Verordnung explizit ausgenommen.[66]

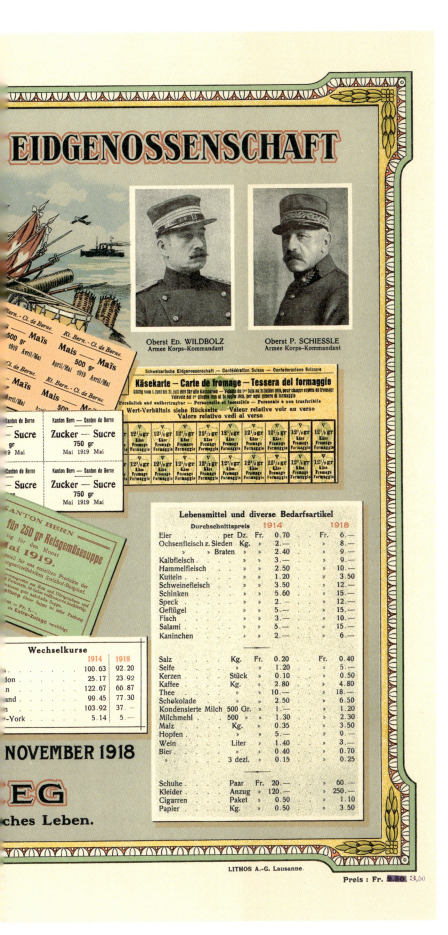

101
«Der Weltkrieg. Seine Einwirkungen auf unser wirtschaftliches Leben.» Das Plakat von 1919 zeigt neben verschiedenen Rationierungskarten auch die Preisentwicklung und die Tagesrationen verschiedener (monopolisierter) Lebensmittel, Bedarfsartikel und Brennmaterialien in den Kriegsjahren.

LES ACCAPAREURS. II. *Dessin de CH. CLÉMENT.*

Toujours plus gras.. toujours plus maigres !

102

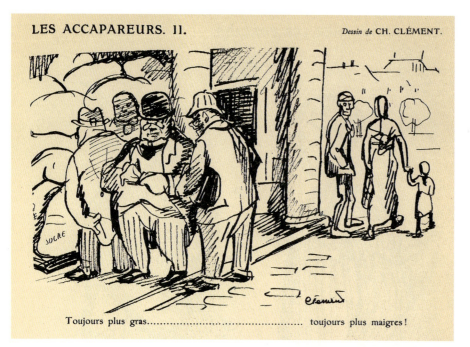

103

164   Rossfeld, Kriegswirtschaft und Wirtschaftskrieg

104

102
Im Juli 1916 organisierten sozialdemokratische Arbeiterinnenvereine in verschiedenen Städten Marktdemonstrationen gegen den wachsenden Hunger und die Teuerung. Schieber, Wucherer und Spekulanten wurden – wie in dieser Zeichnung vom 15. Juli 1916 – rasch zu einem beliebten Sujet von Karikaturisten.

103
«Die Not ist gross – durch Wucher! Die Preise sind hoch – durch Spekulation!» Aufruf zu einer «Massenkundgebung gegen Teuerung und Wucher» am 25. August 1916 in Zürich.

104
Für den Karikaturisten Karl Czerpien lagen die Löhne der Arbeiterinnen und Arbeiter Ende April 1918 so tief, dass sie schon fast zur Teilnahme an der eidgenössischen «Notstandsaktion» berechtigten. Seit 1917 konnten von den Gemeinden ausgewählte Bedürftige Nahrungsmittel und Bedarfsgegenstände mit «Notstandskarten» zu herabgesetzten Preisen beziehen.

VOM SCHUHMANGEL ZUM MANGELSCHUH: DER «VOLKSSCHUH» 1917/18

105

Die Schweiz blieb nur im Kontext militärischer Auseinandersetzungen kriegsverschont. In der Sphäre des Konsums traten hingegen schwerwiegende Störungen auf: Infolge von Produktionsumstellungen, Importrückgängen und Transportschwierigkeiten wurden Waren des täglichen Bedarfs rasch zur Mangelware. Ab 1916 gerieten breite Bevölkerungskreise in Not, wobei insbesondere auch die Preise von Schuhen anstiegen und bis zum Sommer 1917 um gut 100 Indexpunkte zulegten.[67] Für die Verantwortlichen der schweizerischen Kriegswirtschaft war dies insofern brisant, als in Würzburg, Wien, Köln, Strassburg, Breslau und Warschau seit einigen Monaten barfuss gehende Stadtbewohner zu beobachten waren, die gegen den zunehmenden Warenmangel protestierten und eine administrative Versorgungspolitik einforderten.[68] Durch deren augenfällige Absenz transformierten sie Schuhe zu einem wirkungsmächtigen Protestsymbol.

Die «von allen Seiten zugehenden Klagen über die hohen Schuhpreise» bewogen das Eidgenössische Volkswirtschaftsdepartement unter Bundesrat Edmund Schulthess schliesslich zum Handeln. Dem um sich greifenden Gerücht, Schuhe würden «allgemein mit unerlaubt hohen und wucherischen Gewinnzuschlägen verkauft», wollte die Behörde entschieden entgegengetreten, nicht zuletzt aus der Befürchtung heraus, dass Inaktivität mit Tolerierung verwechselt werden könnte.[69] Unter Einbezug der organisierten Gerber, Schuhmacher, Schuhindustriellen, Schuhdetaillisten, Arbeiter und Konsumenten wurde im Herbst 1917 der sogenannte Volksschuh entwickelt und ab Februar 1918 abgesetzt. Drei Serien zu je 100 000 typisierten Lederschuhen sowie 20 000 Holzschuhe sollten «zu möglichst billigen Preisen (sog. Volkspreisen)»[70] hergestellt und über eigens gekennzeichnete Verkaufsstellen vertrieben werden. Ausserdem bearbeitete das

Volkswirtschaftsdepartement die Schuhwirtschaft, Unkostenstellen und Handelsmargen systematisch auszumerzen. Allein: Es mangelte an Konsumenten, welche die Volksschuhe auch kaufen wollten. Namentlich die Arbeiterschaft verwehrte sich gegen die genagelten, derben und als «Arme-Leute-Schuhe» stigmatisierten Volksprodukte.
Von der Presse wurde der Volksschuh indes rege aufgegriffen und als Beispiel einer verfehlten staatlichen Versorgungspolitik einer beissenden Kritik unterzogen. Der «Nebelspalter» hob in der hier abgebildeten Karikatur vom 16. März 1918 hervor, mit der Volksschuh-Aktion würden anstelle des ursächlichen kriegswirtschaftlichen Warenmangels nur deren personifizierte Auswüchse bekämpft: der antisemitisch aufgeladene «Schieber», der die Konsumenten bewuchere; der sozialdemokratische oder gewerkschaftlich organisierte «Hetzer», der den kriegswirtschaftlichen Mangel zur Wählermobilisierung nutze; sowie der immer noch modische Schuhe nachfragende «Krakehler», der die knappen und ungleich verteilten Konsummöglichkeiten für Luxusbedürfnisse verschwende.

Roman Wild

105
«Der Bundesschuh und seine praktische Anwendung» – gegen «Hetzer», «Schieber» und «Krakehler». Karikatur aus dem «Nebelspalter» vom 16. März 1918.

106

Bekanntmachung.

Da in letzter Zeit die Widerhandlungen gegen die Ausfuhrverbote stark zugenommen haben, sieht sich das Schweizerische Finanz- und Zolldepartement veranlaßt, folgendes bekannt zu geben:

1. Bei Ahndung der Widerhandlungen werden künftig verschärfte Bußen zur Anwendung gebracht. Außer der Konfiskation werden in der Regel Bußen vom mehrfachen des Warenwertes verfügt werden.

2. In schweren Fällen, insbesondere bei wiederholtem Rückfall und gewerbsmäßigem Schmuggel, wird Ueberweisung an die Strafgerichte erfolgen.

3. Rückfälligen, im Ausland wohnenden Uebertretern wird das weitere Betreten des Landes untersagt.

4. Im Inland wohnhafte, wiederholt bestrafte ausländische Uebertreter werden aus der Schweiz ausgewiesen.

5. Kaufläden, welche ausschließlich oder vorwiegend als Bezugsquelle für Ausfuhrschmuggler dienen, werden geschlossen.

6. Das Ueberschreiten der Grenze ist überall nur auf den erlaubten **Zollstraßen** gestattet. Mitgeführte Waren sind beim Ein- und Ausgang bei den Zollstellen anzumelden, auch wenn die Ein- oder Ausfuhr erlaubt ist.

7. In den Grenzabschnitten, wo eine militärische Grenzbesetzung besteht, darf die Grenze nur an den vom Militärkommando ausdrücklich erlaubten Stellen überschritten werden.

Die Truppen haben Befehl, die Zollorgane in ihrem Dienste zu unterstützen.

Uebertreter haben somit in diesen Grenzabschnitten außer den zollpolizeilichen Strafen auch Verhaftung und Bestrafung durch das Militär zu gewärtigen.

Bern, den 2. April 1917.

Schweizerisches
Finanz- und Zolldepartement:
Motta.

107

106
«Das Schmieröl»: Karikatur aus dem «Nebelspalter» vom 23. Juni 1917 gegen das im Krieg rasch zunehmende – hier auch zeichnerisch dargestellte – In-die-eigene-Tasche-Wirtschaften.

107
Die Massnahmen gegen «Ausfuhrschmuggler» und «Widerhandlungen gegen die Ausfuhrverbote» wurden im Verlauf des Kriegs zwar mehrfach verschärft, waren in der Praxis aber kaum durchsetzbar. Bekanntmachung des Schweizerischen Finanz- und Zolldepartementes vom 2. April 1917.

108
«Man kann uns doch nicht ganz am Hunger zugrunde gehen lassen!» Mitte Mai 1917 prangerte auch der Nebelspalter die Masslosigkeit der – offensichtlich gut genährten – «Kriegswucherer» an.

108

Nach und nach verschlechterten sich die Stimmungslage und die Beurteilung des Verhaltens der Unternehmen selbst in traditionell bürgerlichen Medien. Ende April 1918 publizierte der Schriftsteller Karl Frey (1880–1942) unter dem Pseudonym Konrad Falke einen viel beachteten Artikel in der «NZZ», in dem er die hohen Kriegsgewinne zahlreicher Unternehmen scharf kritisierte. Unter dem Titel «Vom sozialen Schamgefühl» forderte der Sohn von Julius Frey (1855–1925), Verwaltungsratspräsident der Schweizerischen Kreditanstalt von 1911 bis 1925, die Unternehmer dazu auf, mehr Solidarität mit der Arbeiterschaft zu üben, und hielt mit eindringlichen Worten fest: «Alles wird beständig teurer. […] Aber schlimmer als alle tatsächliche Teuerung wirkt jene rücksichtslose industrielle Gewinnsucht, die weiss, dass im Trüben gut fischen ist und dass man heute den Krieg für alles verantwortlich machen kann […]. Es ist nicht mehr zu früh, dass in den Herren Aktionären das s o z i a l e S c h a m g e f ü h l erwache und ihnen verbiete, immer einzig und allein an ihre persönliche Bereicherung zu denken […]. Auch ohne dass man den einseitigen und kurzsichtigen Standpunkt der Antimilitaristen teilt, muss man es angesichts der herrschenden Zustände einigermassen begreifen, wenn ganze Volksschichten sich zu fragen anfangen: Wozu den Körper des Staates nach aussen verteidigen, wenn gleichzeitig in seinen Eingeweiden ein Fieber wütet, das uns von innen her dem Untergang zutreibt? […] Kommt die Erneuerung nicht durch Einsicht von innen […], so kommt sie durch Gewalt von unten. […] ein fortwährend steigender Kriegsgewinn einzelner bei fortwährend steigender Not der Allgemeinheit ist einfach abscheulich!»[71]

Die Antwort eines Industriellen folgte nur eine Woche später ebenfalls in der «NZZ» und machte die unterschiedlichen Perspektiven und die im Land herrschende Stimmung nur wenige Monate vor dem Landesstreik eindrucksvoll deutlich: «Dass gewisse Missstände bestehen, und wie Herr Falke sagt, von Industriellen selbst bedauert werden, bestreitet niemand. Aber diesen Übelständen stehen denn doch auch einige Verdienste der Unternehmer gegenüber. […] Hat man nicht allen Grund dafür dankbar zu sein, dass es bei uns Leute gegeben hat, die in schwierigen Zeiten Unternehmungen schufen und durchhielten, die jetzt so vielen Arbeitern Verdienst und dem Lande Geld bringen? […] der anständige Industrielle und Kaufmann muss es schliesslich satt bekommen, mit Schiebern und Wucherern in eine Reihe gestellt, im Salon und auf der Strasse als Dieb und Schelm behandelt zu werden. Es hat ja gewiss etwas Stossendes, wenn einzelne heute grosse Gewinne machen […]. Aber es geht nicht an, dafür einzig und allein die Gewinnsucht der Unternehmer verantwortlich zu machen. Diese Verhältnisse sind in erster Linie doch eine unabwendbare Folge des Krieges […]. Der Krieg wirkt auch hier wie eine Naturgewalt. […] Alles was jetzt getan wird, um diesen scheinbar brutalen, aber natürlichen Vorgang zu verhindern, muss unsere Lage nur noch viel schwieriger gestalten.»[72]

Während Falke auf die Verteilungsfrage und die aus seiner Sicht fehlende Solidarität zwischen der Arbeiterschaft und den Unternehmern fokussierte, wurde der Krieg hier geschickt als eine von aussen auf die Schweiz treffende «Naturgewalt» beschrieben, der die Arbeiter und Unternehmer schutzlos ausgesetzt seien.

109

Tatsächlich waren die Eingriffe in die wirtschaftliche Handlungsfreiheit des Landes in den Kriegsjahren massiv und standen immer wieder im Widerspruch zu völkerrechtlichen oder vertraglichen Normen. Bereits der zweite Neutralitätsbericht vom Februar 1916 hatte betont, dass die Überwachungsorganisationen beider Kriegsparteien «völlig ausser dem verfassungsmässigen und gesetzlichen Rahmen»[73] ständen und lediglich durch das Vollmachtenregime des Bundesrats zu begründen seien. Unabhängig davon, ob der Wirtschaftskrieg von einzelnen Unternehmern wie eine «Naturgewalt» wahrgenommen wurde, handelte es sich bei diesen Massnahmen aber um keinen «natürlichen Vorgang», sondern um die von Bundesrat Schulthess bereits 1915 angesprochene Durchsetzung des *Rechts des Stärkeren* gegenüber einem Land, das auf Rohstoffimporte schlicht angewiesen war.

Die im Krieg gemachten Erfahrungen prägten die Schweizer Wirtschaft in den folgenden Jahrzehnten nachhaltig: Das Verhältnis zum Ausland und «die Abwehr der Überfremdungsgefahr»[74] wurden nun zu zentralen Themen in der öffentlichen Diskussion. Schon im Frühling 1918 war vom Vorort eine Kommission eingesetzt worden, «um verschiedene Massregeln gegen die wirtschaftliche Überfremdung»[75] des Landes zu diskutieren. Gemeint war damit nicht nur die «steigende wirtschaftliche Abhängigkeit vom Ausland», sondern auch die Gründung ausländischer Unternehmen in der Schweiz und insbesondere ihre Bestrebungen, mit Hilfe einer «Verschleierungspolitik […] unter neutraler Flagge auf dem Weltmarkt auftreten zu können».[76] Die umstrittene Revision des schweizerischen Aktien- und Obligationenrechts nahm allerdings mehrere Jahre in Anspruch, sodass die neuen Regelungen erst 1936 beziehungsweise 1937 in Kraft traten.[77] Gegen innen wiesen das 1937 geschlossene Friedensabkommen in der Uhren- und Metallindustrie, die 1941 eingeführte Erwerbsersatzordnung oder die 1947/48 geschaffene AHV den Weg in eine neue, weniger von Konfrontationen geprägte Sozialpartnerschaft.

109
In der Praxis nicht umsetzbar, wurde dieses radikale Vorgehen gegen Schieber und Hamsterer hier nur als Traum dargestellt. Karikatur aus dem «Nebelspalter» vom 22. Juni 1918.

1 Geering, Handel und Industrie, 62.
2 Der Krieg und die schweizerische Industrie, NZZ, Nr. 184, 16. 2. 1915. Vgl. dazu auch Luciri, Le Prix de la Neutralité, 281f.
3 Die allgemeine Lage des Landes. Rede von Bundesrat Calonder am schweizerischen freisinnig-demokratischen Parteitag vom 24. November 1917 in Bern. Bern 1918, 9.
4 Vgl. dazu Ochsenbein, Die verlorene Wirtschaftsfreiheit.
5 Vgl. dazu Fahrni, Die Nachkriegskrise, sowie Schmid, Wirtschaft, Staat und Macht.
6 Pentmann, Die wirtschaftspolitischen Normen, 201.
7 Vgl. dazu Cornaz, Wirtschaftsneutralität, sowie Studer, Das Verhältnis von Staat und Wirtschaft, 148f. Frey war schon vor dem Krieg Unterhändler des Bundesrats für Aussenhandelspolitik gewesen. Als eine zweite, wichtige Person hinter Frey ist der freisinnige Nationalrat und Industrielle Ernst Schmidheiny (1871–1935) zu nennen, der sich vor allem um die aussenhandelspolitischen Probleme mit den Zentralstaaten kümmerte. Für eine Übersicht zu den verschiedenen Wirtschaftsabkommen vgl. Pentmann, Die wirtschaftspolitischen Normen, 215–219, und Ruchti, Geschichte der Schweiz, Band 2, 71–148 und 169–171.
8 Geering, Handel und Industrie (wie Anm. 23), 5.
9 Vgl. dazu Kreisschreiben des Bundesrates an sämtliche Kantonsregierungen betreffend die zeitweilige Zulassung von Ausnahmen zum Fabrikgesetz vom 11. August 1914 sowie Bundesratsbeschluss betreffend die Bewilligung ausnahmsweiser Organisation der Arbeit in Fabriken vom 16. November 1915: In: Baer, Die schweizerischen Kriegsverordnungen, Band 1, 241–244.
10 Zum (nicht nur im Krieg) schwierigen Umgang mit Geschäftszahlen vgl. Rossfeld, Zwischen den Fronten, 50f.
11 Vgl. dazu ausführlicher die verschiedene Branchen abdeckenden Fallstudien in Rossfeld, Der vergessene Wirtschaftskrieg.
12 Geering, Handel und Industrie, 67.
13 NZZ, Nr. 1127, 14. 7. 1916. Vgl. dazu auch den Beitrag «Firmen-Missbräuche» in NZZ, Nr. 1464, 15. 9. 1916, sowie Fick, Gründung von Aktiengesellschaften.
14 Berichte der schweizerischen Fabrikinspektoren über ihre Amtstätigkeit in den Jahren 1916 und 1917, Aarau 1918, 51f. und 109f.
15 Statistisches Jahrbuch der Schweiz, 28 (1919), 76 und 29 (1920), 86. Die vom Eidgenössischen Statistischen Amt seit 1917 regelmässig veröffentlichte Dividendenstatistik erfasste allerdings nur einen kleinen Teil der industriellen Aktiengesellschaften. Vgl. dazu ausführlicher Rossfeld, Zwischen den Fronten, 52.
16 Stucki, Rückschau, 60f.

17 Vgl. dazu Koch, Hugo: Darstellung und Kritik sowie Bundesratsbeschluss betreffend die eidgenössische Kriegsgewinnsteuer vom 18. September 1916. In: Baer, Die schweizerischen Kriegsverordnungen, Band 2, 159–175.
18 Vgl. dazu Eidgenössische Kriegsgewinnsteuer. Verfügung des eidgenössischen Finanzdepartementes vom 3. Juli 1918. In: Baer, Die schweizerischen Kriegsverordnungen, Band 4, 346f.
19 NZZ, Nr. 733, 12. 6. 1915.
20 Sarasin, Alfred: Staatliche und persönliche Neutralität. In: Bernoulli, Carl Albrecht, et al. (Hg.): Wir Schweizer, unsere Neutralität und der Krieg. Eine nationale Kundgebung. Zürich 1915, 133–139.
21 Koch, Darstellung und Kritik, 135.
22 Fick, Fritz: Ist die schweizerische Neutralität Tugend oder Laster? Zürich 1915, 7.
23 Kreis, Insel der unsicheren Geborgenheit, 80.
24 Rede von Bundesrat E. Schulthess am Parteitag der freisinnig-demokratischen Partei der Schweiz in Bern am 15. Mai 1915. In: Kriegszeit-Reden schweizerischer Bundesräte. Zürich 1915, 9–17, hier 16f.
25 Vgl. dazu mit Blick auf Frankreich und Grossbritannien Lambert, Planning Armageddon; Soutou, L'or et le sang; Godfrey, Capitalism at War, sowie Vincent, The Politics of Hunger.
26 Rede von Bundesrat E. Schulthess vor einer Volksversammlung in der Burgvogteihalle in Basel am 2. Juni 1915. In: Kriegszeit-Reden schweizerischer Bundesräte. Zürich 1915, 51–68, hier 56.
27 Vgl. dazu Ochsenbein, Die verlorene Wirtschaftsfreiheit, 201–246.
28 Für eine Übersicht zu den von der S.S.S. seit November 1915 anerkannten Syndikaten und ihrem Geschäftsgang vgl. Schweizerisches Wirtschaftsarchiv, H+I, C 685, sowie Obrecht, Überwachungsgesellschaften, 56–88.
29 Société Suisse de Surveillance Economique 1915–1919. Tableau de son activité. Bern 1920, 16 und 117.
30 Zu den schwarzen Listen vgl. Ochsenbein, Die verlorene Wirtschaftsfreiheit, 252–256 und 306–312, sowie Bailey, The United States and the Black List, 14–35.
31 Vgl. dazu Ochsenbein, Die verlorene Wirtschaftsfreiheit, 247–312.
32 Soutou, L'or et le sang, 304. Zur interalliierten Wirtschaftskonferenz in Paris vgl. ausführlicher Soutou, 261–305.
33 Verordnung betreffend Handhabung der Neutralität der Schweiz vom 4. August 1914, zit. nach Kurz, Dokumente, 31.
34 BAR, E 1004.1, Protokoll über die Verhandlungen des schweizerischen Bundesrates, 22. Sitzung, Freitag, 5. März 1915, Nr. 519.
35 BAR, E 1004.1, Protokoll über die Verhandlungen des schweizerischen Bundesrates, 87. Sitzung, Freitag, 17. September 1915, Nr. 2165.

36 Zur Rolle von Zénith und der Tavannes Watch Co. vgl. Hostettler, Fabrication de guerre, sowie Gagnebin-Diacon, La fabrique et le village.
37 BAR, E 2001, A 100/45, Nr. 758, Bern, 13. Juli 1915, Chef des Generalstabes der Armee, Sprecher, an das Politische Departement.
38 Brief von Ulrich Wille an Arthur Hoffmann vom 20. Juli 1915, zit. nach Kurz, Dokumente, 109.
39 Geering, Handel und Industrie, 48f. und 575f.
40 BAR, E 1004.1, Protokoll über die Verhandlungen des schweizerischen Bundesrates, 20. Sitzung, 20. Februar 1917, Nr. 410.
41 Geering, Handel und Industrie, 577f.
42 BAR, E 1004.1, Protokoll über die Verhandlungen des schweizerischen Bundesrates, 20. Sitzung, 20. Februar 1917, Nr. 410.
43 Geering, Handel und Industrie, 577f.
44 Für eine Übersicht zu den Ereignissen vgl. Feuille d'avis de Lausanne, 20. 1. 1919, La Tribune de Lausanne, 21. 1. 1919, 4, 22. 1. 1919, 3, 28. 1. 1919, 3f. sowie 31. 1. 1919, 2.
45 NZZ, Nr. 1036, 7. 8. 1918.
46 Vgl. dazu auch BAR, E 1004.1, Ausserordentliche 97. Sitzung des Schweizerischen Bundesrates vom 7. August 1918 und 105. Sitzung des Schweizerischen Bundesrates vom 6. September 1918.
47 Feuille d'avis de Lausanne, 20. 1. 1919, 9.
48 NZZ, Nr. 1070, 14. 8. 1918.
49 Zum Urteil vgl. Volksrecht, Sozialdemokratisches Tagblatt, Nr. 25, 31. 1. 1919, und La Tribune de Lausanne, 31. 1. 1919, 2.
50 NZZ, Nr. 1045, 9. 8. 1918.
51 Volksrecht, Sozialdemokratisches Tagblatt, Nr. 183, 9. 8. 1918.
52 NZZ, Nr. 1070, 14. 8. 1918.
53 NZZ, Nr. 1070, 14. 8. 1918.
54 La Tribune de Lausanne, 9. 8. 1918.
55 Vgl. dazu Hoffmann, Frans Masereel, 6–9, sowie das Heft «Des munitions!». In: L'Arbalète. Journal Satirique suisse, Nr. 11, 1. 12. 1917.
56 Volksrecht, Nr. 269, 16. 11. 1917. Vgl. dazu ausführlicher Thurnherr, Ordnungsdiensteinsatz sowie Rotter, Erlebnisse eines politischen Gefangenen.
57 Vgl. dazu NZZ, Nr. 2175 und 2182, 19. 11. 1917.
58 BAR, E 1004.1, Protokoll über die Verhandlungen des schweizerischen Bundesrates, 20. Sitzung, 20. Februar 1917, Nr. 410. Eingabe der Deutsch-schweizerischen Gesellschaften betreffend die Ausfuhr von Munition.
59 BAR, E 1004.1, Protokoll über die Verhandlungen des schweizerischen Bundesrates, 20. Sitzung, 20. Februar 1917, Nr. 410. Eingabe der Deutsch-schweizerischen Gesellschaften betreffend die Ausfuhr von Munition.
60 BAR, E 1004.1, Protokoll über die Verhandlungen des schweizerischen Bundesrates, 20. Sitzung, 20. Februar 1917, Nr. 410. Eingabe der Deutsch-schweizerischen Gesellschaften betreffend die Ausfuhr von Munition. Zur Bedeutung der schweizerischen Aluminiumindustrie im Ersten Weltkrieg vgl. auch Rauh-Kühne, Schweizer Aluminium, 21–37.
61 Vgl. dazu Pfeifer, Frauen und Protest, 93–109, sowie Eichenberger, «… wie da der Hunger und die Not an der Schwelle steht».
62 Vgl. dazu Bundesratsbeschluss betreffend die Abgabe von Konsummilch zu herabgesetzten Preise, 4. April 1917, sowie Bundesratsbeschluss betreffend die Abgabe von Brot zu herabgesetzten Preisen, 29. Mai 1917. Freundlicher Hinweis von Maria Meier, Luzern.
63 Berner Tagwacht, 6. 8. 1917.
64 Schmid, Arthur: Der Patriotismus der Besitzenden. Bern 1919. Hervorhebung im Original.
65 Landolt-Cotti, Emil: Wirkungen des Krieges auf den Handel in der Schweiz und Sozialwuchergesetzgebung. Zürich 1917, V.
66 Vgl. dazu Landolt-Cotti, Wirkungen, sowie Michel, Kurt: Das schweizerische Kriegswucherstrafrecht. Bern 1920.
67 Vgl. dazu ausführlicher Wild, Volksschuhe, 428–452.
68 Vgl. dazu Blobaum, Going barefoot, 187–204.
69 Mühlemann, Hans: Sektion Lederindustrie. Die Lederversorgung des Landes während des Weltkrieges. In: Schweiz. Abteilung für Industrielle Kriegswirtschaft (Hg.): Die Abteilung für industrielle Kriegswirtschaft des eidgenössischen Volkswirtschafts-Departementes, 1917–1920, Bd. 1, Bern 1920, 185–200, hier 190.
70 Mühlemann, Lederindustrie, 191.
71 Falke, Konrad (alias Karl Frey): Vom sozialen Schamgefühl, NZZ, Nr. 558, Sonntag, 28. 4. 1918. Hervorhebungen im Original.
72 Die andere Seite. Erwiderung eines Industriellen auf den Artikel des Herrn Konrad Falke, NZZ, Nr. 590, Sonntag, 5. 5. 1918.
73 Ochsenbein, Die verlorene Wirtschaftsfreiheit, 326.
74 Wigger, Krieg und Krise, 157. Vgl. dazu auch Gygax, Paul: Die wirtschaftliche Überfremdung. In: Schweizerisches Finanz-Jahrbuch 20 (1918), 185–207.
75 XI. Bericht des Bundesrates an die Bundesversammlung über die von ihm auf Grund des Bundesbeschlusses vom 3. August 1914 getroffenen Massnahmen (vom 2. Dezember 1918), 70.
76 Vgl. dazu den Beitrag «Wirtschaftliche Überfremdung und Abwehrmassnahmen» in NZZ, Nr. 534, 23. 4. 1918.
77 Vgl. dazu Lüpold, Festung Schweiz; Kury, Über Fremde reden, 89–168; Arlettaz, La Première Guerre mondiale, 339–338, sowie Ruchti, Geschichte der Schweiz, Band 1, 403–421, und Band 2, 310–314.

Mehr als eine Übergangszeit
Die Neuordnung der Ernährungsfrage während des Ersten Weltkriegs

Peter Moser

Kaum ein anderer Bereich des Alltagslebens war vom Ausbruch des Weltkriegs so betroffen wie die Ernährung.[1] Die Globalisierung hatte den meisten Menschen in Europa seit den 1860er-/1870er-Jahren zu einem relativ gut gedeckten Tisch verholfen. Mit der abrupten Schliessung der Grenzen Anfang August 1914 stellte sich die Frage, wie die Ernährung der Bevölkerung im Inland künftig zu organisieren sei. Niemand wusste, für wie lange der internationale Handel nicht funktionieren würde, und mit dem Ausbruch des Kriegs stellte sich die Frage, ob die auf die Nachfrage auf den Weltmärkten ausgerichtete Agrarproduktion künftig auf die Befriedigung der Bedürfnisse im Inland umgestellt und damit in ihrer Grundstruktur radikal verändert werden musste. Relativ lange verfolgten die Akteure ihre bisherigen, auf das Funktionieren des internationalen Handels ausgerichteten Strategien. Doch mit dem 1915 einsetzenden Rückgang der Importe erodierte die Grundlage dieser Politik. Nachdem es bei den Produktions- und Lebensmitteln zu Versorgungsengpässen kam, wurde die Ernährungs- und Agrarpolitik bis in den Sommer 1918 zu einem der innenpolitisch umstrittensten Bereiche. Gleichzeitig begann ein Teil der Produzenten und Konsumenten in der zweiten Hälfte des Kriegs die Ernährungsfrage anders als bisher zu denken und gemeinsam nach neuen Lösungen zu suchen. Aufwind erhielten diese Bestrebungen, als die Getreideimporte 1917 ernsthaft ins Stocken gerieten; als Alternative zur Konfrontationspolitik wurden sie in der Öffentlichkeit allerdings erst im Sommer 1918 zur Kenntnis genommen.

Der Weltkrieg hatte Auswirkungen, die sowohl das Denken wie das Handeln der Menschen weit über die Dauer des Kriegs hinaus beeinflussten. Die im Krieg als «Staatsdomäne» imaginierte Landwirtschaft wurde danach in einen vom Kollektiv der «bäuerlichen Bevölkerung» im Auftrag des Bundes betriebenen «Bundeshof» verwandelt, der in Form eines *Service public* einen wesentlichen Beitrag zur Ernährungssicherung leisten sollte. Die neue Ernährungsordnung unterschied sich denn auch signifikant von derjenigen in der Vorkriegszeit, obwohl sie beispielsweise die transnationalen Beziehungen im Wissens- und Warenaustausch weitgehend zu integrieren vermochte. Auch zentrale Aspekte der neuen Ordnung hatten ihre «Wurzeln in der Vorkriegszeit».[2]

110
Die Menschen in den neutralen Ländern blieben zwar vom Krieg, nicht aber vom Mangel verschont. Karikatur aus dem «Nebelspalter» vom 19. Mai 1917 gegen den seit dem Kriegseintritt der USA noch einmal deutlich verschärften «Hungerkrieg».

111
Vor dem Krieg bekämpften sich Käsehändler, Milchproduzenten und Konsumvereine noch in sogenannten Milchkriegen. Nach der Mobilmachung schlossen sie sich im August 1914 in der Genossenschaft Schweizerischer Käseexportfirmen zur Regelung der Exporte und zur Sicherstellung der Inlandversorgung zusammen.

Globalisierung der Ernährung

Ernährungspolitisch betrachtet war kaum ein Land so schlecht auf einen Krieg vorbereitet wie die Schweiz. Weil der Anbau von Brotgetreide seit der Transportrevolution in den 1860er- und 1870er-Jahren an den Rand gedrängt wurde und die Bevölkerung in den urbanen Zentren gleichzeitig stark wuchs, mussten schon vor dem Krieg 85 Prozent des Bedarfs an Brotgetreide importiert werden. Die Ackerfläche pro Kopf war in keinem anderen Land Europas so gering wie in der Schweiz, welche die Ernährungssicherung ihrer Bevölkerung in dem halben Jahrhundert vor dem Ersten Weltkrieg weitgehend auf die Kaufkraft ihrer Konsumenten und das Funktionieren des internationalen Handels ausgerichtet hatte.

Die in den 1860er-/1870er-Jahren einsetzende Globalisierung des Handels mit Nahrungsmitteln führte nicht nur zu tiefgreifenden Veränderungen der Landwirtschaft und damit auch der Landschaft, sondern gleichzeitig zu einer umfangreicheren und – vorübergehend – auch sichereren Versorgung mit Lebensmitteln. Die Zunahme der Tierhaltung im Inland und das Wachstum des internationalen Handels mit Agrargütern machten es möglich, die wachsende Bevölkerung quantitativ genügend und erst noch mit immer mehr Nahrungsmitteln tierischer Herkunft zu versorgen.

Mit der Verbesserung des Nahrungsmittelangebots vergrösserte sich auch die soziale, räumliche und kulturelle Distanz zwischen den Produzenten und Konsumenten. Erstere wussten immer weniger, was aus ihren Produkten gemacht wurde, und letztere hatten kaum mehr eine Ahnung, wo und unter welchen Bedingungen ihre tägliche Nahrung produziert worden war. Darin unterschieden sich die Schweizer Käse essenden Mitglieder der US-amerikanischen Mittelschicht kaum von der dänische Butter und irischen Speck konsumierenden Arbeiterschaft in Grossbritannien oder der bäuerlichen Bevölkerung in der Innerschweiz, welche die «neuen Kartoffeln aus Italien» und die «späteren aus dem Elsass» bezog und sich ansonsten mit «russischem Brot, indischem Reis, italienischen Makkaroni und Marroni, amerikanischem Speck und Schweineschmalz und argentinischem Gefrierfleisch» ernährte.[3]

Die Globalisierung bescherte den auf dem Land wohnenden Konsumenten ebenso wie den städtischen mehr und billigere Nahrung, entzog ihnen jedoch gleichzeitig die Fähigkeiten zu deren qualitativer Beurteilung. Mit der Schaffung wissenschaftlich legitimierter, mess- und überprüfbarer Kriterien ging die Kompetenz zur Beurteilung der Reinheit und der Qualität der Konsumwaren zunehmend an Spezialisten und Experten über. So befreite der globalisierte Handel viele Konsumenten vom Gespenst der Knappheit, machte sie aber gleichzeitig abhängig von einer meist staatlich organisierten Lebensmittelkontrolle. Diese schuf für Inspektoren und Experten in Laboratorien, Seehäfen, Schlachthöfen und Kühlhäusern eine Vielfalt neuer Tätigkeitsfelder, ähnlich wie dies im agrarischen Produktions- und Bildungsbereich für Agronomen der Fall war.

So entschärfte die erste Welle der Globalisierung die Versorgungsfrage und verhalf gleichzeitig den Überlegungen zum Nährwert, zur Qualität und zu den (messbaren) Auswirkungen des Konsums auf den menschlichen Körper zu einer Dringlichkeit, zu der sich eine Vielfalt von Akteuren aus der Wissenschaft, der Industrie, des Handels, der Verwaltung und der agrarischen Praxis äusserte. Vor dem Ersten Weltkrieg war alles andere als klar, was genau Nahrungsmittel waren, wie viel sie kosten durften, wo sie am sinnvollsten produziert wurden und wer letztlich dafür zuständig war, dass nicht nur alle «genügend», sondern auch «gutes» und «reines» Essen zur Verfügung hatten.

Bei der Formulierung von Antworten auf diese Fragen spielten die sich organisatorisch vielfach in Genossenschaften zusammenschliessenden Produzenten und Konsumenten eine wichtige Rolle. Aber sie waren nicht die einzigen Akteure, die ihre teilweise identischen, teilweise konkurrierenden Anliegen durchzusetzen versuchten. Produzenten und Konsumenten waren vielmehr Teil einer Heerschar von Wissenschaftlern, Beamten, Verbandsfunktionären und Politikern, die in der Regel als Experten und Sachverständige in Agrar- und Ernährungsfragen auftraten, gleichzeitig aber auch ihre eigenen Anliegen verfochten.

Statuten

der

Genossenschaft schweizer. Käseexportfirmen

in Bern.

I. Firma, Sitz, Zweck und Dauer der Genossenschaft.

§ 1.

Unter der Firma „Genossenschaft schweizerischer Käseexportfirmen" (G. S. K.) besteht, mit Sitz in Bern, eine Genossenschaft im Sinne der Art. 678 ff. O. R., welche den An- und Verkauf von Käse und anderer Molkereiprodukte zum Zwecke hat.

Die Genossenschaft dauert bis 31. August 1915.

Sie verfolgt das Ziel, die Käseproduktion der Schweiz im In- und Ausland zu einem Preise zu verwerten, welcher dem Handel einen angemessenen Verdienst, dem Käser eine gesicherte Existenz und dem Landwirt einen den Produktionskosten der Milch entsprechenden Preis sichert. Sie wird durch den Einkaufspreis des Käses auch zu verhindern suchen, daß die mittleren Milchpreise diejenigen normalen Produktionskosten übersteigen, welche sich bei landesüblichem, rationellem Betriebe und mittleren Güterpreisen ergeben, damit die Konsumenten nicht in unbilliger Weise belastet werden.

Zur Lösung dieser Aufgaben schließt die Genossenschaft schweizerischer Käseexportfirmen Verträge mit den Produzenten oder deren Organisationen ab und sucht den Verkauf und den Verbrauch der Produkte im Interesse aller beteiligten Kreise nach einheitlichen und volkswirtschaftlichen Grundsätzen zu ordnen.

Während der Dauer des europäischen Krieges wird sie im Einverständnis mit den Produzentenorganisationen dahin wirken, daß der Milchpreis nicht erhöht wird, daß aber der Bauer, wenn er auch nicht die vollen Produktionskosten erhält, doch bei sparsamer Lebenshaltung existieren kann und nicht verarmt.

Im Laufe des Monats März 1915 werden die beteiligten Gruppen zu einer Konferenz zusammentreten und sich über die Preisfragen zu verständigen suchen. Kommt eine Vereinigung nicht zustande, so ist das Schweiz. Landwirtschaftsdepartement um seine Vermittlung anzugehen.

II. Mitgliedschaft.

§ 2.

Die Mitgliedschaft wird erworben durch schriftliche Beitrittserklärung, Uebernahme eines entsprechenden Anteils am Stammkapital gemäß § 11 hienach und Aufnahme durch die Generalversammlung.

§ 3.

Die Mitgliedschaft geht, was Stimmrecht und Mitarbeit anbetrifft, verloren durch Konkurs, Ausschluß und Erlöschen der Firma eines Mitgliedes.

Dem Ausgeschiedenen, bezw. seinen Rechtsnachfolgern, stehen im übrigen nur die in § 29 hienach

111

Ernährungslage und Ernährungsdiskussionen 1914–1916

Am 2. August 1914 dislozierte Ernst Laur, der Direktor des in Brugg (AG) domizilierten Schweizerischen Bauernverbands (SBV), nach Bern, um die Lieferungsverträge für die Nahrungsmittel mit der Armee vorzubereiten. Dabei habe er, schrieb Laur am 10. August, «mit Schrecken erkannt, dass es an einer planmässigen Vorbereitung der wirtschaftlichen Massnahmen im Kriegsfalle fast vollständig gefehlt» habe. Und «das Wenige, was vorsorglich» geschehen sei, habe «mehr geschadet als genützt».[4] Zur Korrektur der von der Armee und den Behörden am 3. August getroffenen Massnahmen wie der Schliessung der Grenzen schlug Laur vor, einen «eidgenössischen Wirtschaftsrat» einzusetzen. Dieser sollte den General und die Armeeführung beraten, die Massnahmen des Bundes begutachten sowie einen «freiwilligen Hilfsdienst zu Stadt und Land nach einheitlichen Gesichtspunkten» durchführen. Als Leiter dieses Wirtschaftsrats schlug Laur, der auch noch als Professor für landwirtschaftliche Betriebslehre an der ETH in Zürich sowie als Vorsteher des Bauernsekretariats der wissenschaftlichen Abteilung des SBV wirkte, gleich sich selber vor.

Die zu ergreifenden Massnahmen hielt Laur in einem «wirtschaftlichen Mobilmachungsplan» fest, den er dem Bundesrat und dem General am 10. August zustellte. Zur Lösung der Ernährungsfrage im Krieg sei, so Laur, die Landwirtschaft als «Staatsdomäne» zu betrachten, welche die Aufgabe habe, «die notwendigen Lebensmittel» zu produzieren. Laur legte Wert darauf, dass die «Bewirtschaftung dieser Domäne» auch in Kriegszeiten nicht durch die Armee erfolgen könne, sondern weiterhin «fachmännisch», also durch die bäuerliche Bevölkerung durchgeführt werden müsse, damit der Bedarf von der «Domänenverwaltung», das heisst den landwirtschaftlichen Organisationen, auch wirklich gedeckt werden könne.[5]

Parallel gründete Laur in Zusammenarbeit mit dem *Verband Schweizerischer Konsumvereine* (VSK), den Käseexporteuren und den Bundesbehörden die mit umfassenden Befugnissen ausgestattete *Genossenschaft Schweizerischer Käseexportfirmen* (GSK, später als *Käseunion* bekannt). Diese kaufte mit einem Kredit der Nationalbank den Käsereien den im Jahr zuvor produzierten, für den Export bestimmten Käse ab, um ihn an die Armee und ins Ausland zu verkaufen. Durch das faktische Monopol der GSK konnte verhindert werden, dass die Preise der für den Export bestimmten Milchprodukte zusammenbrachen.

Robert Grimm, sozialdemokratischer Nationalrat und Redaktor der Berner Tagwacht, reagierte am

175

112

20. August auf diese Aktivitäten. In einem Zeitungsartikel warnte er die Behörden davor, den «kriegsbedingten Anliegen aller Erwerbsschichten ausser derjenigen der Arbeiterklasse» nachzukommen. Wenn die «Käseexporteure und die Agrarier Anspruch darauf» hätten, dass der Staat sie vor grossen Verlusten schütze, so hätte «den gleichen Anspruch auch die Arbeiterklasse, die aller Mittel entblösst» dastehe und «weder über Geld noch über Nahrungsmittelvorräte» verfüge. Dem Bundesrat sollte bewusst werden, «dass das Leben der Arbeiter mindestens so hoch bewertet werden» müsse «wie der Profit der Agrarier».[6]

Bezeichnenderweise erhielt Grimm nicht vom Bundesrat, sondern von dem im Artikel nur indirekt angesprochenen Laur eine Antwort. Dieser schrieb Grimm in einem persönlichen Brief, dass er bei seinen kriegswirtschaftlichen Aktivitäten von fünf Grundsätzen ausgegangen sei: *Erstens*, dass die Produktion der Landwirtschaft intakt gehalten und «den Bedürfnissen des Landes» angepasst werden müsse. *Zweitens*, dass ein «rücksichtsloser Zwischenhandel», der aus der «Not der Produzenten und dem Mangel der Konsumenten Gewinne ziehen» könne, verhindert werden müsse. *Drittens*, dass allen «Preistreibereien entgegengetreten und eine Organisation» geschaffen werden müsse, um zu verhindern, dass die Preisschwankungen des Weltmarktes, insbesondere die Hausse-Bewegungen, sich auf den Schweizer Markt übertragen könnten. *Viertens*, dass die Öffentlichkeit für diejenigen Konsumenten, welche sich die nötigen Waren nicht leisten könnten, «durch Naturalabgabe der Lebensmittel sorgen» müsse. Es wäre verkehrt, argumentierte Laur, «die Preise den Einkommensverhältnissen dieser Ärmsten anzupassen» und so die vermögenden Konsumenten auf Kosten der Produzenten zu begünstigen. *Fünftens* müsse eine «neue Organisation der Arbeit geschaffen werden, damit während des Krieges» keine Hand müssig sein werde. Ein Hilfsmittel dazu erblickte er «in der Einführung grosser Staats- und Gemeindearbeiten». Laur teilte Grimm zudem mit, dass er mit dem VSK Fühlung genommen habe. Zugleich bat er Grimm, «mit einem verwerfenden Urteil noch etwas zurückzuhalten». Er hoffe, dass «die Sache» in 8 bis 14 Tagen soweit gediehen sei, dass «der Öffentlichkeit die notwendigen Mitteilungen gemacht» werden könnten.[7]

Mit dem Vorschlag, «dass die Gestaltung des Inlandmarktes» möglichst unabhängig «von den Schwankungen des Weltmarktes» vorzunehmen sei, war Grimm einverstanden. Auch die Hilfe bei der Beschaffung von Notstandsarbeiten hiess er willkommen. Weil «der Konsument» jedoch nicht imstande sei, die geltenden Preise für Nahrungsmittel zu bezahlen, müssten die Produzentenpreise «der vorhandenen Kaufkraft» im Inland angepasst werden.[8] Seine Forde-

112
Robert Grimm an einer Kundgebung in Winterthur 1917. Demonstrationen gegen die wachsende Teuerung waren für die organisierte Arbeiterschaft ein wichtiges Mittel, um sich Gehör zu verschaffen.

113

Karikatur zur wachsenden Teuerung und zum zunehmenden Nahrungsmittelmangel aus der Westschweizer Satirezeitschrift «L'Arbalète» vom 15. September 1917.

rung nach einer unmittelbaren Senkung «der Produzentenpreise» rechtfertigte Grimm mit dem «Überangebot» auf dem Markt, das infolge des Einbruchs der Exporte nun im Inland herrsche. Im Namen der «Gerechtigkeit» und streng der Logik der Kaufkraft auf den Märkten folgend verlangte Grimm im August 1914 im Lebensmittelbereich eine Abbaupolitik. Habe «die Arbeiterschaft Opfer zu bringen, so die Landwirtschaft nicht minder», erst dadurch werde «die in dieser furchtbaren Zeit so notwendige Volkssolidarität geschaffen». Laur hingegen hielt nichts von dieser Strategie. Durch eine solche Abbaupolitik würden nach «den Ärmsten» nur auch noch «die Produzenten» verarmen – und somit die Produktion von Nahrungsmitteln erst recht gefährdet statt gefördert.

Eine Woche bevor Grimms Artikel erschien, hatte Laur dem Verband Schweizerischer Konsumvereine vorgeschlagen, eine Verständigung zwischen Produzenten und Konsumenten zu suchen und ein gemeinsames Vorgehen ins Auge zu fassen. Der von prominenten Sozialdemokraten wie Bernhard Jaeggi geleitete VSK reagierte positiv, trat der Käseunion bei und stellte sich im September auch gegen die Forderung, in der Schweiz wie in den Krieg führenden Staaten die Zölle auf Nahrungsmittelimporten aufzuheben. Für die im Inland erzeugte Milch und Milchprodukte wurden Höchstpreise festgelegt, sodass bis 1916 der Konsumentenpreis für Milch trotz stark zunehmender Nachfrage nur von 24 auf 26 Rappen stieg.

Probleme grundsätzlicher Art verursachte der 1915 einsetzende Rückgang der Futtermittelimporte, basierte die Milchproduktion doch zu einem wesentlichen Teil auf der Verfütterung von Kraftfutter aus dem Ausland. Die Verschlechterung der Futtergrundlage wirkte sich schon im Winter 1915/16 dämpfend auf die Milchproduktion aus. Einen negativen Einfluss auf

113

die Nahrungs- und Futtermittelversorgung hatte dann auch die wetterbedingt schlechte Ernte im Sommer und Herbst 1916. Im Winter 1916/17 fehlten den Konsumenten Kartoffeln, den Produzenten Kraftfutter und qualitativ gutes Heu zur Fütterung der nicht nur Milch und Fleisch produzierenden Kühe; diese hatten auch Zugsarbeit zu leisten, lieferten wichtige Nebenprodukte wie Häute und Knochen und machten jetzt vielerorts eine eigentliche «Hungerkur»[9] durch.

Verstärkt wurde der Druck auf die Nahrungs- und Futtermittelversorgung durch den Ausbruch des unbeschränkten U-Bootkriegs und den Kriegseintritt der USA im Februar beziehungsweise April 1917, die eine Rationierung der Getreideexporte an neutrale Länder sowie eine massive Verteuerung der Frachtkosten zur Folge hatten. 1917 konnte die Schweiz nur noch halb so viele Nahrungsmittel einführen wie vor dem Krieg. Die massive Verteuerung der Schiffstransporte hatte auch negative Auswirkungen auf die Exporte von Milchprodukten, die für die Quersubventionierung der Konsumentenpreise für Milch bisher so wichtig waren. So verschlechterte sich die Ernährungslage 1916/17 sowohl in quantitativer wie auch in monetärer Hinsicht.

Mit dem Rückgang der amerikanischen Getreideimporte, die im Januar 1917 ihren Höchststand erreicht

114

hatten, brach die Hauptstütze der im Herbst 1914 unter der Führung von Ernst Laur etablierten Ernährungsordnung ein. Der jetzt auch physisch spürbar werdende Mangel machte es unumgänglich, die Produktion anstelle des Handels ins Zentrum zu rücken. Zwar hatte man schon 1914/15 mit der Urbarisierung von Öd- und Sumpfland begonnen, doch diese Meliorationen wirkten sich noch kaum auf das Volumen der Nahrungsmittel aus. Um eine Ausdehnung der in den Städten immer wichtiger werdenden, auf dem Land aber immer schwieriger zu realisierenden Milchproduktion zu erreichen, übertrug der Bundesrat die Verantwortung für die Trinkmilchversorgung im März 1916 dem *Zentralverband Schweizerischer Milchproduzenten* (ZVSM).

Obwohl der ZVSM über die Einbindung in die Käseunion schon bisher parastaatliche Funktionen ausgeübt hatte, wurde der 1907 als Dachorganisation der regionalen Milchverbände gegründete Verband doch überrascht, als er quasi über Nacht zu einer Behörde wurde. Viele innerhalb des ZVSM erschraken über die neuen, ungeahnten Aufgaben. Insgesamt erblickte man darin aber auch Chancen, obwohl bereits absehbar war, dass es in Zukunft vor allem darum gehen würde, einen Mangel zu verwalten sowie Anliegen und Forderungen abzulehnen, statt wie bisher Produkte zu exportieren, Konsumentenpreise zu stabilisieren und mit den Gewinnen der Exporte die steigenden Produktionskosten der Milchproduzenten zu decken.

Mit der Übertragung der Verantwortung für die auch symbolisch immer wichtiger werdende Trinkmilchversorgung wurde der ZVSM zur bevorzugten Zielscheibe jeglicher Kritik an der behördlich-verbandlichen Versorgungspolitik. Weil der ZVSM den Milchpreis trotz der laufenden Verteuerung der Produktionsmittel tief halten musste, wurde der Dachverband zuerst vor allem von seiner eigenen Basis kritisiert. Wogen die neuen, hoheitlichen Machtbefugnisse die Schwierigkeiten im Umgang mit unzufriedenen Milchproduzenten noch in etwa auf, so stand man der vor allem in der sozialistischen Presse unablässig geäusserten Kritik an einer mangelhaften und zu teuren Versorgung weitgehend hilflos gegenüber.

Für die politisch immer noch weitgehend ohnmächtigen Sozialdemokraten beinhaltete die Defensive, in welche die Produzentenvertreter mit der Übernahme der Verantwortung für die Trinkmilchversorgung gerieten, eine grosse Chance. Die politische Hebelwirkung, welche die Ernährungsfrage damit erhielt, erkannte keiner klarer als Robert Grimm, der schon im August 1914 versucht hatte, die komplexe Ernährungsfrage auf einen einfachen Gegensatz von Produzenten und Konsumenten zu reduzieren, damals aber damit noch kaum eine politische Wirkung erzielen konnte. Das war nun ganz anders, wie die Marktdemonstrationen der sozialdemokratischen Arbeiterinnenvereine im Juli 1916 zeigten.

114
Erlesen von Kartoffeln im Landwirtschaftsbetrieb der Anstalten Witzwil 1916. Bis zur Kriegsmitte wurden kleine Kartoffeln den Schweinen verfüttert und in den bäuerlichen Haushalten verwendet, danach waren sie auch auf den städtischen Lebensmittelmärkten gefragt.

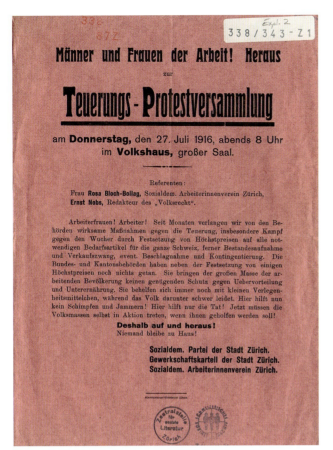

115

116

Das Wetter im Sommer 1916 schürte die bei den Produzenten latent vorhandene Angst vor einer schlechten Ernte und damit einer Verteuerung von Kartoffeln und Gemüse auch in Konsumentenkreisen. Unter der Führung von Rosa Bloch und Rosa Grimm kämpften Käuferinnen auf den Lebensmittelmärkten einiger Städte mit Selbsthilfemassnahmen erfolgreich gegen «Wucherer» und für eine Senkung der Preise. In der Forderung, dass «Wucherer» bekämpft und der Zwischenhandel eingeschränkt werden sollte, waren sich Produzenten und Konsumenten schon seit dem Sommer 1914 einig. Doch was genau «Wucher» war und wodurch er sich von einer von allen als sinnvoll erachten Vorratshaltung unterschied, war schwieriger zu bestimmen.

115
Aufruf zu einer Teuerungs-Protestversammlung der Sozialdemokratischen Partei in Zürich. Im Juli 1916 setzten sich Frauen auf den Lebensmittelmärkten zahlreicher Städte erfolgreich dafür ein, dass Kartoffeln, Gemüse und Eier nur noch zu einheitlichen Preisen verkauft werden durften.

116
Auch innerhalb der Arbeiterbewegung gab es unterschiedliche Vorstellungen darüber, wie die Ernährungsfrage am besten zu lösen wäre. Im Bild eine Mitteilung von Bernhard Jaeggi, Präsident der Verwaltungskommission des VSK vom Dezember 1916, dass er als SP-Nationalrat zurücktrete, weil er mit der «kleinliche[n] Kritik und Oppositionslust» der Partei nicht mehr einverstanden sei.

TEUERUNG UND MARKTPROTESTE

117

Im Juli 1916 ereigneten sich auf den Nahrungsmittelmärkten von Bern, Biel, Thun, Grenchen und Zürich Szenen, die als «Marktdemonstrationen» in die Geschichte eingingen. Käuferinnen protestierten gegen die steigenden Preise für Eier, Gemüse und Kartoffeln und griffen selber aktiv in das Verkaufsgeschehen ein. Die Demonstrantinnen zwangen die Verkäuferinnen, ihre Waren zu den von den Käuferinnen festgelegten Preisen zu verkaufen – oder verkauften die Ware gleich selber zu den von ihnen als «gerecht» erklärten Preisen. Wenn sich Verkäuferinnen und Händler gegen diese Interventionen wehrten, kam es zuweilen zu Rempeleien und Zusammenstössen. Dabei wurden Kartoffeln ausgeschüttet und Eier zerschlagen. Zudem wurden Käuferinnen, die bereit waren, die verlangten Preise zu zahlen, lautstark kritisiert.

Die Marktdemonstrationen erzielten über die Einzelfälle hinaus eine Wirkung. So senkten verschiedene Gemeinden den Höchstpreis für Kartoffeln oder nahmen Frauen in kommunale Ernährungskommissionen auf. Andere gingen dazu über, Kartoffeln und Gemüse direkt bei den Produzenten einzukaufen und dann selber an die Konsumentinnen zu verkaufen. Mitte Juli setzte das Volkswirtschaftsdepartement zudem erstmals Höchstpreise für Kartoffeln auf der nationalen Ebene fest. Und im September wurde eine Zentralstelle für die Kartoffelversorgung geschaffen, die im Winter 1916 erstmals eine Bestandsaufnahme der Kartoffelvorräte durchführte. Initiiert und koordiniert wurden die Aktionen der Konsumentinnen durch die lokalen Arbeiterinnenvereine. Prominente Sozialdemokratinnen wie Rosa Bloch und Rosa Grimm stellten sicher, dass die auf den ersten Blick spontan erfolgten Aktionen nicht aus dem Einflussbereich der Führung der Arbeiterbewegung entschwanden. Dass die Aktionen schon von den Zeitgenossen mit den sozialdemokratischen Arbeiterinnenvereinen in Verbindung gebracht wurden, zeigt sich auch daran, dass diese ihre Mitgliederzahl 1916 signifikant erhöhen konnten. Aber nicht alle Marktdemonstrantinnen gehörten zur Arbeiterbewegung. In Bern etwa engagierte sich auch die in der bürgerlichen Frauenbewegung aktive Julie Merz. Sie wollte mit der Gründung von Hausfrauenvereinen Strukturen schaffen, die direkte, geschäftsmässige Beziehungen zwischen Produzentinnen und Konsumentinnen ermöglichen sollten – genau das, was die Bäuerinnen im waadtländischen Moudon im Sommer 1918 mit der Gründung der *Association des Productrices de Moudon* ebenfalls versuchten.

Peter Moser

117
«Le docteur: C'est pas le coeur; ... c'est l'estomac!» Anfang Juli 1916 griff auch die Westschweizer Satirezeitschrift L'Arbalète die zunehmenden Schwierigkeiten bei der Versorgung des Landes mit Nahrungsmitteln auf.

Mit der Fokussierung ihrer Opposition auf den Ernährungsbereich gelang es der Sozialdemokratie in den Sommer- und Herbstmonaten 1916, die Vertreter der Produzenten immer stärker in die Defensive zu drängen. Grimm erklärte die Bauern zur «Klasse, die durch den Krieg am meisten profitierte, die glänzendsten Geschäfte machte und die Notlage rücksichtslos ausnützte».[10] Während sich die freisinnigen Politiker diskret im Hintergrund halten konnten, mussten die Produzentenvertreter nun sowohl gegenüber der eigenen Basis als auch gegenüber den Konsumenten die unpopulären Massnahmen zur Preisstabilisierung legitimieren. Wie die Behörden, setzten auch sie immer noch darauf, ihre Ziele mit einer kontrollierten Preispolitik zu erreichen, ohne je explizit die Grundsatzfrage zu stellen, ob die Reduktion der bei Konsumenten und Produzenten symbolisch gleichermassen wichtigen Milchproduktion nicht das bessere Mittel wäre. Laur schlug im Januar in Fortführung der bisherigen Logik vor, mit einer Erhöhung des Milchpreises die Produzenten zu veranlassen, (noch) mehr betriebseigene Ressourcen in die durch den Rückgang der Futtermittelimporte gefährdete Milchproduktion zu investieren. «Wenn wir im Winter 1917/18 Milch wollen», schrieb er, «müssen die Tiere im Anfang des Jahres 1917 zum Stier geführt werden».[11] In den tagespolitischen Auseinandersetzungen waren produktionstechnische Argumente jedoch nicht gefragt. Populär waren vielmehr griffige Parolen, die sich zunehmend undifferenziert gegen «Agrarier», «Bauern» und «Wucherer» richteten. Laur wurde in der SP-Presse als «Herodes Nr. 2» bezeichnet, der mit seiner Milchpreispolitik eine Neuauflage des «Kindermordes in vergrösserter» Auflage verübe.[12]

Aus politischen Überlegungen machte Grimm konsequent «die Bauern», «die Wucherer» und «die Spekulanten» für den Mangel und die Teuerung verantwortlich, während Laur auf der Suche nach Verhandlungspartnern versuchte, zwischen den im Arbeitersekretariat, dem VSK und den bei den Grütlianern aktiven Sozialdemokraten und den «Sozialanarchisten» zu unterscheiden. Letztere stellten seiner Einschätzung nach im Winter 1916/17 die Frage der «Lebensmittelpreise in den Mittelpunkt ihrer Bewegung», um so doch noch «die politische Herrschaft» zu erringen, die ihnen bisher wegen der fehlenden Unterstützung durch die Arbeiterschaft versagt geblieben sei.[13]

Obwohl lange nicht alle VSK-Mitglieder der SPS angehörten, war der Dachverband der Konsumvereine lange doch so etwas wie das Sprachrohr der Arbeiterschaft in Ernährungsfragen gewesen. Die Entfremdung zwischen der Parteiführung der SPS und dem VSK wurde aber schon im ersten Kriegsjahr deutlich. So kritisierte der VSK etwa die grosse sozialdemokratische Kampagne gegen die Teuerung – an der auf dem Bundesplatz in Bern 1915 rund 10 000 Personen teilnahmen – mit dem Hinweis, dass die Preissteigerungen im Ernährungsbereich primär importiert und nicht hausgemacht seien, da ja Teigwaren und Reis, nicht Kartoffeln und Milch wesentlich teurer geworden seien. Als der Grütliverein im Frühling 1916 dann aus der SPS austrat, setzte Laur einige Hoffnungen darauf, dass die Arbeiterschaft in Ernährungsfragen künftig durch Repräsentanten vertreten werden würde, die auf eine Zusammenarbeit mit den Produzenten eingingen, obwohl sie vom Freisinn und den Konservativen politisch nach wie vor marginalisiert wurden. Doch der Erfolg der SPS bei den NR-Wahlen im Herbst 1917 machte bald deutlich, dass die Verhältnisse innerhalb der Arbeiterbewegung vielfältiger waren, als Laur sich das vorstellte. Mit der Gründung des *Oltener Aktionskomitees* im Februar 1918 setzte sich in der Folge Grimms «zentristische», in Laurs Wahrnehmung mehr «antiagrarisch» als «antikapitalistisch»[14] ausgerichtete Linie auch innerhalb der offiziellen Gremien der SPS und des Gewerkschaftsbundes durch. Grimm und die SPS setzten im Ernährungsbereich vorderhand weiterhin auf die Strategie der «Problempromotion»[15], während Behörden und Private, darunter auch Teile der Arbeiterbewegung, sich zunehmend der Förderung der Produktion im Inland zuwandten.

Massnahmen zum Ausbau der Nahrungsmittelproduktion 1916/17

Im Februar 1917 wurde die bisherige Handels- und Preispolitik zur Steuerung der Versorgung erstmals mit Zwangsmassnahmen im Produktionsbereich ergänzt. Die Landesregierung ermächtigte die Kantone und Gemeinden, bisher nicht landwirtschaftlich genutztes Land selber zu bebauen oder Dritten zur Bewirtschaftung zuzuweisen. Das führte beispielsweise dazu, dass der Fussballverband bis im Herbst 1917 85 Prozent seines Pachtlandes zur Nahrungsmittelproduktion hergeben musste.

Aufgrund der ausbleibenden Getreideimporte besonders dringend wurde der Anbau von Brotgetreide. Deshalb führte der Bund im Juli 1917 erstmals Anbauerhebungen durch und legte, darauf aufbauend, für die Wintersaat im Herbst 1917 einen obligatorischen Mehranbau auf der einzelbetrieblichen Ebene fest, der zu einer Steigerung der Brotgetreideproduktion um mehr als 60 Prozent hätte führen sollen. Gleichzeitig wurde ein eidgenössisches Brotamt mit

118

119

118
Lebensmittel blieben über das Kriegsende hinaus knapp. Im Bild die Ausgabe von Lebensmittelkarten an der Marktgasse in Bern im Februar 1919.

119
Lange nicht alle technischen Innovationen, die im Krieg zur Ausdehnung der Produktion ausprobiert wurden, setzten sich in der Nachkriegszeit in der Praxis durch. So auch der Moline Traktor nicht, den die Motorpflugkommission 1918 versuchsweise zum Antrieb einer Getreidemähmaschine auf dem Waffenplatz Frauenfeld einsetzte.

einer Inlandgetreidestelle zur Koordination des Mehranbaus eingerichtet.

Verheissungsvoll fiel im Herbst 1917 die Kartoffelernte aus. Diese war so gross, dass der Produzentenpreis von 20 Franken auf 14 Franken und 50 Rappen pro 100 Kilogramm sank. Das hatte aber gleichzeitig zur Folge, dass viele Produzenten (unter ihnen auch zahlreiche Arbeiter und Angestellte) Kartoffeln zurückhielten, sie zur Milch- und Fleischproduktion an Tiere verfütterten oder nicht konzessionierten Händlern verkauften, die in Erwartung einer im Winter wieder steigenden Nachfrage höhere Preise bezahlten. Enttäuschend fielen im Herbst 1917 hingegen die Getreideerträge aus, weshalb die Behörden die gesamte Ernte abzüglich der zur Aussaat benötigten Menge beschlagnahmten. Im Oktober 1917 wurde die Brotrationierung eingeführt.

Mit der Ausrichtung von finanziellen Beiträgen an die Kosten, die durch Bodenverbesserungsmassnahmen entstanden, versuchte der Bund im Winter 1917/18 die landwirtschaftliche Nutzfläche weiter auszudehnen. Mitte Januar 1918 erliessen die Behörden zudem Bestimmungen zum Mehranbau von Gemüse und Hülsenfrüchten sowie zum Ausbau der städtischen Eigenproduktion. Kantone und Gemeinden hielten die Bundesbehörden nun an, «Zentralstellen für die Vermehrung der landwirtschaftlichen Produktion» einzurichten. Im Januar 1918 rief das Volkswirtschaftsdepartement die anderen Departemente auf, ihr verfügbares Land in den Dienst der Lebensmittelversorgung zu stellen. So wurden den Gemeinden Waffenplätze zur Anpflanzung von Gemüse überlassen oder unter der Regie des 1917 geschaffenen *Kommissariats für die Anpflanzung schweizerischer Waffenplätze* mit Getreide angebaut. Die landwirtschaftlichen Zeitschriften waren voll von Aufrufen und Ratschlägen an die bäuerliche Bevölkerung, wie und wo mehr produziert werden könnte.

Zur Ausdehnung der Nahrungsmittelproduktion brauchte es neben einer Vergrösserung der Anbaufläche vor allem Arbeitskräfte. Der Bundesrat erliess im Herbst 1917 Weisungen zur Beschaffung der für die «Anbauvermehrung notwendigen Arbeiter». Das

120

Ab 1916/17 vervielfachten sich die Aufrufe der Behörden und der landwirtschaftlichen Organisationen zur Ausdehnung der Lebensmittelproduktion.

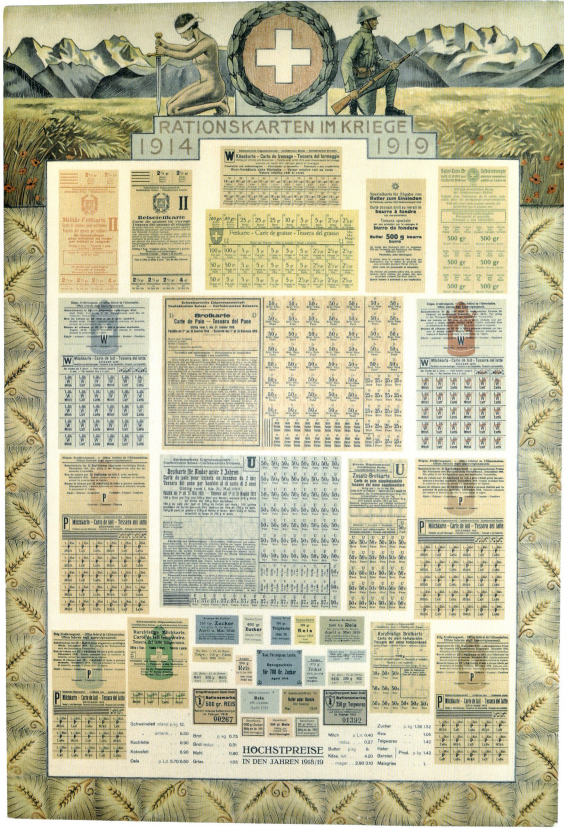

121
Rationierungskarten für Brot, Milch, Butter, Zucker und andere Produkte, deren Konsum im Verlauf des Kriegs eingeschränkt wurde. Erst spät begannen die Behörden mit der Rationierung von Lebensmitteln.

122
Zum Ausbau der Nahrungsmittelproduktion brauchte es nicht nur mehr Fläche, sondern auch zusätzliche Arbeitskräfte. Im Bild: Hilfsdienstpflichtige im Kanton Zürich 1918.

123
Das Esslokal des Kriegsfürsorgeamtes «Drei Rosen» in Basel. Mit sogenannten Volksküchen versuchten die Behörden eine minimale Lebensmittelversorgung für alle sicherzustellen.

Volkswirtschaftsdepartement arbeitete eine Zivildienstvorlage aus, mit der alle in der Schweiz wohnhaften Personen zwischen 14 und 60 Jahren zum Hilfsdienst hätten verpflichtet werden können. Doch die SPS und die Gewerkschaften, die anfänglich gar nicht konsultiert worden waren, wandten sich vehement dagegen, dass – wie die Berner Tagwacht schrieb – aus der «ganzen Schweiz ein Witzwil» gemacht werde.[16]

Die Ernährungsfrage im Oltener Aktionskomitee 1918

Als sich Ende Januar 1918 abzeichnete, dass der Zivildienst wegen dem Widerstand der Arbeiterschaft in der vorgesehenen Form nicht realisiert werden konnte, forderte die Arbeiterunion Zürich die SPS und den SGB auf, vom Bundesrat in einem mit einer «Landesstreikdrohung» verknüpften Ultimatum zu verlangen, anstelle der Einführung einer Zivildienstpflicht eine Demobilisierung durchzuführen, um so das auch «von der Arbeiterschaft als notwendig erachtete Ziel der Förderung der einheimischen Lebensmittelerzeugung zu erreichen».[17] Der Bundesrat reagierte mit einem Truppenaufgebot – was die Spitze der Arbeiterbewegung als Versuch zur Schaffung einer mobilen Reservearmee zum Einsatz gegen die Arbeiterschaft interpretierte und zur Gründung des *Oltener Aktionskomitees* (OAK) am 4. Februar 1918 führte.

Dem OAK gehörten Vertreter der Geschäftsleitung und der Nationalratsfraktion der SPS, des Schweizerischen Gewerkschaftsbundes und der SP-Presse an. Wie die Arbeiterunion Zürich betonte auch das OAK, dass die organisierte Arbeiterschaft «keineswegs Gegner der Produktionsvermehrung» sei.[18] Die Ernährungsfrage war anfänglich sogar das wichtigste Thema für das OAK, das im März ein Forderungsprogramm aufstellte, in dem nicht weniger als 9 der insgesamt 15 Punkte die Ernährung betrafen. Verlangt wurden unter anderem ein eidgenössisches Versorgungsamt mit einem Beirat, die Ausschaltung des Zwischenhandels, eine Festsetzung der Preise «entsprechend den Interessen der Konsumenten», die Übernahme der Kosten einer allfälligen Erhöhung des Milchpreises durch den Bund, ein Ausfuhrstopp für Frischmilch, die Beschlagnahme und den Ankauf der gesamten Kartoffelernte durch den Bund sowie ein komplettes Ausfuhrverbot für Obst und eine Verpflichtung der grösseren Gemeinden zur Durchführung von Massenspeisen. Diese Forderungen wurden dem Bundesrat als «sofort zu verwirklichende Massnahmen» übermittelt.[19]

Gleichzeitig erklärten die Milchverbände, dass die Milchmenge zurückgehen werde, wenn nicht mit einer Erhöhung des Milchpreises Anreize zum Ausbau der Milchproduktion (auf Kosten anderer Produkte) geschaffen würden.[20] Laur empfahl «im Hinblick auf die Gesamtlage und die drohende Arbeitslosigkeit in der Industrie» ein «doppelt sorgfältiges Abwägen der Verhältnisse» und schlug wie schon 1914 vor, dass der Bund die Kosten für die Minderbemittelten übernehmen sollte.[21] Ähnlich argumentierte der Vorsteher des Volkswirtschaftsdepartementes Edmund Schulthess, der im Bundesrat aber unterlag. Auf die Ankündigung der Landesregierung, dass der Preis für Konsummilch per 1. Mai 1918 auf 40 Rappen erhöht werde, reagierte das OAK mit einem telegrafisch übermittelten Ultimatum, in dem ein allgemeiner Landesstreik angekündigt wurde, falls die Kosten zur Ankurbelung der Milchproduktion nicht durch den Staat übernommen würden.

Die Bestimmtheit, mit der das OAK reagierte, und die breite Zustimmung zu seiner inhaltlichen Forderung – selbst der Ausschuss der freisinnig-demokrati-

123

schen Partei verlangte, dass die Kosten durch den Bund zu tragen seien – veranlassten den Bundesrat, eine ausserordentliche Sitzung der Bundesversammlung einzuberufen. Dieser Prestigegewinn führte dazu, dass das OAK in der Öffentlichkeit nun als «eine mit Vollmachten ausgestattete Exekutive»[22] der Arbeiterschaft wahrgenommen wurde. Die von Grimm schon seit dem Ausbruch des Kriegs verfolgte Strategie, die Ernährungsfrage als Hebel zur Schaffung einer breiten Koalition von Bundesangestellten, Gewerkschaften und der SPS zu benutzen, schlug sich zum ersten Mal in der Praxis nieder. Gleichzeitig kam das OAK aber unter Druck des linken Flügels der Arbeiterbewegung, der verlangte, mit einem Landesstreik künftig nicht mehr nur zu drohen, sondern diesen auch durchzuführen, wenn die gestellten Forderungen nicht erfüllt würden.

Der Kompromiss, den die Bundesversammlung in der Milchpreisfrage Mitte April beschloss, setzte das OAK prompt einer inneren Zerreissprobe aus. Die Mehrheit sprach sich gegen die Durchführung des angedrohten Streiks aus, vor allem auch aus Rücksicht auf die in der Ernährungsfrage für eine Zusammenarbeit mit den Produzenten und Behörden einstehenden Kräfte innerhalb der Arbeiterbewegung. Die Konfrontationsstrategie stiess in der Ernährungsfrage im Sommer 1918 an Grenzen, weil in diesem Bereich nun Alternativen sichtbar wurden: Der analytisch-strategisch versierte, «wirtschaftlich sehr real und positiv denkende»[23] Grimm zeigte sich nun offen für eine Zusammenarbeit mit Produzenten. Die am Ersten Allgemeinen Arbeiterkongress Ende Juli in Basel formulierten Forderungen im Ernährungsbereich waren sachlich begründet und konnten, wie Grimm betonte, «auf dem Boden der gegenwärtigen Gesellschaft verwirklicht werden».[24]

Unsere Lebensmittelversorgung

(Zeichnung von Karl Czerpien)

Der Kommissär: Wie man Waren aufspeichert, haben wir nun von unsern Wucherern gelernt. Die Frage ist nur, ob man nicht schon bei Friedenszeiten damit hätte anfangen sollen.

125

124
Aufruf zu einer Demonstration gegen die Teuerung am 15. Mai 1915 auf der Schützenmatte in Bern.

125
Karikatur aus dem «Nebelspalter» vom 17. Mai 1916 gegen die schon vor dem Krieg ungenügende (amtliche) Vorratshaltung. Die Empörung über die «Wucherer» war in den Kriegsjahren gross – obwohl kaum jemand genau wusste, wo die Vorratshaltung aufhörte und der Wucher begann.

126

126
Gemüsebaukurs im Gartenbauverein Olten 1915.

127
Der Verband der Konsumvereine stieg in der zweiten Hälfte des Kriegs selbst in die Nahrungsmittelproduktion ein. Im Bild: Angestellte auf dem VSK-Betrieb der Schweizerischen Genossenschaft für Gemüsebau in Kerzers 1918.

128
Hans Keller, Direktor der Genossenschaft für Gemüsebau und ein Pionier des Mehranbaus im Ersten Weltkrieg, demonstrierte Offizieren und Soldaten sogar während der Pausen im Militärdienst den Nährwert unterschiedlicher Kulturpflanzen.

127

128

129

Ausbau der Nahrungsmittelproduktion und neue Formen der Kooperation von Produzenten und Konsumenten 1918

Dass die Ernährungsfrage und damit auch das Verhältnis von Produzenten und Konsumenten in unterschiedlichen Milieus zunehmend anders gedacht und praktiziert wurden, zeigte sich auch an der Reaktion des Bundesrats, der auf die am Arbeiterkongress erhobenen Forderungen einging. In direkten Verhandlungen stellte er dem OAK eine Neuordnung des Rationierungswesens sowie die Schaffung einer Kommission für Ernährungsfragen in Aussicht, in der die Arbeiterschaft angemessen vertreten sein sollte.

Die Konfrontationspolitik wurde im Ernährungsbereich im Sommer 1918 ganz offensichtlich von einer Verhandlungsbereitschaft überlagert. Zahlreiche Akteure mit ganz unterschiedlichen politischen Überzeugungen durchliefen in dieser vitalen Frage «fundamentale Lernprozesse», die sie zur Einsicht führten, dass der Nahrungsmittelmangel zwar immer noch eine Frage von Verteilung und Kosten sei, aber eben auch eine Folge realer Mangelerscheinungen im Produktionsbereich, der nur durch die Konsumenten und die Produzenten gemeinsam, durch die Thematisierung der Produktion und ihrer Bedingungen, gelindert werden könne. Genau so, wie es verschiedene Akteure, unter ihnen auch Exponenten der Arbeiterbewegung, in der Praxis schon länger versuchten. Der im linksradikalen Milieu aktive Agronom und Kriegsdienstverweigerer Max Kleiber etwa war überzeugt, dass die «Industriellen» eine «viel vernünftigere Agrarpolitik als die Sozialdemokratie» betrieben, weil sie «unter Mithilfe des städtischen Proletariats» die Nahrungsmittelproduktion auf eine erweiterte Grundlage gestellt hatten.[25]

Konkret meinte Kleiber die in der *Schweizerischen Vereinigung für Innenkolonisation und Industrielle Landwirtschaft* (SVIL) zusammengeschlossenen Industriellen. Die SVIL war im Juli 1918 auf Anregung des Agronomen und Lehrers von Max Kleiber, Hans Bernhard, und dem aus dem Umfeld der Arbeiterbewegung stammenden Jacob Lorenz vom kantonalen Ernährungsamt in Zürich gegründet worden. Mit der «Vermehrung der Bodenkultur» wollte die SVIL nicht nur die neuen Pflichten des Bundes erfüllen, sondern auch vermeiden, dass Arbeiter, wie im Frühling und Sommer 1918 in Winterthur, aus Protest gegen die mangelhafte Ernährung streikten. Hans Bernhard argumentierte, die Ernährungsfrage als «Sache des ganzen Volkes» könne nicht länger einfach an die bäuerliche Bevölkerung delegiert werden, sondern müsse von denjenigen gelöst werden, die sie auch verursacht hätten – also der Industriegesellschaft. Neben dem Zuspruch von linksradikaler Seite erfuhr die Tätigkeit der SVIL auch Unterstützung vom VSK, der mit der Gründung der *Schweizerischen Genossenschaft für Gemüsebau* (SGG) im Herbst 1918 begann, in genossenschaftlicher Form im grossen Stil Gemüse anzubauen. In vielen Fällen geschah das auf bisher brach liegenden Flächen, die von der SVIL urbarisiert worden waren. Begrüsst wurde dieser Ausbau auch in landwirtschaftlichen Kreisen. Für den Getreidezüchter Gustave Martinet beispielsweise stellte «cette collaboration active des non agriculteurs à la production alimentaire nationale […] un des plus belles œuvres sociales de ces temps difficiles» dar.[26]

Im Sommer 1918 begannen genossenschaftlich organisierte Produzentinnen die konfrontativen Beziehungen zwischen Produzentinnen und Konsumentinnen in Frage zu stellen. Die im Juli 1918 von Bäuerinnen

Statuts de L'Association des Paysannes

ARTICLE PREMIER. — En communauté d'intérêts avec le but poursuivi par la Société Vaudoise d'Agriculture, il est constitué à Moudon et environs, sous la dénomination d'**Association des Paysannes**, une Société groupant les intérêts féminins.

ART. 2. — Le but de l'association est le suivant :
1° Lutte contre l'entremetteur ;
2° Etablissement de prix uniformes entre vendeuses sur le marché ;
3° Rapprochement entre le producteur et le consommateur pour la protection de la culture et des produits indigènes ;
4° Etude de débouchés nouveaux, contrats avec fabriques, vente en gros ;
5° Achat en bloc des semences potagères ;
6° Création, dans les villages, de groupements semblables, à l'effet d'amener sur les marchés urbains une plus grande quantité de denrées actuellement inutilisées pour l'alimentation générale.
7° Examen de toute question ou création touchant le développement de la femme de la campagne : écoles ménagères, cours divers, conférences, organisation plus systématique des cultures.

ART. 3. — L'association a son siège à Moudon ; sa durée est illimitée.

ART. 4. — Peut faire partie de l'association toute personne qui en fait la demande verbalement ou par écrit à l'un ou l'autre des membres du comité.

ART. 5. — Les sociétaires donnent leur adhésion aux présents statuts ; ils s'engagent, dans la mesure du possible, à l'apport intégral de leur production d'œufs en même temps que d'une marchandise fraîche, propre et de première qualité.

ART. 6. — La société est administrée par un comité de sept membres et deux suppléantes ; il est nommé pour deux ans par l'assemblée générale. Les membres sont immédiatement rééligibles.

ART. 7. — Les signatures de la présidente et de la caissière engagent la société ; mais tous les membres sont solidaires financièrement.

ART. 8. — La présidente-correspondante est chargée de toute la correspondance officielle, tandis que la caissière assume la charge de secrétaire pour tout ce qui a trait aux comptes, aux renseignements à donner aux clients, etc.

ART. 9. — Il sera attribué à la secrétaire-caissière un traitement annuel calculé sur le chiffre d'affaires. Le pour cent de cette gratification sera établi par le comité dans la dernière séance de l'année qui précédera l'assemblée générale.

ART. 10. — L'association n'a pas un but de lucre ; elle prélèvera pour ses frais généraux, d'expédition et de bureau le 5 % sur les achats faits en dehors de l'association. Il ne sera fait aucun prélèvement sur les denrées fournies par les sociétaires.

ART. 11. — Les fonds nécessaires à l'organisation sont souscrits au moyen de parts de 10 francs. Ces parts toucheront, pour autant que le résultat de l'exercice le permettra, un intérêt qui sera fixé par l'assemblée générale ordinaire et qui ne pourra excéder le 6 %.

Ces parts sont nominatives, héritables, transmissibles avec la qualité de sociétaire en cas de démission, moyennant avis à la présidente du comité.

ART. 11bis. — Pour encourager les sociétaires à un plus grand apport de denrées, une répartition sera allouée chaque année : pour les œufs sur la base du nombre de douzaines ; pour les légumes ou fruits sur le nombre de kilos. Cette répartition sera fixée par l'assemblée générale.

ART. 12. — Une part des bénéfices dont la somme sera fixée par l'assemblée générale constituera un fonds de réserve déposé dans une banque, lequel permettra de faire tel ou tel emprunt nécessité par les circonstances, soit location ou aménagement d'un local de vente et d'expédition, payement d'une gérante, etc.

ART. 13. — L'assemblée générale se compose de tous les sociétaires. Elle est convoquée une fois par année pour entendre le rapport du comité, et chaque fois qu'une décision importante doit être prise, et sur le désir d'un dixième des membres inscrits.

ART. 14. — En cas de dissolution de la société, le produit net de la réalisation de l'actif social sera affecté au remboursement des parts. Le solde, s'il existe, sera remis à une société poursuivant un but semblable ou à une école ménagère agricole.

ART. 15. — La société sera inscrite au Registre du Commerce.

130

129, 130
Statuten der APM und Mitglieder der Siedlerkolonie Herrliberg 1919 (stehend, erster von rechts: der Agronom und Kriegsdienstverweigerer Max Kleiber). Sowohl die Bäuerinnen von Moudon als auch die linksradikalen Siedler in der Kolonie Herrliberg strebten einen Ausbau der Nahrungsmittelproduktion und ein neues Verhältnis von Produzenten und Konsumenten an.

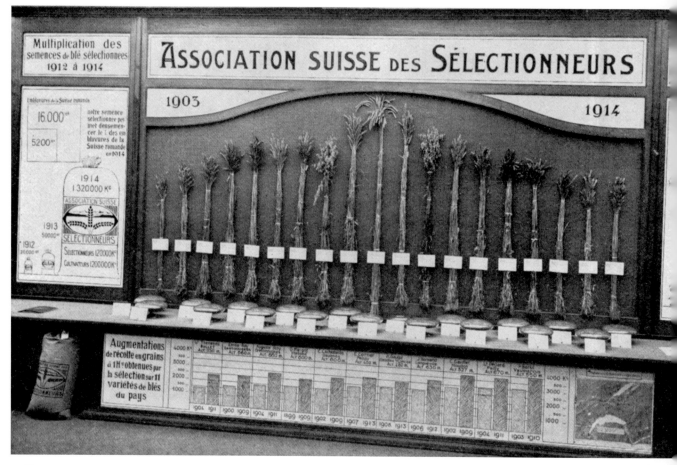

gegründete *Association des Productrices de Moudon* (APM) etwa versuchte die Produktion, die Distribution und den Konsum von Nahrungsmitteln neu und engmaschiger zu verflechten, um die Produzentinnen und Konsumentinnen unter weitgehender Ausschaltung des Zwischenhandels einander auch sozial näherzubringen. Die APM verstand ihre Praxis auch als zukunftsfähiges Modell einer neuartigen Organisation der Produktion und Konsumation von Nahrungsmitteln, wie die Bäuerin Augusta Gillabert-Randin 1919 schrieb: «Œuvre née de la guerre, elle est peut-être appelée à lui survivre, car si la grande tuerie a pris fin, l'ère est venue des reconstructions et des restaurations de tous genres.»[27]

Wie stark das Modell der Bäuerinnen von Moudon die auch 1918 noch dominierende Wahrnehmung von Produktion und Konsum als einem von unterschiedlichen Interessen geleiteten Gegensatz irritierte, zeigt sich nur schon daran, dass die APM – vor dem Hintergrund der russischen Revolution – als «Soviet de productrices» (miss)verstanden wurde. Dabei entsprach der Vorschlag der Bäuerinnen in etwa dem, was Dora Staudinger am Frauenkongress 1921 dann als «Genossenschaftssozialismus» bezeichnete, in welchem «der Gegensatz zwischen den Wirtschaftsparteien, zwischen Konsument und Produzent wie zwischen Arbeitgeber und -nehmer überbrückt» werden sollte.[28]

Die SVIL, der VSK, die APM, die SGG, die Behörden sowie die landwirtschaftlichen Produzentenverbände bis hin zur «communistischen Produktionsgenossenschaft» der Linksradikalen waren nicht nur auf der thematischen Ebene, sondern auch in personeller Hinsicht eng miteinander verflochten. So gehörte beispielsweise Fritz Mangold, der Basler Regierungsrat und spätere Vorsteher des Fürsorgeamtes in Bern, dem Vorstand der SVIL und dem Verwaltungsrat der SGG ebenso an wie Gustave Martinet, der Getreidezüchter und Direktor der landwirtschaftlichen Forschungsanstalt Mont-Calme, der ebenso in vielen bäuerlichen Organisationen aktiv war. Als Redaktor räumte Martinet Augusta Gillabert-Randin zur Bekanntmachung ihrer Ideen Platz in der Zeitschrift «La Terre Vaudoise» ein. Jacob Lorenz, der wissenschaftliche Adjunkt des schweizerischen Arbeitersekretariats, wurde 1916 in die Direktion des Lebensmittelvereins Zürich gewählt und gab mit Robert Grimm 1915/16 die Zeitschrift «Neues Leben» heraus, in der Grimm unter anderem über die kommunale Milchversorgung publizierte. Ab 1918 war Lorenz Vorstandsmitglied und Aktuar der SVIL, wo Hans Bernhard, ein Schüler Laurs, als treibende Kraft

131
Schon vor dem Krieg wurde mit der Systematisierung der Getreidezucht begonnen. Im Bild der Stand der 1909 von Bauern und Wissenschaftlern gegründeten «Association Suisse des Sélectionneurs» an der Landesausstellung 1914 in Bern.

wirkte. Mit Léon Müller hatte der VSK bereits 1916 einen Schüler Laurs zum Leiter der Abteilung Landwirtschaft gewählt. Und der Agronom Hans Keller, der erste Direktor der vom VSK getragenen Genossenschaft für Gemüsebau, war bis in den Sommer 1918 Lehrer an der Landwirtschaftlichen Schule Rütti, in deren Namen er in der bäuerlichen Presse schon 1917 Anleitungen zur «Höchstproduktion von Nahrungsmitteln» publiziert hatte.[29]

Innerhalb des OAK wurden die Bestrebungen zur Neuorganisation des Verhältnisses von Konsum und Produktion interessiert zur Kenntnis genommen und zunehmend aktiv unterstützt. Fritz Plattens Antrag, die Mitarbeit im Beirat des Ernährungsamtes zu verweigern, wurde ebenso abgelehnt wie August Hugglers Skepsis gegenüber den SVIL-Tätigkeiten. Man dürfe sich diesen Aktivitäten gegenüber «nicht passiv verhalten», argumentierte Grimm jetzt. Soweit brachliegendes Land von den Bauern nicht selber bewirtschaftet werden könne, müsse «für die Bereitstellung von Arbeitskräften gesorgt werden», weil die «Bewirtschaftung von melioriertem Land» im Grossen erfolgen müsse. Es müsse der «Grundsatz gelten, dass jeder, der sich nicht über eine gesellschaftlich notwendige Arbeit ausweisen» könne, zur Arbeit herangezogen werden

könne.[30] An dieser Grundhaltung in der Ernährungsfrage änderte sich bis zur Ausrufung des Landesstreiks nichts mehr. Die Frage der Nahrungsmittelversorgung war im November 1918 zwar nicht gelöst, aber sie bot kaum mehr Sprengkraft, wie die unter Punkt sechs formulierte Anregung illustriert: Die «neue Regierung» im Ernährungsbereich solle eine «Sicherung der Lebensmittelversorgung» im «Einvernehmen mit den landwirtschaftlichen Produzenten» realisieren.

Die Ernährungsfrage war nicht der einzige Bereich, wo sich schon während des Kriegs ein gemeinsames Interesse von Produzenten und Konsumenten, Arbeitgebern und Arbeitnehmern sowie Industrie, Landwirtschaft und Behörden herausbildete: Praktisch alle waren mittlerweile an einer «empirischen Objektivierung»[31] der Auseinandersetzungen um Löhne und Preise der Nahrungsmittel interessiert. Die unterschiedlichen Vorstellungen über deren Höhe wurden mit einer wichtigen Neuerung nicht obsolet, aber verhandelbar: Die schon vor dem Krieg gemachten Erfindungen des «Reallohnes», des «landwirtschaftlichen Einkommens» und des «Ertragswertes» wurden nun miteinander in Beziehung gesetzt. Eine zentrale Voraussetzung zur Führung dieser Diskussionen waren die Daten, die das Arbeitersekretariat seit 1908 und – in einem volumenmässig ungleich grösseren Umfang – das Bauernsekretariat seit der Jahrhundertwende auf der Grundlage von Hunderten von Betriebsbuchhaltungen in aggregierter Form in die politischen Diskussionen einbrachten. Dass die Diskussionen um die Nahrungsmittelpreise sowohl einen wesentlichen Beitrag zur Radikalisierung der innenpolitischen Auseinandersetzung als auch zu deren teilweisen Objektivierung und Entschärfung leisteten, zeigt, dass die Ernährung für die Menschen nicht nur im Alltag von unmittelbarer Wichtigkeit war, sondern auch ein Potenzial zur Gestaltung der gesellschaftlichen Verhältnisse beinhaltete, das weit über den Ernährungsbereich hinaus wirkmächtig wurde.

Der Krieg als «Lehrmeister»

Unter der Verteuerung und Verknappung der Lebensmittel litt in den Kriegsjahren in erster Linie die städtische Industriearbeiterschaft, aber auch Teile der Beamtenfamilien, die keine Möglichkeiten zum Anbau von Gemüse oder Kartoffeln hatten, waren betroffen. Das gilt selbst für viele in der Nahrungsmittelproduktion tätige Menschen auf dem Land, die seit der Globalisierung der Agrarproduktion im letzten Viertel des 19. Jahrhunderts einen grossen Teil ihrer Nahrungsmittel kauften. Weil die Löhne der allgemeinen

Bekanntmachung
des
Lebensmittelamtes

Milchabgabe
am Donnerstag den 14. November 1918

Die gegenwärtige Zufuhr ermöglicht es, **heute Donnerstag**

an die gesamte Bevölkerung

Milch ins Haus zuführen zu lassen. Es kann an jede bezugsberechtigte Person (bei Gewerbetreibenden nur an deren Haushaltmitglieder)

höchstens ³/₄ der bisherigen Tagesration

abgegeben werden.

Die **Abgabe** erfolgt nach den Vorschriften der **eidgenössischen Rationierung.**

Die städtische **Interims-Milchkarte** hat heute sowohl für Frischmilch- als auch für Kondensmilch-Bezüge keine Gültigkeit.

Veränderungen in der Art und Weise der Milchabgabe werden jeweils speziell mittels Anschlag und mittelst **Publikation** in der Tagespresse bekannt gemacht.

Zürich, den 14. November 1918.

Die Direktion des städtischen Lebensmittelamtes.

Der Aufruf zum unbefristeten Landesstreik im November 1918 umfasste neun konkrete Forderungen, von denen eine auch die Ernährungsfrage betraf. Diese war jedoch mehr in der Form einer allgemeinen Anregung als einer ultimativen Forderung formuliert, verlangten die Streikenden von der «neuen Regierung» im Ernährungsbereich doch lediglich eine «Sicherung der Lebensmittelversorgung» im «Einvernehmen mit den landwirtschaftlichen Produzenten».[32] Die Kooperationsbereitschaft, mit der die Ernährungsfrage von den Initianten des Landesstreiks thematisiert wurde, steht in einem eklatanten Gegensatz zur Heftigkeit, mit der über das Thema seit Kriegsbeginn, vor allem aber seit dem Herbst 1916 und – zugespitzt – im Frühling 1918 in den innenpolitischen Auseinandersetzungen gestritten wurde. Eine unmittelbare Verbesserung der Versorgungslage kann nicht der Grund für diesen Perspektivenwechsel der Führung der Arbeiterschaft in der Ernährungsfrage gewesen sein, verschlechterte sich die Versorgungslage im Sommer 1918 doch eher noch. Entscheidend war, dass die vielfältigen, von Linksradikalen, Industriellen, Bäuerinnen, Agronomen und organsierten Konsumenten getragenen Versuche zur Neuordnung der Verhältnisse auch bei wichtigen Akteuren des Oltener Aktionskomitees «fundamentale Lernprozesse»[33] auslösten und dazu führten, dass die Formulierung ultimativer Forderungen an die Produzenten um eine Kooperationsstrategie ergänzt wurde, die im Herbst 1918 in Ernährungsfragen innerhalb der Arbeiterbewegung zunehmend die Oberhand gewann. Die im Landesstreik gipfelnde Polarisierung der innenpolitischen Gegensätze verdeckte nicht nur die Tatsache, dass sich schon seit einiger Zeit ein parteiübergreifendes Interesse an einer empirischen Objektivierung der Lohn- und Preisentwicklung herausbildete, sondern auch, dass im Ernährungsbereich bereits im Vorfeld des Landesstreiks ein konkretes Experimentierfeld für aushandelbare Kooperationsstrategien und damit eine partielle Integration der Arbeiterschaft vorlag.

Peter Moser

132
Milchabgabe durch das städtische Lebensmittelamt im November 1918 in Zürich. Die mangelhafte Trinkmilchversorgung wurde von der Linken immer wieder kritisiert und wurde in den Kriegsjahren zu einem Symbol für die schlechter werdende Nahrungsmittelversorgung.

133

Teuerung nachhinken, kam es zu einer eigentlichen Verarmung von grossen Teilen der Arbeiterschaft. Viele Arbeiterfamilien benötigten erstmals wieder mehr als die Hälfte ihrer Einnahmen zum Kauf von Lebensmitteln. Die Industriearbeiterschaft verlor im Krieg einen wesentlichen Teil der Reallohnzunahmen, die sie in den drei Jahrzehnten zuvor hatte realisieren können. Gerade umgekehrt verlief die Entwicklung bei den landwirtschaftlichen Einkommen. Diese variierten zwar stark, stiegen aber in der zweiten Kriegshälfte überproportional an, obwohl die Agrarpreise unter den Weltmarktpreisen gehalten wurden. Einzelne Grossbetriebe machten glänzende Geschäfte, viele von ihnen allerdings schon 1921 wieder Verluste.

Die Vermeidung solcher Extreme war eines der Ziele, die in der Nachkriegszeit im ernährungs- und agrarpolitischen Bereich angestrebt wurden. Eine Rückkehr zur Spezialisierung, wie sie vor dem Krieg propagiert und praktiziert worden war, kam für die Gesellschaft nicht mehr in Frage. Das von Bundesrat Edmund Schulthess 1915 formulierte Diktum, wonach das Prinzip der Spezialisierung in Handel, Industrie und Gewerbe richtig, im Bereich der Landwirtschaft hingegen *nicht* richtig sei, wurde 1918 nicht mehr in Zweifel gezogen.[34] Der Krieg erwies sich insofern als «Lehrmeister», als die Agrarproduktion aus ihrer einseitigen Weltmarktorientierung herausgelöst und in dem Sinne flexibilisiert wurde, dass der Ackerbau im Krisenfall kurzfristig ausgebaut werden konnte. Die Folge des Kriegs war deshalb nicht eine Verbäuerlichung der Gesellschaft, sondern die Vergesellschaftung der Landwirtschaft.

Wollte Ernst Laur vor dem Krieg aus *dem* Bauer noch einen Landwirt machen, so wurden *die* Bauern im 20. Jahrhundert in eine besondere «Kategorie von Arbeitern im öffentlichen Dienst» verwandelt,[35] die auf der – nun nicht mehr als «Staatsdomäne», sondern als «Bundeshof» konzipierten – landwirtschaftlichen Nutzfläche primär Nahrungsmittel für die inländische Bevölkerung produzierten. Die Regulierung des Agrarsektors im Sinn eines *Service public* integrierte die Landwirtschaft in die Industriegesellschaft und setzte sie zugleich einem innerlandwirtschaftlichen Verdrängungskampf aus, sodass die bäuerliche Bevölkerung zu einer kleinen Minderheit schrumpfte, welche die Gesamtbevölkerung am Ende des 20. Jahrhunderts etwa im gleichen Verhältnis ernähren konnte wie während des Ersten Weltkriegs.

133
Trotz der Förderung des Getreideanbaus im Inland wurde auch nach dem Krieg weiterhin viel Getreide eingeführt. Im Bild die «Calanda», eines der ersten Schiffe, die im Zweiten Weltkrieg unter Schweizer Flagge Getreide über den Ozean transportierten.

1 Dieser Beitrag basiert v. a. auf den Aufsätzen Auderset, Moser, Lehrmeister, sowie Moser, Kein umstrittenes Thema mehr?
2 Jost, Sozialwissenschaften, 60.
3 Moos, Lehren, 8.
4 Brief von Ernst Laur an den General vom 12.8.1914. In: Archivbestand SBV (AfA Nr. 110, Teil I), Dossier 161.23-01.
5 Wirtschaftlicher Mobilmachungsplan von Ernst Laur vom 10.8.1914. In: Archivbestand SBV (AfA Nr. 110, Teil I), Dossier 161.23-01.
6 Berner Tagwacht, 20.8.1914.
7 Zit. nach Gautschi, Dokumente, 27f.
8 Zit. nach Gautschi, Dokumente, 28–31.
9 Scheurmann, Milchversorgung, 8.
10 Berner Tagwacht, 3.8.1916.
11 Schweizerische Bauernzeitung, Januar 1917.
12 Zit. nach Schweizerische Bauernzeitung, April 1917.
13 Schweizerische Bauernzeitung, Mai 1917.
14 Schweizerische Bauernzeitung, Mai 1917.
15 Eisner, Strukturen, 23–45.
16 Gautschi, Landesstreik, 87.
17 Gautschi, Landesstreik, 88f.
18 Gautschi, Landesstreik, 90.
19 Gautschi, Landesstreik, 191.
20 Schweizerische Bauernzeitung, März 1918.
21 Schweizerische Bauernzeitung, März 1918.
22 Gautschi, Landesstreik, 115.
23 Zit. nach Gautschi, Landesstreik, 87.
24 Gautschi, Landesstreik, 136.
25 Zit. nach: Auderset, Moser, Lehrmeister, 142.
26 La Terre Vaudoise, 20.7.1918.
27 La Terre Vaudoise, 22.3.1919.
28 Staudinger, Genossenschaftsbewegung, 85.
29 Keller, Höchstproduktion.
30 Zit. nach Gautschi, Landesstreik, 150.
31 Tanner, Industrialisierung, 243.
32 Zit. nach Gautschi, Landesstreik, 281.
33 Siegenthaler, Regelvertrauen, 16f.
34 Baumann, Bauernstand, 297.
35 Mooser, Verschwinden, 27.

Krieg! – Krieg?
Kriegsalltag und Kriegserleben einer Familie aus dem Basler Bildungsbürgertum

Heidi Witzig

Paul und Cécile Beatrice Ganz-Kern, wohnhaft im repräsentativen Basler Palais «Gyrenberg», waren bei Kriegsausbruch 42 respektive 26 Jahre alt und seit vier Jahren verheiratet. Sie hatten zwei kleine Kinder, das dritte wurde 1915 geboren. Der gebürtige Zürcher Paul Ganz war seit 1909 ausserordentlicher Professor für Kunstgeschichte an der Universität Basel. Er verkehrte in Kreisen bildender Künstler, betrieb kunstgeschichtliche Forschungen und betätigte sich erfolgreich im Kunsthandel. Auch während des Kriegs hielt er sich regelmässig im europäischen Ausland auf. Aufgrund der vielen Abwesenheiten des Ehemanns schrieben sich Paul und Beatrice Ganz-Kern häufig. Ihr Briefwechsel sowie derjenige der jungen Frau mit ihrer Herkunfts- und angeheirateten Familie bieten einen Einblick in den Alltag, die Beziehungen und Normen eines Familien- und Verwandtennetzes aus dem reichen Basler Bürgertum vor und während des Kriegs. Insgesamt liegen mir 153 Briefe und Postkarten vor. Sie umfassen den Zeitraum 1912/13 (9), 1914–1918 (125) und 1919–1921 (19).[1]

Cécile Beatrice Kern, genannt Beatrice, stammte väterlicher- wie mütterlicherseits aus alteingesessenen, reichen Basler Ratsherrenfamilien.[2] In der Basler «Guten Gesellschaft», dem sogenannten Daig, gehörte die Lebensgestaltung strikte unter seinesgleichen zu den Selbstverständlichkeiten des Alltags. Im Rahmen der zahlreichen Verwandtschaft und engeren Bekannten «Gesellschaften» zu geben, auf Einladungen zu gehen und Besuche zu absolvieren, gehörte zu den wichtigsten Pflichten der Damen. So wurde die soziale Position der Familie repräsentiert und von anderen abgegrenzt. Auch die Mitarbeit in gemeinnützigen Vereinen und Institutionen war um 1900 für Damen akzeptiert. Für Männer dieser Kreise waren Aktivitäten im Rahmen von Politik und Gemeinnützigkeit selbstverständlich. Wie aber wirkte sich das Kriegsgeschehen auf die klar definierten und formalisierten Handlungsfelder und Mentalitäten von Frauen und Männern der Basler «Guten Gesellschaft» aus? Im vorliegenden Briefwechsel wurden die Geschehnisse des Ersten Weltkriegs, die Erfahrungen von Hunger, Teuerung, politischen Protesten und Streiks weitgehend ausgeblendet. Die private Korrespondenz konzentrierte sich auf Privates und Berufliches, schuf eine Welt der Nähe und Intimität, in welcher nicht alle Lebensbereiche angesprochen wurden. Diese Haltung widerspiegelt die Mentalität eines Teils des Bürgertums, das den Ersten Weltkrieg – wo immer möglich – innen- wie aussenpolitisch aus seinem Alltagsleben ausklammerte.

134
Das Ehepaar Paul und Beatrice
Ganz-Kern um 1914.

Mobilisierung als Schauspiel

Im Oktober 1914 weilte Beatrice Ganz-Kern mit ihren Kindern wie üblich im grossen Sommerhaus ihrer Eltern auf der Schwengi bei Langenbruck. Paul Ganz musste nicht ins Militär einrücken; er blieb in Basel, wo das Wohnhaus, der repräsentative «Gyrenberg» an der Hebelstrasse 7, einer Totalrenovation unterzogen wurde. Fast täglich beschrieb er seiner Frau brieflich die Baufortschritte und Schwierigkeiten und erbat sich ihre Meinung zu seinen Verbesserungsvorschlägen. Den Krieg erwähnte er mit keinem Wort. Nach seinem Besuch auf der Schwengi bedauerte seine Ehefrau, dass er nach den «schönen stillen Tagen hier oben» in das «ungemütliche, ermüdende Durcheinander» an der Hebelstrasse zurückkehren müsse. Letzthin habe die Militärmusik «ein Ständchen» gespielt, «was eine hübsche Abwechslung» gebracht habe. Sie werde mit den Kindern nach Langenbruck gehen, wo «die ganze 4te Division heute Morgen vorbeiziehen» werde; dieses «Schauspiel» wolle sie sich nicht entgehen lassen.[3] Vor der Rückkehr der Familie meldete Paul Ganz, die wichtigsten Räume wie Bibliothek, Salon, Fumoir, Esszimmer, Boudoir und Kinderspielzimmer seien bezugsbereit und er freue sich auf das Wiedersehen.[4]

Die Generalmobilmachung im August 1914 war im Deutschschweizer Bürgertum oft wahrgenommen worden als erhebender Aufbruch der Schweizer Armee zum Schutz der Neutralität, in der Oberschicht auch in Identifikation mit Deutschland und einem begeisternden militärischen Heldentum. Die Männer rückten in der Regel als Offiziere ein, und viele Frauen wohlhabender Kreise engagierten sich im Rahmen der in den Städten entstehenden «zentralen Frauenhilfen». Paul und Beatrice Ganz-Kern gehörten ebenfalls zu diesen Kreisen. Im Briefwechsel berichtet Beatrice Ganz-Kern jedoch lediglich von einem Schauspiel für Gross und Klein, während sich Paul Ganz weiterhin für die Belange der Familie und des Berufs engagierte, ohne den Krieg überhaupt zu erwähnen. Wie ist dieses Verhalten zu interpretieren? Ein Blick auf die traditionellen Aktivitäten und Mentalitäten von Angehörigen des gehobenen Bürgertums soll zur Klärung dieser Frage beitragen.

Bürgerliche Familientraditionen und berufliches Engagement in Zürich

Paul Ganz (1872–1954) stammte aus einer alten Zürcher Familie und wuchs mit drei Brüdern in einem handwerklich-künstlerischen Milieu auf, geprägt von seinem Vater Rudolf Ganz-Bartenfeld. Dieser war berühmt für seine Porträtfotografien von Komponisten und Musikern.[5] Paul Ganz hatte sich nach einer zweisemestrigen Ausbildung als Kunstmaler zum Kunstgeschichtsstudium entschlossen und war im bürgerlichen Milieu Zürichs fest verankert. Bis ins hohe Alter traf er sich mit seinen «Kameraden» – so der traditionelle Ausdruck – in der «Gesellschaft der Schildner zum Schneggen», der «Gesellschaft der Bogenschützen», zudem waren die Männer der Familie Ganz Mitglieder der Zunft zum Widder.[6] Auch war er seit seiner Jugendzeit gemeinsam mit dem späteren Völkerrechtsprofessor Max Huber in den Kreis der vielfältig vernetzten und an Alt-Zürich interessierten Dichterin Nanny von Escher (1855–1932) eingebunden. Im Zusammenhang mit seiner Dissertation über die Anfänge der heraldischen Kunst in der Schweiz trat Paul Ganz der Schweizerischen Heraldischen Gesellschaft bei, in der er sofort als Mitglied der Redaktionskommission und später als Präsident fungierte. Das Engagement für Vereinsarbeit und gegenseitige fachliche und gesellschaftliche Vernetzung sollte eine Konstante im beruflichen Werdegang von Paul Ganz werden.

Seine ausgedehnten Vereins- und Vernetzungstätigkeiten entsprachen der Mentalität des im Bürgertum der Jahrhundertwende noch verwurzelten Konzepts des «gemeinsamen Nutzens». Öffentliches Engagement von Männern wie Frauen aufstrebender Kreise galt als selbstverständlich und nützlich auch für das eigene Fortkommen. Industrielle engagierten sich hauptsächlich in Projekten der Verkehrserschliessung, in der Unterstützung weiterführender Schulen oder in Gemeinde- und Schulbehörden.[7] Paul Ganz handelte gemäss dieser Tradition, wenn er sich als Vorkämpfer der Schweizer Kunstgeschichte in Zürich und später auch in Basel aktiv und intensiv dem Vereinswesen widmete. Das private Engagement für die Erhaltung und Erforschung der bildenden Kunst und des Kunst-

135

handwerks in der Schweiz war nach seiner Überzeugung Verpflichtung und auch Privileg der bürgerlichen Kreise, in denen er sich bewegte. Dass er im Rahmen dieses Engagements auch Aufträge wie das Anfertigen von Expertisen oder den An- und Verkauf von Kunstwerken übernahm, daran verdiente und sein repräsentatives Basler Palais wie ein Museum ausstattete, war selbstverständlich und erwünscht. Indem er die Popularisierung der Schweizer Kunst und die Vernetzung von Schweizer Künstlern, Kunsthandel und Forschung vorantrieb, nach Olten, Zürich, Bern und Basel an unzählige Sitzungen fuhr und Protokolle schrieb, neue Projekte auflegte und betreute, kam er seinem Lebensziel, «die Schweizer Kunst im In- und Ausland zu Ehren zu bringen», ein Stück näher. Gleichzeitig festigte er sein Renommee als «eigentlicher Repräsentant der Kunstgeschichte in unserem Lande».[8]

In Basels Museumspolitik und in der Guten Gesellschaft

Im Rahmen seiner Habilitationsarbeit über die mittelalterliche Glasmalerei in der Schweiz zog Paul Ganz nach Basel und amtete von 1902 bis 1919 als Konservator der Öffentlichen Kunstsammlung. Zur gesellschaftlichen Unterstützung gründete er die «Vereinigung der Freunde des Kupferstichkabinetts», die «Amerbach-Gesellschaft» und den «Hilfsverein zum Ausbau der graphischen Sammlungen des Basler Museums». Ab 1909 lehrte er zudem als ausserordentlicher Professor für Kunstgeschichte an der Universität Basel, wobei er sich auch in der Schweizerischen Vereinigung für Heimatschutz, dem Verband Schweizerischer Kunstmuseen und weiteren Gesellschaften aktiv betätigte.[9]

1910, nach seiner Ernennung zum ausserordentlichen Professor, heiratete der 38-Jährige die mit Basels führenden Familien verwandte 22-jährige Beatrice Kern (1888–1979). Beatrice Kerns Vater Eduard Kern (1856–1937) stammte aus einem reichen Ratsherrengeschlecht von Bandfabrikanten und war als Advokat und Notar tätig. Ihre Mutter Jenni Kern-His (1860–1943) stammte aus einer Dynastie von Seidenbandfabrikanten und Professoren; sie hatte das sogenannte Wild'tsche Haus am Petersplatz als repräsentatives Familienpalais in die Ehe eingebracht.[10] Die einflussreichen Basler Familien Sarasin, von der Mühll, Wertheimer und Burckhardt waren direkt mit den Kern und His verwandt.

Die weitreichenden Aktivitäten des in den «Daig» eingeheirateten Konservators aus Zürich, seine Ankäufe moderner und alter Zeichnungen und Radierungen und seine aktive Museumspolitik stiessen in der museumspolitisch engagierten Öffentlichkeit aber auch auf Widerstand, der Dissonanzen innerhalb der Basler Familien erzeugte und sichtbar machte.[11] Zu weiteren Spannungen trug das 1906 im Basler Kantonsrat beschlossene Projekt eines Neubaus des Kunstmuseums bei. Der Kampf um die Realisierung dieses Projekts wurde das berufliche Herzensanliegen von Paul Ganz. Als sich das Vorhaben zerschlug – der Bau wurde erst 1936 realisiert –, reichte er 1919 die Kündigung als Konservator der Öffentlichen Kunstsammlung ein und machte sich beruflich selbständig. In den folgenden Jahren arbeitete er für verschiedene private und öffentliche Projekte zur Erforschung und Inventarisierung von Kunstwerken und war zudem in der Forschung und Vermittlung von Kunstgeschichte tätig. 1929 – er war bereits 55 Jahre alt – wurde er schliesslich Ordinarius der Universität Basel für Geschichte der Kunst in der Schweiz und ihren Nachbargebieten.

Das Ehepaar als Arbeitsteam: Ehe als ideelle und emotionale Symbiose und gesellschaftliche Einheit

Es ist mir nicht bekannt, wie sich Paul Ganz und Beatrice Kern kennenlernten. Die Heirat brachte eine auswärtige Verbindung in die abgeschlossene Basler Gute Gesellschaft, was nicht unbedingt erwünscht war.[12]

135
Paul Ganz an einer Sitzung der Kommission historischer Kunstdenkmäler in Bern, gezeichnet von seinem Freund Robert Durrer 1916.

Die Alters- und Qualifikationsunterschiede zwischen den Eheleuten galten als üblich: Er war 38 Jahre alt, habilitierter Kunsthistoriker mit ausgedehntem Tätigkeitsfeld und weitgespannten Beziehungsnetzen in der deutschen wie in der welschen Schweiz. Sie war 22-jährig, hatte die Ausbildung einer höheren Tochter genossen, in Genf Französisch und in London Englisch gelernt und spielte sehr gut Klavier. Die Hochzeitsreise von Paul und Beatrice Ganz-Kern führte nach London, darauf bezog das Paar das Palais «Gyrenberg» an der Hebelstrasse 7 – ebenfalls aus dem mütterlichen Erbe –, wo sofort gegenseitige traditionelle Familienbesuche, längere Aufenthalte von Verwandten und Bekannten, Soireen und Zusammenkünfte aller Art stattfanden. Hans Ganz, der jüngere Bruder Pauls, wohnte während der Kriegszeit an der Hebelstrasse 7, wenn er nicht im Militärdienst weilte. 1910, 1912 und 1915 wurden die Kinder Paul Leonhard, Hans Rudolf und Beatrice geboren, 1922 folgte Peter Felix.

Beatrice Ganz-Kern arbeitete nicht in gemeinnützigen Vereinen mit, obwohl dies im Konzept des «Gemeinsamen Nutzens» für Ehefrauen ihrer Kreise wünschenswert gewesen wäre.[13] Sie blieb nach ihrer Heirat noch einige Zeit in die grosse Basler Verwandtschaft eingebunden, die alle Charakteristiken eines «Zweckverbands» zur Sicherung der Schichtprivilegien aufwies.[14] Selbstverständlich unterstützte sie die Karriere und die Engagements ihres Mannes. Gemeinsam war beiden Ehepartnern der starke Wunsch, im Rahmen der traditionellen Ordnung von ehemännlicher und ehefraulicher Rolle im reichen Bürgertum einen exklusiven Ort des Vertrauens, des Austauschs und der gegenseitigen Unterstützung zu schaffen. Im ganzen Briefwechsel sind gegenseitige Zuneigung und grundlegendes Vertrauen stark spürbar. Beatrice Ganz-Kerns allmähliche Ablösung von ihrer Herkunftsfamilie stiess jedoch auf gesellschaftliche und emotionale Widerstände. Tägliche Besuche bei den Eltern, regelmässige Familienzusammenkünfte, gemeinsame Ferien im Sommerhaus und so weiter galten innerhalb der Basler Guten Gesellschaft als nicht hinterfragbare Regeln, gegen die «man» nicht zugunsten der Realisierung eigener Interessen zu verstossen hatte.

Verbindend für das Ehepaar war auch die Schaffung eines eigenen Bekanntenkreises. Beatrice Ganz-Kern hatte vor ihrer Heirat in Genf bei Verwandten gewohnt und durch ihre Klavierlehrerin, die berühmte Pianistin Mme Chéridjean, Zugang zu Musikerkreisen erhalten. Paul Ganz seinerseits war schon aus Familientradition mit vielen Musikern bekannt, hatte sein Vater doch internationale Reputation mit seinen Fotoporträts von Ferruccio Busoni und Franz Liszt erlangt, und sein jüngerer Bruder Rudolph hatte 1899 bei Busoni in Berlin Komposition studiert.[15] Die vom Ehepaar – auch während des Kriegs – anlässlich von dessen Konzerten in Basel organisierten «Busoni-Essen» waren berühmt, auch Mme Chéridjean konzertierte 1917 in Basel. Gemeinsam baute das Ehepaar auch eigenständige Beziehungen zu den bäuerlichen und dörflichen Bewohnerinnen und Bewohnern in der Umgebung des Kern'schen Sommerhauses in Langenbruck auf, wo Paul Ganz schnell Kontakt und Vertrauen fand.

Die Rollenteilung des Ehepaars war traditionell. Sie war verantwortlich für den grossen Haushalt, das Personal – eine Köchin und Dienstmägde – sowie die Verwandtschaftspflege. Er bestellte in Hausvätermanier das Holz für die Öfen und beaufsichtigte die Handwerker bei Renovationsarbeiten.[16] Neben ihrer Rolle als Hausmutter fungierte Beatrice Ganz-Kern auch als Vertraute und Gehilfin ihres Mannes. Er berichtete ihr von wichtigen Sitzungen, teilte ihr seine Sorgen und Verstimmungen mit, sie kontrollierte die Finanzen, überwachte seine Termine, übersetzte seine Artikel ins Englische und unterstützte in der Regel seine Pläne. Bei seinen Aufenthalten im Ausland korrespondierten sie auch auf Französisch oder Englisch.

Krieg, Sieg und Niederlage in der beruflichen Öffentlichkeit

Während der gesamten Kriegsjahre beschäftigt sich der Briefwechsel des Ehepaars Ganz-Kern mit beruflichen und familiären Angelegenheiten. Für Paul Ganz war die Realisierung des 1906 beschlossenen Neubaus des Kunstmuseums zentral. Er sah sich im Kampf mit seinen Feinden – diese Metapher verwendete er häufig –, es ging um Sieg oder Niederlage bei der Auswahl eines Projekts für den Neubau. Nach der Schlussabstimmung 1916 im Grossen Rat meldete er: «Die Schlacht ist geschlagen und gewonnen; nach 12-jährigem Kampf sind die hartnäckigen Gegner unterlegen. Aber es war kein fröhlicher Sieg, sondern eine unerfreuliche Verhandelei.»[17] Im Frühling 1916 begutachtete die Baukommission Museumsbauten in Genf, Stuttgart, Berlin, Dresden und Nürnberg. In den Berichten dieser langen Reise durch Deutschland, an der auch Paul Ganz teilnahm, findet sich nur ein einziger knapper Hinweis zur Kriegssituation: das Restaurant des Kunstvereinsgebäudes Stuttgart sei «jetzt für die schwerverletzten Soldaten reserviert».[18] Die Verhandlungen zum Museumsneubau zogen sich nach 1916 weiter in die Länge, und Paul Ganz qualifizierte seine

136

«Feinde» immer abwertender. Über seinen Kollegen B. schrieb er, dieser sei ein «Reptil, das sich auch da durchzuwinden» verstehe.[19]

Beatrice Ganz-Kern unterstützte ihren Mann durchgängig und teilte seine Emotionalität, die massive Abwertung der Kritiker aus ihren eigenen grossbürgerlichen Kreisen wie auch die Kriegsmetaphorik. Sie verfolgte die Grossratssitzung 1916 aus ihrem Kuraufenthalt auf dem Albis – der Schwiegervater schickte ihr die «Basler Nachrichten» – und beschrieb ihm ihren «eigentlichen Wutanfall. [...] Der Sieg war wohl da, aber mir schien [er] ein schmählicher Sieg [...] Am allermeisten regte mich das Endresultat auf, also nochmals alles umarbeiten.»[20] 1918 aber, als die Situation unhaltbar geworden war, setzte sie ihrem hektisch agierenden Ehemann die Situation nüchtern auseinander: Es sei klar, dass er für sich «und damit auch für uns eine Änderung der Umstände schaffen» müsse. Das «Wie» werde aber erst die Zukunft lehren: «Sei Dir selbst zuerst ganz klar, was Du willst. Zieht dich die Wissenschaft am meisten, so arbeite auf eine Professur hin, zieht Dich das Expertisieren mehr, dann auf eine internationale Stelle, willst Du wieder die organisierende Tätigkeit, so sieh Dich darnach um, tu nur ums Himmels willen nicht wieder alles, sonst ist es ärger als zuvor.» Auch sei er nicht nur von Feinden umgeben, er habe sich auch «viele treue Freunde erworben» und Gewinn und Anregung erfahren. «Sei nicht bitter und nicht undankbar.»[21] Mit dieser Bilanz relativierte sie das polarisierende Freund-Feind-Schema, das die eheliche Verbundenheit während Jahren betont und eine gewisse Distanzierung von den gesellschaftlichen Zwängen des «Daig» ermöglicht hatte. Als Beatrice Ganz-Kern diese Zeilen im Februar 1918 schrieb, forderten die letzten grossen Schlachten an der Ost- wie an der Westfront Zehntausende von Toten, und in der Schweiz reagierte der Bundesrat auf Hungerdemonstrationen und Proteststreiks mit einem Aufgebot von Reservetruppen. Sie jedoch teilte die schichtspezifischen Überzeugungen von der Unveränderbarkeit der bisherigen Ordnung und brachte sie in den ehelichen Diskurs über die ungeschmälerten Chancen des Ehemanns als Ernährer ein.

Familiärer Krieg und ehelicher Friede

Während der Kriegszeit grenzte sich Beatrice Ganz-Kern zunehmend von ihrer Herkunftsfamilie ab. Diese Entwicklung galt als unerwünscht in einem Milieu, wo Familienrituale und repräsentative gesellschaftliche Verpflichtungen der Aufrechterhaltung der geschlossenen Gesellschaft und ihrer Privilegien dienten. Die Sommerwochen verbrachte sie regelmässig im grossen Ferienhaus ihrer Eltern auf der Schwengi bei Langenbruck, gemeinsam mit ihrer Schwester und deren Kindern. Eltern, Tanten und Onkel und zahlreiche weitere Verwandte und Bekannte stiessen jeweils im Lauf der Wochen hinzu, manchmal auch Paul Ganz. «Landgräfin, werde hart!», ermahnte er 1915 seine Ehefrau mit einem populären Zitat, als sie sich über die Disziplinierungsversuche ihrer Mutter ärgerte.[22] «Eine Frau von Deinem Wesen hat das Recht auf Selbständigkeit», bestärkte er sie und empfahl ihr, sie solle ihre Angst, andere zu verletzen, besiegen.[23] Die Abgrenzungsbemühungen schienen zu fruchten. Sie merke einfach, schrieb sie ihm 1918, dass sie beide in einem anderen Milieu lebten. Die «ewig gleichen Gesprächsthemen» von Mutter und Schwester langweilten sie sehr.[24] Dieser Prozess der Emanzipation von den Traditionen der Herkunftsfamilie und die Identifikation mit der ehelichen Partnerschaft schufen Freiräume und eröffneten Möglichkeiten der Individualisierung, die im Milieu der Guten Gesellschaft für Frauen nicht selbstverständlich waren.

136
Beatrice Ganz-Kern als jung Verheiratete 1910.

205

Als emotional verbunden erlebte sich das Ehepaar auch in der gegenseitigen Unterstützung in depressiven Phasen, die bei beiden auftraten. Paul Ganz hatte ein grosses Arbeitspensum zu bewältigen und fühlte sich aufgrund der Konflikte an seinem Arbeitsplatz oft so angespannt, dass er körperlich krank wurde. In solchen Phasen zog er sich zurück, häufig zur Kur auf den Albis, in die Nähe der alten Vertrauten Nanny von Escher und der Zürcher «Kameraden». Seine Ehefrau unterstützte ihn voll. «Wie froh bin ich, dass es dir wieder besser geht», schrieb sie ihm im Mai 1918. «Ich weiss es so gut, wenn Du die körperliche Müdigkeit und die nervöse Anspannung überwunden hast, und das tust Du sicher, wenn Du während einer Woche viel schläfst, so kommt Dein Selbstvertrauen wieder zurück; das darfst Du nicht verlieren!»[25] Das gleiche gestand er auch seiner Frau zu. «Wer sich kein Eiland schafft, auf das er sich von Zeit zu Zeit flüchten kann, verliert die persönliche Widerstandskraft, das heisst, die Energie. Du musst sie Dir wahren und stärken.»[26] Für beide Ehepartner war in depressiven Phasen das Bedürfnis nach Distanz wichtiger als dasjenige nach Zusammensein. Im reichen Bürgertum war dies auch während der Kriegszeit realisierbar. Kur- und Badeaufenthalte galten als selbstverständlich, während sich für breite Kreise aufgrund des Auseinanderklaffens von Löhnen und Teuerung die materielle Not immer mehr verschärfte. Anlässlich eines Aufenthalts in Beatenberg, konfrontiert mit der kritischen Situation in der Hotellerie, lehnte Paul Ganz zur Diskussion stehende Unterstützungsmassnahmen als «Tendenz zur Verstaatlichung» kategorisch ab.[27]

Grossbürgerliche Alltagsgestaltung ohne Einschränkungen

«Der Krieg mit den Kleinen macht Dich zu sehr kaputt», stellte Paul Ganz im Januar 1915 fest. Seine Frau müsse sich dringend regelmässige freie Stunden organisieren. Während des alltäglichen Lebens habe er dies nicht bemerkt. «Ich komme immer erst auf solch vernünftige Gedanken, wenn ich aus Basels Grenzpfählen heraus bin und mich als ganz unabhängiger Mensch fühle.»[28] Das Organisieren von Fluchtpunkten aus dem Trott des Alltags, die geistigen Anregungen durch Lektüre, künstlerische Betätigungen und kulturelle Zusammenkünfte, die geografische Mobilität – regelmässige Sommeraufenthalte der Familie, individuelle Kuraufenthalte beider Ehepartner, Verwandten- und Bekanntenbesuche im Welschland, Wanderungen durch die Schweiz und Auslandreisen des Ehemannes – zeugten während der gesamten Kriegszeit von den intakten Chancen im reichen Bürgertum, sich persönlich zu entwickeln und das Leben harmonisch zu gestalten.

Die materiellen Bedingungen verschlechterten sich für die Familie Ganz-Kern während des Kriegs nicht. Dies war generell typisch für die höhere Mittel- und Oberschicht in der Schweiz – ausgeblendet blieb hier aber auch die steigende Not und der Mangel aufgrund der wachsenden Teuerung in breiten Kreisen der städtischen Bevölkerung. Paul Ganz wurde nicht ins Militär eingezogen und verdiente weiterhin im Rahmen der Vorkriegsjahre Geld – allein den Wert seiner Gemälde und Antiquitäten bezifferte er 1913 auf rund 217 000 Franken[29] – zudem profitierte sein Schwiegervater von der Kriegskonjunktur der Bandfabrikation.[30] So wurden ab dem Herbst 1917 die Rationierungsmarken erwähnt, aber sie waren für die Familie nicht existenziell. Die Zürcher Eltern Ganz schickten zu allen Festtagen Schokolade und Confiserien sowie Bernerwurst oder Salami. Zusätzlich zum grossen Gemüsegarten auf der Schwengi, den Beatrice Ganz-Kern mit Hilfe von Bauersleuten kultivierte, bezog sie von ihren ländlichen Bekannten zu niedrigen Preisen auch Holz, Gemüse, Kartoffeln und Eier, die in Basel gelagert respektive konserviert wurden. Tauschbeziehungen im gehobenen Segment unterhielt Beatrice Ganz-Kern auch mit ihrer Schwiegermutter. Diese besorgte in Zürich Kleiderstoffe für ihren Mann, Mundwasser, ein ledernes Portemonnaie und sorgte für Ersatz, als anlässlich einer Soiree an der Hebelstrasse ein gediegenes Rotweinglas zerbrach.[31] Das Nebeneinander von Haushaltorganisation inklusive grosser Wäsche und Frühjahrsputz, Pflege von Austauschbeziehungen, Besuchen im Verwandten- und Freundeskreis und kulturellen Aktivitäten blieb von den Bedingungen der Kriegszeit unberührt. Im gesamten Briefwechsel findet sich kein Hinweis auf ein gemeinnütziges Engagement zu Gunsten der unter Teuerung und Verelendung leidenden Mehrheit der Bevölkerung.

Kulturelle Identifikation mit dem Welschland

Der während des Kriegs klaffende Graben zwischen der Identifizierung mit Deutschland beziehungsweise Frankreich existierte für Paul und Beatrice Ganz-Kern nicht. Beide hatten langjährige Beziehungen zu kunstfreundlichen Kreisen im Welschland, besonders in Genf, und sprachen fliessend Französisch. Als Paul Ganz ab 1917 die Kündigung in Basel erwog, sah er seine beruflichen Perspektiven im Welschland, wo er in Ripaille bei Thonon auf der französischen Seite des

137

Genfersees die Sammlung Engel-Gros inventarisierte.[32] Paul Ganz ging davon aus, dass sie in den Genfer Kreisen um die Kern-Verwandtschaft und das Ehepaar Chéridjean nur gemeinsam – als Ehe- wie als Arbeitspaar – reüssieren würden, und brauchte seine Frau zur Beziehungspflege: «Ich zähle für meine Zukunft auf Genf, sogar sehr stark und weiss aus Erfahrung, wie viel Du zu meinem Gelingen beiträgst.»[33] Die Erwägungen, ob die Familie ebenfalls ins Welschland ziehen sollte, intensivierten sich während des Frühlings 1919. Eine angemessene Wohngelegenheit in Nyon war bereits gefunden und reserviert, als sich herausstellte, dass die Schiffsverbindung zwischen seinem Arbeitsort Thonon und Nyon nicht aufgenommen würde. Anfänglich hielt Ganz an einem Umzug fest: «Wir dürfen jetzt nicht zögern, sondern wir müssen das Neue fest zu nehmen suchen, denn es führt uns hinaus zur Freiheit, heraus aus einem Krötennest voll Ungeziefer und Geifer.»[34]

Die Bewahrung der Freiheit des Individuums war ein zentrales Anliegen des dominierenden Liberalismus. Freiheit nicht nur gegenüber dem Staat – fundamental für das Engagement der kulturellen Eliten – sondern auch gegenüber einem Milieu, das als behindernd und abwertend gegenüber den Bestrebungen um die Etablierung der «Schweizer Kunst» interpretiert wurde. Der politisch-kulturelle «Graben» zwischen deutscher und welscher Schweiz und die Identifikation mit Deutschland respektive Frankreich spielten im Engagement für «Schweizer Kunst» keine wesentliche Rolle. Beatrice Ganz-Kern ihrerseits agierte als frankophile Angehörige des Grossbürgertums und gleichzeitig als Ehefrau eines Mannes, der seine gesellschaftliche Position in Basel zu verteidigen hatte. Für ihre Herkunftsfamilie waren die Differenzen zu den in den Kunsthausstreit involvierten Basler Familien eher unangenehm, und durch einen Wegzug nach Genf stellte sie sich in einem gesellschaftlich akzeptierten Arrangement auf die Seite ihres Mannes. Schlussendlich jedoch blieb die Familie aus den oben erwähnten praktischen Erwägungen in Basel.

Trommelfeuer und «Aufständische»

Basel war als exponierte Garnisonsstadt während des Ersten Weltkriegs befestigt und dem Kriegsverlauf im Elsass oder den Vogesen zum Teil unmittelbar ausgesetzt. Der mögliche Einmarsch ausländischer Truppen wurde besonders 1914 als Bedrohung empfunden, während sich in den späteren Kriegsjahren auf dem Margarethenhügel jeweils zahlreiche Schaulustige einfanden, die «wie in einer Loge das Kriegstheater» im Norden verfolgten.[35] Der sicht- und hörbare Krieg in unmittelbarer Nähe – und doch aus sicherer Distanz beobachtet – wurde nach 1914 auch als Spektakel erlebt. Im Grossbürgertum wurden die Kriegshandlungen im benachbarten Ausland zudem als gesellschaftliche und emotionale Zumutungen interpretiert. So beschrieb Beatrice Ganz-Kern ihrer Schwiegermutter 1916 eine gediegene Einladung mit 16 Personen in ihrem Salon, wo sie mit einer Freundin konzertiert hatte. «Zum Tanzen ist man nicht aufgelegt, dazu war der Kanonendonner in den letzten Tagen wieder viel zu entsetzlich […] das muss sogenanntes Trommelfeuer gewesen sein, wo es oft eine ganze Stunde und noch länger ohne Unterbruch gedonnert hat. Die Nerven haben viel auszuhalten, auch ohne sich Rechenschaft zu geben, zehrt diese ewige Aufregung an einem.»[36] Der Krieg wurde hier als Störung der gewohnten Ordnung und als Minderung des persönlichen Wohlbefindens erlebt. Im gesamten Briefwechsel findet sich aber kein Anzeichen des Mitgefühls mit der betroffenen Bevölkerung oder den Hunderttausenden von Opfern in den Schützengräben.

137
Beatrice Ganz-Kern mit ihren Kindern
um 1914 im Garten des «Gyrenberg».

Eine ähnlich bürgerlich-distanzierte Haltung zeigte Beatrice Ganz-Kern auch den sozialen Unruhen in der Schweiz gegenüber. Eher ironisierend berichtete sie aus der Schwengi anlässlich einer gesamtschweizerischen Demonstration gegen die Teuerung Ende August 1917, die in Basel 15 000–20 000 Teilnehmende auf dem Marktplatz versammelte: ihre Basler Tanten würden sich aufregen, «dass die Aufständischen ihre Häuser plündern könnten!!!!!».[37] In Basel verschärften verschiedene Faktoren die allgemeine materielle und soziale Polarisierung. Die Lebensmittelversorgung war traditionell auf Einfuhren aus dem Elsass und Baden angewiesen. Ihr Ausbleiben war für den Grossteil der Bevölkerung extrem einschneidend, während sich Angehörige der Oberschicht weiter problemlos versorgten. Auf der politischen Ebene verhärteten sich die Fronten, wiederholt rückten Truppen in die Stadt ein. Die Bundesbehörden hielten die Nordwestecke des Landes für umsturzgefährdet und trafen politische und militärische Massnahmen. Die Spannungen führten im Generalstreik vom August 1919 zu harten Konfrontationen, welche fünf Menschen das Leben kosteten.[38] Die Oberschicht hatte bei diesen Auseinandersetzungen viel zu verlieren. «Aufständische» galten als Feinde und nicht als Parteinehmende für die Anliegen breiter Bevölkerungskreise, die kontinuierlich verarmten. Der Schutz des Privateigentums galt für das Bürgertum als eigentliche Aufgabe von Militär und Behörden.

Der Einbruch des Irrationalen im Krieg und seine Einbindung im Kunstwerk

Wichtige Hinweise auf seine Wahrnehmung des Ersten Weltkriegs finden sich in Paul Ganz' Schilderung der nordfranzösischen Schlachtfelder. 1919, anlässlich einer Reise nach Frankreich und England, traf er in Paris seinen Bruder Rudolph, der als Konzertpianist in Chicago lebte. Gemeinsam buchten sie eine zweitägige Führung an die ehemalige Westfront bei Soissons und Reims. «L'impression de la destruction n'est pas à décrire», schrieb er nach Hause. «On disait que des millions et des millions de mains dirigées par le diable, ont mis toute la force physique en action pour détruire non seulement ce que les hommes ont créé à travers les siècles, mais aussi la nature, la terre fertile, les bois, les cultures.»[39] Einen Tag später berichtete er aus London, er und sein Bruder hätten auf ihrer Besichtigungstour viele Dinge besprochen «and we were very happy both to be alone for a small number of hours».[40] In Paul Ganz' Augen war die Zerstörung von Menschen, Natur und Kultur die Tat einer teuflischen Macht, ein Ausbruch übermenschlicher, elementarer Gewalten, und nicht das Resultat des politischen Handelns von Menschen. In gleicher Weise charakterisierte er die deutsche Ardennenoffensive im Mai 1918 als den «tolle[n] Tod», der «in seinen Offensiven schwelgt, wie ein Irrsinniger an übermenschlicher Macht».[41]

Dies sind die beiden einzigen Briefstellen, die den Ersten Weltkrieg in mehr als einem Nebensatz thematisieren. Als Bildungsbürger identifizierte sich Paul Ganz mit der Fähigkeit des kultivierten Menschen, durch Ausblendung irrationaler Kräfte Zivilisation zu schaffen. In seinen Augen verunmöglichte die Beschäftigung mit dem unmenschlichen Kriegsgeschehen ganz direkt das bürgerliche Engagement – nicht verstanden als politische Teilnahme, sondern als Engagement zur Schaffung einer gemeinsamen kulturellen Grundlage in der Schweiz. Als Gelehrten hingegen faszinierten Paul Ganz die Erscheinungsformen des Irrationalen jahrzehntelang. In der bildenden Kunst konnten diese nach seiner Überzeugung erfasst, benannt und interpretiert werden. Besonders eng waren seine Beziehungen zu Ferdinand Hodler, dessen Bilder er regelmässig erwarb. Bei Hodlers Tod 1918 hielt er in Genf eine Trauerrede, «französisch, frei, ohne Papier. […] Alle standen unter dem Eindrucke, dass eine gewaltige Persönlichkeit, ein echt schweizerischer Mann von unbeugsamem Willen gestorben ist.»[42]

MANÖVER UND DIE HERREN OFFIZIERE

«Soeben ist [...] die Meldung gekommen, dass die Soldaten morgen die Schwengi räumen müssen»,[43] schrieb Beatrice Ganz-Kern im Mai 1917 aus dem stattlichen Sommerhaus der Familie Kern. Als Hausherrin hatte sie die Offiziere einige Wochen beherbergt. Nachdem sie sich «allerlei Rechte wieder gewahrt» habe, seien sie sehr gut ausgekommen – die vertraute schichtspezifische Bekanntschaftspflege empfand sie als angenehm. Nach einer mehrtägigen Abwesenheit fand sie die Offizierszimmer jedoch in «grässlicher Unordnung» vor. Sie und ihre Verwandten seien entsetzt zurückgeprallt, «weil wir glaubten, auf jedem Bett sitze einer, aber es waren nur Uniformstücke; man wusste nicht, wo die Betten aufhörten und wo die Uniformen anfingen. Dazu der Boden voll Druckschollen, Zündhölzchen, Wäschestücke, verschwitzte Socken, halboffene Offiziersköfferchen, Schachteln, Papier, schmutzige Gläser u. Tassen, ein wüstes Durcheinander. Weibliche Hände waren dringend nötig, die Herren waren aber auch wirklich sehr dankbar!» Disziplin und militärische Ordnung – auch in alltäglichen Verrichtungen – wurden den Truppen als soldatische Tugenden eingedrillt. Für Offiziere als Angehörige der auch politisch führenden Kreise galt dies jedoch nicht. Für ihren häuslichen Komfort hatten die Adjutanten – von Beatrice Ganz-Kern «Offiziershausfrauen» genannt – zu sorgen, die in dieser Manöversituation offenbar fehlten. Somit galt diese Arbeit in den Augen einer Angehörigen der Oberschicht als selbstverständliche Aufgabe der Frauen respektive ihrer Angestellten.

Heidi Witzig

138
Das Sommerhaus der Familie Kern auf der Schwengi bei Langenbruck, in dem im Ersten Weltkrieg auch Offiziere untergebracht wurden.

Ferdinand Hodler galt in der Deutschschweiz seit seinen Marignano-Fresken für das Landesmuseum als eigentlicher Botschafter der modernen liberalen Schweiz mit ihren bäuerlichen Wurzeln.[44] Paul Ganz bewunderte jedoch vor allem den idealistischen Ansatz in Hodlers Werk, der gerade im Welschland grossen Anklang fand. Ferdinand Hodlers Darstellung der «Nacht» (1890), die ihn berühmt gemacht hatte, stellte «das Stück Nacht, das der Mensch als intimsten Kern in sich trägt»[45] – so die Interpretation der Kulturhistorikerin Elisabeth Bronfen –, als verhüllte Gestalt ohne klare Konturen dar, malerisch fassbar und doch unfassbar. Hodlers weitere allegorischen Gemälde wie «Das Aufgehen im All» oder «Der Auserwählte», die im welschen aristokratischen Milieu grossen Anklang fanden, beschäftigten sich ebenfalls mit der Einbettung des Irrationalen in einen Gesamtzusammenhang. Auch die Werke Johann Heinrich Füsslis, deren Erforschung und Verbreitung sich Paul Ganz jahrzehntelang intensiv widmete, kreisen um die Erfahrung und Darstellungsmöglichkeiten des Irrationalen. Beide Künstler galten für ihn als prominente Vertreter der «Schweizer Kunst», das heisst, ihre Kunstwerke entsprachen demjenigen, was Paul Ganz unter Schweizer Kulturleistung verstand: dem kreativen und sinnstiftenden Umgang mit den Mächten des Elementaren in der Kunst als Voraussetzung für die bürgerliche Ordnung der Gesellschaft.

Fazit

Welche Überzeugungen und Mentalitäten prägen das Alltagserleben dieser Angehörigen des gebildeten Bürgertums während des Kriegs? Gemeinsam war der gesamten schweizerischen oberen Mittel- und Oberschicht das Fehlen der Erfahrung von materieller Not, Hunger und Verarmung sowie die Gewissheit der Kontinuität des gehobenen familialen Alltags. Männer und Frauen aus Kreisen der Industrie und Politik mussten sich jedoch notgedrungen mit den Folgen des Kriegs für die betroffenen Bevölkerungskreise auseinandersetzen. Die Männer organisierten sich in Parteien und Kartellen, um sich an diesen Auseinandersetzungen zu beteiligen, sei es im Sinn des Ausgleichs oder der Konfrontation; die Frauen engagierten sich in Werken der gemeinnützigen «Frauenhilfe». Paul Ganz war Angestellter und teilweise Freiberufler, dessen Aktivitäten sich im Wesentlichen unabhängig von Konjunktur, sozialen Kämpfen und dem Kriegsgeschehen exklusiv innerhalb seines eigenen Milieus abspielten. Innerhalb des Briefwechsels mit seiner Frau, der auf die Intimität des Zusammenlebens und des Zusammenarbeitens für seine Karriere fokussierte, hatten Themen ausserhalb dieses Engagements keine Relevanz. Zugleich war das Milieu der beruflich wie gemeinnützig kulturell und kulturpolitisch Engagierten auch grenzüberschreitend. Die Verbindungen nach Zürich, nach Basel, zum Welschland, zu Deutschland und England vereinten Gleichgesinnte über Sprach- und Kriegsbarrieren hinweg. So spielte auch die Identifikation mit der Schweizer Armee, mit Neutralität und Vaterland, die andere bürgerliche Milieus stark prägte, keine wesentliche Rolle, ebenso wenig die Identifikation mit Deutschland, die in Kreisen der Basler Oberschicht stark dominierte. Die Ausblendung von Gewalt und Krieg im Ausland war Folge eines Gesellschaftsentwurfs, der die Macht des Staats bezüglich Verhinderung von elementaren Gewaltausbrüchen bezweifelte. Proteste, Streiks und Demonstrationen im Inland hingegen galten in dieser Sicht als Angriffe auf die bürgerliche Ordnung, die von Polizei, Militär und Politik bekämpft werden mussten.

1 Zentralbibliothek Zürich, FA Ganz 31. 66/2. Der Nachlass umfasst noch zahlreiche weitere Korrespondenzen beruflicher Art.
2 Sarasin, 127, 216, 397, 429.
3 FA Ganz 31, Schwengi 14. Okt. 1914.
4 FA Ganz 66/2, Basel 22. Okt. 1914.
5 Während sein Bruder Emil (1879–1962) das väterliche Geschäft weiterführte und einer der ersten Filmpioniere wurde, wurde Rudolph (1877–1972) Musiker und war lange Dirigent des Chicago Symphony Orchestra; der jüngste Bruder Hans (1890–1957) war Maler und ein bekannter Schriftsteller. Vgl. HLS Ganz.
6 Tanner, Arbeitsame Patrioten, 434.
7 Vgl. Witzig, 290–305.
8 Nekrolog Prof. Dr. Paul Ganz-Kern 5. Juli 1872 bis 28. August 1954. o. J., 21f.
9 Ab 1900 Mitarbeit in der Gesellschaft zur Erhaltung historischer Kunstdenkmäler, 1905 Mitbegründer der Schweizerischen Vereinigung für Heimatschutz, 1908 Mitbegründung des Verbands Schweizerischer Kunstmuseen. Weitere Vernetzungstätigkeiten betrafen die Zusammenarbeit mit lokalen, kantonalen und eidgenössischen Behörden. Die grossen Forschungs- und Archivierungsvorhaben wie etwa die «Kunstdenkmäler der Schweiz» waren ohne diese Zusammenarbeit nicht denkbar. Auch bei internationalen Zusammenschlüssen war Paul Ganz später in der Zwischenkriegszeit an vorderster Front aktiv.
10 www.waymarking.com/waymarks/WMFC2Q-Wildtsches-Haus-Basel-Switzerland; www.denkmalpflege.bs.ch/aktuelles/beispiele/hebelstrasse_7.
11 FA Ganz 77, «Aufzeichnungen über meine Kunstsammlung», von Paul Ganz.
12 Für die Basler Gute Gesellschaft: Blosser/Gerster, 84–87.
13 Tanner, Arbeitsame Patrioten, 429.
14 Blosser/Gerster, 224, 121.
15 HLS Ganz, Rudolf: Ganz, Rudolph.
16 FA Ganz 31, Schwengi 9. Mai 1918.
17 FA Ganz 66/2, Basel 28. Jan. 1916.
18 FA Ganz 66/2, Stuttgart 2. April 1916.
19 FA Ganz 66/2, Basel 14. Juli 1916.
20 FA Ganz 31, Albis 30. Jan. 1916.
21 FA Ganz 31, Albis ob Langnau 14. Feb. 1918.
22 «Der Acker der Edlen» von Wilhelm Gerhard (1780–1858): «Landgraf, werde hart!»
23 FA Ganz 66/2, Basel 8. Okt. 1914.
24 FA Ganz 31, Schwengi 25. Mai 1918.
25 FA Ganz 31, Schwengi 9. Mai 1918.
26 FA Ganz 66/2, Genf 11. Jan. 1915.
27 FA Ganz 66/2, Beatenberg 14. Juli 1915.
28 FA Ganz 66/2, Genf 11. Jan. 1915.
29 FA Ganz 70.
30 FA Ganz 31, Schwengi 25. Mai 1918.
31 FA Ganz, Basel 29. März 1917
32 1920 erschien der Katalog, darauf wurde die Sammlung in mehreren Auktionen versteigert.
33 Ganz 66/2, Genf 28. Juni 1917.
34 FA Ganz 66/2, Genf 22. Mai 1919.
35 Teuteberg, S. 362.
36 FA Ganz 31, Basel 29. Feb. 1916.
37 FA Ganz 31, Schwengi 29. Aug. 1917. Burckhardt u. a., 65.
38 Burckhardt u. a., 65–68.
39 FA Ganz 66/2, Paris 14. Juni 1919.
40 FA Ganz 66/2, London 15. Juni 1919.
41 FA Ganz 66/2, Basel 29. Mai 1918.
42 FA Ganz 66/2, Genf 24. Mai 1918. «Ich besuchte Frau Hodler am Tage nach dem Begräbnis und sie erzählte mir die schwere Zeit der letzten Tage und Nächte, auf die dann der ruhige Tod folgte.»
43 FA Ganz 32, Schwengi 11. Mai 1917.
44 Witzig, 319f.
45 Bronfen, 158f. Ferdinand Hodler hatte öffentlich gegen die Bombardierung der Kathedrale von Reims 1914 protestiert, worauf Deutschland ihm sämtliche Auszeichnungen aberkannte. Im Briefwechsel Hodler–Ganz finden sich eventuell auch Hinweise auf eine Stellungnahme von Paul Ganz.

TEIL III

NEUTRALITÄT, HUMANITÄRE DIPLOMATIE UND ÜBERFREMDUNGSANGST

Schweizer Neutralität(en) zur Zeit des Ersten Weltkriegs
Von der schwierigen Umsetzung eines umstrittenen Konzepts

Carlo Moos

Neutralität ist ein Fundamentalproblem der Schweizer Geschichte, wenn man will seit Marignano 1515, spätestens aber seit ihrer Anerkennung im zweiten Pariser Frieden von 1815. Erneut zur Diskussion stand sie in der Regenerationszeit und während der Einigungskriege der zweiten Hälfte des 19. Jahrhunderts, sodann in beiden Weltkriegen des 20. Jahrhunderts, im ersten ausgeprägt im Krieg selbst, im zweiten vor allem nachträglich und mehr von aussen erzwungen als aus eigenem Bedürfnis. Besonders umstritten war und ist die Auslegung der Neutralität, wenn es um das Verhältnis zu übernationalen Organisationen geht, von der Heiligen Allianz über den Völkerbund zur UNO und zu allem, was im Zusammenhang mit dem Projekt «Europa» steht.

Neben Realisierung und Kommunizierung der Neutralität nach aussen stellt sich das Problem ihrer mentalen Verankerung im Inneren des Landes. Diesbezüglich zeigen sich immer wieder nicht nur Unterschiede zwischen (progressiveren) Städten und (konservativeren) Landschaften, sondern vor allem zwischen den Sprachregionen. Hier drifteten und driften die Wünsche und Stellungnahmen wiederholt auseinander, wobei die französisch- und italienischsprachige Schweiz oft, aber nicht immer, eine Einheit bilden, was sich in einem anderen Abstimmungsverhalten als dem der Deutschschweiz in aussenpolitischen Fragen zeigt. So erweist eine Studie des Bundesamtes für Statistik eine verblüffende Ähnlichkeit im Abstimmungsverhalten der Landesteile zwischen der (positiv ausgegangenen) Volksbefragung über den Beitritt zum Völkerbund 1920 und der (negativ ausgefallenen) zum EWR-Beitritt 1992, als sich die französischsprachigen Kantone im Gegensatz zu den deutschsprachigen beide Male sehr deutlich zustimmend äusserten. Die Studie gelangt zum Resultat, dass der Sprachengegensatz seit dem Ersten Weltkrieg immer weniger mit Problemen des Föderalismus verbunden ist, sondern sich seit der Völkerbundabstimmung mehr und mehr auf das Feld der Aussenbeziehungen verlagert hat.[1]

Was den Ersten Weltkrieg direkt anbelangt, war – so viel vorweg – auf der Staatslenkungsebene, und zwar auf der politischen wie der militärischen, grundsätzlich allen Verantwortungsträgern klar, dass die Neutralität (fast) um jeden Preis gewährleistet sein müsse. In der Praxis konnten allerdings persönliche Sympathien – nicht anders als bei der Gesamtheit der Bevölkerung – mehr oder weniger deutlich durchscheinen, am stärksten bei General Wille mit seinem preussisch-deutschen Beziehungsnetz. Demgegenüber agierte die Landesregierung, obwohl mehrheitlich ebenfalls deutschfreundlich, konsequenter und geschlossener, möglicherweise weil die sprachlichen Minderheiten mit Camille Decoppet aus der Waadt, dem Tessiner Giuseppe Motta und dem Rätoromanen Felix Calonder markant vertreten waren. Andererseits ist vom an sich korrekten, aber der deutschen Kriegspartei zugeneigten Bundesrat Arthur Hoffmann die grösste Neutralitätskrise dieser Jahre ausgelöst worden. Nicht zufällig wurde er in der Folge durch den Ententefreundlichen Genfer Gustave Ador abgelöst.

139
Die Postkarte vom Frühling 1916 illustriert den Balanceakt, den die Neutralität angesichts der Fragilität ihrer inneren Beschaffenheit und der Schwierigkeit ihrer Lage zwischen den Kriegsparteien für die Schweiz darstellte.

— Il n'y a pas de pire aveugle que celui qui ne veut pas voir.

Neutralität ist ein schwieriges und fluides Konzept. Wenn der Schweizer Landesregierung zur Zeit des Ersten Weltkriegs unabhängig von der Herkunft ihrer Mitglieder aus der Westschweiz, der Ostschweiz oder dem Tessin klar war, dass die Neutralität angesichts der Zerrissenheit des Landes und der Fragilität seines Zusammenhalts konsequent durchgehalten werden musste, fanden sich ein knappes Jahrhundert später konträre Vorstellungen bis in den Bundesrat hinein. So verstand Micheline Calmy-Rey unter «aktiver» Neutralität fast ihre ganze Aussenpolitik, während ihr Kollege Christoph Blocher Neutralität «umfassend» gesehen haben wollte und gegenüber «Europa» den Alleingang propagierte. Die im politischen Alltag praktizierte Neutralität bewegt sich in der Regel aber zwischen diesen Polen.

Spielarten der Neutralität
Die *militärische Neutralität* ist ihre klassische Form gemäss den Haager Abkommen von 1907 und definiert sich als Nichtteilnahme an Kriegen anderer Staaten und als Gleichbehandlung aller Krieg führenden.

Die *politische Neutralität* ist schillernd, zumeist mit einem hohen Anspruch versehen («ständig», «immerwährend», «ewig», «uneingeschränkt», «bedingungslos», «umfassend»), aber dennoch zeitbedingt. Im Kontext des entstehenden Völkerbunds wurde sie seit 1920 als «differenziell» interpretiert und ermöglichte die Teilnahme an Wirtschaftssanktionen. In der Agoniephase des Völkerbunds und explizit ab 1938 wurde sie wieder «integral», eine Qualifizierung, die erst in den Debatten um die Sanktionen gegen Italien wegen des Überfalls auf Abessinien formuliert wurde.

Wirtschaftliche Neutralität ist real nicht praktikabel, wie das Verhalten der Schweiz schon im Ersten und noch deutlicher im Zweiten Weltkrieg als Finanzdrehscheibe, Gotthard-Transitland, Rüstungsexportland und so weiter gezeigt hat.

Gesinnungsneutralität ist in demokratischen Gesellschaften streng genommen undenkbar, kann aber – wie im Ersten Weltkrieg – in Bezug auf öffentliche Äusserungen mit Zensurmassnahmen erzwungen werden.

Grundsätzlich problematisch bleibt, dass Neutralität die selbstdefinierte Willensbekundung eines Staates ist, deren Wahrnehmung und vor allem deren Anerkennung nicht erzwungen werden kann, unabhängig davon, wie selbstbewusst sie präsentiert wird. Ein krasses Beispiel ist die Missachtung der belgischen Neutralität durch das Deutsche Reich bei Kriegsbeginn im August 1914.

Carlo Moos

140
Die Karikatur aus der Westschweizer Satirezeitschrift «L'Arbalète» vom 1. April 1917 erinnert an das von der deutschen Soldateska 1914 brutalisierte neutrale Belgien, von dem sich die anderen Neutralen in eigennütziger Blindheit abwenden, obwohl ihnen das gleiche Schicksal widerfahren könnte.

Die unterschiedlichen Schweizer Selbstverständnisse als Herausforderung für jede Neutralitätspolitik

Feierliche Proklamationen wie die Neutralitätserklärung des Bundesrats vom 4. August 1914 sind eine Sache, eine andere ihre Umsetzung und Akzeptanz innerhalb und ausserhalb des Landes. Hier erscheint der Erste Weltkrieg als Wasserscheide in Bezug auf das Selbstverständnis der Sprachregionen, die selten so verschieden waren wie in diesen dramatischen Jahren. Mit der Metapher vom «Graben» (französisch «fossé») wurde ein Spannungsverhältnis umschrieben, welches das Land entlang seiner Sprachgrenze spaltete, weil die Deutschschweizer mehrheitlich mit der deutschen, die Westschweizer mehrheitlich mit der französischen Kriegspartei sympathisierten.

Sofort nach Kriegsbeginn 1914 bildete sich um den an der Universität Zürich lehrenden Bündner Theologen Leonhard Ragaz ein Kreis von Brückenbauern über diesen Graben, zu dem auch Paul Seippel, Mitarbeiter des «Journal de Genève» und Französischprofessor an der ETH Zürich, gehörte. Dieser organisierte Mitte November 1915 in Bern eine Hochschuldozenten-Tagung, an der es um die intellektuelle Unabhängigkeit des Landes ging. Da es keine Schweizer Kultur gebe, die sich selber genüge, müsse das Land «un centre de culture européenne marquée à l'empreinte helvétique» sein, weder exklusiv deutsch noch exklusiv französisch, sondern mit «fenêtres ouvertes sur tous les points de l'horizon». Daraus leitete Seippel eine Art intellektuelle Neutralität aus einem höheren, gesamtschweizerischen Interesse ab und propagierte eine «Eigenart», deren Kern darin bestehe, dass das Land eine «petite Europe réconciliée» darstelle.[2] Ragaz seinerseits rief an der gleichen Tagung dazu auf, «das Eigene» festzuhalten, das im Internationalismus statt im destruktiven Nationalismus bestehe.[3]

Ein früher Höhepunkt der Versuche, den Graben zu überwinden, war Carl Spittelers Zürcher Rede «Unser Schweizer Standpunkt» vom 14. Dezember 1914. Zentral war seine Überlegung, dass im Interesse des Landes und angesichts von dessen innerer Zerrissenheit eine Neutralität der Gesinnung vonnöten wäre; eine Perspektive, die Ragaz im August 1914 vorwegnahm, als er von der Verpflichtung zur «wirklichen» Neutralität sprach, die für die Schweiz Vermittlung und nicht Parteinahme bedeuten müsse.[4] Diese in der Intention des kämpferischen Theologen aktive Friedenspolitik ging freilich über das hinaus, was der Dichter Spitteler wollte, der sich primär um den Zusammenhalt des Landes sorgte. Auf das Konzept der *Willensnation* anspielend, fragte er, ob man «ein schweizerischer Staat bleiben» wolle, «der dem Auslande gegenüber eine politische Einheit» darstelle. Wenn es so sei, müsse man sich inne werden, dass alle jenseits der Landesgrenze Nachbarn, alle diesseits aber «mehr als Nachbarn, nämlich unsere Brüder» seien. Der Unterschied sei «ein ungeheurer», könne der beste Nachbar doch «mit Kanonen auf uns schiessen». Neutralität bedeute in diesem Kontext «nach allen Seiten hin die nämliche Distanz zu halten», was leichter gesagt als getan sei. Das Schwierige an der neutralen Position lag 1914 darin, dass die Unterscheidung von politischer Neutralität und Gesinnung problematisch geworden war: «Mit elenden sechs Zeilen unbedingter Parteinahme» könne sich jeder in Deutschland Ruhm, Ehre und Beliebtheit holen, während man «mit einer einzigen Zeile» sein Ansehen verwirken könne. Im Grunde empfinde «kein Angehöriger einer kriegführenden Nation eine neutrale Gesinnung als berechtigt», und selbst ein gerechtes Urteil werde als Parteinahme für den Feind ausgelegt. Dennoch seien die Feinde des Deutschen Reiches keinesfalls «unsere Feinde» und nicht «nach der Maske zu beurteilen, die ihnen der Hass und der Zorn aufgesetzt» habe. Alldem gegenüber «täte verstärkter Geschichtsunterricht

141
Die Spielkarte – eine Karikatur aus dem «Nebelspalter» vom November 1917 – interpretiert den «Graben» zwischen der Deutsch- und der Westschweiz als eine Spaltung des Landes in zwei gleichwertige Hälften, die sich in ihren Lebensgewohnheiten und auswärtigen Beziehungen aber diametral gegenüberstehen.

Eine symbolische Darstellung.

Die beste Möglichkeit, bei uns seine Sympathien zu zeigen

(Zeichnung von S. Boscovits jun.)

Deutscher Dackel — Engl. Dogge — Russ. Windhund — Ital. Windhund — Franz. Pintscher

Aber auch das kann zu unliebsamen Auftritten Anlaß geben.

142

gut». Nicht nur Sempach und Morgarten, auch der Sonderbundskrieg und der Neuenburgerhandel gehörten zur Schweizer Geschichte – womit auf von aussen erhaltene Unterstützung, so auf den «mehr als einmal» erfahrenen englischen Schutz, verwiesen wurde. «Wir Schweizer» hätten andere Begriffe vom Wert kleiner Nationen und Staaten. Die Serben seien «keine ‹Bande›, sondern ein Volk», und das «erwürgte» und «verlästerte» Belgien gehe uns durch sein unglückliches Schicksal besonders viel an. Vor allem müsse man mit mehr Bescheidenheit auftreten, nicht zuletzt wegen des «Wohlbefindens», dessen man sich erfreue, «während andere leiden». Deshalb sollten «die patriotischen Phantasien von einer vorbildlichen […] Mission der Schweiz» möglichst leise gehalten werden. Der richtige neutrale Schweizer Standpunkt sollte sein, angesichts des vorüberziehenden Leichenzugs den Hut abzunehmen. Wohin man horche, höre man «den Jammer schluchzen», und dieser töne «in allen Nationen gleich».[5]

Spittelers Standpunkt-Rede war nicht nur eine eindrückliche Leistung, die mit ihrer sprachlichen Bildkraft über den Moment hinauswies, sondern auch ein Zeugnis persönlichen Muts. Der Dichter, der vorher in Deutschland viel Resonanz gefunden hatte, nahm in einer Kriegsphase, in der alle Beteiligten noch mit dem eigenen Triumph rechneten, nur das allgemeine Elend wahr. Neben der Betonung der nationalen Einheit kennzeichnet die Rede eine stark visionäre Komponente, die das Land in fast mythische Höhen hob, wo es eine beispielhafte zivilisatorische Rolle spie-

La réconciliation

— Allons, embrassez-vous, et que tout ça finisse.

143

len sollte.⁶ Von da wäre der Schritt zur Insel des Friedens, als welche viele Schweizer ihr Land gerne sahen und immer noch sehen, nicht weit gewesen, wobei Spitteler dieses Bild gerade nicht einsetzte, weil der «richtige» Schweizer Standpunkt für ihn mit einem übernationalen Auftrag verbunden war. Indessen wurde auch er, wie all jene, welche die Zukunft aus ihren Visionen zu gestalten hofften, von der Realität eingeholt. Trotz der ihm 1915 verliehenen Lausanner Ehrendoktorwürde und dem ihm 1919 zuerkannten Literatur-Nobelpreis interessierte sich nach seinem 1924 erfolgten Tod kaum mehr jemand für diesen Dichter.

142
«Die beste Möglichkeit, bei uns seine Sympathien zu zeigen.» Im August 1915 karikiert der «Nebelspalter» die Vorstellung, dass Hunde den Charakter ihrer Halter spiegeln und dass sie zur Illustration politischer Sympathien eingesetzt werden können; was aber – obwohl Hunde bekanntlich die besseren Menschen sind –, wie hier gezeigt, nicht immer zufriedenstellend ausfällt.

143
Der Lausanner Karikaturist Charles Clément scheint auf dieser Postkarte von 1916 den trotzigen Deutschschweizer Bengel für die Tränen der weinenden Westschweizer Kinder verantwortlich zu machen. Eine den Streit schlichtende Mutter Helvetia hat in Wirklichkeit leider gefehlt.

DIE SCHWEIZ ALS «INSEL»

144

Die Vorstellung der Schweiz als Insel des Friedens in einem Meer von Gewalt ist oft anzutreffen und war in den Weltkriegen des 20. Jahrhunderts auch zur Illustration ihrer Neutralität beliebt. Eine eindrückliche Variante der Metapher ist die alpine Friedensinsel, wie sie im Votivbild von 1921 zum Dank für die Errettung der Schweiz vor den Gräueln des Weltkriegs in der unteren Ranftkapelle erscheint. Aus einem Meer von Schädeln ragt ein Gebirge, auf dessen Gipfel der kniende Bruder Klaus seine Arme zur Fürbitte ausstreckt.[7]

Abgesehen davon, dass es sich beim Insel-Bild um ein Identitätskonstrukt handelt, das den Topos des Sonderfalls und der Auserwähltheit zelebriert,[8] aber prosaisch auch Massnahmen der Abwehr von Missliebigen rechtfertigt, wurde im Ersten Weltkrieg mit ihm ein Zustand geschönt, der von schweren Konflikten wie dem West-Ost-Graben und grossem Elend in den durch Aktivdienst, Teuerung und Arbeitslosigkeit gebeutelten Unterschichtsfamilien gekennzeichnet war. So wurde die Insel-Idylle ad absurdum geführt.

Die Insel-Ideologie lässt sich auch in Konnotationen einsetzen, die ein Engagement jenseits der Grenzen erfordern. Insofern passt sie in alle Isolationismusphasen der Schweizer Geschichte. Dagegen sahen sich die Sympathisanten der Revolutionen von 1848 gerade nicht auf einer Insel, sondern verstanden sich als Teil einer übernationalen Bewegung, von der sie annahmen, dass ihr die Zukunft gehöre. Die Tagsatzung war allerdings gut beraten, das ihr im April 1848 vom Königreich Sardinien angetragene Abkommen abzulehnen. Es hätte das noch ungefestigte und aus einem Bürgerkrieg hervorgegangene Staatswesen in den (verlorenen) norditalienischen Krieg gegen Österreich geführt. Erst recht musste während des Ersten Weltkriegs angesichts einer noch gravierenderen Zerrissenheit jede Verwicklung des Landes vermieden werden. Das Bild der Insel kam dafür gerade recht, umso mehr, als sie gefährdet war.[9]

Carlo Moos

144
«Über den Kriegswolken». Die nicht unkritische Postkarte illustriert – trotz Sonnenschein – eine beengte Insel-Idylle, von drohenden Wolken umringt. Die den Ereignissen fast abgewandte, sorglose Ziege nimmt im Gegensatz zum nachdenklichen Hüterjungen die Bedrohung nicht wahr.

145

146

Trotz solchen Einheitsbeschwörungen liess sich der Graben zwischen der West- und der Deutschschweiz während des Kriegs nie wirklich überwinden, was angesichts der erstarrenden Fronten in den Krieg führenden Ländern nicht erstaunt. Höchstens liess er sich halbwegs «neutralisieren», wobei es wiederholt zu Eruptionen kam, deren wichtigste damit zusammenhingen, dass die Armeespitze entschieden deutschlastig war und der «soziale Graben» in den Sprachregionen unterschiedlich konnotiert wurde. Was die militärische Dimension anbelangt, ist insbesondere die sogenannte Oberstenaffäre vom Jahreswechsel 1915/16 zu erwähnen. Die Weitergabe von Materialien aus dem Generalstab an die Militärattachés der Mittelmächte durch zwei Deutschschweizer Obersten stellte eine klare Neutralitätsverletzung dar und wurde von den Westschweizern mit Bitterkeit und Wut kommentiert.

Kaum erstaunlich, hatte die Affäre eine Vertrauenskrise gegenüber der Armeeführung zur Folge. General Wille qualifizierte die Angelegenheit weder als Verbrechen noch als schweres Vergehen, sondern als «grobe Taktlosigkeit, die keinerlei nachteilige Fol-

145
Der Westschweizer Karikaturist Charles Clément prangert auf dieser Postkarte von 1916 die dubiose geheimdienstliche Zwischenzone der Oberstenaffäre an, auf der nur der «preussische» Empfänger der geheimen Botschaft sichtbar wird, während sich sein Informant hinter einem Schweizer Bühnenvorhang versteckt.

gen weder für unser Land noch für irgendeinen unserer Nachbarstaaten haben» könne.¹⁰ Dass die beiden Obersten lediglich durch Versetzung aus dem Generalstab bestraft wurden, wie es der General wollte, liess sich nach Protesten seitens der Entente allerdings nicht halten. Zwar wurden sie vom Divisionsgericht Ende Februar 1916 freigesprochen, in der Folge aber von der Militärbehörde disziplinarisch bestraft und vom Bundesrat ihrer Funktionen enthoben.

Was den «sozialen Graben» betrifft, war der Landesstreik vom November 1918 ein vornehmlich deutschschweizerisches Phänomen, dem die Westschweiz, in der man sich über den Sieg der Entente freute und die Revolution in Deutschland fürchtete, eher passiv gegenüberstand. Es war denn auch die deutschfreundliche Armeeführung, welche die entscheidende Provokation in Zürich inszenierte; zwar war der Krieg entschieden, aber europaweit stand nun die Angst vor der Bolschewisierung im Vordergrund. Nicht zu Unrecht meinte Ragaz später, die «grösste Gefahr» sei im Weltkrieg die Armee gewesen, deren Führung die Schweiz mehrmals beinahe in äussere Verwicklungen oder in den Bürgerkrieg geführt habe; im November 1918 habe sie den Generalstreik und den vermehrten Grippetod verschuldet.¹¹ Doch in der Westschweiz wurde die Deutschschweizer Linke ebenfalls als deutschfreundlich beurteilt.

So zeigt sich, dass der Graben nicht «nur» ein sprachliches und damit kulturelles West-Ost-Problem war, sondern gesellschaftlich durch den Klassenkampf und politisch durch die Rechts-Links-Dichotomie konterkariert und je nach Konstellation verschärft wurde. Angesichts der Frontverläufe im Westen, Süden und Osten des Kontinents konnte es für den Mehrkulturenstaat Schweiz vor dem Ende des Kriegs und vor einer gerechten Friedensordnung, die ausblieb, nur einen minimalen *modus vivendi* durch konsequentes Beachten einer strikten Neutralität gegen aussen geben. Diesem wirkte die Armeeführung wiederholt entgegen. Demgegenüber konnte die von Spitteler und seinen Gesinnungsfreunden geforderte besondere Form der Willensneutralität zu einer gewissen Entschärfung

146
«La tache». Die ebenfalls von Charles Clément stammende Karte visualisiert die durch die Oberstenaffäre befleckte Schweizer Ehre und die Wut der «echten» (welschen) Schweizer gegen die Verräter. Wie Lausbuben werden die beiden Obersten vor die Fahne gezerrt, um sich den Schaden anzusehen.

der Lage beitragen. Nicht unähnlich dürften paradoxerweise schon in diesem (und noch mehr im zweiten) Weltkrieg die geschäftlichen Verbindungen ins Ausland gewirkt haben. So wurden rund zwei Drittel der Exporte von kriegswichtigen Industrien, der Textil-, Metall-, Maschinen- und Uhrenindustrie, in Länder beider Kriegsparteien getätigt.¹² Damit wurde die abschüssige Ebene der – konsequent ohnehin nicht praktikablen – Wirtschaftsneutralität betreten, und die «von der Politik vorgegebene Neutralität» ermöglichte es den Unternehmen, «an alle [...] Fronten zu liefern und im Krieg neue Märkte zu erschliessen».¹³ Eine im Selbstverständnis des Landes zweifellos verwerfliche und für sein Ansehen kontraproduktive Überwindung des Grabens wäre jene von geschäftstüchtigen Industriellen und Kaufleuten propagierte Sonderform wirtschaftlicher Neutralität gewesen, die von einem Zürcher Rechtsanwalt als «Aasgeier-Neutralität» angeprangert wurde und darauf setzte, dass Deutschland und Frankreich «gleichmässig verbluten» würden, was «für die Entwicklung der Geschäfte unserer neutralen Schweiz am vorteilhaftesten» gewesen wäre.¹⁴

Ansätze zu «aktiver» Neutralität und eine fast spektakuläre Neutralitätsverletzung

Ein wichtiger, aber trotz seinem breiten Beziehungsnetz privater Protagonist schweizerischer Friedensbemühungen war Leonhard Ragaz. In den Erinnerungen schreibt er, seine Frau Clara und er hätten «nie aufgehört, auf eine Abkürzung des Krieges hinzuwirken», und zählt eine Reihe solcher Friedensversuche auf, die ihm im Rückblick «ziemlich fruchtlos» vorkamen.¹⁵ So durchschaute er das Bethmann-Hollweg'sche Friedensangebot vom 12. Dezember 1916 (nach dem Sieg der Mittelmächte über Rumänien) als «Lügengewebe», nahm es aber zum Anlass, um mit einem internationalistischen Friedensprogramm an Premierminister Lloyd George zu gelangen, das schliesslich immerhin Labour-Chef Henderson und Aussenminister Balfour erreichte.¹⁶ Zwar fiel die Antwort der Ententemächte an ihre Gegner nicht in seinem Sinn aus, sehr wohl aber ihre Reaktion auf die Friedensnote des amerikanischen Präsidenten Wilson vom 21. Dezember 1916, die wegen der deutschen Ankündigung des unbeschränkten U-Boot-Kriegs vom 31. Januar 1917 allerdings obsolet wurde.¹⁷ Nicht überraschend lehnte der Bundesrat am 9. Februar 1917 den von Wilson gewünschten Abbruch der diplomatischen Beziehungen zum Deutschen Reich ab, protestierte aber gleichzeitig gegen die von den Mittelmächten angekündigte Seeblockade.¹⁸

147

147
Die Karikatur aus «Le Petit Suisse» vom 11. März 1916 zeigt den Divisionsrichter mit verbundenen Augen und Mund, aber bei eindeutiger Stellung der Waage; weiter spielt sie auf die im Deutschen Reich vor allem 1915/16 verbreiteten Kriegsnagelungen an, mit denen der Patriotismus gestärkt werden sollte und Geld für Verwundete oder Hinterbliebene von Kriegsopfern gesammelt wurde.

148
Der «Nebelspalter» kritisiert im März 1918 allerlei nationale Egoismen, indem er in Münzform neue, kriegsbedingte Varianten möglicher Verhaltens- und Geschäftspraktiken aufzeigt. Die nationale Einigkeit scheint ihm (zu Recht) abhanden gekommen zu sein.

Das neue Münzbild

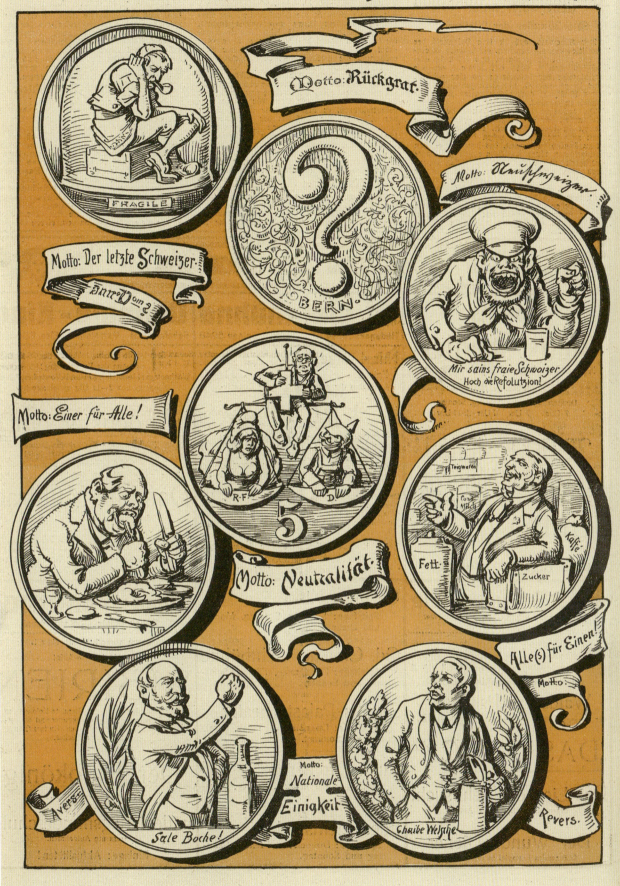

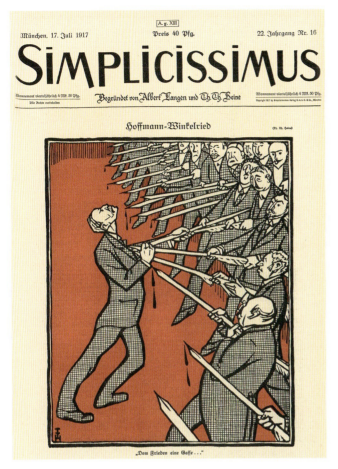

150

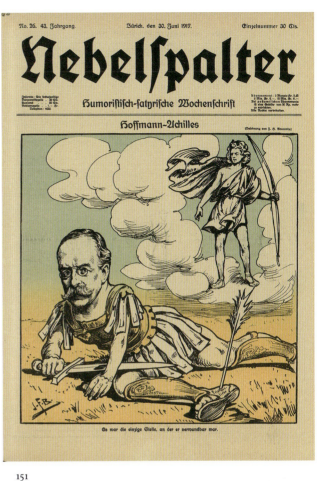

151

149
«La balance du département politique … faussée depuis 1914!» Die Karikatur aus der Westschweizer Satirezeitschrift «L'Arbalète» vom 1. April 1917 ist eine Anspielung auf Bundesrat Hoffmanns verfälschende Gleichstellung der Misshandlung Belgiens durch das Deutsche Reich mit den Pressionen der Ententemächte gegen Griechenland.

150
Die Karikatur der satirischen Münchner Wochenzeitschrift «Simplicissimus» vom 17. Juli 1917 illustriert die deutsche Optik auf einen für den Frieden sich aufopfernden Bundesrat Hoffmann, womit indessen kaum ein allgemeiner, sondern ein deutscher Friede gemeint gewesen sein dürfte.

151
Für den im Ersten Weltkrieg deutschfreundlichen «Nebelspalter» war Hoffmanns Friedensliebe seine einzige verwundbare Stelle; aus westschweizerischer Sicht war es dagegen seine Deutschlastigkeit.

229

Kurz vor dieser Ankündigung hatte Wilson am 22. Januar 1917 vor dem US-Senat seine *Peace-without-Victory-Rede* gehalten und für die Nachkriegswelt eine übernationale Gewalt vorgeschlagen. Ragaz war von dieser Rede beeindruckt, weil sie ihn an die Hauptlinien eines neuen Völkerlebens erinnerte, die er in einem Vortrag Ende 1914 skizziert hatte. Darin hatte er ein Parlament der Vereinigten Staaten Europas vorgeschlagen, das sich zu einem Weltparlament entwickeln sollte.[19] Gerne hätte er eine Schweizer Äusserung zur Wilson-Rede gesehen und sprach mit dem Zürcher Völkerrechtler Max Huber darüber, der als Berater des Politischen Departements wirkte, doch liess sich wegen der kritischen Einstellung von Bundesrat Hoffmann nichts erreichen.[20]

Die «offizielle» Schweiz äusserte sich in solchen Friedensfragen sehr vorsichtig, so das Politische Departement am 6. November 1914 in Bezug auf verschiedene Eingaben, die ein Zusammengehen mit anderen Neutralen zur Friedensvermittlung anregten. Zwar war das Departement der Meinung, dass das «Land eine Mission zu erfüllen» habe und «unendliches Leid verhüten» könne, aber nur zum richtigen Zeitpunkt und in Kooperation mit den USA, Holland, Schweden oder Norwegen. Deshalb schlug es vor, «in ganz vorsichtiger Weise» bei diesen Staaten zu sondieren.[21] Solche Sondierungen scheinen wiederholt vorgekommen zu sein, aber derart vorsichtig, dass sie folgenlos blieben. Bezeichnenderweise sollte eine Ende 1916 in Stockholm geplante Konferenz von Delegierten der neutralen Staaten alle Fragen betreffend Intervention oder Mediation im laufenden Krieg explizit ausschliessen.[22] Etwas kühner war die Reaktion auf die erwähnte Friedensnote von US-Präsident Wilson, die am 21. Dezember 1916 auch dem Politischen Departement überbracht worden war. Bundesrat Hoffmann schlug seinen Kollegen vor, den Krieg führenden Mächten ebenfalls eine Note zu überreichen, wonach der Bundesrat Wilsons Vorgehen begrüsse «und sich glücklich schätzen würde, wenn er in irgendeiner Weise zur Anbahnung von Besprechungen behilflich sein könnte».[23] Bundesrat Motta hielt eine Woche später in einer Rede in Genf fest, «au-dessus de la mêlée» habe man «un cri de paix au nom de l'humanité et de la civilisation»[24] ausgestossen, welcher wegen der deutschen See-Blockade und dem uneingeschränkten U-Boot-Krieg ins Leere fiel. Am 6. April 1917 traten die USA in den Krieg ein.

Eine bemerkenswerte Abweichung von der üblichen Vorsicht war die sofort gescheiterte *Grimm-Hoffmann-Unternehmung* vom Frühsommer 1917. Diesbezüglich ist zu fragen, welche Ziele die Protagonisten, der sozialdemokratische Nationalrat Robert Grimm und der Chef des Politischen Departements Bundesrat Arthur Hoffmann, mit ihrer Aktion verfolgten, welche Vorstellung von Neutralität sie damit verbanden und inwieweit sie dem Neutralitätskonzept längerfristig geschadet haben.

Nationalrat Grimm liess am 26./27. Mai 1917 vom Schweizer Gesandten Odier in Petrograd ein Telegramm an Bundesrat Hoffmann übermitteln, wonach das Bedürfnis nach Frieden in dieser Stadt allgemein und ein Friedensschluss in politischer, wirtschaftlicher und militärischer Hinsicht zwingend sei. Aussichten für Verhandlungen seien günstig; die gefährlichste Störung könne nur durch eine deutsche Offensive im Osten erfolgen. Grimm ersuchte, über die Kriegsziele der Regierungen unterrichtet zu werden, «da die Verhandlungen dadurch erleichtert würden».[25] Er befand sich seit dem 22. Mai in Petrograd und hatte schon vorher mit Hoffmann Kontakt, als es darum ging, die Rückreise politischer Flüchtlinge (unter ihnen Lenin) aus der Schweiz durch Deutschland nach Russland zu ermöglichen, aber auch wegen seiner eigenen über Stockholm nach Petrograd geplanten Reise zur Erkundung allfälliger Möglichkeiten eines Friedensschlusses.[26] Bundesrat Hoffmann autorisierte den Gesandten in Petrograd am 3. Juni telegrafisch, Grimm mündlich mitzuteilen, dass Deutschland so lange keine Offensive unternehme, als eine «entente amiable» mit Russland möglich erscheine. Deutschland suche mit Russland eine «paix honorable» für beide Seiten, mit einer «entente amiable» betreffend Polen, Litauen und Kurland sowie den Tausch der besetzten Territorien mit den von Russland besetzten österreichischen Provinzen. Er, Hoffmann, sei überzeugt, dass Deutschland und seine Verbündeten sofort Friedensverhandlungen «sur le désir des alliés de la Russie» aufnehmen würden.[27]

Am 13. Juni 1917 musste der Gesandte Odier jedoch nach Bern melden, dass Hoffmanns Depesche im russischen Aussenministerium dechiffriert worden sei, und am 16. Juni erkundigte sich der Schweizer Gesandte Carlin aus London, ob ein im Stockholmer «Socialdemokrater» veröffentlichtes Telegramm an seinen Kollegen in Petrograd echt sei.[28] Damit war die Katastrophe perfekt. Am 18. Juni gab das Politische Departement den Gesandtschaften in Rom, Paris und London Kunde von den Telegrammen und wies darauf hin, dass Hoffmann «sans avoir été influencé d'aucune partie», aber «dans l'intérêt de l'avènement d'une paix prochaine et par conséquent dans l'intérêt de la Suisse elle-même» agiert habe.[29] In seinem am gleichen Tag verfassten Rücktrittsschreiben unterstrich Hoffmann, dass er den Schritt «aus eigener Entschliessung» und auf «eigene Verantwortung» unternommen habe und «ausschliesslich für die Förderung des Friedens und damit im Interesse des eigenen Landes zu handeln bestrebt» gewesen sei.[30] In seiner Sitzung vom 19. Juni hielt der Bundesrat fest, dass er das Vorgehen Hoffmanns desavouieren müsse, weil es in den Ententestaaten als unneutral angesehen und ihm «die Tendenz zur Begünstigung eines Separatfriedens untergeschoben» werde.[31] Demgegenüber wurde Grimm, der sehr gute Kontakte zum linken, nichtbolschewistischen Spektrum im damaligen russischen Kontext hatte, nach dem Platzen der Affäre von der provisorischen russischen Regierung am 14. Juni aufgefordert, das Land sofort zu verlassen. Am Tag nach seiner Abreise führte der Fall am Kongress der Arbeiter- und Soldatenräte, für den er nach Petrograd gekommen war, zu lebhaften Diskussionen.[32]

Es ist schwer nachvollziehbar, weshalb sich ein erfahrener Politiker wie Hoffmann auf ein solches Abenteuer einliess; es ist aber anzunehmen, dass er tatsächlich an dessen Erfolg geglaubt haben musste. Mit der Bemerkung über die «alliés de la Russie» im Telegramm für Grimm scheint er angedeutet zu haben, dass er sich mehr als nur einen Separatfrieden erhoffte, was Bundespräsident Motta zehn Jahre später, am 26. Juli 1927, in seiner Ansprache anlässlich der Trauerfeier für den verstorbenen Hoffmann explizit bestätigte.[33] Stadtpfarrer Schulz, der die Feier in der St. Galler Laurenzen-Kirche eröffnete, sagte, Hoffmann sei als «ein ‹Winkelried des Friedens› [...] aus seinem hohen Amte geschieden».[34]

Was die Zielsetzung des Unternehmens anbelangt, schrieb der Schweizer Gesandte in Berlin, Haab, am 2. Juli 1917 an Hoffmanns Nachfolger Gustave Ador, Hoffmann habe in Berlin «durchaus nicht als eigentlich deutschfreundlich» gegolten, und in Grimm sehe man nach wie vor «einen Gegner Deutschlands».[35] Dagegen war beispielsweise Ragaz entschieden der Meinung, Hoffmann habe allein aus Deutschfreundlichkeit agiert. Dieses Urteil begründete er damit, dass sich Hoffmann gegenüber der von ihm, Ragaz, gewünschten Stellungnahme zu Wilsons Friedensbestrebungen ablehnend verhalten und sich stattdessen auf eine deutsche Separatfriedensaktion eingelassen habe.[36] Gegen Grimm empfand Ragaz ohnehin eine unüberwindliche Aversion und beurteilte ihn später als Verkörperer der «kompromittierten» alten Führung der «offiziellen» Sozialdemokratie.[37] Indessen standen die Schweizer Sozialdemokraten dem Kurs der deutschen Schwesterpartei verständnislos gegenüber, seit sie die Kriegskredite bewilligt und sich im «Burgfrieden» hinter die Reichsleitung gestellt hatte. Zugleich war Grimms Kritik am Krieg zunehmend schärfer geworden.[38] Bei Hoffmann lässt sich allerdings eine Neigung zur deutschen Seite hin nicht übersehen, die schon vor der Affäre in einer Westschweizer Karikatur angeprangert wurde.

Nach der Affäre präsentierte ihn der Münchner «Simplicissimus» als Winkelried für den Frieden, während ihn der deutschfreundliche «Nebelspalter» als gefallenen Achill zeigte, dessen allein verwundbare Ferse mit «Friedensliebe» angeschrieben war. Im Zürcher Archiv für Zeitgeschichte findet sich ein Brief von Ende Dezember 1918 an Adolf Müller, im Weltkrieg deutscher Geheimagent in der Schweiz und anschliessend Gesandter der Weimarer Republik in Bern, der Hoffmanns Sympathie für das besiegte Deutschland belegt.[39] Trotzdem dürfte die Interpretation der Affäre als Handlung aus Deutschfreundlichkeit zu kurz greifen. Dagegen spricht neben der politischen Korrektheit und dem tiefen Verantwortungsgefühl Hoffmanns vor allem der klare Internationalismus Grimms.

Wie auch immer, das Resultat der Aktion war verheerend und für die Karriere von Bundesrat Hoffmann vernichtend. Demgegenüber vermochte sich Grimm rasch aus der Affäre zu ziehen und er trat schon ab Februar 1918 mit dem Oltener Aktionskomitee wieder markant in Erscheinung.[40] Auch seine internationalen Kontakte scheinen nicht dauerhaft beschädigt gewesen zu sein.[41] Sein Schwiegersohn und Biograf McCarthy diskutiert die Affäre als «dramatischen Auftritt auf der internationalen Bühne, gipfelnd in [der] Ausweisung vom Schauplatz der russischen Revolution».[42] Sein Urteil, wonach die Lage für Hoffmann schlimm, für Grimm aber ärger gewesen sei, scheint etwas schief.[43] Zurück in Bern, schrieb Grimm jedenfalls an Hoffmann, wie tief es ihn schmerze, dass er «das Opfer edelster Absichten geworden sei», und er scheint sich immer respektvoll, ja bewundernd über ihn geäussert zu haben.[44]

Es dürften gerade Grimms internationale Ausstrahlung und seine guten Kontakte zur russischen Linken sowie das Chaos in Russland zwischen den beiden Revolutionen gewesen sein, die das Unternehmen nicht von Anfang an als aussichtslos erscheinen liessen, und für Hoffmann könnte dies der entscheidende Grund gewesen sein, weshalb er sich darauf einliess. Deutlich scheint aber, dass Grimm seine Möglichkeiten stark über- und die «Eigendynamik der staatlichen Macht- und Gewaltverhältnisse» unterschätzte, wie Hans Schäppi urteilt.⁴⁵ Noch mehr muss dies für Hoffmann gelten, weshalb es trotz allem rätselhaft bleibt, dass er Grimm folgen wollte, es sei denn, man würde McCarthys These einer nahezu grenzenlosen Naivität übernehmen.⁴⁶ Ihr steht indessen sein gut dokumentiertes aussenpolitisches Verhalten entgegen, das einen Politiker mit Augenmass bezeugt.

In der Schweiz liess der Vorwurf des Neutralitätsbruchs vonseiten der Entente-Sympathisanten nicht auf sich warten. Besonders rabiat war der in Paris lebende Genfer Journalist und Schriftsteller Louis Dumur in seiner Artikelsammlung «Les deux Suisse», worin er Hoffmann im vom November 1917 datierten Vorwort zur dritten Auflage als «merveilleux agent de l'Allemagne» und Grimm als «l'agent de la Wilhelmstrasse et le traître de Pétrograd» apostrophierte. Im Text qualifizierte er die Affäre als «ineffable honte de notre malheureuse patrie»: Grimm, «chef du parti socialiste, n'a jamais été que le Scheidemann de ce Bethmann-Hollweg que n'a jamais cessé d'être l'Allemand Hoffmann, [...] séide et valet de la Prusse», womit reichlich perfid auf die deutsche Herkunft von Hoffmanns 1844 in St. Gallen eingebürgertem Vater angespielt wurde.⁴⁷

International scheint die Affäre keine hohen Wellen geworfen zu haben, wohl weil die Ereignisse in Russland ungleich mehr Aufmerksamkeit verlangten. Insofern lässt sich folgern, dass ein angesichts der chancenreich erscheinenden Zeitumstände mit einem gewissen Enthusiasmus angedachter, aber allzu improvisierter und vielleicht etwas unbedarfter Versuch einer «wirklich» aktiven Neutralitätspolitik zwar scheiterte, dem Neutralitätskonzept aber nicht nachhaltig schadete. Schon die wenig später erfolgreich angelegte Schweizer Völkerbundspolitik unter der Ägide der Aussenminister Gustave Ador (1917), Felix Calonder (1918/19) und Giuseppe Motta (1920) beweist das Gegenteil. Der Versuch von 1917 dürfte schicht eine Nummer zu gross gewesen sein. Dass die Geheimhaltung im Verkehr der Berner Zentrale mit ihrer Petrograder Gesandtschaft nicht gesichert war, kann als Zeichen fehlender Professionalität gedeutet werden. Pikanterweise sollte 1944 ausgerechnet Nationalrat Grimm gegen Bundesrat Pilet-Golaz' Umgang mit der Sowjetunion den Vorwurf fehlender Professionalität erheben und zu dessen Rücktritt beitragen.⁴⁸

Wenn sich dennoch von einer insgesamt recht erfolgreichen «aktiven» Neutralitätspolitik der Schweiz während des Ersten Weltkriegs reden lässt, so vor allem wegen ihrer humanitären Bemühungen, wobei das Land davon profitierte, dass sich der Sitz des Roten Kreuzes in Genf befand. Dies gilt, auch wenn die während des Ersten Weltkriegs über das IKRK erfolgten Besuche in den Kriegsgefangenenlagern mit Blick auf das neutrale Verhalten der Delegierten nicht über alle Zweifel erhaben waren. So erweisen die Berichte des Ausserrhoder Nationalrats Arthur Eugster eine deutliche Schlagseite in Richtung der deutschen Lagerbetreiber.⁴⁹ Dagegen muss das Bemühen um Beschaffung und Austausch von Nachrichten uneingeschränkt positiv beurteilt werden, wozu mit der Internationalen Agentur für Kriegsgefangene in der Genfer Zentrale eine riesige Maschinerie in Bewegung gesetzt wurde. Ein Abglanz des Rot-Kreuz-Lichts musste auch auf das Gastland Schweiz fallen, dessen Regierung sich als Schutzmacht der internationalen Organisation verstand. Wie eng die Beziehungen zwischen Bundesrat und IKRK waren, zeigt sein langjähriger Präsident Gustave Ador, der nach Hoffmanns abruptem Abgang mit 72 Jahren als dessen Nachfolger in den Bundesrat gewählt wurde. Als Genfer und Verkörperer des «Mythos der humanitären Schweiz» war es seine Aufgabe, die Ententemächte und die Westschweiz nach dem Hoffmann-Fiasko zu beruhigen, was ihm auch gelang.⁵⁰

DIE GRIMM-HOFFMANN-AFFÄRE ALS PARALLELE ZUR SIXTUS-AFFÄRE

Das Grimm-Hoffmann-Unternehmen wurde nach seinem Scheitern als Separatfriedensbemühen zwischen Deutschland und Russland verrufen. Es kann als Pendant zur Wiener Sixtus-Affäre gesehen werden (auch wenn sie erst ein Jahr später platzte), denn es fiel genau in die Zeit der sogenannten Sixtus-Briefe, das heisst der österreichisch-ungarischen Suche nach einem Separatfrieden mit den Westmächten über Kaiser Karls Schwager *Sixtus von Bourbon-Parma* als Überbringer der Briefe. Ein Friede mit Russland im Sinn Grimms und Hoffmanns hätte eine komplementäre Ergänzung darstellen und, ähnlich der Sixtus-Unternehmung, zumindest hypothetisch den Weg zu einem allgemeinen Frieden bahnen können, wenn ernsthaft nach einem solchen gesucht worden wäre. Insofern passt die Grimm-Hoffmann-Affäre in den Kontext der Friedensbemühungen während der ersten Monate des Jahres 1917: nach dem Tod Kaiser Franz Josephs am 21. November 1916, nach der Februarrevolution und der Abdankung des Zaren am 15. März 1917 und vor der Kerenskij-Offensive in der ersten Julihälfte 1917.

Der nicht von Anfang an chancenlose Charakter des Unternehmens wird deutlich, wenn die Ereignisse parallelisiert werden: So situiert sich Nationalrat Grimms Telegramm aus Petrograd vom 26./27. Mai 1917 an Bundesrat Hoffmann rund zwei Monate nach dem ersten von Kaiser Karl verfassten Sixtus-Brief vom 24. März 1917 und gut zwei Wochen nach dem zweiten vom 9. Mai 1917. Hoffmanns Antwort an Grimm folgte am 3. Juni, und die Affäre platzte in Petrograd am 13. Juni, worauf Hoffmann am 19. Juni demissionierte. Demgegenüber liess der französische Ministerpräsident Clemenceau den ersten Sixtus-Brief erst fast ein Jahr später, am 12. April 1918, nach einem öffentlichen Vortrag des nicht informierten österreichisch-ungarischen Aussenministers Czernin, publizieren und löste damit die «Affäre» aus, deretwegen Czernin zwei Tage später zurücktrat und Kaiser Karl völlig diskreditiert erschien. Die Folgen für die Haltung der Westmächte gegenüber der Habsburgermonarchie waren katastrophal (während die Grimm-Hoffmann-Affäre für die Schweiz glimpflich ausging). Zwar war der Friedensversuch Monate zuvor gescheitert und damit eine echte Chance vertan worden, aber die bis zum Platzen der Affäre verstrichene Zeit macht deutlich, dass Möglichkeiten für Arrangements oder zumindest für Verhandlungen bestanden, sofern die unerlässliche Diskretion gesichert war. Dem Grimm-Hoffmann-Versuch ist gerade die fehlende Professionalität und insbesondere ihre nicht gesicherte Geheimhaltung zum Verhängnis geworden, was nichts daran ändert, dass ein Friede (welcher Art auch immer) im Frühsommer 1917 für Russland wohl zu besseren Bedingungen zu haben gewesen wäre, als es der Sowjetunion im Frieden von Brest-Litowsk vom 3. März 1918 möglich war.

Carlo Moos

Zu den wertvollen humanitären Leistungen der Schweiz im Ersten Weltkrieg gehören verschiedene unter der Federführung von Bundesrat Hoffmann als Chef des Politischen Departements seit seinem Präsidialjahr 1914 bis zum Rücktritt 1917 lancierte Aktivitäten. Zu nennen sind die Heimschaffung internierter Zivilpersonen aus den die Schweiz umgebenden Staaten in ihr Heimatland,[51] der Rücktransport Zehntausender Evakuierter aus den von Deutschland besetzten Gebieten nach Frankreich,[52] der Austausch von Schwerverwundeten zwischen den Kriegführenden[53] sowie die Internierung verletzter oder kranker (vor allem tuberkulöser) Kriegsgefangener in Schweizer Kurorten und die Organisation von Erholungsaufenthalten.[54] In seiner Rede auf den verstorbenen Hoffmann sagte Bundespräsident Motta 1927, es bleibe dessen «unvergängliches Verdienst», dass er «unserer Neutralität dadurch ihre Weihe zu geben verstand, dass er die Initiative zu den Werken für die Schwerverwundeten, die Heimzuschaffenden und die vielen anderen beklagenswerten Opfer des Krieges ergriff und die betreffenden Pläne [...] in die Wirklichkeit umsetzte».[55]

Differenzielle statt integrale Neutralität bei Kriegsende

Wenn Carl Spitteler zu Anfang des Ersten Weltkriegs eine übergreifende Standortbestimmung versucht hatte, ergab sich eine solche am Ende des Kriegs dank der Gründung des Völkerbunds fast von selbst. Dennoch war die Auseinandersetzung um den Schweizer Beitritt in manchem nichts anderes als die Fortsetzung der Weltkriegsfronten über das Kriegsende hinaus, jetzt verstärkt durch den Sieg der einen und die Niederlage der anderen Kriegspartei. Die Sympathisanten der Verlierer interpretierten den Völkerbund denn auch schlicht als «Versailler Bund», als Diktat der Sieger, das die Niederlage der Mittelmächte in alle Ewigkeit fortschreiben werde. Dem stand der Grundgedanke des Völkerbunds, Frieden statt Krieg, entgegen, was die Befürworter des Beitritts zu betonen nicht müde wurden und darauf hinwiesen, dass die Schweiz selber ein Völkerbund im Kleinen sei. Während sie in der deutschen Schweiz einen schweren Stand hatten, war die Zustimmung in der Westschweiz und im Tessin so überwältigend, dass sie der Vorlage zum Sieg verhalf. Eine Ablehnung des Beitritts hätte dagegen eine neue Zerreissprobe für das Land bedeutet und den «Graben» noch vertieft.

Bei den noch während des Kriegs beginnenden Vorbereitungen für den Schweizer Beitritt spielten die Bundesräte Ador, Calonder und Motta sowie ihre Berater, vor allem der Zürcher Völkerrechtler Max Huber und der Genfer Universitätsprofessor William E. Rappard, eine zentrale Rolle. Huber war der Verfasser der umfangreichen und sehr differenzierten Abstimmungsbotschaft des Bundesrats vom 4. August 1919.[56] Nach der Londoner Erklärung des Völkerbundsrats vom 13. Februar 1920 war er auch wesentlich an der Zusatzbotschaft vom 17. Februar 1920 beteiligt, worin das Neutralitätsproblem durch Kreierung der differenziellen Neutralität entschärft und ein zukunftsträchtiges Modell inauguriert wurde.[57] Dieses bestand im Kern darin, dass zwischen wirtschaftlichen und militärischen Sanktionen unterschieden wurde und nur erstere von der Schweiz mitgetragen werden mussten. Der Enthusiasmus, mit dem der Beitritt zum Völkerbund seitens einzelner Bundesräte vorbereitet und propagiert wurde, ist erstaunlich und bezeugt eine – fast möchte man sagen – unschweizerisch kühne Offenheit der erwarteten Friedensära gegenüber. Eine solche zeigen vor allem die Reden von Bundesrat Calonder am Berner Parteitag des Freisinns vom 24. November 1917[58] und vom 6. Juni 1918 im Nationalrat, wo er ein halbes Jahr vor Kriegsende schon von einer Friedensmission der Schweiz sprach.[59] Vom «Entweder-Oder», das ihm Generalstabschef von Sprecher im Frühjahr 1919 fast ultimativ präsentierte («Beitritt zum Völkerbunde und Aufgeben unserer Neutralität oder Festhalten an unserer Neutralität und Fernbleiben vom Völkerbund»[60]), liess er sich nicht beeindrucken; vielmehr folgerte er einige Monate später, die gesamte Schweizer Politik müsse sich der neuen Friedensordnung anpassen.[61] Dass dieser Politiker ein besonderes Interesse an der völkerrechtlichen Position seines Landes hatte, zeigt sich schon daran, dass er 1890 von der juristischen Fakultät der Universität Bern mit einer Dissertation zur schweizerischen Neutralität promoviert worden war.[62]

Im Vorfeld der vom Bundesrat auf den 16. Mai 1920 anberaumten Volksabstimmung über den Beitritt zum Völkerbund war die Neutralitätsfrage zentral, was aus den Argumentarien der Befürworter und Gegner sofort ersichtlich wird. Dabei stand das «Schweizerische Aktionskomitee für den Völkerbund» verschiedenen ablehnenden Komitees gegenüber. Bei letzteren spielte die Schrift «Schweizervolk wahre deine Freiheit!» eine zentrale Rolle, deren Argumente im Untergangsszenario des Landes gipfelten.[63] Was die Neutralität anbelangt, argumentierten die Beitrittsbefürworter zum einen negativ, dass sie in einem künftigen Krieg ohnehin wertlos wäre, zum anderen unter Verwendung

152
«PAX. Aus ihren Schwertern werden sie Pflugscharen schmieden.» Anfang 1920 warben die Befürworter für den Schweizer Beitritt zum Völkerbund mit einer ganzen Serie von Postkarten, mit denen in verschiedenen Variationen dessen Hauptzielsetzung, Friedenssicherung durch Kriegsverhinderung, illustriert wurde.

eines rein militärischen Neutralitätsverständnisses gleichsam technisch. Darüber hinaus sahen sie die Neutralität aber auch pragmatisch als Mittel der Politik zur aktiven Teilnahme am Frieden und vor allem «idealistisch», weil sie die Fortsetzung eines gutschweizerischen Verhaltens der Offenheit ermögliche. Die Gegner drehten gerade dieses Argument um und betonten den Wert einer althergebrachten Politik des Abseitsstehens, wofür nicht zuletzt Niklaus von Flüe herhalten musste. Weiter verstanden sie Neutralität als allumfassend, weshalb es Neutralität *oder* Völkerbund heissen müsse. Schliesslich wurde auch mit einem geradezu mythischen Neutralitätsverständnis operiert, wonach der Beitritt zum Völkerbund das Ende der Schweiz bringen würde.[64] Erstaunlich bleibt die vehemente Gegnerschaft der internationalistisch eingestellten Sozialdemokraten. Mit Ausnahme des religiösen Sozialisten Leonhard Ragaz sahen sie den Völkerbund als imperialistisches Siegerdiktat und revidierten diese Position erst im Kontext des aufkommenden Faschismus. Demgegenüber waren die Bauern unter Führung ihres langjährigen Sekretärs Ernst Laur, der den Völkerbund als

Sicherung gegen den Bolschewismus verstand, mehrheitlich für den Beitritt.

Eindrücklich ist die visionäre Kraft vieler Äusserungen von Beitritts-Befürwortern, insbesondere auch von unerwarteter Seite. So entsprach die Friedenssehnsucht am Ende der Schrift von Bauernführer Laur durchaus jener des antimilitaristischen Theologieprofessors Ragaz, mit dem er angesichts seiner polarisierenden Bauernstandsideologie sonst wenig gemein hatte.[65] Solchen Visionen gegenüber schrieb das sozialdemokratische «Volksrecht» am 15. Januar 1920 höhnisch, der «Phrasenrausch von Weltfrieden, Völkervereinigung und Völkerglück» der Calonder, Ador, Schulthess und aller anderen, erinnere an die Zeit der Heiligen Allianz, jenes «Weltbunds der Reaktionäre».[66] Im Gegensatz zu Ragaz, von dem der einzige völkerbundfreundliche Artikel darin stammt, war auch dieses Blatt entschieden gegen den Beitritt zum «Herrenbund der Imperialisten und Kapitalisten gegen die Völker».[67]

Weniger visionär als diplomatisch setzte der Genfer Bundesrat Ador seine internationalen Kontakte ein, die er als langjähriger IKRK-Präsident geknüpft hatte,

153

154

155

154
Das Nein-Plakat des Zürchers Otto Baumberger mobilisierte mit dem finster blickenden, bewaffneten Tell ein tiefsitzendes Misstrauen gegen den bedrohlichen Völkerbund der Sieger. Es erstaunt nicht, dass sich die Westschweizer kaum davon ansprechen liessen.

155
«Eidgenosse! Mischet üch nit in fröndi Händel!» Diese erste Seite eines vierseitigen, in Mundart gehaltenen Flugblatts von Otto Knecht (alias Xaveri Fröhli) gegen den Beitritt zum Völkerbund zitiert (nicht zum ersten und nicht zum letzten Mal) die berühmte Aufforderung von Bruder Klaus, sich nicht in fremde Händel einzumischen.

153
Das Befürworterplakat des Waadtländer Künstlers Emil Cardinaux wollte mit dem Sennen, der eine Schweizerfahne hält, das Vertrauen illustrieren, das dem Völkerbund aus allen Schichten des Schweizervolkes entgegengebracht wurde.

und eilte zu Beginn seines Präsidialjahres im Januar 1919 nach Paris.[68] Der eigentliche Völkerbundsprotagonist war auf Regierungsseite aber der Rätoromane Felix Calonder. Allerdings scheiterte er am von Vorarlberg gewünschten Anschluss an die Schweiz, für den er sich im Alleingang engagierte, und trat Anfang 1920 zurück. Deshalb musste sein Nachfolger im Politischen Departement, Giuseppe Motta, die Völkerbunds-Abstimmung pilotieren. Paradoxerweise teilte Calonder mit seinem Abgang das Schicksal Hoffmanns, auch wenn sein Rücktritt nicht ganz so dramatisch verlief, weil das Scheitern in der Vorarlberg-Frage innenpolitisch motiviert war. In der Folge war er bis 1937 für den Völkerbund als Präsident der Gemischten Kommission für Oberschlesien tätig. So oder so ist interessant, dass die einzigen wirklich «aktiven» Neutralitätspolitiker aus der Zeit des Ersten Weltkriegs zum Rücktritt gezwungen waren und (unverdient) in Vergessenheit gerieten.

Wenig überraschend wurde die Beitrittsvorlage in der Deutschschweiz insgesamt verworfen. Mit Ausnahme von Luzern, Obwalden, Nidwalden, Appenzell Ausserrhoden und Thurgau lehnten alle deutschsprachigen Kantone den Beitritt ab. Dagegen stimmten die romanischsprachigen überwältigend für den Beitritt, die gemischtsprachigen (Freiburg, Wallis) ebenfalls deutlich und die Kantone mit sprachlichen Minderheiten (Bern, Graubünden) immerhin mit leichter Mehrheit. Zwar war das Volksmehr von knapp 100 000 Stimmen eindeutig; dagegen wurde der Beitritt und mit ihm die differenzielle Neutralität durch das knappstmögliche Ständemehr abgesegnet. Für die Zukunft, die rascher turbulent wurde, als man nach dem Krieg und den Friedenssehnsüchten, die sein Ende begleiteten, erhofft hatte, liess dies nicht viel Gutes erwarten. Interessanterweise haben die katholischen Kantone der Vorlage mehrheitlich zugestimmt: fünf waren dafür (Tessin, Freiburg, Wallis, Obwalden/Nidwalden und Luzern), dreieinhalb (Uri, Schwyz, Zug und Appenzell Innerrhoden) dagegen. Dies war nicht zuletzt dem Bemühen von Bundesrat Motta im Rahmen der Schweizerischen Konservativen Volkspartei (SKVP) und seiner Teilnahme an zahlreichen Volksversammlungen zu verdanken. Insofern hat die katholische SKVP als Juniorpartnerin des Freisinns den Beitritt zum Völkerbund gerettet – zwei Generationen nach dem verlorenen Sonderbundskrieg ein erstaunliches Resultat.

1938 sollte ausgerechnet Giuseppe Motta, der einst vehemente Befürworter des Völkerbunds, die Schweiz von der differenziellen in die integrale Neutralität zurückführen. Dazwischen lagen die peinlichen, weil mangelhaft umgesetzten, Wirtschaftssanktionen gegen das faschistische Italien wegen seines 1935 lancierten Aggressionskriegs gegen Abessinien. Sie wurden von Motta mit seiner starken Neigung zu Mussolini weitgehend hintertrieben. Damit war einer der Architekten der Schweizer Völkerbundspolitik, die in den 1920er-Jahren recht erfolgreich war, zu einem Totengräber nicht nur der differenziellen Neutralität, sondern letztlich auch des Völkerbunds geworden.

Der von Leonhard Ragaz 1920 formulierte Wunsch, dass die Schweiz, die mit Genf das Zentrum des Völkerbunds bildete, eine aktive Aussenpolitik führen würde, die «auf eine neue Ordnung des Völkerlebens gerichtet» sei,[69] wurde bitter enttäuscht. Selbst der Gesandte der Weimarer Republik in der Schweiz, der Sozialdemokrat Adolf Müller, meinte Anfang 1921, das Land erlange wegen der Verlagerung der Völkerbundsinstitutionen nach Genf eine «Rolle auf dem Felde der grossen Politik, wie sie sonst nur einem Grossstaat zuteil» werde.[70] Nicht nur machte es wenig aus dieser Chance, sondern zog sich sukzessive immer mehr in sich selber zurück. Als der Völkerbund in den 1930er-Jahren als Folge des japanischen Einfalls in die Mandschurei und des italienischen Überfalls auf Abessinien seinen Glanz verlor, waren es weniger einheimische Mahner, die den Schweizer West-Ost-Gegensatz überbrückten, als die NS-Kriegstreiber jenseits des Rheins, die mit ihrer Aggressivität eine Art Negativ-Integration des Landes bewirkten. Sie fiel mit dem Ende der Bedrohung nach dem Zweiten Weltkrieg eher wieder weg. Was blieb, war der Mythos «Neutralität», der um so absurder wirkt, als gerade das Verhalten der Schweiz gegenüber Hitler-Deutschland deutlich macht, dass es keine integrale Neutralität geben kann. Vielmehr muss jede praktizierte Neutralität zwangsläufig zur differenziellen werden. Insofern erweist sich die Abwendung von ihrer differenziellen Form als Etikettenschwindel, während die nachher betriebene Hochjubelung der integralen Spielart zur existenziellen Lebensfrage jede aktivere Aussenpolitik zu verhindern sucht. Paradigmatisch dafür ist, dass der Beitritt zur UNO über ein halbes Jahrhundert auf sich warten liess und 2002 mit einem ebenso knappen Ständemehr erfolgte wie der Beitritt zum Völkerbund 1920. Nur wurde dieser sofort vollzogen, was nachträglich nahezu als kleines Wunder erscheint.

156
Die Karikatur aus dem «Nebelspalter» vom 13. Juli 1918 illustriert eine verbreitete bürgerliche Einstellung gegenüber dem kämpferischen Theologen Leonhard Ragaz, der sich auch für Militärdienstverweigerer aus Gewissensgründen einsetzte, weswegen ihn General Wille als Verderber der Jugend bezeichnete.

1 Kriesi, Le clivage linguistique, 31, 33f., 43f., 95f.
2 Seippel, Paul: Pour notre indépendance intellectuelle. In: Seippel, Paul, et al.: L'indépendance intellectuelle de la Suisse. Zurich 1917, 7, 17, 19.
3 Ragaz, Leonhard: Des éléments essentiels à notre neutralité suisse. Un vote. In: Seippel, L'indépendance, 40, 46, 50f.
4 Vgl. Mattmüller, Ragaz II, 66f.
5 Spitteler, Carl: Unser Schweizer Standpunk. In: Carl Spitteler, Gesammelte Werke, 8. Band. Zürich 1947, 579–594, pass.
6 Vgl. Vallotton, Spitteler, 84–87.
7 Vgl. Marchal, Friedensinsel.
8 Vgl. Walter, La Suisse comme île.
9 Vgl. Kreis, Insel, v. a. 13f., 282–286.
10 An Bundespräsident Decoppet, 11. Januar 1916. In: Diplomatische Dokumente der Schweiz (DDS), Band 6 (1914–1918). Bern 1981, 306f.
11 Ragaz, Leonhard: Die Abrüstung als Mission der Schweiz. Separatabdruck aus «Neue Wege». Zürich [1924], 6, 15f.
12 Vgl. Rossfeld/Straumann, Einführung, 21, 26f.
13 Rossfeld/Straumann, Einführung, 53.
14 Fick, F[ritz]: Ist die schweizerische Neutralität Tugend oder Laster? Zürich 1915, 7.
15 Ragaz, Leonhard: Mein Weg, Band II. Zürich 1952, 53–58.
16 Vgl. Leonhard Ragaz in seinen Briefen, 2. Band: 1914–1932. Zürich 1982, 92–94.
17 Vgl. Mattmüller, Ragaz II, 303–312.
18 Vgl. DDS Band 6, 495–497.
19 Ragaz, Leonhard: Über den Sinn des Krieges. Vortrag gehalten vor der Zürcher Freistudentenschaft. Zürich 1915, 40f.
20 Vgl. Mattmüller, Ragaz II, 313–318.
21 Protokoll der Bundesratssitzung vom 10. November 1914, DDS, Band 6, 107f.
22 Vorschlag von Bundesrat Hoffmann vom 20. November 1916 zuhanden des Bundesrats, DDS, Band 6, 426f.
23 Protokoll der Bundesratssitzung vom 21. Dezember 1916, DDS, Band 6, 444–446.
24 30. Dezember 1916. Motta, Giuseppe: Testimonia temporum 1911–1931. Bellinzona 1931, 69.
25 DDS, Band 6, 560.
26 Vgl. McCarthy, Grimm, 144–148.
27 DDS, Band 6, 563.
28 DDS, Band 6, 566f.
29 DDS, Band 6, 568f.
30 DDS, Band 6, 569.
31 Protokoll der Bundesratssitzung vom 19. Juni 1917, DDS, Band 6, 574.
32 Vgl. DDS, Band 6, 570, sowie McCarthy, 158ff.
33 Motta, 1911–1931, 219: «Er hatte das Beste gewollt. Er hatte geglaubt, dass der allgemeine Friede in jenem Zeitpunkt bereits möglich wäre.»
34 Arthur Hoffmann 1857–1927, o. O. [Rorschach], o. J. [1927], 13.
35 DDS, Band 6, 580.
36 Vgl. Mattmüller, Ragaz II, 338ff.
37 Ragaz, Mein Weg, Bd. II, 180.
38 Vgl. Mooser, Grimm, 29–32.
39 Archiv für Zeitgeschichte der ETH Zürich, Nachlass Dr. Adolf Müller, Brief vom 31. Dezember 1918. Ich verdanke diesen Hinweis Roman Rossfeld.
40 Vgl. Degen, Biographischer Nachtrag, 190.
41 Vgl. Vuilleumier, Eine internationale Führungsfigur, 69f. und pass.
42 McCarthy, Grimm, 15. Vgl. ebd. das gesamte 7. Kapitel, 151–178.
43 McCarthy, Grimm, 173.
44 McCarthy, Grimm, 165.
45 Schäppi, Aktualität von Robert Grimm, 177f.
46 Vgl. McCarthy, Grimm, 171ff.
47 Dumur, Louis: Les Deux Suisse. Nouvelle édition refondue et augmentée. Paris 1918, 7, 9, 299f.
48 Vgl. McCarthy, Grimm, 298ff.
49 Vgl. Berichte über Kriegsgefangenenlager in Deutschland und Frankreich, erstattet zuhanden des internationalen Komitees vom Roten Kreuz in Genf von A. Eugster, Nationalrat, in Speicher. Januar bis Juni 1915, Basel-Genf [1915].
50 Walter, Gustave Ador, 338.
51 Vgl. Protokoll der Bundesratssitzung vom 22. September 1914, DDS, Band 6, 75f.
52 Vgl. Schmid, Denkmäler, 228–231, 234.
53 Vgl. Lüchinger/Brunner, Verwundetentransport.
54 Vgl. DDS, Band 6, 195–198, 311f., sowie Gysin, Internierung.
55 Motta, 1911–1931, 218.
56 Botschaft des Bundesrates an die Bundesversammlung betreffend die Frage des Beitritts der Schweiz zum Völkerbund (vom 4. August 1919), Bern 1919.
57 Zusatzbotschaft des Bundesrates an die Bundesversammlung betreffend die Frage des Beitritts der Schweiz zum Völkerbund (vom 17. Februar 1920). In: Bundesblatt N. 8, 25. Februar 1920, 334–363.
58 Calonder, Felix: Die allgemeine Lage des Landes. Rede gehalten am schweizerischen freisinnig-demokratischen Parteitag vom 24. November 1917 in Bern. Bern 1918.
59 Rede von Bundesrat Calonder über Völkerbundsprobleme. Beilage I.3 der bundesrätlichen Botschaft vom 4. August 1919, 154f., 157f.
60 Theophil Sprecher von Bernegg an Bundesrat Calonder, 23. April 1919. In: DDS Band 7/1 (1918–1920), Bern 1979, 692.
61 Calonder, Felix: Schweiz und Völkerbund. Rede gehalten auf Einladung der Neuen Helvetischen Gesellschaft am 19. Oktober 1919 in der Volksversammlung zu Winterthur. Zürich 1920, 17f., 24.
62 Calonder, F[elix] L[udwig]: Ein Beitrag zur Frage der schweizerischen Neutralität, Dissertation Universität Bern. Zürich 1890.
63 Schweizervolk wahre deine Freiheit! Die Frage des Beitritts der Schweiz zum Versailler Völkerbund. Für das Schweizervolk herausgegeben von den Komitees gegen den Beitritt der Schweiz zum Versailler Völkerbund. Bern 1920, v. a. 40f.
64 Vgl. Moos, Völkerbund-UNO, 3. Kapitel, pass.
65 Vgl. Laur, Ernst: Die Schweiz und der Völkerbund. Eine Wegleitung für das Schweizervolk. Brugg 1920, 16, sowie Ragaz, Leonhard: Sozialismus und Völkerbund, Ein Wort zur Besinnung. Zürich [1920], pass.
66 Volksrecht, 15. Januar 1920; vgl. Moos, Völkerbund-UNO, 87ff.
67 Volksrecht vom 5. Mai 1920 (Ein Wort für den Völkerbund) und vom 14. Mai 1920 (An die Urnen).
68 Vgl. Walter, Ador, 336f.
69 Ragaz, Sozialismus und Völkerbund, 14.
70 Jahresbericht Müllers vom 6.1.1921. In: Pohl, Adolf Müller, 292f.

Hilfe zum Selbstschutz
Die Schweiz und ihre humanitären Werke

Cédric Cotter, Irène Herrmann*

Während des Ersten Weltkriegs nahm die humanitäre Hilfe der Schweiz unterschiedlichste Formen an. Die vielfältigen karitativen Initiativen lassen sich drei Bereichen zuordnen, die miteinander verwoben waren. Erstens konnte sich die Eidgenossenschaft durch zahlreiche diplomatische Aktivitäten auszeichnen, indem sie die Interessen einzelner Krieg führender Staaten vertrat und auf das Zustandekommen von Vereinbarungen zwischen diesen hinwirkte. Ausserdem kam sie Rückkehrern und Schwerverwundeten zu Hilfe und mobilisierte für diese Zwecke die Dienste der Post und der Schweizerischen Bundesbahnen (SBB). Zweitens organisierte das Rote Kreuz – grösstenteils verkörpert durch das Internationale Komitee vom Roten Kreuz (IKRK) – grossangelegte Hilfsaktionen für Kriegsgefangene und für die vom Krieg betroffene Zivilbevölkerung und überwachte die Einhaltung geltenden Rechts. Die Internationale Agentur für Kriegsgefangene (Agence Internationale des Prisonniers de Guerre, AIPG) in Genf bildete das Rückgrat dieses Apparats, dessen Hilfsmassnahmen sämtlichen Krieg führenden Staaten zugute kamen. Das Schweizerische Rote Kreuz (SRK) seinerseits setzte, weil es seine eigentliche Aufgabe nicht wahrnehmen konnte, verschiedene Aktionen zugunsten der Schweizer Soldaten und bestimmter Gruppen von Kriegsopfern in Gang. Drittens wurden überall in der Schweiz Privatinitiativen gegründet, die zahlreichen Kategorien von Kriegsopfern zu Hilfe kamen. Manche waren uneigennützig, andere verfolgten persönliche Zwecke oder waren ideologisch motiviert. Diese unzähligen Aktionen, die einander ergänzten, verdeutlichen das grosse Engagement der Schweiz im humanitären Bereich. Das hohe Ansehen, das sich die jeweiligen Institutionen erwarben, strahlte auf die Schweiz zurück. Die Eidgenossenschaft unterstützte das IKRK und die privaten Komitees durch materielle Hilfe, diplomatische Dienste und diverse Erleichterungen, weil sie dem guten Ruf des Landes dienten und dazu beitrugen, dass die Raison d'être der Schweizer Neutralität durch die Krieg führenden Staaten nicht in Zweifel gezogen wurde: «[…] man toleriert uns als neutral aus Bestimmung; man toleriert uns als neutral, weil es einen geben muss, der für bestimmte Kommunikationsvorgänge als Vermittler zwischen den Kriegsparteien auftritt und sich um die zivilen und militärischen Gefangenen kümmert.»[1] Die humanitären Dienste verliehen der Schweiz eine bedeutende Rolle auf dem internationalen Parkett und reihten sie in die Riege der neutralen Staaten ein. Sie trugen aber auch dazu bei, den nationalen Zusammenhalt zu stärken und den Graben zwischen West- und Deutschschweizern zu überbrücken. Die Teilnahme an humanitären Werken bündelte Energien und half, über die zeitweise schwierige Situation im Land hinwegzukommen. So wurde die humanitäre Hilfe samt der mit ihr verbundenen Symbolik zu einem wichtigen Element der Schweizer Identität im In- wie im Ausland. Die Unterstützung für die Krieg führenden Länder war grosszügig, aber nicht uneigennützig.

157
Wie auf dieser Postkarte wurde die Allegorie der friedlichen Insel im Sturm oft im Zusammenhang mit der Schweiz verwendet. Die humanitären Aktivitäten erstrahlen im Licht des Leuchtturms Schweiz, der auch die umgebende Finsternis erhellt.

158

Prolog

Im Dezember 1914 publizierte der Genfer Historiker Charles Borgeaud einen Artikel mit der Überschrift «Switzerland and the War», mit dem er der amerikanischen Öffentlichkeit den Schweizer Standpunkt vermitteln wollte.² Allgemein gesprochen, sollte mit seinem Beitrag bewiesen werden, dass die günstige Lage, in der sich das Land befand, weil es von Kampfhandlungen verschont war, aufgewogen wurde durch die Pflichten, die ihm seine Mehrsprachigkeit und seine humanitäre Tradition auferlegten. Die Spannungen verschweigend, die seit Ausbruch des Kriegs zwischen der deutschsprachigen und der frankophonen Sprachgemeinschaft aufgetreten waren, bekräftigte er, dass die jahrhundertealte friedliche Koexistenz verschiedener «Rassen» die Eidgenossenschaft zu einem universellen Vorbild für Völkerverständigung erheben würde. Zu dieser passiven Rolle käme eine aktive Verpflichtung hinzu, nämlich diejenige, «ihren Nachbarn durch Taten zu beweisen, dass ihnen [den Schweizern] am Herzen liegt, alles in ihrer Macht Stehende zu tun, um deren Leiden zu lindern».

Der Verfasser bemühte sich, diese Notwendigkeit gegenseitigen Beistands mit einer vermeintlich bis ins Mittelalter zurückreichenden helvetischen Solidarität zu begründen. Tatsächlich aber kam das von ihm erwähnte Engagement erst im letzten Drittel des 19. Jahrhunderts auf: Zwischen 1863 und 1871 trugen mehrere Ereignisse dazu bei, dass sich aufseiten der Behörden, der intellektuellen Eliten und in der Bevölkerung der Schweiz das Interesse für eine organisierte, punktuelle Hilfe für Kriegsopfer herausbildete, also für «humanitäre Hilfe», wie man heute sagen würde. In jenen Jahren wurde man sich auf dem europäischen Kontinent schmerzlich bewusst, dass die blutigen Konflikte, die man seit dem Ende der napoleonischen Ära überwunden zu haben glaubte, wieder aufflammten.

In der Schweiz fiel der neuerliche Ausbruch des Kriegs in Europa in die Phase eines intensiven Nationalbildungsprozesses. Ausserdem kamen mit dem Aufflammen der Feindseligkeiten wieder Zweifel an der Verlässlichkeit der Neutralität auf. Und schliesslich schockierten die Kriegsgräuel einige Genfer Grossbürger. Ihre Überlegungen, die mit denen anderer Privatleute in Grossbritannien, Russland oder Italien zusammenfielen, führten schliesslich zur Einrichtung dauerhafter nationaler Hilfsorganisationen für Kriegsverletzte. 1864 verpflichteten sich 15 Staaten zu diesem Schritt, indem sie eine internationale Konvention unterzeichneten – mit der Schweiz als Depositarstaat.³ Die Kriegsstimmung in den Nachbarstaaten, die Luxemburgkrise 1867 und der Deutsch-Französische Krieg 1870/71 veranlassten den Bundesrat ausserdem, Massnahmen zu ergreifen, um die Verteidigungsfähigkeit des Landes zu festigen und die internationale Attraktivität der Nichteinmischung der Schweiz zu ver-

159

grössern. In diesem Sinn wurde die Neutralität nicht mehr nur als ein Beitrag zum Mächtegleichgewicht präsentiert, sondern man wollte sich künftig auch mit ihrem Nutzen profilieren. Dieser bestand entsprechend den Sorgen und Nöten jener Zeit in der Möglichkeit eines humanitären Wirkens, das allen Krieg führenden Staaten zugutekam. Die Gefahren einer Invasion sollten damit verringert werden; schliesslich versprach dieses Vorgehen aber auch eine positive Rückwirkung auf nationaler Ebene, da es dazu beitragen konnte, die Bürger zusammenzuschweissen und ihr Zugehörigkeitsgefühl zur Eidgenossenschaft zu stärken.

Aus all diesen Gründen initiierten, unterstützten oder ermutigten die Schweizer Behörden ab diesem Zeitpunkt eine Vielzahl von Hilfsaktionen im Rahmen internationaler Konflikte, insbesondere indem sie den Ausbau des humanitären Völkerrechts vorantrieben und eine enge Zusammenarbeit mit dem Roten Kreuz förderten. Diese Unternehmungen, die sich oft ergänzten, manchmal auch konkurrierten, jedoch alle in einer engen Wechselbeziehung zueinander standen, lassen sich nach ihren Akteuren und ihren Zielen klassifizieren. Während des Ersten Weltkriegs, der die Bereitstellung humanitärer Hilfe in nie gekanntem Ausmass erforderlich machte, kann zwischen Einsätzen auf Regierungsebene, denen des IKRK, denen der nationalen Rotkreuz-Gesellschaft der Schweiz und denen privater Träger unterschieden werden, wobei alle vom Ruf der Schweiz als wohltätiges Land profitierten und umgekehrt dazu beitrugen, diesen guten Ruf zu festigen.

Diplomatische und humanitäre Aktivitäten der Eidgenossenschaft

Schon zu Beginn des Kriegs verfügten die Schweizer Behörden über ein breites Spektrum an Möglichkeiten, die belegten, dass sie den Krieg führenden Staaten (und ihren Staatsangehörigen) zu helfen vermochten. Die überstürzte Entwicklung und ungeheure Ausbreitung des Konflikts schränkten ihren Wirkungsbereich jedoch erheblich ein, denn die Instrumente, die in den Jahrzehnten zuvor entwickelt worden waren, erwiesen sich bei einem derartigen Flächenbrand grösstenteils als unwirksam. Die Regierung bediente deshalb nicht die ganze Palette der Hilfsmassnahmen: Einige Bereiche wurden willentlich oder zwangsläufig aufgegeben, um sich auf andere, wirksamere Bereiche zu konzentrieren.

So verzichtete die Schweiz auf die Ausübung ihrer Schlichtertätigkeit, auf die sie sich nach dem Ende des Deutsch-Französischen Kriegs spezialisiert hatte. Zweifellos versuchte sie sich als Mediatorin für den Frieden einzusetzen. Allerdings wurden diese Vorstösse entweder entmutigt (wie im November 1914) oder – nicht ganz unbegründet – als Bemühungen zugunsten der Mittelmächte aufgefasst. Ausserdem organisierte Bern weit weniger internationale Konferenzen als noch

158, 159
Ein Zug mit Rückkehrern hält im Bahnhof von Schaffhausen. Durch den Anblick der zivilen Kriegsopfer, die aus ihrer Heimat geflüchtet waren, kamen viele Schweizer mit den Auswirkungen des Kriegs direkt in Berührung.

160

in der Vorkriegszeit. Immerhin konnten sich einige der Kriegsparteien ab Ende 1917 durch die Vermittlung der Schweiz über das Schicksal ihrer Staatsangehörigen einigen. Man denke an die türkisch-englische und die türkisch-französische Vereinbarung über den Austausch von Kriegsgefangenen und Zivilisten oder an das österreichisch-serbische und das österreichisch-italienische Abkommen über die Heimschaffung von verwundeten und schwerkranken Zivilinternierten. Mehrere dieser Übereinkünfte, wie zum Beispiel diejenigen zwischen Franzosen und Deutschen, wiesen der Eidgenossenschaft aufgrund ihrer Erfahrung in diesem Bereich eine wichtige Rolle zu.

Tatsächlich hatte Bern seit dem Ausbruch des Konflikts in Erwägung gezogen, die Heimschaffung von «nicht-mobilisierbaren Zivilinternierten», die aufgrund ihrer Nationalität plötzlich in einem verfeindeten Staat festsassen, zu erleichtern. Da Frankreich, Deutschland und Österreich ihr Interesse an einer Repatriierung dieser Personen über Schweizer Staatsgebiet bekundet hatten, beschloss man am 22. September 1914 in Bern die Schaffung eines Zentralbüros, das diese Aufgabe übernahm. Die Massnahme wurde nicht nur von zahlreichen Schweizern aktiv unterstützt; auch Charles Lardy, der Schweizer Gesandte in Paris, begrüsste sie mit dem Hinweis: «Es liegt auch im politischen Interesse unseres Landes, zu versuchen, die Öffentlichkeit ein wenig damit zu überraschen, dass die Schweiz sich in den Dienst humanitärer Zwecke stellt.»[4]

Im November 1914 regte der Präsident des IKRK, Gustave Ador, an, diese Bestimmungen auch auf schwerstverwundete Kriegsgefangene anzuwenden, die sogenannten *grands blessés*. Die entsprechenden Einsätze begannen Anfang 1915 und wurden nicht nur von den SBB unterstützt, die Sonderzüge zur Verfügung stellten, sondern auch von der Post, die den Kriegsgefangenen und dem IKRK Portofreiheit gewährte, und vom Schweizerischen Roten Kreuz (SRK), das Personal und Material bereitstellte. Kurze Zeit später setzte sich die Regierung in Bern für eine Gleichbehandlung der sogenannten *petits blessés* ein, stiess damit aber auf erheblichen Widerstand. Im Januar 1916 kam es trotzdem zu einer Vereinbarung: Diese Kriegsgefangenen wurden bis zum Zeitpunkt ihres Austauschs in der Schweiz interniert, und die Kosten dafür übernahmen die Staaten, denen sie angehörten. Auch hier waren für die Regierung nicht nur humanitäre Gründe entscheidend. So galt es, gegen die Konkurrenz des Heiligen Stuhls vorzugehen, der versuchte, sich karitative Initiativen zuzuschreiben, deren Urheberschaft die Eidgenossenschaft für sich beanspruchen wollte. Zugleich war die Internierung mit tiefen Kosten für die Schweiz verbunden, mehr noch, das Land konnte sogar Nutzen aus der Unterbringung dieser Kriegsgefangenen und ihrer Arbeit ziehen.

Bereits 1917 äusserten Regierungsvertreter allerdings erste Bedenken. Nachdem die Aufnahmeregelungen aufgrund der Intensivierung der Kampfhand-

160
Die Postkarte von 1915 stellt die Schweiz in der Allegorie der Helvetia als Transitland für zivile Kriegsopfer dar, die unter dem wohlwollenden Schutz der Armee stehen. Die Verwendung von Postkarten als Bildträger eignete sich zur Verbreitung von Botschaften an eine Vielzahl von Menschen.

161

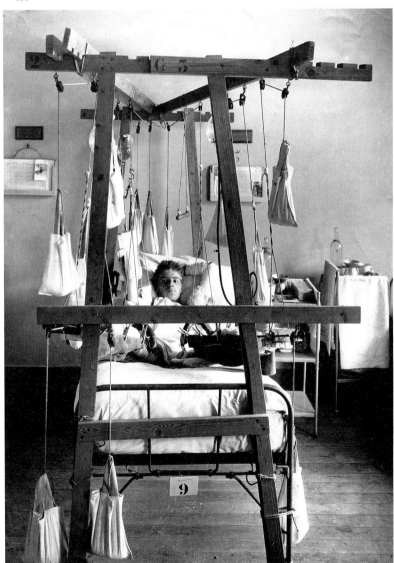

162

161, 162
Schweizer Krankenschwestern arbeiteten im Ersten Weltkrieg auch in ausländischen Militärspitälern. Im Bild die Ambulanz des französischen Nobelpreisträgers Dr. Alexis Carrel in der nordfranzösischen Stadt Compiègne. Viele der hier untergebrachten Soldaten waren schwer verwundet, wie dieser Soldat, der beide Beine auf dem Schlachtfeld verloren hatte.

lungen gelockert worden waren, stieg die Zahl der Internierten deutlich an; zeitweise befanden sich um die 30 000 Internierte gleichzeitig im Land.⁵ Zugleich erfolgte dieser Anstieg zu einem Zeitpunkt, als die Versorgungslage der Bevölkerung immer schwieriger wurde. Auch aufgrund dieser problematischen Entwicklung wurde am 31. August 1917 die *Abteilung für Vertretung fremder Interessen und Internierung* geschaffen, die – dem Politischen Department unterstellt – völlige Selbständigkeit genoss. Allerdings hatte ihre Schaffung weniger mit den Veränderungen im Rahmen der Hilfsmassnahmen für verwundete Kriegsgefangene zu tun als mit einem radikalen Wandel des zweiten Bereichs der Schweizer Hilfsleistungen für die Krieg führenden Staaten, dem Schutz ausländischer Interessen.

Dass die Krieg führenden Länder auf diplomatischem Weg miteinander in Kontakt blieben, trug zweifellos dazu bei, die Leiden, welche die Kampfhandlungen mit sich brachten, zu lindern. Aus diesem Grund übernahmen die Schweizer Behörden, die bereits während des Deutsch-Französischen Kriegs in diesem Bereich tätig gewesen waren, diese Aufgabe mit dem Kriegseintritt Italiens im Mai 1915 erneut. Knapp zwei Jahre lang beschränkten sich die Schweizer Dienste darauf, Italien in Deutschland und umgekehrt Deutschland in Italien sowie die Interessen Österreich-Ungarns in problematischen Regionen zu vertreten. Die meisten anderen Länder wandten sich an Schweden, Dänemark, die Niederlande und vor allem Spanien oder die USA, wenn sie diplomatische Dienste in Anspruch nehmen wollten.

Als die USA in den Krieg eintraten, entstand eine Lücke, von der die Schweiz mit am meisten profitierte, bewirkte der Bruch der Beziehungen zwischen Washington und dem Viererbund doch einen Transfer von diplomatischen Kompetenzen in Richtung Schweiz. In der Folge übernahm die Schweiz in erster Linie die Interessenvertretung Deutschlands, Österreich-Ungarns, Bulgariens, Frankreichs, Italiens, Rumäniens, Brasiliens und Haitis. Zusammen mit dem Osmanischen Reich und Dänemark, die 1918 hinzukamen, waren das insgesamt elf Staaten, die in elf verschiedenen Ländern vertreten wurden. Es waren so viele Vorgänge zu bearbeiten (rund 9000 Briefe und Telegramme im Monat), dass die Eidgenossenschaft Dienststellen in Berlin, Paris, London und Wien einrichtete, die speziell mit dieser Aufgabe betraut wurden. Die Arbeit war zwar beträchtlich, die Schweiz konnte sich so aber in einem Tätigkeitsfeld profilieren, das unter neutralen Staaten sehr begehrt war. Ihr Aufstieg zur zweitwichtigsten Schutzmacht nach Spanien und vor den Niederlanden⁶ bot den Schweizer Behörden eine weitere Gelegenheit, den internationalen Nutzen des Landes unter Beweis zu stellen.

Das Ende des Weltkriegs bedeutete nicht das Ende dieser Bemühungen um «Sichtbarkeit». Die verschiedenen Ankerpunkte der Eidgenossenschaft im Ausland dienten nun als Basis für den Transit von dringend benötigten Lebensmitteln. Um diesen Transfer zu bewerkstelligen, wurden «besondere Delegierte [...] abgeordnet, deren Aufgabe war oder noch ist, die Gefangenenlager zu bereisen, die Wünsche und Begehren der Kriegsgefangenen und Zivilinternierten entgegenzunehmen und über die gemachten Beobachtungen Bericht zu erstatten».⁷ Mit anderen Worten, die Eidgenossenschaft verfolgte ihre Politik der Linderung von Kriegsleiden weiter, indem sie eine Aufgabe übernahm, die bis dahin das Internationale Komitee vom Roten Kreuz wahrgenommen hatte.

Das IKRK an allen Fronten: Wahrung der Rechte, Schutz der Kriegsgefangenen, Hilfe für sonstige Kriegsopfer

Auch nach Ausbruch des Kriegs blieb das Internationale Komitee vom Roten Kreuz (IKRK), das 1863 gegründet worden war, durch und durch genferisch, obwohl es als Koordinationsstelle und Leitung der Rotkreuz-Bewegung eine internationale Ausrichtung hatte. Im August 1914 bestand das IKRK lediglich aus einem einzigen Komitee. Der Krieg liess es aber schnell anwachsen und veränderte seine Handlungs- und Denkweise grundlegend. Neben seiner ursprünglichen Aufgabe und dem Ausbau bestehender Aktivitäten übernahm das IKRK jetzt operative Aufgaben im grossen Stil, insbesondere mit der *Internationalen Agentur für Kriegsgefangene* (Agence internationale des prisonniers de guerre, AIPG). Dieser tiefgreifende Wandel veranlasste das IKRK am Ende des Kriegs zur Aussage, es habe als «Wohlfahrtsministerium, [...] Koordinationsagentur und manchmal auch als Anführer und Anleiter bei der praktischen Umsetzung» gewaltet.⁸

Das IKRK fungierte in erster Linie als Hüter des Rechts und als Kitt zwischen den nationalen Rotkreuz-Gesellschaften. Im Verlauf des Kriegs erinnerte es die Krieg führenden Staaten immer wieder an ihre rechtlichen Verpflichtungen. So kritisierte das IKRK allgemein, also ohne spezifischen Adressaten, die Repressalien gegen Kriegsgefangene (Juli 1916), die Propagandalager (Januar 1918) oder den Einsatz von Giftgas (Februar 1918), beschuldigte dagegen explizit Deutschland, das belgische Rote Kreuz aufgelöst zu

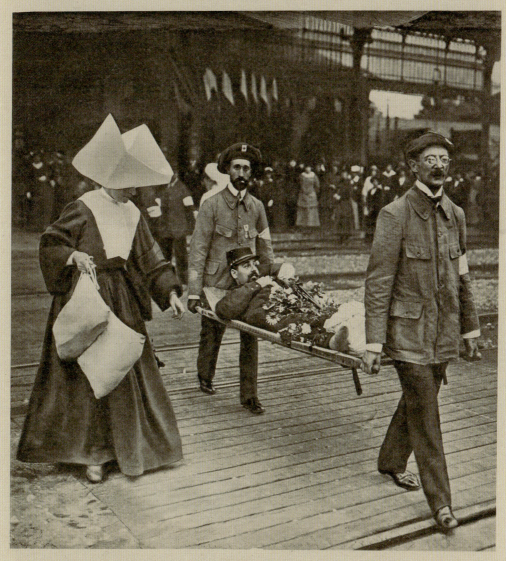

163

163
Das Foto entstand 1915 in Lyon und wurde am 16. Oktober desselben Jahres in der «Schweizer Illustrierten Zeitung» veröffentlicht. Zurück in der Heimat, schwärmten die Heimkehrer vom sagenhaften Empfang, den man ihnen während der Durchfahrt durch die Schweiz bereitet hatte.

164

165

164, 165
1915 besuchte Nationalrat Arthur Eugster im Auftrag des IKRK die Gefangenenlager in Ludwigsburg-Egolsheim mit französischen und in Monestiés mit deutschen Kriegsgefangenen. Nachdem die Krieg führenden Staaten sich über seinen Bericht beschwerten, beschloss das IKRK, künftig immer zwei Personen für die Inspektion der Gefangenenlager nach Frankreich und Deutschland zu schicken.

166
Schreibdienst der AIPG in Genf mit über 70 bezahlten Mitarbeiterinnen. Die Frauen schrieben die Listen mit den Kriegsgefangenen ab, welche die Krieg führenden Staaten bereitstellten, und legten Karteikarten an.

166

haben (Mai 1915) oder Krankenhausschiffe zu versenken (April 1917).⁹ Darüber hinaus fungierte das IKRK als Überbringer von Klagen der Krieg führenden Staaten gegeneinander und befand sich so ständig zwischen den Fronten. Sämtliche Übereinkünfte waren das Ergebnis schwieriger Verhandlungen, die auf der Basis von Gegenseitigkeit stattfinden mussten. Das IKRK hatte auch grosse Schwierigkeiten, für eine Kohärenz innerhalb der Rotkreuz-Bewegung zu sorgen, da die nationalen Rotkreuz-Gesellschaften jeweils die Kriegsanstrengungen und die Kriegspropaganda in ihren Ländern unterstützten. Ausserdem machten ihm die Rotkreuz-Gesellschaften der neutralen Staaten, mit denen es zusammenarbeitete, als Konkurrenten zu schaffen. Einige Staaten, die begriffen hatten, welche Bedeutung die Rotkreuz-Gesellschaften für die eigene Aussenpolitik spielen konnten, unterstützten Initiativen, die in den Kompetenzbereich des IKRK übergriffen.¹⁰ So veranstaltete etwa Schweden eine Konferenz der nationalen Rotkreuz-Gesellschaften, ohne Genf davon zu unterrichten.¹¹ Mit Problemen waren auch die Besuche der Gefangenenlager verbunden, welche die Schweizer Delegierten des IKRK im Ausland durchführten. Letztere sollten die Internierungsstandorte besuchen, um sich zu vergewissern, dass die Insassen gut behandelt wurden. Ihre Berichte wurden erst den Krieg führenden Ländern zugestellt, bevor sie veröffentlicht wurden. Von 1914 bis 1919 erschienen 24 solche Berichte, und zwischen 1914 und 1923 wurden insgesamt 524 Lager von Delegierten besucht, deren Aufträge zeitlich befristet waren und die häufig auf Empfehlung von Bern mit dieser Aufgabe betraut wurden. Die Ergebnisse der Berichte wurden von der Presse und einzelnen Regierungen umgehend angezweifelt. Man argwöhnte, die Delegierten seien vom Staat, in dem sie die Gefangenenlager besuchten, manipuliert worden und nicht unparteiisch. Unterschwellig wurde den Westschweizer Delegierten eine pro-französische und den Deutschschweizern eine pro-deutsche Haltung unterstellt, obwohl dies beide Seiten abstritten: «Das Weisse Kreuz im Roten Felde, das alte Schweizerische, unter dem ich stolz stehe, ist meine erste Legitimation, zu der als zweite sich gesellt: das Rote Kreuz im Weissen Feld, in Liebe andern Völkern zu dienen und damit das eigene Land zu ehren!»¹²
Die Schweiz und das Rote Kreuz gehörten zusammen und dienten einander gegenseitig als Rechtfertigung für die jeweilige Position.

Das eigentliche Werk des IKRK jedoch, das die Institution den ganzen Krieg über in Anspruch nahm, war die *Internationale Agentur für Kriegsgefangene* (AIPG). Ähnliche Agenturen waren schon in vorangegangenen Kriegen in Basel und Belgrad eingerichtet worden, um Informationen über verwundete Armeeangehörige und Kriegsgefangene zentral zusammenzutragen. Doch erst jetzt übernahm das IKRK zum ersten Mal diese Tätigkeit. In einem Rundbrief vom 15. August 1914 kündigte das IKRK seine Bereitschaft an, eine Agentur einzurichten, deren Aufgabe es wäre, die Situation der Kriegsgefangenen zu verbessern. Am 21. August wurde das Vorhaben umgesetzt, und schon kurze Zeit später gingen Anfragen ein, und die ersten Listen wurden zugestellt. Die Zahl der Mitarbeitenden stieg rasant an; im Oktober 1914 beschäftigte die Agentur bereits 1200 Freiwillige. Unzählige Genfer Bürger engagierten sich ehrenamtlich, mit der Zeit liess die anfängliche Begeisterung allerdings nach, und die Agentur stellte auch Personal ein. Ihre Zusammensetzung blieb aber weiterhin durch einen grossen Anteil aus den höheren Gesellschaftsschichten bestimmt. Junge Frauen aus besseren Familien waren stark repräsentiert, und die wichtigen Ämter bekleideten fast ausschliesslich Angehörige der Genfer Oberschicht.

Die wichtigste Aufgabe der Agentur bestand darin, die Kriegsgefangenenlisten einer Kriegspartei an eine andere weiterzuleiten und eine riesige Datenbank mit Informationen über die Gefangenen anzulegen, um auf Anfragen antworten zu können. Anhand der Listen, welche die Krieg führenden Staaten vorlegten, wurden verschiedene Suchkarteien (Kranken-, Zivil- und Landeskarteien) angelegt. Einige Mitarbeiter waren allein damit beschäftigt, die Post in Empfang zu nehmen und zu sichten. Andere legten Karteikarten anhand der zugestellten Listen an, und wieder andere suchten auf Anfragen hin die Karteien nach entsprechenden Informationen durch. Im Lauf der Jahre legte die Agentur Karteikarten über 4 805 000 Personen an. Im Schnitt gingen täglich 3000 Briefe bei der Agentur ein, die beantwortet werden mussten. Nach grossen Schlachten konnten es allerdings auch bis zu 30 000 Briefe pro Tag sein! Und das, obwohl die AIPG sich bei weitem nicht um alle Kriegsgefangenen kümmerte: Österreich-Ungarn und Italien tauschten ihre Listen auf direktem Weg aus, und die Ostfront wurde durch eine Agentur in Kopenhagen abgedeckt, die das dänische Rote Kreuz auf Betreiben des IKRK organisierte. Anfangs leitete die AIPG auch die Briefe von Kriegsgefangenen und Spenden für sie weiter, überliess diese Aufgaben aber schon bald den Postgesellschaften der neutralen Staaten. Ausserdem koordinierte sie bestimmte Hilfsaktionen zugunsten der Kriegsgefangenen; so übermittelte sie insgesamt 1 884 914 persönlich adressierte Pakete und 1813 Eisenbahnwaggons mit Hilfsgütern an Kriegsgefangene. Schliesslich richtete sie auch eine Sektion für Zivilisten unter der Leitung des Arztes und Hygienikers Frédéric Ferrière ein, der seit 1884 Mitglied des IKRK war. Ferrière leistete hier Pionierarbeit, da es zu diesem Zeitpunkt noch keinerlei Rechtsvorschriften für den Schutz dieser Personengruppe gab.

Das IKRK erklärte sich zwar als neutral und unparteiisch und machte diese beiden Prinzipien auch immer geltend, faktisch war das Komitee aber pro-französisch eingestellt. Mehrere Mitglieder verfolgten wirtschaftliche oder persönliche Interessen in Frankreich oder in anderen Ländern der Entente, und die pro-französische Haltung von Gustave Ador war kein Geheimnis. Dennoch waren die Aktionen des IKRK immer unparteiisch, und die Hilfe kam unterschiedslos allen Kriegsopfern zugute. Für seine Aktivitäten erhielt das IKRK 1917 den Friedensnobelpreis und genoss am Ende des Kriegs hohes Ansehen. Sein Bestehen war aber trotz seiner Popularität gefährdet, als mehrere Rotkreuz-Gesellschaften auf Betreiben des US-amerikanischen Roten Kreuzes 1919 gemeinsam die *Liga der Rotkreuz-Gesellschaften* gründeten, um die Bewegung im Hinblick auf Hilfseinsätze in Friedenszeiten umzustrukturieren. Für das IKRK begann eine schwierige Zeit, in der es seine Rolle in nichtkriegsbedingten Notsituationen rechtfertigen und sich gegen eine Ausgrenzung innerhalb der Bewegung des Roten Kreuzes wehren musste.[13] Sein Weiterbestehen lässt sich im Wesentlichen auf die Fortführung kriegerischer Auseinandersetzungen in Europa und die Unterstützung durch das Schweizerische Rote Kreuz zurückführen.

167

Das Schweizerische Rote Kreuz zwischen nationaler und internationaler Tätigkeit: Hilfe für die Soldaten, Repatriierung und Hilfsbüros

Der Erste Weltkrieg hatte auch auf das Schweizerische Rote Kreuz (SRK) weitreichende Auswirkungen. Wie andere schweizerische Gesellschaften wurde es dem Armeesanitätsdienst unterstellt. Sein Zentralkomitee wurde am 2. August 1914 aufgelöst und das SRK bis Juli 1919 unter die alleinige Leitung von Oberst Carl Bohny gestellt. Allerdings konnte das SRK seine eigentliche Aufgabe gar nicht wahrnehmen: Da das Land von Kampfhandlungen verschont blieb, brauchte die Armee seine Dienste nicht, und die mobilisierten Sanitätskolonnen hatten keine Verwundeten zu versorgen. Damit musste sich das Schweizerische Rote Kreuz neue Betätigungsfelder suchen; und es entwickelte eine ganze Reihe neuer Aktivitäten.

Eine der wichtigsten während des gesamten Kriegsverlaufs war die Versorgung der Soldaten mit Kleidung. Diese stammte zum Teil aus Sachspenden. Der übrige Teil wurde von Familien gefertigt, die für diese Arbeit bezahlt wurden. Auf diese Weise kam das SRK bedürftigen Soldaten und armen Familien gleichermassen zu Hilfe. Mit den Anliegen aus der Vorkriegszeit hatte das zwar wenig zu tun, aber es verlieh dem SRK eine gewisse Popularität. Die Kleideraktion gab dem Einzelnen das Gefühl, sich aktiv an den nationalen Anstrengungen und an einem karitativen Werk zu beteiligen. Während die Männer mobilisiert waren, konnten sich auch die Frauen so wirklich einbezogen fühlen und trugen das Ihre zum Wohl der Soldaten bei, indem sie Kleidung schneiderten. Einige Ärzte der Sanitätskolonnen wurden zudem in Gegenden geschickt, die unterversorgt waren; und das SRK bildete weiterhin Sanitätskolonnen sowie Krankenschwestern und -pflegerinnen aus. 69 von ihnen starben während ihrer Tätigkeit an der Spanischen Grippe. Doch während die meisten Rotkreuz-Gesellschaften anderer Länder die Versorgung der Verwundeten an der Front sicherstellten, beschäftigte sich das Schweizerische Rote Kreuz mit Fragen der öffentlichen Gesundheit, die nach dem Krieg für einen Teil der Rotkreuz-Bewegung ein zentrales Thema werden sollten.

167
Die französisch-belgische Kartei der AIPG umfasste mehr als zwei Millionen Karteikarten und enthielt Informationen über Soldaten in deutscher Kriegsgefangenschaft.

GUSTAVE ADOR

Am 26. Juni 1917 wurde Gustave Ador (1843–1928) zum Bundesrat gewählt. Diese Wahl verdankte er unvorhersehbaren Umständen, und sie zeitigte Ergebnisse, die unverhofft und zugleich naheliegend waren, aber allemal zur starken Persönlichkeit dieses schillernden Genfer Grossbürgers passten. Ador kam aus einer Bankiersfamilie, wurde Rechtsanwalt und ging wie schon mehrere Familienmitglieder vor ihm in die Politik. Er blieb den Werten seines Milieus treu und schloss sich 1874 den «Unabhängigen» an, den erbitterten Gegnern der Radikalliberalen, die das alte Genfer Patriziat in einer Revolution im Oktober 1846 gestürzt hatten. Seine politische Gesinnung brachte ihm zwar nennenswerte Erfolge auf kantonaler Ebene ein, versperrte ihm aber über lange Zeit den Eintritt in die Bundesexekutive, wo die «Freisinnigen» die grosse Mehrheit stellten und ihm nicht nur seine politischen Überzeugungen, sondern auch seine Neigung zum Pomp ankreideten. Neben seiner beruflichen und parlamentarischen Tätigkeit setzte sich Ador mit aller Kraft auch für das Internationale Komitee vom Roten Kreuz (IKRK) ein. 1870 war er als Mitglied kooptiert worden und trat 1910 die Nachfolge seines Onkels Gustave Moynier an. Als neuer Präsident des IKRK bezog er immer klar Stellung, wobei er die Neutralität der Organisation und seine persönlichen Überzeugungen zu verbinden suchte. 1914 befürwortete er die Schaffung der Internationalen Agentur für Kriegsgefangene (AIPG), um den Gefangenen die Möglichkeit zu geben, mit ihren Angehörigen in Kontakt zu bleiben. 1915 schreckte er nicht davor zurück, öffentlich gegen den Völkermord an den Armeniern zu protestieren. Er setzte sich auch für eine Ausweitung der humanitären Hilfe und eine grösstmögliche Verbesserung der Situation der Kriegsverletzten ein. Gleichzeitig war und blieb er als Genfer zutiefst mit Frankreich verbunden und machte daraus auch keinen Hehl.

Aufgrund dieser unterschiedlichen Komponenten (und weniger seiner politischen Vergangenheit wegen) wandte sich die Bundesversammlung Gustave Ador zu, als die Hoffmann-Grimm-Affäre ihren Höhepunkt erreichte. Seine Wahl in den Bundesrat schien angesichts der vielfältigen Probleme auf nationaler Ebene und nachdem die Schweiz durch die Machenschaften von Bundesrat Arthur Hoffmann in den Verdacht der Parteinahme für Deutschland geraten war, die ideale Lösung zu sein. Den Genfer mit diesem hohen Amt zu betrauen, eröffnete die Möglichkeit, die pro-deutschen Sympathien der Regierung im eigenen Land und vor den Augen der Welt herunterzuspielen und zugleich den Nutzen des humanitären Engagements der Schweiz und ihre Neutralität in den Mittelpunkt zu rücken. Tatsächlich trug die Wahl Adors in den Bundesrat sowohl zu einer Entspannung der Beziehungen zwischen Deutsch- und Westschweizern als auch zur Entschärfung der internationalen Beziehungen der Schweiz bei, zumal das IKRK im Dezember desselben Jahres den Friedensnobelpreis verliehen bekam. Auch in den Verhandlungen nach Kriegsende vermochte sich Gustave Ador dank seinem hohen Ansehen und dem von seinem gesellschaftlichen wie ökonomischen Hintergrund bedingten sicheren Auftreten erfolgreich durchzusetzen. Dass er imstande war, die in ihn gesetzten Erwartungen zu erfüllen, verdankte sich paradoxerweise auch seiner Schwäche für Auszeichnungen und einer Vorliebe für diplomatische Intrigenspiele, auch wenn ihm dies vielfach zum Vorwurf gemacht wurde.

Irène Herrmann

168
Diese Postkarte ehrt Gustave Ador, der ein Doppelamt als Bundesrat und Präsident des IKRK bekleidete. Auch dank seinem hohen Ansehen und seiner Beliebtheit genoss die Schweiz bei den Ententemächten einen guten Ruf.

169
Rotkreuzschwestern versorgen einen Kriegsverwundeten in Kolin (Böhmen), 1916. Mehrere neutrale Staaten schickten Sanitätsmissionen an die Front, um Verwundeten aus den verschiedenen Krieg führenden Ländern zu helfen.

Erst durch den Einsatz in den Sanitätszügen mit verwundeten Soldaten, die auf dem Weg in ihre Heimatstaaten durch die Schweiz fuhren, kam das SRK mit dem europäischen Kriegsschauplatz direkt in Berührung. Zwischen Konstanz und Lyon kümmerten sich Freiwillige um die Verwundeten, und wenn die Züge in den Bahnhöfen hielten, bemühten sich Mitglieder der Ortsvereine, die Schwerverwundeten mit Proviant zu versorgen und ihnen Trost zu spenden. Der Anblick dieser Rückkehrer stellte für viele Schweizer die unmittelbarste Erfahrung des Kriegs mit all seinen Gräueln dar. Oberst Bohny organisierte die Hilfe derart, dass so viele Freiwillige wie möglich mit dieser Realität konfrontiert wurden. Auch diese Aktivität brachte dem Schweizerischen Roten Kreuz Ansehen ein, und zwar im Ausland.[14] Während die meisten Deutschschweizer Sektionen sich auf «interne» Tätigkeiten für die Schweiz beschränkten, waren die Westschweizer Sektionen wesentlich stärker auf «externe» Hilfe ausgerichtet, die den Krieg führenden Ländern zugute kam. Bei seinen internationalen Aktivitäten konnte das SRK auf die Mitwirkung einer untergeordneten, aber weitgehend selbständigen Sparte rechnen, der *Pro Captivis,* welche die Kriegsgefangenen zusammen mit anderen *Bureaux de Secours* oder Hilfsbüros materiell unterstützte.

An das Nationalgefühl zu appellieren war nützlich, um das Volk zur Mithilfe zu bewegen. Im Herbst 1914 meldeten sich mehr als 4000 freiwillige Helfer bei der Rotkreuz-Gesellschaft, und es gingen viele Geld- und Sachspenden ein. Die Menge der Sachspenden war so gross, dass die Sektionen Sammelstellen einrichteten und gesamtschweizerisch mehrere Lager errichtet wurden. Mit der Zeit nahm die Spendenfreudigkeit jedoch ab, sodass im Juni 1917 ein zweiter Appell lanciert werden musste. In dem Masse, wie sich die Wahrscheinlichkeit eines Kriegseintritts der Schweiz verringerte, ging auch die Spendenbereitschaft zurück. Im gesamten Kriegsverlauf kamen dennoch über 3,5 Millionen Schweizer Franken an Spendengeldern zusammen, davon 1,8 Millionen allein in der Schweiz. Aber auch bei den freiwilligen Helfern, die sich zu Beginn des Kriegs in Scharen gemeldet hatten, flaute die Begeisterung ab.[15] Nachdem sich die Aufregung der

170

171

170
Rotkreuzschwestern mit einem Sanitäts-soldaten, 1916. Laut Genfer Konvention übernahmen die nationalen Rotkreuz-Gesell-schaften die Aufgabe, den Einsatz der Armee-sanitätsdienste zu unterstützen.

171
Das Schweizerische Rote Kreuz spielte die zentrale Rolle bei der Ausbildung von Kran-kenschwestern und Pflegepersonal.

255

SCHWEIZER KRANKENSCHWESTERN IN AUSLÄNDISCHEN MILITÄRSPITÄLERN

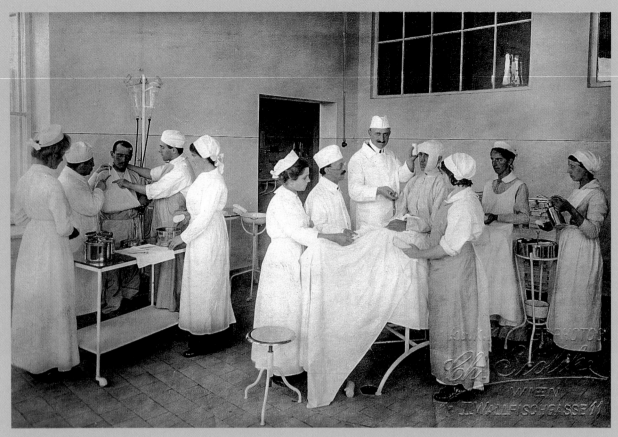

172

Die Bevölkerung der Deutschschweiz sympathisierte im Ersten Weltkrieg mehrheitlich mit den Mittelmächten, während diejenige der Westschweiz zu grossen Teilen aufseiten der Alliierten stand. Dieser Graben entlang der Sprachgrenzen galt auch bei der Verwundetenpflege in den Krieg führenden Ländern. Während in der Schweiz zahlreiche Pflegerinnen bei Kriegsausbruch arbeitslos geworden waren, da Kurhäuser und Sanatorien mangels Gästen schliessen mussten, herrschte in den Lazaretten und Militärspitälern der Krieg führenden Länder ein Mangel an Pflegepersonal. Vermittelt dank internationalen medizinischen und pflegerischen Kontakten und Netzwerken, begannen Schweizer Krankenschwestern und Pflegerinnen schon bald in der ausländischen Kriegskrankenpflege zu arbeiten. Ihr Einsatz wurde zwar nicht vom Schweizerischen Roten Kreuz (SRK) organisiert, das für die Sicherstellung der Pflege im Landesinnern zuständig war, es erlaubte den Krankenschwestern, die für die Rotkreuz-Detachemente auf Pikett standen, nach anfänglichem Zögern aber, für die Verwundetenpflege auszureisen. In der Deutschschweiz organisierte die berufspolitisch engagierte Krankenschwester Emmy Oser (1870–1929) Pflegepersonal für die österreichisch-ungarische Verwundetenpflege, wo insgesamt rund 200 Pflegende im Einsatz standen, die dem *Schwesternverein der Berufsorganisation der Krankenpflegerinnen Deutschlands* (B.O.K.D.) unterstellt waren. Die Zusammenarbeit mit dem deutschen Berufsverband kam über den Kontakt Osers zu Agnes Karll (1868–1927), der Vorsitzenden der B.O.K.D., zustande, die beide im *International Council of Nurses* (ICN) aktiv waren.

In der Westschweiz waren es vorwiegend Krankenschwestern der Lausanner Pflegerinnenschule

La Source, die bereits in Frankreich und Belgien tätig waren, als der Krieg ausbrach. Sie entschieden sich, an ihren Arbeitsorten zu verbleiben und sich der verwundeten Soldaten anzunehmen. Ein weiterer Einsatzort war die Ambulanz von Dr. Alexis Carrel (1873–1944) in der nordfranzösischen Stadt Compiègne. Der Nobelpreisträger hatte die gut ausgebildeten Schwestern von *La Source* über seinen Kollegen, den Berner Chirurgieprofessor Theodor Kocher (1841–1917), kennengelernt und stellte bis Kriegsende drei Dutzend Krankenschwestern von *La Source* in seiner Verwundetenstation an. Auch wenn Schweizer Pflegerinnen im Rahmen eines Pflegeverbands eines Krieg führenden Landes und unter dessen Flagge Dienst leisteten, scheint dies von den Schweizer Behörden nicht als neutralitätspolitisch brisant erachtet worden zu sein.[16]

Sabine Braunschweig

172
Blick in ein Behandlungszimmer des Kriegsspitals in Kolin (Böhmen), Ende 1915.

173

ersten Kriegsmonate gelegt hatte, wurde es immer schwieriger, Ehrenamtliche zu finden.

Letztendlich ging das Schweizerische Rote Kreuz aber gestärkt aus dem Krieg hervor. Denn trotz der Verwirrung in den ersten Kriegsmonaten hatte es sich anzupassen gewusst und neue Prioritäten für sich gefunden. Was zunächst als Nachteil erschien, entpuppte sich im Nachhinein als eine Chance. Die verschiedenen Hilfsaktionen, die das Schweizerische Rote Kreuz im Verlauf des Kriegs durchführte, machten es im eigenen Land, aber auch im Ausland bekannt.

Die Konstellation der Privatinitiativen

Der dritte Bereich, in dem sich die Schweizer Wohltätigkeit entfaltete, spielte sich auf der Ebene der Bevölkerung und der Privatinitiativen ab.[17] Zu Beginn des Kriegs entstand eine schier unübersehbare Zahl von Hilfswerken. Sie betätigten sich mehr oder weniger auf denselben Problemfeldern wie die verschiedenen Organe des Roten Kreuzes und waren teilweise spezialisiert. Viele davon widmeten ihre Zeit dem Sammeln von Informationen über Kriegsgefangene, Zivilisten, Geiseln, verschwundene Personen und so weiter. Andere waren eher auf die materielle Unterstützung der Kriegsgefangenen oder ihr seelisches und geistiges Wohl ausgerichtet (Œuvre du colis de la semaine; Hilfswerk der schweizerischen Hochschulen für kriegsgefangene Studenten usw.). Manche Hilfsaktionen kamen wiederum Zivilisten zugute, so zum Beispiel belgischen Waisen, die von der Welle des Mitgefühls der Schweizer nach dem deutschen Überfall auf Belgien profitierten. Schliesslich unterstützten einige Hilfswerke auch Rückkehrer, die durch die Schweiz in ihre Heimatländer gebracht wurden, Krankenschwestern, die in den Armeen Krieg führender Staaten arbeiteten, oder Zivilinternierte. Letzteren wurde durch mehrere Initiativen eine Welle der Sympathie entgegengebracht, so etwa durch die *Commission romande des internés,* die aufseiten der Entente stand.

In allen grösseren Städten waren Hilfswerke, Komitees oder Hilfsbüros ansässig: in Lausanne das *Bureau français de renseignements,* in Zürich das *Bureau zurichois d'aide aux disparus,* in Neuenburg das *Comité neuchâtelois de Secours aux prisonniers de guerre,* in Basel die *Geiselkommission,* in Bern das *Ständige Internationale Friedensbüro* und so weiter. Einige Organisationen waren in mehreren Städten gleichzeitig aktiv. So hatte das *Berner Hilfskomitee für bedürftige Kriegsgefangene* Sektionen in den drei Sprachregionen. Nicht zu überbieten war allerdings Genf mit mehr als 200 Organisationen, die zwischen August 1914 und Februar 1917 aktiv waren. Aber auch die ländlichen Regionen und Kleinstädte blieben von diesem Phänomen nicht unberührt, man denke an die Sektionen des Roten Kreuzes und die «marraines des guerre» oder

173
Während des gesamten Kriegs leitete Oberst Bohny das Schweizerische Rote Kreuz mit grossem persönlichem Einsatz. Auf diesem Bild posiert er vor einem Sanitätszug mit Heimkehrern auf dem Weg nach Lyon.

174

175

174, 175
Der Gesundheitszustand der Verwundeten war schlecht, sodass viel Pflegepersonal benötigt wurde, um die Heimkehrer auf der Fahrt von Konstanz nach Lyon (oder umgekehrt) zu versorgen. Oberst Bohnys Ehefrau Mary Bohny setzte sich unermüdlich ein und begleitete viele Sanitätszüge.

KRANKENPFLEGERINNEN IM EINSATZ BEI VERWUNDETENTRANSPORTEN DURCH DIE SCHWEIZ

Rotkreuzschwestern erfüllten im Landesinnern vor allem bei den Verwundetentransporten durch die Schweiz eine wichtige Aufgabe. Bereits im März 1915 rollten auf Initiative des IKRK und des Bundesrats die ersten Lazarettzüge mit sogenannten *grands blessés*, nicht mehr diensttauglichen, schwerverletzten oder schwerkranken Kriegsgefangenen, durch die Schweiz. Der Bundesrat übertrug die Durchführung dieser zwischen Konstanz und Lyon stattfindenden Transporte dem Schweizerischen Roten Kreuz (SRK), das sogenannte Detachementsschwestern als Begleitpersonal aufbot. Nachdem Anfang August 1914 vier in die Territorialsanitätsanstalt in Glarus einberufene Rotkreuz-Detachemente nach wenigen Tagen wieder demobilisiert worden waren, verblieben sie mit 20 weiteren Detachementen auf Pikett und konnten für die Verwundetentransporte eingesetzt werden. Erfahrene Schwestern mit Kenntnissen einer anderen Landessprache stellte auch das Diakonissenhaus in Riehen zur Verfügung. Am 10. Juli 1915 reiste die 58-jährige Diakonisse Lina Weber (1857–1935) mit 13 Schwestern nach Konstanz, um von dort verwundete französische Soldaten nach Lyon zu bringen und von Lyon deutsche Soldaten nach Konstanz in ihre Heimat zu führen. Bis im Oktober 1919 beteiligte sie sich an zwölf Fahrten zwischen Konstanz und Lyon, Feldkirch und Chiasso (bzw. Como und Monza) und schliesslich auch Basel und Evian. Im Rückblick auf ihren 50-jährigen Dienst als Diakonisse erinnerte sich die Schwester an die unbeschreibliche Not: «Es war ein grosses Elend diese armen, abgehärmten Krüppel und schwer Kranken an ihrem Bestimmungsort ankommen zu sehen, wo nun auch nur noch Hunger und Elend ihrer wartete.»[18] Mehrere Diakonissen erwähnten in ihren Erinnerungen die Transportzüge mit den Schwerverwundeten, Kriegsgefangenen und Evakuierten, so auch Elisabeth Stolz (1872–1955), genannt *Soeur Marthe*, die als Pfarrgehilfin in La Chaux-de-Fonds nach dem Krieg in etlichen Vorträgen über das körperliche und seelische Leiden der transportierten Soldaten berichtete und an ihrem Diakonissenjubiläum betonte: «Die Erlebnisse dieser Reisen werden mir lebenslänglich im Gedächtnis bleiben.»[19]

Sabine Braunschweig

176
Kurz vor der Abfahrt eines Verwundetentransports durch die Schweiz, um 1915.

177
Illustration aus «Le Petit Suisse», Nr. 15, 1915.
Die durch die Schweiz fahrenden Züge
mit Rückkehrern entfachten eine regelrechte
Begeisterung in der Bevölkerung, welche
die bemitleidenswerten Opfer des Kriegs so
zumindest begrüssen konnte.

«Kriegspatinnen», die sich um Kriegsgefangene kümmerten. Diese Wohltätigkeit im Kleinen hat kaum Spuren hinterlassen. Die Schirmherrschaft oder die Leitung dieser Organisationen übernahmen häufig Politiker, Vertreter der Industrie, Unternehmer oder Professoren; und nicht selten engagierten sie sich in mehreren humanitären Organisationen gleichzeitig.

Aber längst nicht alle Hilfswerke wurden von Schweizern geleitet oder finanziert. Zu nennen sind etwa der *Christliche Verein Junger Männer* (CVJM), der sich auch um Kriegsgefangene kümmerte, oder nationale Rotkreuz-Gesellschaften wie die US-amerikanische, die serbische oder italienische, die Büros in der Schweiz unterhielten. Abgesehen davon fühlten sich zu Beginn des Kriegs sämtliche Gesellschaftsschichten von den damit einhergehenden Problemen betroffen. Aber wie im Fall des IKRK oder des Schweizerischen Roten Kreuzes stellte sich nach der anfänglichen Begeisterung bald eine gewisse Trägheit ein; ein Phänomen, das man auch in anderen Ländern beobachten konnte. Ein weiterer Grund waren sicherlich die Schwierigkeiten, mit denen die Bevölkerung besonders ab 1917 selbst zu kämpfen hatte. Die wirtschaftlichen Probleme veranlassten die Eidgenossenschaft zugleich, strikte Anweisungen zu erteilen, was das Versenden von Sachspenden ins Ausland betraf,[20] und sie wies damit auch auf die Grenzen dieser «privaten Wohltätigkeit» hin.

178

Schluss

Dass sich die Eidgenossenschaft in die private Wohltätigkeit einmischte, war nicht die Ausnahme, sondern die Regel. Während des gesamten Kriegsverlaufs bestand zwischen den verschiedenen Akteuren, die sich in unzähligen Initiativen engagierten, um die Schrecken des Kriegs zu mindern, ein enger Kontakt oder sogar permanenter Austausch, weil der Erfolg der Hilfsaktionen dadurch am ehesten sichergestellt werden konnte. Fünf Jahre lang ermutigte, kanalisierte und nutzte die Eidgenossenschaft den «guten Willen» der Bevölkerung. Sie setzte ausserdem auf die regelmässige Zusammenarbeit mit dem Schweizerischen Roten Kreuz, das seinerseits mit dem IKRK kooperierte. Das IKRK wiederum wurde von der Eidgenossenschaft unterstützt: mit technischer und logistischer Hilfe, bei der Beschaffung von Informationen, aber auch symbolisch. Faktisch waren die Ziele des IKRK und der Eidgenossenschaft zum Teil deckungsgleich, dennoch versuchte man, aufeinander Einfluss zu nehmen. Die Wahl von Gustave Ador zum Bundesrat verstärkte die gegenseitige Abhängigkeit zwischen dem IKRK und der Schweizer Regierung, zumal ihnen nun ein und derselbe Mann vorstand, der keinen grossen Unterschied zwischen beiden Ämtern machte.

Doch welche Rolle spielte die humanitäre Hilfe in der Schweiz während des Ersten Weltkriegs? Mehrere Aspekte trugen zu ihrer rasanten Entwicklung bei. Zunächst wurde die Schweizer Bevölkerung bei Kriegsbeginn durch eine regelrechte Welle des Mitgefühls und der Hilfsbereitschaft erfasst. Dann liess dieser Elan in der breiten Masse allmählich nach und brach kurz vor 1917 ein. Dass das Engagement in den höheren Gesellschaftskreisen beständiger war, verdankte sich wohl einer Art Modeeffekt, der dadurch ermöglicht wurde und sich lange halten konnte, weil man über Zeit und Geld verfügte. Die meisten Hilfswerke liessen den Bedürftigen ihre Hilfe kostenlos zukommen, einige boten ihre Dienste aber auch gegen Geld an. In seltenen Fällen kam es dabei sogar zu Betrug, wenn Leistungen nach dem Eingang des Geldes nicht erbracht wurden. Eine weitere Motivation für humanitäres Engagement dürfte sicherlich das Bedürfnis gewesen sein, seinen Standpunkt zu markieren und bestimmte Kriegsteilnehmer zu unterstützen. Einige private Hilfswerke wie das *Comité de secours aux réfugiés belges* handelten ganz klar in diese Richtung.[21]

Im Gegenzug war der humanitäre Einsatz für die Rechtfertigung der Neutralität des Landes von grossem Nutzen. Dem Beispiel anderer neutraler Staaten folgend, versuchte die Schweiz sich als führendes Land der humanitären Hilfe zu positionieren und sie zu ei-

178
Deutsche freiwillige Helfer tragen eine alte Frau auf einer Krankenbahre, Schaffhausen 1916.

179
Die Karikatur aus dem «Nebelspalter» vom 12. August 1916 zeigt Helvetia, die Personifikation der Schweiz, ganz klein vor den sie scheltenden Krieg führenden Staaten, aber ganz gross durch ihre karitativen Aktivitäten. Man machte der Schweiz ihre Neutralität zum Vorwurf, aber ihre humanitäre Hilfe wurde sehr geschätzt.

180

nem Kernthema ihrer Aussenpolitik zu machen. Sie hatte Erfolg damit, denn häufig sahen die Krieg führenden Staaten wegen dieser karitativen Tätigkeit über die Neutralität der Schweiz hinweg, die sie weder nachvollziehen noch akzeptieren wollten. Während die Neutralität in vielen Staaten durch den Ersten Weltkrieg an Attraktivität verlor, hielt die Schweiz eisern daran fest, als sie im Rahmen ihres Beitritts zum Völkerbund über das Weiterbestehen ihres Neutralitätsstatus verhandelte.

Die Rechtfertigung der Neutralität durch humanitäres Wirken war aber nicht nur nach aussen gerichtet. Auch im Land selbst spielte sie eine wichtige Rolle. Mit anzusehen, wie Europa in blutigen Kämpfen versank, war für die Schweizer Bevölkerung zweifellos schwer zu ertragen. Gegen das Unbehagen, vom Krieg verschont zu sein, bot humanitäres Engagement die Möglichkeit, besser mit dieser Situation umgehen und ihr einen Sinn geben zu können. Man wollte sich aktiv beteiligen, ohne Krieg zu führen, und mithin das eigene Gewissen beruhigen. Humanitäres Engagement war auch für die inneren Belange des Landes von Nutzen. Ab Herbst 1914 wurde die karitative Tätigkeit der Schweiz als Pflicht dargestellt: «Es gehört zu den Prärogativen eines neutralen Landes, mitten im furchtbaren Kampfe der Völker die Stimme der Humanität zu erheben und zur Linderung der Kriegsnot beizutragen.»[22] Wie Charles Borgeaud in seinem Artikel verorteten die Eliten des Landes das humanitäre Wirken in der Geschichte, dem Land und der Identität der Schweiz. Man machte aus ihm eine patriotische Tugend, eine Berufung, die dem wahren Schweizergeist entsprach. Die seit Beginn des Kriegs bestehenden Gegensätze zwischen den Sprachgemeinschaften, die kompromittierenden politischen Affären und die Zweifel am Ende des Kriegs liessen sich auf diese Weise beseitigen. Das humanitäre Engagement diente für alle Schweizer als Mittel zur Beruhigung und Ablenkung vom eigenen Schicksal – abgesehen davon, dass es ganz offensichtlich dazu beitrug, die Leiden des Weltkriegs zu lindern.

180
«Die zwei Kreuze, Menschlichkeit, Neutralität». Selbstbewusst wird auf dieser Postkarte auf den schweizerischen Ursprung des Roten Kreuzes verwiesen und die humanitäre Hilfe zur nationalen Tugend erhoben. Die Neutralität, die von der Armee geschützt wird, und die Menschlichkeit, für die das Rote Kreuz steht, sind hier die Garanten der nationalen Identität und Unabhängigkeit.

* Übersetzt aus dem Französischen von Caroline Gutberlet

1 Brief von Charles Lardy an Arthur Hoffmann vom 3. März 1917. In: Archives fédérales: J.1 139, 1974/77, Bd. 246. D.098-7 Correspondance politique. Assistance, Bienfaisance 1917.
2 Zit. in: Journal de Genève, 28. Dezember 1914.
3 Vgl. Palmieri, Institution.
4 Brief von Charles Lardy an Arthur Hoffmann vom 19. Dezember 1914. In: Documents diplomatiques suisses / Diplomatische Dokumente der Schweiz / Documenti diplomatici svizzeri, Bd. 6: 1914–1918. Bern 1981, 124.
5 Vgl. Bericht des Bundesrates an die Bundesversammlung über seine Geschäftsführung im Jahre 1917. In: Bundesblatt der schweizerischen Eidgenossenschaft, 1918, Bd. 2, 18.
6 Vgl. Archiv des IKRK: C G1 A 05-04.04: «Liste des puissances protectrices de chaque belligérant». Die Schweiz vertrat ausländische Interessen an 22 Standorten, Spanien an 53, die Niederlande an 21, Schweden an 8 und Dänemark an 2 Standorten.
7 Bericht des Bundesrates an die Bundesversammlung über seine Geschäftsführung im Jahre 1918. In: Bundesblatt der schweizerischen Eidgenossenschaft, Jg. 1919, Bd. 2, 265.
8 Rapport général du Comité international de la Croix-Rouge sur son activité de 1912 à 1920. Genf 1921, 2f.
9 Vgl. Archiv des IKRK: C G1 A 06-06.03: «Actes du CICR pendant la guerre 1914–1918». Genf 1918.
10 Vgl. Fleury, Engagement humanitaire, 563.
11 Vgl. Archive des IKRK: C G1 A 0909. Konferenz der österreichischen, russischen und schwedischen Rotkreuz-Gesellschaften in Stockholm am 4., 5., 6., 22. und 23. August 1917.
12 Berichte der Herren A. Eugster, Nationalrat (II. Reise), Dr. C. De Marval, Oberstleutnant (III. und IV. Reise) über ihre Besuche in den Kriegsgefangenenlagern in Deutschland und in Frankreich, 2. Serie, Deutsche Ausgabe, Basel und Genf, Mai 1915, 4.
13 Vgl. Herrmann, Décrypter.
14 Vgl. La Croix-Rouge suisse, Revue mensuelle des Samaritains suisses, Soins des malades et hygiène populaire. 23. Jg., Nr. 11, 1. November 1915.
15 Das Schweizerische Rote Kreuz während der Mobilisation 1914–1919. Bern 1920, 9.
16 Vgl. Braunschweig, «Ohne Unterschied jedem verwundeten Krieger helfen», 145–160.
17 Die meisten der hier genannten Privatinitiativen konnten mit Hilfe des IKRK-Archivs sowie folgender Kataloge genauer identifiziert werden: Butticaz, Emile: Catalogue général des œuvres de bienfaisance en Suisse pendant la guerre. Lausanne 1917; Nagel, Ernst: Die Liebestätigkeit der Schweiz im Weltkriege. Bilder aus grosser Zeit. 2 Bde. Basel 1916.
18 Diakonissenhaus Riehen, Archiv, C XIV 14a, Erinnerungen von Sr. Lina Weber, o. J. [ca. 1927].
19 Diakonissenhaus Riehen, Archiv, Schwesterndossier Elisabeth Stolz, Aus dem 50-Jahr-Jubiläumsrückblick, 1948.
20 Vgl. Ankündigung der dem Eidgenössischen Volkswirtschaftsdepartement direkt unterstellten Warenabteilung vom 12. Oktober 1917. In: Bundesarchiv: BAR E 2020, 1000/130, Bd. 109, P. G. 8/5 «Comités für Liebesgaben – Sendungen an allgemeine Kriegsgefangene, Einschränkung der Comités».
21 Vgl. Gasser, Des enfants belges.
22 Bericht des Bundesrates an die Bundesversammlung über die von ihm auf Grund des Bundesbeschlusses vom 3. August 1914 getroffenen Massnahmen (vom 1. Dezember 1914). In: Schweizerisches Bundesblatt, Jg. 66, Nr. 50, 16. Dezember 1913, 714.

Menschlichkeit aus Staatsräson
Die Internierung ausländischer Kriegsgefangener
in der Schweiz im Ersten Weltkrieg

Thomas Bürgisser

«Avant de quitter le sol suisse permettez-moi de vous exprimer toute ma gratitude pour votre franche et loyale hospitalité. Jamais nous ne pourrons oublier ce que vous fîtes pour les éprouvés de la guerre et tant que notre cœur battra, il y aura une place pour la Suisse, notre seconde patrie. A nos enfants nous l'apprendrons[,] perpétuant ainsi la grande œuvre humanitaire poursuivie par la nation helvétique et dès que de leurs petites gorges sortira le cri de ‹Vive la France›[,] vous entendrez également monter celui de ‹Vive la Suisse›.»[1] Aus diesen feierlichen Worten, die ein französischer Militärinternierter im Januar 1919 in einem Brief an Bundespräsident Gustave Ador richtete, spricht die tiefe Dankbarkeit für eine in Not dargebotene Hilfeleistung. Zehntausende kranke und verwundete Soldaten und Offiziere aus Frankreich, Deutschland, Belgien, Grossbritannien und Österreich-Ungarn wurden zwischen 1916 und 1919 in Schweizer Kurorten zu Erholungszwecken interniert. Es handelte sich um Menschen, die auf den Schlachtfeldern des Ersten Weltkriegs verwundet worden und in feindliche Gefangenschaft geraten waren oder unter den prekären Bedingungen der Kriegsgefangenschaft an grassierenden Seuchen erkrankt waren. Auch für viele Flüchtlinge wurde die Schweiz vorübergehend zu einer rettenden Insel. «[L]a Suisse doit à l'internement qui lui a permis de faire quelque chose, elle aussi», hielt ein Redner auf einer Gedenkveranstaltung für die Internierten in Leysin 1937 fest. «C'est à la Suisse […] que l'internement a profité, en la sauvant d'une inaction forcée et démoralisante.»[2] Die Internierung und allgemein die Hilfe gegenüber den Opfern des Weltkriegs waren für manche Schweizerinnen und Schweizer eine Möglichkeit, aus der lähmenden Starre ausbrechen zu können, in der sie sich angesichts der jenseits der Grenzen wütenden «Urkatastrophe des 20. Jahrhunderts»[3] befanden. Die karitative Tätigkeit im Geiste einer «humanitären Tradition» bot nicht nur den Bürgerinnen und Bürgern des vom Krieg verschont gebliebenen Landes die Möglichkeit, «etwas Gutes zu tun». Sie legitimierte auch den Status der schweizerischen Neutralität nach aussen und konnte die vom Tourismus abhängigen Bergregionen wirtschaftlich entlasten. Es war ein Akt der Menschlichkeit, der zugleich einem Motiv der Staatsräson entsprach.

181
«Tant que notre cœur battra, il y aura une place pour la Suisse, notre seconde patrie.» Französische Internierte posieren in Zermatt anlässlich der 1.-August-Feier von 1916.

Kriegsgefangenschaft als Massenschicksal
Der «Grosse Krieg» sprengte in vielerlei Hinsicht die Ausmasse dessen, was sich die Menschen über bewaffnete Konflikte und deren Folgen zuvor hatten vorstellen können. Dies betraf auch die Kriegsgefangenschaft: Schätzungsweise 7 bis 9 Millionen Soldaten wurden im Ersten Weltkrieg zu Gefangenen – und blieben es meist über Jahre hinweg.[4] Verglichen mit den Erfahrungen früherer Konflikte waren das kaum vorstellbare Dimensionen. Keiner der Krieg führenden Staaten war auf eine so grosse Zahl Kriegsgefangener, die während so langer Zeit interniert werden mussten, vorbereitet. Entsprechend hart waren die Bedingungen: Verpflegung, Unterkünfte und medizinische Versorgung waren ungenügend. Gegenseitig schaukelten sich die Krieg führenden Mächte mit Vergeltungsmassnahmen gegenüber den Gefangenen hoch, um sich für die angeblich schlechte Behandlung der in Feindeshand geratenen eigenen Soldaten zu rächen. Aufgrund von Mangelernährung und schlechten hygienischen Bedingungen grassierten in den Lagern bald Infektionskrankheiten wie Tuberkulose, Typhus oder Diphterie. Auch in psychischer Hinsicht stellte die lange Gefangenschaft für viele eine grosse Herausforderung dar. Mit dem Begriff der «Stacheldrahtkrankheit» bezeichneten die Ärzte die durch die jahrelange Lagerhaft hervorgerufenen, zuweilen schweren Neurosen, die sich mit Symptomen wie Konzentrationsschwierigkeiten, Schlaflosigkeit, Aggressivität und Depressionen bemerkbar machten. Während die Kriegsgefangenschaft für die Kriegsparteien zu Beginn vor allem eine logistische Herausforderung darstellte, wurden die Gefangenen mit der Fortdauer des Konflikts zu «unentbehrlichen Arbeitskräften»[5] der jeweiligen Kriegswirtschaft.

Die Verantwortlichkeiten und Pflichten der Kriegsparteien bei der Behandlung der Kriegsgefangenen sowie deren Rechte wurden durch die internationalen Vertragswerke der Genfer Konventionen von 1906 sowie der Haager Landkriegsordnung von 1907 geregelt. In der Praxis kontrollierten diplomatische Vertreter neutraler Staaten, die im Gastland als Schutzmacht die Interessen dritter Staaten vertraten, die Einhaltung dieser völkerrechtlichen Bestimmungen mit regelmässigen Inspektionen. Neben Spanien, Dänemark, Schweden und den USA (bzw. nach deren Kriegseintritt 1917 den Niederlanden) übernahm auch die Schweiz solche Aufgaben. Zugleich besuchten Delegierte des Internationalen Komitees vom Roten Kreuz (IKRK) in Genf die Kriegsgefangenenlager, und das IKRK entfaltete von Kriegsbeginn an eine sehr rege Tätigkeit zugunsten der Kriegsgefangenen. Bereits im August 1914 wurde in Genf die Internationale Kriegsgefangenenagentur (*Agence internationale des prisonniers de guerre, AIPG*) gegründet. Diese bemühte sich, kriegsgefangene Soldaten der verschiedenen Länder systematisch zu erfassen, Familien über die Gefangenschaft ihrer Angehörigen zu informieren sowie diesen Korrespondenzen und Hilfspakete zukommen zu lassen.

Heimschaffung von Zivilinternierten, Evakuierten und Austausch der «grands blessés»
Nicht nur Mitglieder der Streitkräfte, sondern auch Angehörige verfeindeter Staaten sowie Zivilistinnen und Zivilisten aus den besetzten Gebieten wurden von den Kriegsparteien in Lagern interniert. Schon im September 1914 wurde auf Initiative des Schweizer Bundesrats der Austausch von nicht mobilisierbaren Zivilinternierten – Frauen, Kindern und Alten – angeregt. Bis Kriegsende wurden fast eine halbe Million Evakuierter aus den Kampfgebieten Nordfrankreichs und Zehntausende Zivilinternierter via Genf, Rorschach und Singen-Schaffhausen in Zügen in ihre Heimatstaaten Frankreich, Deutschland und Österreich-Ungarn transportiert. Ab 1915 wurden auch 20 000 italienische Zivilinternierte aus Österreich-Ungarn via Buchs (SG)-Chiasso nach Italien repatriiert.

Die Genfer Konvention sah vor, dass schwerverletzte und schwerkranke Kriegsgefangene ausgetauscht würden. Auf Initiative des IKRK regte der Bundesrat wenige Wochen nach Kriegsbeginn bei der französischen und deutschen Regierung die Ratifikation dieser Bestimmungen an. Nachdem auch Papst Benedikt XV. sich gegenüber den Krieg führenden Mächten für das Projekt engagiert hatte, konnten im

182

März 1915 die ersten Lazarettzüge mit sogenannten *grands blessés* durch die Schweiz in Richtung Heimat rollen. Es handelte sich um Soldaten, die eines oder mehrere Glieder (Beine, Arme, Füsse oder Hände) verloren hatten, die am Kopf oder Rückenmark, durch Brust, Bauch- oder Beckenschüsse verletzt oder in Gesicht und Mundhöhle verstümmelt waren, gelähmt oder erblindet oder durch schwere Krankheit nicht mehr dienstfähig waren. Durchgeführt wurden die Transporte der Kriegsinvaliden auf Geheiss des Bundesrats durch das Schweizerische Rote Kreuz (SRK). Die Züge, die zeitgleich in Konstanz und Lyon aufbrachen, kreuzten sich jeweils im Schweizer Mittelland. «Die kranken Reisenden konnten ganz nah, Fenster an Fenster, Auge in Auge, Amputierte mit bleichen Gesichtern auf den Pritschen wie sie, betrachten», berichtete eine Rotkreuzschwester von einem dieser Transporte. «Die feindlichen Soldaten grüssten sich bei dem kurzen Aufenthalt und zeigten sich bewegt vom gegenseitigen ähnlichen Schicksal.»[6] Während der Austausch der Schwerverwundeten im Westen durch die Schweiz und die Niederlande abgewickelt wurde, organisierten Dänemark und Schweden den Austausch Zehntausender schwerverwundeter Kriegsgefangener an der Ostfront.

Die Transporte von Zivilinternierten und schwerstverwundeten Kriegsgefangenen durch die Schweiz führten der Bevölkerung sehr eindrücklich die Schrecken des Kriegs vor Augen. Das SRK konnte auf die Hilfe Tausender Freiwilliger zählen. An den Grenz-, Etappen- und Durchgangsbahnhöfen versammelten sich jeweils grosse Menschenmengen. Bürgerinnen und Bürger empfingen die Kriegsopfer und überhäuften sie mit «Liebesgaben», das Rotkreuzpersonal versorgte und verpflegte die Verwundeten. Wohl nirgendwo sonst war für die vom Krieg verschonten Schweizerinnen und Schweizer das Leid ihrer Nachbarn derart unmittelbar erlebbar wie beim Anblick der verstümmelten und siechen Heimkehrer.

Verhandlungen über das «Liebeswerk» der Internierung

Im Februar 1916, als die Internierungen von verwundeten und kranken Militärpersonen in der Schweiz begannen, schrieb der Armeearzt Carl Hauser in einem Communiqué des Generalstabs: «Notre pays, épargné, Dieu merci, par les maux de la guerre, a devant lui une nouvelle et noble tâche, celle de soigner les prisonniers de guerre blessés et malades que les Etats voisins confient à notre garde. Des guerriers qui, en campagne, se sont affrontés en ennemis, espèrent, accueillis désormais sur le sol de notre paisible patrie, y retrouver force, courage et santé.»[7] Bereits 1915 hatten das IKRK, der Vatikan und der Bundesrat erste Initiativen zur Internierung von leichtverwundeten oder kranken kriegsgefangenen Offizieren, Unteroffizieren und Soldaten in der Schweiz lanciert. Zwar war bereits 1871 die Bourbaki-Armee in der Schweiz interniert

182
«Retrouver force, courage et santé sur le sol de notre paisible patrie». Internierte französische Kriegsgefangene auf der Terrasse des Hotels Rössli in Brienz, 1916.

worden, die im Deutsch-Französischen Krieg Richtung Schweiz abgedrängt worden war und vom Bundesrat die Erlaubnis erhalten hatte, im Jura die Grenze zu überschreiten. 87 000 Männer mit 12 000 Pferden waren damals entwaffnet, auf verschiedene Kantone aufgeteilt und für rund sechs Wochen interniert worden. Die von der Schweiz nun angebotene langfristige Internierung rekonvaleszenter Kriegsgefangener verschiedener Parteien war jedoch in völkerrechtlicher Hinsicht ein völlig neuartiges Projekt.

Fremde Militärs und Zivilisten wurden während des Kriegs zwar auch in anderen neutralen Staaten interniert. Die Niederlande etwa sahen sich kurz nach Kriegsbeginn mit einer ganzen Million ziviler Flüchtlinge aus Belgien und Zehntausenden von belgischen Soldaten konfrontiert, die ihre Grenze überschritten. Auch wurden in den Niederlanden aufgrund eines Abkommens vom Juli 1917 je rund 10 000 deutsche und britische Kriegsgefangene interniert. In Dänemark, Schweden und Norwegen existierten ähnliche Projekte; nirgendwo erreichte die vertraglich geregelte Internierung von Kriegsgefangenen zu Erholungszwecken aber denselben Umfang wie in der Schweiz.

Zahlreiche organisatorische und rechtliche Fragen mussten im Vorfeld der Internierung geklärt werden. Entsprechend kam es zu langwierigen Verhandlungen mit der französischen und deutschen Regierung. Strittige Fragen betrafen etwa die Anzahl der zu internierenden Kriegsgefangenen oder deren Auswahl, und auch die Bewachung in der Schweiz bedurfte der Klärung, wollten die Kriegsgegner doch verhindern, dass feindliche Soldaten in ihre Heimatländer flohen und dort wieder im Militärdienstdienst eingesetzt werden konnten. Für die Schweiz stellte die Anwesenheit Zehntausender fremder Militärangehöriger ihrerseits ein Sicherheitsrisiko dar, falls das Land später noch in den Krieg verwickelt werden sollte. Auch nach dem Anlaufen der Internierung im Januar 1916 wurden die Bestimmungen immer wieder durch Verordnungen und Reglemente ergänzt. Belgien und Grossbritannien schlossen sich den Absprachen zwischen Deutschland, Frankreich und der Schweiz bald an, sodass auch Kriegsgefangene aus diesen Ländern in der Schweiz interniert werden konnten.

Je länger der Krieg und damit auch die Internierung andauerten, desto dringender stellte sich die Frage, wie genesene Internierte heimgeschafft werden sollten, um Platz für weitere kranke und verwundete Kriegsgefangene zu schaffen. Parallel dazu liefen zwischen Deutschland und Frankreich Verhandlungen über den Austausch von Kriegsgefangenen, die eine gewisse Altersgrenze überschritten hatten oder mehrfache Familienväter waren, die sich bereits seit Jahren in Gefangenschaft befanden. Nach zähen, mehrmonatigen Verhandlungen wurde mit den Berner Abkommen vom Frühjahr 1918 schliesslich ein detailliertes Vertragswerk geschaffen, das allgemein die Behandlung von Kriegsgefangenen, den Austausch derselben sowie die Internierung in der Schweiz verbindlich und umfassend regelt.

Auswahl der Internierten

Die Auswahl der zu Internierenden wurde von den Lagerärzten, aber auch durch sogenannte Nachlesekommissionen (*Commissions itinérantes*) vorgenommen. Diese bestanden aus Schweizer Ärzten und Sanitätsoffizieren, die in die Kriegsgefangenenlager in Deutschland, Frankreich und England reisten und die Verwundungen und Krankheiten der Häftlinge nach festgelegten Kategorien überprüften. Die Ausgewählten wurden nach Konstanz respektive Lyon transportiert und dort durch eine Kontrollkommission, die ebenfalls aus Schweizer Militärärzten bestand, einer zweiten medizinischen Prüfung unterzogen, bevor sie in die Schweiz gebracht werden konnten. Zu den in den Verhandlungen festgelegten Kategorien zählten in erster Linie die Tuberkulose, insbesondere der Atemorgane, und andere chronische Erkrankungen der Atemwege, des Herz-Kreislauf-Systems, der Verdauungs-, Sinnes- oder Geschlechtsorgane, schwere Störungen des Nervensystems, Blindheit oder Verlust eines Auges, Taubheit, Verlust eines oder mehrerer Glieder, Rheumatismen und Arthrosen sowie zahlreiche andere, durch Krankheit oder Verwundung verursachte Beeinträchtigungen, die eine längere Militäruntauglichkeit nach sich zogen. Die von anhaltendem Husten und blutigem Auswurf begleitete Lungentuberkulose war in den Gefangenenlagern die am weitesten verbreitete Infektionskrankheit. Vor der Entdeckung des Penicillins galt eine Kur an der frischen Bergluft als geeignete Therapie. Zahlreiche Schweizer Bergorte hatten sich im 19. Jahrhundert mit der Errichtung von Sanatorien und Kurhotels auf die Behandlung von Lungenkranken spezialisiert, weshalb sich das Land nun als besonders geeignet für die Aufnahme von Internierten mit Tuberkulose erwies.

Unterbringung der Internierten

Die ersten kranken und verwundeten Kriegsgefangenen aus Frankreich und Deutschland erreichten die Schweiz im Januar 1916, um hier für mehrere Monate zu Erholungszwecken hospitalisiert zu werden. Bis zum

183

183
Schweizer Ärztemissionen selektionierten in deutschen Lagern tuberkulosekranke französische Kriegsgefangene für die Internierung in der Schweiz. Der Rotkreuzchefarzt Oberst Carl Bohny (Mitte) mit Begleitern in Berlin. «Schweizer Illustrierte Zeitung» vom 18. März 1916.

184

184
Nach Nationalität getrennt in verschiedenen Internierungsregionen untergebracht: Britische Internierte auf dem Weg zu ihren Unterkünften in Château-d'Œx (1916).

185
Und weiter mit dem Tram: Französische Internierte beim Umsteigen am Bahnhof Thun (undatiert).

185

Abschluss des Waffenstillstands im November 1918 waren es über 67 000 Kriegsgefangene der Alliierten und der Mittelmächte, die sich vorübergehend in der Schweiz aufhalten konnten. Zu 38 000 Franzosen und je rund 4000 Belgiern und Briten aus deutscher Kriegsgefangenschaft kamen gut 21 000 Deutsche sowie 600 Österreicher und Ungarn aus den Lagern der Entente. Gesamthaft waren – ausser im Sommer 1918 – nie mehr als 30 000 Kriegsgefangene gleichzeitig in der Schweiz interniert. Der Abschluss des Waffenstillstandsabkommens setzte die Berner Abkommen ausser Kraft und beendete die Internierung der französischen, belgischen und britischen Kriegsgefangenen; die letzten von ihnen kehrten im Frühjahr 1919 nach Hause zurück. Die letzten deutschen Internierten, die auch nach dem Waffenstillstand noch Kriegsgefangene blieben, konnten hingegen erst im Herbst 1919 in ihre Heimat zurückkehren.

Die Durchführung der Internierung wurde dem Armeearzt Carl Hauser und der Sanitätsabteilung des Armeestabs unterstellt. Hauser war für die Belange der Internierung direkt dem Politischen Departement unterstellt. Ursprünglich war geplant gewesen, die Internierten in eigens zu erstellenden Barackensiedlungen und Lagern unterzubringen. Der Bundesrat war sich aber bewusst, dass die «Sympathien für den Internierungsgedanken» stark von der Unterbringung der Internierten abhing. Auf Druck der Tourismuskantone und der Hotelindustrie kam man in Bern deshalb rasch wieder von diesen Plänen ab.[8] Stattdessen wur-

186
«Mit Gaben überhäuft!», titelt die «Schweizer Illustrierte Zeitung» im März 1916 zur Ankunft deutscher Internierter in Luzern: «Ein schwer am Auge verletzter Soldat kann die Geschenke fast nicht mehr tragen, die ihm von mildtätigen Händen überreicht werden.»

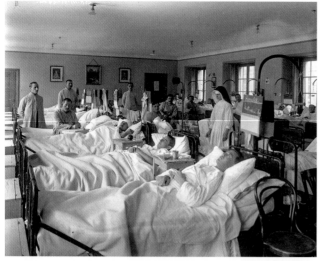

187

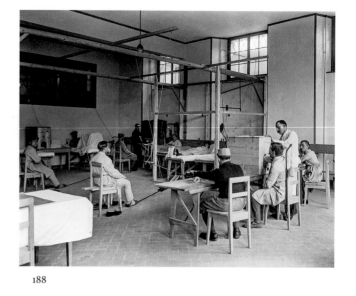

188

189

187
Schlafsaal deutscher Internierter in der ASA Luzern (undatiert).

188
Im orthopädischen Saal der ASA Luzern machen rekonvaleszente Internierte Bewegungsübungen (undatiert).

189
Saal mit deutschen Internierten, die sich in der Armeesanitätsanstalt (ASA) Luzern einer Nachoperation unterziehen mussten (undatiert).

den die Internierten in Hunderten privat geführter Hotels, Pensionen und Sanatorien untergebracht und das Land in eigens geschaffene, nach Nationalitäten getrennte Internierungsregionen aufgeteilt. Die Zuteilung der Internierten orientierte sich teilweise auch an den nationalen touristischen Präferenzen aus der Vorkriegszeit. Franzosen und Belgier wurden in den Regionen Montreux und Genfersee, Aigle, Leysin und Montana, dem Ober- und Unterwallis, Gruyère, Jura-West, im Aargau (Schinznach) und in weiten Teilen des Berner Oberlandes untergebracht. Die Briten wurden in Château-d'Œx, Mürren und vereinzelt auch in Leysin einquartiert. Für die deutschen Internierten standen Lokalitäten in Davos und Arosa, in den Regionen Glarus-Weesen, St. Gallen, Appenzell, Ragaz-Pfäfers, Chur und dem Bündner Oberland sowie in der Zentralschweiz bereit, wobei am Vierwaldstättersee auch Franzosen untergebracht waren.

Luzern beherbergte Internierte aus allen Kriegsländern, während Straffällige in der Strafanstalt Witzwil im Berner Seeland interniert wurden. Die administrative Gliederung der Regionen veränderte sich im Lauf der Internierung, blieb in ihren Grundzügen jedoch gleich. Allen Regionen stand ein leitender Sanitätsoffizier vor, dem für die verschiedenen mit Internierten belegten Ortschaften jeweils ein Platzkommandant unterstellt war. Diesem unterstanden wiederum Internierte in den diversen Lokalitäten, die für ihre Kameraden verantwortlich waren. Insgesamt waren in rund 200 Ortschaften Internierte untergebracht, die vor Ort von Ärzten behandelt wurden.

DIE ARMEESANITÄTSANSTALT IN LUZERN

190

«Die Schweiz ist bis jetzt vom Krieg verschont geblieben», schrieb 1915 ein Autor im «Correspondenz-Blatt für Schweizer Ärzte». «Das bedeutet für uns nicht, dass wir die Hände in den Schoss legen, oder auch nur, dass wir das Ende des Krieges abwarten dürfen, um die in diesem Kriege gemachten Erfahrungen zu verwerten; wir müssen im Gegenteil fortwährend, soviel wir können, Erfahrungen sammeln und in unserem Sanitätswesen verwenden.»[9] Auf dem Gebiet der Kriegschirurgie fehlten der Schweizer Armee die praktischen Erfahrungen für den militärischen Ernstfall; durch humanitäre Einsätze schweizerischer Mediziner versuchte sie diese zumindest teilweise zu kompensieren. Bereits in den Balkankriegen von 1912 und 1913 standen im Auftrag des Roten Kreuzes Dutzende Ärzte und Krankenschwestern aus der Schweiz im Einsatz. Ihre in Lazaretten und Hilfsspitälern hinter der Front erarbeiteten Kenntnisse über die Behandlung von Kriegsverletzungen durch Gewehrschüsse, Schrapnelle, Granaten und Bajonette konnten sie nach ihrer Rückkehr in die Milizarmee einbringen. Einer dieser Ärzte war Hans Brun, der eine SRK-Mission bei der bulgarischen Armee in einem Etappenspital in Thrakien leitete.

Im Sommer 1916 wurde Brun zum Leiter der neugegründeten Armeesanitätsanstalt (ASA) für Internierte in Luzern ernannt. In der ASA wurden bis zum Herbst 1917 Kriegsgefangene aller Nationalitäten behandelt, die in erster Linie von Verletzungen an Kopf, Gehirn oder Extremitäten betroffen waren. Die Patienten hatten in den meisten Fällen bereits eine Operation in der Kriegsgefangenschaft hinter sich, wiesen jedoch Komplikationen auf. Die orthopädische Abteilung behandelte Knochen- und Gelenkfrakturen der Extremitäten, die in schlechter Stellung verheilt waren und zu Pseudoarthrosen führen konnten, mit Massagen und Bewegungstherapien und nahm operative Eingriffe vor. Eigens eingerichtete Werkstätten fertigten für die Patienten Prothesen und orthopädische Schuhe an. Neben Verletzungen des Zentralnervensystems behandelte die neurologische Abteilung vornehmlich Patienten, die infolge von Vernarbungen an der Schädeldecke oder durch Fremdkörper im Gehirn unter zerebralen Störungen, Psychosen oder epileptischen Anfällen litten.

Thomas Bürgisser

190
«Wir müssen fortwährend, soviel wir können, Erfahrungen sammeln und in unserem Sanitätswesen verwenden.» Einem französischen Internierten wird in der ASA Luzern eine Prothese angepasst (undatiert).

191

192

191
Dankbarkeit für den Internierungsdienst der Schweiz. Visite des französischen Generals Paul Pau bei der internierten Truppe vor dem Hotel Beau-Séjour in Genf, Juli 1917.

192
«Der einzige Schweizer Importartikel, der nach wie vor ohne jede Kompensation an uns abgegeben wird», mockierte sich der Nebelspalter im Juli 1916. Er verkannte, dass die Internierung fremder Kriegsgefangener der Schweiz einigen wirtschaftlichen Nutzen einbrachte.

193
Für die Hotelindustrie in den Tourismusregionen waren die Internierten überlebenswichtige «Kriegsgäste»: Das Personal des Hotels Post in Zermatt posiert zusammen mit französischen Internierten (August 1916).

193

Kalkulierte Menschlichkeit: Der Zweck der Internierung

Die Hauptanliegen der schweizerischen Aussenpolitik während des Kriegs waren es, den Status der Neutralität und das Ansehen der Schweiz gegenüber den Nachbarn zu wahren und Handlungsspielräume, die insbesondere durch den Wirtschaftskrieg verloren gingen, zurückzugewinnen. Der humanitäre Einsatz für die Kriegsopfer und ihre Internierung bildeten Instrumente, um den Nutzen der Neutralität für alle Kriegsparteien zu unterstreichen. Die enge Verzahnung von Neutralität mit Solidarität und humanitärer Hilfe gegenüber den Kriegsopfern konnte sich bereits auf eine gewisse Tradition berufen. Diese fusste auf der Asylpolitik einzelner Kantone im 19. Jahrhundert, auf der Gründung des IKRK 1863 und der Internierung der Bourbaki-Armee 1871. Im Ersten Weltkrieg stellten das IKRK und der Bund die humanitäre Hilfe jedoch auf eine völlig neue organisatorische und institutionelle Grundlage.

Tatsächlich waren die Staaten, deren kriegsgefangene Wehrmänner in der Schweiz auf Erholung und Genesung hoffen konnten, sehr dankbar für den Internierungsdienst der Eidgenossenschaft. Dies zeigte sich etwa im härter werdenden Wirtschaftskrieg, wo die gegenseitige Blockade- und Sanktionspolitik der Kriegsparteien auch gravierende Auswirkungen auf die Versorgungslage in der Schweiz hatte. Die Verpflichtung, sich um die Versorgung von Kriegsgefangenen zu kümmern, erwies sich hier als wichtiges Pfand und diente gegenüber den Nachbarstaaten auch als Argument, um die Einfuhrkontingente für Nahrungsmittel und Brennstoffe erhöhen zu können.

Die Internierung sollte aber auch gegen innen wirken. Der Beginn des Weltkriegs hatte das Land entlang der Sprachgrenze tief gespalten. Die gemeinsame karitative Tätigkeit für die Kriegsopfer beider Seiten bot eine Möglichkeit, innenpolitische Spannungen abzubauen und die deutsche und französische Schweiz einander wieder näher zu bringen. Die Wohltätigkeit diente als nationaler Kitt, bot dem Einzelnen und der nationalen Gemeinschaft als Ganzes eine positive Identifikationsmöglichkeit und steigerte das Selbstwert- und Zusammengehörigkeitsgefühl.[10]

Zugleich war die Zeit der Jahrhundertwende eine erste Glanzzeit des Tourismus in den Alpen gewesen. Die alpinen Ferienorte hatten ihre Infrastruktur mit Hotelbauten, Kurhäusern, Bädern, Restaurants, Casinos, Spazierwegen, Seil- und Zahnradbahnen spektakulär ausgebaut. Als im Sommer 1914 die ausländischen Gäste abreisten und seither ausblieben, war dies für viele Kurorte ein schwerer Schlag, von dem sie sich während Jahrzehnten nicht mehr erholten. Es ist der Internierung Zehntausender Kriegsgefangener zu verdanken, dass zahlreiche Hotelbetriebe vor dem drohenden Bankrott in den Kriegsjahren gerettet werden konnten.

Die Kosten für die Internierung trugen vollumfänglich die Heimatstaaten der Internierten. Sämtliche Aufwendungen für die Unterbringung, Verpflegung, Administration, medizinische Behandlung und Pflege in der Höhe von 137 Millionen Franken wurden den Regierungen Frankreichs, Deutschlands, Belgiens, Grossbritanniens und Österreich-Ungarns penibel in Rechnung gestellt und von diesen – wenngleich zeit-

194

194
Für die Einheimischen Spektakel und Möglichkeit, sich karitativ einzubringen: Ankunft französischer Internierter in Troistorrents im Mai 1916 …

195
… und im Juli 1916 in Champéry.

196
Auch in Engelberg wurde den französischen Internierten ein herzlicher Empfang bereitet (1916).

197
Ankunft britischer Internierter in Château-d'Œx (1916).

195

196

197

weise stark verzögert – auch auf Franken und Rappen beglichen.[11] Dieser für die Jahre 1916 bis 1919 berechnete Betrag lag zwar knapp 30 Millionen unter der geschätzten Bruttowertschöpfung, welche die «Fremdenindustrie» allein im Vorkriegsjahr 1913 erwirtschaftet hatte.[12] Allerdings exportierte etwa die in der Kriegswirtschaft florierende Schweizer Maschinenindustrie 1918 Güter im Wert eines vergleichbaren Betrags von 147 Millionen Franken.[13] Wer Internierte beherbergen konnte, machte ein gutes Geschäft. Der Staatskasse blieb am Ende sogar noch ein Gewinn von rund 800 000 Franken. Zudem wurden die Arbeitsfähigen unter den Internierten auf dem ausgetrockneten Arbeitsmarkt als willkommene Hilfskräfte und Facharbeiter geschätzt.

Lebensbedingungen

Die Präsenz von teilweise mehreren Hundert Internierten prägte den Alltag in den Gemeinden, in denen sie untergebracht waren, nachhaltig. Die ausgelaugten und verkrüppelten Internierten waren in der vom Krieg verschonten Schweiz ein sichtbarer Ausdruck der Schrecken des Kriegs. In den allermeisten Fällen brachten ihnen die Schweizerinnen und Schweizer viel Sympathie entgegen. Anders als der Transit ausgetauschter Kriegsgefangener, die Ankunft, Durchfahrt und Abreise Internierter, die als Medienereignisse gefeiert wurden und in der Bevölkerung ein grosses – auch voyeuristisches – Interesse weckten, jedoch keine dauerhafte Auseinandersetzung erforderten, blieben beim langfristigen Aufenthalt der Kriegsversehrten an den Internierungsorten alltägliche Kontakte mit der lokalen Bevölkerung und dabei auch gewisse Reibungen und Probleme nicht aus.

Die verwundeten und kranken Kriegsgefangenen sollten in der Schweiz nicht nur medizinische Behandlung, Ruhe, Erholung und Genesung finden. Eine ihren Fähigkeiten angepasste Erwerbstätigkeit war für alle arbeitsfähigen Internierten obligatorisch. Die Behörden sowie verschiedene Hilfswerke – wie die dem SRK angegliederte «Pro Captivis» – betrieben an den Interniertenstandorten deshalb Werk- und Betriebsstätten, in denen diese beschäftigt wurden. Vollständig arbeitsfähige Internierte konnten auch zu Arbeiten bei lokalen Unternehmen oder in der Landwirtschaft hinzugezogen werden. Ausserdem war es den Internierten möglich, an Schweizer Universitäten und Hochschulen zusammen mit zivilen Studierenden eine Aus- oder Weiterbildung zu besuchen. Auch wurden an einigen Internierungsstandorten eigene Bibliotheken und Schuleinrichtungen aufgebaut, die Sprachkurse, Real- und Mittelschulabschlüsse oder Ausbildungen im Handel, Handwerk, Bergwerk, in Forst- oder Landwirtschaft anboten.

Die Internierten publizierten auch eigene Zeitschriften: Wöchentlich erschienen ab 1916 die «Deutsche Internierten-Zeitung», für die etwa Hermann Hesse schrieb, und das «Journal des Internés français». Ab 1917 wurde unter der Patronage der britischen Gesandtschaft auch ein «British Interned Magazine» vertrieben. Für die seelsorgerischen Belange waren ausländische und schweizerische Priester protestantischer und katholischer Konfession sowie Rabbiner zuständig. Angehörigen aus dem Ausland war es – unter zunehmend restriktiven Bedingungen – erlaubt, regelmässig internierte Familienmitglieder zu besuchen.

STREIKS IN DEN ARBEITSDETACHEMENTEN IN NIEDERWENINGEN

198

So wie die Liebe scheint auch der Zorn durch den Magen zu gehen: «Ein solches Fressen setze ich zu Hause nicht einmal einem Hund vor!»,¹⁴ entrüstete sich Attilio Santucci im Februar 1918. Als die Vorgesetzten den italienischen Deserteur massregeln wollten, solidarisierten sich seine Kameraden mit ihm und verweigerten die Weiterarbeit auf der Baustelle. «Une soupe à l'eau»¹⁵ würde ihnen da vorgesetzt, empörten sich russische Deserteure und entflohene Kriegsgefangene im August desselben Jahres. Mit einer so ungenügenden Ernährung könnten sie nicht arbeiten, erklärten sie und traten ebenfalls in den Streik. Beide Vorfälle ereigneten sich bei Arbeitsdetachementen, die sich aus italienischen und russischen Deserteuren zusammensetzten und 1918 in Niederweningen im Wehntal mit Drainagearbeiten beschäftigt waren.

Aufgrund der prekären Versorgungslage hatte der Bundesrat im September 1917 beschlossen, die Anbauflächen für Wintergetreide massiv zu erhöhen. Dazu sollten ausgedehnte Sumpfgebiete in den Talsohlen entwässert und in Ackerland umgewandelt werden. Allerdings fehlten der Landwirtschaft die dazu notwendigen Ressourcen: Die auf Hochtouren laufende Kriegsindustrie absorbierte mit ihren höheren Löhnen alle verfügbaren Arbeitskräfte. Das Militärdepartement sollte sich deshalb um die Beschaffung von Hilfskräften für die Bodenverbesserungsarbeiten sowie für die Landwirtschaft, Torfausbeutung oder den Bau von Wasserkraftwerken kümmern. Neben Hilfsdienstpflichtigen und Landsturmtruppen bot das Militär 1918 auch fremde Deserteure, Refraktäre sowie entflohene russische Kriegsgefangene auf, die gemäss Bundesratsbeschluss zu «Arbeiten im öffentlichen Interesse» angehalten werden konnten. Die Arbeitsdetachemente unterstanden militärischer Disziplin und wurden von schweizerischen Offizieren und Unteroffizieren kommandiert. Nicht nur in Niederweningen, auch anderswo kam es während der gesamten Dauer der Arbeitseinsätze zu Widerstands- und Protestaktionen. Grund dafür waren der Zwangscharakter und die militärische Disziplin als solche, die schweren Arbeitsbedingungen, mangelhafte Ausrüstung und Verpflegung, zuweilen aber auch kulturelle und sprachliche Missverständnisse. Die Militärbehörden reagierten jeweils mit grosser Härte auf Arbeitsverweigerungen in den Detachementen, boten Ordnungstruppen auf und verbrachten die «Rädelsführer» und «Hetzer» in Strafanstalten.

Thomas Bürgisser

198
Fremde Militärflüchtlinge wurden ab 1918 zu «Arbeiten im öffentlichen Interesse» aufgeboten. Entflohene russische Kriegsgefangene und Deserteure beim Ausheben des Surbkanals in Niederweningen.

199

200

199
Die obligatorische Erwerbstätigkeit arbeitsfähiger Internierter diente nicht nur der «moralischen Wiederherstellung» und dem Disziplinerhalt, sie war auch ein nicht unumstrittener Wirtschaftsfaktor: Deutsche Internierte bei der Herstellung von Fegbürsten in der zur Werkstätte umgebauten Kirche von Flüelen 1916.

200
Auch die Kultur sollte nicht zu kurz kommen: In Fiesch spielt 1916 die Dorfmusik zu einer Theatervorführung internierter deutscher Soldaten auf.

201

202

203

201
Die Comédie-Française spielt im August 1916 vor internierten Franzosen in Leysin.

202
Sportsgeist fördert Form und Disziplin: Französische Internierte während eines Skiwettlaufs im Februar 1917 in St. Cergue.

203
Wintersport auch in Engelberg 1916: Französische Internierte bereiten sich auf die Schlittenabfahrt vor.

Kritische Stimmen

Trotz ihrem mannigfachen Nutzen wurde der Internierung sowohl von aussen als auch von innen immer wieder Skepsis entgegengebracht. Major Edouard Favre, der als Leiter des historischen Dienstes der Internierung zwischen 1917 und 1919 eine dreibändige, detaillierte Dokumentation verfasste, hielt etwa fest: «Journellement, il arrive au bureau du Médecin d'armée des preuves que le service de l'internement n'est absolument pas compris. A l'étranger, on parle de pots-de-vin, adroitement distribués par les familles, pour obtenir l'internement de l'un des leurs. Chez nous, trop nombreux sont ceux qui disent que l'internement est une affaire d'hôteliers.»[16]

Tatsächlich stand das Auswahlverfahren der zu Internierenden unter beständiger Kritik, nicht allein nach objektiven medizinischen Kriterien zu erfolgen. Dass Missbräuche und Betrügereien durchaus vorkamen, zeigen die Bemühungen der Behörden, unter Strafandrohung jegliche Vermittlertätigkeit und direkte oder indirekte Beeinflussungsversuche zu unterbinden. Den Hoteliers wurde unterstellt, sie wären nur an begüterten Internierten interessiert, die möglichst von ihren wohlsituierten Verwandten besucht werden sollten. Allgemein stand die Fremdenindustrie unter dem Verdacht, sie sei die eigentliche Profiteurin der Internierung. Tatsächlich entsprach das Buhlen einzelner Tourismusregionen um die Zuweisung einer möglichst hohen Anzahl Internierter nicht dem Bild einer selbstlosen Hilfe für Kriegsopfer. Dazu kamen krämerische Entschädigungsforderungen von Hotelbetreibern, etwa für Schäden an den Zimmern «durch die schmutzigen und fettigen Hände, Krücken und Stöcke der Amputierten»[17] sowie die übermässige Abnutzung der Betten durch bettlägerige Internierte.

Sozialdemokratie und Gewerkschaften pochten immer wieder darauf, dass die Beschäftigung von Internierten nicht zu Lasten der einheimischen Arbeiterschaft gehen dürfe. Für Behörden und Hilfswerke erfüllte die Arbeitstätigkeit therapeutische und disziplinierende Zwecke und sollte «moralisch» auf die fremden Militärangehörigen einwirken, damit diese nach Friedensschluss als «nützliche Mitglieder der Gesellschaft» in ihre Heimatländer zurückkehren konnten. Tatsächlich bot diese Massnahme jedoch auch zahlreichen Unternehmen die Möglichkeit, ihre Betriebe mit vergleichsweise günstigen Arbeitskräften zu versehen. Zumindest in Einzelfällen wurden die Internierten dabei auch einheimischen Arbeitern vorgezogen, die gewerkschaftlich organisiert und deshalb den Patrons unbequem waren. Auch die positive Einstellung, die weite Bevölkerungskreise den Internierten zumindest in den Jahren 1916 und 1917 entgegenbrachten, war nicht unumstritten und wurde immer wieder kritisch bewertet. Insbesondere die «Schwärmereien» der Einheimischen für die Internierten erachteten die Behörden als mögliche Quellen für Disziplinmangel. Neben dem Alkohol würden vor allem «allzu mildherzige Töchter und Frauen»[18] die moralisch und physisch geschwächten Internierten zu Unsittlichkeiten und Fehlverhalten verleiten. Die Anziehung, welche die Kriegsgefangenen zu einer Zeit, als zahlreiche Männer zum Militärdienst aufgeboten waren, auf einige Schweizerinnen ausübten, führte verschiedentlich zu Konflikten mit den Einheimischen.

In missgünstigen Presseartikeln wurde den Internierten zuweilen auch generell ein liederlicher Lebenswandel vorgeworfen. Je mehr sich die Versorgung der Bevölkerung mit Grundnahrungsmitteln verknappte, desto häufiger wurde die «Verhätschelung» der Internierten kritisiert. «Während sonst beim Eintreffen von

204
Materieller und moralischer Beistand aus der Heimat: Pakete, die für die internierten Kriegsgefangenen in der Schweiz bestimmt sind, lagern in der Aula des städtischen Gymnasiums in Bern (undatiert).

205
Rund 800 Internierte sterben zwischen 1916 und 1919 in der Schweiz. Beerdigung eines französischen Internierten im Juli 1916 in Champéry.

204

205

206

Presse und Behörden kritisierten die Fürsorge «allzu mildherzige[r] Töchter und Frauen» gegenüber den fremden Internierten. Unter dem Titel «L'autre danger» gab die Satirezeitschrift «L'Arbalète» das Gespräch zweier französischer Internierter wieder: «Là-bas, c'était notre peau; ici, c'est notre vertu!»

207

Indianern, Senegalnegern, braunen und gelben Asiaten sich die Menge im Austeilen von Geschenken um die Wette streitet, war für unsere Soldaten nichts übrig»,[19] hiess es etwa im Juli 1918 in einem Zeitungskommentar zur Ankunft grippekranker Schweizer Militärs in Bern polemisch. Nicht immer schienen die Beteuerungen der Behörden zu fruchten, die Internierten würden gegenüber der einheimischen Bevölkerung keineswegs privilegiert versorgt. Grundsätzlich wurde die Internierung als humanitäre Hilfsmassnahme im Gegensatz zur Aufnahme von Militärflüchtlingen und Deserteuren allerdings von keiner Seite offen in Frage gestellt.

Regierung, Hilfswerke und Private entwickelten während des Ersten Weltkriegs ein reges humanitäres Engagement gegenüber den Kriegsopfern. Allerdings bewegte sich diese Menschlichkeit in den Grenzen dessen, was die Entscheidungsträger als nützlich empfanden und politische und wirtschaftliche Vorteile einbrachte. Der helvetische «Samariterdienst» erscheint in diesem Zusammenhang weniger als ein traditioneller humanitärer Akt oder eine logische Konsequenz neutraler Politik. Vielmehr wurde die humanitäre Tätigkeit zur Rückgewinnung von aussenpolitischem Handlungsspielraum genutzt und war in politisch turbulenten Zeiten ein Mittel, um die Neutralität als politisches Konzept gegen innen und aussen zu festigen. Diese Ambivalenzen der Internierung änderten jedoch kaum etwas am «innigsten, tiefgefühltesten Danke» der hospitalisierten Kriegsgefangenen für ihre «Wohltäter», wie sich der Vater eines internierten deutschen Soldaten in einem Brief an Bundespräsident Ador ausdrückte. Sein Sohn war 1916 in Ostafrika von belgischen Truppen gefangengenommen worden, seines Vermögens verlustig gegangen und 1917 nach «achtmonatiger qualvoller Gefangenschaft» in Frankreich «körperlich und seelisch vollständig gebrochen» in der Schweiz hospitalisiert worden. Durch «die Menschenfreundlichkeit des hochherzigen, frommen, edlen Schweizervolkes» hatte er sich «wieder soweit zu erholen vermocht», dass er nun, im Sommer 1919, «physisch als gesunder Mensch […] und fähig (soweit Deutschlands Zukunft es erlaubt), den Kampf um eine neues Dasein zu suchen», in die Heimat zurückkehren konnte.[20]

207
Nicht immer ein ganz konfliktfreies Verhältnis: Französische Internierte, flankiert von Schweizer Militärs, bei ihrer Ankunft in Thun (undatiert).

RUSSISCHE MILITÄRFLÜCHTLINGE IN DER SCHWEIZ

Vor dem Weltkrieg und während seiner Dauer war die Schweiz ein wichtiger Zufluchtsort für russische Revolutionäre wie Lenin, die in der Regel 1917 in ihre Heimat zurückkehrten. Nach der Oktoberrevolution und der Machtergreifung der Bolschewiki entwickelte sich vor allem die Region um den Genfersee zu einem Zentrum antibolschewistischer Emigration. Im Verlauf des Kriegs gelangten aber nicht nur politische, sondern auch militärische Flüchtlinge des ehemaligen Zarenreichs in die Schweiz. Russische Kriegsgefangene, die den grössten Teil der Kriegsgefangenen der Zentralmächte ausmachten und unter den prekärsten Bedingungen untergebracht waren, flohen zwischen 1915 und 1919 zu Hunderten in kleinen Gruppen aus Gefangenenlagern und Arbeitskommandos in die Schweiz. 1918 überschritten zusätzlich über 1000 Russen, die aus einem ehemaligen russischen Expeditionscorps in Frankreich desertiert waren, die Grenze. Im Gegensatz zu den belgischen, französischen, britischen oder deutschen Kriegsgefangenen wurden die russischen Militärangehörigen in der Schweiz aber nicht regulär interniert. Angesichts der Entwicklungen in Russland, Deutschland oder Ungarn nach dem Krieg wuchs im Bürgertum die Angst vor einem revolutionären Umsturz. Die Behörden begegneten dem Zustrom dieser in ihren Augen «revolutionär verhetzten Leute» deshalb mit grossem Misstrauen. Die Russen selbst wollten ihrerseits nach fast vier Jahren Krieg möglichst bald in ihre Heimat zurückkehren.

Wegen des Kriegsverlaufs, der politischen Entwicklungen und aus logistischen Gründen gestaltete sich die Repatriierung der Militärflüchtlinge jedoch schwierig. Unfreiwillig mussten sie über Monate hinweg in der Schweiz bleiben.
Gleichzeitig geriet die Schweiz ab 1918 indirekt in den Strudel des Russischen Bürgerkriegs: Die Auseinandersetzungen zwischen verschiedenen sozialistischen, bürgerlich-demokratischen und monarchistischen Gruppierungen in Russland spiegelten sich in den Konflikten verschiedener russischer Emigrantenorganisationen, Diplomaten und Hilfskomitees in der Schweiz. Bolschewistische und antibolschewistische Rotkreuz-Organisationen buhlten um internationale Anerkennung sowie die Sympathien der russischen Militärflüchtlinge in der Schweiz. Noch im Sommer 1919 wurden 300 tuberkulosekranke russische Kriegsgefangene unter Vermittlung und Aufsicht eines antibolschewistischen Hilfskomitees – und unterstützt von der französischen Regierung – in Sanatorien im Wallis interniert, um sie nach ihrer Genesung in den Kampf gegen die Bolschewiki zu führen. Über das wechselhafte Schicksal der russischen Flüchtlinge blieb die Schweiz bis weit über das Kriegsende hinaus mit der grossen Politik um die Russische Revolution verbunden.

Thomas Bürgisser

1 Brief an den Bundespräsidenten vom 28. Januar 1919, Schweizerisches Bundesarchiv, Bern, CH-BAR#E27#1000/721#13973* (06.H.3.h.2.b.2.A).
2 «L'ossuaire des internés fançais à Leysin», Gazette de Lausanne vom 29. Juni 1937, 3.
3 Kennan, George F.: The Decline of Bismarck's European Order. Franco-Russian Relations, 1875–1890. Princeton 1979, 3.
4 Oltmer, Einführung, 11.
5 Oltmer, unentbehrliche Arbeitskräfte, 67–96.
6 Rogers, Austausch, 227.
7 Zit. nach Favre, L'internement en Suisse, Bd. 1, 10.
8 Gysin, «Sanitätsfestung Schweiz», 59.
9 Hauser, Jakob: Lehren des Weltkrieges für unser Armeesanitätswesen. In: Correspondenz-Blatt für Schweizer Ärzte 65/46 (1915), 1441–1461, hier 1441, zit. nach Draenert, Kriegschirurgie, 201.
10 Gysin, Sanitätsfestung Schweiz, 112ff.
11 Gysin, Sanitätsfestung Schweiz, 85. Vgl. auch das Protokoll der 92. Sitzung des Schweizerischen Bundesrates vom Freitag, 1. September 1916, Brief an den Bundespräsidenten vom 28. Januar 1919, CH-BAR#E1004.1#1000/9#263* (4.11).
12 Püntener, Bruttowertschöpfung, 76.
13 Eidgenössisches statistisches Bureau (Hg.): Statistisches Jahrbuch der Schweiz 1920, Bern 1921, 230.
14 Zit. nach Durrer, Auf der Flucht, 206.
15 Bericht von Walter Hoerni an das Eidg. Militärdepartement vom 31. August 1918, zit. nach Bürgisser, «Unerwünschte Gäste», 120f.
16 Favre, L'internement en Suisse, Bd. 1, Vf.
17 Zit. nach Gysin, «Sanitätsfestung Schweiz», 87.
18 Neue Zürcher Zeitung, Nr. 1584 vom 6. Oktober 1916, zit. nach Draenert, Kriegschirurgie, 135.
19 Walliser Bote vom 20. Juli 1918, 2, zit. nach Arnold, «Unsere Kriegsgäste», 85.
20 Brief von F. W. Hohlfeld, Dresden, an den Bundespräsidenten vom 7. August 1919, CH-BAR#E27#-1000/721#13973* (06.H.3.h.2.b.2.A).

Der Erste Weltkrieg als Wendepunkt in der Ausländerpolitik
Von der Freizügigkeit zu Kontrolle und Abwehr

Patrick Kury

Der Grosse Krieg und die Nachkriegsjahre stellten bezüglich Massenflucht und Vertreibung alles zuvor Gekannte in den Schatten; zuerst in West-, dann stärker in Osteuropa. Gleichzeitig brach mit den militärischen Auseinandersetzungen das bis 1914 weitgehend praktizierte System des freien Personenverkehrs zusammen, und die nationalen Grenzen erhielten eine rasch wachsende, bis dahin nie dagewesene Bedeutung. Die Propaganda der Krieg führenden Länder vertiefte die mentalen Gräben, machte Freunde zu Feinden und Ausländer zur potenziellen Bedrohung. Das Ende des Kriegs und die Bildung neuer Nationalstaaten bewirkten schliesslich einen neuen Schub ethnischer Homogenisierung. Der «Fremde» erlangte nun eine ausgesprochen negative Bedeutung, und fast alle Staaten gingen nach dem Krieg dazu über, die Zuwanderung restriktiv zu handhaben. So bildete der Erste Weltkrieg in der modernen Migrationsgeschichte einen, wenn nicht den herausragenden, Wendepunkt. Auch in der von militärischen Auseinandersetzungen verschonten Schweiz lässt sich seit 1914, insbesondere aber seit 1917, ein fundamentaler Wandel im Umgang mit Migranten feststellen. Nach der Rückkehr von Zehntausenden ausländischer Arbeiterinnen und Arbeiter in ihre Heimatländer zu Beginn des Kriegs schränkte die vom Bundesrat erlassene Grenzsperre den freien Personenverkehr stark ein. Medien und amtliche Texte zeichneten vermehrt ein kritisches Bild von Migranten und unterschieden nun stärker zwischen «erwünschten» und «unerwünschten» Personen: Internierte Militärpersonen und wohlhabende Touristen galten als «erwünscht»; Deserteure, Refraktäre, Kriegsgewinner, Bolschewisten oder Ostjuden wurden als «Indésirables» bezeichnet. Dieser Wahrnehmungswandel hatte einen nachhaltigen Einfluss auf verschiedene Bereiche der schweizerischen Migrationspolitik. Mit der neu geschaffenen eidgenössischen «Zentralstelle für die Fremdenpolizei» wachte ab 1917 eine gesamtschweizerische Behörde über das «Fremde» im Land. Ihre Hauptaufgabe erkannte die neue Amtsstelle in der sogenannten Überfremdungsbekämpfung. Gleichzeitig gewann die Idee einer protektionistischeren Wirtschaftspolitik an Gewicht, und auch die Einbürgerungspolitik wurde restriktiver. Ergänzt wurde das Kontrollsystem durch den Grenzsanitätsdienst, der neu über den Gesundheitszustand der Einreisenden wachte, sowie die Bundesanwaltschaft, die sich nach dem Landesgeneralstreik 1918 auf die Überwachung politisch links Stehender konzentrierte. All diese Massnahmen reduzierten in der Zwischenkriegszeit zwar die Zahl der Ausländer, schufen aber auch neue, politische und humanitäre Probleme, die, wie die Diskussionen über die Flüchtlingspolitik während des Zweiten Weltkriegs, teilweise bis in die Gegenwart nachwirken.

208
Im Verlauf des Ersten Weltkriegs setzte sich ein neues Migrationsregime durch. Nach Kriegsausbruch wurden zunächst die Grenzkontrollen verschärft. Die Aufnahme zeigt die Gepäck- und Personenkontrolle am Grenzübergang Weil-Otterbach.

209

Von der Freizügigkeit zu Grenzsperre und verschärfter Kontrolle

Die 50 Jahre vor dem Ersten Weltkrieg gelten trotz Krisen und Spannungen als Blütezeit des Liberalismus: Wirtschafts- und bevölkerungspolitische Fragen waren zumeist durch eine staatliche Laisser-faire-Haltung bestimmt. Anlässlich der Pariser Weltausstellung von 1889 bestätigten Regierungsvertreter vieler Länder das Prinzip der Personenfreizügigkeit. Diese Politik begünstigte die Arbeitsmigration aus weniger entwickelten Regionen Europas in die industrialisierten Zentren des Kontinents.[1] Besonders die Schweiz profitierte wirtschaftlich von der Freizügigkeit, da sie bereits vor dem Ersten Weltkrieg zu den am stärksten industrialisierten Staaten zählte und infrastrukturell sehr gut erschlossen war. Entsprechend stieg der Ausländeranteil zwischen 1850 und dem Ersten Weltkrieg von rund 3 auf 15 Prozent an, sodass in Europa einzig Luxemburg über einen noch höheren Ausländeranteil als die Schweiz verfügte.[2]

Seit dem ausgehenden 19. Jahrhundert und vor dem Hintergrund des wachsenden Nationalismus melden sich in Europa aber auch Stimmen zu Wort, die mehr staatliche Kontrolle forderten. In der Schweiz versuchte etwa der Bund seit 1896 «Zigeunern» den Zutritt ins Land zu verweigern, was sich in der Praxis jedoch nur schwer umsetzen liess.[3] Weiter warnte seit 1900 der Zürcher Armensekretär Carl Alfred Schmid vor einer zunehmenden «Überfremdung» der Schweiz. Bis zum Ersten Weltkrieg stiess er auf wenig Gehör, doch hatte er einen Begriff geschaffen, der die politische Kultur der Schweiz im 20. Jahrhundert wie kaum ein anderer prägen sollte.[4] In der Westschweiz kritisierte eine lose Gruppe Intellektueller und Künstler, die Hans-Ulrich Jost zur damals aufsteigenden «neuen Rechten» zählt, die zunehmende Immigration.[5] Zwar wurde die «Fremden-» oder «Ausländerfrage», wie man das Thema vor dem Ersten Weltkrieg bezeichnete, als wichtiger politischer Gegenstand betrachtet, doch gingen die noch vorherrschenden liberalen Kräfte davon aus, dass sich mit einer verstärkten Einbürgerung der Ausländeranteil rasch senken liess. Dabei betrachteten Politiker und Experten die Höhe des Ausländeranteils nicht als ein ethnisch-kulturelles Problem, sondern als ein politisches: Der Ausschluss der Ausländer von den politischen Rechten sei ein grosses Problem und führe in der direkten Demokratie zu «schwerwiegenden Bedenken», hielt etwa der namhafte Experte für Ausländerfragen und Basler Nationalrat Emil Göttisheim fest.[6]

209
Zivilflüchtlinge aus Deutschland treffen 1915 in Schaffhausen ein. Die Aufnahme entstand vermutlich im Auftrag des Heimschaffungsdienstes von Schaffhausen.

210
Repatriierte Zivilisten während ihrer Durchreise durch die Schweiz im Bahnhof Basel.

211
«Quelle est notre voiture?» Fotografie aus einem Erinnerungsalbum von Jules Rhein, der den Heimtransport von Kriegsevakuierten in Basel festhielt.

210

211

Der Erste Weltkrieg beendete abrupt die Epoche des freien Personenverkehrs und der sich selbst regulierenden Märkte. Damit veränderte sich auch die Ausländerpolitik in der Schweiz nachhaltig. Mit den ausserordentlichen Kriegsvollmachten vom 3. August 1914 besass der Bundesrat erstmals die Möglichkeit, die weit gehenden kantonalen Kompetenzen in der Ausländerpolitik zu beschneiden. Vorerst hatte er jedoch noch wenig Veranlassung, den Personenverkehr grundsätzlich einzuschränken, zumal die Armee eine verbesserte Kontrolle an den Aussengrenzen garantierte. Erst nach der Oktoberrevolution in Russland 1917 war der Bundesrat auf Drängen der Bundesanwaltschaft zu einer grundlegenden Neugestaltung der Ausländerkontrolle bereit und erliess am 21. November desselben Jahres die Verordnung über die Schaffung der Grenzpolizei und die Kontrolle der Ausländer, aus der die Eidgenössische Fremdenpolizei hervorgehen sollte.[7]

Bereits im August 1914 hatte die Armee die Grenze besetzt, um territoriale Verletzungen durch Truppen der Nachbarstaaten zu verhindern und die Neutralität der Schweiz zu wahren. Nach und nach bauten die Soldaten die Grenze zu einer befestigten Zone aus. Die Zahl der Grenzübergänge wurde reduziert, und die Armee ging vermehrt dazu über, auch den zivilen Personenverkehr zu kontrollieren. Vor allem die grenzpolizeilichen Massnahmen gegen den Ausfuhrschmuggel begrüsste die Bevölkerung vor dem Hintergrund der schlechter werdenden Versorgungslage. Im Frühherbst 1915 verordnete der Bundesrat nach Beratungen mit den Kantonen, dem Justiz- und Polizeidepartement sowie der Armee eine schärfere Grenzkontrolle, um «unerwünschte Ausländer» fernzuhalten, die bisher ungehindert in die Schweiz hatten einreisen können.[8] Diese Verschärfung der Kontrolle war ein Zeichen des Wandels in der Wahrnehmung der Ausländer, wie sie für den Ersten Weltkrieg charakteristisch ist. Beispielhaft zum Ausdruck kommt sie in den Worten von Hans Frey, dem damaligen Leiter der Fremdenpolizei des Kantons Zürich, der rückblickend resümierte, dass im Sommer 1914 eine «Massenabwanderung dienstpflichtiger Ausländer» einsetzte. «Dafür strömten aber in der Folge ganze Scharen von Neuzuwanderern in die Schweiz, die hinsichtlich Denkungsart, Sitten, Geschäftsmoral etc. uns vollständig wesensfremd waren, und die sich einer Anpassung grossenteils überhaupt als unzugänglich

212

213

erwiesen. In ganz besonderem Masse trifft dies zu mit Bezug auf die Juden aus den Oststaaten. Der Andrang von Ausländern, deren Zuwanderung als natürliche Folge des internationalen Personenaustausches zu betrachten ist, nahm beträchtlich ab. Unangenehm bemerkbar machten sich dagegen die vielen Deserteure und Refraktäre, welche im Laufe des Krieges den Schutz unseres Asylrechtes suchten und fanden. Weit unerwünschter noch war der Zustrom der ungezählten unsere Volkswirtschaft aufs schwerste schädigenden fremden Schieber und Wucherer, die sich durch skrupellose Ausnutzung der durch den Krieg geschaffenen Konjunkturen Riesengewinne zu sichern wussten, die die Versorgung des Landes mit Lebensmitteln und anderen unentbehrlichen Gebrauchsgegenständen aufs äusserste erschwerten, den Wohnungsmarkt zu beherrschen suchten und unser Volk auf die schamloseste Weise ausbeuteten. Dazu kam die Invasion von politischen Indésirables, welche durch bolschewistische Propaganda die Klassengegensätze verschärften und auf den Umsturz hinarbeiteten. […] Allen diesen Kriegszuwanderern, welche in unserem Volksorganismus als Fremdkörper empfunden werden, standen die Tore des

212
Um das Los von zivilen Internierten, Flüchtlingen und repatriierten Soldaten zu verbessern, bildeten sich in verschiedenen Grenzkantonen wie hier in Schaffhausen Heimschaffungsdienste, welche die Menschen auf dem Weg in ihre Heimat unterstützten.

213
Der Heimschaffungsdienst in Schaffhausen bei der Betreuung von repatriierten Personen 1915.

214

Die Betreuung von repatriierten Zivilpersonen durch Militär und Zivilbevölkerung in der Schweiz war eine herausragende humanitäre Leistung und entsprechend auch Gegenstand in der Presse.

215

Schweizerhauses in den Jahren 1914 bis 1917 weit offen.»[9] Diese Zeilen aus der Feder von Hans Frey sind einer Einführung zu einem Bundesratsbeschluss vom November 1919 entnommen, mit dem die Bundesregierung Einreise, Aufenthalt, Niederlassung und Ausweisung von Ausländern neu zu regeln suchte. Frey nannte darin unterschiedliche Herausforderungen, mit denen sich die Behörden infolge des veränderten Migrationsgeschehens während des Kriegs aus seiner Perspektive konfrontiert gesehen hatten: die Rückkehr von militärdienstpflichtigen Ausländern in ihre Heimatländer oder die Einwanderung von Kriegsdienstverweigerern und anderen «ungebetenen Gästen». Darüber hinaus ist die Passage voll mit Klischees über unerwünschte Ausländer, die Hans Frey für die sozialen Missstände im Land verantwortlich machte. Auch wenn berücksichtigt wird, dass der Autor seine Rhetorik nutzte, um den Aufbau eines neuen polizeilichen Kontrollsystems des Bundes zu rechtfertigen, erstaunt doch der tendenziös fremdenfeindliche Ton im Vorwort einer Verordnung der Regierung. So sind die Zeilen ein Ausdruck tiefer Verunsicherung und von Ängsten, die Krieg, soziale Not, Generalstreik und die Spanische Grippe bei der Bevölkerung und auch bei Entscheidungsträgern auslösten. Zugleich brachten Bevölkerung und Behörden Kriegsinternierten, Kriegsverletzten sowie Zivilinternierten, die sich während des Kriegs in der Schweiz aufhielten und durch die Schweiz in ihre Heimatländer reisten, in der Regel grosse Sympathie entgegen. Insbesondere der Austausch von zivilinternierten Frauen, Kindern und alten Menschen, der auf Anregung des Bundesrats erfolgt war, erregte in der hiesigen Bevölkerung Aufsehen.[10]

Rückkehr wehrpflichtiger Ausländer und die Zuwanderung von Militärflüchtlingen

Ende Juli und Anfang August 1914 kehrten Zehntausende von wehrpflichtigen Ausländern aus der Schweiz in ihre Heimatländer zurück. Die präzise Zahl der Rückkehrer lässt sich aufgrund fehlender Statistiken nicht nennen. Doch zeigen die damaligen Volkszählungsdaten, dass in der Periode von 1910 bis 1920 die Zahl der registrierten Ausländer von 552 000 um mehr als ein Viertel auf 442 000 zurückging, wobei die Ausländerzahl im Sommer 1914 wohl noch um einiges höher war. Für den weitaus grössten Teil dieses Rückgangs dürften wehrwillige Ausländer verantwortlich gewesen sein.

216

Verschiedene Zeitungen berichteten, dass die Rückkehrer ihre Reise mit Begeisterung und überbordendem Patriotismus antraten.[11] Andere zeitgenössische Berichte und Fotos dokumentieren hingegen ein ambivalenteres Bild und zeigen erschöpfte Männer und Frauen, die an Bahnhöfen und an eigens dafür eingerichteten und bewachten Orten auf die Weiterreise warteten. Dokumentiert von zahlreichen Fotos ist besonders die Rückkehr von Italienerinnen und Italienern im kollektiven Gedächtnis haften geblieben, die vom Ausland her kommend über Basel in ihre Heimat ausreisten. Zu Beginn des Monats August 1914 hielten sich in Basels Strassen und auf dafür zur Verfügung gestellten Sportplätzen Zehntausende von Menschen auf, die von Deutschland, Frankreich und Belgien her kommend die Schweizer Grenze in Basel überschritten hatten, um in Richtung Süden weiterzureisen.[12] Die Rückkehr ausländischer Arbeitskräfte durch die Schweiz stellte 1914 aber nicht nur die Behörden vor gravierende Probleme. Das gleiche galt auch für die Schweizer Wirtschaft, welche die zurückkehrenden ausländischen Arbeitskräfte vorerst nicht ersetzen konnte.

Doch nicht alle jungen Männer zogen mit Enthusiasmus in den Krieg. Viele hatten gemischte Gefühle, und einige wenige verweigerten sogar den Wehrdienst. In den ersten beiden Kriegsjahren hielten sich noch wenige Deserteure und Refraktäre in der Schweiz auf. Im Verlauf der zermürbenden Schlachten und des jahrelangen gegenseitigen Tötens sahen aber immer weniger Soldaten den Sinn des Kriegs ein, sodass die Zahl der Militärflüchtlinge in der Schweiz ab Sommer 1916 stark anstieg und bei Kriegsende fast 26 000 Männer betrug. Viele dieser Militärflüchtlinge kehrten nach dem Krieg nicht mehr in ihre Heimatländer zurück, sondern erhielten eine Aufenthaltsbewilligung, einige wenige wurden eingebürgert.[13]

215
Nach Ausbruch des Kriegs kehrten Zehntausende von Italiener in ihre Heimat zurück. Die Aufnahme zeigt Italiener, die durch die Güterstrasse in Basel Richtung Schweizer Bahnhof marschieren.

216
Kurz nach Kriegsbeginn warten Tausende von Italienern im Elsässerbahnhof in Basel auf ihre Heimreise nach Italien.

217

218

217
Italienische Arbeiter und Arbeiterinnen aus Deutschland, Frankreich und Belgien warten Anfang August 1914 im Elsässerbahnhof in Basel auf ihre Weiterfahrt nach Italien.

218
Der Andrang von mehreren Zehntausend ausländischen Arbeitern Anfang August 1914 stellte für Militär und Behörden eine grosse Herausforderung dar. Italiener aus Deutschland, Frankreich und Belgien warten auf dem Fussballplatz an der Margarethenstrasse in Basel auf die Rückfahrt in ihre Heimat.

«UNERWÜNSCHTE GÄSTE»: DESERTEURE UND REFRAKTÄRE

Im Verlauf des Kriegs sahen sich die Behörden mit einer wachsenden Zahl ausländischer Deserteure und Refraktäre konfrontiert, also Fahnenflüchtiger militärischer Einheiten sowie Stellungspflichtiger, die sich der Einberufung durch Flucht widersetzt hatten. Während bis 1916 nur einige Hundert Deserteure und Refraktäre in die Schweiz geflohen waren, stieg ihre Zahl 1917 auf über 10 000 und 1918 auf über 20 000 an. Im Mai 1919, ein halbes Jahr nach Kriegsende, waren immer noch knapp 26 000 Deserteure und Refraktäre in der Schweiz gemeldet, darunter fast 12 000 Italiener, 7000 Deutsche, je gut 2000 aus Frankreich und Österreich-Ungarn, über 1000 Russen sowie wenige Türken, Serben, Rumänen, Belgier und Bulgaren.[14] Einige waren aus persönlichen Motiven, allgemeiner Kriegsverdrossenheit oder wegen schlechter Behandlung geflohen, andere aufgrund einer antimilitaristischen, pazifistischen oder sozialistischen Weltanschauung. Dazu kamen national-politische Motive, etwa bei der Flucht von Elsässern aus dem Deutschen Reich oder Tschechen und Italienern aus der Habsburgermonarchie.

Zu Beginn bestand für entflohene Kriegsgefangene und Deserteure prinzipiell eine freie Wohnortswahl, sie sollten ihren Aufenthalt in der Schweiz durch Arbeit selbst finanzieren und unterstanden lediglich einer regelmässigen Meldepflicht. Drei Entwicklungen sorgten für einen markanten Wechsel dieser Politik: Neben der wachsenden Anzahl fremder Militärflüchtlinge waren dies die zunehmende Versorgungsschwierigkeit der Schweiz mit Nahrungsmitteln und Rohstoffen sowie die Destabilisierung der politischen Lage in Europa, wie sie mit der Oktoberrevolution in Russland 1917 zutage trat. Besonders die fremden Deserteure wurden nun als «unerwünschte Elemente» zur Zielscheibe von Behörden und einem Teil der bürgerlichen Presse. Pauschal als «Feiglinge» und «Drückeberger» abgestempelt, standen sie unter Generalverdacht, sich auch gegenüber dem Gastland Schweiz illoyal zu verhalten. In reisserischen Zeitungsartikeln wurden ihnen Schmuggel, Spionage, Wucher oder «Hetzerei» vorgeworfen. Im Zuge der sozialen Spannungen, die im November 1918 im Landesstreik gipfelten, wurden sie auch für die Bedrohung der politischen Ordnung mitverantwortlich gemacht. Zwischenzeitlich verordnete der Bundesrat sogar die generelle Rückweisung von Deserteuren und Refraktären an der Grenze, obwohl ihnen in ihrer Heimat hohe Strafen drohten; später rückte er auf Druck der Öffentlichkeit von dieser Position wieder ab.

Thomas Bürgisser

219
Karikatur gegen die sich dem Militärdienst entziehenden ausländischen Deserteure und Refraktäre aus dem «Nebelspalter» vom 16. Februar 1918.

"Sehen Sie dort den Herrn, nach dem alle Leute gucken? Das soll nämlich noch ein Zürcher sein."

220

Der Wandel im Reden über Fremde

Mit der Zunahme der wirtschaftlichen Probleme und der wachsenden sozialen Not wandelte sich im Verlauf des Kriegs auch das Reden über Fremde. Merkmale dieses Wandels waren der vermehrte Gebrauch des politischen Schlagworts der Überfremdung, antisemitischer Stereotype und neuer Attribute der Ausgrenzung wie «Indésirables», «unerwünscht» oder «nicht assimilierbar».

Der Wandel im Reden über Fremde prägte während des Ersten Weltkriegs vor allem den medialen und zivilgesellschaftlichen Diskurs. Er war zweifelsohne Ausdruck grosser Ängste weiter Bevölkerungskreise, er wurde vom einzelnen Wortführer jedoch auch zur politischen Stimmungsmache genutzt. So sprach der promovierte Historiker und spätere St. Galler Grossrat Wilhelm Ehrenzeller in seinem Vortrag «Die geistige Überfremdung der Schweiz» vor der Hauptversammlung der Schweizerischen Gemeinnützigen Gesellschaft in Zürich im Jahr 1917 über den Ausschluss nicht genehmer Personen: «Wir hören ein Wort, das wir schon lange vermissten: ‹Les indésirables›. Unter den zahlreichen Fremden gibt es ‹unerwünschte Elemente›, deren Aufenthalt auf Schweizerboden wir zu verlängern keinen Grund haben. Gegen sie wird der Kampf in nächster Zeit eröffnet werden, und damit tritt auch die Frage der geistigen Überfremdung in die Reihe der öffentlichen Tagesfragen ein, denn eine nähere Betrachtung wird zeigen, dass an den fremden Einflüssen wesentlich mehr ‹indésirable› ist, als man bisher annahm.»[15] Der Winterthurer Ingenieur Max Koller, der sich ebenfalls regelmässig zur Thematik der «Überfremdung» äusserte, schlug in die gleiche Bresche. In einem Referat vor der Neuen Helvetischen Gesellschaft im Mai 1917 unterschied er nachdrücklich zwischen «assimilierbaren» und «nicht assimilierbaren» Ausländern und verlangte, Juden von der Einbürgerung auszuschliessen.[16] Auch in seriösen Tageszeitungen fanden sich während des Kriegs vermehrt antisemitische Spitzen, wobei meist die kleine Gruppe der Ostjuden das Ziel der Kritik bildete. Wegen ihrer religiösen und kulturellen Andersartigkeit und aufgrund ihrer Kleidung häufig auch leicht erkennbar und ohne politische Vertretung im Rücken, stellten sie den «Ideal-Fremden» dar, den man ohne politische Konsequenzen diskreditieren konnte.

Der jüdisch-ukrainische Schriftsteller Schemarya Gorelik, der die Kriegsjahre in der Schweiz verbrachte, beschrieb die damalige antisemitische Stimmung in Zürich rückblickend mit folgenden Worten: «Über die fremden Eindringlinge aber ärgerte sich der Zürcher um so mehr, als sie doch zugleich mit der peinlichen Stilverletzung materielle Vorteile brachten, die nicht verschmäht werden konnten. [...] Das Herz empörte sich, aber die Taschen wurden in Ausübung äusserster Toleranz immer voller. Diese gewisse Inkonsequenz brachte eine Gereiztheit mit sich, die der sonstigen Ausgeglichenheit des Schweizers nicht entsprach. In der Schweizer Presse erschienen öfters spitze und ätzende Notizen über Leute ohne Heimat, die wie Heuschrecken das ruhige Schweizerland überfluteten. Um deutlich zu machen, wer mit diesen Leuten ‹ohne Heimat› gemeint war, machte man Anspielungen auf Besonderheiten, die keinen Zweifel mehr übrigliessen, dass als die Stilverderber die Juden aus Galizien, Polen, Ungarn und Russland betrachtet wurden. Überhaupt die

221

220
Der «Nebelspalter» amüsiert sich im März 1917 über die zunehmende Internationalisierung Zürichs während des Kriegs.

221
«Neue Industrie: Der Nebelspalter empfiehlt dem hohen Bundesrat zur Besserung der eidgenössischen Finanzen die Eröffnung des oben abgebildeten ‹Leihhauses für Kleider, Velos und Bürgerrechte›. An Zuspruch wird es nicht fehlen.»

222

222
«Klauen weg! Die Schweiz den Schweizern».
Die Angst vor dem Fremden wurde anlässlich
der ersten Proporz-Nationalratswahl von
1919 zu einem wichtigen politischen Thema.
Wahlplakat von Paul Kammüller.

Juden.»[17] Gorelik bestätigte zwar die Existenz einzelner ausländischer Geschäftsleute, die während des Kriegs mit Schweizern Geschäfte tätigten und Profite erzielten. Sie bildeten unter den erwerbstätigen Ausländern, Arbeitern, Angestellten, Unternehmern und Dozenten nur eine Minderheit. Er kritisierte jedoch, dass für die negativen Folgen des Handels vor allem Ostjuden verantwortlich gemacht wurden. In der Tat richtete sich die Bekämpfung des Zwischenhandels, an dem auch jüdische Händler beteiligt waren, bei den sogenannten Lebensmittelwucherprozessen in Basel 1917 etwa einseitig gegen ausländische Juden. Diese Praxis der Staatsanwaltschaft führte bei der linken Presse zu heftiger Kritik sowie zum Vorwurf antisemitischer Gesinnung der Vertreter der Judikative.[18] Die damals massive Teuerung der Lebensmittelpreise, unter denen grosse Teile der Bevölkerung zu leiden hatten, war aber nicht primär das Resultat des Zwischenhandels, sondern einer mangelhaften kriegswirtschaftlichen Vorsorgepolitik und sinkender Nahrungsmittelimporte.

Selten fand der geschilderte Wandel im Reden über Fremde auch Ausdruck in gewaltsamen Übergriffen gegen jüdische Einrichtungen wie in der Nacht vom 31. März 1918, als angetrunkene Männer in ein Gebetshaus an der Zürcher Zurlindenstrasse eindrangen und Thorarollen beschädigten.[19] Zweifellos hat der Krieg und die Kriegspropaganda in weiten Teilen der Bevölkerung xenophobe und antisemitische Diskurse sowie die Angst vor «dem Fremden» verstärkt. Die Zunahme von Fremdenfeindlichkeit und Antisemitismus war aber auch das Produkt neuer Formen behördlicher Ausgrenzung, einer intensivierten Ausländerkontrolle und einer zunehmend restriktiven Ausländerpolitik in den Bereichen der Einreise, Niederlassung und Einbürgerung. Die fremdenfeindlichen Diskurse und die restriktivere Ausländerpolitik dürften denn auch für den Wandel eine weit wichtigere Rolle gespielt haben als die Zahl der Ausländer in der Schweiz. Der Anteil der Ausländer ging zur gleichen Zeit stark zurück.

Schmeißt die Ausländer hinaus!

Das patriotische Bürgertum macht eine Unterschriftensammlung, um den Bundesrat zu bewegen, die sogenannten ausländischen Hetzer und Wühler auszuweisen. Damit sind natürlich nicht die Schieber, Wucherer und Schmuggler gemeint, die schuld sind an unserer Lebensmittelknappheit, sondern ausgewiesen werden sollen Arbeitskameraden, Genossen, denen es ihre sozialistische Ueberzeugung zur Pflicht macht, für die Befreiung der Arbeiterklasse aus dem Joche der wirtschaftlichen Sklaverei überall einzutreten. Kollegen will man treffen, die schon jahrelang in den Arbeiterorganisationen zum Wohl der Arbeiterschaft tätig sind.

Sollen diese Leute ausgewiesen werden? Diese Leute, denen wir Arbeiter zu Dank verpflichtet sind?

Die Initiative der schweizerischen Pfahlbürger richtet sich nicht gegen die fremden Schieber und Wucherer, aus deren Holz die Initianten selbst geschnitzt sind, sondern gegen die Arbeiterschaft.

Arbeiter, zerreißt die Unterschriftenbogen wo ihr sie findet, boykottiert die Wirtschaften, Coiffeure und Cigarrenläden, wo dieselben aufliegen. Unterschreibt diese Fackel nicht!

Das siebengliedrige Kollegium in Bern, welches sich Bundesrat nennt, weist übrigens seit langen Jahren schon ausländische Sozialisten aus, die den Unternehmerprofit gefährden. Er handelt hier, wie seit Kriegsbeginn überhaupt, ganz ungesetzlich. Er ist der ausführende Rat der schweizerischen Schieber, Wucherer und kapitalistischen Volksvampire, und weil die Herrschaft dieser Gauner gefährdet ist, pfeifft er auf die Gesetze. Er regiert autokratisch, wie es die preußischen Junker nicht besser machen. **Für die Arbeiter ist es deshalb die logische Konsequenz, russisch zu handeln.**

Einige revolutionäre Schweizer,
die auf die Tradition ihrer Vorfahren
stolz sind.

Verteilen und ankleben!

223

223
«Schmeisst die Ausländer hinaus!» Sozialisten wehren sich mit diesem Flugblatt gegen ausländerfeindliche Stimmungsmache, die einzig darauf abziele, die politische Linke zu diskreditieren.

224
Ein Flugblatt des Bürgerblocks politisiert bei den Regierungsratswahlen im Februar 1919 im Kanton Basel-Stadt mit antisemitischen und antibolschewistischen Stereotypen.

«Soziale Auslese» und Kampf gegen «Überfremdung»: die Aufgaben der Fremdenpolizei

Mit der Gründung der vorerst nur als Provisorium gedachten eidgenössischen Zentralstelle für die Fremdenpolizei 1917 trat die schweizerische Ausländerpolitik in eine völlig neue Phase: Erstmals setzte eine bundesstaatliche Kontrolle der Migranten ein.[20] Im Wechselspiel von polizeilichen, wirtschafts- und bevölkerungspolitischen Überlegungen wurde nun die «Überfremdungsbekämpfung» zum alles beherrschenden Thema in der Ausländerpolitik, und dies, obwohl der Ausländeranteil seit Kriegsbeginn laufend zurückgegangen war.

Die neue Amtsstelle erkannte ihre Hauptaufgabe darin, die Zuwanderung mittels «qualitativer Auswahl» zu steuern. Der mit weit reichenden Kompetenzen ausgestattete Adjunkt der Fremdenpolizei und eigentliche Architekt der schweizerischen Bevölkerungspolitik, Max Ruth, unterschied dabei zwischen einer «politischen» und einer «sozialen» Auslese. Die «politische Auslese» fiel in den Zuständigkeitsbereich der Bundesanwaltschaft, die «soziale Auslese» oblag der Fremdenpolizei. Dazu äusserte sich Ruth wie folgt: «Es ist eine der bedenklichsten Seiten der Überfremdung, dass sie den normalen sozialen Aufbau der Bevölkerung einseitig beeinflusst. Die Zuwanderer vermehren beinahe ausschliesslich das städtische, in Handel, Industrie und Gewerbe tätige Element unserer Bevölkerung, beinahe gar nicht die Bauernsame. Diese aber ist der hauptsächlichste Träger bodenständiger Eigenart, der Jungbrunnen nationaler Kraft. Die grossen Städte sind Menschenfresser, deren Bevölkerung ständiger Blutauffrischung vom Lande her bedarf. Ein Teil dieser Bevölkerung ist in steter Gefahr gesundheitlicher und moralischer Verkümmerung; er sollte durch Ausländer so wenig als möglich vermehrt werden.»[21] Max Ruths Positionspapier gegen die vermehrte Zuwanderung richtete sich damit nicht nur gegen «unerwünschte Ausländer», sondern war auch eindeutig kulturpessimistisch und antiurban ausgerichtet. Die Migration in die Städte, vor allem aus dem Osten Europas, deutete Ruth als «geradezu verderbliche Überflutung».[22] Darüber hinaus legt Ruths Position Zeugnis von der damals laufenden ethnisch-kulturalistischen Wende und antisemitischen Fixierung der behördlichen «Überfremdungsbekämpfung» ab: Nicht mehr die Anzahl der Ausländer wurde als primäreres Problem betrachtet, sondern neu deren

Herkunft und deren kulturell-religiöser Hintergrund. Wie schnell die so verstandene Überfremdungsbekämpfung Fuss fasste, zeigt ein Beispiel aus der Zeit unmittelbar nach dem Ersten Weltkrieg. Damals warnte die eidgenössische Zentralstelle für die Fremdenpolizei die schweizerische Gesandtschaft in Wien vor einer bevorstehenden Masseneinwanderung polnischer Juden in die Schweiz. Aus Angst vor der zunehmenden «Überfremdung» riet die Bundesverwaltung, «ganz besonders vorsichtig bei der Entgegennahme von derartigen Einreisegesuchen zu sein und diesen äusserst unerwünschten Elementen den Weg in die Schweiz zu sperren».[23] Zwar verstand es die schweizerische Fremdenpolizei, den Ausländeranteil bis zum Zweiten Weltkrieg auf fünf Prozent zu senken, doch führte die «Bekämpfung der Überfremdung» lange vor der Machtergreifung der Nationalsozialisten zu einer antisemitischen Fixierung, die auch die schweizerische Flüchtlingspolitik im Zweiten Weltkrieg bestimmen sollte. Die Politik der Überfremdungsbekämpfung der Fremdenpolizei stiess in der folgenden Zwischenkriegszeit und vor dem Hintergrund der Weltwirtschaftskrise nur vereinzelt auf Widerstand. Dies vor allem deshalb, weil die Massnahmen zum Schutz des heimischen Arbeitsmarktes allen Bevölkerungsteilen zugute kommen sollten.

Von der politischen Integration zum Instrument der Abwehr: die Bürgerrechtspolitik

Vor dem Ersten Weltkrieg hatten juristische Experten, Politiker und Behördenvertreter noch intensiv über Massnahmen zur Erleichterung der Einbürgerung diskutiert. Zur Debatte gestanden hatten etwa die automatische Einbürgerung von Ausländern bei Geburt auf Schweizer Boden (das «ius soli»), die Einführung eines einheitlichen, vom Gemeinde- und Kantonsbürgerrecht losgelösten Bürgerrechts für Ausländer («Indigenats») oder die Einführung eine Zwangseinbürgerung.[24] Mit solchen Massnahmen hätten die im internationalen Vergleich hohen Ausländerzahlen in der Schweiz gesenkt werden sollen. Doch der Wandel in der Wahrnehmung von Ausländern und im Sprechen über Fremde während des Ersten Weltkriegs führte auch zu einem Umdenken in der Bürgerrechtspolitik. Der Bundesrat erhöhte die minimale Wohnsitzdauer für die Erlangung des Bürgerrechts 1917 von zwei auf vier Jahre. Erstmals wurde auch offiziell festgehalten, dass «eine ernstliche und aufrichtige Anpassung an die schweizerische Eigenart» nur über eine längere Wohnsitzfrist möglich sei.[25] In einem internen Papier vom 15. April 1918 bemerkte ein Beamter des «Naturalisationsbureaus», es handelte sich wohl um dessen Leiter Hermann Winkler, «dass es zurzeit nicht leicht» sein werde, sich «zu einer gedeihlichen und fortschrittlichen Lösung der Einbürgerungsfrage durchzuringen». Der Krieg habe in weiten Kreisen des Landes «eine gewisse Xenophobie und nationalistische Enghergizkeit erzeugt», und Behörden und Volk würden «mitten im Gedränge dringender Tagesfragen nur schwer über die nötige Ruhe verfügen», um ein Gesetz zu einem guten Ende zu führen.[26] Die Sicht des Autors erwies sich als richtig. So setzten Bundesrat und Parlament 1919/20 bei der Teilrevision des Bürgerrechtsgesetzes auf eine längere Wohnsitzfrist.[27] Gleichzeitig wurde der vor dem Ersten Weltkrieg vorherrschende Grundsatz «Assimilieren durch Einbürgern» in sein Gegenteil gekehrt: Kein Recht auf Einbürgerung und keine Einbürgerung ohne Assimilation, lauteten nun die Kernsätze der schweizerischen Einbürgerungspolitik.[28] Die genannten Verschärfungen während und nach dem Ersten Weltkrieg, die nicht zuletzt der neuen Überfremdungsbekämpfung geschuldet waren, kommentierte der freisinnige Zürcher Ständerat Oskar Wettstein 1924 mit folgenden Worten: «Die bisherige Behandlung der Einbürgerungsfrage in der Schweiz ist leider nicht die Geschichte eines sieghaften Gedankens, des Aufstiegs einer nationalen Erkenntnis, sondern die Leidensgeschichte eines Niedergangs, des Versinkens einer grossen und starken nationalen Idee in den Sumpf politischer Ängste und kleiner ökonomischer Sorgen. Kaum je hat unsere Geschichte einen so jähen und heftigen Stimmungswechsel zu verzeichnen gehabt wie in der Überfremdungsfrage.»[29]

Die Bundesanwaltschaft im Zuge des Landesgeneralstreiks 1918

Die Bundesanwaltschaft mit der ihr angegliederten «politischen Polizei» war bis 1917 das einzige gesamtschweizerische Organ zur Kontrolle von Ausländern. Dabei hatte sich die kleine Amtsstelle in erster Linie darauf konzentriert, linksradikale Personen wie Kommunisten und Anarchisten zu beobachten. Aber auch internationale Gewerkschaftsvertreter und Sozialisten standen rasch im Verdacht, in der Schweiz Unruhe stiften zu wollen. Während des Ersten Weltkriegs und im Zuge der Oktoberrevolution und des Landesgeneralstreiks verfestigte sich dieses einseitige Bedrohungsszenario.[30] Im Anschluss an die Ausweisung der sowjetischen Gesandten im Herbst 1918 ordnete die Bundesanwaltschaft die Festnahme mehrerer verdächtiger ausländischer Personen an.

DIE AUSWEISUNG DER MISSION BERZIN

Während des Ersten Weltkriegs veränderte sich das Verhältnis zwischen der Schweiz und Russland grundlegend. Nachdem die Bolschewiki im Zuge der Oktoberrevolution die Macht ergriffen und es zu Konfiszierungen von privaten Gütern kam, versuchte der Bundesrat die Vermögenswerte der Schweizer in Russland nicht weiter zu gefährden. So akkreditierte er im Januar 1918 Jonas Salkind als bevollmächtigten Vertreter der Sowjetregierung in der Schweiz, ohne den neuen Staat offiziell anzuerkennen. Im Mai 1918 empfing der Bundesrat eine von Jan Berzin geleitete diplomatische Mission aus der Sowjetunion. Berzin, der bereits 1915 an der Zimmerwalder Konferenz bei Bern teilgenommen hatte, war im April zum bevollmächtigten Vertreter in der Schweiz ernannt worden. In der Folge unterhielten Vertreter der Schweizer Regierung Kontakte zu Gesandten aus der Sowjetunion.[31] Berzin sollte von Bern aus nicht nur Kontakte zur Schweizer Regierung pflegen, sondern auch Verbindungen mit Vertretern der Entente-Staaten aufnehmen, was ihm jedoch nicht gelang. Weiter sollte er sowohl die Bolschewiki in Russland über die inneren Verhältnisse im Westen als auch die Öffentlichkeit Westeuropas über die Situation in Russland aus bolschewistischer Sicht ins Bild setzen. Auch diese Informations- und Propagandaaufgabe konnte er nicht oder nur sehr beschränkt erfüllen. Am selben Tag, an dem der Schweizer Vertreter in Russland, Albert Junod, schliesslich in Petrograd eintraf, um mit neuen Instruktion die Schweizer Interessen zu wahren, wies der Bundesrat auf Druck der Entente-Mächte England, Frankreich und Italien die Mitglieder der Mission Berzin aus. Am 12. November 1918, dem ersten Tag des Landesstreiks, hatte die sowjetische Mission das Land zu verlassen. Da die Streikenden eine Reise per Bahn verunmöglichten, wurde die Fahrt an die Grenze ebenso ausgedehnt wie abenteuerlich.

Das zeitliche Zusammenfallen des Landesstreiks mit der Ausweisung Berzins verfestigte in Teilen der Bevölkerung die Vorstellung, dass sowjetische Personen an der Organisation des Landesstreiks beteiligt gewesen waren. Diese Annahme hielt sich auch dann noch hartnäckig, als die staatlichen Untersuchungsorgane keine Zusammenarbeit beweisen konnten. Beispielsweise liess es sich Bundesrat Guiseppe Motta anlässlich der XV. Völkerbunds-Versammlung im Jahr 1934 nicht nehmen, auf «die Wühlerei» der Sowjets in der Schweiz des Jahres 1918 hinzuweisen. Mit seiner fulminanten Rede versuchte er vergeblich, die Integration der Sowjetunion in den Völkerbund zu verhindern.
In Anschluss an die Ausweisung der sowjetischen Gesandten kam es zur Arretierung und Ausweisung weiterer Personen aus Osteuropa und im Jahr 1919 zur Abschiebung Hunderter nicht «erwünschter» Russinnen und Russen.

Die Bolschewiki hatten im November 1918 eine Informations- und Propagandaplattform in der Mitte Europas verloren, sodass die Sowjetregierung heftig auf die Ausweisung aus der Schweiz reagierte und in der Folge ihrerseits zahlreichen Schweizern die Ausreise aus Russland verweigerte. Nachdem die Entente-Staaten die Sowjetregierung 1922 de facto anerkannten, blieben die Beziehungen zwischen der Sowjetunion und der Schweiz noch während vieler Jahre angespannt. Bis 1937 bildete das Internationale Komitee vom Roten Kreuz der einzige halboffizielle Kontakt beider Staaten.

Patrick Kury

225
Am 12. November 1918 wies der Bundesrat die Angehörigen der russischen Sowjetgesandschaft aus Bern aus. Die vom Militär eskortierte Fahrt durch das Land und die mediale Aufarbeitung vor dem Hintergrund des Landesstreiks hatten demonstrativen Charakter.

226
Postkarte mit einem antibolschewistischen Neujahrsgruss aus der Romandie. Nach der Oktoberrevolution und dem Landesstreik entwickelte sich die Romandie zu einem Zentrum der Abwehr des Bolschewismus.

In den Augen der Bundesanwaltschaft waren die Beschuldigten an der «bolschewistisch-revolutionären Bewegung in der Schweiz entweder direkt beteiligt» oder standen «mit den Führern derselben in einem verdächtigen Verkehr», womit sie die politische Situation in der Schweiz gefährdet hätten.[32] Bereits am 30. November 1918 legte der für die französische Schweiz berufene Bundesanwalt Albert Calame seinen Bericht über die Situation in der Westschweiz und die dort stattgefundene Befragung der Verdächtigen vor. Darin wurde zwar vermerkt, dass den Angeschuldigten «strafbare Handlungen im Sinne der Artikel 36 und ff. des Bundesstrafrechts wohl kaum nachgewiesen werden können». Dennoch kam der Bundesanwalt zum Schluss: «J'envisage que dans les circonstances politiques actuelles, leur présence en Suisse n'est plus désirable. Ils se rattachent en effet de près ou de loin à des organisations qui pourraient à un moment donné constituer un véritable danger pour le pays.»[33] Die juristisch wenig überzeugende Beweisführung hielt fest, dass die Beschuldigten 1918 über die russische Gesandtschaft Angelegenheiten mit Angehörigen in der Heimat geregelt hätten. Aus solchen Hilfestellungen, die zu den Aufgaben einer Gesandtschaft gehören, schlossen die schweizerischen Untersuchungsbehörden, dass es sich bei den Verdächtigen um bezahlte Agenten handle. Entsprechend lapidar lautete auch das polizeiliche Verdikt, das selbst im November 1918 keinem juristischen Tatbestand entsprach: «Délit: bolchevik».[34]

Aufgrund des Untersuchungsberichtes von Albert Calame beschloss der Bundesrat am 7. Dezember 1918 die Ausweisung von 19 Personen, darunter der erwähnte ukrainische Schriftsteller Schemarya Gorelik. In seinen Erinnerungen betont dieser, dass er zwar ungerecht, jedoch gut behandelt worden sei. Die Festnahme habe ihm die Möglichkeit geboten, die inhaftierten Landsleute kennenzulernen: «Ich sah mir näher die Menschen an, mit denen ich die Internierung teilen sollte, und sagte mir, dass, wenn sie auch nicht alle Liebhaber schöner Sonnenuntergänge seien, so jedenfalls höchst harmlose Leute, die mit Politik wenig zu tun hatten.» Und schliesslich vermerkte Gorelik: «Lauter gute jüdische Gesichter».[35] Im Februar 1919 wurden die meisten Inhaftierten teilweise gegen den Protest der Sozialdemokraten mit einem sogenannten Russenzug ausser Landes geschafft, nachdem sie von den Polizeibehörden anthropometrisch registriert worden waren.[36] Ein Grundsatzpapier zur «Russlandfrage» aus dem Jahr 1922, das der Leiter der Fremdenpolizei Heinrich Rothmund zuhanden von Bundesrat Heinrich Häberlin verfasste, brachte die antisemitische Fixierung der damaligen Ausländerpolitik von Fremdenpolizei und Bundesanwaltschaft nochmals auf den Punkt: «[D]enn der Sovietvertreter ist heute wie der Jude überhaupt: wirft man ihn zu einer Türe hinaus, so kommt er durch die andere wieder herein. Wir dürfen ihm deshalb mit aller Deutlichkeit sagen, dass wir ihn nicht wollen bei uns, wenn er uns nichts bringt.»[37] Diese Ausrichtung sollte die Haltung von Bundesanwaltschaft und Fremdenpolizei bis nach dem Zweiten Weltkrieg prägen. Die Konzentration auf Personen, die der politischen Linken zugeschrieben wurden, war ein Merkmal, das bis zum Ende des Kalten Kriegs andauerte und mit der sogenannten Fichenaffäre zu Beginn der 1990er-Jahre zu einem politischen Skandal führte.[38]

Medizinische Grenzkontrolle infolge des Ersten Weltkriegs

Eine weitere Institution, die während des Ersten Weltkriegs geschaffen wurde und die Kontrolle einreisen-

227
«Was Lenin in Russland fertig brachte und was Platten aus der Schweiz machen würde». Flugblatt der Freisinnigen Partei zu den Nationalratswahlen von 1919.

der Personen zur Aufgabe hatte, war der Grenzsanitätsdienst. Bereits vor dem Ersten Weltkrieg hatten Bund und Kantone die Möglichkeiten moderner Seuchenbekämpfung diskutiert, doch erst der Krieg schuf die Voraussetzungen für einen modernen, zentral gelenkten sanitarischen Dienst an der Grenze. So gab das eidgenössische Gesundheitsamt nach Kriegsausbruch in verschiedenen Kreisschreiben den Kantonen vor, welche sanitarischen Aufgaben sie zu erfüllen hatten. Aufgrund personeller Engpässe bei den Kantonen ging die Kontrolle in der Regel jedoch an die Truppeneinheit «Transporte und Quarantäne» des Eidgenössischen Militärdepartements über, der auch die Kriegsgefangenen-Internierung oblag. Im November 1918 verfügte der Bundesrat dann zusätzliche Quarantänemassnahmen für entlassene Soldaten aus den Krieg führenden Staaten, die in die Schweiz einreisen wollten.[39] Auch die hierfür vorgesehenen «Quarantänestationen» wurden durch das Militär betreut und durch das eidgenössische Gesundheitsamt überwacht.[40]

Seit den verheerenden Grippewellen im Sommer und Herbst 1918 war neben den sozialpolitischen Auseinandersetzungen auch die Angst vor Ansteckung, Infektion und Verunreinigung zu einem wichtigen innenpolitischen Thema der Schweiz geworden, zu dem sich unterschiedliche Interessensgruppen zu Wort meldeten. So verlangten Verbände wie der Schweizerische Städteverband vom Bundesrat verschärfte Zulassungsbedingungen für Ausländer sowie «volkshygienische Kontrollen».[41] Im Sommer 1919 gelangte die Ortsgruppe Luzern der zivilgesellschaftlichen Organisation «Liga Schweizerischer Republikaner» mit weit reichenden Vorschlägen zu staatlichen Eingriffen an den Bundesrat. In ihrem Schreiben hielt sie fest: «Wir müssen verlangen, dass notorische Alkoholiker, Epileptiker und mit unheilbaren, anste-

228

ckenden Krankheiten Behaftete vom Niederlassungsrecht ausgeschlossen bleiben. Diese Massnahme ist heute ganz gerechtfertigt im Hinblick auf die Verbreitung der Syphilis, welche bekanntlich in den kriegführenden Ländern ganz unheimliche Dimensionen angenommen hat. Es muss verlangt werden, dass in jedem einzelnen Fall dem Niederlassungsgesuch ein von einem Arzt, der Schweizerbürger sein muss, ausgestelltes Zeugnis beigefügt werde, das über den Gesundheitszustand des Gesuchstellers einwandfrei Auskunft gibt.»[42] Die Forderungen der «Liga Schweizerischer Republikaner» zeigen, wie politische, sozialpolitische, medizinische und volkshygienische Diskurse und Ängste vor «unsichtbaren» Feinden ineinandergriffen. Diese Ängste wurden durch die Spanische Grippe noch verstärkt. Vermeintlich naturwissenschaftliche Erkenntnisse aus der Bakteriologie wurden auf das Soziale und Nationale übertragen und damit das «gefährliche Aussen» dem Eigenen, das als gefährdet empfunden wurde, gegenübergestellt.

Die genannten Vereine stiessen mit ihren Eingaben bei der Exekutive und beim Militär auf offene Ohren. Nach dem Ersten Weltkrieg hatten die schweizerischen Behörden den Wunsch, über ein eigenes, nationales Kontrollsystem an der Grenze zu verfügen, das sich insbesondere gegen Osten richtete. Der Bundesrat hob die Abteilung «Quarantäne» im Militärdepartement im Frühling 1920 zwar auf; gleichzeitig gab er der unter Kriegsverhältnissen eingeführten grenzsanitarische Kontrolle eine in Friedenszeiten funktionierende Form. Doch die befürchtete Massenmigration aus Osteuropa setzte nach 1920 nicht ein, sodass diese Form der Grenzkontrolle sich auf die Dauer als zu teuer erweisen sollte. Nach Ausbruch des Zweiten Weltkriegs richtete die Armee erneut Grenzsanitätsposten ein, und mit der Kontrolle der in die Schweiz einreisenden Gastarbeiter erfuhr der Grenzsanitätsdienst nach dem Zweiten Weltkrieg eine neue Bestimmung.[43]

Der Erste Weltkrieg veränderte nicht nur die damalige international praktizierte Migrationspolitik; die kriegs- und krisenbedingte Ausschaltung direktdemokratischer Abläufe ermöglichte es der Schweiz überhaupt erst, staatliche Zentralisierungen im Bereich der Ausländerpolitik zu realisieren. In der Folge formte sich ein neues Dispositiv der Kontrolle und Abwehr von Migranten heraus: Die Arbeit der Bundesanwaltschaft richtete sich gegen die Einreise politisch nicht erwünschter Personen, die Tätigkeit der neu geschaffenen Fremdenpolizei konzentrierte sich darauf, den Ausländeranteil so tief als möglich zu halten, und der ebenfalls neu geschaffene Grenzsanitätsdienst hatte, wie es hiess, «hygienisch nicht akzeptable Eindringlinge» abzuwehren. Das neue Migrationsregime hatte nicht nur einen Einfluss auf die Niederlassungspolitik, sondern prägte auch für Jahrzehnte die Einbürgerungspraxis und -politik sowie die Flüchtlingspolitik.

228
Russlandschweizerinnen haben sich bei ihrer Rückkehr in die Schweiz 1919 einer grenzsanitarischen Untersuchung samt Quarantäne und Entlausung zu unterziehen.

1 Sassen, Migranten, 86.
2 Kury, Über Fremde reden, 35f.
3 Kury, Über Fremde reden, 39–41.
4 Schmid, C[arl] A[lfred]: Unsere Fremdenfrage. Zürich 1900, 5.
5 Jost, Avantgarde, 89–109.
6 Göttisheim, Ausländerproblem, 327–351, hier 334.
7 Gast, Kontrolle, 33.
8 Kreisschreiben vom 25.09.1915. in: Bbl. 1919, III, 299–302.
9 Bundesratsbeschluss über Einreise, Aufenthalt, Niederlassung und Ausweisung von Ausländern. Mit einer Einführung von Dr. Hans Frey, Chef der Fremdenpolizei des Kantons Zürich. Zürich 1919, 5f.
10 Hinz, Humanität im Krieg, 216–236, hier 221f.
11 Vgl. etwa: Tages-Anzeiger, Nr. 17, 30.7.1914, 4. Blatt.
12 Manz, August 1914, 59–71.
13 Durrer, Auf der Flucht, 197–216, hier 212.
14 XIII. Bericht des Bundesrates an die Bundesversammlung über die von ihm auf Grund der Bundesbeschlüsse vom 3. August 1914 und 3. April 1919 getroffenen Massnahmen (vom 15. November 1919). In: Schweizerisches Bundesblatt No 47, V (26. November 1919), 449. Vgl. auch Ruchti, 1914–1919, Bd. 1, 411, und Durrer, Auf der Flucht, 198.
15 Ehrenzeller, W[ilhelm]: Die geistige Überfremdung der Schweiz. Untersuchung zum schweizerischen Geistesleben unserer Zeit. Zürich 1917, 62.
16 Koller, Max: Die kulturelle Überfremdung der Schweiz, Zürich 1918, 3.
17 Gorelik, Neutralien, 81.
18 Vgl. Kamis-Müller, Antisemitismus, 76–81.
19 Vgl. Weltwoche: Nr. 44, 30. Okt. 1997, 36.
20 Gast, Kontrolle, 70.
21 BAR, E 4300 (B) 1, Bd. 6, Dossier 3/2, Das Recht der Niederlassungsverträge, 99.
22 BAR, E 4300 (B) 1, Bd. 6, Dossier 3/2, Das Recht der Niederlassungsverträge, 89.
23 BAR, E 21 10563, An die Schweizerische Gesandtschaft in Wien, 19.11.1919.
24 Argast, Staatsbürgerschaft, 210f.
25 Dütschler, Schweizermacher, 23.
26 BAR, E 21 20595, Stellungnahme zum Bericht von Bundesrat Hoffmann vom 30. Mai 1914 und der Bundesratsberatung vom 2. Juli 1914.
27 Argast, Staatsbürgerschaft, 291f.
28 Rothmund, Überfremdung, 327–354.
29 Wettstein, Oskar: Die Überfremdungsfrage. In: Politische Rundschau, Heft 1, 1924, 18.
30 Grossen/Steffen, Die politische Polizei, 111–158.
31 Fleury/Tosato, représentation diplomatique, 29–45.
32 BAR, E 21 10585, Ausweisung Ganchtack und Konsorten.
33 BAR, E 21 10585, Ausweisung Ganchtack und Konsorten.
34 BAR, E 21 10603, Signalement.
35 Gorelik, Neutralien, 129.
36 Gorelik, Neutralien, 134; BAR, E 21 10585, Sitzung des Bundesrates, Samstag, 7. Dezember 1918.
37 BAR, E 4001 (A), -/1, 30, Allgemeine Notizen über die Russlandfrage, 27. Dez. 1922. in: DDS, Bd. 8, Anhang zum Dokument Nr. 234, 652.
38 Grossen/Steffen, Die politische Polizei, 111–158.
39 AS, 34 (1918), 1163. Bundesratsbeschluss betreffend Grenzpolizei und Quarantäne-Massnahmen gegenüber entlassenen Soldaten der kriegführenden Armeen vom 10. November 1918.
40 BAR, E 87(-), Einleitung.
41 BAR, E 21 20800, Schweiz. Städteverband an den Bundesrat. 10. Januar 1919.
42 BAR, E 21 20800, Liga Schweizerischer Republikaner an den Bundesrat, 11. August 1919.
43 Ochsner, Krankgestempelt, 18–20. Auskunft von Urs Germann vom Bundesarchiv.

TEIL IV

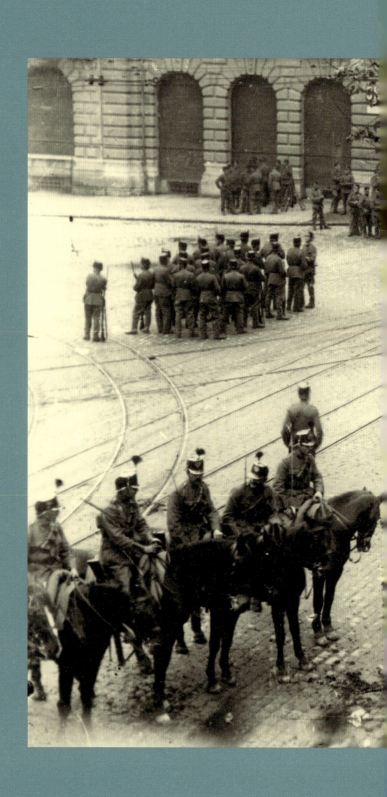

STREIK! WACHSENDE NOT, LANDESSTREIK UND ERINNERUNGSKULTUR

Helfen macht stark
Dynamik im Wechselspiel von privater Fürsorge und staatlichem Sozialwesen

Elisabeth Joris, Beatrice Schumacher

Wenige Wochen nach Kriegsbeginn in Europa befand sich die Schweiz in einem sozialen Ausnahmezustand. Die Mobilisation aller Truppen hatte eine grosse Zahl der Männer aus den Familien, der Erwerbswelt und den sozialen Netzwerken herausgelöst. Bereits waren erste Deserteure, Verwundete und Flüchtlinge aus den Kriegsgebieten eingereist. Bund, Kantone, Gemeinden und selbst die Armee waren auf zivile Helferinnen und Helfer angewiesen. Die Schweiz verfügte zwar über militärische Dispositive für den Kriegsfall, was ihr aber fehlte, waren Massnahmen, um den sozialen Folgen des Kriegs zu begegnen. Diese wurden umso dringlicher, je länger der Krieg dauerte. Teuerung und Nahrungsmittelknappheit, aber auch anschwellender Nationalismus und politische Polarisierung liessen die eigene Bevölkerung als zunehmend gefährdet erscheinen: die Familien der Mobilisierten, Erwerbslose, Alte, Auszubildende, städtische Arbeiterfamilien und ganz generell Kinder und Jugendliche. Helfen war begehrt, eröffnete Handlungsmöglichkeiten, gab Gelegenheit zu Profilierung und Mitgestaltung oder gar Machtgewinn. Die damit verbundenen Ambitionen waren jedoch ganz unterschiedlich: Die sozial engagierten bürgerlichen Frauen warfen ihre – in der Tat unverzichtbare – Hilfsbereitschaft in die Waagschale und zielten damit auf gesellschaftliche Anerkennung und politische Gleichstellung. Die konservativen Eliten des Bürgertums dagegen entdeckten im professionalisierten Ausbau der privaten Fürsorge ein interessantes Feld der gesellschaftspolitischen Einflussnahme und der nationalen Erneuerung der Schweiz. Die organisierten Arbeiterinnen lehnten diese Hilfe nicht generell ab, doch protestierten sie im Einklang mit der Arbeiterbewegung immer expliziter gegen die Untätigkeit der Behörden und forderten gesetzliche Massnahmen zur Linderung kriegsbedingter Not.

Die soziale Krisenerfahrung während des Ersten Weltkriegs veränderte die Schweiz nachhaltig. Unternehmen wie die *SV-Group,* heute die grösste Betreiberin von Personalrestaurants, oder die *Pro Juventute* – Inbegriff der privaten Jugendfürsorge – entwickelten in diesen Jahren ihr Profil. Auch die Anfänge der *Pro Senectute* und der Erwerbsausfallentschädigung der Wehrmänner fallen in diese Zeit. Parallel dazu setzte sich der Gedanke der staatlichen Sozialversicherung durch. Sozialpolitische Massnahmen auf Bundesebene wurden spruchreif. In den letzten Kriegsjahren entstanden ein Fonds für Arbeitslosenfürsorge, die Nationalspende zur Finanzierung der Soldatenfürsorge sowie Massnahmen zur Bekämpfung der Teuerung und Sicherung der Lebensmittelversorgung. 1925 folgte das grundsätzliche Ja zur Schaffung einer staatlichen Alters- und Hinterlassenenversicherung, die aber erst 1947 realisiert werden konnte. Längerfristig etablierte sich auch eine neue Verteilung sozialer Aufgaben zwischen Staat und Privaten. Das hatte unter anderem zur Folge, dass die – im Ersten Weltkrieg sehr ausgeprägte – Dynamik der zivilen Hilfe eingedämmt und Helfen nicht immer mit einer gestärkten gesellschaftlichen Position belohnt wurde. Traditionsreiche Organisationen wie die *Schweizerische Gemeinnützige Gesellschaft* verloren an Terrain – und den Frauen blieb die erhoffte politische Anerkennung noch während Jahrzehnten verwehrt.

229
Das Bild der fürsorglichen Mutter Helvetia von 1916 widerspricht zwar der damit suggerierten Verantwortung des Schweizer Staates für das Wohl der Bevölkerung, spiegelt aber ungewollt die Tatsache, dass vor allem die in Verbänden zusammengeschlossenen Frauen mit organisierten Hilfeleistungen entscheidend zur Abfederung kriegsbedingter Not beitrugen.

230

Kinder bedürftiger Familien in einer Suppenküche in Zürich: Während der schlimmsten Notzeiten richteten Kommunen und gemeinnützige Gesellschaften Suppenküchen ein. Geführt wurden die sehr geschätzten und stark frequentierten Einrichtungen mehrheitlich von Frauen. Die Suppenküche der Hülfsgesellschaft Winterthur beispielsweise war drei bis sechs Monate im Jahr geöffnet und gab täglich zwischen 700 und 1000 Portionen ab.

Helfen, aber wie?

«Ohnmächtig stehen wir den gewaltigen Ereignissen gegenüber. Eine kleine Gesellschaft, wie die unsrige, kann da keine wirkungsvollen Schritte unternehmen.»[1] So begrüsste der Präsident der Schweizerischen Gemeinnützigen Gesellschaft (SGG) Mitte Oktober 1914 seine Mitstreiter aus allen Landesteilen. Waren die Männer an der Spitze der renommierten nationalen Organisation der privaten Wohlfahrt in der Tat ohnmächtig? Oder war die fatalistisch anmutende Einschätzung einfach ein nüchterner Blick auf die anstehenden Herausforderungen? Was alles in den Worten des damals 73-jährigen Heinrich Walder-Appenzeller, Theologe und erfahrener Anstaltsleiter, mitschwang, können wir nur erahnen. Eindeutig ist jedoch, dass es der SGG nicht gelang, sich während des Ersten Weltkriegs als soziale Hilfsorganisation zu profilieren. Allerdings kapitulierte sie auch nicht im Voraus. Sie versuchte im Gegenteil, ihre angeschlagene Stellung in der privaten Wohlfahrt und im seit der Jahrhundertwende sich dynamisch entwickelnden Fürsorgesektor zu verbessern.

In der altehrwürdigen patriotischen Vereinigung mit Gründungsjahr 1810 hatten sich einst die bürgerlichen Eliten ein Stelldichein gegeben und über aktuelle Fragen zur Bildung, Erziehung, Fürsorge und Wirtschaft debattiert. Punktuell war sie auch selber aktiv geworden und hatte etwa landesweite Geldsammlungen zugunsten von Brand- oder Unwettergeschädigten organisiert und Erziehungsanstalten gegründet. Noch stand sie im Ruf einer Pionierin und war soeben an der Landesausstellung 1914 für ausgezeichnete Leistungen im Sozialbereich gewürdigt worden. Doch seit den 1890er-Jahren hatte sie kontinuierlich an Bedeutung eingebüsst. Gründe dafür gab es viele: die rasante Zunahme von wirtschaftlichen Interessensorganisationen, die Verwissenschaftlichung des Sozialen, die Ausdifferenzierung der Fürsorge, der langsame Ausbau kommunaler und staatlicher Tätigkeit und nicht zuletzt auch die erstarkenden gemeinnützig-sozialen Organisationen der (bürgerlichen) Frauen stellten neue Herausforderungen dar.

Gerade in der privaten Fürsorge hatten die Frauen den Männern etwas voraus, worauf es mehr und mehr anzukommen schien: die Fähigkeit, praktisch tätig zu sein und über entsprechende Mitglieder und organisatorische Strukturen zu verfügen – wie namentlich der 1888 gegründete *Schweizerische gemeinnützige Frauenverein*. «Es möchte vielleicht auffallen, dass das Bureau sich nicht mehr und umfassender betätigt hat», erklärte der Sekretär der SGG Mitte Oktober 1914 beinahe entschuldigend und begründete dies mit Hinweisen auf die zahlreich angelaufenen Aktionen anderer Organisationen: «Mit einer eigenen Sammlung der Rotkreuzsammlung und der Aktion der lokalen Frauenvereine und Hilfskomitee[s] in die Quere zu kommen, schien uns keinen Sinn zu haben.»[2]

Im Bereich der praktischen Hilfstätigkeit und der Spenden fand die SGG nur noch eine kleine Nische: Sie organisierte in Rücksprache mit der Armeeführung – und unter Mithilfe von Damenkomitees – jährlich den Versand von Weihnachtspaketen an Soldaten ohne Familie oder bestimmte Truppenteile. Sich entsprechend Anfragen etwa für die belgischen Internierten einzusetzen oder sich an Friedensbemühungen zu beteiligen und diesbezüglich auf den Bundesrat zuzugehen, betrachtete sie indessen nicht als ihre Aufgabe. Ihre Ambitionen lagen anderswo: Sie war sehr interessiert, ihre frühere einflussreiche Rolle im nationalen Wohlfahrtswesen zurückzuerobern, und setzte dabei auf Stiftungen als neues Instrument. «Wir würden einen ausführenden Arm bekommen, während wir bisher nur einen denkenden Kopf hatten»,[3] meinte dazu Gottfried Schärtlin, Direktor der Schweizerischen Rentenanstalt, der in Stiftungen den Inbegriff von Effizienz, Professionalität und zentraler Organisation sah. Er war überzeugt, dass die SGG nur so aus ihrem Schattendasein heraustreten und handlungsfähig werden könne. Im militärischen Duktus der Zeit ausgedrückt: «Wir sind ein Generalstab ohne Armee, und das hat uns stets in unserem Wirken gehindert. So kam es, dass die SGG je und je von andern Organisationen überholt wurde.»[4]

Die erste Stiftung, der die SGG 1912 fast etwas zufällig auf die Beine geholfen hatte, war die Pro Ju-

230

ventute. Während der Kriegsjahre mauserte sie sich zur führenden Organisation der privaten Wohlfahrt – in engster Kooperation und unter der Schirmherrschaft des Bundes. Allerdings wurde die SGG-Tochter dabei rasch flügge – und gab bald schon ihrer Patronin den Takt an.

Für die Jugend

Das Feld der Jugendfürsorge war für eine Profilierung der SGG prädestiniert: Während des Kriegs rückte die Erziehung der Jugend in den Status einer erstrangigen Massnahme zur Förderung des Nationalgefühls auf. Die Sorge um die Jugend wurde zum Kardinalsweg der Gesundung der Nation und zum Angelpunkt gemeinsamer Bemühungen von Staat und Privaten – und die SGG hatte Kindern und Jugendlichen schon immer grosse Aufmerksamkeit geschenkt. So war es nur folgerichtig gewesen, dass 1912 ein Komitee einiger Zürcher Persönlichkeiten die Idee einer «Stiftung für die Jugend» der SGG beliebt gemacht und sie als Stifterin gewonnen hatte. Prominentestes Mitglied dieses Komitees war Ulrich Wille junior (1877–1959), der Sohn des späteren Generals. Er sollte die Pro Juventute bis zu seinem Tod 1959 wesentlich prägen.

Die Pro Juventute wurde von ihren Gründern von Anfang an als etwas Grosses gedacht. Im rund 70-köpfigen Stiftungsrat waren politische Entscheidungsträger und Parlamentarier auf Bundesebene und aus allen Kantonen eingebunden, vertreten waren auch Wirtschaftsführer und -verbände sowie gemeinnützig-soziale Vereinigungen. Letztere wurden teilweise von Frauen repräsentiert. Vorsitz hatte der jeweilige Bundespräsident. Für Strategiefragen, Personalentscheide und Mittelbeschaffung war eine kleine Stiftungskommission (zehn Mitglieder) zuständig, langjährig präsidiert durch Ulrich Wille. Neben dem Sohn des Generals engagierten sich weitere nationalkonservative und rechtsbürgerliche Exponenten. Diese «reaktionäre Avantgarde» (Hans Ulrich Jost) hatte zunächst Zuspruch bei jungen Intellektuellen gefunden. Mit der Gründung der *Neuen Helvetischen Gesellschaft* gaben diese Kreise 1914 einen starken Impuls zur nationalen Erneuerung. Die Wirkung blieb auch in den Reihen der etwas orientierungslosen gemeinnützigen Gesellschaften nicht aus. Die private Wohlfahrt wurde zu einem Handlungsfeld der konservativen Erneuerung.

Die Kriegsjahre wurden für die Pro Juventute zur entscheidenden Phase des organisatorischen Ausbaus. Im Windschatten einer teils realen, teils gefühlten grossen Not- und Ausnahmezeit entstand eine zentral gesteuerte Fürsorgeorganisation mit einem fein verzweigten Apparat «in der Fläche»: die Schweiz wurde in Bezirke eingeteilt. Teils entsprachen sie politischen Grenzen, fassten grundsätzlich aber sozial und kulturell zusammenhängende Gebiete. Jeder Bezirk wurde durch einen Sekretär oder eine Sekretärin geleitet. Die Aufgaben umfassten das Sammeln von Geldern, das Anwerben von freiwilligen Mitarbeiterinnen und vor allem die Kontaktaufnahme mit den bestehenden privaten und staatlichen Fürsorgeeinrichtungen.

Krieg und aufkommender Nationalismus beförderten auch die Aspirationen auf grosse gesellschaftsbewegende Ziele. Als Vorsitzender des Stiftungsrats formulierte Bundesrat Arthur Hoffmann im April 1916 die höheren Ziele in peinlich berührender nationalistischer Verblendung: «[...] nichts ist geeigneter, die Wichtigkeit der Arbeit ‹Für die Jugend› auf allen Gebieten hervortreten zu lassen als die Erfahrungen, die wir gerade im gegenwärtigen Weltkriege zu machen Gelegenheit haben. Draussen bei den kriegführenden Völkern ist eine geistige Wiedergeburt, ein Wiedererwachen des echten Patriotismus, ein Hervortreten der schönsten Mannestugenden, ein stilles Heldentum, rührende Beweise des Altruismus in allen Schichten der Bevölkerung. Bei uns ist das Bild leider weniger erfreulich. Vielfach nur ein lärmender Scheinpatriotismus […]. Eine nörgelnde, kleinmütige, verärgerte Stimmung und Anwachsen des Egoismus […]. Darum scheint uns dringend nötig […] dass der Wille, dem Lande zu dienen […] in allen Herzen der Jugend entsteht.»[5]

Verdrängungswettbewerb in der Jugendfürsorge

Zu diesem Zeitpunkt, im Frühjahr 1916, war die Pro Juventute bereits fürsorgerisch aktiv. Sie platzierte Kinder in Familien oder Anstalten und kam für die Kosten auf, errichtete Vormundschaften und betrieb Berufsberatung. Die Mittel stammten aus dem Verkauf von Briefmarken und Postkarten, wozu die Pro Juventute dank einem Verkaufsprivileg des Bundes berechtigt war. Weiter verwendete sie die Gelder auch für die Arbeit der Bezirkssekretariate und die Entlöhnung einzelner Sekretäre. Diese konnten ab 1916 Gelder in eigener Kompetenz ausgeben. Das stärkte ihre Position vor Ort, und die Absicht lag eindeutig darin, erneuernd und lenkend in die lokale Fürsorgeszene einzugreifen. Die Pro Juventute sah sich dabei in der Rolle einer überwachenden Instanz, welche die Vergabe von Mitteln – ähnlich wie bei einem Kredit – mit Bedingungen verknüpfte, beispielsweise mit organisatorischen oder personellen Veränderungen.

Der selbstbewusste Auftritt der Pro Juventute löste aber auch Konflikte aus. In der Jugendfürsorge waren sowohl Private wie der Staat (unter anderem über die 1908 neu eingeführte Amtsvormundschaft) aktiv und involviert. Zudem existierte bereits eine nationale Dachorganisation: Die *Schweizerische Vereinigung für Kinder- und Frauenschutz*, die 1908 ebenfalls unter der Schirmherrschaft der SGG entstanden war. Sie engagierte sich vor allem für neue Formen der Zusammenarbeit zwischen privater Gemeinnützigkeit und Behörden sowie in der Mitarbeit bei der Gesetzgebung. Ihr Sekretär Pfarrer Albert Wild, der in Personalunion auch das Sekretariat der SGG führte, war 1912 zudem als Mitinitiant der Pro Juventute aufgetreten und sass seither in der Stiftungskommission. Doch der professionalisierte Ausbau der Pro Juventute behagte ihm nicht. Das Zentralsekretariat habe ohne Rücksprache mit der Stiftungskommission einen Stab von Sekretären angestellt. Die Pro Juventute entwickle sich «immer ausgeprägter zu einem Parallelunternehmen» und weiche mit dem Aufbau einer eigenen fürsorgerischen Tätigkeit von ihrer ursprünglichen Zielsetzung ab – nämlich der Zuweisung der gesammelten Gelder an bestehende Organisationen und dem Kampf gegen die «Zersplitterung der Kräfte und Mittel».[6] Die «unheilvolle Entwicklung», die Wild mit seinem direkt an den Stiftungspräsidenten Bundesrat Hoffmann gerichteten Schreiben abzuwenden versuchte, liess sich nicht mehr aufhalten.

Der Streit eskalierte im März 1917. Die Pro Juventute zog alle Register und reagierte auf das Schreiben Wilds mit einer gedruckten Erwiderung. Die SGG vermittelte nur halbherzig beim Streit ihrer «Töchter». Führende Mitglieder sorgten dafür, dass er im Oktober 1917 still und ohne Aufheben in der Öffentlichkeit beigelegt wurde. Faktisch ging es aber um die Grundsatzfrage, ob der Fürsorgesektor und die Zusammenarbeit zwischen privater Gemeinnützigkeit und Staat generalstabsmässig «von oben» oder im Aushandlungsprozess «von unten» organisiert werden sollte. Sie wurde in diesem Moment zugunsten des Modells «von oben» entschieden. Die demokratisch und dezentral strukturierte Schweizerische Vereinigung für Kinder- und Frauenschutz existierte nur noch etwa eineinhalb Jahre und wurde im Frühjahr 1919 mit der Pro Juventute fusioniert.

Vision Wohlfahrts-Parlament

Das Denken im grossen Massstab animierte die Pro Juventute, zeitgleich zum einsetzenden organisatorischen Ausbau, bereits eine über die Jugendfürsorge hinausreichende Rolle anzustreben. Dieses Vorgehen trug sehr stark die Handschrift Ulrich Willes, damals im militärischen Rang eines Majors. Im Mai 1916 wandte er sich namens der Pro Juventute erstmals an den Vorsteher des Departements des Innern, Bundesrat Felix Calonder, und skizzierte die Vision eines «nationalen ‹Wohlfahrts-Parlaments›», das als eine «gemeinsame Organisation der Wohlfahrtsbestrebungen» gedacht war, dem sich alle grossen Wohlfahrtsunternehmen «unterordnen» sollten.[7] Er deutete an, dass aus der Pro Juventute heraus ein «nationaler Stiftungsrat für Wohlfahrtsbestrebungen» gebildet werden könnte. Um das zu realisieren, war die Kooperation der von Wille geplanten Zentralstelle mit dem Bundesfeier-Komitee (auch als Augustkarten-Komitee bezeichnet) unabdingbar. Dieses verfügte ähnlich der Pro Juventute über das Recht, durch den Verkauf von 1.-Au-

231

231
Profilwandel in den Kriegsjahren: Die 1912 gegründete Pro Juventute mauserte sich nach dem Ersten Weltkrieg von einer bescheidenen Tuberkulosestiftung für Kinder zum führenden privaten Jugendfürsorgewerk der Schweiz. Dieser Wandel spiegelt sich auch in den Motiven ihrer Briefmarken.

gust-Karten landesweit für wohltätige Zwecke Geld zu sammeln. Allerdings zeigte sich das Bundesfeier-Komitee nicht geneigt, seine Autonomie aufzugeben. Wille setzte dabei vergeblich auf die Unterstützung des Bundesrats. Grössere Begeisterung entfachte er in der SGG: Auf Veranlassung von Wille bot sie dem Bundesrat im Dezember 1916 an, eine Wohlfahrtszentrale einzurichten, und erbat dafür offizielle Unterstützung.[8] Doch diese blieb aus. Der Bundesrat beschied der SGG Anfang März 1917, sich selber mit dem Bundesfeier-Komitee zu verständigen. Kurz darauf erschütterte ein politischer Skandal die Nation: Ende Mai flog auf, dass Bundesrat Arthur Hoffmann in Kooperation mit Robert Grimm eigenmächtig Friedensverhandlungen zwischen Deutschland und Russland hatte einfädeln wollen. Anfang Juni musste der als deutschfreundliche bekannte Hoffmann zurücktreten. Damit bekam auch die Pro Juventute einen neuen Präsidenten – den den Alliierten nahe stehenden Genfer Gustave Ador. Zwar gibt es keine konkreten Hinweise, dass die innenpolitische Krise sich direkt auf die Pläne zu einer Wohlfahrtszentrale ausgewirkt hätte. Aber es fällt auf, dass das Geschäft in den folgenden Monaten im Sand verlief.

Im Herbst 1917 wurde die SGG bereits mit dem nächsten grossen Stiftungsprojekt konfrontiert: Ein Herr Champod, Werbe-Mitarbeiter der Firma Maggi, brachte die Idee einer Aktion zugunsten der Altersvorsorge auf und bat die SGG, sich hier zu engagieren. Daraus sollte wenige Monate später die Pro Senectute entstehen. Das zeigt, wie enorm dynamisch der Markt der Hilfs- und Wohlfahrtsunternehmungen in jenen Monaten war.

Ulrich Wille seinerseits verlegte seine Ambition einer generalstabsmässigen Organisation der privaten Hilfstätigkeit auf das Feld der Ernährung. Im Februar 1918 entwarf er den Plan einer «allgemeinen schweizerischen Notstandsaktion», die im Fall einer befürchteten Ernährungskrise in Aktion treten sollte. Sie gründete auf der Überzeugung, dass die «Gebefreudigkeit des Volkes durch ein einheitliches, zielbewusstes Vorgehen der gesamten Privatfürsorge nachhaltiger geweckt» werde als durch den Staat. Offizielle Trägerin der Aktion sollte die SGG sein. Diese liess sich tatsächlich dafür einspannen und bat im März 1918 den Bundesrat um den Auftrag zur Vorbereitung einer Notstandsaktion. Doch sie erlitt Schiffbruch.[9] Der Bundesrat hielt fest, dass die Verantwortung für die nationale Ernährungslage allein in die staatliche Zuständigkeit falle. In der Tat reagierte Wille mit dieser Idee sehr spät auf die kriegsbedingte Notsituation. Der

Bund war bereits seit 1916 in der Ernährungssicherung aktiv und erliess im Verlauf des Kriegs zahlreiche Notverordnungen zur Verbesserung der Lebensmittelversorgung.

Die Alkoholgegnerinnen verweigern sich dem System Pro Juventute

Im Frühjahr 1918 bahnte sich schliesslich ein dritter Konflikt rund um die expandierende und tendenziell übergriffige Pro Juventute an. Die Stiftung hatte bereits zwei Jahre zuvor mit dem *Zürcher Frauenverein für alkoholfreie Wirtschaften* ein Abkommen geschlossen und sich verpflichtet, eine Stiftung zum Betrieb sogenannter Gemeindestuben zu gründen. Es ging dabei um ein Geschäft von gegenseitigem Nutzen: Die Zürcher Frauen brachten die Erfahrung im Führen alkoholfreier Verpflegungsstätten mit und waren daran interessiert, ihr Arbeitsgebiet auszudehnen. Die Pro Juventute brauchte für ihre Bezirksorganisation Räumlichkeiten für gesellige Zwecke, «eine Art Klublokal»[10] für die Mitarbeitenden. An der Finanzierung wollten sich sowohl der Frauenverein wie die Pro Juventute beteiligen. Das Vorhaben scheiterte aber nicht am Geld, sondern an den unterschiedlichen Vorstellungen über Mitsprache und Führungsstrukturen. Die Pro Juventute bestand darauf, dass der Stiftungsrat sich selber ergänze und den in der Stiftung für Gemeindestuben vorgesehenen Kreisverbänden – also den Interessierten vor Ort – kein Wahlrecht zustehe. In den Diskussionen prallte erneut die Haltung der Freunde dezentraler, auf Mitsprache setzender Lösungen auf jene der Verfechter umfassender, zentral und tendenziell autoritär gesteuerter Gesamtlösungen im Sozialwesen. Der Konflikt endete damit, dass die SGG in die Bresche sprang und selber die *Stiftung für Gemeindestuben und Gemeindehäuser* (heute: GASTA) ins Leben rief.

Die Zürcher Alkoholgegnerinnen verweigerten sich also Willes Versuch, sie in seine Pläne zu integrieren. Daraus spricht das Selbstbewusstsein einer Organisation, die zu diesem Zeitpunkt bereits über 20 Jahre Erfahrung in der alkoholfreien Gastronomie verfügte. Eines ihrer Glanzstück war zweifellos die Truppenverpflegung: Es war der Zürcher Frauenverein für alkoholfreie Wirtschaften gewesen, der kurz nach Kriegsausbruch zusammen mit anderen Organisationen aus der Abstinentenbewegung den Startschuss zum Aufbau der Soldatenstuben gegeben hatte. Wille kannte diese zweifellos, und es mag gut sein, dass er das erfolgreiche Modell auf die Pro-Juventute-Klublokale übertragen wollte. Allerdings gründete der Erfolg der Soldatenstuben und der dahinter stehenden Frauen gerade darauf, dass sie mit der militärischen Führung zwar kooperierten, aber sich nicht befehligen liessen, sondern die eigene Verbandsstruktur erweiterten. Anders als der sich geschwächt fühlenden SGG war es den Alkoholgegnerinnen – und mit und neben ihnen einer Reihe weiterer Frauenorganisationen – gelungen, sich seit Kriegsbeginn durch ihre Hilfe neue Handlungsfelder zu erschliessen und eine starke Position aufzubauen.

Soldatenstuben als Heimersatz

Die ersten dieser Soldatenstuben waren bereits im Herbst 1914 eröffnet worden. Die Organisation dahinter hiess *Verband gemeinnütziger Vereine für alkoholfreie Verpflegung der Truppen*. Unter der operativen Führung der initiativen und bestens vernetzten Else Spiller sollte der aus dem Umfeld der Abstinentenbewegung entstandene Verband rasch zu einem zentralen Faktor der Versorgung der Truppen avancieren.

Angefangen hatte alles im Haus zu «Karl dem Grossen», dem Hauptquartier des Zürcher Frauenvereins für alkoholfreie Wirtschaften: Hier hatten kurz nach Kriegsbeginn Exponentinnen und Exponenten der Abstinenzbewegung (vertreten waren auch die SGG und der *Christliche Verein Junger Männer*) den Verband gemeinnütziger Vereine für alkoholfreie Verpflegung der Truppen gegründet. Mehr zufällig als geplant nahm Ende Oktober 1914 auch die Journalistin Else Spiller – eine gute Bekannte der Präsidentin des *Schweizerischen Bunds abstinenter Frauen* Hedwig Bleuler-Waser – an einer Vorstandssitzung teil. Erstaunlich rasch entwickelte Spiller ein Konzept, das die Entwicklung des Verbands hin zu einem professionellen Unternehmen einleitete, das sich in die militärischen Strukturen zur Truppenverpflegung einbinden liess, gleichzeitig aber weiterhin als privater Verein mit zentraler Führung selbständig agierte.

Bereits im November 1914 verhandelte Spiller im Auftrag des Verbands in Bern mit Vertretern von Armeeleitung und Bundesregierung, reiste mit deren Einverständnis zu den Truppen im Jura und erreichte umgehend die Einrichtung zweier Soldatenstuben. Weil der Begriff «alkoholfrei» im Zusammenhang mit der Verpflegung bei den «obern Militärs» Anstoss erregte, wurde der Verband in «Soldatenwohl» unbenannt und Spiller in ihrer Leitungsfunktion bestätigt und entlöhnt.[11] Seitdem stieg die Zahl der in Unterkünften wie Schulzimmern, Werkstätten oder Baracken eingerichteten und jeweils mit den Truppen verlegten Soldatenstuben rasant an: Bis zum Ende des

232
Else Spiller mit einer «Soldatenmutter» und Soldaten bei der Inspektion im Hochgebirge: Die Verpflegung der mobilisierten Soldaten gelang der Armee nur dank der Delegation an Frauen. Das eröffnete grosse Chancen. Die tatkräftige Journalistin Else Spiller baute zusammen mit weiteren Organisationen von Abstinenzlerinnen die «Soldatenstuben» auf. Nach dem Krieg wurde das Unternehmen zu einer bedeutenden Betreiberin von Kantinen, der heutigen SV-Group.

Kriegs sollten es um die 1000 sein, von denen jedoch maximal 180 gleichzeitig in Betrieb waren. Sie sei von Anfang an überzeugt gewesen, «dass den Soldatenstuben *Frauen* vorstehen müssten, die, wenn möglich, für diese Arbeit vorgebildet, treu und gewissenhaft sind», hält Spiller in ihren Lebenserinnerungen fest.[12] Von den als «Soldatenmüttern» definierten Leiterinnen erwartete sie berufliche Erfahrungen im Bereich Hauswirtschaft oder Service und eine – nach bürgerlichen Massstäben – einwandfreie Lebensführung ganz dem vorherrschenden Bild der umsichtig agierenden mütterlichen «Schweizerin» entsprechend.

Auf Initiative Spillers wurden dem Verband weibliche Unterkomitees angegliedert, um «bekannte Damen» für die Sache des Soldatenwohls zu gewinnen. Gleichzeitig nutzte Spiller diese Beziehungen, um auch deren Ehemänner für neue Vorhaben einzuspannen. Von höchstem Nutzen erwies sich über alle Jahre die Verbindung zu «Frau Oberst von Sprecher» und ihrem Ehemann, Oberstkommandant Sprecher von Bernegg, dem Generalstabschef der Schweizer Armee. Ebenso wichtig war die Kooperation mit gemeinnützigen Frauengruppen auf lokaler Ebene. Diese Zusammenarbeit ermöglichte dem Verband längerfristig die Übernahme weiterer Infrastruktur- und Fürsorgeaufgaben für das Militär. Das nächste Versorgungsproblem zeichnete sich nämlich rasch ab – die Wäsche der Soldaten.

Gerangel um Einfluss und Kompetenzen

Die Armeeleitung setzte in ihrem logistischen Kalkül darauf, dass weibliche Familienangehörige der aufgebotenen Soldaten das Waschen und Flicken der Dienstkleidung übernahmen. Diese unentgeltliche Indienstnahme der Frauen galt implizit als Selbstverständlichkeit. Doch für alleinstehende Soldaten musste andere Unterstützung geschaffen werden. Schon 1914 wurden von gemeinnützigen Frauenvereinen Kriegswäschereien in Bern, Basel, Lausanne, Zürich, St. Gallen und Neuenburg eröffnet. 1916 entwickelte dann der *Verband Soldatenwohl* ein eigenes Konzept im Einverständnis mit Vertretern der Armeeleitung, die sich damit die Kontrolle über die Wäscheversorgung sichern wollte: Die Soldatenstuben sollten zur Drehscheibe für die Abgabe und Ausgabe der Wäsche werden, und der Verband sollte auch das Waschen, Flicken und allenfalls den Ersatz der Wäsche über seine eigenen Kanäle organisieren. Die Versorgung der Armee mit Wäsche war an sich jedoch Sache des *Schweizerischen Roten Kreuzes* (SRK). Daher setzte sich Oberst Bohny, Chefarzt des SRK, vehement gegen dieses Vorgehen zur Wehr. Ihm schwebte die Zusammenarbeit mit dem Verband Soldatenwohl lediglich im Sinn eines in das Rote Kreuz eingebundenen Frauenkomitees vor; dafür fand er aber kaum Unterstützung. Spiller stellte sich entschieden gegen Bohnys Ansinnen, «unter seiner Flagge» zu segeln und die Arbeit unter seinem Namen zu erledigen. Vielmehr plante der Verband Soldatenwohl, die an die Soldatenstuben angegliederten Wäschedepots durch eigene Frauenkomitees der einzelnen Städte zu versorgen. «Was wir durch unsere [Soldaten-]Stuben geben, geht das R. K. nichts an»,[13] bemerkte Spiller dazu in ihrem Tagebuch. Sie argumentierte, als rein privater Verein finanziere der Verband die Wäscheversorgung lediglich mit Spenden reicher Frauen. Vor allem gelang es ihr, für ihr Vorgehen die Unterstützung der Bundesräte Hoffmann und Motta sowie von General Wille zu gewinnen. Dem Roten Kreuz verblieb schliesslich nur die Versorgung ganzer Truppeneinheiten mit neuer Wäsche.

323

233

234

233, 234
Selbst in einfachsten Gebäuden sollten die Leiterinnen der Soldatenstuben mit Accessoires – hier mit Tannenzweigen und Weihnachtsbaum – eine familiäre Atmosphäre erzeugen und den Wehrmännern das Gefühl des mütterlichen Umsorgtseins vermitteln.

235

236

235
Die Kriegswäscherei in Bern, 1915: Rund 160 freiwillige Helferinnen arbeiteten in der vom gemeinnützigen Frauenverein Bern gemeinsam mit dem bernischen Lehrerinnenverein betriebenen Kriegswäscherei mit. Sie war 1914 von der Frauenrechtlerin Emma Müller-Vogt, Ehefrau von Bundesrat Eduard Müller, als erste Kriegswäscherei der Schweiz aufgebaut worden.

236
Wäschesäcke im Zentraldepot des Roten Kreuzes in Zürich – bereit zum Versand: Der bebilderte Bericht in der Verbandszeitung sollte die täglich speditiv erledigte Versorgung der Truppen mit Leibwäsche bezeugen.

Gegen die Ausweitung der Tätigkeit des Verbands Soldatenwohl opponierten aber auch Exponentinnen gemeinnütziger Frauenvereine, insbesondere weil sie ihre Kriegswäschereien durch Spillers Pläne konkurrenziert sahen.[14] Hinzu kam, dass der Schweizerische gemeinnützige Frauenverein als Dachverband seit Jahrzehnten mit dem SRK zusammenarbeitete, unter anderem im Bereich der Anfertigung von Bett- und Krankenwäsche im Kriegsfall.[15] Trotz den Protesten konnte Spiller jedoch ihre Zuständigkeiten im Bereich der Truppenbetreuung nicht nur fortsetzen, sondern sogar weiter ausdehnen. Der Verband übernahm zusätzlich die fürsorgerische Unterstützung von Familien armer Soldaten, von deren Not er von den Leiterinnen von Soldatenstuben, den lokalen Frauenkomitees oder den Truppenkommandanten erfuhr. Dabei setzte Spiller erneut auf den Einsatz von Frauen: «Überhaupt wird die ganze Arbeit der Fürsorge mit Ausschluss einzig der Rechnungsführung, die ein Offizier besorgt, von Frauen bewältigt», beschrieb die Chronistin der Frauenbewegung, Elisa Strub, diesen Sachverhalt 1917.[16] Einen wachsenden Teil der Fälle erledigten bis Kriegsende entlöhnte Fürsorgerinnen, die für die konkrete Betreuung der armen Familien zuständig waren und deren Bedürfnisse abklärten. Insgesamt wurden bis 1920 an rund 35 000 Familien gegen fünf Millionen Franken ausgerichtet. Im Gegensatz zur Finanzierung der Verpflegung in den Soldatenstuben konnten diese Zahlungen aber bei weitem nicht mehr allein durch den Verband geleistet werden.[17]

Die Sicherung der Finanzierung der Wehrmannsfürsorge setzte eine Umstrukturierung in der Kooperation zwischen dem Verband Soldatenwohl und der Armee voraus. 1917 gliederte Generalstabschef von Sprecher die Wehrmannsfürsorge dem Armeestab an und weitete ihre fürsorgerischen Befugnisse aus, doch agierte diese im Rahmen des Verbands weiterhin autonom. «S.[oldaten]wohl bleibt selbständig und wird sich nicht dreinreden lassen», hielt Spiller dazu in ihrem Tagebuch fest.[18] Die Massnahmen für die in Not geratenen Wehrmannsfamilien organisierten die neben Spillers Wohnung in Kilchberg angesiedelte Zentralstelle und die beiden Zweigstellen in Genf und Lugano. Für den Informationsdienst über die zu unterstützenden Familien und erste Hilfeleistungen bot der Verband auf lokaler und regionaler Ebene bis Kriegsende rund 1000 Frauen «aus höhern Kreisen» auf.[19]

Der Erfolg des Verbands Soldatenwohl basierte insbesondere auf Spillers Strategie des vielschichtigen Einbezugs von Frauen. Erstens eröffnete die Professionalisierung hauswirtschaftlicher und fürsorgerischer Tätigkeiten Frauen neue berufliche Handlungsfelder. Zweitens schuf die Einbindung von Frauen über ehrenamtliche Mitarbeit die Grundlage für den kontinuierlichen Ausbau eines politisch bedeutsamen Netzwerks, das bis zum Bundesrat und zu der Spitze der Armee die Entscheidungsfindung zu beeinflussen vermochte. Drittens ermöglichte die Kooperation mit lokalen Frauenorganisationen und -gruppen dem Verband, deren Erfahrungen im Sammeln von Geld und in praktischer Freiwilligenarbeit als Kapital zu nutzen. Doch der Einfluss auf höchster Armee- und Regierungsebene führte je länger je mehr zu Gerangel mit den grossen Frauenverbänden. Diese hatten bei Kriegsbeginn selber ihre Mitglieder zu gemeinnützigem Engagement und Geldsammeln aufgerufen und sahen sich nun vom Verband Soldatenwohl konkurrenziert oder teils sogar ausgebootet. Die Situation komplizierte sich zusätzlich, weil die Verbände je nach Ausrichtung unterschiedliche politische Ziele verfolgten. Was alles hatten die Frauenorganisationen zur Milderung der Kriegsfolgen unternommen?

Gemeinnütziges Engagement und politische Ambitionen der Frauenverbände

Kurz nach Kriegsbeginn hatte sich Klara Honegger, Präsidentin des *Bundes Schweizerischer Frauenvereine* (BSF, heute alliance F), mit einem pathetischen Aufruf an die «Schweizerfrauen» gerichtet: «Wir stehen vor der Tatsache, dass unsere ganze Armee mobilisiert wurde. Damit ist der Augenblick für die Frauen gekommen, ihre Besonnenheit und Tüchtigkeit in ernster Zeit zu beweisen und ihre Kräfte für das Vaterland einzusetzen.»[20] In der Tat entwickelten sich die von Frauenorganisationen im Lauf des Kriegs geschaffenen fürsorgerischen Strukturen zu sozialen Auffangbecken, die bedeutend wirksamer waren als die Aktionen der SGG. In Sachen Verteilung von Lebensmitteln, der Verwertung von Obst und Gemüse, Kleidersammlungen und der Vermittlung von Heimarbeit für arbeitslose Frauen zeigten die Frauenvereine auch höhere Kompetenz als die Behörden, da sie sich in Fragen der Alltagsnöte von Familien und der konkreten Sorgen von Hausfrauen und Mütter besser auskannten und mit diesen auch weit besser vernetzt waren. Während viele Frauen ihr Engagement vor allem als Möglichkeit verstanden, über die Familien hinaus aktiv zu sein, strebte der Schweizerische gemeinnützige Frauenverein seit seiner Gründung danach, von den Behörden als Partner für die sogenannt weiblichen Zuständigkeiten – Hauswirtschaft, Pflege, Fürsorge – im Bereich des Öffentlichen akzeptiert zu werden. Er

237
Der dezidierte Einsatz von Else Spiller in Fragen der Truppenversorgung wurde bereits im April 1915 im «Nebelspalter» als nicht gerade weibliche Kampfansage karikiert. Implizit wurde Spiller mit der Einreihung in die «Galerie berühmter Redner» trotz der damit verbundenen äusserst zwiespältigen Aussage Anerkennung gezollt.

238

verband damit die Hoffnung, bei der Ausgestaltung dieser Einsatzbereiche substanziell Einfluss nehmen zu können, etwa durch den Einsitz in entsprechenden Kommissionen. Im Gegensatz dazu erwartete die auf berufliche und rechtliche Gleichstellung ausgerichtete Frauenbewegung wie der *Bund schweizerischer Frauenvereine* und der *Schweizerische Verband für Frauenstimmrecht* die Einführung des Frauenstimmrechts als öffentliche Anerkennung ihres Engagements. So verband etwa Klara Honegger in ihrem Aufruf die gemeinnützige Pflichterfüllung mit dem Anspruch auf politische Mitbestimmung, analog zur Verknüpfung männlicher Wehrpflicht mit staatsbürgerlichen Rechten. «Durch den Krieg erhält unsere Sache einen kräftigen Impuls», kommentiere Elisa Strub diese Hoffnung in der ersten Ausgabe des 1915 gegründeten «Jahrbuch der Schweizer Frauen».[21] Ob und in welchem Umfang Frauen für die Erlangung neuer Rechte vorgängig Pflichten zu erfüllen hätten, war unter den Exponentinnen der Frauenbewegung jedoch höchst umstritten. Die Debatte setzte mit der Lancierung der «nationalen Frauenspende» ein. Die Frage der Verwendung der hier eingeworbenen Mittel trieb die bereits erwähnten Konflikte rund um die Wäscheversorgung alleinstehender Soldaten zwischen Exponentinnen der gemeinnützigen Frauenvereine und dem Verband Soldatenwohl weiter voran.

238
In Armeeschneidereien oder improvisierten Uniformschneidereien – wie hier in Basel – fanden oft auch arbeitslose Frauen über die Vermittlung von Frauenzentralen und gemeinnützigen Frauenvereinen eine Anstellung.

EMANZIPATION DURCH PARTIZIPATION

Die auf rechtliche und berufliche Gleichstellung ausgerichteten Frauenverbände wie der *Bund schweizerischer Frauenvereine* und der *Frauenstimmrechtsverein* wollten sich im Ersten Weltkrieg als staatsbürgerliche Akteurinnen ins Spiel bringen. Sie setzten auf die Beteiligung an Hilfsaktionen auf lokaler Ebene. Dabei waren sie auf die Zusammenarbeit mit den gemeinnützigen Frauenvereinen angewiesen, die über entsprechende Erfahrungen und Netzwerke verfügten. Während in Bern, Lausanne und Genf die verschiedenen Richtungen der Frauenbewegung bereits seit der Jahrhundertwende zusammenarbeiteten, schufen die Frauenvereine in Zürich, Winterthur, St. Gallen und Basel zur Bewältigung der Kriegsfürsorge neue Strukturen. Diese «zentralen Frauenhilfen», die sich mit den Statuten 1916 den Namen «Frauenzentralen» gaben, dienten zugleich als Ansprechpartnerinnen der Behörden. Sie erhofften sich davon die Anerkennung als Staatsbürgerinnen und die anschliessende Einführung des Frauenstimmrechts.

In St. Gallen organisierte die Frauenzentrale die Verarbeitung von Jute aus der Landesausstellung von 1914 zu «Soldatenschlafsäcken» durch arbeitslose Frauen. In Zürich standen vor allem Massnahmen zur Linderung der Folgen der Lebensmittelverteuerung und die Ausbildung von Ersatzpersonal für Spitäler im Fokus der Frauenzentrale. Die Basler Frauenzentrale ihrerseits verstand sich vor allem als Interessenvertreterin der Frauenvereine gegenüber den Behörden. Überall wurden von Frauenverbänden Beratungen, Kochkurse und praktische Hilfe zur Sicherung der Ernährung armer Familien organisiert. Auf lokaler Ebene erwiesen sich die dem Schweizerischen gemeinnützigen Frauenverein angeschlossenen Sektionen als eigentlicher Motor der sozialen Indienstnahme der Frauen. Beispielsweise richteten diese ab 1916 in vielen Gemeinden Suppenküchen ein; Schauffhauserinnen strickten im Lauf des Kriegs rund 1000 Paar Militärsocken; der Frauenverein Berna betrieb zusammen mit dem Lehrerinnenverein dank der Mitarbeit von 160 freiwilligen Helferinnen und zwei bis zehn mit Spendengeldern entlöhnten Frauen bereits 1914 die erste Kriegswäscherei für alleinstehende Wehrmänner.

Elisabeth Joris, Beatrice Schumacher

Die nationale Frauenspende

Die nationale Frauenspende war kurz nach Kriegsbeginn als weiblicher Beitrag an die Kosten der Mobilisierung lanciert worden. In der Folge diente sie fast ausschliesslich der Finanzierung der Wehrmannsfürsorge. Um diese längerfristig zu sichern, wurde 1917 beschlossen, die Frauenspende parallel zur Wehrmannsfürsorge in den Armeestab einzugliedern. Im Jahr darauf wurde sie von der nach demselben Muster – von Armeestab gemeinsam mit freiwilligen Helferinnen und Helfern durchgeführten – «Nationalspende» abgelöst. Diese bald «im Volk tief verankerte Nationalspende»[22] lief unter dem Motto: «Unsere Wehrmänner haben ein Recht darauf, vor Not geschützt zu werden» und brachte als erste gesamtschweizerische Aktion für Notleidende 1918 rund 9,5 Millionen Franken zusammen, wovon 2 Millionen für die Wehrmannsfürsorge verwendet wurden.[23] Der unverteilte Restbetrag floss im Januar 1919 in die *Stiftung Schweizerische Nationalspende für unsere Soldaten und ihre Familien*, die bis heute existiert. Die Erinnerung an die politische Zielsetzung, welche die Frauenorganisationen ursprünglich mit der Frauenspende verbanden, wurde in diesem Intergrationsprozess von der Armee wohl sehr bewusst verdrängt.[24]

Die Initiantinnen der nationalen Frauenspende waren Berner Frauenstimmrechtlerinnen. Sie erklärten die Sammlung als weibliche Antwort auf die Einführung der «ausserordentlichen Kriegssteuer» vom 6. Juni 1915 und verbanden damit explizit die Erwartung der rechtlichen Gleichstellung. Der gesamtschweizerische Frauenstimmrechtsverein lehnte dieses Vorgehen jedoch aus grundsätzlichen Erwägungen ab: Das Stimmrecht sei Menschenrecht und erfordere daher keine Vorleistung. Der Schweizerische Gemeinnützige Frauenverein dagegen stimmte einer Sammlung mit Begeisterung zu, entsprach sie doch genau der von ihm propagierten Zielsetzung der öffentlichen Anerkennung seiner Mitarbeit durch die zivilen und militärischen Behörden. Mit der Armee kooperierte der Frauenverein bereits seit Jahren, indem er das Stricken von Militärsocken organisierte. Auch passte die national ausgelegte Aktion bestens zum Spendensammeln von Tür zu Tür, das die lokalen Frauenvereine praktizierten. Die Durchführung der nationalen Frauenspende gelang denn auch auf Anhieb: Bis Ende Dezember 1915 kamen über 1,1 Millionen Franken zusammen, die dem Bundesrat zur freien Verwendung übergeben wurden. Diese bedingungslose Übergabe sollte sich bald als heikler Punkt erweisen und zu den erwähnten Auseinandersetzungen mit dem Verband Soldatenwohl führen.

Bereits bei der Planung der Wäschereiversorgung hatte Else Spiller die Bundesräte Motta und Hoffmann auf die bis dahin noch nicht angetastete Frauenspende verwiesen, worauf Motta dem Verband 50 000 Franken aus dieser Kasse zusicherte. Nachdem die neue Abteilung Fürsorge des Verbands Soldatenwohl vom 1. Oktober bis zum 31. Dezember 1916 schon 625 Fälle bearbeitet hatte, sprach der Bundesrat dem Verband dann 100 000 Franken aus der Frauenspende zu. Anfang 1918 summierten sich die dem Verband zugesprochenen Gelder schliesslich auf über eine Million Franken. Vor allem der Schweizerische gemeinnützige Frauenverein und die Frauenzentralen nahmen Anstoss an der einseitigen Verwendung der Frauenspende und deponierten ihre Kritik beim Bundesrat. Spiller interpretierte diese Kritik als Neid und zeigte sich noch im Januar 1918 verärgert über die gegnerischen Stimmen gemeinnütziger Frauenvereine: «Sie entblödeten sich nicht, sich bei Bundesrat Motta zu beschweren, dass man uns Geld gegeben hatte.»[25] In der Zwischenzeit hatte sie dem Verband Soldatenwohl bereits ein für die Nachkriegszeit höchst ausbaufähiges Handlungsfeld erobert.

Erfolgreiche Kooperationen bei der Ernährungssicherung

In Zusammenarbeit mit den Behörden und der Industrie entwickelte Else Spiller Ernährungkonzepte, die sich nicht mehr an der Gemeinnützigkeit orientierten, sondern an Strategien moderner Unternehmensführung. Sie baute dabei auf den Erfahrungen im Betreiben von Soldatenstuben und der Professionalisierung hauswirtschaftlicher Tätigkeiten auf. Gleichzeitig sicherte sie damit den Soldatenmüttern die Fortführung ihrer beruflichen Stellung in Friedenszeiten. Den Frauenverbänden ihrerseits gelang dank den Kooperationen über ideologische Abgrenzung zwischen linken und bürgerlichen Organisationen hinweg die Anerkennung als politische Akteurinnen. Ausgangspunkt dieser Entwicklungen war die prekäre Ernährungslage breiter Bevölkerungsschichten in den letzten beiden Kriegsjahren.

Unter dem Einfluss der wachsenden Teuerung und der zunehmenden Importschwierigkeiten verpflichteten einzelne Kantonsregierungen die industriellen Betriebe zur Einrichtung fabrikeigener Küchen, um die Versorgung der Arbeiterinnen und Arbeiter zu verbessern. Im Frühjahr 1917 war von der Basler Chemie an den Verband Soldatenwohl eine diesbezügliche Anfrage eingegangen. Konkrete Resultate erzielte Else Spiller nach einem Treffen mit Adolf Bühler von der Maschinenfabrik Bühler in Uzwil. Bei diesem Treffen

239

239
Mit nationalen Insignien und patriotischen Parolen wurden die Frauen aufgerufen, für die nationale Verteidigung zu spenden. Der Aufruf verfestigte – wenn auch unbeabsichtigt – den Topos geschlechterspezifischer Zuordnung: die wehrpflichtigen Männer im Dienst des Vaterlandes als Beschützer der wehrlosen Frauen.

war auch die Eröffnung einer Kantine zur Sprache gekommen. Spiller warb darauf im Vorstand des von ihr geleiteten Verbands darum, in der Zusammenarbeit mit der Industrie einen Grundstein für die Nachkriegszeit zu legen: Man solle das «Eisen schmieden, solange es warm» sei.[26]

Die Unterredung mit Bühler führte im Oktober 1917 zu einer Vereinbarung, die Schule machen sollte: Die Firma übernahm die Kosten für die Einrichtung der Kantine, der Verband Soldatenwohl führte den Betrieb in eigener Regie, die Firma deckte jedoch allfällige Defizite. Im Januar 1918 eröffnete der Verband die erste Fabrikkantine in Uzwil, Ende 1919 betrieb er bereits 29 und Ende 1925 rund 50 Kantinen.[27] Nach Kriegsende löste die Unterabteilung «Arbeiterwohl» die Unterabteilung «Soldatenstuben» in ihrer dominierenden Stellung ab, und im Herbst folgte schliesslich die Umbenennung des Verbands in «Schweizerischer Verband Volkswohl» (SVV, heute SV-Group).[28]

Mit dem Aufruf an die Fabrikbesitzer reagierten die Behörden auch auf die durch die prekäre Ernährungslage ausgelösten Protestbewegungen. Bereits im Sommer 1916 hatte die Arbeiterinnenbewegung in einigen grösseren Städten mit den sogenannten Marktunruhen für Aufsehen gesorgt und die Festsetzung von Preisen selber in die Hand genommen. Dabei distanzierten sich Wortführerinnen wie Rosa Grimm-Reichesberg in Bern und Rosa Bloch-Bollag in Zürich deutlich von den «bürgerlichen» Frauenorganisationen. Diese Abgrenzung war bereits seit dem ersten internationalen Frauentag vom 8. März 1911 unter dem Einfluss der deutschen Sozialdemokratin Clara Zetkin vorangetrieben worden. Am Friedenskongresses der sozialistischen Fraueninternationalen in Bern von 1915 verstanden deren Exponentinnen den Krieg als Fortsetzung des Klassenkampfes und die Vorschläge von gemeinnützigen Frauenorganisationen zu sparsamen Umgang mit Lebensmitteln als Hohn. Trotz dieser Distanzierung kooperierten Sozialdemokratinnen in der Schweiz auf lokaler Ebene in der Praxis erfolgreich mit anderen Frauenorganisationen. So nahmen in Basel, Zürich, Bern und St. Gallen Vertreterinnen der Arbeiterinnenvereine und der Frauenzentralen gemeinsam Einsitz in den Kommissionen zur Sicherung der Lebensmittelversorgung und Bekämpfung der Teuerung.

ROSA BLOCH-BOLLAG UND DIE ZÜRCHER FRAUENDEMONSTRATION GEGEN HUNGER UND TEUERUNG

Rosa Bloch-Bollag (1880–1922) stammte aus einer verarmten Getreidehändlerfamilie und arbeitete zuerst als Angestellte, dann als Selbständige im Juwelierhandel. Sie prägte die Positionen der sozialistischen Frauenbewegung entscheidend mit. Die Sicherung der Lebensmittelversorgung und die Einführung des Frauenstimmrechts waren ihre zentralen Anliegen.

Ihren grössten Erfolg erzielte Rosa Bloch-Bollag im letzten Kriegsjahr mit der von ihr orchestrierten «Hungerdemonstration» vor dem Zürcher Rathaus. Während der Kantonsrat am 10. Juni 1918 drinnen tagte, prangerten draussen auf dem Limmatquai um die 1000 Frauen – mehrheitlich Arbeiterinnen – die prekäre Situation an. Die Menge wuchs ständig, der Verkehr kam ins Stocken, die Trams mussten auf die Bahnhofstrasse umgeleitet werden. «Man wollte die Rednerinnen verstehen und sie auch sehen, vor allem die ‹rote Rosa›. Das alte Rathaus erlebte schon manchen Sturm, aber einer Belagerung nur von Frauen war es noch nie ausgesetzt gewesen.»[29] Die Demonstrantinnen klagten, die Grossbauern würden dem Volk die Kartoffeln vorenthalten und den Schweinen verfüttern. Gleichzeitig verlangten sie das Frauenstimmrecht und beriefen sich auf die Zürcher Verfassung von 1869, die allen Bürgern das Recht einräumte, ihre Anliegen direkt vor dem Kantonsrat zu vertreten. Eine Delegation sollte die Forderungen nach Beschlagnahmung aller Lebensmittel und deren Verteilung gemäss Bedarf sowie nach strikteren Preiskontrollen für wichtige Güter wie Milch drinnen vor dem Kantonsrat vortragen. Dieser verweigerte ihnen mit 88 zu 82 Stimmen den Einlass; nachdem die Sozialdemokraten aus Protest den Saal verlassen hatten, zeigte er sich aber bereit, eine Delegation zu empfangen.

Gross war das öffentliche Aufsehen, als am darauffolgenden Montag Rosa Bloch-Bollag, die Lehrerin Agnes Robmann und die Arbeiterin Marie Härri in Begleitung einer grossen Menge vor dem Rathaus aufmarschierten: Es war das erste Mal, dass Frauen im Kantonsrat zu Wort kamen. Die Tribüne war überfüllt, Zustimmungserklärungen vom Zürcher Frauenstimmrechtsverein *Union für Frauenbestrebungen* und von der *Zürcher Frauenzentrale* wurden bekannt gegeben. Mit Erfolg: der Milchpreis wurde kantonal gesenkt, und Kantonsrat und Regierung verlangten vom Bundesrat, «dass der Kanton Zürich und speziell die Stadt Zürich in ausreichender Weise mit Monopolwaren und rationierten Lebensmittel zu versorgen seien».[30]

Elisabeth Joris, Beatrice Schumacher

240
Premiere im Zürcher Kantonsparlament: In Anwesenheit einer von Polizisten im Zaum gehaltenen grossen Menge Demonstrierender und Schaulustiger betrat Rosa Bloch-Bollag (2) zusammen mit der Arbeiterin Marie Härri (1) und der Lehrerin Agnes Robmann (3) im Juni 1918 das Zürcher Rathaus, um die Forderungen der sozialdemokratischen Frauen zur Linderung des Ernährungsnotstands zu vertreten. Sie waren die ersten Frauen überhaupt, die im Kantonsrat zum Reden kamen. Die «Schweizer Illustrierte Zeitung» dokumentierte dieses aufsehenerregende Ereignis mit einer grossen Bildreportage.

241

Nachhaltige Zurückweisung trotz neuer Dynamik

In der Frage der politischen Gleichstellung kam es nur partiell zur Zusammenarbeit von Frauenrechtlerinnen und linken Aktivistinnen. Das Frauenstimmrecht war eine der Forderungen des Generalstreiks. Einzelne bürgerliche Exponentinnen – so die Präsidentin des Schweizerischen Frauenstimmrechtsverbands Emilie Gourd – stellten sich öffentlich dahinter. BSF, Frauenstimmrechtsverband und Frauenzentralen distanzierten sich aber vom Streik. Doch ihre staatstreue Haltung wurde nicht belohnt: Die bürgerlichen Parlamentarier lehnten mit Ausnahme einiger liberaler Exponenten das Frauenstimmrecht weiterhin ab. Bei den Abstimmungen von 1919 und 1921 in den Kantonen Neuenburg, Basel-Stadt, Glarus, St. Gallen, Genf und Zürich legte die grosse Mehrheit der männlichen Stimmberechtigten ein Nein in die Urne. Nicht besser erging es der eidgenössischen Vorlage 1959, doch zeichnete sich eine Trendwende ab: Die Kantone Waadt, Genf und Neuenburg sagten Ja und führten das Frauenstimmrecht 1959 bis 1960 ein. Zwischen 1966 und 1970 folgten die Kantone Basel-Stadt und -Land, Tessin, Wallis, Luzern und Zürich. Die Annahme des Frauenstimmrechts auf eidgenössischer Ebene 1971 konsolidierte die Wende, auch wenn es noch bis 1990 dauern sollte, bis der letzte Kanton den Frauen auf Druck des Bundesgerichts die politischen Rechte zubilligte.

241
Übergabe der Frauenspende in der Höhe von 1 168 814 Franken an den Bundesrat, 4. Mai 1916: Die Berner Journalistin und Frauenrechtlerin Julie Merz, Initiantin der Frauenspende, und Bertha Trüssel, Zentralpräsidentin des federführenden Schweizerischen Gemeinnützigen Frauenvereins, waren die wichtigsten Exponentinnen der neunköpfigen Delegation. Die mit dieser erfolgreichen Aktion verbundene Hoffnung auf baldige Einführung des Frauenstimmrechts erfüllte sich allerdings nicht.

1 SozArch, Ar. SGG, C1, Protokoll Zentralkommission SGG, 15.10.1914, 80.
2 SozArch, Ar. SGG, C1, Protokoll Zentralkommission SGG, 15.10.1914, 79.
3 Ar. SGG, C1, Protokoll Zentralkommission, 4.12.1916, 299f.; vgl. auch Schumacher, 64f.
4 Ar. SGG, C1, Protokoll Zentralkommission-Büro, 15.11.1916, 287.
5 SozArch, Ar. SGG, B 27c, Protokoll der Jahresversammlung des Stiftungsrates «Für die Jugend», 30.4.1916, 1f.
6 SozArch, Ar. SGG, A 1916 K, Schweizerische Vereinigung für Kinder- und Frauenschutz an Bundesrat Arthur Hoffmann, 9.3.1917.
7 SozArch, Ar. SGG, A 1916 L, Ulrich Wille an Bundesrat Felix Calonder, 8.5.1916.
8 SozArch, Ar. SGG, C 1, Protokoll Zentralkommission SGG, 4.12.1916; SozArch, Ar. SGG, A 1916 L, SGG an Bundesrat, 4.12.1916; vgl. Schumacher, 62–64.
9 SozArch, Ar. SGG C1, Protokoll Zentralkommission, 8.3.1918, 405f.; Protokoll SGG-Büro, 22.6.1918, 420f.; vgl. Schumacher, 64.
10 SozArch, Ar. SGG, B 27c, Protokoll der Jahresversammlung des Stiftungsrates «Für die Jugend», 30.4.1916, 7.
11 Gosteli-Archiv (GA), 180, SVV, Schachtel 1, 1000, Sitzung 14.11.1914, 11.
12 Züblin-Spiller, Aus meinem Leben, 43f.
13 GA, 180, SVV, Schachtel 423, 601-00, Tagebuch Sept. 1916 bis 15. Okt. 1918, Tagebuch 1916 (Erste Einträge). Das Tagebuch ist abgedruckt im Anhang von Stüssi-Lauterburg, 225–244.
14 Telefongespräch Jürg Stüssi-Lauterburg, 17.10.2013.
15 Mesmer, 191.
16 Strub. In: Gosteli, Jahrbuch 1916/17, 183.
17 Kull-Oettli, 13.
18 GA, 180, SVV, Schachtel 423, 601-00, Tagebuch 1916–1918, 8.1.1918.
19 GA, 180, SVV, Schachtel 1, 10-00, Sitzung 15.7.1918, 56.
20 Stämpfli, Landesverteidigung, 60.
21 Strub. In: Gosteli, Jahrbuch 1914/15, 27.
22 Bernischer Frauenbund, 5; Fries, 60–63.
23 Zit. in: Stüssi-Lauterburg, 123.
24 Gespräch mit Stüssi-Lauterburg, 17.10.2013; vgl. Joris, Umdeutung und Ausblendung.
25 GA, 180, SVV, Schachtel 423, 601-00, Tagebuch 1916–1918, 8.1.1918.
26 GA, 180, SVV, Schachtel 1, 10-00, Sitzung 15.7.1918, 57.
27 Siehe auch Walter-Busch, 276–292.
28 GA, 180, SVV, Schachtel 1, 10-00, Sitzung 7.9.1920, 108f.
29 Vorkämpferin 1918, 7.
30 Frei, 110–112.

Kampfrhetorik, Revolutionsangst und Bürgerwehren
Der Landesstreik vom November 1918

Thomas Buomberger

«Schon seit einiger Zeit waren skrupellose Hetzer und namentlich Vertreter des bolschewistischen Terrors in verschiedenen Gegenden der Schweiz am Werke, um den Boden für aufrührerische Bewegungen vorzubereiten. Diese revolutionären, zum Teil ausgesprochen anarchistischen Wühlereien wurden namentlich in der Stadt Zürich immer frecher und intensiver betrieben, so dass sich nach und nach eine hochgradige Aufregung der dortigen Bevölkerung bemächtigte, die sich auch auf weite Kreise der übrigen Schweiz übertrug.»[1] Bundespräsident Felix Calonder drückte am 12. November 1918 vor dem Parlament aus, was weite Teile des Bürgertums vom Landesstreik dachten, der am selben Tag vom Oltener Aktionskomitee (OAK) ausgerufen wurde. Während der Landesstreik für die politische Rechte als Auftakt zu einer bolschewistischen Revolution erschien, sah die Linke in ihm einen Ausdruck der wachsenden sozialen Not, die am Kriegsende ein für sie unerträgliches Ausmass angenommen hatte.[2] Jakob Lorenz, Adjunkt des Arbeitersekretariats Zürich, der später aus der SPS austrat und zum Katholizismus konvertierte, hielt entsprechend fest: «Die bürgerliche Gesellschaft zeigte sich von ihrer ekelhaftesten Seite […] Unerschüttert durch den Krieg, profitierte sie von ihm auf dem friedlichen Boden der Schweiz […]. Jeder Idiot kam zur Geltung, wenn er nur kaufte und verkaufte. Man sah Leute, die gestern kaum anständige Hosen und noch den Kopf voll Läuse gehabt hatten, am andern Tag mit schweren Pelzen und kostspieligen Mätressen am Arm. Es hagelte Wucherprozesse; aber niemand wollte wissen, was Wucher war.»[3]

Die beiden Zitate dokumentieren die unversöhnlichen Gegensätze in der Wahrnehmung des politischen Gegners. Während Vertreter des Bürgertums primär Revolutionäre am Werk sahen, erblickten Vertreter der Sozialdemokraten im Bürgertum eine Ansammlung von Kriegsprofiteuren. Diese gegenseitigen Fehleinschätzungen des politischen Gegners haben zweifelsohne zur Eskalation beigetragen, die schliesslich im Landesstreik gipfelte. Ein weiteres zentrales Problem war, dass die Sozialdemokratische Partei und die Gewerkschaften als wichtigste politische Vertreter der notleidenden städtischen Arbeiterschaft nur marginal in die Entscheide der Regierung eingebunden waren. Sie hatten keine andere Wahl, als ihre Forderungen auf die Strasse zu tragen oder – wie schon vor dem Krieg – mit Streiks durchzusetzen. Einer radikalisierten Arbeiterschaft, deren Führer die Stimmung auch mit Revolutionsrhetorik anheizten, stand ein verängstigtes, durch die fortschreitende Teuerung teilweise deklassiertes Bürgertum gegenüber, das die herkömmliche Ordnung bedroht sah. Strategisch zu wenig gut auf den Landesstreik vorbereitet, riskierte das OAK eine Machtprobe, die misslang.

242
Einsatz von Ordnungstruppen im Landesinnern während des Landesstreiks: Auf dem Paradeplatz in Zürich wird die Menschenmenge von Soldaten und Kavallerie mit blank gezogenem Säbel zurückgedrängt.

Radikalisierung der Linken

Für Empörung bei der Linken sorgten im Verlauf des Kriegs immer wieder Einsätze der Armee gegen demonstrierende oder streikende Arbeiter. Nach antimilitaristischen Demonstrationen am «roten Sonntag» am 3. September 1916 erreichten diese Auseinandersetzungen mit der militärischen Besetzung von La Chaux-de-Fonds am 22. Mai 1917 einen ersten Höhepunkt. Zuvor hatte eine rund tausendköpfige Menge den sozialdemokratischen Nationalrat und Pazifisten Paul Graber aus dem Gefängnis befreit, der das Fehlverhalten von Offizieren gegenüber Soldaten in der sozialistischen Tageszeitung «La Sentinelle» öffentlich angeprangert hatte und deshalb zu acht Tagen Gefängnis verurteilt worden war. Bereits 1916 war der Kriegsdienstverweigerer und Journalist Jules Humbert-Droz, der das Militär als «Banditenorganisation» bezeichnet hatte, zu mehreren Monaten Gefängnis verurteilt worden.[4] Aus Sicht der Linken wurde das Militär im Verlauf des Kriegs immer häufiger im Landesinneren eingesetzt und zunehmend zu einem Repressionsmittel der herrschenden Klasse gegen die Arbeiterschaft.

Die Radikalisierung der Linken wurde gefördert durch die Oktoberrevolution in Russland, die man zwar begrüsste, die aber von den führenden Vertretern der Arbeiterschaft nicht als eine echte Option für die Lösung der Probleme im Landesinneren erachtet wurde. So schrieb das OAK in einem Aufruf am 7. November 1918: «Die organisierte Arbeiterschaft hat nichts zu tun mit Putschisten. Gehören ihre Sympathien dem heldenmütigen Kampf der russischen Arbeiterschaft, so wissen die Schweizer Arbeiter, dass die Methoden des revolutionären Russland sich nicht schablonenhaft auf unser Land übertragen lassen. Die Behauptung, die Schweizer Sozialdemokratie sei am Gängelband des Bolschewismus, ist eine Lüge.»[5] Ein von Robert Grimm im Frühling 1918 verfasstes «Bürgerkriegsmemorial» sah zwar einen Stufenplan zum «Sturz der bürgerlichen Gesellschaftsordnung» vor, Grimm selber war jedoch skeptisch gegenüber der Generalstreikstrategie. In bürgerlichen Kreisen war die Angst, die russische Revolution würde auf die Schweiz übergreifen, hingegen gross. So schrieb der spätere Bundesrat Karl Scheurer am 2. Februar 1918 in sein Tagebuch: «Ich habe den Eindruck, dass das gewöhnliche Volk von einer Revolution und dergleichen nichts wissen will, dass hingegen die Führer schon bereit sind, ein solches Machwerk zustande zu bringen.»[6]

243
Die Karikatur aus dem Nebelspalter vom 16. September 1916 zeigt die drei Sozialisten Robert Grimm, Charles Naine und Ernest Paul Graber, die den Druck auf den Bundesrat mit Demonstrationen immer weiter erhöht hatten. Die Darstellung thematisiert die lange Vorgeschichte der Auseinandersetzungen mit dem Verbot von Umzügen und Massenansammlungen.

244

244
Sirenengesänge am Vorabend des Waffenstillstands in Europa: Nicht nur der Friede, sondern auch die Revolution als Brandstifterin des europäischen Hauses steht vor der Türe – so die Befürchtung vieler bürgerlich Gesinnter im November 1918.

VOM REVOLUTIONÄR ZUM STAATSMANN: ROBERT GRIMM (1881–1958)

245

Robert Grimm, Schriftsetzer und Chefredaktor der «Berner Tagwacht», Gross- und Nationalrat sowie während des Zweiten Weltkriegs erster sozialdemokratischer Berner Regierungsrat und am Schluss seiner Karriere Direktor der Bern-Lötschberg-Simplon-Bahn (BLS), verkörpert wie kein Zweiter den Wandel vom Revolutionär zum Staatsmann. Als einer der Streikführer im Landesstreik 1918 war er beschuldigt worden, eine bolschewistische Revolution anzetteln zu wollen. Tatsächlich oszillierte Grimm zwischen Revolutionsrhetorik und einer schweizerisch-pragmatischen Taktik der Verständigung. Belege für einen gewaltsamen revolutionären Akt fanden sich nie, und Grimm sah bei aller deklamatorischen Sympathie für die russische Revolution darin auch kein Modell für die Schweiz. Lenin, der auf Empfehlung Grimms 1914 in die Schweiz eingereist war, bezeichnete Grimm als einen «Schuft und Schurken». Grimm suchte einen schweizerischen Weg der sozialen Umgestaltung und setzte sich mit seinem autoritären Stil innerhalb der Partei meist durch. Obwohl (oder gerade weil) er damals einer der durchsetzungsmächtigsten Politiker war, war ihm der Einzug in den Bundesrat nicht vergönnt. Zu lange klebte an ihm das Stigma des Revolutionärs und Marxisten, das er mit einer im Gefängnis geschriebenen «Geschichte der Schweiz in ihren Klassenkämpfen» gefestigt hatte. Im Zweiten Weltkrieg leistete Grimm seinen Beitrag zur Landesversorgung als nebenamtlicher Leiter der Sektion Kraft und Wärme innerhalb der kriegswirtschaftlichen Administration. Dabei profitierte er zweifellos von den Erfahrungen des Ersten Weltkriegs, als die Landesversorgung im Gegensatz zum Zweiten Weltkrieg ungenügend und oftmals chaotisch organisiert gewesen war.

Thomas Buomberger

245
SP-Nationalrat Robert Grimm (1881–1958) war die führende Kraft im Landesstreik. Die polarisierende Erfahrung des Landesstreiks liess ihn in den 1930er-Jahren zu einer Integrationsfigur für das Land werden.

Als Mittel zur Durchsetzung politischer Forderungen war der Streik nach der Jahrhundertwende oft thematisiert worden, schien aber nur zur Erreichung materieller Forderungen legitim zu sein. Hingegen hatte Robert Grimm den Massenstreik schon 1906 als legitimes Mittel der Interessenvertretung definiert. Anfang 1918 traf die Linke unter Führung von Grimm Vorbereitungen für weitreichende Aktionen, indem sie einen Aktionsausschuss, das spätere Oltener Aktionskomitee, gründete. Anlass zur Gründung dieses Ausschusses war eine Vorlage des Bundesrats gewesen, einen Zivildienst für Nichtmilitärdienstpflichtige einzuführen, was die Arbeiterschaft als weiteren Schritt zur Militarisierung der Gesellschaft erachtete. Ob ein Generalstreik aber das richtige Mittel zur Durchsetzung von Forderungen war, darüber hatten selbst Radikale oder Revolutionäre in der Sozialdemokratischen Partei wie Rosa Bloch oder Fritz Platten ihre Zweifel.[7]

Weitere Verbitterung bei den Lohnabhängigen verursachte die Erhöhung des Milchpreises im April 1918 von 32 auf 40 Rappen pro Liter, die auf Drängen des Bauernverbands erfolgte. Obwohl die Erhöhung nach der Drohung mit einem Generalstreik seitens des OAK in einem Kompromiss endete, der die Konsumenten nichts, die Staatskasse aber einiges kostete, blieb die Empörung wegen der wachsenden Teuerung und der Verknappung der Lebensmittel gross. Diese machte sich in zahlreichen Demonstrationen Luft, wie am 10. Juni 1918 in Zürich, als die Frauenvereine gegen den Hunger demonstrierten. Am 20. Juni kam es in Basel zu Ausschreitungen anlässlich einer Lebensmitteldemonstration, Krawalle gab es aber auch in Biel, Winterthur, Rheinfelden, Thun und im Tessin.[8]

Das OAK beliess es nicht bei Demonstrationen, sondern stellte neun Forderungen auf, unter anderem die Errichtung eines eidgenössischen Ernährungsamtes, eine bessere Rationierung und Verteilung der Lebensmittel sowie die Förderung des Wohnungsbaus. Der Bundesrat lehnte diesen Katalog zwar ab, erweckte beim OAK zunächst aber den Eindruck, einlenken zu wollen.[9] Obwohl sich die Situation etwas entspannte, trieb das OAK, inzwischen durch einen allgemeinen Arbeiterkongress legitimiert, die Vorbereitungen für einen Streik voran. Gleichzeitig blieb es aber für Verhandlungen mit dem Bundesrat offen. Der in dieser Phase konziliante Bundesrat geriet nun von rechts und durch die Armeeführung unter Druck, weil er mit dem OAK und unter der Drohung eines Generalstreiks verhandelt hatte. Am 9. August setzte der Bundesrat eine Generalstreikkommission ein,[10] die den Antrag stellte, dass im Fall eines Streiks «unverzüglich die ganze Armee aufzubieten» sei. Auch wenn sich die Rhetorik verschärfte, plante die organisierte Arbeiterschaft zu diesem Zeitpunkt noch keinen Generalstreik; zu stark war sie in dieser Frage gespalten.

Die politische Situation entwickelte aber eine eigene Dynamik, die den Akteuren auf beiden Seiten immer mehr entglitt. Die Streikhäufigkeit, die schon vor dem Ersten Weltkrieg eine der höchsten in Europa gewesen war, stieg mit zunehmender Dauer des Kriegs an. Im Spätsommer 1918 forderten die Zürcher Bankbeamten, die sich 1917 im Bankpersonalverband (BPV) zusammengeschlossen hatten, höhere Löhne und Zulagen sowie die Anerkennung des Verbands. Die Banken lehnten den BPV als Gesprächspartner jedoch ab, sodass sich die Bankangestellten am 29. September 1918 mit 706 zu 29 Stimmen – zum ersten Mal überhaupt – für einen Streik am folgenden Tag entschieden. In einer ersten Verhandlung mit der Stadt- und Kantonsregierung blieben die Arbeitgeber unnachgiebig. Nachdem sich Tausende mit den streikenden Bankangestellten solidarisiert hatten, beschloss die Arbeiterunion, einen Generalstreik auszurufen, der weitgehend befolgt wurde. Am 2. Oktober wurde der Streik beigelegt und endete mit einem grossen Erfolg für den BPV und die Arbeiterunion; die «Neue Zürcher Zeitung» sah im Streikverlauf hingegen einen «Ausfluss brutaler Willkür, Terrorismus durch eine Minderheit; es ist Anarchie».[11]

Die Armee im Einsatz gegen den «Feind» im Innern

Zwei Tage nach dem Streik der Bankangestellten beantragte General Wille dem Bundesrat, als Prophylaxe gegen die Revolution vier Kavalleriebrigaden aufzubieten, die er als einzige Truppengattung der Armee betrachtete, «von der man mit Sicherheit sagen kann, dass sie gar nicht von Bolschewismus und Soldatenbünden infiziert ist».[12] Auf dringendes Ersuchen der Zürcher Regierung, die Anfang November eine Revolution befürchtete, war der Bundesrat schliesslich bereit, auf den 5. November Infanterie und Kavallerie aufzubieten. Die Forderung Willes, der den Druck immer mehr erhöht hatte, erfüllte der Bundesrat nun voll.[13] Der Zürcher Stadtrat, in dem die Sozialdemokraten vier von neun Sitzen innehatten, wurde jedoch nicht über das Truppenaufgebot informiert. Befehligt wurden die 8000 Mann starken Ordnungstruppen in Zürich von Oberstdivisionär Emil Sonderegger – später einer der führenden Rechtsextremisten des Landes.

246
Rationierungen und die Zuteilung von Nahrungsmitteln vermochten die grösste Not zu lindern. Dennoch war die Unzufriedenheit in grossen Teilen der lohnabhängigen Bevölkerung so gross, dass das Bürgertum fürchtete, die Arbeiterschaft sei empfänglich für revolutionäre Ideen.

247

248

247
Die Streikleitung achtete darauf, dass – wie hier beim Aeschenplatz in Basel – diszipliniert gestreikt und demonstriert wurde; bis auf wenige Ausnahmen blieben Ausschreitungen aus.

248
«Aufgebot gegen Bolschewikis»: In Zürich waren im November 1918 8000 Soldaten im Einsatz, um für Ruhe und Ordnung zu sorgen, was die Arbeiterschaft als «Provokation» betrachtete. Diese Mobilisierung gegen den vermeintlichen Feind im Innern war einer der Gründe für die Auslösung des Landesstreiks.

249

Die Truppenaufgebote und die Besetzung Zürichs empfanden die Führer der Arbeiterschaft, die davon völlig überrascht wurden, als «intrigantes Werk der Armeeleitung».[14] Die Arbeiterunion Zürich verfasste einen mit antimilitaristischen Untertönen angereicherten Protest.[15] Am 7. November beschloss das OAK einen 24-stündigen Streik «gegen die Säbeldiktatur» und schrieb zum Truppenaufmarsch: «Das Aufgebot richtet sich nicht gegen den äusseren Feind […] Die in den Städten aufgefahrenen Maschinengewehre, die um die Bevölkerungszentren gelagerten Bataillone beweisen, gegen wen die kopflos und unverantwortlich beschlossene Mobilisation sich richtet – gegen die wider Hunger und Not, wider Spekulation und Wucher kämpfende Arbeiterschaft.»[16]

Fatale Eigendynamik

Die Zürcher Arbeiterunion hatte bereits am 9. November einen *unbefristeten* Streik beschlossen und damit das OAK in Zugzwang gebracht.[17] Auf dem Fraumünsterplatz war auf den folgenden Tag, den 10. November, eine Demonstration zur Feier der russischen Revolution angesagt, welche die Behörden verboten hatten und die in Tumulten endete. Ein Militärdetachement wurde von der 7000-köpfigen Menge eingeschlossen; und ein Pistolenschuss aus der Menge tötete einen Soldaten, was Platzkommandant Sonderegger veranlasste, schärfere Massnahmen zu ergreifen. In einem Aufruf warnte er: «Unsere Truppen sind mit Handgranaten ausgerüstet. Sie haben Befehl sie zu gebrauchen, wenn aus Fenstern und Kellerlöchern geschossen wird.»

Die Arbeiterunion Zürich sah sich nun veranlasst, die Ereignisse rhetorisch weiter zuzuspitzen. Sie wollte den Kampf führen, «auch wenn Hunderte von Leichen die Strassen der Stadt Zürich bedecken sollten».[18] Robert Grimm verlangte am Sonntag, 10. November, im Namen des OAK von Bundespräsident Calonder den Rückzug der Besatzungstruppen aus Zürich. Calonder lehnte diese Massnahme jedoch ab. Nach zwei ergebnislosen Sitzungen mit Calonder löste das OAK schliesslich den unbefristeten Streik aus,

249
Der militärisch besetzte Paradeplatz in Zürich am 9. November 1918. Hier ging dem schweizweiten Landesstreik ein lokaler Generalstreik voran, bei dem ein Soldat erschossen wurde.

250
«Momentbilder vom Schweizerischen Landesstreik in Zürich» aus der «Schweizer Illustrierten Zeitung» vom 16. November 1918.
Wo während des Landesstreiks 1918 die Arbeit ruhte, wurde auch demonstriert. Die Stimmung war meist angespannt-gedrückt – Angst herrschte auf beiden Seiten.

251

der vom 11. auf den 12. November beginnen sollte. Grimm schilderte die Situation später so: «Es war nicht erhebend, als dieser scheinbar kraftvolle Staatsmann weinerlich den Kopf in die Hände nahm und flehte, wir sollten nicht weitermachen.»[19] Der Bundesrat bot in den folgenden Tagen weitere Truppen auf, sodass schliesslich 110 000 Mann – vorwiegend aus bäuerlich-ländlichen Gegenden – unter Waffen standen, die in den städtischen Zentren für Ruhe und Ordnung sorgen sollten.

Gleichzeitig mit dem Streikbeschluss stellte das OAK einen Forderungskatalog mit neun Punkten auf, der alles andere als revolutionär war. Die Landesregierung sollte nach dem «vorhandenen Volkswillen» umgebildet, das Frauenstimmrecht und eine Alters- und Invalidenversicherung eingeführt werden. Weiter forderte das OAK die 48-Stunden-Woche sowie die «Tilgung aller Staatsschulden durch die Besitzenden». In einem Aufruf vom 11. November appellierte der Bundesrat an die «getreuen, lieben Eidgenossen», der Landesstreik setze die Existenz und Wohlfahrt des Landes aufs Spiel. «Duldet nicht, dass unsere liebe Schweiz im Wirrwarr der Anarchie untergeht.» Calonder war zwar nicht gewillt, sich dem Druck der Streikleitung zu fügen, er war anfänglich jedoch zu Konzessionen bereit. So schlug er vor, die Zahl der Bundesräte auf neun zu erhöhen und den Sozialdemokraten eine Vertretung in der Landesregierung zu gewähren. Das auf den 12. November einberufen bürgerlich dominierte Parlament lehnte Verhandlungen jedoch ab, solange der Streik andauerte. Der Ton der Parlamentsdebatte wurde gehässiger, der Machtkampf spitzte sich zu. Geheime Vorschläge sahen sogar vor, allenfalls die ganze Armee zu mobilisieren.[20] Zu Unrecht vermutete der Bundesrat, dass Diplomaten der russischen Botschaft in Bern Drahtzieher eines revolutionären Umsturzes sein könnten. Jedenfalls wies er am 12. November die Mitglieder der sowjetischen Mission aus der Schweiz aus.

Tote in Grenchen

Am 13. November – das Bundeshaus wurde mittlerweile von Soldaten in den neu eingeführten Stahlhelmen bewacht – richtete Bundespräsident Calonder ein Ultimatum an Grimm, den Streik abzubrechen, und drohte mit der Verhaftung der gesamten Streikleitung. Unterstützt vom bürgerlich dominierten, intransigenten Parlament und unter Druck von General Wille suchte Calonder nun die Konfrontation. Das schon immer gespaltene OAK hatte hingegen nicht erwartet, dass der Bundesrat den Generalstreik mit allen Mitteln unterdrücken wollte.[21] Angesichts der «Ungleichheit

251
Maschinengewehrposten vor der Kaserne in Zürich. Die Truppe war wenige Monate vor dem Landesstreik mit Stahlhelmen ausgerüstet und am 10. November 1918 in Zürich auch mit Handgranaten bewaffnet worden. Während solche Bilder die Streikenden zusätzlich provozierten, glaubten Regierung und Armeeführung, nur mit harten Massnahmen die Kontrolle über die Ereignisse behalten zu können.

An das arbeitende Volk der Schweiz!

Mit unerwarteter Wucht und seltener Geschlossenheit hat die Arbeiterklasse fast aller größern Städte des Landes durch einen 24stündigen Streik gegen die provozierenden Truppenaufgebote des Bundesrates protestiert. Das Oltener Aktionskomitee, die legitime Vertretung der schweizerischen Arbeiterorganisationen, hat im Anschluß an den glänzend verlaufenen Proteststreik die sofortige Zurückziehung der Truppen verlangt.

Dieses Verlangen ist vom Bundesrat abgelehnt worden. In der großen Zeit, da im Auslande der demokratische und freiheitliche Gedanke triumphiert, in dem geschichtlichen Augenblick, da in den bisher monarchischen Staaten Throne wanken und Kronen über die Straßen rollen, in dem feierlichen Moment, da die Völker Europas aus einer Nacht des Grauens und des Schreckens erwachen und selbsttätig ihr eigen Geschick schmieden, beeilt sich der Bundesrat der „ältesten Demokratie Europas" die wenigen Freiheiten des Landes zu erwürgen, den Belagerungszustand zu verhängen und das Volk unter die Fuchtel der Bajonette und Maschinengewehre zu stellen.

Eine solche Regierung beweist, daß sie unfähig ist, der Zeit und ihren Bedürfnissen gerecht zu werden. Unter dem Vorwand, Ruhe und Ordnung, die innere und äußere Sicherheit des Landes zu schützen, setzt sie Ruhe und Ordnung, die innere und äußere Sicherheit des Landes frivol aufs Spiel. In einer ihr nicht zukommenden Anmaßung gibt sie sich als eine Regierung der Demokratie und des Volkes. In Wahrheit haben Demokratie und Volk in der denkwürdigen Abstimmung vom 13. Oktober den gegenwärtigen verantwortlichen Behörden des Landes das Vertrauen entzogen.

Diese Behörden haben das Recht verwirkt, im Namen des Volkes und der Demokratie zu sprechen, von denen sie desavouiert worden sind. Sie haben das Recht verwirkt, das Schicksal eines Volkes zu bestimmen, das ihrer Politik die Zustimmung versagt. Jetzt ist der Augenblick gekommen, da das werktätige Volk einen entscheidenden Einfluß auf die weitere Entwicklung des Staatslebens zu nehmen hat.

Wir fordern die ungesäumte Umbildung der bestehenden Landesregierung unter Anpassung an den vorhandenen Volkswillen. Wir fordern, daß die neue Regierung sich auf folgendes Minimalprogramm verpflichtet:

1. Sofortige Neuwahl des Nationalrates auf Grundlage des Proporzes.
2. Aktives und passives Frauenwahlrecht.
3. Einführung der allgemeinen Arbeitspflicht.
4. Einführung der 48-Stundenwoche in allen öffentlichen und privaten Unternehmungen.
5. Reorganisation der Armee im Sinne eines Volksheeres.
6. Sicherung der Lebensmittelversorgung im Einvernehmen mit den landwirtschaftlichen Produzenten.
7. Alters- und Invalidenversicherung.
8. Staatsmonopole für Import und Export.
9. Tilgung der Staatsschulden durch die Besitzenden.

Dieses Programm bedarf keiner weitern Begründung. Es ist das Minimum dessen, was das werktätige Volk zu verlangen berechtigt ist.

Die Erfahrungen haben gezeigt, daß auf dem Wege der Verhandlungen wirksame Zugeständnisse von den Behörden nicht zu erlangen sind. Sie haben Verständnis für das Interesse der Besitzenden, sie schonen die Preistreiber und Spekulanten und versagen dem arbeitenden Volke den Schutz. Das Volk muß sich selber helfen, will es nicht weiterhin den Reichen und Mächtigen ausgeliefert bleiben.

Aus diesem Grunde haben die unterzeichneten Organisationsleitungen einstimmig und nach reiflicher Erwägung der innern und äußern Lage die

Verhängung des allgemeinen Landesstreiks

beschlossen. Der Streik beginnt Montag den 11. Nov., nachts 12 Uhr. Er soll die Arbeiter und Arbeiterinnen aller öffentlichen und privaten Unternehmungen aller Landesgegenden umfassen. Nachdem der Bundesrat die in dem befristeten Streik vom 9. November enthaltene Warnung mit neuen Herausforderungen beantwortete, ist der allgemeine Landesstreik bis zur Erfüllung unserer Forderungen fortzusetzen. Der Streik ist erst abzubrechen, wenn die unterzeichneten Organisationsleitungen es verfügen.

Arbeiter!

Wir zählen auf euch! Wir erwarten, daß ihr unsern Kampf, der die arbeitenden Massen einer glünlicheren Zukunft entgegenführen soll, mit restloser Hingabe unterstützt. Lange genug habt ihr euch von der herrschenden Klasse narren und mit Bettelbrocken abspeisen lassen. Nun muß die Langmut ein Ende nehmen, jetzt habt ihr entschlossen, im opfervollen Kampfe, wenn anders es nicht geht, für euere Interessen einzustehen.

Wehrmänner!

An euch werden die Herrschenden appellieren, das gegenwärtige Regime mit Waffengewalt zu schützen. Euch mutet man zu, auf die eigenen Landeskinder zu schießen, vor dem Mord an euerer eigenen Frau, eueren eigenen Kindern nicht zurückzuschrecken. Ihr werdet das verweigern. Ihr werdet nicht zum Henker an eueren Angehörigen und Volksgenossen werden. Zur Vermeidung blutiger Konflikte fordern wir euch auf, in allen mobilisierten Einheiten Soldatenräte zu bilden, die im Einvernehmen mit den Arbeiterorganisationen ihre Maßnahmen treffen.

Flugblatt «An das arbeitende Volk der Schweiz!» vom November 1918. Das Oltener Aktionskomitee stellte mit der Ausrufung des Landesstreiks neun Forderungen, die keineswegs revolutionär waren. Während der Bundesrat anfänglich Entgegenkommen zu signalisieren schien, zeigte sich das bürgerlich dominierte Parlament unbeugsam.

253

254

253
So wie das Bundeshaus in Bern wurden im November 1918 alle strategischen Orte vom Militär bewacht: Banken, Bahnhöfe, Post, Verwaltungsgebäude und teilweise auch Fabriken.

254
Machtdemonstrationen im öffentlichen Raum – wie hier mit dem Einsatz von Kavallerie in Zürich – waren Teil der Strategie von General Ulrich Wille.

255

der Waffen und Kampfmittel» beschloss es schliesslich den Abbruch des Streiks auf den 14. November 1918. «Es war ein Zusammenbruch, wie er fürchterlicher nicht gedacht werden konnte», schilderte ein Teilnehmer den Verlauf der entscheidenden Sitzung.[22] Die Kapitulation, die Grimm nicht als solche sah, führte zu Verbitterung und einem schweren Zerwürfnis innerhalb der Arbeiterschaft. Ernst Nobs, Mitglied der Geschäftsleitung der SPS – und 1943 als erster Sozialdemokrat in den Bundesrat gewählt – schrieb im «Volksrecht»: «Es ist zum Heulen! Niemals ist schmählicher ein Streik zusammengebrochen, nicht unter den Schlägen des Gegners, nicht an der Entkräftung, nicht an der Mutlosigkeit der eigenen Truppen, sondern an der feigen, treulosen Haltung der Streikleitung!»[23] Die Gefühle vieler bürgerlich Gesinnter dürfte der Schaffhauser Journalist Eugen Müller nach Streikabbruch gut getroffen haben: «Man jubelte nicht der Gewalt zu, fühlte sich vielmehr von einem schweren Alpdruck befreit und war froh, dass der schwere Traum der letzten Tage nun glücklich beendet war.»[24]

Während des Landesstreiks gab es viele Pöbeleien, Sachbeschädigungen oder Schlägereien, insgesamt aber nur wenige Gewalttaten – mit einer Ausnahme. In Grenchen kam es kurz vor Abbruch des Streiks zu schweren Zusammenstössen mit zahlreichen Verletzten und drei Toten, allesamt junge Uhrmacher. Die Truppen in Grenchen, welche die fatalen Schüsse abgegeben hatten, bestanden aus jungen auswärtigen Soldaten des Auszugs, die vom Solothurner Major und Historiker Eugen Tatarinoff zu rigorosem Durchgreifen angehalten worden waren. Als Grund für die Schussabgabe auf Zivilpersonen wurde angegeben, dass diese die Anweisungen des Militärs nicht befolgt und die Truppen beschimpft hätten. Für die sozialdemokratische Presse waren die Schüsse hingegen «Mord» und «gut organisierte Menschenjagd». Die Bürgerlichen waren der Ansicht, die Truppen seien angesichts einer revolutionären Stimmung gezwungen gewesen, für Ordnung zu sorgen. Dem schloss sich der Bundesrat an, aus dessen Perspektive die Truppen lediglich ihre Pflicht erfüllt hatten.[25]

Grosse Unterschiede bei der Befolgung des Streiks

Für den Streik vom November 1918 werden in der Literatur die Begriffe «Landesstreik» oder «Generalstreik» verwendet. Beide Bezeichnungen, die schon in der Zeit gebräuchlich waren, sind indes unpräzise und geben ein falsches Bild. Blickt man auf die Zahl der

255

Verbarrikadiertes Geleise beim Bahnhof in Grenchen. Wieso es während des Landesstreiks gerade in Grenchen zu den heftigsten Auseinandersetzungen mit drei toten Uhrenarbeitern kam, ist unklar.

256

Streikenden, stand die Arbeiterschaft nicht geschlossen hinter dem Landesstreik, und vor allem in der Romandie und im Tessin wurde er schlecht befolgt. Von 800 000 Industriearbeiterinnen und -arbeitern streikten gerade einmal 250 000, nicht zuletzt deshalb, weil etliche Fabriken militärisch geschützt wurden. Insgesamt beteiligte sich weniger als die Hälfte der organisierten Arbeiterschaft am Landesstreik, und der Streikaufruf wurde selbst in kleinräumigem Gebiet sehr unterschiedlich befolgt. So wurde etwa im aargauischen Städtchen Lenzburg nicht gestreikt, während es in einigen Landgemeinden wie im benachbarten Niederlenz, wo ein grösserer Arbeitskampf stattfand, zu Arbeitsniederlegungen kam.[26] Im Kanton St. Gallen wurde vor allem in den Industrieorten St. Gallen, Rapperswil und Rorschach gestreikt, wobei in erster Linie die Bahnen stillgelegt wurden. Ausserhalb dieser Orte fand der Streikaufruf hingegen kaum Beachtung.[27] Ein ähnliches Bild zeigte sich in Schaffhausen, wo in den grossen Fabriken der Metall- und Maschinenindustrie die Arbeit mit wenigen Ausnahmen ruhte, während in der Aluminiumfabrik Neuhausen und in der Bindfadenfabrik sowie in kleineren Betrieben teilweise unter militärischem Schutz gearbeitet wurde.[28]

Im Kanton Luzern ruhte am ersten Streiktag in allen Industriebetrieben die Arbeit. Bei der Viscose in Emmenbrücke erschien allerdings eine grössere Anzahl Arbeiter, und auch bei den Schappe-Spinnereien wurde gearbeitet, was ein Erfolg der Christlichsozialen Gewerkschaft war, die sich gegen den Streik ausgesprochen hatte. Der Direktor der Schappe-Spinnereien, Friedrich von Moos, war zugleich Präsident der Luzerner Bürgerwehr.[29] Unterschiedlich war die Beachtung des Streiks auch in der Region Grenchen/Solothurn. Wo die Arbeiterschaft gut organisiert war, etwa in der Uhrenindustrie, wurde er weitgehend befolgt. In der Kantonshauptstadt Solothurn waren die meisten Betriebe geschlossen. In der Papierindustrie wurde hingegen teilweise gearbeitet, in der Textilindustrie ganz. Der Bahnbetrieb wurde am ersten Tag aufrechterhalten, später weitgehend lahmgelegt.[30]

In der Romandie war die Zahl der Streikenden insgesamt geringer als in der Deutschschweiz, nicht zuletzt deshalb, weil die Westschweizer Arbeiterschaft das OAK als deutschfreundlich betrachtete. So schrieb etwa die Zeitung «Jura bernois»: «Le Soviet d'Olten travaille pour les Boches.» Grimm und Platten bezeichnete die Zeitung als «naturalisierte Deutsche».[31] In der Uhrenindustrie im Jura war die Zahl der Streikenden am ersten Tag aber so gross, dass die Fabriken

256
Abschreckung mit Maschinengewehren vor dem Hotel Löwen auf dem Postplatz in Grenchen. Beim Landesstreik in Grenchen gab es drei Tote und mehrere Verletzte. Für den Bundesrat hatten die Soldaten, welche die tödlichen Schüsse abgaben, lediglich ihre Pflicht erfüllt.

257

258

257
Diese Solidaritätsbekundung in Le Locle am 12. November 1918 täuscht darüber hinweg, dass der Streik in der Westschweiz wesentlich weniger gut befolgt wurde als in der Deutschschweiz. Einer der Gründe war, dass die Streikführung von etlichen Romands als deutschfreundlich betrachtet wurde.

258
Das lockere Auftreten dieser Soldaten vor dem Eingang der schweizerischen Nationalbank neben dem Rathaus in Basel kontrastiert mit der Entschlossenheit der Armeeführung und der Regierung, den Landesstreik mit militärischen Mitteln zu beenden.

259
«Nos ennemis… frère… les voilà!» Die linke Westschweizer Satirezeitschrift «L'Arbalète» propagiert am 1. Mai 1917 einen Schulterschluss zwischen Arbeitern und Soldaten gegen die Offiziere und Unternehmer.

260

261

260
Teile der Bevölkerung sympathisierten während des Landesstreiks mit den Soldaten und sorgten auch für deren Verpflegung. Ob es eine spontane Aktion war oder das Bild zu Propagandazwecken gestellt wurde, lässt sich kaum sagen.

261
Streikende halten am 12. November 1918 vor dem Bahnhof in Biel zwei Züge aus Bern und Delsberg auf. Die Befolgung des Landesstreiks durch die Eisenbahner war entscheidend dafür, dass grosse Teile des Landes stillstanden. Anfänglich waren die eher konservativen Eisenbahner einem Streik skeptisch gegenüber gestanden.

ihre Tore schliessen mussten. Streikposten bewachten wie andernorts die Eingänge zu den Fabriken. Im Bas-Vallon folgten die Arbeiter der Streikaufforderung nicht, während Tramelan, zwei Dörfer entfernt, ein Brennpunkt des Streiks war. In Tavannes stimmten unter den Augen des Uhrenpatrons Henri Sandoz und des Pfarrers gerade einmal 13 von 1000 Arbeitern für den Streik; in den Freibergen wurden lediglich drei Holzfabriken bestreikt, und in Porrentruy wurde normal gearbeitet.[32]

In Lausanne arbeiteten die Beschäftigten der städtischen industriellen Betriebe, ebenso die Beschäftigten im Nahrungsmittelsektor, während die Typografen streikten. Wurde der Streik in Morges und Yverdon weitgehend befolgt, ignorierte man den Aufruf des OAK in Montreux ebenso wie auf der Landschaft.[33] In Genf wurde wie fast überall der öffentliche Verkehr bestreikt, und in der Metallindustrie, wo die Arbeiterschaft traditionell gut organisiert war, wurde der Streik zahlreich befolgt. Den ersten Streiktag befolgten in Genf 8000 bis 10 000 Arbeiter, und am zweiten Tag streikten auch die Typografen.[34] Verallgemeinernd lässt sich sagen, dass der Streik dort gut befolgt wurde, wo die Gewerkschaften stabil verankert und gut organisiert waren. Gestreikt wurde vor allem in den Städten und Industriestandorten, während auf dem Land weitgehend gearbeitet wurde. Dort waren auch die christlichsozialen Gewerkschaften sowie patronale und klerikale Autoritäten dominant. Dass die Auswirkungen des Landesstreiks stärker spürbar waren, als es die Zahl der Streikenden vermuten liesse, war auf die Bestreikung der Bahn und des öffentlichen Verkehrs in den Städten zurückzuführen.

Bürgerwehren machen mobil
Die teilweise schon vor dem Landesstreik gegründeten, durch den Streik zur Abwehr einer von bürgerlicher Seite befürchteten Revolution aber gewissermassen legitimierten Bürgerwehren traten nun offen hervor. Schon am 7. November war eine Bürgerwehr in Genf gegründet worden, weitere Gründungen in Bern, Basel, Luzern und im Aargau folgten. In Zürich rief ein anonymes Organisationskomitee, hinter dem auf Initiative von Studenten die Zünfte standen, am 14. November zum Eintritt in die Zürcher Stadtwehr auf. 10 000 Freiwillige sollen diesem Aufruf gefolgt sein,[35] der den Zweck der Bürgerwehr wie folgt umschrieb: «Die Zürcher Stadtwehr ist die bürgerliche, freiwillige Organisation zur Aufrechterhaltung der verfassungsmässigen Sicherheit, Ruhe und Ordnung. Sie tritt im Notfall an die Seite unserer zürcherischen Ordnungstruppen. Diesen stellt sie notwendige Hilfskräfte für Spezialdienste jetzt schon zur Verfügung.»[36] Beim Zürcher Streik von 1919 standen 2000 Mitglieder der Stadtwehr im Einsatz,[37] während die Bürgerwehr in Basel 6000 Freiwillige zählte.[38] Sie wurde beim Basler Generalstreik vom August 1919, der fünf Todesopfer forderte, ebenfalls eingesetzt. Auch während des Landesstreiks kam es zu Auseinandersetzungen zwischen Bürgerwehren und Streikenden.

Der Bundesrat hatte eine ambivalente Haltung gegenüber den Bürgerwehren, die ihre Mitglieder vor allem in kleinbürgerlich-gewerblichen und bäuerlichen Milieus rekrutierten. Nachdem Bundesrat Decoppet ihre Gründung anfänglich begrüsst hatte, überliess der Gesamtbundesrat die Entscheidung, ob diese vom Staat anerkannt werden sollten, den Kantonen. Unterschiedlich war im Bürgertum auch die Einschätzung, ob die Bürgerwehren bewaffnet werden sollten oder nicht. Während sich Ulrich Wille Junior für eine Bewaffnung der Bürgerwehren einsetzte, war sein Vater wesentlich skeptischer.[39] Auf den 24. November 1918 rief die *Aargauische Vaterländische Vereinigung* (AVV) unter dem Arzt und Obersten Eugen Bircher zu einer «aargauischen Volksgemeinde» nach Vindonissa, was zu einer bürgerlichen Machtdemonstration werden sollte. Von 12 000 Teilnehmern besucht, verlangte sie laut einer AVV-Gedenkschrift ein «strenges Vorgehen gegen alle Anstifter und gegen alle unsauberen fremden Elemente im Schweizerland». Der Bundesrat trat nicht auf, doch versicherte Bundesrat Calonder der Versammlung seine Sympathie. 1919 fasste Bircher die noch lose organisierten Bürgerwehren zu einer die ganze Schweiz überziehenden Organisation, den *Schweizerischen Vaterländischen Verband* (SVV), zusammen.[40]

Stadtwehr!

Mitbürger!

Die gefahrvollen Zeiten haben einen Gedanken plötzlich zur Tat werden lassen, der schon lange in der Luft schwebte. Eine „zürcherische Stadtwehr" ist ins Leben getreten. Man wird nicht lange nach ihrer Berechtigung fragen müssen. Sie will angesichts der immer bedrohlicher werdenden Umtriebe von nach russischem Muster arbeitenden Umsturzorganisationen das Bürgertum sammeln und organisieren.

Unser Programm ist kurz und bündig:

1. Organisierung des Widerstandes bis aufs äußerste gegen jeden Versuch bolschewistischer Gruppen, die öffentliche Ordnung zu stören und die Sicherheit des Vaterlandes in Gefahr zu bringen.

2. Nachdrückliche Unterstützung der öffentlichen Gewalten in ihrem Bestreben, die Rechtsordnung aufrecht zu erhalten.

3. Organisierung von Hülfskräften und Hülfsdiensten, besonders für die Zeiten, da in Zürich keine erhebliche Truppenmacht vorhanden ist.

4. Materielle Unterstützung von Mitbürgern, die durch verbrecherische Handlungen von Bolschewisten an Leib oder Gut zu Schaden gekommen sind.

Schweizerbürger ohne Unterschied der Partei, deutscher oder welscher Zunge, auch Jünglinge von 18 Jahren an, die dieses Programm durch die Tat unterstützen wollen, mögen in Masse herbeieilen, um sich in aufgelegte Listen einzutragen und zur Verfügung zu halten. Listen werden in allen Zunfthäusern oder Versammlungslokalen der Zünfte aufgelegt.

Zögert keinen Augenblick. Schon haben sich viele Hunderte gemeldet. Es müssen viele Tausende werden. Es liegen ernste Monate vor uns, die uns gerüstet finden müssen.

Es lebe die alte Schweizerfreiheit! Nieder mit den Tyrannen, auch wenn sie in der Arbeiterbluse einhergehen.

Das Exekutiv-Komitee.

262

AUFRUF zum EINTRITT in die ZÜRCHER STADTWEHR

Die Zürcher Stadtwehr ist die bürgerliche, freiwillige Organisation zur Aufrechterhaltung der verfassungsmässigen Sicherheit, Ruhe und Ordnung. Sie tritt im Notfall an die Seite unserer zürcherischen Ordnungstruppen. Diesen stellt sie notwendige Hülfskräfte für Spezialdienste jetzt schon zur Verfügung.

Schweizerbürger: Von der Entschlossenheit und Geschlossenheit aller Nationalgesinnter hängt der Ausgang der gegenwärtigen Krisis ab. Tretet unserer Stadtwehr bei: Diensttuende und Nichtdiensttuende, deutscher und welscher Zunge, vom 18. Altersjahre an!

Einschreibelokale:
Zunft zur Zimmerleuten, Rathausquai
" " Saffran,
" " Meise, Münsterhof
" " Schmieden, Rindermarkt
Restaurant zum Weissen Wind, Oberdorfstrasse
Zunft zur Waag, Münsterhof
Hotel St. Gotthard, Bahnhofstrasse
" Habis-Royal, Bahnhofplatz
" Victoria,
Restaurant Tonhalle, Gotthardstr.
Hotel Falken, Zurlindenstr. 85
" Mythen, Alfred Escherplatz
Restaurant Untere Weinegg, Untere Weinegg 46
" Zürichhorn,
" Plattengarten,
" Hirschen-Wollish., Wollishofen
Hotel Pfauen, Heimplatz

Einschreibezeit: 8 – 12 und 2 – 8 Uhr.

Das Organisationskomitee.

Zürich, 14. Nov. 1918.

263

262
Programm der im November 1918 neu gegründeten Zürcher Stadtwehr. Schon vor dem Landesstreik hatten sich Bürgerwehren gebildet, die revolutionäre Umsturzversuche bekämpfen wollten. Die Bürgerwehren wurden von Teilen der Wirtschaft finanziert und zum Teil von der Armee mit Waffen versorgt.

263
Aufruf zum Eintritt in die Zürcher Stadtwehr vom 14. November 1918. Studentische Kreise und die Zünfte standen hinter der Gründung der Zürcher Stadtwehr. Anfang 1919 billigte der Zürcher Regierungsrat die Stadtwehr zur «Ausübung kollektiver Notwehr» im Fall revolutionärer Umsturzversuche.

EUGEN BIRCHER UND DER SCHWEIZERISCHE VATERLÄNDISCHE VERBAND

Der SVV, ein privater rechtsbürgerlicher Verein, der die Abwehr «sozialistischer Umsturzversuche» zum Ziel hatte, wurde 1919 gegründet und war ein Zusammenschluss verschiedener Bürgerwehren. Der Anstoss zu einer nationalen Organisation kam vom Zentralkomitee des Schweizerischen Alpenclubs (SAC) in Genf. Eugen Bircher (1882–1956), damals Chefarzt am Kantonsspital Aarau, hatte die Bürgerwehren im Kanton Aargau organisiert und trat nun an die Spitze der Bewegung. Der Sohn eines Ingenieurs und Fabrikanten hatte als Arzt während des Ersten Weltkriegs in Bulgarien Erfahrungen in der Kriegsmedizin gesammelt. In den 1920er-Jahren galt er nicht nur als einer der fähigsten Chirurgen, sondern der bis zum Divisionär aufgestiegene Bircher war auch einer der führenden Militärpublizisten. Seine 1916 formulierte harsche Kritik an der vermeintlich Entente-freundlichen Haltung des Bundesrats, dem er «feigen Egoismus auf wirtschaftlichem Gebiet» vorwarf,[41] wurde von hohen Militärs sekundiert, von den Sozialdemokraten aber als Kriegstreiberei gebrandmarkt. 1920 war der ursprünglich freisinnige Bircher einer der Mitbegründer der Bauern-, Gewerbe- und Bürgerpartei (BGB) im Aargau. Birchers Weltbild war elitär, teilweise sozialdarwinistisch, antimodernistisch und demokratiekritisch bis -feindlich. Für ihn war der Grundsatz der politischen Gleichheit ein «naturwissenschaftlicher Unsinn».[42] Bircher plädierte für eine Sozial-Aristokratie, in der die Tüchtigsten und Fähigsten den entscheidenden Einfluss haben sollten. Die Demokratie begünstigte für ihn das Aufkommen schlechter Rassen, und der Landesstreik war für Bircher etwas Unschweizerisches, ein von aussen inszenierter Umsturzversuch nach russischem Muster. Positiv war für ihn lediglich, dass dank dem Landesstreik ein «Sturm der Entrüstung» durch das ganze Land gegangen sei und «eine Welle patriotischer Begeisterung» eingesetzt habe.

Wie er kam der gesamte Vorstand des SVV in der Gründungszeit aus dem Aargau, und die Bewegung war im rechten Milieu breit abgestützt. Der Aargauer Regierungsrat anerkannte den SVV als «Hilfsorgane der bürgerlichen und, wenn sie in Funktion getreten sind, der militärischen Behörden bei Aufrechterhaltung der öffentlichen Ruhe, Ordnung und Sicherheit».[43] Gegenüber der Linken gab sich der SVV unversöhnlich und trieb die Gegensätze zwischen den Lagern während Jahren voran. 1920 gründete er einen Nachrichtendienst, der mit Gewährsmännern zusammenarbeitete, welche die Aufgabe hatten, «staatsgefährdende» Vorkommnisse und Personen zu observieren. Berichte über die Bespitzelten wurden von der SVV-Leitung regelmässig an Bundesanwaltschaft, Fremdenpolizei und Bundesräte übermittelt. Ohne jegliche gesetzliche Grundlage tätig, war dieser Nachrichtendienst als eine Art «Truppennachrichtendienst» der lokalen Bürgerwehren entstanden und weitete sich zu einem breit gespannten politischen Informationsdienst aus, der in verschiedene Länder reichte. Einzelne Exponenten des SVV sympathisierten in den 1920er- und 1930er-Jahren mit faschistischen Strömungen im Ausland. Der SVV versuchte auch, die Wahl von Sozialdemokraten in wichtige Ämter zu verhindern, koordinierte das rechtsbürgerliche Lager bei Abstimmungen, wollte Streiks in bedeutenden Betrieben unterbinden oder bot Streikbrecher auf. Dabei arbeitete er bis 1931 mit dem Militärdepartement und den SBB zusammen. Auf gesamtschweizerischer Ebene ging der SVV nach einer Nachrichtendienst-Affäre 1948 ein. Überlebt hat hingegen die Aargauische Vaterländische Vereinigung, die bis heute gegen «fremde Einmischungen in unser staatliches Eigenleben» kämpft.[44]

Thomas Buomberger

«Lebend nach Hause gefahren»

In Siegerpose hoch zu Ross nahmen General Wille und Oberstdivisionär Sonderegger wenige Tage nach Streikabbruch ein Defilee der Ordnungstruppen ab. Willes Taktik des «Vorbeugens» respektive Einschüchterns schien sich bewährt zu haben. Die Soldaten und Offiziere, die während des Landesstreiks Dienst getan hatten, konnten sich des Danks des bürgerlichen Teils der Bevölkerung sicher sein. An vielen Orten wurde für sie gesammelt. In St. Gallen kam in einer privaten Sammlung ein «Ehrensold» von 160 000 Franken zusammen.

Teile der Rechten brachten ihren Triumph in einer aggressiven Rhetorik zum Ausdruck. So schrieb die «Schweizerische Arbeitgeber Zeitung», dass man «in Zürich einen ausgewachsenen Grossstadtpöbel» besitze, «der nur durch Maschinengewehre und Handgranaten im Zaume zu halten» sei.[45] Doch es gab auch gemässigte bürgerliche Stimmen wie den späteren Bundesrat Karl Scheurer, damals bernischer Regierungsrat, der während des Landesstreiks den Kontakt zum Volk suchte und in seinem Tagebuch notierte: «Sprecher und de Perrot und auch der General wollen dreinfahren. Sie verwechseln den Streik mit dem Krieg, wo man dem Gegner zuvorkommen muss, während man beim Streik die Sache an sich herankommen lassen muss. Sie wollen überall eingreifen, verhaften, verhindern, alles Dinge, die noch nicht am Platze sind.»[46]

Nach dem Streikabbruch wurde das OAK von links und rechts zum Sündenbock für die Niederlage gestempelt. Ernst Nobs fasste das Verhalten der Streikenden am Arbeiterkongress kurz vor Weihnachten 1918 so zusammen: «Das Aktionskomitee hatte seinen Streikaufruf mit den Worten geschlossen: kämpfend siegen oder sterbend untergehen. Nach zwei Tagen haben die Genossen den Kampf abgebrochen, sie haben weder kämpfend gesiegt, noch sind sie sterbend untergegangen, sondern sie sind lebend nach Hause gefahren.»[47] Nobs kritisierte das OAK heftig und war überzeugt, dass die Kampfbereitschaft der Arbeiter gross gewesen war und sie ihre Forderungen hätten durchsetzen können, wenn nicht das OAK auf «ein Ultimatum des Bundesrates zusammengeklappt» wäre.

Im März 1919 wurde den Verfassern des Generalstreikaufrufs der Prozess gemacht. Nach einer einmonatigen Prozessdauer wurden Robert Grimm, Friedrich Schneider, Fritz Platten und Ernst Nobs zu mehrmonatigen Gefängnisstrafen verurteilt, zusammen mit 147 weiteren Angeschuldigten. Insgesamt wurden Verfahren gegen 3500 Personen eröffnet. Für zahlreiche Bürgerliche waren die Urteile zu mild ausgefallen, die Linke hingegen sprach von «Klassenjustiz».

Während die verurteilten Mitglieder des OAK von der linken Presse gefeiert wurden, zahlten viele unbekannte Teilnehmer des Landesstreiks einen hohen Preis. Hunderte wurden verhaftet, viele erhielten mehrmonatige Haftstrafen oder wurden arbeitslos. So schrieb etwa Erwin Keller an die Rechtsschutzkommission der Arbeiterunion Zürich: «Hiermit erlaube ich mir die höfl. Bitte an Sie zu richten mir für die ausgefallene Arbeitszeit während des Generalstreikes eine Vergütung zukommen zu lassen. Ich habe für eine sechsköpfige Familie zu sorgen und war längere Zeit arbeitslos.»[48] Um eine Unterstützung bat noch im Mai 1919 auch Hermann Meierhans: «Wie Sie vielleicht wissen, musste ich anlässlich des Generalstreiks vom Nov. 18 fünf Wochen ins Gefängnis wandern. Und nur wegen des kleinen Vergehens, weil wir am ersten Tag des Streikes, als das Tram noch fuhr, einen Wagen über das Tramgeleise warfen, um die Weiterfahrt des Trams zu verhindern. Kurz und gut, ich habe meine Pflicht getan und darum musste ich ins Loch.»[49]

Verstärkte Polarisierung zwischen Links und Rechts

Die Linke reagierte auf die Niederlage im Landesstreik unterschiedlich. Auf der einen Seite kam es bei der Frage des Beitritts zur Dritten Internationalen (Komintern) zu einer Spaltung innerhalb der SPS, zur Gründung der Kommunistischen Partei (KPS) und zu einem grossen Aderlass bei den Gewerkschaften. Auf der anderen Seite wollten viele den Kampf nicht aufgeben, was in den Folgejahren zu lokalen Streiks und in Basel und Zürich 1919 zu Generalstreiks führte.[50] Beide Streiks endeten erneut mit einer Niederlage für die Arbeiterschaft, was innerhalb der SPS zu einem dezidierten Linkskurs führte, der sich im neuen Parteiprogramm von 1920 unter anderem im Programmpunkt «Diktatur des Proletariats» manifestierte.

264

265

264
General Ulrich Wille und Oberstdivisionär Sonderegger in Feldherrenpose bei der Abnahme des Defilees der Ordnungstruppen nach dem Abbruch des Landesstreiks: Der Streik richtete sich auch gegen das oft abgehobene und arrogante Verhalten von Offizieren und der militärischen Führung.

265
Der Truppenaufmarsch auf dem Bubenbergplatz in Bern während des Landesstreiks zeigt symbolhaft den Graben, der durch den Streik aufgerissen wurde: Hier Demonstrierende, dort die Armee. Die Sozialdemokraten lehnten die bewaffnete Landesverteidigung noch bis 1935 ab.

DIE SPANISCHE GRIPPE IM SOMMER UND HERBST 1918

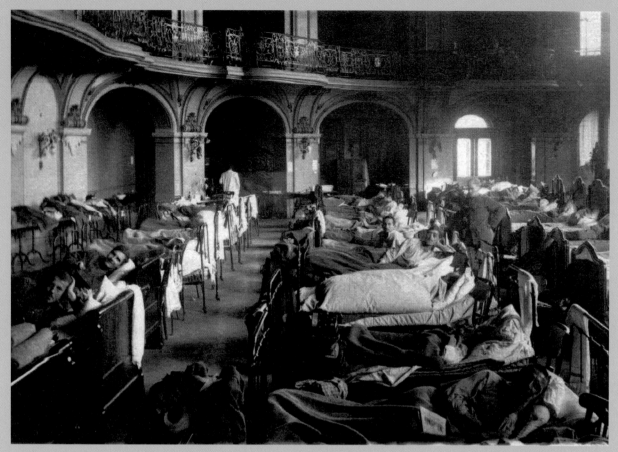

266

Im Juni 1918 erreichte die Spanische Grippe von Westen her die Schweiz und verbreitete sich rasend schnell. «Unheimlich griff die Seuche um sich. Pestluft zog durchs Land. Ein naher Hauch des Mitmenschen, ein lebhaft aus der Nähe gesprochenes Wort, ein Hustenstoss, und das Gift war übertragen, vielleicht der Todeskeim gelegt in ein blühendes Menschenkind»,[51] schrieb der Schriftsteller Gaudenz von Planta. Die Grippewelle, die ihren Ursprung vermutlich in Kansas hatte und durch amerikanische Soldaten nach Europa eingeschleppt worden war, dauerte von Juli 1918 bis Juni 1919 und forderte in der Schweiz 25 000 Todesopfer, weltweit waren es über 50 Millionen. Betroffen waren vor allem Männer zwischen 20 und 45 Jahren. Die ländliche Bevölkerung wurde stärker in Mitleidenschaft gezogen als die städtische.

Die Schweiz war, wie die anderen Staaten auch, nicht auf diese Epidemie vorbereitet. Das Eidgenössische Gesundheitsamt prognostizierte wie bei der Grippe von 1889 einen gutartigen Verlauf, und auch die Armee verbreitete vorerst positive Berichte. Die Ärzte standen dieser Epidemie jedoch praktisch machtlos gegenüber, und die Missstände bei der Versorgung der erkrankten Soldaten waren während der ersten Grippewelle vom Sommer 1918 eklatant. Es gab keine Bettwäsche, und manche Soldaten wälzten sich in Kot und Blut. Verbitterung löste zusätzlich aus, dass ausländische Internierte in Hotels lebten, während kranke Schweizer Soldaten mit 40 Grad Fieber auf faulem Stroh lagen. Die Zustände waren im Sommer 1918 derart unhaltbar, dass die sozialdemokratische Presse den Armeearzt Oberst Karl Hauser aufs Schärfste kritisierte. Auch die «NZZ» hatte von «unbestreitbaren Unzulänglichkeiten» im Sanitätsdienst geschrieben, sodass eine Untersuchungskommission eingesetzt wurde, die nach dem Krieg verschiedene Mängel aufdeckte. Im Herbst 1918 wurde die Schweiz schliesslich von einer zweiten, gravierenderen Grippewelle heimgesucht.

Ihr Höhepunkt fiel mit dem Landesstreik zusammen. In der Folge beschuldigten einander Armee und Bürgertum einerseits und Streikleitung andererseits, durch das Aufbieten der Armee beziehungsweise durch den Streikaufruf Grippetote in Kauf genommen zu haben. Bundespräsident Felix Calonder betonte vor dem Parlament: «Die Anstifter [...] müssen sich [...] heute bewusst sein, welch namenloses Leid und Unglück sie über unser Volk gebracht haben, dessen pflichtgetreue Söhne im Militärdienste zur Aufrechterhaltung von Ruhe und Ordnung, so zahlreich der heimtückischen Grippe zum Opfer gefallen sind.»[52] Das OAK wies die These von der «Blutschuld» empört zurück. Wie spätere Untersuchungen gezeigt haben, trug der Landesstreik wohl kaum zu einer Zunahme von Grippetoten unter den Soldaten bei.[53]

Thomas Buomberger

266
Öffentliche Gebäude wie hier die Tonhalle in Zürich wurden zu Lazaretten umfunktioniert, um die Grippekranken aufnehmen zu können. Nicht allen Erkrankten erging es so gut: Kranke Soldaten mussten oft auf faulem Stroh liegen – doch davon gibt es keine Bilder.

Im Rückblick ist sich die Geschichtsschreibung jedoch einig, dass die Sozialisten und Gewerkschafter nie einen Staatsstreich planten, einzelne radikale Vertreter aber mit einer revolutionären Bewegung sympathisiert hatten. Bundesanwaltschaft und Bundesrat kamen 1920 denn auch zum Schluss, dass das von Robert Grimm im Frühling 1918 verfasste «Memorial Grimm» keine Aufforderung zu Revolution und Aufruhr gewesen sei. Obwohl der Landesstreik mit einer Niederlage für die Linke endete, wurde er in ihrer Geschichtsschreibung später zum Mythos hochstilisiert. Die unmittelbare Realität nach dem verlorenen Kampf sah indes alles andere als grossartig aus: Zwar wurden einige der Forderungen des OAK wie das Proporzwahlrecht oder der Achtstundentag (resp. die 48-Stunden-Woche) erfüllt, doch die National- und Ständeratswahlen von 1919 brachten nicht den erhofften Grosserfolg für die SPS, und der Achtstundentag wurde in den 1920er-Jahren immer mehr aufgeweicht. Die Linke war in der Defensive und musste froh sein, wenn sie einen Teil des Erreichten verteidigen konnte. Zugleich kultivierten auch Teile der Rechten ihren Mythos von der erfolgreichen Niederschlagung einer bolschewistischen Revolution und verhinderten damit – ebenso wie die Linke – jahrelang einen fruchtbaren politischen Dialog.

Repression und spätere Erfolge
Je nach Betrachtung war der Landesstreik für die Linke eine kurzfristige Niederlage oder ein langfristiger Erfolg. Sich Mut machend, schrieb das OAK in seinem Rechenschaftsbericht nach dem Landesstreik, die Gegner würden bald einsehen, «dass sie ohne die Arbeiterschaft nicht bestehen können, wirtschaftlich nicht, sozial nicht, politisch nicht». Auch wenn es im gemässigten Bürgertum Politiker gab, die versuchten, die Wogen zu glätten und die Arbeiterschaft in die politische Verantwortung einzubeziehen, kam es vorerst zu einer Verhärtung der Fronten. Der Landesstreik löste in grossen Teilen des Bürgertums ein Revolutionstrauma aus, was zu einer starken Abwehr gegenüber sozialen Reformen führte. Während der Bundesrat die Zusammenarbeit mit der Wirtschaft und dem Bauernverband verstärkte, blieb die sozialdemokratische Linke bei politischen Entscheidungsprozessen weiterhin aussen vor. Die Partizipation und Mitsprache im Staat mussten hart erkämpft werden, wie der Sekretär des Schweizerischen Gewerkschaftsbundes nach dem Generalstreik vor Divisionsgericht erläuterte: «Wir haben bei allen Forderungen, die wir vor dem Bundesrat vertreten haben, konstatieren müssen, dass wir mehr, als uns oft lieb war, Dampf dahinter setzen und Tamtam machen mussten, sobald man nur irgendetwas erreichen wollte. Wenn man nur mit Bitten kam, wurde man wohl angehört, aber es geschah nichts.»[54] Doch soziale oder politische Reformen wie die AHV oder das Frauenstimmrecht blieben im sich verhärtenden politischen Klima der 1920er-Jahre weiterhin blockiert. Erst unter der Bedrohung durch die Nationalsozialisten kam es zu einer Annäherung zwischen Bürgertum und Arbeiterschaft. Das 1937 abgeschlossene Friedensabkommen in der Metall- und Maschinenindustrie sowie das zwei Jahre zuvor erfolgte Bekenntnis der SPS zur militärischen Landesverteidigung ebneten schliesslich den Weg zur Integration der Arbeiterschaft in Staat und Gesellschaft.

Bei Sozialdemokraten und Kommunisten verursachte der Truppeneinsatz gegen demonstrierende und streikende Arbeiter während Jahren eine ablehnende Haltung gegenüber der Armee. Erst mit der Geistigen Landesverteidigung schwanden die Gegensätze. Teile der Linken und der Rechten gaben den Klassenkampf zugunsten eines patriotischen Sammlungsprogramms auf. Symbolhaft für die Zusammenarbeit der ehemaligen Gegner mag sein, dass Robert Grimm und Ferdinand Rothpletz, Nationalrat der neu gegründeten Bauern-, Gewerbe- und Bürgerpartei (BGB) und Leiter der Berner Bürgerwehr, 1934 im Auftrag des Eidgenössischen Volkswirtschaftsdepartements zusammen ein Gutachten mit dem Titel «Krisenbekämpfung – Arbeitsbeschaffung» verfassten. 1940 folgte die Einführung der Erwerbsersatzordnung («Wehrmannsschutz»), und die weit bessere Berücksichtigung der Arbeiterinteressen im Zweiten Weltkrieg erfolgte oft mit Verweis auf den Landesstreik.[55] Langfristig wurden mehr soziale und politische Reformen verwirklicht, als es sich die Streikenden im November 1918 hätten vorstellen können. Das verdankten sie allerdings nicht nur der Einsicht der bürgerlichen Mehrheit im Parlament, sondern auch dem Schulterschluss zwischen Links und Rechts angesichts der Bedrohung durch die Nationalsozialisten und dem wirtschaftlichen Aufschwung nach dem Zweiten Weltkrieg.

267
«Das bolschewistische Rückzugsgefecht».
Für den Karikaturisten des «Nebelspalters»
war bereits am 17. August 1918 klar, dass ein
von Robert Grimm angeführter Landesstreik
vom Volk zurückgeschlagen werden würde.

268

268
Mit dem Schreckgespenst des Bolschewismus
liess sich auch nach der Niederlage der Linken
im Landesstreik trefflich Stimmung machen.
Für die Sozialdemokraten verliefen die Nationalratswahlen vom Oktober 1919 denn auch
enttäuschend.

1 Bundespräsident Calonder vor dem Parlament am 12.11.1918. BAR, Amtliches Bulletin der Bundesversammlung, http://www.amtsdruckschriften.ch/viewOrigDoc.do?id=10026913.
2 Zur Rolle der Rechten vor und während des Kriegs siehe Jost, Reaktionäre Avantgarde.
3 Zit. Baumann, Bauernstand und Bürgerblock, 333.
4 Kurz, Grenzbesetzung, 219f.
5 Aufruf des OAK vom 7.11.1918, Schweizerisches Sozialarchiv, Zürich. AR 2.50.1, Akten Generalstreik 1918.
6 Böschenstein, Bundesrat Scheurer, 168.
7 Gautschi, Landesstreik, 106ff.
8 Kurz, Grenzbesetzung, 269ff.
9 Gautschi, Landesstreik, 132.
10 Gautschi, Landesstreik, 188.
11 Frey, Vor der Revolution, 68ff. zit. 84.
12 Kurz, Grenzbesetzung, 269ff.
13 Brief General Wille an den Bundesrat vom 2.11.1918, zit. Jost, Stellenwert. In Gautschi, Landesstreik, X.
14 Gautschi, Landesstreik, 245.
15 Traber, «Trämlergeneral», 69.
16 Schweizerisches Sozialarchiv, Zürich. Ar 2.50.1, Akten Generalstreik 1918.
17 Traber, «Trämlergeneral», 72.
18 Brief der Arbeiterunion Zürich an Oberstdivisionär Sonderegger vom 11.11.1918, Schweizerisches Sozialarchiv, Zürich. Ar 2.50.1 (Akten Generalstreik 1918).
19 Zit. Gautschi, Landesstreik, 276.
20 Frey, Vor der Revolution, 65.
21 Gautschi, Landesstreik, 319.
22 Schneider, Winterthurer Arbeiterbewegung, 37.
23 Volksrecht, 14.11.1918.
24 Rohr, Schaffhausen, 79.
25 Hiltbrunner, Generalstreik, 155f.
26 Bürgisser, «Sturmesbrausens», 5–26.
27 Thum, Rapperswil, 85f.
28 Rohr, Schaffhausen, 71.
29 Schneider, Mitbürger, 45.
30 Hiltbrunner, Generalstreik, 151f.
31 Kohler, François: La Grève générale dans le Jura. In: Vuilleumier, Marc, et al. La Grève générale de 1918 en Suisse. Genève 1977, 70.
32 Kohler, La Grève générale, 66ff.
33 Ballif, La grève générale. In Vuilleumier, La Grève générale, 87ff.
34 Cerutti, Mauro: Le mouvement ouvrier genevois durant la première guerre mondiale et la grève générale. In: Vuilleumier, La Grève générale, 186ff.
35 Thürer, Vaterländischer Verband, Bd. 1, 37.
36 Flugblatt, Schweizerisches Sozialarchiv, Zürich. Ar 2.50.1, Akten Generalstreik 1918.
37 Thürer, Vaterländischer Verband, Bd. 1, 369.
38 Gautschi, Landesstreik, 316.
39 Gautschi, Landesstreik, 365.
40 Jost, Reaktionäre Avangarde, 132.
41 Kurz, Grenzbesetzung, 147.
42 Mittler, Weg, 588.
43 Zit. Thürer, Vaterländischer Verband, 57.
44 www.vaterlaendische.ch/ziel.html.
45 Zit. Jost, Reaktionäre Avantgarde, 85.
46 Böschenstein, Bundesrat Scheurer, 182.
47 Zit. Gautschi, Landesstreik, 345.
48 Brief Erwin Keller, 6.12.1918, Schweizerisches Sozialarchiv, Zürich. Ar 2.50.1 (Rechtsschutzkommission: Akten 1918–1919).
49 Brief Hermann Meierhans, 20.5.1919, Schweizerisches Sozialarchiv, Zürich. Ar 2.50.1 (Rechtsschutzkommission: Akten 1918–1919).
50 Thürer, Vaterländischer Verband, 356.
51 Zogg, Grippe, 18.
52 Zit. Zogg, Grippe, 108.
53 Zogg, Grippe, 120.
54 Zit. Baumann, Bauernstand, 337.
55 Degen, Theorie und Praxis. In: Degen/Schäppi/Zimmermann, Grimm, 61.

Eine vergessene Zeit?
Zur geschichtskulturellen Präsenz des Ersten Weltkriegs in der Schweiz

Konrad J. Kuhn, Béatrice Ziegler

Als das Schweizer Fernsehen SRF im November 2012 im Rahmen der Samstagabend-Sendung «Gipfelstürmer» nach den 30 «unvergesslichsten Schweizer Filmen» gefragt hat, sind darunter zwei gewesen, die thematisch im Ersten Weltkrieg spielen: «Füsilier Wipf» aus dem Jahr 1938 ist auf Platz 30 gekommen, und «Gilberte de Courgenay» von 1941 hat sogar Rang 11 erreicht. Die Gründe für das gute Abschneiden zweier immerhin rund 70 Jahre alter Filme sind vielfältig, der Erfolg schliesst jedoch an die anhaltende Beliebtheit der beiden Filme an.

So hält «Füsilier Wipf» mit 1,2 Millionen Besuchern bis heute den Zuschauerrekord der gesamten einheimischen Filmproduktion, und auch «Gilberte de Courgenay» kommt auf über eine Million Zuschauer. Grund dafür dürfte nicht der Umstand sein, dass das Geschehen im Ersten Weltkrieg angesiedelt ist, die Gründe dafür sind vielmehr in der Zeit ihrer Entstehung und ihres gesellschaftspolitischen Zuschnitts zu suchen: Geschaffen während der als bedrohlich empfundenen Zeit des Zweiten Weltkriegs und geprägt von der Ideologie der «Geistigen Landesverteidigung», sollten die Filme der ideellen Stärkung des Patriotismus und des Heimatgefühls dienen. Beide Filme sind getränkt von einem bürgerlich-konservativen staats- und vor allem armeetreuen Diskurs, der sie während und nach dem Zweiten Weltkrieg an diese in breiten Kreisen geteilten Positionen anschlussfähig machte und nostalgische Verklärungen begünstigte. An diesen Filmen zeigt sich überdeutlich, wie der Erste Weltkrieg in der heutigen Schweiz präsent ist: Es wirkt nach, dass Ereignisse aus dem Ersten Weltkrieg für politische Ziele im Zweiten Weltkrieg oder im Kalten Krieg verwendet oder durch Bezüge auf die jeweilige Gegenwart überlagert worden sind. Symptomatisch dafür ist der Umstand, dass im «Füsilier Wipf» die grau-blauen Uniformen aus dem Ersten Weltkrieg in der Mitte des Filmes durch die uni-feldgrauen aus dem Zweiten Weltkrieg abgelöst werden.

Demgegenüber ist eine direkte geschichtskulturelle Beschäftigung mit dem Ersten Weltkrieg in der heutigen Schweiz kaum anzutreffen. Kulturschaffende, historisch Interessierte oder politisch Aktive nehmen darauf keinen Bezug. Das trifft besonders stark für die nationale Ebene zu. Erst die wachsende Aufmerksamkeit im Vorfeld des hundertjährigen Gedenkens an den Kriegsausbruch befördert in der Schweiz den Blick auf diese «Leerstelle» und rückt den Ersten Weltkrieg stärker ins Bewusstsein einer kulturell und politisch interessierten Öffentlichkeit.

269
Kontinuität in Selbstbildern: Der Film «Gilberte de Courgenay» von 1941 mit einer Geschichte aus dem Ersten Weltkrieg erfreut sich bis heute ungebrochener Beliebtheit. DVD-Cover der restaurierten Fassung in der Reihe «Schweizer Filmklassiker» von 2003.

270

Die Geistige Landesverteidigung und die Schweiz im Ersten Weltkrieg

Die Ursachen für diese «Leerstelle» reichen also weit zurück, denn sie hängen direkt mit der Funktionalisierung von Erinnerungen und geschichtspolitischen Absichten seit den 1930er-Jahren bis in den Kalten Krieg hinein zusammen.[1] Die bereits angesprochenen Filme zeigen dies exemplarisch: «Füsilier Wipf» und «Gilberte de Courgenay» sind in einer Zeit entstanden, die in den darauffolgenden Jahrzehnten von unterschiedlichsten Akteuren systematisch als emotional aufwühlende und die Nation verbindende «Erinnerung» tradiert und gepflegt worden ist. Sie zeugen so von einem kulturpolitischen Programm, das in den 1930er-Jahren eingeleitet worden ist und die schweizerische Öffentlichkeit der Kriegsjahre und des Kalten Kriegs stark geprägt hat: Die Geistige Landesverteidi-

270
Realität und Film verschmelzen: Der Schauspieler Paul Hubschmid sammelt in der Uniform des Zweiten Weltkriegs als Füsilier Wipf Geld für die Schweizerische Nationalspende. Plakat von 1939.

271
Personalisierte Erinnerung als Massenware: Diplom für den Soldaten Séraphin Blanc zu Ehren seines Aktivdienstes 1914/15.

271

gung sollte der gesellschaftlichen und staatlichen Selbstvergewisserung angesichts tief greifender sozialer Konflikte und im Vorfeld eines neuerlichen Kriegs dienen.² In ihr entwarf die schweizerische Gesellschaft ein Selbstbild, das im Sinn einer normierenden Ideologie wirksam wurde: Die Einzelnen hatten sich einzufügen in ein Leben, das von gesellschaftlichen Erwartungen bestimmt war. Statische Sozialbeziehungen steckten den Rahmen individueller Entfaltung eng. Schweizerisch zu sein bedeutete, ländliche und als traditionell behauptete Lebensformen und kulturelle Praktiken zu pflegen. Klare Vorstellungen hinsichtlich gesellschaftlicher Hierarchien bestimmten diese Gesellschaft: Das Alter war zu ehren, Frauen hatten sich den Männern unterzuordnen, das Bäuerliche galt mehr als das Städtische. Man verstand sich als christliche Gesellschaft, beging die Feiertage und die religiösen Rituale. Die Wehrtauglichkeit gehörte für Männer zu den fundamentalen Voraussetzungen, als echter Schweizer zu gelten. Die Armee beanspruchte für sich eine höhere Geltung als die Zivilgesellschaft. Ebenso deutlich wie die Kriterien der Zugehörigkeit zur nationalen Gesellschaft wurden diejenigen des Nicht-, ja des Unschweizerischen definiert: Modernität und Mondänität, Weltoffenheit, städtische Gewohnheiten der Lebensgestaltung, alternative Rollenverständnisse, das Rütteln am gesellschaftlichen Gefüge oder kritische Kommentare zu Mythen und Selbstbildern der schweizerischen Gesellschaft waren Anlass für den Ausschluss aus dieser.³ Seit Ende des 19. Jahrhunderts war diese Sennen- und Bauernidentität systematisch aufgebaut worden und erhielt mit den staatlichen und zivilgesellschaftlichen Aktivitäten in der Geistigen Landesverteidigung einen gewaltigen Schub.⁴

Die historischen Erzählungen der Geistigen Landesverteidigung bezogen sich stark auf die Gründungsmythen der Eidgenossenschaft. Die Willensnation freier Bergler fand im Rütlischwur ihr Sinnbild, auf den auch der Rütlirapport von General Guisan Bezug nahm. In dieser Selbstdefinition eines wehrhaften Kleinstaats diente der Erste Weltkrieg zum einen zur Begründung bewährter Strategien und Haltungen, zum anderen geriet er zur Negativfolie aktueller Verhältnisse.

272

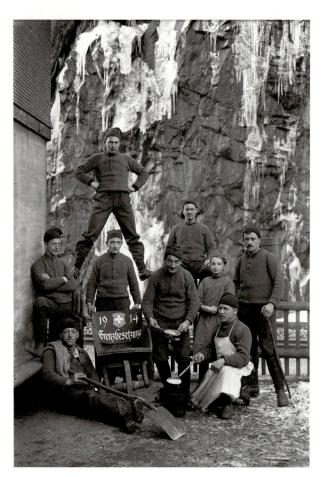

273

274

272
Bewaffnete Fröhlichkeit: Inszenierung der Grenzbesetzung 1914 mit Waffen, Flagge, Handorgel und Wein.

273
Bauern- und Arbeitersoldaten: Eine Soldatengruppe stellt sich 1914 mit Elementen von Turnvereinen, Tunneldorfleben und Hirtenidentität dar.

274
Rationierungskarten gegen Preissteigerungen: Die Regierung stellt sich im Nachhinein als wachsame Krisenmanagerin dar.

GESCHICHTSKULTUR ALS BILDPROGRAMM – ZUM VOTIVBILD IN FLÜHLI-RANFT

275

In der unteren Kapelle von Flühli-Ranft, dem ehemaligen Wohnort des Einsiedlers Niklaus von der Flüh, wurde 1921 ein monumentales Wandgemälde angebracht, das die Schweiz im Ersten Weltkrieg zeigt. Es ist ein eindrucksvolles Beispiel für die Geschichtskultur der Zwischenkriegszeit. Das Gemälde geht zurück auf den während der Zwischenkriegszeit boomenden Bruder-Klaus-Kult, der von Organisationen des politischen Katholizismus getragen und gefördert wurde und 1947 mit der Heiligsprechung von Niklaus von der Flüh ein wichtiges Ziel erreichte. 1914 hatte der Katholische Volksverein den Schutzpatron Bruder Klaus angerufen und von ihm den Schutz des Vaterlandes im Krieg erbeten. Diese Bitte wurde mit dem Versprechen verbunden, bei Kriegsende ein Ex-voto zu stiften – eine gängige Praxis der katholischen Frömmigkeit, die sonst allerdings meist auf individueller Ebene vollzogen wird. 1919 wurde dieses Gelübde mit der Renovation der Kapelle und der Anbringung eines von Robert Durrer, dem Nidwaldner Staatsarchivar, entworfenen Gemäldes eingelöst.

Das 1921 fertiggestellte Bild zeigt die Schweiz als Friedensinsel in einem Meer von Totenschädeln, auf denen die Königskronen der europäischen Monarchen liegen. Daraus steigen – angelehnt an die vier apokalyptischen Reiter – ein Ritter in der Gestalt des deutschen Kaisers Wilhelm II., der Tod in Form eines neuartigen Militärflugzeugs und die rote Fahne der Revolution auf, die das Bergeiland bedrohen. Ein Kranz von Engeln, einer ist mit einem Schild mit Schweizer Wappen ausgerüstet, wehrt diese Gefahren ab. Mit zum Beten erhobenen Händen bittet Bruder Klaus den dreieinigen Gott,

275
Kritische Zweideutigkeiten: Das 1921 fertiggestellte Wandbild in Flühli-Ranft präsentiert eine religiöse Deutung der Schweiz im Ersten Weltkrieg.

der geschickt im Glasgemälde des Rundfensters dargestellt ist, um den Schutz der Heimat. Auf verschiedenen Wegen und Wiesen dieser «Insel Schweiz» sind Soldaten, Generalstabsoffiziere – darunter General Ulrich Wille –, aber auch ein pflügender Bauer und tanzende Kinder zu sehen. Ein ganzer Zug von Flüchtlingen, die dem Krieg entkommen sind, wird von einem Oberkellner in Empfang genommen, während Sennen eilig Käselaibe in Sicherheit bringen.

Der hier dargestellte Mythos der Schweiz als eine von Gott auserwählte und von Kriegen verschonte Insel hat eine lange Tradition und machte es möglich, konfliktbeladene Themen der Schweiz im Ersten Weltkrieg im Bild eines alpinen, selbstgenügsamen und vom Elend der Welt nicht berührten Landes verschwinden zu lassen. Allerdings stellt das Bild auch konflikthafte Bezüge her, die später im Interesse aktueller und zukünftiger Ziele verschüttet wurden. Entsprechend rief die teilweise ironische Darstellung bereits zeitgenössische Kritik von konservativer Seite hervor:[5] So werde die Armee durch «drei ganz minderwertige Landsturmsoldaten» verspottet. General Wille erscheine in einer marginalen Rolle, und die humanitäre Tradition des Landes werde durch einen Oberkellner symbolisiert, der mit offenen Armen die «Kriegsinvaliden, Internierten, Schieber und anderes Gesindel» empfängt. Der nie in der Öffentlichkeit, sondern nur in Korrespondenzen geführte Streit drehte sich vordergründig um die Frage, ob ein gewisser «gesunder Humor» für kirchliche Kunst möglich sei, letztlich ging es aber um die im Bild dargestellten kritischen Zweideutigkeiten, die auf Konflikte innerhalb des Landes verwiesen. Die Rolle des Generals, die Verflochtenheit der Schweiz mit der Welt, die Versorgung mit Lebensmitteln oder die – auch die Tourismusbranche fördernde – Internierung von Kriegsgefangenen sind denn auch Themen, die in der patriotisch-vaterländischen Geschichtskultur der Geistigen Landesverteidigung und des Kalten Kriegs während Jahrzehnten keinen Niederschlag finden sollten.

Konrad J. Kuhn

276

Für junge Schweizer, die zum möglicherweise lange Jahre andauernden Waffendienst gegen die faschistische Gefahr aufgeboten waren, wirkte die Erzählung der Grenzbesetzung im Ersten Weltkrieg als erfolgreicher Schutz vor einem drohenden Einmarsch sinnstiftend. Die Armee wurde als Garantin der Unversehrtheit des Landes definiert, da eine Grenzüberschreitung durch fremde Truppen im Ersten Weltkrieg nicht stattgefunden hatte. Grenzbesetzung und Neutralitätserklärung aus dem Ersten Weltkrieg wurden so zu eigentlichen Beschwörungsformeln für den bevorstehenden Zweiten Weltkrieg.

Ebenso folgenreich gestaltete sich die Funktion des tradierten Bildes der Schweiz während des Ersten Weltkriegs als Negativfolie für das Selbstbild der Schweiz im Zweiten Weltkrieg. So profilierte und inszenierte sich der schweizerische Staat im Zuge der Geistigen Landesverteidigung *erstens* als fürsorglicher Staat, der die soziale Kluft und die damit verbundenen Spannungen mildert. Der Kampf gegen die Arbeitslosigkeit, die Erwerbsersatzordnung oder die Privilegierung der Soldaten durch Garantie ihrer Arbeitsstellen waren in dieser Erzählung Massnahmen, die den sozialen Frieden und die Bindung der Bevölkerung an den Staat erhöhten. Der ständige Verweis auf diese Massnahmen sollte aber auch den Lernprozess eines Staates dokumentieren, dem sein «Versagen» im Ersten Weltkrieg anhaftete, das letztlich zum Landesstreik im November 1918 geführt habe. Dahinter verschwand die historische Frage, ob der Staat im Ersten Weltkrieg nicht einfach eine Vorkriegspolitik der harten Hand gegenüber der Arbeiterschaft fortgesetzt und damit also nicht versagt, sondern in Kauf genommen hatte, dass sich die soziale Kluft weiter öffnete. *Zweitens* galt es, den tiefen Graben zwischen Offizieren und Soldaten, der sich im Ersten Weltkrieg offenbart hatte und der wesentlich durch die Herrenmentalität des Offizierscorps und die miserablen Lebens- und Arbeitsbedingungen der Soldaten bedingt gewesen war, zu schliessen. So wurde die Erzählung einer demokratisierten und gleichzeitig von der Fürsorglichkeit des Offizierscorps geprägten Armee betont und damit diese Armee als das Ergebnis eines Entwicklungsprozesses dargestellt, der durch die Erfahrungen des Ersten Weltkriegs angestossen worden sei. Oder es wurde – und dies lässt sich etwa im Film «Gilberte de Courgenay» deutlich zeigen – diese fürsorgliche, soziale Differenzen überwindende Armeeführung sogar als Realität für den Ersten Weltkrieg behauptet, was zeitgenössische Kritik an den Zuständen der Armee nachträglich ins Unrecht versetzte.

Drittens hatten die Kulturprogramme der Geistigen Landesverteidigung auch zum Ziel, den nationalen Zusammenhalt über die Sprachgrenzen hinweg zu sichern. Dabei wurde nicht nur der kulturelle Graben, der sich im Ersten Weltkrieg geöffnet habe, erst richtig beschworen und gleichzeitig eine Einheit innerhalb der

276
Eine Gruppe von Gleichen? Der kaschierte Graben zwischen dem Berner Leutnant Burkhardt und dem von ihm befehligten Freiämter Mitrailleur-Zug 1916.

277
Nationales Kriegserleben: Inszenierung des Gemeinschaftsgefühls trotz sprachlicher Vielfalt.

278

jeweiligen Sprachgemeinschaften behauptet. Es wurde auch ausser Acht gelassen, dass die Kritik und die Ängste, die sich in der Öffentlichkeit der Romandie artikulierten, häufig politische Positionierungen der weitgehend deutschsprachig dominierten Armeeführung und Landesregierung und von Teilen der Eliten betrafen. Dies konnte kaum als Ausdruck kultureller Differenz verstanden werden. Ihre Etikettierung als solche diente aber erfolgreich dazu, die öffentliche Diskussion um politische Überzeugungen und die Neutralität des Staates von Anfang an zu unterbinden. *Schliesslich* beschrieb die Geistige Landesverteidigung die politische Landschaft im Ersten Weltkrieg als eine zutiefst zerrissene, als eine den Bestand der Schweiz als Nation gefährdende. Der Landesstreik, den man als Folgeerscheinung des Kriegs interpretierte, schien dafür ein schlagender Beweis zu sein. Die Arbeiterschaft und ihre Organisationen wurden damit unter den Generalverdacht des fehlenden Patriotismus gestellt, gewerkschaftliche Forderungen so pauschal als unschweizerisch und den nationalen Frieden bedrohend apostrophiert. Politische Interessenvertretung von Links geriet so in der Geistigen Landesverteidigung in den Verdacht des unpatriotischen Egoismus, der dem Bekenntnis zur Schicksalsgemeinschaft der demokratischen Schweiz entgegengesetzt sei.

278
Ort konflikthaften Gedenkens: «Le Fritz» bewacht auf dem jurassischen Col des Rangiers die schweizerisch-französische Grenze.

279

Diese mächtige geschichtskulturelle und vielfach geschichtspolitische Erzählung der Geistigen Landesverteidigung zum Ersten Weltkrieg prägte das Bild der Schweiz im Ersten Weltkrieg während Jahrzehnten. Sie geriet auch deshalb nicht ins Wanken, weil die einsetzende Befragung historischer Mythen in den 1960er- und 1970er-Jahren sich auf diejenigen der Gründungsphase der Eidgenossenschaft richtete und danach abgelöst wurde vom Ringen um die Deutung der Geschichte der Schweiz im Zweiten Weltkrieg. Das Abtragen von Schichten der Mythen zu diesen beiden Themen hat erst die Voraussetzung dafür geschaffen, die mythische doppelte Folie des Ersten Weltkriegs für die Selbstdarstellung der Schweiz in der Geistigen Landesverteidigung einer öffentlichen kritischen Überprüfung zugänglich zu machen.

Vergessen, aber nicht verschwunden

Des Ersten Weltkriegs – so könnte ein Zwischenfazit lauten – wird in der Schweiz nicht kollektiv gedacht, sodass es sich durchaus um eine «vergessene Zeit» handelt. Dies bedeutet jedoch keineswegs, dass er einfach verschwunden wäre. Vielmehr scheint er von einer Vielzahl von Deutungen überlagert, die mit den Erzählungen und Inhalten der Geistigen Landesverteidigung entstanden sind und die so den Ersten Weltkrieg funktional auf den Zweiten Weltkrieg und den Kalten Krieg bezogen haben. Sichtbar wird also eine hintergründige Präsenz des Ersten Weltkriegs, die sich in einer Vielfalt von verschiedenen Spuren und Erzählungen offenbart, die sowohl themenspezifisch als auch regional und je nach gesellschaftlicher Gruppe sehr unterschiedlich sind. Ein analytischer Blick lässt darum neben der mehrfach überlagerten nationalen Geschichtskultur die Existenz von vielfältigen und virulenten Erzählungen zur Schweiz im Ersten Weltkrieg deutlich werden:

Bis heute existieren in der ganzen Schweiz zahlreiche Denkmäler zur Erinnerung an den Ersten Weltkrieg. Meist handelt es sich dabei um Denkmäler für jene 3065 Wehrmänner, die während des Aktivdienstes durch Unfälle oder Krankheit, vor allem aber als Folge der während des Generalstreiks grassierenden Spani-

279
Siegesflamme des Bürgertums: Vaterländisch-militärische Einweihungsfeier des Zürcher Wehrmännerdenkmals auf der Forch am 24. September 1922.

280
Gefallenensymbolik für Grippetote: Die Formensprache des 1919 errichteten Denkmals in Aarau folgt den europäischen Gefallenendenkmälern.

schen Grippe im Dienst verstarben. In Nachahmung der in den Nachbarländern zu Hunderten existierenden Gefallenendenkmäler wurden für die Schweizer «Gefallenen» von verschiedenen lokalen Denkmal-Komitees bereits ab 1919 unter anderem in Bellinzona, Genf, Lausanne, Bulle, Solothurn, Olten, Liestal, Aarau, Schaffhausen, Basel, Frauenfeld, St. Gallen, auf dem jurassischen Passübergang Col des Rangiers oder auch in der Nähe von Zürich – heute meist unbekannte – Denkmäler errichtet. Dabei handelt es sich nicht um Schlachtendenkmäler, nur schon deshalb, wie Georg Kreis lapidar festhält, «weil keine [Schlachten] stattgefunden haben»,[6] es sind aber auch keine Friedhöfe, weil sich nirgends translozierte Gebeine bei den Denkmälern befinden.

Diese Denkmäler sind also Orte unklaren Gedenkens und bieten gerade deswegen vielfältige Möglichkeiten der geschichtspolitischen Verwendung der in der Zwischenkriegszeit noch lebendigen Erinnerungen an den Ersten Weltkrieg. So gelang es dem Bürgertum und dem Militär erfolgreich, das Gedenken an den Sieg über die streikende schweizerische Arbeiterschaft mit dem Ersten Weltkrieg zu amalgamieren und im Rahmen eines Klassenkampfes von oben zu einer patriotischen Pflicht zu machen. Eine in dieser Weise «vaterländisch» ausgerichtete Gesellschaftsordnung verlangte von der Schweizer Bevölkerung eine unbedingte Opferbereitschaft und Pflichterfüllung, die sich nicht allein auf den militärischen Bereich bezog, sondern auch die Gesellschaft als (unter-)ordnendes Prinzip durchdrang.

An diesen Denkmälern fanden und finden teilweise bis heute militärische Feiern statt, die der persönlichen und gesellschaftlichen Bereitschaft für den Militärdienst durch den Bezug auf die «Opfer» während des Ersten Weltkriegs Sinn verleihen, indem sie die «Nachgeborenen» zur Nachahmung anhalten und aus der Vergangenheit Forderungen für die Gegenwart und die Zukunft ableiten. Damit kommt den Denkmälern des Ersten Weltkriegs in der Schweiz eine geradezu klassische Funktion zu: Sie dienen der Bekräftigung der eigenen Ordnung und der eigenen Gemeinschaft. Und sie ermöglichen als im Wortsinn stabile Orte und zugleich imposante Monumente, dass die Sinngebung stets erneuert und für die jeweilige Gegenwart aktualisiert werden kann. Dieser Umstand wird bei verschiedenen Anlässen immer wieder konkret sichtbar. Beispielsweise, wenn am Küsnachter Forchdenkmal nicht nur militärische Beförderungen und Fahnenweihen stattfinden, sondern James Schwarzenbach von der

281
Verteidigung in der Defensive: Das 1949 errichtete zweite Aarauer Denkmal verknüpft den Ersten mit dem Zweiten Weltkrieg in der Abwehr jeder Bedrohung von aussen.

Republikanischen Bewegung am 1. August 1973 zu 3000 seiner Anhänger sprach oder Christoph Blocher im September 1979 die vaterländisch-patriotische Deutung des Denkmals für die Schweizerische Volkspartei (SVP) aktualisierte.[7] Sichtbar wird damit eine hohe Anschlussfähigkeit der geschichtskulturellen Versatzstücke solcher Denkmäler, wobei ihre Flexibilität für verschiedene Deutungen sie bis heute aktuell hält.

Allerdings befinden sich mit dem Gefallenendenkmal im Basler Kannenfeldpark und dem Denkmal für die deutschen Gefallenen auf dem Friedhof Sihlfeld in Zürich auch zwei «echte» Gefallenendenkmäler in der Schweiz. Auch an ihnen wird bis heute am «Volkstrauertag» Mitte November jährlich der Toten gedacht. Anlässlich der Kranzniederlegung am Denkmal für die 672 während des Ersten Weltkriegs gefallenen Deutschen in der Schweiz neben dem Hauptportal des Friedhofs Sihlfeld hat der Historiker Thomas Maissen 2012 darüber reflektiert, wie unterschiedlich die «historischen Erfahrungen und heutigen Befindlichkeiten der Deutschen und der Schweizer» seien.[8] Dass er dabei wiederum den Ersten Weltkrieg auf den Zweiten bezog und dass die beiden Kriege verknüpft für die Gegenwart nutzbar gemacht werden, zeigt die Aktualität geschichtskultureller Traditionslinien.

VERSTEINERTES GEDENKEN: DAS BASELBIETER WEHRMANNSDENKMAL IN LIESTAL

282

Bereits ein Jahr nach Kriegsende wurde in Liestal auf Initiative des dortigen Schützenvereins ein Aktionskomitee mit namhaften Vertretern aus Politik, Militär und Wirtschaft gebildet, das sich zum Ziel setzte, ein Denkmal für die verstorbenen Wehrmänner der Aktivdienst-Jahre zu errichten. Es sollte «kein prunkvolles Denkmal mit pompösen Einweihungsfeierlichkeiten, sondern ein einfaches, aber gediegenes und würdiges Gedenkmal erstellt werden».[9]
Schon die Diskussion um die Standortwahl machte die politische Polarisierung in den Nachkriegsjahren deutlich. Zur Debatte stand ein Platz neben dem Regierungsgebäude oder einer bei der Kaserne. Armee- und rechtsbürgerliche Kreise wünschten mit der Kaserne einen Standort, an dem sichergestellt war, dass «Menschen anderer politischer Gesinnung» nicht tagtäglich vorbei kamen. Das verantwortliche Komitee wollte aber einen städtebaulich anspruchsvollen Platz in der Nähe des Regierungsgebäudes, auf den die Standortwahl schliesslich auch fiel. Auch die vorgeschlagene Figur erhitzte die Gemüter: Den einen erschien der Entwurf zu monumental, den anderen die Figur des jungen Wehrmanns als zu wenig soldatisch, denn auf seinen Knien lag ein Buch.

Die Finanzierung des Denkmals gestaltete sich schwierig. Das Aktionskomitee bildete deshalb in 68 Gemeinden Ortskomitees, die – vermittelt durch die militärischen Sektionschefs – Hauskollekten durchführten. Ende 1921 waren bereits über 17 000 Franken gesammelt worden; die Intensivierung der Sammelaktivitäten hatte im Sommer 1921 erneut die Vorbehalte gegenüber der Figur des Denkmals wachgerufen und provozierte Kritik an der Finanzierung. Im «Landschäftler» schrieb ein Korrespondent: «Wenn die ‹grossen Herren› ein Denkmal wünschen, das recht viel kosten soll, dann sollen sie selber die fehlende Summe drauflegen.»[10]

Anlässlich der Einweihung des Denkmals – die nicht zufällig auf den in der politischen Rechten beliebten Jahrestag der Schlacht bei St. Jakob an der Birs gelegt wurde – rief der «Basler Vorwärts» die Arbeiter und Soldaten dazu auf, diesem Anlass des «Geldsackpatriotismus» fernzubleiben. Man habe nichts gegen eine Ehrung der Toten aus dem Krieg einzuwenden, hiess es am 25. August 1923, um dann aufs Grundsätzliche zu kommen: «[...] dass der Militarismus dem Wohle der Menschheit dient, das können nach dem wahnsinnigen Krieg und seinen Folgen nur Narren behaupten. [...] Man verherrlicht das Mörderhandwerk und nachher setzt man den Opfern Denkmäler. Bürgerliche Moral und Heuchelei.»[11]

Das 1923 eingeweihte Baselbieter Wehrmannsdenkmal stand also in der Zwischenkriegszeit als Ort der Erinnerung an die im Aktivdienst 1914–1918 verstorbenen Soldaten im Spannungsfeld der politischen Polarisierung. So vollzog sich an ihm die Rückeroberung des öffentlichen Raums durch militärische Symbole gewissermassen paradigmatisch: Nicht nur durch die buchstäbliche Versteinerung des Gedenkens selber, sondern auch dadurch, dass bei der Überarbeitung des Denkmals 1934 das aufgeschlagene offene Buch durch einen Stahlhelm ersetzt wurde.

Ruedi Brassel

282
Militarisierung und Klassenkampf:
Militär und konservatives Bürgertum
weihen 1923 das Liestaler Wehrmännerdenkmal ein.

283

Regionale und transnationale Perspektiven

Die Präsenz des Ersten Weltkriegs zeigt sich heute aber auch in eigentlichen Gedenklandschaften, die an jenen Orten geschaffen wurden, an denen die Schweizer Armee während des Aktivdienstes Verteidigungsstellungen errichtet hatte. Bereits die Existenz solcher Anlagen beispielsweise im Raum Murten-Jolimont oder im Gebiet des solothurnischen Hauensteins relativiert die geschichtskulturell vorgenommene Verkürzung auf die Grenzbesetzung und lässt deutlich werden, dass der nationale Bezug oft davon abhält, regionale Tradierungen zu beachten. Die Anlagen an diesen beiden Orten gerieten aufgrund ihres provisorischen Charakters als «Feldbefestigungen» schnell in Vergessenheit. Dazu beigetragen haben mag die militärische Geheimhaltung, die sich auch in der nur spärlich vorhandenen Literatur zur Thematik manifestiert. Seit Mitte der 1990er-Jahre finden sich an den genannten Orten allerdings Wanderwege, die zu den militärischen Stellungen führen. Das in Broschüren und auf Informationstafeln vermittelte Geschichtsbild richtet den Blick vor allem auf militärische Aspekte und lässt kaum Platz für die Thematisierung des Soldatenalltags oder gar der sozialen Gegensätze im Dienst.[12] Im Gegensatz zu diesen eher gegen innen gerichteten Erzählungen zeigen sich am Beispiel des regionalen Gedenkens in einer abgelegenen Randregion der Schweiz, dem Val Müstair, gegenwärtig Tendenzen einer transnationalen Sichtweise auf den Ersten Weltkrieg: In der Hochgebirgsregion des Stelvio-Umbrail standen die Schweizer Grenzbefestigungen den Schützengräben der Kriegsparteien Österreich-Ungarn und Italien gegenüber. Seit einigen Jahren engagiert sich der Verein «Stelvio-Umbrail 14/18» für das Gedenken an die Grenzbesetzung im Gebiet des Umbrail-Passes und hat neben einem Wanderwegnetz mit Orientierungstafeln auch ein Museum eingerichtet, mehrere Publikationen veröffentlicht und eine Homepage erstellt. Besonders auffällig ist in dieser spezifischen Region die betont internationale Komponente, die auf Völkerverständigung und transnationalen Austausch ausgerichtet ist.

Diese transnationale Sichtweise wäre auch bei einem Blick auf den Umgang mit der Thematik im Internet zu erwarten, die wenigen Seiten, die den Bezug zwischen der Schweiz und dem Krieg überhaupt herstellen, sind aber einer militärhistorischen Erzählung verpflichtet und blenden konflikthafte Themen der schweizerischen Gesellschaft während des Kriegs weitgehend aus. Wie stark dies damit zusammenhängt, dass dem Ersten Weltkrieg auf nationaler Ebene eine erst auf den zweiten Blick sichtbare geschichtskulturelle Bedeutung zukommt, ist eine offene Frage. Aktuelle Bestrebungen wie die gesamteuropäisch organisierte Online-Quellensammlung «europeana-1914-1918.eu» oder die neu entstehende Internet-Enzyklopädie «1914-1918-online.net» deuten jedoch darauf hin, dass nationale Erzählungen zusehends überwunden werden und so auch die Schweiz ihren Ort in einem transnationalen Gedenken an den Krieg finden wird.

Auch der gegenwärtig zu beobachtende Umgang mit dem Krieg in den zahlreichen Geschichtsmuseen der Schweiz bestätigt den Befund einer abnehmenden Dominanz der nationalen Erzählung. Damit rückt

284   285

gleichzeitig die lange prägende Ausrichtung auf die Militärgeschichte in den Hintergrund. Gerade Wanderausstellungen wie die Ausstellung «14/18. Die Schweiz im Grossen Krieg» ermöglichen es den Museen, eine Alltags- und Regionalgeschichte des Kriegs zu erzählen, die auch jene Themen anspricht, die sich bisher kaum in eine nationale Erzählung fügten. Solche Ausstellungsprojekte bieten zudem die Möglichkeit, Anknüpfungspunkt für vielfältige regionale und gruppenspezifische Erinnerungen zu sein. Innovativ ist diesbezüglich das internationale Projekt des «Netzwerk 2014», in dem sich auch das «Museum.BL» in Liestal und das «Musée jurassien d'art et d'histoire» in Delémont engagieren. Ihr Ziel ist es, regionale und lokale Geschichtserzählungen aufzuspüren und diese dann als «Kriegsspuren» in die Ausstellungen mit einzubeziehen. Allerdings sind auch Gegentendenzen feststellbar, etwa wenn die Zeit zwischen 1914 und 1918 in der Dauerausstellung im Schweizerischen Landesmuseum in Zürich in einem vom «Modernisierungs- und Fortschrittsglauben geprägten Geschichtsverständnis im Sinne der traditionellen Nationalgeschichtsschreibung» erzählt wird.[13] Im Überblick werden aber lokale, gruppenspezifische und regionale Bedeutsamkeiten sichtbar, die mit der aktuellen Neuthematisierung möglicherweise vermehrte Aufmerksamkeit erlangen. Erkennbar wird jedenfalls, dass die Wirkung des während Jahrzehnten dominanten nationalen Bezugs nachlässt und es so jenseits bisheriger Vereinnahmungen möglich wird, sowohl transnationale als auch lokale und regionale Erzählungen sichtbar werden zu lassen.

283
Transnationales Gedächtnis im Hochgebirge: Orientierungstafel des militärhistorischen Wanderwegnetzes in der Region Stelvio-Umbrail.

284, 285
Materialisierte Identitätsstiftung: Der Aluminiumbecher des Bataillons 89 als heutiges Dekorationsstück im Lötschental.

DER KRIEG ALS BEWÄHRUNGSPROBE – DER ERSTE WELTKRIEG IN AKTUELLEN GESCHICHTSLEHRMITTELN

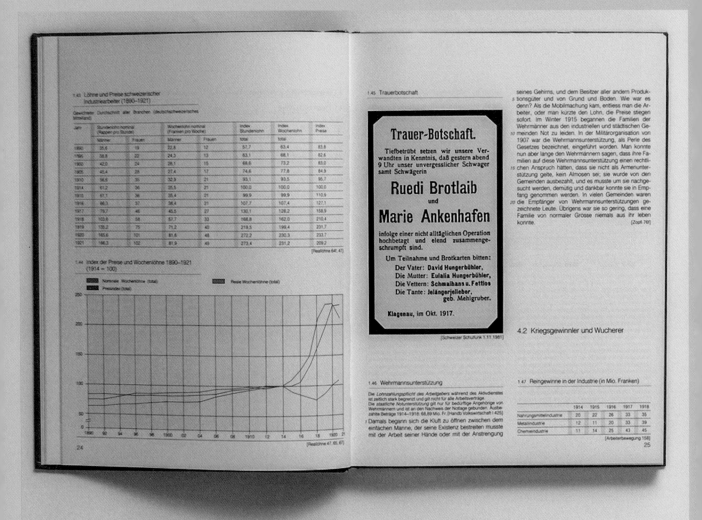

Die meisten der aktuell an Deutschschweizer Schulen verwendeten Lehrmittel[14] klammern die Schweiz in ihren Darstellungen des Ersten Weltkriegs aus. Stattdessen fokussieren sie auf die Krieg führenden Nationen und erwecken den Eindruck, dass die Schweiz vom Krieg unberührt geblieben sei. Lediglich vier von neun deutschsprachigen Lehrmitteln beschreiben die Bedeutung des Ersten Weltkriegs für die Schweiz.

Mit Blick auf die wirtschaftliche Situation wird hier erwähnt, dass der Krieg in gewissen Branchen auch Profite ermöglichte. In den neueren Lehrmitteln wird zudem die prekäre Lage der Dienstleistenden und ihrer Familien ansatzweise angesprochen, womit die sozialen Gegensätze thematisiert werden. Die Situation von Frauen in der Schweiz wird nur am Rand beleuchtet. Teilweise wird die wirtschaftliche Not genannt, in die Frauen durch die Abwesenheit ihrer Männer gerieten. Manche Lehrmittel beschreiben auch das soziale Engagement von Frauen in den Soldatenstuben.

Das Konzept der Neutralität thematisieren die Lehrmittel aus mehreren Perspektiven. Einerseits zeigen sie politische Neutralitätsbestrebungen und das zeitgenössische Idealbild der Schweiz als eine Insel im Krieg. Andererseits bleiben auch der deutschfreundliche Standpunkt von General Ulrich Wille und die exportwirtschaftlichen Verflechtungen jener Jahre nicht unerwähnt.

Im Hinblick auf die innere Verfasstheit der Schweiz beschreiben die Lehrmittel den Krieg schliesslich als Probe für die nationale Einheit. Während des Kriegs habe sich ein kultureller Graben zwischen den deutsch- und französischsprachigen Landesteilen bemerkbar gemacht. Dieser habe sich auch in unterschiedlichen Sympathien mit den Krieg führenden Nationen Frankreich und Deutschland ausgedrückt und so den Fortbestand der nationalen Einheit gefährdet.

Etwa die Hälfte der aktuellen deutschsprachigen Lehrmittel thematisiert die Schweiz im Ersten Weltkrieg mit keinem Wort. Die übrigen Lehrmittel fokussieren auf Erschwernisse des Alltags und der Politik. Sie beschreiben den Krieg damit als eine Zeit, in der sich die Schweiz auf wirtschaftlichem, sozialem, kulturellem und politischem Gebiet zu bewähren hatte.[15] Dabei wird die Schweiz jedoch als ausserhalb der Krieg führenden Staatenwelt stehend betrachtet. Die Lehrmittel legen Schülerinnen und Schülern damit nahe, dass der Erste Weltkrieg ein Ereignis war, an dem die Schweiz keinen Anteil hatte, sondern lediglich dessen Folgen zu bewältigen hatte.

Michel Schultheiss, Julia Thyroff

286
Ein Weltkrieg ohne die Schweiz? In heutigen Schulbüchern wird der Erste Weltkrieg zur Bewährungsprobe für die Schweiz.

Der «Hype» 100 Jahre nach Kriegsausbruch

Die Geschichtswissenschaft wie die geschichtskulturellen Aktivitäten in der Schweiz tragen aktuell den «Hype» zur Jährung des Kriegsausbruchs mit. Dieser Sachverhalt bedarf in geschichtskultureller Perspektive durchaus einer Begründung. Die bereits absehbare Forschungs-, Thematisierungs- und Vermittlungsaktivität beruht auf vielfältigen Voraussetzungen: Erst mit der heutigen Freilegung der mythischen Thematisierung des Ersten Weltkriegs in der Geistigen Landesverteidigung eröffnen sich notwendige Denkräume, die neue Forschungsfragen zulassen. Anlass für den feststellbaren Boom in der schweizerischen Geschichtswissenschaft könnte die Dringlichkeit sein, mit der in der schweizerischen Politik und der Wissenschaft die transnationalen Bezüge als Voraussetzung für die Existenz des Landes ins Bewusstsein dringen und sich als neuer Erklärungs- und Handlungsrahmen aufdrängen. Dabei gerät der neutrale Staat mit seiner Stellung, Funktion und seinem Selbstverständnis in einem internationalen Kontext in den Blick – eine Perspektive, die hohe Relevanz aus den heutigen (politischen) Herausforderungen bezieht. Sie ist anschlussfähig an gegenwärtige Bestrebungen für ein mit historischen Versatzstücken angereichertes europäisches Bewusstsein. In diesem kommt der Thematik des Ersten Weltkriegs eine zentrale Rolle für das Gelingen des politischen «Projekts Europa» zu. Unter dieser Perspektive einer politisch gestützten und wissenschaftlich erwünschten Transnationalität eröffnet sich allerdings in vielen Ländern ein enormer Forschungsbedarf. In der Schweiz gerät dabei ein Forschungsfeld in den Blick, das sich dazu quer stellt – die Geschichtskultur der Geistigen Landesverteidigung und des Kalten Kriegs, die beide isolationistische Perspektiven und ein Sonderfall-Bewusstsein beinhalten. Sie haben bislang eine davon losgelöste Perspektive auf die Schweiz im Ersten Weltkrieg verhindert – die ja in der Zeit selbst weit vielfältiger und auch transnationaler beschrieben wurde als in den Jahrzehnten danach.

Bei einem europäisch-vergleichenden Blick auf das aktuell virulente geschichtspolitische Gedenken wird deutlich, dass sich Erzählungen zur Geschichtskultur des Ersten Weltkriegs als weitaus sperriger erweisen, als dies eine politische Zurichtung als wünschenswert erachtet. Die Schaffung eines supranationalen «europäischen» Bewusstseins stösst auf grundlegend verschiedene nationale Gedenktraditionen. Geschichtskulturell präsent sind keineswegs nur die Erzählungen der Mächte, die sich an der Westfront gegenüberstanden, sondern auch die Geschichten aus osteuropäischen Gesellschaften, die beispielsweise mit dem Krieg erstmals eigene Nationen wurden, oder aber Erzählungen «Neutraler», die formell zwar nicht am Krieg beteiligt, mit diesem aber in hohem Masse verflochten waren. Es wird sich zeigen, wie sich hegemoniale Deutungsansprüche zu den vielfältigen, komplexen und widersprüchlichen Formen der geschichtskulturellen Präsenz dieses Kriegs verhalten werden. Im Kern geht es darum, ob das transnationale Gedenken an diesen Krieg offen ist für vielfältige Perspektiven und Deutungen. Diese Frage ist auch zentral für die Schweiz.

1 Vgl. die Diskussion der Begrifflichkeiten im Feld des gesellschaftlichen Umgangs mit Geschichte, etwa zu Erinnnerung und Gedenken, in: Ziegler, Erinnert euch.
2 Mooser, Geistige Landesverteidigung, 685–708.
3 Walter Matthias Diggelmann etwa war mit «Die Hinterlassenschaft» (München 1965) einer derjenigen, die die Ausgrenzung und Diffamierung überaus deutlich zu spüren bekamen. Mit Bezug zum Ersten Weltkrieg überschritt Niklaus Meienberg mit «Die Welt als Wille und Wahn. Elemente zur Naturgeschichte eines Clans» (Zürich 1987) jene Grenze, jenseits derselben man sich nicht ungestraft positionieren konnte, vgl. Jaun, General Wille.
4 Marchal, Schweizeralpenland, 37–49. Weishaupt, Bauern, Hirten, 23–39.
5 Alle folgenden Zitate nach Marchal, Die alpine Friedensinsel, 409–426. Sie beziehen sich auf die Akten im Nachlass Robert Durrer, Staatsarchiv Nidwalden in Stans, und auf die Akten im Archiv von Matt, Kantonsbibliothek Nidwalden in Stans.
6 Kreis, Pro patria mori, 407.
7 Kuhn, Politik in Bronze und Stein.
8 Basellandschaftliche Zeitung, 23.12.1919. Vgl. dazu auch Staatsarchiv Basel-Land: Militär H 6, Wehrmannsdenkmal.
9 Landschäftler, 8.8.1921.
10 Basler Vorwärts, 25.8.1923.
11 Meier, Gedenken und Gedanken, 12.
12 Vgl. www.murtentourismus.ch/de/aktivitaeten/wandern/thematische-wanderungen/historischerpfad.html, Zugriff 15.9.2013.
13 Nater Cartier, Schulbuch.
14 Eine Analyse der französisch- und italienischsprachigen Lehrmittel steht bislang aus.
15 Die Interpretation des Kriegs als «Bewährungsprobe» bei Furrer, Die Schweiz erzählen, 65.

BIBLIOGRAFIE

Abbenhuis, Martje B: The Art of Staying Neutral. The Netherlands in the First World War, 1914–1918. Amsterdam 2006.

Aeby, Mario: Die Missernte 1916/17 in der Schweiz. «Wenn nur der Wettergott bald ein Einsehen hätte». Unveröffentlichte Lizentiatsarbeit der Universität Bern. Bern 2008/09.

Argast, Regula: Staatsbürgerschaft und Nation. Ausschliessung und Integration in der Schweiz 1848 bis 1933. Göttingen 2007.

Arlettaz, Gérald: La Nouvelle société helvétique et les Suisses à l'étranger 1914–1924. Aspects de la construction d'un nationalisme de type ethnique. In: Etudes et sources 28 (2002), 37–64.

Arlettaz, Gérard: La Suisse une terre d'accueil en question. L'importance de la première Guerre mondiale. In: Ecole française de Rome (Hg.): L'émigration politique en Europe aux XIXe et XXe siècles. Rom 1991, 139–159.

Arlettaz, Gérald/Arlettaz, Silvia: La Première Guerre mondiale et l'émergence d'une politique migratoire interventionniste. In: Bairoch, Paul/Körner, Martin (Hg.): Die Schweiz in der Weltwirtschaft (15.–20. Jh.). Zürich 1990, 319–338.

Arnold, Franco: «Unsere Kriegsgäste» oder «Verräter ihres Landes»? Die Wahrnehmung der ausländischen Bevölkerung durch die Einheimischen im Oberwallis während des Ersten Weltkriegs. Masterarbeit der Universität Fribourg. Fribourg 2011.

Auderset, Juri/Moser, Peter: Krisenerfahrungen, Lernprozesse und Bewältigungsstrategien. Die Ernährungskrise von 1917/18 als agrarpolitische «Lehrmeisterin». In: David, Thomas, et al. (Hg.): Krisen: Ursachen, Deutungen und Folgen. Zürich 2012, 133–149.

Baer, Fritz: Die schweizerischen Kriegsverordnungen. Sammlung der sämtlichen wichtigen, durch die Kriegsverhältnisse veranlassten Verordnungen und Beschlüsse der Bundesbehörden seit Kriegsausbruch. 5 Bände. Zürich 1916–1919.

Bailey, Thomas A.: The Policy of the United States toward the Neutrals, 1917–1918. Baltimore 1942.

Bailey, Thomas A.: The United States and the Blacklist during the Great War. In: The Journal of Modern History 6 (1934), 14–35.

Ballif, Eliane: La grève générale dans le canton de Vaud. In: Vuilleumier, Marc, et al.: La Grève générale de 1918 en Suisse. Genf 1977, 79–101.

Bamler, Albrecht: Der Publizist und Schriftsteller Hermann Stegemann (1870–1945). Seine Wandlung vom linksliberalen Journalisten zum deutschnationalen Publizisten. Frankfurt a. M. 1989.

Baumann, Werner: Bauernstand und Bürgerblock. Ernst Laur und der Schweizerische Bauernverband 1897–1918. Zürich 1993.

Baumgartner, Alexander Urs: Von Kohle und Kohlen. Schweizer Kohlenversorgung und Finanzoperationen im Ersten Weltkrieg. Unveröffentlichte Lizentiatsarbeit der Universität Bern. Bern 2007/08.

Becker, Annette: Oubliés de la Grande Guerre. Humanitaire et culture de guerre 1914–1918. Populations occupées, déportés civils, prisonniers de guerre. Paris 1998.

Becker, Jean-Jacques/Audoin-Rouzeau, Stéphane (Hg.): Les sociétés européennes et la guerre de 1914–1918. Paris 1990.

Bernischer Frauenbund (Hg.): 25 Jahre Bernischer Frauenbund, 1920–1945. Bern 1945.

Beutler, Markus: Staatsschutz in der Schweiz 1914–1919. Die Praxis der politischen Polizei während des Ersten Weltkrieges. Unveröffentlichte Lizentiatsarbeit der Universität Bern. Bern 2005/06.

Bielefeld, Sascha Sebastian: Die Gründung der Eisenbergwerk Gonzen AG 1917/19. Schriftliche Hausarbeit zur Erlangung des Grades eines Master of Arts der Fakultät für Geschichtswissenschaft an der Ruhr-Universität Bochum. Bochum 2013.

Billeter, Nicole: «Worte machen gegen die Schändung des Geistes!» Kriegsansichten von Literaten in der Schweizer Emigration 1914/1918. Bern 2005.

Blobaum, Robert: Going barefoot in Warsaw during the First World War. In: East European Politics and Societies and Cultures 27 (2013), 187–204.

Blosser, Ursula/Gerster, Franziska: Töchter der Guten Gesellschaft. Frauenrolle und Mädchenerziehung im schweizerischen Grossbürgertum um 1900. Zürich 1985.

Bolliger, Markus: Die Basler Arbeiterbewegung im Zeitalter des Ersten Weltkrieges und der Spaltung der Sozialdemokratischen Partei. Basel 1970.

Bondallaz, Patrick: De la charité populaire à la diplomatie humanitaire: l'exemple des secours suisses en faveur de la Serbie. In: Schweizerische Zeitschrift für Geschichte 63 (2013), 405–427.

Bongard, Pascal: L'«autre guerre». Intellectuels et propagande française en Suisse pendant la Grande Guerre (1914–1918). Fribourg 1996.

Bonjour, Edgar: Geschichte der schweizerischen Neutralität, Bd. 2. Basel 1965.

Böschenstein, Hermann (Hg.): Bundesrat Karl Scheurer, Tagebücher 1914–1929. Bern 1971.

Brassel-Moser, Ruedi: Vom offenen Buch zum Helm. Deutungsmacht und Erinnerung am Beispiel des Baselbieter Wehrmannsdenkmals in Liestal. In: Schweizerische Zeitschrift für Geschichte 51 (2001), 1–17.

Braunschweig, Sabine: «Ohne Unterschied jedem verwundeten Krieger helfen.» Schweizer Krankenpflegerinnen in ausländischen Militärspitälern im Ersten Weltkrieg. In: Braunschweig, Sabine (Hg.): «Als habe es Frauen nicht gegeben.» Beiträge zur Frauen- und Geschlechtergeschichte. Zürich 2014, 145–160.

Brodbeck, Beat: Paradigmenwechsel in der Agrarpolitik. Der Erste Weltkrieg und die Agrarmarktordnungen in der Schweiz am Beispiel des Milchmarktes 1914–1922. In: Langthaler, Ernst/Redl, Josef (Hg.): Reguliertes Land. Agrarpolitik in Deutschland, Österreich und der Schweiz 1930–1960. Innsbruck 2005, 184–191.

Brodbeck, Beat: Ein agrarpolitisches Experiment. Entstehung, Zweck und Ziel der Schweizerischen Käseunion und einer neuen Milchmarktordnung 1914–1922. Unveröffentlichte Lizentiatsarbeit der Universität Bern. Bern 2002/03.

Bronfen, Elisabeth: Tiefer als der Tag gedacht. Eine Kulturgeschichte der Nacht. München 2008.

Brupbacher, Fritz: Zürich während Krieg und Landesstreik. Zürich 1928.

Burckhard, Lukas/Frey, René L./Kreis, Georg/ Schmid, Gerhard (Hg.): Das politische System Basel Stadt. Basel/Frankfurt a. M. 1984.

Bürgisser, Thomas: «Unerwünschte Gäste». Russische Soldaten in der Schweiz 1915–1920. Zürich 2010.

Bürgisser, Thomas: «Sturmesbrausen» in «sonst so stillen Gassen». Generalstreik 1918 in Stadt und Bezirk Lenzburg. In: Lenzburger Neujahrsblätter 2009, 80 (2008), 5–26.

Büttiker, Georges: Ernest Bovet 1870–1941. Basel 1971.

Calame, Caroline: Une écrivaine engagée. T. Combe (1856–1933). Neuenburg 2006.

Caron, François: La dynamique de l'innovation. Changement technique et changement social (XVIe–XXe siècle). Paris 2010.

Caron, François: «L'innovation». In: Hans-Jörg Gilomen et al. (éd.): Innovations. Zürich 2001.

Catarino Lopes, Ana: La censure en Suisse pendant la Première Guerre mondiale. Le cas de la presse romande. Lausanne 2009.

Cerutti, Mauro: Le mouvement ouvrier genevois durant la Première Guerre mondiale et la grève générale. In: Vuilleumier, Marc, et al.: La Grève générale de 1918 en Suisse. Genf 1977, 103–210.

Charle, Christophe: Les intellectuels en Europe au XIXe siècle. Essai d'histoire comparée. Paris 1996 (dt. Vordenker der Moderne: Die Intellektuellen im 19. Jahrhundert. Frankfurt a. M. 1997).

Charrier, Landry: Réseaux de sociabilités et échanges internationaux en Suisse pendant la Grande Guerre. In: Revue suisse d'histoire 3 (2012), 424–438.

Clark, Christopher: Die Schlafwandler. Wie Europa in den Ersten Weltkrieg zog. München 2013.

Clavien, Alain/Hauser, Claude: L'intellectuel suisse entre expertise et critique. In: Traverse. Revue d'histoire 2 (2010), 11–21.

Clavien, Alain/Vallotton, François: «Devant le verre d'eau». Regards croisés sur la conférence comme vecteur de la vie intellectuelle (1880–1950). Lausanne 2007.

Clavien, Alain: Histoire de la «Gazette de Lausanne». Le temps du colonel 1874–1917. Vevey 1997.

Clavien, Alain: Les Helvétistes. Intellectuels et politiques en Suisse romande au début du siècle. Lausanne 1993.

Corbellari, Alain (Hg.): Romain Rolland et la Suisse. Etudes de Lettres n° 3. Lausanne 2012.

Cornaz, Max: Zum Problem der Wirtschaftsneutralität. Die Handelsverträge der Schweiz im Ersten Weltkrieg. Zürich 1952.

Cornwall, Mark: The Undermining of Austria-Hungary. The Battle for Hearts and Minds. Basingstoke 2000.

Cortat, Alain: Un cartel parfait. Neuchâtel 2009.

Culbert, David (Hg.): Film and propaganda in America, Bd. 1 (World War I). New York 1990.

Debrunner, Albert M.: «Freunde, es war eine elende Zeit!» René Schickele in der Schweiz 1915–1919. Frauenfeld 2004.

Degen, Bernard: Robert Grimm. Ein Marxist in der Schweizer Politik. In: 125 Jahre Sozialdemokratische Partei. Einig aber nicht einheitlich. Zürich 2013.

Degen, Bernard/Schäppi, Hans/Zimmermann, Adrian (Hg.): Robert Grimm: Marxist, Kämpfer, Politiker. Zürich 2012.

Degen, Bernard: Theorie und Praxis des Generalstreiks. In: Degen, Bernard/Schäppi, Hans/ Zimmermann, Adrian: Robert Grimm. Marxist, Kämpfer, Politiker. Zürich 2012, 51–62.

Degen, Bernard: Biographischer Nachtrag. In: ders. et al. (Hg.): Robert Grimm. Marxist, Kämpfer, Politiker. Zürich 2012, 185–197.

Dejung, Christof: «Welthandelshaus» und «Swiss Firm». Die Firma Gebrüder Volkart während des Ersten Weltkrieges. In: Groebner, Valentin/Guex, Sébastien/Tanner, Jakob (Hg.): Kriegswirtschaft und Wirtschaftskriege. Zürich 2008, 117–133.

Delacroix, Christian, et al.: Historiographies, II, Concepts et débats. Paris 2010.

Deperchin, Annie: The laws of war. In: Winter, Jay M. (Hg.): Cambridge History of the First World War, 3 Bände. Cambridge 2014. Bd. 1 (Global war), 615–638.

Ding Guccione, Sophie: La plume et l'encre pour l'honneur du Reich. La propagande allemande en Suisse pendant la Grande Guerre. Le cas de l'«Indépendance helvétique». Fribourg 2003.

Diplomatische Dokumente der Schweiz, Bände 6/7-II (1914–1920). Bern 1979–1984.

Djordjevic, Srdjan: Politische Fremdenausweisung nach Art. 70 der Bundesverfassung von 1874 aus der Stadt Zürich 1914–1919. Unveröffentlichte Lizentiatsarbeit der Universität Zürich. Zürich 2008/09.

Draenert, Marcelin Oliver: Kriegschirurgie und Kriegsorthopädie in der Schweiz zur Zeit des Ersten Weltkrieges. Dissertation Universität Heidelberg. Heidelberg 2011.

Du Bois, Pierre: L'action humanitaire de la Suisse durant la Première Guerre mondiale. In: Revue d'Allemagne et des pays de langue allemande, 28/3 (1996), 377–389.

Du Bois, Pierre: Mythes et réalités du fossé pendant la Première Guerre mondiale. In: Union et division des Suisses: les relations entre Alémaniques, Romands et Tessinois aux XIXᵉ et XXᵉ siècles. Lausanne 1983, 65–91.

Duc, Gérard: Les tarifs marchandises des chemins de fer suisses (1850–1913). Bern 2010.

Durrer, Bettina: Auf der Flucht vor dem Kriegsdienst. Deserteure und Refraktäre in der Schweiz während des Ersten Weltkrieges. In: Goehrke, Carsten/Zimmermann, Werner G. (Hg.): Zuflucht Schweiz. Der Umgang mit Asylproblemen im 19. und 20. Jahrhundert. Zürich 1994, 197–216.

Durrer, Hans: Die Entwicklung des Personalbestandes im öffentlichen Dienst der Schweiz (1910–1960). Zürich 1967.

Dütschler, Christian: Die Schweizermacher aus Zürich. Unveröffentlichte Lizentiatsarbeit der Universität Zürich. Zürich 1995.

Eichenberger, Stefanie: «… wie da der Hunger und die Not an der Schwelle steht». Hunger in der öffentlich-medialen Diskussion der Arbeiterinnen in Zürich während des Ersten Weltkrieges. Unveröffentlichte Lizentiatsarbeit der Universität Zürich. Zürich 2003.

Eidgenössische Kommission für Frauenfragen: Der lange Weg zum Stimm- und Wahlrecht für Frauen. In: Frauen – Macht – Geschichte. Frauen- und gleichstellungspolitische Ereignisse in der Schweiz 1848–1998, Band 2, Bern 1998, 1–13.

Eisner, Manuel: Strukturen, Akteure, Deutungsmuster, Prozesse – ein theoretischer Rahmen: In: Eisner, Manuel/Graf, Nicole/Moser, Peter: Risikodiskurse. Die Dynamik öffentlicher Debatten über Umwelt- und Risikoprobleme in der Schweiz. Zürich 2003, 23–45.

Elsig, Alexandre: Un «laboratoire de choix»? Le rôle de la Suisse dans le dispositif européen de la propagande allemande (1914–1918). In: Schweizerische Zeitschrift für Geschichte 63 (2013), 382–404.

Elsig, Alexandre: Propagande allemande et renouveau patriotique. L'enjeu médiatique des «Feuilles suisses du dimanche» 1915–1918. In: Relations internationales, 153 (2013), 57–69.

Engeler, Urs Peter: Grosser Bruder Schweiz. Wie aus wilden Demokraten überwachte Bürger wurden. Die Geschichte der politischen Polizei. Zürich 1990.

Esseiva, Renato: Eine Winterthurer Philanthropin: Julie Bikle (1871–1962) und ihre Ermittlungsstelle für Vermisste (1914–1919). In: Hebeisen, Erika/Niederhäuser, Peter/Schmid, Regula (Hg.): Kriegs- und Krisenzeit. Zürich während des Ersten Weltkriegs. Zürich 2014, 99–108.

Evans, Richard J.: The Greatest Catastrophe the World Has Seen. In: The New York Review of Books LXI 2 (2014), Nr. 2, 14–17.

Fahrni, Dieter: Die Nachkriegskrise von 1920–1923 in der Schweiz und ihre Bekämpfung. Unveröffentlichte Lizentiatsarbeit der Universität Basel. Basel 1977.

Favre, Edouard: L'internement en Suisse des prisonniers de guerre malades ou blessés 1916–1919. 3 Bände. Genève 1917–1919.

Feldman, Gerald D.: Foreign Penetration of German Enterprises After the First World War: The Problem of «Überfremdung». In: Teichova, Alice/Lévy-Leboyer, Maurice/Nussbaum, Helga (Hg.): Historical Studies in International Corporate Business. Cambridge 1989, 87–110.

Fick, Fritz: Die verschleierte und schieberhafte Gründung von Aktiengesellschaften (Schweizer Zeitfragen, Band 57). Zürich 1922.

Fleury, Antoine: A propos de l'engagement humanitaire de la Suisse: de l'action unilatérale à la politique multilatérale. In: Fayet, Jean-François/Fluckiger, Carine/Porret, Michel (dir.): Guerres et paix. Mélanges offerts à Jean-Claude Favez. Genf 2000, 561–575.

Fleury, Antoine/Tosato-Rigo, Danièle: A propos de la représentation diplomatique soviétique à Berne (mai-novembre 1918). Un nouvel éclairage à la lumière des rapports de Jan Berzine. In: traverse 3 (1995), 29–45.

Förster, Stig: Das Zeitalter des totalen Krieges, 1861–1945. Konzeptionelle Überlegungen für einen historischen Strukturvergleich. In: Mittelweg 36 (1999), 12–29.

Frei, Annette: Rote Patriarchen. Arbeiterbewegung und Frauenemanzipation um 1900. Zürich 1987.

Frey, Daniel M.: Vor der Revolution. Der Ordnungsdienst-Einsatz der Armee während des Landesstreiks in Zürich. Zürich 1998.

Frey, Marc: The neutrals and World War One. Oslo 2000.

Fries, Agnes: II. Teil der Geschichte des Schweizerischen Gemeinnützigen Frauenvereins von 1914–1938 zur Feier des 50jährigen Bestehens des Vereins. Geschichte des Schweizerischen Gemeinnützigen Frauenvereins: 1888–1938. Zur Feier des 50-jährigen Bestehens des Vereins. Zürich 1939, 59–91.

Fuhrer, Hans Rudolf. Die Schweizer Armee im Ersten Weltkrieg. Bedrohung, Landesverteidigung und Landesbefestigung. Zürich 2001.

Furrer, Markus: Die Schweiz erzählen – Europa erzählen – die Welt erzählen… Wandel und Funktion von Narrativen in Schweizer Geschichtslehrmitteln. In: Schweizerische Zeitschrift für Geschichte 59/1 (2009), 56–77.

Gagliardi, Ernst: Geschichte der Schweiz. Von den Anfängen bis zur Gegenwart. 3 Bände. Zürich 1937.

Gagnebin-Diacon, Christine: La fabrique et le village: la Tavannes Watch Co (1890–1918). Porrentruy 2006.

Ganz, Paul: Erinnerungen an die Dichterin Nanny von Escher 1855–1932 (166. Neujahrsblatt zum Besten des Waisenhauses Zürich). Zürich 1953.

Gasser, Floriane: Des enfants belges et un espion suisse. La Suisse Romande dans la Grande Guerre entre engagement humanitaire et conflit de loyauté: le «Comité de Secours aux Réfugiés belges» et «L'Affaire Savoy» (1914–1920). Unveröffentlichte Lizentiatsarbeit der Universität Fribourg. Fribourg 2006.

Gast, Uriel: Von der Kontrolle zur Abwehr. Die eidgenössische Fremdenpolizei im Spannungsfeld von Politik und Wirtschaft 1915–1933. Zürich 1997.

Gautschi, Willi: Der Landesstreik 1918. Zürich 1968.

Gautschi, Willi: Das Oltener Aktionskomitee und der Landes-Generalstreik von 1918. Affoltern a. A. 1955.

Gautschi, Willi: Dokumente zum Landesstreik 1918. Zürich ²1988.

Gavio, Romina: Sozialistische Jugendorganisation zwischen 1914 und 1918 im Kanton Zürich. Unveröffentlichte Lizentiatsarbeit der Universität Zürich. Zürich 2000/01.

Geering, Traugott: Handel und Industrie der Schweiz unter dem Einfluss des Weltkriegs (Monographien zur Darstellung der schweizerischen Kriegswirtschaft, Bd. 3). Basel 1928.

Gerber, Adrian: Das Kino während des Ersten Weltkriegs und die Ambivalenzen der Filmpropaganda. In: Hebeisen, Erika/Niederhäuser, Peter/Schmid, Regula (Hg.): Kriegs- und Krisenzeit. Zürich während des Ersten Weltkriegs. Zürich 2014, 147–157.

Geschichte der Schweiz und der Schweizer, Band III. Basel 1983.

Giacometti, Zaccaria: Das Vollmachtenregime der Eidgenossenschaft. Zürich 1945.

Godfrey, John F.: Capitalism at War. Industrial Policy and Bureaucracy in France 1914–1918. Leamington Spa 1987.

Gorelik, S[chemarya]: Fünf Jahre im Lande Neutralien. Schweizer Kriegserlebnisse eines jüdischen Schriftstellers. Berlin 1919.

Gosteli, Marthe (Hg.): Vergessen Geschichte. Illustrierte Chronik der Frauenbewegung 1914–1963. Bd. 1, 1914–1933, Jahrbücher 1915–1919, 1–282.

Gregory, Adrian: The last Great War: British society and the First World War. Cambridge 2008.

Greminger, Thomas. Ordnungstruppen in Zürich. Der Einsatz von Armee, Polizei und Stadtwehr Ende November 1918 bis August 1919. Basel 1990.

Greter, Mirko: Sozialdemokratische Militärpolitik im Spannungsfeld von Vaterlandsliebe, Patriotismus und Klassenkampf. Der lange Weg der SPS hin zur Ablehnung der Landesverteidigung 1917. Berlin 2005.

Grossen, Gaby/Steffen, Therese, et al.: Die politische Polizei in den ersten Jahrzehnten des Schweizerischen Bundesstaates. In: Schweizerisches Bundesarchiv (Hg.): Studien und Quellen, Band 18. Bern 1992, 111–158.

Grupp, Peter: «Voraussetzungen und Praxis deutscher amtlicher Kulturpropaganda in den neutralen Staaten während des Ersten Weltkrieges». In: Michalka, Wolfgang (Hg.): Der Erste Weltkrieg: Wirkung, Wahrnehmung, Analyse. München 1994, 799–820.

Guex, Sébastien: Öffentliche Finanzen und Finanzpolitik. In: Halbeisen, Patrick, et al. (Hg.): Wirtschaftsgeschichte der Schweiz im 20. Jahrhundert. Basel 2012, 1077–1130.

Gugerli, David: Redeströme: Zur Elektrifizierung der Schweiz 1880–1914. Zürich 1996.

Gysin, Roland: «Und wir möchten helfen.» Die Internierung verletzter Soldaten und Offiziere. In: Hebeisen, Erika, et al.: Kriegs- und Krisenzeit. Zürich während des Ersten Weltkriegs (Mitteilungen der Antiquarischen Gesellschaft in Zürich, 81). Zürich 2014, 109–119.

Gysin, Roland: Die Internierung fremder Militärpersonen im 1. Weltkrieg. Vom Nutzen der Humanität und den Mühen in der Asylpolitik. In: Guex, Sebastien, et al. (Hg.): Krisen und Stabilisierung. Die Schweiz in der Zwischenkriegszeit. Zürich 1998, 33–46.

Gysin, Roland: «Sanitätsfestung Schweiz». Über das Erheben der Stimme der Menschlichkeit. Internierte fremde Militärpersonen 1916–1919. Unveröffentlichte Lizenziatsarbeit der Universität Zürich. Zürich 1993.

Harouel, Véronique: Genève – Paris, 1863–1918. Le droit humanitaire en construction. Genève 2003.

Härry, Arnold: Entwicklung der Schweizer Wasser- und Elektrizitätswirtschaft (1909–1934). Zürich 1935.

Härry, Arnold: Der elektrische Zusammenschluss der schweizerischen Wasserkraftwerke. In: Schweizerische Wasserwirtschaft, XII (1920), 113–118.

Hauser, Claude: Aux origines intellectuelles de la Question jurasienne. Culture et politique entre la France et la Suisse romande (1910–1950). Courrendlin 1997.

Hebeisen, Erika/Niederhäuser, Peter/Schmid, Regula (Hg.): Kriegs- und Krisenzeit. Zürich während des Ersten Weltkrieges. Zürich 2014.

Herrmann, Irène: Décrypter la concurrence humanitaire. Le conflit entre Croix-Rouge(s) après 1918. In Relations internationales, 151 (2012), 91–102.

Hertner, Peter: Espansione multinazionale et finanziamento internazionale dell'industria elettrotecnica tedesca prima del 1914. In: Studi Storici 4 (1987), 819–860.

Hiltbrunner, Edith: Generalstreik 1918 in der Region Grenchen-Solothurn. Freiburg 2012.

Hiltbrunner, Edith: Unglück oder Schandfleck? Rekonstruktion des Generalsstreiks vom November 1918 in der Region Solothurn. Unveröffentlichte Masterarbeit der Universität Fribourg. Fribourg 2009/10.

Hinz, Uta: Gefangen im Grossen Krieg. Kriegsgefangenschaft in Deutschland 1914–1921. Essen 2006.

Hinz, Uta: Humanität im Krieg? Internationales Rotes Kreuz und Kriegsgefangenenhilfe im Ersten Weltkrieg. In: Oltmer, Jochen (Hg.): Kriegsgefangene im Europa des Ersten Weltkriegs. Paderborn 2006, 216–236.

Hobsbawm, Eric: L'âge des extrêmes. Histoire du court XXe siècle. Bruxelles 1994.

Hoffmann, Karl-Ludwig: Frans Masereel – eine Kurzbiografie. In: Hoffmann, Karl-Ludwig/Riede, Peter (Hg.): La Guerre – Der Krieg. Frans Masereels Bilder gegen den Krieg. Saarbrücken 2010.

Hostettler, Patricia: Fabrication de guerre ou la manne des munitions. Le cas de la fabrique de montres Zénith, 1914–1918. In: Musée neuchâtelois 3 (1991), 111–128.

Hughes, Thomas: Networks of Power. Baltimore 1983.

Hürlimann, Andreas: Die Schweiz und der Grosse Krieg. Untersuchung zu den Selbstbildern und Identitätskonstruktionen Deutschschweizer Intellektueller während des Ersten Weltkrieges. Unveröffentlichte Lizentiatsarbeit der Universität Zürich. Zürich 2013.

Janz, Oliver: 14 – Der Grosse Krieg. Frankfurt a. M. 2013.

Jaun, Rudolf: Die Schweizer Armee 1803–2011. In: Kreis, Georg (Hg.): Die Geschichte der Schweiz. Basel 2014, 540–543.

Jaun, Rudolf: General Wille unter Shitstorm. Niklaus Meienbergs «Wille und Wahn» in der Medien- und Fachöffentlichkeit der 1980er-Jahre. In: Kuhn, Konrad J./Ziegler, Béatrice (Hg.): Der vergessene Krieg. Spuren und Traditionen zur Schweiz im Ersten Weltkrieg. Baden 2014, 271–290.

Jaun, Rudolf: Militärgewalt und das «revolutionäre» Gravitationszentrum Zürich 1917–1918. In: Hebeisen, Erika/Niederhäuser, Peter/Schmid, Regula (Hg.): Kriegs- und Krisenzeit. Zürich während des Ersten Weltkriegs. Zürich 2014, 185–197.

Jaun, Rudolf: Preussen vor Augen. Das schweizerische Offizierskorps im militärischen und gesellschaftlichen Wandel des Fin de siècle. Zürich 1999.

Jeismann, Michael: «Propaganda». In: Enzyklopädie Erster Weltkrieg. Paderborn 2004, 198–209.

Joris, Elisabeth: Umdeutung und Ausblendung. Entpolitisierung des Engagements von Frauen im Ersten Weltkrieg in Erinnerungsschriften. In: Kuhn, Konrad J./Ziegler, Béatrice (Hg.): Der vergessene Krieg. Spuren und Traditionen zur Schweiz im Ersten Weltkrieg. Baden 2014, 133–152.

Jost, Hans Ulrich: Sozialwissenschaften und Staat im 19. und frühen 20. Jahrhundert. In: Honegger, Claudia/Jost, Hans-Ulrich/Burren, Susanne/Jurt, Pascal: Konkurrierende Deutungen des Sozialen. Geschichts-, Sozial- und Wirtschaftswissenschaften im Spannungsfeld von Politik und Wissenschaft. Zürich 2007, 43–80.

Jost, Hans Ulrich: Die reaktionäre Avantgarde. Die Geburt der neuen Rechten in der Schweiz um 1900. Zürich 1992.

Jost, Hans Ulrich: Der historische Stellenwert des Landesstreiks. In: Gautschi, Willi: Der Landesstreik 1918. Zürich ³1988.

Jost, Hans Ulrich: Linksradikalismus in der deutschen Schweiz 1914–1918. Bern 1973.

Kamis-Müller, Aron: Antisemitismus in der Schweiz 1900–1930. Zürich 1990.

Käppeli, Josef/Riesen, Max: Die Lebensmittelversorgung der Schweiz unter dem Einfluss des Weltkrieges von 1914–1922. Bern 1925.

Kaschuba, Wolfgang: Geschichtspolitik und Identitätspolitik. Nationale und ethnische Diskurse im Vergleich. In: Binder, Beate/Kaschuba, Wolfgang/Niedermüller, Peter (Hg.): Geschichte, Kultur und die Politik der Identitäten am Ende des 20. Jahrhunderts. Köln 2001, 19–42.

Kennan, George F.: The Decline of Bismarck's European Order. Franco-Russian Relations, 1875–1890. Princeton 1979.

Kestler, Stefan: Die deutsche Auslandsaufklärung und das Bild der Ententemächte im Spiegel zeitgenössischer Propagandaveröffentlichungen während des Ersten Weltkrieges. Bern 1994.

Kleisl, Jean-Daniel: Electricité et Troisième Reich. Lausanne/Zurich 2001.

Kley, Andreas: Verfassungsgeschichte der Neuzeit. Grossbritannien, die USA, Frankreich, Deutschland und die Schweiz. Bern 2013.

Koch, Hugo: Darstellung und Kritik der schweizerischen Kriegsgewinnsteuer. Zürich 1922.

Kohler, François: La grève générale dans le Jura. In: Vuilleumier, Marc, et al.: La grève générale de 1918 en Suisse. Genève 1977, 61–78.

Koller, Christian: Die schweizerische «Grenzbesetzung 1914/18» als Erinnerungsort der «Geistigen Landesverteidigung». In: Kuprian, Hermann J. W./Überegger, Oswald (Hg.): Der Erste Weltkrieg im Alpenraum: Erfahrung, Deutung, Erinnerung. La Grande Guerra nell'arco alpino: Esperienze e memoria. Innsbruck 2006, 441–462.

Kölz, Alfred: Neue schweizerische Verfassungsgeschichte. Bern 2004.

Korol, Martin: Dada, Präexil und die «Freie Zeitung». Bremen 2001.

Kostka, Alexandre: La modernité tronquée? Quelques aspects de la propagande culturelle allemande en Suisse. In: 20/21 siècles, cahiers du Centre Pierre Francastel, 4 (2006/07), 43–54.

Kostka, Alexandre: Sur deux fronts. Harry Kessler et la propagande culturelle allemande en Suisse. In Ecritures franco-allemandes de la Grande Guerre. Arras 1996, 83–108.

Kramer, Alan: Recent Historiography of the First World War (Part I). In: Journal of Modern European History, 12 (2014), 5–27.

Kreis, Georg (Hg.): Die Geschichte der Schweiz. Basel 2014.

Kreis, Georg: Insel der unsicheren Geborgenheit. Die Schweiz in den Kriegsjahren 1914–1918. Zürich 2013.

Kreis, Georg: Schweizer Postkarten aus dem Ersten Weltkrieg. Baden 2013.

Kreis, Georg: Pro patria mori. Zum republikanischen Totenkult seit dem 18. Jahrhundert – oder: Alle müssen offenbar Winkelried sein. In: Hettling, Manfred/Echternkamp, Jörg (Hg.): Gefallenengedenken im globalen Vergleich. Nationale Tradition, politische Legitimation und Individualisierung der Erinnerung. München 2013, 395–412.

Kriesi, Hanspeter, et al.: Le clivage linguistique. Problèmes de compréhension entre les communautés linguistiques en Suisse. (Statistique de la Suisse, Domaine 16.) Bern 1996.

Kruizinga, Samuël: Neutrality. In: Winter, Jay M. (Hg.): Cambridge History of the First World War. 3 Bände. Cambridge 2014, Band 2 (The State), 542–575.

Kuhn, Konrad J./Ziegler, Béatrice (Hg.): Der vergessene Krieg. Spuren und Traditionen zur Schweiz im Ersten Weltkrieg. Baden 2014.

Kuhn, Konrad J.: Politik in Bronze und Stein. Denkmäler für die «Gefallenen» des Ersten Weltkriegs. In: Ders./Ziegler, Béatrice (Hg.): Der vergessene Krieg. Spuren und Traditionen zur Schweiz im Ersten Weltkrieg. Baden 2014, 211–232.

Kuhn, Konrad J./Ziegler, Béatrice: Tradierungen zur Schweiz im Ersten Weltkrieg: Geschichtskulturelle Prägungen der Geschichtswissenschaft und ihre Folge. In: Schweizerische Zeitschrift für Geschichte 63 (2013), 505–526.

Kuhn, Konrad J./Ziegler, Béatrice: La Grande Guerre et la Suisse: Le récit scientifique dominant et la mémoire. In: Cartable de Clio 12 (2012), 59–71.

Kuhn, Konrad J./Ziegler, Béatrice: Heimatfilme und Denkmäler für Grippetote. Geschichtskulturelle Reflexionen zur wirtschaftlichen Nutzbarmachung des Ersten Weltkriegs in der Schweiz. In: Kühberger, Christoph/Pudlat, Andreas (Hg.): Vergangenheitsbewirtschaftung. Public History zwischen Wirtschaft und Wissenschaft. Innsbruck 2012, 199–215.

Kuhn, Konrad J./Ziegler, Béatrice: Dominantes Narrativ und drängende Forschungsfragen. Zur Geschichte der Schweiz im Ersten Weltkrieg. In: Traverse. Zeitschrift für Geschichte/Revue d'histoire 18/3 (2011), 123–141.

Kull-Oettli, Anna: Nachruf. In: In Memoriam Dr. med. h. c. Else Züblin-Spiller, 1881–1948. Zürich 1949, 7–19.

Kury, Patrick: Über Fremde reden. Überfremdungsdiskurs und Ausgrenzung in der Schweiz 1900–1945. Zürich 2003.

Kurz, Hans Rudolf: Dokumente der Grenzbesetzung 1914–1918. Zürich 1970.

Lambert, Nicholas A.: Planning Armageddon. British economic warfare and the First World War. Cambridge 2012.

Lang, Karl: Kritiker, Ketzer, Kämpfer. Das Leben des Arbeiterarztes Fritz Brupbacher. Zürich 1975.

Lecher, Stefan: Gewerkschaftliche Mobilisierung in der Schweiz zur Zeit des Ersten Weltkrieges. Unveröffentlichte Lizentiatsarbeit der Universität Zürich. Zürich 1996/97.

Leu, Christian: Die Schweiz und die Balkankriege 1912/13. Ein medialer Kriegsdiskurs. Forschungsbericht. München 2011.

Lezzi, Bruno: General Ulrich Wille und die Kriegsbereitschaft der schweizerischen Armee. Zürich 1975.

Lopes, Ana: La censure en Suisse pendant la Première Guerre mondial: le cas de la presse romande. Masterarbeit Universität Lausanne. Lausanne 2009.

Lüchinger, Stephan/Brunner, Theodor: Verwundetentransport im Ersten Weltkrieg. Schriftenreihe für militärhistorische Studienreisen, Heft 25. Wettingen 2004.

Luciri, Pierre: Le Prix de la Neutralité. La diplomatie secrète de la Suisse en 1914–1915 avec des documents d'archives inédits. Genf 1976.

Lüpold, Martin: Der Ausbau der «Festung Schweiz»: Aktienrecht und Corporate Governance in der Schweiz, 1881–1961. Zürich 2008.

Lüthi, Kathrin: Die Brotversorgung der Schweiz im Ersten Weltkrieg (1916–1918). Unveröffentlichte Lizentiatsarbeit der Universität Bern. Bern 1996/97.

Manz, Peter: Basel, August 1914: die Zweihunderttausend. Anmerkungen zu einer Geschichte der Sensibilitäten. In: Halter, Ernst: Das Jahrhundert der Italiener in der Schweiz. Zürich 2003, 59–71.

Marchal, Guy P.: Die alpine Friedensinsel. Robert Durrers grosses Votivbild im Ranft und der schweizerische Alpenmythos. In: Körner, Martin/Walter, François (Hg.): Quand la montagne aussi a une histoire. Melangés offerts à Jean-François Bergier. Bern 1996, 409–426.

Marchal, Guy P.: Das «Schweizeralpenland». Eine imagologische Bastelei. In: Marchal, Guy P./Mattioli, Aram (Hg.): Erfundene Schweiz. Konstruktionen nationaler Identität. Zürich 1992, 37–49.

Marek, Daniel: Der Weg zum fossilen Energiesystem (1850–1910). In: Abelshauser, Werner (Hg.): Umweltverträgliches Wirtschaften in historischer Perspektive. Göttingen 1994, 56–75.

Marti, Erwin: Carl-Albert Loosli 1877–1959. Band III: Im eignen Land verbannt 1914–1959. Zürich 2009.

Mattioli, Aram: Gonzague de Reynold. Idéologue d'une Suisse autoritaire. Fribourg 1997.

Mattioli, Aram: Zwischen Demokratie und totalitärer Diktatur: Gonzague de Reynold und die Tradition der autoritären Rechten in der Schweiz. Zürich 1994.

Mattmüller, Markus: Leonhard Ragaz und der religiöse Sozialismus. Eine Biographie, Band II: Die Zeit des Ersten Weltkriegs und der Revolutionen. Zürich 1968.

Mazbouri, Malik/Guex, Sébastien/Lopez, Rodrigo: Finanzplatz Schweiz. In: Halbeisen, Patrick, et al. (Hg.): Wirtschaftsgeschichte der Schweiz im 20. Jahrhundert. Basel 2012, 467–518.

McCarthy, Adolf: Robert Grimm. Der schweizerische Revolutionär. Bern/Stuttgart 1989.

Meier, Philipp: Gedenken und Gedanken. Kranzniederlegung zum deutschen Volkstrauertag in Zürich. In: Neue Zürcher Zeitung, 264, 12. November 2012, 12.

Mesmer, Beatrix: Ausgeklammert – eingeklammert. Frauen und Frauenorganisationen in der Schweiz des 19. Jahrhunderts. Basel 1988.

Meteling, Wencke: Neue Forschungen zum Ersten Weltkrieg. Englisch- und französischsprachige Studien über Deutschland, Frankreich und Grossbritannien. In: Geschichte und Gesellschaft 37 (2011), 614–648.

Métraux, Joséphine: Héros et anti-héros au service de la critique politique romande. Les cartes postales suisses censurées par la poste fédérale pendant la Première Guerre mondiale. Fribourg 2013.

Mittler, Max: Der Weg zum Ersten Weltkrieg. Wie neutral war die Schweiz? Kleinstaat und europäischer Imperialismus. Zürich 2003.

Möhl, Ernst: Beobachtungen über die Folgen der Futternot bei unseren Haustieren während der Kriegszeit. Säckingen 1922.

Moll, Ernst: Les forces motrices bernoises. A l'occasion du cinquantenaire de leur fondation (1898–1948). Bern 1949.

Montant, Jean-Claude: La propagande extérieure de la France pendant la Première Guerre mondiale. L'exemple de quelques neutres européens. Lille 1988.

Moos, Carlo: Wie schafft man Frieden? Leonhard Ragaz im Kontext des Ersten Weltkrieges. In: Hebeisen, Erika/Niederhäuser, Peter/Schmid, Regula (Hg.): Kriegs- und Krisenzeit. Zürich während des Ersten Weltkriegs. Zürich 2014, 213–221.

Moos, Carlo: Ja zum Völkerbund – Nein zur UNO. Die Volksabstimmungen von 1920 und 1986 in der Schweiz. Zürich 2001.

Moos, Hans: Lehren des Krieges für unsere Landwirtschaft. Luzern 1914.

Mooser, Josef: Robert Grimm und die deutsche Arbeiterbewegung 1914–1933. In: Degen, Bernard/Schäppi, Hans/Zimmermann, Adrian (Hg.): Robert Grimm: Marxist, Kämpfer, Politiker. Zürich 2012, 27–38.

Mooser, Josef: Das Verschwinden der Bauern. Überlegungen zur Sozialgeschichte der «Entagrarisierung» und Modernisierung der Landwirtschaft im 20. Jahrhundert. In: Daniela Münkel (Hg.): Der lange Abschied vom Agrarland. Agrarpolitik, Landwirtschaft und ländliche Gesellschaft zwischen Weimar und Bonn. Göttingen 2000, 23–35.

Mooser, Josef: Die «Geistige Landesverteidigung» in den 1930er Jahren. Profile und Kontexte eines vielschichtigen Phänomens der schweizerischen politischen Kultur in der Zwischenkriegszeit. In: SZG 47 (1997), 685–708.

Mörgeli, Christoph: Totentanz und heile Schweiz. Ein monumentales Fresko von 1921 im Flühli-Ranft. In: L'art macabre – Jahrbuch der Europäischen Totentanz-Vereinigung 7 (2006), 107–122.

Moser, Peter: Kein umstrittenes Thema mehr? Die Ernährungsfrage im Landesstreik. In: Pfister, Christian/Segesser, Daniel Marc/Krämer, Daniel: Krise, Krieg und Verletzlichkeit. Die Schweiz und die Herausforderungen der Jahre 1916–1918. Bern 2014 (in Vorbereitung).

Moser, Peter/Varley, Tony (ed.): Integration through Subordination. The Politics of Agricultural Modernisation in Industrial Europe. Turnhout 2013.

Moser, Peter: Am Konsum orientiert, über die Produktion thematisiert. Schweizer Agrarpolitik als Ernährungspolitik 1914/18–1960. In: Jahrbuch für Geschichte des ländlichen Raumes 2 (2005), 192–203.

Mügeli, Thomas: Von braunen Diamanten und weisser Kohle: Aspekte der schweizerischen Energieversorgung während des 1. Weltkrieges. Unveröffentlichte Lizentiatsarbeit der Universität Bern. Bern 1994/95.

Müller, Reto Patrick. Innere Sicherheit Schweiz. Rechtliche und tatsächliche Entwicklungen im Bund seit 1848. Egg bei Einsiedeln 2009.

Mumenthaler, Rudolf: «Heinrich Wagner». In: Historisches Lexikon der Schweiz HLS, Version vom 26.6.2013.

Münkler, Herfried: Der Grosse Krieg. Berlin 2013.

Nagel, Ernst: Die Liebestätigkeit der Schweiz im Weltkriege. 2 Bände. Basel 1916.

Nater Cartier, Carol: Vom Schulbuch an der Wand zum emotionalen Erlebnis: Der Erste Weltkrieg in den Historischen Museen der Schweiz. In: Kuhn, Konrad J./Ziegler, Béatrice (Hg.): Der vergessene Krieg. Spuren und Traditionen zur Schweiz im Ersten Weltkrieg. Baden 2014, 307–329.

Neidhart, Leonhard: Politik und Parlament der Schweiz. Ein Rückblick in das 20. Jahrhundert. Zürich 2013.

Niederer, Werner: Aktuelle Fragen der schweizerischen Erdölforschung. In: Neue Zürcher Zeitung 1098, 1.4.1960.

Noschis, Kaj: Monte Verità. Ascona et le génie du lieu. Lausanne 2011.

Oberer, Thomas: Armbrust und Schweizerwoche. Symbole der nationalen Warenpropaganda. In: Schweizerisches Museum für Volkskunde (Hg.): Typisch? Objekte als regionale und nationale Zeichen. Basel 1990, 45–53.

Obrecht, Max: Die kriegswirtschaftlichen Überwachungsgesellschaften S.S.S. und S.T.S. und insbesondere ihre Syndikate. Bern 1920.

Ochsenbein, Heinz: Die verlorene Wirtschaftsfreiheit 1914–1918. Methoden ausländischer Wirtschaftskontrollen über die Schweiz. Bern 1971.

Ochsner, Gertrud: Krankgestempelt. Auf den Spuren des eidgenössischen Grenzsanitätsdienstes 1910er- bis 1960er-Jahre. Unveröffentlichte Seminararbeit der Universität Zürich. Zürich 2002.

Oltmer, Jochen: Einführung: Funktion und Erfahrungen von Kriegsgefangenschaft im Europa des Ersten Weltkriegs. In: ders. (Hg.): Kriegsgefangene im Europa des Ersten Weltkriegs. Paderborn 2006, 11–23.

Oltmer, Jochen: Unentbehrliche Arbeitskräfte. Kriegsgefangene in Deutschland, 1914–1918. In: Ders. (Hg.) Kriegsgefangene im Europa des Ersten Weltkriegs. Paderborn 2006, 67–96.

Pally, Martin: Die Elektrifizierung der Bahn als «nationales Ziel». Die Maschinenfabrik Oerlikon im Ersten Weltkrieg. In: Rossfeld, Roman/Straumann, Tobias (Hg.): Der vergessene Wirtschaftskrieg. Schweizer Unternehmen im Ersten Weltkrieg. Zürich 2008, 117–147.

Palmieri, Daniel: Une institution à l'épreuve du temps? Retour sur 150 ans d'histoire du Comité international de la Croix-Rouge. In: Revue internationale de la Croix-Rouge, 888 (2012).

Paquier, Serge: Diversification d'un tissu industriel dans la longue durée. Le cas de Genève au XIXe siècle. In: Durand, Roger/Paquier, Serge/Abrams, Erwin (Hg.): Elie Ducommun. Prix Nobel de la paix méconnu. Genf 2012, 91–108.

Paquier, Serge: Swiss Holding Companies from the Mid-nineteenth Century to the Early 1930s: The Forunners and Subsequent Waves of Creations: In: Financial History Review, 8 (2001), 163–182.

Paquier, Serge: Histoire de l'électricité en Suisse (1875–1939), 2 Bände. Genf 1998.

Paquier, Serge: La S. A. Energie-Ouest-Suisse de 1919 à 1936. In: Bulletin d'histoire de l'électricité 13 (1989), 63–81.

Pelet, Paul-Louis: «Charbon». In: Historisches Lexikon der Schweiz, Version vom 17. 8. 2007.

Pentmann, J.: Die wirtschaftspolitischen Normen des auswärtigen Warenverkehrs der Schweiz während des Krieges. In: Zeitschrift für schweizerische Statistik und Volkswirtschaft 55 (1919), 201–219.

Pfeifer, Regula: Frauen und Protest. Marktdemonstrationen in der deutschen Schweiz im Kriegsjahr 1916. In: Head-König, Anne-Lise/Tanner, Albert (Hg.): Frauen in der Stadt. Zürich 1993, 93–109.

Pfister, Christian/Segesser, Daniel Marc/Krämer, Daniel (Hg.): Krise, Krieg und Verletzlichkeit. Die Schweiz und die Herausforderungen der Jahre 1916–1918. Basel 2014 (in Vorbereitung).

Piper, Ernst: Nacht über Europa. Kulturgeschichte des Ersten Weltkrieges. Berlin 2013.

Pohl, Karl Heinrich: Adolf Müller. Geheimagent und Gesandter in Kaiserreich und Weimarer Republik. Köln 1995.

Praz, Anne-Françoise: Un monde bascule. La Suisse de 1910 à 1919 (La mémoire du siècle. Bd. 2. Hg. v. André Eiselé). Prilly 1991.

Püntener, Peter: Schätzung der Bruttowertschöpfung in der Schweiz 1850–1913. Banken, öffentlicher Verkehr, Post, Telephon, Telegraph, Tourismus. Unveröffentlichte Lizentiatsarbeit Universität Zürich. Zürich 1990.

Rapold, Hans: Der Schweizerische Generalstab. Band 5. Zeit der Bewährung? Die Epoche um den Ersten Weltkrieg 1907–1924. Basel 1988.

Rauh-Kühne, Cornelia: Schweizer Aluminium für Hitlers Krieg? Zur Geschichte der Alusuisse 1918–1950. München 2009.

Riesenberger, Dieter: Deutsche Emigration und Schweizer Neutralität im ersten Weltkrieg. In: Revue suisse d'histoire 2 (1998), 127–150.

Rimli, Eugen Th. (Hg.): Das Buch vom Roten Kreuz. Das Rote Kreuz von den Anfängen bis heute. Zürich 1944, 225–228.

Ritzmann-Blickenstorfer, Heiner (éd.): Statistique historique de la Suisse. Zurich 1996.

Rogers, Noëlle: Austausch durch die Schweiz. In: Rimli, Eugen Th. (Hg.): Das Buch vom Roten Kreuz. Das Rote Kreuz von den Anfängen bis heute. Zürich 1944, 225–228.

Rohr, Thomas: Schaffhausen und der Landesstreik von 1918. Schaffhausen 1972.

Rossfeld, Roman: 1914–1918: Neue Zugänge zur Geschichte der Schweiz im Ersten Weltkrieg. Vorwort zum Themenschwerpunkt. In: Schweizerische Zeitschrift für Geschichte 63 (2013), 337–342.

Rossfeld, Roman/Straumann, Tobias (Hg.): Der vergessene Wirtschaftskrieg. Schweizer Unternehmen im Ersten Weltkrieg. Zürich 2008.

Rossfeld, Roman/Straumann, Tobias: Zwischen den Fronten oder an allen Fronten? Eine Einführung. In: dies. (Hg.): Der vergessene Wirtschaftskrieg.

Schweizer Unternehmen im Ersten Weltkrieg. Zürich 2008, 11–59.

Rothmund, Heinrich: Die berufliche Überfremdung und Vorschläge zur ihrer Abhilfe. In: Schweizerische Zeitschrift für Gemeinnützigkeit 64, 1924, 327–354.

Rotter, Max: Erlebnisse eines politischen Gefangenen in der Polizeikaserne Zürich. Ein Protest gegen die Gerichtsbarkeit von heute. Zürich 1919.

Ruchti, Jacob: Geschichte der Schweiz während des Weltkriegs 1914–1919: Politisch, wirtschaftlich und kulturell. 2 Bände. Bern 1928–1930.

Ruchti, Jacob: Zur Geschichte des Kriegsausbruches. Nach den amtlichen Akten der Königlich Grossbritannischen Regierung. Bern 1916.

Rüsen, Jörn: Was ist Geschichtskultur? Überlegungen zu einer neuen Art, über Geschichte nachzudenken. In: Rüsen, Jörn (Hg.): Historische Orientierung. Über die Arbeit des Geschichtsbewusstseins, sich in der Zeit zurechtzufinden. Schwalbach/Ts. 2008, 233–258.

Rusterholz, Armin: «Das Sterben will nicht enden!» Die Spanische Grippe-Epidemie 1918/19 in der Schweizer Armee mit besonderer Berücksichtigung der Glarner Militäropfer. Glarus 2010.

Sarasin, Philipp: Stadt der Bürger. Struktureller Wandel und bürgerliche Lebenswelt Basel 1870–1900. Basel/Frankfurt 1990.

Sarasin, Philipp: Die Insel der Seligen und die Kultur der Bedrohung. In: Gerber, Brigitta/Skenderovic, Damir (Hg.): Wider die Ausgrenzung – Für eine offene Schweiz, Bd. 3. Zürich 2011, 11–34.

Sassen, Saskia: Migranten, Siedler, Flüchtlinge. Von der Massenauswanderung zur Festung Europa. Frankfurt a. M. 1996.

Schäppi, Hans: Zur politischen Aktualität von Robert Grimm. In: Degen, Bernard/Schäppi, Hans/Zimmermann, Adrian (Hg.): Robert Grimm: Marxist, Kämpfer, Politiker. Zürich 2012, 173–183.

Schelbert, Joe: Der Landesstreik vom November 1918 in der Region Luzern. Luzern 1985.

Scheurmann, Eduard: Die Milchversorgung der Schweiz während des Krieges und der Nachkriegszeit. Stuttgart 1923.

Schmid-Itten, Marie/Meili-Lüthi, Rosa/Wyler, Eugen (Hg.): Der Grenzdienst der Schweizerin, 1914–1918. Von Frauen erzählt. Bern 1934.

Schmid, Hanspeter: Wirtschaft, Staat und Macht. Die Politik der schweizerischen Exportindustrie im Zeichen von Staats- und Wirtschaftskrise (1918–1929). Zürich 1983.

Schmid, Hanspeter: Generalstreik 1919. Krieg der Bürger. Zürich 1980.

Schmid, Regula: En témoignage – Denkmäler zum Ersten Weltkrieg im Kanton Zürich. In: Hebeisen, Erika/Niederhäuser, Peter/Schmid, Regula (Hg.): Kriegs- und Krisenzeit. Zürich während des Ersten Weltkriegs. Zürich 2014, 223–236.

Schneider, Oliver: «Mitbürger, wir wollen des Landes altbewährte Freiheit und Ordnung schützen!» Die Bürgerwehren Luzerns 1918 bis 1921. Unveröffentlichte Lizentiatsarbeit der Universität Zürich. Zürich 2011.

Schneider, Philipp: Basel und die ausländischen Deserteure und Refraktäre zur Zeit des Ersten Weltkrieges. Unveröffentlichte Masterarbeit der Universität Basel. Basel 2012/13.

Schneider, Willi: Die Geschichte der Winterthurer Arbeiterbewegung. Winterthur 1960.

Schoch, Jürg: Die Oberstenaffäre. Eine innenpolitische Krise (1915/1916). Bern 1972.

Schultheiss, Michel/Thyroff, Julia: «Friedensinsel» in der «Einigkeitsprobe» – Eine Untersuchung von aktuellen Geschichtslehrmitteln zur Schweiz im Ersten Weltkrieg. In: Kuhn, Konrad J./Ziegler, Béatrice (Hg.): Der vergessene Krieg. Spuren und Traditionen zur Schweiz im Ersten Weltkrieg. Baden 2014, 291–306.

Schumacher, Beatrice: Braucht es uns? Selbstbilder, Arbeitsweisen und organisatorische Strukturen der Schweizerischen Gemeinnützigen Gesellschaft (SGG), 1810–1970. In: dies. (Hg.): Freiwillig verpflichtet. Gemeinnütziges Denken und Handeln in der Schweiz seit 1800. Zürich 2010, 37–69.

Schuwey, Christophe: «To get the truth about America into Germany». La propagande américaine en Suisse durant la Première Guerre mondiale 1917–1919. Masterarbeit. Freiburg 2013.

Schweri, Alain: La grève de 1917 aux usines d'aluminium de Chippis. Mémoire de licence Université de Genève. Genf 1988.

Schweizerische Nationalbank (Hg.): Die Schweizerische Nationalbank. 1907–2007. Zürich 2007.

Schwertfeger, Bernhard: Der Weltkrieg der Dokumente. Zehn Jahre Kriegsschuldforschung und ihr Ergebnis. Berlin 1929.

Segesser, Daniel Marc: Nicht kriegführend, aber doch Teil eines globalen Krieges. Perspektiven auf transnationale Verflechtungen der Schweiz im Ersten Weltkrieg. In: Schweizerische Zeitschrift für Geschichte 63 (2013), 364–381.

Segreto, Luciano: Du made in Germany au made in Switzerland. In: Trédé, Monique (éd.): Electricité et électrification dans le monde. Paris 1992, 347–367.

Senn, Alfred Erich: The Russian revolution in Switzerland 1914–1917. London 1971.

Siegenthaler, Hansjörg: Historische Statistik der Schweiz. Zürich 1996.

Siegenthaler, Hansjörg: Regelvertrauen, Prosperität und Krisen. Die Ungleichmässigkeit wirtschaftlicher und sozialer Entwicklung als Ergebnis individuellen Handelns und Lernens. Tübingen 1993.

Siegfried, Paul: Die Schweiz im Weltkrieg. Zürich 1921.

Société suisse de surveillance économique 1915–1919. Tableau de son activité. Bern 1920.

Soutou, Georges-Henri: L'or et le sang. Les buts de guerre économiques de la Première Guerre mondiale. Paris 1989.

Speed, Richard B.: Prisoners, Diplomats, and the Great War. A Study in the Diplomacy of Captivity. New York 1990.

Stamenkovic, Nikola: «Devant le crime, pas de neutralité possible!». Vie de Rodolphe Archibald Reiss. Neuenburg 2010.

Stämpfli, Regula: Mit der Schürze in die Landesverteidigung. Frauenemanzipation und Schweizer Militär 1914–1945. Zürich 2002.

Stämpfli, Regula: Von der Grenzbesetzung zum Aktivdienst. Geschlechterpolitische Lösungsmuster in der schweizerischen Sozialpolitik (1914–1945). In: Gilomen, Hans-Jörg/Guex, Sébastien/Studer, Brigitte (Hg.): Von der Barmherzigkeit zur Sozialversicherung. Umbrüche und Kontinuitäten vom Spätmittelalter bis zum 20. Jahrhundert. Zürich 2002, 373–386.

Staudinger, Dora: Die Genossenschaftsbewegung. In: Bericht über den Zweiten schweizerischen Kongress für Fraueninteressen. Bern 1931.

Stucki, Henri: Rückschau über Handel und Industrie der Schweiz 1914–1918. Schweizerischer Bankverein (Hg.). Basel 1919.

Studer, Erwin: Das Verhältnis von Staat und Wirtschaft in der Schweiz zur Zeit des Ersten Weltkrieges 1914–1918. Unveröffentlichte Lizentiatsarbeit der Universität Zürich. Zürich 1979.

Stüssi-Lauterburg, Jürg: Helvetias Töchter. Frauen in der Schweizer Militärgeschichte von 1291 bis 1939. Frauenfeld 1989.

Suter, Werner: Notrecht und ausserordentliche Vollmachten im schweizerischen Bundesstaatsrecht. Winterthur 1960.

Tanner, Albert: Arbeitsame Patrioten – wohlanständige Damen: Bürgertum und Bürgerlichkeit in der Schweiz 1830–1914. Zürich 1995.

Tanner, Jakob: Industrialisierung, Familienökonomie und Hungererfahrung. Sozialkonflikte, Arbeitskämpfe und Konsumboykott in der Schweiz 1880–1914. In: Gailus, Manfred/Volkmann, Heinrich (Hg.): Der Kampf um das tägliche Brot. Nahrungsmangel, Versorgungspolitik und Protest 1770–1990. Opladen 1994, 233–257.

Tanner, Jakob: Fabrikmahlzeit. Ernährungswissenschaft, Industriearbeit und Volksernährung in der Schweiz 1890–1950. Zürich 1999.

Tanner, Jakob: Die Schweiz hatte wieder einmal Glück. Edgar Bonjours Geschichtsschreibung. In: NZZ Folio, Wege der Schweiz, August 1991.

Teuteberg, René: Basler Geschichte. Basel 1986.

Thiriet, Maurice: Die Meuterei der Feldbatterie 54: Krisenmanagement der Armeeführung und Militärjustiz im Ersten Weltkrieg – eine Fallstudie. Unveröffentlichte Lizentiatsarbeit der Universität Zürich. Zürich 2011/12.

Thum Nietlisbach, Janine: Rapperswil während des Ersten Weltkriegs. Lokaler Einfluss und lokale Wahrnehmung. Unveröffentlichte Lizentiatsarbeit der Universität Zürich. Zürich 2011.

Thürer, Andreas: Der Schweizerische Vaterländische Verband 1919–1930/31, Band 1. Konstanz 2010.

Thurnherr, Bruno: Die Ordnungsdiensteinsatz der Armee anlässlich der Zürcher Unruhen im November 1917. Bern 1978.

Tingsten, Herbert. Les pleins pouvoirs. L'expansion des pouvoirs gouvernementaux pendant et après la grande guerre. Paris 1934.

Traber, Alfred: Ich war der «Trämlergeneral». Rückblick auf mein Leben. Zürich 2011.

Trechsel, Max: Die Liebestätigkeit der Schweiz. In: Jacob Ruchti, Geschichte der Schweiz 1914–1919. Politisch, wirtschaftlich und kulturell. Bd. 2. Bern 1930, 375–463.

Utz, Fritz/Wyler, Eugen/Trüb, Hans (Hg.): Die Grenzbesetzung 1914–1918 von Soldaten erzählt. Erlenbach 1933.

Vallotton, François: Ainsi parlait Carl Spitteler. Genèse et réception du «Notre point de vue suisse» de 1914. Lausanne 1991.

Vanay, Joanna: Les gardes civiques en Valais 1918–1919. Unveröffentlichte Lizentiatsarbeit der Universität Lausanne. Lausanne 2003/04.

Vincent, Charles Paul: The Politics of Hunger. The Allied Blockade of Germany, 1915–1919. London 1985.

Voigt, Christian: Robert Grimm. Bern 1980.

Vuilleumier, Marc: Eine internationale Führungsfigur des Sozialismus. In: Degen, Bernard/Schäppi, Hans/Zimmermann, Adrian (Hg.): Robert Grimm: Marxist, Kämpfer, Politiker. Zürich 2012, 69–92.

Vuilleumier, Marc, et al.: La Grève générale de 1918 en Suisse. Genf 1977.

Walter-Busch, Emil: Faktor Mensch. Formen angewandter Sozialforschung der Wirtschaft in Europa und den USA 1890–1950. Konstanz 2006.

Walter, François: Hiver. Histoire d'une saison. Paris 2014.

Walter, François: La Suisse comme île. In: Heinen, Armin/Hüser, Dietmar (Hg.): Tour de France. Eine historische Rundreise. Festschrift für Rainer Hudemann. Stuttgart 2008, 419–428.

Walter, François: Gustave Ador 1845–1928. In: Altermatt, Urs (Hg.): Die Schweizer Bundesräte. Ein biographisches Lexikon. Zürich/München 1991, 333–338.

Wehler, Hans-Ulrich: Krisenherde des Kaiserreichs 1871–1918. Göttingen 1979.

Weishaupt, Matthias: Bauern, Hirten, «Bauern & Bürger» und Bauernsoldaten. Die ideologische Vereinnahmung der mittelalterlichen Bauern in der nationalen Geschichtsschreibung der Schweiz. In: Tanner, Albert/Head-König, Anne-Lise (Hg.): Die Bauern in der Geschichte der Schweiz. Zürich 1992, 23–39.

Wigger, Erich: Krieg und Krise in der politischen Kommunikation. Vom Burgfrieden zum Bürgerblock in der Schweiz, 1910–1922. Zürich 1997.

Wild, Roman: Volksschuhe und Volkstücher zu Volkspreisen. Zur Bewirtschaftung lederner und textiler Bedarfsartikel im Ersten Weltkrieg in der Schweiz. In: Schweizerische Zeitschrift für Geschichte 63 (2013), 428–452.

Wilke, Jürgen: Deutsche Auslandspropaganda im Ersten Weltkrieg. Die Zentralstelle für Auslandsdienst. In ders. (Hg.): Pressepolitik und Propaganda: historische Studien vom Vormärz bis zum Kalten Krieg. Köln 1997, 79–125.

Winkler, Stephan: «Die Stimmen im Sturm» (1915–1916) und die Deustschschweizerische Gesellschaft (1916–1922). Basel 1983.

Winter, Jay: Remembering War. The Great War between Memory and History in the Twentieth Century. New Haven/London 2006.

Winter, Jay: Sites of Memory, Sites of Mourning. The Great War in European cultural history. Cambridge 1995.

Winter, Jay/Prost, Antoine: The Great War in History: Debates and Controversies 1914 to the Present. Cambridge 2005.

Witzig, Heidi: Polenta und Paradeplatz. Regionales Alltagsleben auf dem Weg zur modernen Schweiz 1880–1914. Zürich 2000.

Wolf, Susanne: Guarded neutrality. Diplomacy and internment in the Netherlands during the First World War. Leiden 2013.

Wyrsch, Jakob: Das Votivbild in der untern Ranftkapelle. In: Der Obwaldner Volksfreund, Nr. 70, 1. 9. 1967.

Wyssling, Walter: Die Entwicklung der schweizerischen Elektrizitätswerke und ihrer Bestandteile in den ersten 50 Jahren. Zürich 1946.

Ziegler, Béatrice: «Erinnert euch!» – Geschichte als Erinnerung und die Wissenschaft. In: Gautschi, Peter/Sommer Häller, Barbara (Hg.): Der Beitrag von Schulen und Hochschulen zu Erinnerungskulturen. Schwalbach/Ts. 2014, 69–89.

Zimmermann, Adrian: Die Niederlande und die Schweiz im November 1918. In: Schweizerische Zeitschrift für Geschichte 63 (2013), 453–478.

Zimmermann, Dorothe: Den Landesstreik erinnern. Antikommunistische Aktivitäten des Schweizerischen Vaterländischen Verbandes 1919–1948. In: Schweizerische Zeitschrift für Geschichte 63 (2013), 479–504.

Zogg, Andi: Das System hat die Grippe. Vom Umgang mit einer Epidemie im Jahr des schweizerischen Landesstreiks von 1918. Unveröffentlichte Lizentiatsarbeit der Universität Zürich. Zürich 2000.

Zoller, Lili: Die Notverordnung und ihre Grundlagen, im schweizerischen Staatsrecht insbesondere. Affoltern a. A. 1928.

Züblin-Spiller, Else: Erinnerungen an die Grenzbesetzung. In: Schmid-Itten, Marie/Meili-Lüthi, Rosa/Wyler, Eugen (Hg.): Der Grenzdienst der Schweizerin, 1914–1918. Von Frauen erzählt. Bern 1934, 236–242.

Züblin-Spiller, Else: Aus meinem Leben. Erinnerungen von Else Züblin-Spiller. Zürich 1929.

BILDNACHWEIS

Umschlag: Fotostiftung Schweiz, Winterthur, 1000.32.003
Das Bild illustriert eines der zentralen Probleme der Schweiz im Ersten Weltkrieg, die Unplanbarkeit und Unübersichtlichkeit der Ereignisse – und damit verbunden das Bedürfnis nach Aufklärung. Im Bild der Transport eines Ballons der schon vor dem Krieg bestehenden Ballontruppe vom Neuenburger- zum Bielersee 1915.

Abb. 1: Staatsarchiv Uri, 81007, Fotografie vom Mai 1915 (Michael Aschwanden)
Abb. 2: Staatsarchiv Uri, Postkarte um 1914
Abb. 3: Staatsarchiv Uri, Postkarte um 1914
Abb. 4: Staatsarchiv Uri, Postkarte um 1914
Abb. 5: Schweizerisches Bundesarchiv (BAR), Bern, E27 14096.491
Abb. 6: Stadtarchiv Zürich, V. L. 1001, Plakat vom 31. Juli 1914
Abb. 7: Stadtarchiv Schaffhausen, CII 24.03.01/02, Plakat vom 1. August 1914
Abb. 8: BAR, Bern, E27 14095.322
Abb. 9: BAR, Bern, E27 14095.3454
Abb. 10: Iten, Karl: Uri damals. Photographien und Zeitdokumente, 1855–1925, Altdorf 1984, Fotografie vom Mai 1915
Abb. 11: Staatsarchiv Uri, 84032 P183
Abb. 12: BAR, Bern, E27 14095.2715
Abb. 13: Schweizerisches Nationalmuseum (SNM), LM 115230.163, Nachlass Paul Knechtli
Abb. 14: SNM, LM 115230.106, Nachlass Paul Knechtli
Abb. 15: Bibliothek am Guisanplatz, Bern, 12971
Abb. 16: SNM, LM 115234.533, Nachlass Paul Knechtli
Abb. 17: Bibliothek am Guisanplatz, Bern, 11410
Abb. 18: Briner, Alfred: Die Standschützengesellschaft Neumünster 1895–1995, Zürich 1995, 29
Abb. 19: Schweizerische Nationalbibliothek (SNB), Bern, L'Arbalète, 1. Juli 1916 (Edmond Bille)
Abb. 20: Bibliothek am Guisanplatz, Bern, ohne Signatur
Abb. 21: BAR, Bern, E27 14093.918
Abb. 22: BAR, Bern, E27 14095.2917
Abb. 23: SNM, LM 81107.239
Abb. 24: Fotostiftung Schweiz, Winterthur, 2012.14.495 (H. Zwicky)
Abb. 25: Fotostiftung Schweiz, Winterthur, 2012.14.206
Abb. 26: Zentralbibliothek Zürich (ZBZ), Nebelspalter, 4. Dezember 1915 (Julius Friedrich Boscovits)
Abb. 27: SNB, Bern, L'Arbalète, 15. April 1917 (Huguenin-Boudry)
Abb. 28: Privatsammlung Ulrich Gribi, Büren a. A., Postkarte (Charles Clément)
Abb. 29: ZBZ, Nebelspalter, 26. Mai 1917
Abb. 30: Privatsammlung Ulrich Gribi, Büren a. A., Postkarte von 1914
Abb. 31: SNB, Bern, L'Arbalète, 1. September 1916 (Charles Clément)
Abb. 32: SNB, Bern, Kriegspostkarten (Charles Addy)
Abb. 33: SNB, Bern, L'Arbalète, 1. August 1917 (Charles Clément)
Abb. 34: SNB, Bern, L'Arbalète, 1. September 1917 (Charles Clément)
Abb. 35: ZBZ, Nebelspalter, 17. November 1917 (Fritz Boscovitz Junior)
Abb. 36: ZBZ, Nebelspalter, 6. April 1918 (Fritz Boscovitz Junior)
Abb. 37: BAR, Bern, E27 14095.5157
Abb. 38: ZBZ, Nebelspalter, 21. August 1915 (Karl Czerpien)
Abb. 39: Bille, Edmond: Au pays de Tell, Lausanne 1915
Abb. 40: BAR, Bern, E27 721.13892.1.3
Abb. 41: ZBZ, Nebelspalter, 3. Oktober 1914 (Fritz Boscovits Junior)
Abb. 42: BAR, Bern, E27 13893, Dresden 1914 (K. Lehmann-Dumont)
Abb. 43: BAR, Bern, E2001, 798, Genf 1915 (Rojoux & Schaufelberger)
Abb. 44: SNM, LM-117784, Lausanne 1914 (Säuberlin & Pfeiffer SA, Vevey)
Abb. 45: BAR, Bern, E27 721.13892.8.2, Paris 1914 (Adrien Barrère)
Abb. 46: Historisches Archiv und Bibliothek PTT, Köniz, Vers-057 A 0013, Lausanne 1915 (Pierre Châtillon)
Abb. 47: ZBZ, Musikabteilung, MUS F 3114:3
Abb. 48: SNB, Bern, Kriegspostkarten (Maurice Mathey)
Abb. 49: SNB, Bern, Der Schweizer Kamerad, 1. Januar 1916
Abb. 50: SNB, Bern, Gesamtkatalog Plakate, SNL_GUER_1 (Georges Dariel)
Abb. 51: BAR, Bern, E27 13584, Tribune de Genève, Nr. 278, 22. November 1916
Abb. 52: SNB, Bern, Mars Illustriertes Wochenblatt, Nr. 92, Februar 1917
Abb. 53: SNB, Bern, Illustrierter Kriegs-Kurier, Nr. 25
Abb. 54: Bibliothèque cantonale et universitaire, Lausanne, Illustrierte Rundschau, Nr. 6, März 1918

Abb. 55: Bibliothèque de Genève, Cahier vaudois, vol. 2, Lausanne 1915
Abb. 56: SNB, Bern, L'Arbalète, 1. Juli 1916 (Edmond Bille)
Abb. 57: Museum für Gestaltung Zürich, Plakatsammlung, 50-0045 (Otto Baumberger)
Abb. 58: SNB, Bern, Gesamtkatalog Plakate, SNL_EXPO_753
Abb. 59: Museum für Gestaltung Zürich, Plakatsammlung, 01-0751
Abb. 60: Moeller van den Bruck, Arthur: Die Ausstellung des Deutschen Werkbundes in Bern, München 1917
Abb. 61: SNB, Bern, La Feuille, 31. August 1917
Abb. 62: SNB, Bern, L'Arbalète, 15. Januar 1917 (Charles Clément)
Abb. 63: SNB, Bern, Kriegspostkarten II., B. Armee, Nr. 495–612
Abb. 64: ZBZ, Nebelspalter, 27. März 1915 (Fritz Boscovitz Junior)
Abb. 65: SNB, Bern, Kriegspostkarten II., B. Armee, Nr. 495–612
Abb. 66: Schweizerisches Sozialarchiv, Zürich, F Ka-0001-699
Abb. 67: Archives de l'État de Fribourg, 46 IV.3
Abb. 68: ZBZ, Nebelspalter, 4. März 1916 (Julius Friedrich Boscovits)
Abb. 69: ZBZ, Nebelspalter, 1. September 1916 (Julius Friedrich Boscovits)
Abb. 70: ZBZ, BU 331.4
Abb. 71: BAR, Bern, E27 14095.1960
Abb. 72: Privatsammlung, Armée Suisse: Cahiers du Bureau des Conférences, No 1.
Abb. 73: Bibliothèque de Genève, Rb 379
Abb. 74: Schweizerisches Sozialarchiv, Zürich, 32/199b, Flugblatt vom 10. Februar 1917
Abb. 75: Dachy, Marc: Journal du mouvement Dada 1915–1923, Genève 1989, 46
Abb. 76: Masereel, Frans: Les morts parlent, 2. édition, Genève 1918
Abb. 77: ZBZ, Nebelspalter, 18. Mai 1918 (Julius Friedrich Boscovits)
Abb. 78: Hasse, Hermann: Die Allgemeine Elektrizitätsgesellschaft und ihre wirtschaftliche Bedeutung, Heidelberg 1902.
Abb. 79: SNB, Bern, L'Arbalète, 1. Juli 1916 (Edmond Bille)
Abb. 80: Gretlers Panoptikum zur Sozialgeschichte, Zürich
Abb. 81: Privatsammlung Ulrich Gribi, Büren a. A., Postkarte vom Herbst 1916
Abb. 82: ZBZ, Nebelspalter, 10. März 1917 (Julius Friedrich Boscovits)
Abb. 83: ZBZ, Nebelspalter, 21. Juni 1915 (Fritz Boscovits Junior)
Abb. 84: Schoenenberger, Friedrich: Maschinenfabrik Oerlikon, Oerlikon 1927, 164
Abb. 85: ZBZ, Nebelspalter, 7. Oktober 1916 (Fritz Boscovits Junior)
Abb. 86: SNM, LM 811073.74
Abb. 87: BAR, Bern, E27 14095.5273
Abb. 88: ZBZ, Nebelspalter, 15. Juli 1916
Abb. 89: Privatsammlung Ulrich Gribi, Büren a. A., Postkarte vom Herbst 1916
Abb. 90: ZBZ, Nebelspalter, 19. August 1916 (Fritz Boscovits Junior)
Abb. 91: SNB, Bern, L'Arbalète, 15. Januar 1917 (Pan)
Abb. 92: ZBZ, Nebelspalter, 1. Dezember 1917 (Julius Friedrich Boscovits)
Abb. 93: SNB, Bern, L'Arbalète, 24. Dezember 1917 (Edmond Bille)
Abb. 94: SNM, LM 102442.18
Abb. 95: SNM, LM 102442.29
Abb. 96: SNM, LM 102442.31
Abb. 97: ZBZ, Nebelspalter, 3. Juni 1916
Abb. 98: SNB, Bern, L'Arbalète, 1. Dezember 1917 (Victor Gottofrey)
Abb. 99: SNB, Bern, L'Arbalète, 1. Dezember 1917 (Charles Clément)
Abb. 100: Masereel, Frans: Les morts parlent, 2. édition, Genève 1918
Abb. 101: SNM, LM 80962
Abb. 102: SNB, Bern, L'Arbalète, 15. Juli 1916 (Charles Clément)
Abb. 103: Stadtarchiv Zürich, V. L. 1001, Flugblatt, 25. August 1916
Abb. 104: ZBZ, Nebelspalter, 27. April 1918 (Karl Czerpien)
Abb. 105: ZBZ, Nebelspalter, 16. März 1918 (Julius Friedrich Boscovits)
Abb. 106: ZBZ, Nebelspalter, 23. Juni 1917 (Julius Friedrich Boscovits)
Abb. 107: Stadtarchiv Schaffhausen, CII 24.03.08/01, Bekanntmachung, 2. April 1917
Abb. 108: ZBZ, Nebelspalter, 19. Mai 1917
Abb. 109: ZBZ, Nebelspalter, 22. Juni 1918 (Fritz Boscovits Junior)
Abb. 110: ZBZ, Nebelspalter, 19. Mai 1917 (Julius Friedrich Boscovits)
Abb. 111: Archiv für Agrargeschichte, Bern
Abb. 112: Gretlers Panoptikum zur Sozialgeschichte, Zürich

Abb. 113: SNB, Bern, L'Arbalète, 15. September 1917 (Noël Fontanetto)
Abb. 114: Archiv für Agrargeschichte, Bern
Abb. 115: Schweizerisches Sozialarchiv, Zürich, 338/343 – Z1, Flugblatt, 27. Juli 1916
Abb. 116: Schweizerisches Sozialarchiv, Zürich, Ar 1.100.6, Brief, 25. Dezember 1916
Abb. 117: SNB, Bern, L'Arbalète, 1. Juli 1916 (Charles Clément)
Abb. 118: Staatsarchiv des Kantons Bern, T.152 38, Fotografie vom Februar 1919 (O. Rohr)
Abb. 119: Archiv für Agrargeschichte, Bern
Abb. 120: Archiv für Agrargeschichte, Bern
Abb. 121: Stadtarchiv Schaffhausen, P 05 008
Abb. 122: Archiv für Agrargeschichte, Bern
Abb. 123: Staatsarchiv Basel-Stadt, Bild 13, 606
Abb. 124: Staatsarchiv des Kantons Bern, T.137, Fotografie, 15. Mai 1915
Abb. 125: ZBZ, Nebelspalter, 20. Mai 1916 (Karl Czerpien)
Abb. 126: SNM, LM 100496
Abb. 127: Archiv für Agrargeschichte, Bern
Abb. 128: Archiv für Agrargeschichte, Bern
Abb. 129: Archiv für Agrargeschichte, Bern
Abb. 130: Archiv für Agrargeschichte, Bern
Abb. 131: Archiv für Agrargeschichte, Bern
Abb. 132: Stadtarchiv Zürich, V. L. 82, Bekanntmachung, 14. November 1918
Abb. 133: Archiv für Agrargeschichte, Bern
Abb. 134: ZBZ, FA Ganz 31
Abb. 135: ZBZ, FA Ganz 31
Abb. 136: ZBZ, FA Ganz 46
Abb. 137: ZBZ, FA Ganz 46
Abb. 138: ZBZ, FA Ganz 46
Abb. 139: Privatsammlung Ulrich Gribi, Büren a. A., Postkarte vom Frühling 1916
Abb. 140: SNB, Bern, L'Arbalète, 1. April 1917 (Charles Clément)
Abb. 141: ZBZ, Nebelspalter, 10. November 1917 (Julius Friedrich Boscovits)
Abb. 142: ZBZ, Nebelspalter, 7. August 1915 (Fritz Boscovits Junior)
Abb. 143: Privatsammlung Ulrich Gribi, Büren a. A., Postkarte von Charles Clément
Abb. 144: Privatsammlung Ulrich Gribi, Büren a. A., Postkarte, ohne Datum
Abb. 145: Privatsammlung Ulrich Gribi, Büren a. A., Postkarte von 1916 (Charles Clément)
Abb. 146: Privatsammlung Ulrich Gribi, Büren a. A., Postkarte von 1916 (Charles Clément)
Abb. 147: SNB, Bern, Le Petit Suisse, Nr. 22, 11. März 1916
Abb. 148: ZBZ, Nebelspalter, 23. März 1918
Abb. 149: SNB, Bern, L'Arbalète, 1. April 1917 (Edmond Bille)
Abb. 150: ZBZ, Simplicissimus, Nr. 16, 17. Juli 1917
Abb. 151: ZBZ, Nebelspalter, 30. Juni 1917 (Julius Friedrich Boscovits)
Abb. 152: Privatsammlung Ulrich Gribi, Büren a. A., Postkarte von 1920
Abb. 153: Museum für Gestaltung Zürich, Plakatsammlung, 08 0099, Plakat von 1920 (Emil Cardinaux)
Abb. 154: Privatbesitz Carlo Moos, Flugblatt von 1920 (Graphische Anstalt Otto Walter, Olten)
Abb. 155: Museum für Gestaltung Zürich, Plakatsammlung, Plakat von 1920 (Otto Baumberger)
Abb. 156: ZBZ, Nebelspalter, 13. Juli 1918 (Julius Friedrich Boscovits)
Abb. 157: Gretlers Panoptikum zur Sozialgeschichte, Postkarte von X. Wehrli
Abb. 158: Stadtarchiv Schaffhausen, Privatarchiv Fehr, J 03.07.03/05
Abb. 159: Stadtarchiv Schaffhausen, Privatarchiv Fehr, J 01/117, Nr. 92 (Alfred Kugler)
Abb. 160: Bibliothek am Guisanplatz, Bern, MPK 0173, Postkarte zur Bundesfeier, 1. August 1915
Abb. 161: Institut et Haute Ecole de la Santé La Source, Lausanne, HES-SO 100001595A
Abb. 162: Institut et Haute Ecole de la Santé La Source, Lausanne, HES-SO 100001626A
Abb. 163: ZBZ, Schweizer Illustrierte Zeitung, Nr. 42, 16. Oktober 1915
Abb. 164: Privatbesitz Arthur Eugster, St. Gallen
Abb. 165: Privatbesitz Arthur Eugster, St. Gallen
Abb. 166: Internationales Komitee vom Roten Kreuz, Genf, V-P-HIST-01816-13
Abb. 167: Internationales Komitee vom Roten Kreuz, Genf, V-P-HIST-01816-30
Abb. 168: Privatsammlung Ulrich Gribi, Büren a. A.
Abb. 169: Büro für Sozialgeschichte, Basel (Privatarchiv Weber, Effretikon), cd 8 0 a1 01
Abb. 170: Büro für Sozialgeschichte, Basel (Privatarchiv Weber, Effretikon), cd 8 0 d1 01
Abb. 171: Institut et Haute Ecole de la Santé La Source, Lausanne, HES-SO 100001612A
Abb. 172: Büro für Sozialgeschichte, Basel (Privatarchiv Weber, Effretikon)
Abb. 173: BAR, Bern, E27 14095.2536
Abb. 174: SNM, LM 81107.346
Abb. 175: Schweizerisches Rotes Kreuz, Bern

Abb. 176: Büro für Sozialgeschichte, Basel (Privatarchiv Weber, Effretikon)
Abb. 177: SNB, Bern, Le Petit Suisse, Nr. 15, 24.7.1915
Abb. 178: Stadtarchiv Schaffhausen, Privatarchiv Fehr, J 03.07.03/05
Abb. 179: ZBZ, Nebelspalter, 12. August 1916 (Karl Czerpien)
Abb. 180: Privatsammlung Ulrich Gribi, Büren a. A.
Abb. 181: Internationales Komitee vom Roten Kreuz, Genf, V-P-HIST-03005-28
Abb. 182: Internationales Komitee vom Roten Kreuz, Genf, V-P-HIST-03545-10
Abb. 183: ZBZ, Schweizer Illustrierte Zeitung, Nr. 12, 18. März 1916
Abb. 184: SNM, LM 101500.29
Abb. 185: Burgerbibliothek Bern, 168/62, Sammlung Schenk
Abb. 186: ZBZ, Schweizer Illustrierte Zeitung, Nr. 11, 11. März 1916
Abb. 187: BAR, Bern, E27 14095.4247
Abb. 188: BAR, Bern, E27 14095.4264
Abb. 189: BAR, Bern, E27 14095.4249
Abb. 190: BAR, Bern, E27 14095.4252
Abb. 191: Internationales Komitee vom Roten Kreuz, Genf, V-P-HIST-03002-16A, Fotografie vom 28. Juli 1917 in Genf
Abb. 192: ZBZ, Nebelspalter, 8. Juli 1916 (Fritz Boscovits Junior)
Abb. 193: Internationales Komitee vom Roten Kreuz, Genf, V-P-HIST-03544-15
Abb. 194: Internationales Komitee vom Roten Kreuz, Genf, V-P-HIST-03005-27
Abb. 195: Internationales Komitee vom Roten Kreuz, Genf, V-P-HIST-03005-09
Abb. 196: Internationales Komitee vom Roten Kreuz, Genf, V-P-HIST-03547-02
Abb. 197: SNM, LM 101500.28
Abb. 198: Firmenarchiv Bucher-Guyer Niederwenigen, ArBG U 520
Abb. 199: Staatsarchiv Uri, 84997, Fotografie aus Flüelen, 1916 (Michael Aschwanden)
Abb. 200: ETH Zürich, Bibliothek, Bildarchiv, Dia 247-01910, Fotografie aus Fiesch, 1916 (Leo Wehrli)
Abb. 201: Internationales Komitee vom Roten Kreuz, Genf, V-P-HIST-03002-25A
Abb. 202: Internationales Komitee vom Roten Kreuz, Genf, V-P-HIST-03005-02
Abb. 203: Internationales Komitee vom Roten Kreuz, Genf, V-P-HIST-03547-07
Abb. 204: BAR, Bern, E27 14095.3702
Abb. 205: Internationales Komitee vom Roten Kreuz, Genf, V-P-HIST-03002-34A
Abb. 206: SNB, Bern, L'Arbalète, 1. September 1916 (Victor Gottofrey)
Abb. 207: Burgerbibliothek Bern, 168/58, Sammlung Schenk
Abb. 208: BAR, Bern, E27 14095.3827
Abb. 209: Fotostiftung Schweiz, Winterthur, 2000.39.042, Fotografie von 1915 (Hans Carl Koch)
Abb. 210: Staatsarchiv Basel-Stadt, Bild 13, 485
Abb. 211: Staatsarchiv Basel-Stadt, BSL 1025 06
Abb. 212: Stadtarchiv Schaffhausen, Privatarchiv Fehr, J 03.07.03/05
Abb. 213: Stadtarchiv Schaffhausen, Privatarchiv Fehr, J 03.07.03/01
Abb. 214: ZBZ, Schweizer Illustrierte Zeitung, Nr 16, 17. April 1915
Abb. 215: SNM, LM 80509.400
Abb. 216: SNM (Album August Gansser), LM 102104.161
Abb. 217: SNM (Album August Gansser), LM 102104.163
Abb. 218: SNM (Album August Gansser), LM 102104.164
Abb. 219: ZBZ, Nebelspalter, 16. Februar 1918 (Karl Czerpien)
Abb. 220: ZBZ, Nebelspalter, 10. März 1917
Abb. 221: ZBZ, Nebelspalter, 13. November 1915 (Fritz Boscovits Junior)
Abb. 222: Museum für Gestaltung Zürich, Plakatsammlung, 13 0714 (Paul Kammüller)
Abb. 223: Schweizerisches Sozialarchiv, Zürich, 32/199b
Abb. 224: Staatsarchiv Basel-Stadt, Räte und Beamte A 4a
Abb. 225: ZBZ, Schweizer Illustrierte Zeitung, Nr. 46/47, November 1918, 574
Abb. 226: Privatsammlung Ulrich Gribi, Büren a. A.
Abb. 227: Stadtarchiv Zürich, V.L. 1001
Abb. 228: Staatsarchiv Basel-Stadt (Sammlung Meyer), AL 45, 3, 106
Abb. 229: Nagel, Ernst: Die Liebestätigkeit der Schweiz im Weltkriege, Basel 1916
Abb. 230: Schmid-Itten, M.: Der Grenzdienst der Schweizerin, 1914–1918: von Frauen erzählt, Bern 1934
Abb. 231: SNM, Archiv der Pro Juventute
Abb. 232: Gosteli, Marthe: Vergessene Geschichte. Illustrierte Chronik der Frauenbewegung, 1914–1963, Bd. 1, Bern 2000, 173

Abb. 233: Gosteli-Stiftung. Archiv zur Geschichte der schweizerischen Frauenbewegung, Worblaufen, 8a-53.1

Abb. 234: Gosteli-Stiftung. Archiv zur Geschichte der schweizerischen Frauenbewegung, Worblaufen, 8a-53.2

Abb. 235: Gretlers Panoptikum zur Sozialgeschichte, Zürich

Abb. 236: ZBZ, Das Rote Kreuz, Nr. 23, 1. Dezember 1915

Abb. 237: ZBZ, Nebelspalter, 17. April 1915 (Fritz Boscovits Junior)

Abb. 238: BAR, Bern, E27 14095.5176

Abb. 239: Privatsammlung Ulrich Gribi, Büren a. A., Postkarte von 1915

Abb. 240: ZBZ, Schweizer Illustrierte Zeitung, Nr. 26, 29. Juni 1918, 322

Abb. 241: SNB, La Patrie Suisse. Journal illustré, Nr. 596, 26. Juli 1916, 176

Abb. 242: Gretlers Panoptikum zur Sozialgeschichte, Zürich

Abb. 243: ZBZ, Nebelspalter, 16. September 1916 (Julius Friedrich Boscovits)

Abb. 244: ZBZ, Nebelspalter, 9. November 1918 (Julius Friedrich Boscovits)

Abb. 245: McCarthy, Adolf: Robert Grimm. Der schweizerische Revolutionär, Bern 1989

Abb. 246: ZBZ, Nebelspalter, 5. Mai 1917 (Karl Czerpien)

Abb. 247: SNM, LM 100863.1

Abb. 248: Gretlers Panoptikum zur Sozialgeschichte, Zürich

Abb. 249: Stadtarchiv Zürich, V. L. 82, Fotografie vom 9. November 1918 (W. Gallas)

Abb. 250: ZBZ, Schweizer Illustrierte Zeitung, Nr. 46, 16. November 1918, 570

Abb. 251: Gretlers Panoptikum zur Sozialgeschichte, Zürich

Abb. 252: Schweizerisches Sozialarchiv, Zürich, 331/260

Abb. 253: BAR, Bern, E27 14095.5454

Abb. 254: Gretlers Panoptikum zur Sozialgeschichte, Zürich

Abb. 255: Gretlers Panoptikum zur Sozialgeschichte, Zürich

Abb. 256: Kultur-Historisches Museum Grenchen

Abb. 257: Gretlers Panoptikum zur Sozialgeschichte, Zürich

Abb. 258: SNM, LM 100863.6

Abb. 259: SNB, Bern, L'Arbalète, 1. Mai 1917 (Edmond Bille)

Abb. 260: BAR, Bern, E27 14095.5486

Abb. 261: Gretlers Panoptikum zur Sozialgeschichte, Zürich

Abb. 262: Staatsarchiv Zürich, M 1f 2

Abb. 263: Staatsarchiv Zürich, M 1f 3.1

Abb. 264: Keystone, 59093245

Abb. 265: BAR, Bern, E27 14095.5461

Abb. 266: Gosteli-Stiftung. Archiv zur Geschichte der schweizerischen Frauenbewegung, Worblaufen, F 1025

Abb. 267: ZBZ, Nebelspalter, 17. August 1918 (Julius Friedrich Boscovits)

Abb. 268: Stadtarchiv Zürich, V. L. 1001, Plakat vom Oktober 1919

Abb. 269: Artfilm.ch, DVD-Cover von 2003

Abb. 270: Museum für Gestaltung Zürich, Plakatsammlung, 03 0284, Filmplakat von 1939 (Heinrich Steiner)

Abb. 271: Archives de la Ville de Lausanne, P 041

Abb. 272: Staatsarchiv Uri, 81065 (Michael Aschwanden)

Abb. 273: Staatsarchiv Uri, 81079 (Michael Aschwanden)

Abb. 274: IVF Hartmann AG, Archiv der Internationalen Verbandstofffabrik Schaffhausen

Abb. 275: Fachstelle für Kultur- und Denkmalpflege Obwalden, Fotografie von Daniel Reinhard, Alpnach Dorf

Abb. 276: Staatsarchiv Aargau, Nachlass Remigius Sauerländer, CH-000051-7 NL.A-0141/0001

Abb. 277: SNM, LM 23201

Abb. 278: ETH Zürich, Bibliothek, Bildarchiv, PK_000002-00024

Abb. 279: Baugeschichtliches Archiv der Stadt Zürich, Fotografie vom 24. September 1922

Abb. 280: Fotografie von 2014 (Stella Schenkel)

Abb. 281: Fotografie von 2014 (Stella Schenkel)

Abb. 282: Staatsarchiv Basel-Land, STABL_PA_6292_0293_m

Abb. 283: Fotografie von 2010 (David Accola)

Abb. 284: Fotografie von 2011 (Stella Schenkel)

Abb. 285: Fotografie von 2011 (Stella Schenkel)

Abb. 286: Hardegger, Joseph et al.: Das Werden der modernen Schweiz. Quellen, Illustrationen und andere Materialien zur Schweizergeschichte. Band 2: Die Schweiz im 20. Jahrhundert (1914–Gegenwart), Luzern 1986, 24f.

Die Herausgeberschaft hat sich bemüht, sämtliche Rechteinhaber von Abbildungen zu ermitteln. Bei Unstimmigkeiten bitten wir, den Verlag zu kontaktieren.

AUTORINNEN UND AUTOREN

Ruedi Brassel, Dr. phil., Geschäftsführer der SP Baselland und Gemeinderat in Pratteln. Forschungsfelder sind die Geschichte der politischen Kultur in der Schweiz, die Geschichte der Friedensbewegung sowie die Regionalgeschichte. Wichtige Publikationen: Spieler, Willy/Howald, Stefan/Brassel, Ruedi: Für die Freiheit des Wortes. Neue Wege durch ein Jahrhundert im Spiegel der Zeitschrift des religiösen Sozialismus. Zürich 2009; Brassel, Ruedi: Dissonanzen der Moderne. Aspekte der Entwicklung der politischen Kulturen in der Schweiz der 1920er-Jahre. Zürich 1994.

Sabine Braunschweig, Dr. phil., Historikerin und dipl. Erwachsenenbildnerin, Büro für Sozialgeschichte Basel. Neuere Publikationen: Braunschweig, Sabine (Hg.): «Als habe es die Frauen nicht gegeben.» Beiträge zur Frauen- und Geschlechtergeschichte. Zürich 2014; Braunschweig, Sabine: Zwischen Aufsicht und Betreuung. Berufsbildung und Arbeitsalltag der Psychiatriepflege am Beispiel der Basler Heil- und Pflegeanstalt Friedmatt, 1886–1960. Zürich 2013; Wecker, Regina/Braunschweig, Sabine/Imboden, Gabriela/Ritter, Hans Jakob (Hg.): Eugenik und Sexualität. Die Regulierung reproduktiven Verhaltens in der Schweiz 1920–1960. Zürich 2013.

Thomas Buomberger, Dr. phil., Journalist und Historiker. Wichtigste Publikationen: Buomberger, Thomas: Kampf gegen unerwünschte Fremde. Von James Schwarzenbach bis Christoph Blocher. Zürich 2004; Buomberger, Thomas: Raubkunst – Kunstraub. Die Schweiz und der Handel mit gestohlenen Kulturgütern zur Zeit des Zweiten Weltkriegs. Zürich 1998; Buomberger, Thomas: Kooperation statt Konfrontation. Die Winterthurer Arbeiterschaft während der Krisenzeit der 1930er-Jahre. Winterthur 1985.

Thomas Bürgisser, lic. phil, Wissenschaftlicher Mitarbeiter der Forschungsgruppe Diplomatische Dokumente der Schweiz in Bern und Doktorand an der Universität Basel. Aktuelle Forschungsschwerpunkte sind die Beziehungsgeschichte Schweiz-Jugoslawien (Dissertationsprojekt) und die schweizerische Aussenpolitik im Kalten Krieg. Neuere Publikationen: Bürgisser, Thomas: «Unerwünschte Gäste». Russische Soldaten in der Schweiz 1915–1920. Zürich 2010; Bürgisser, Thomas: «Sturmesbrausen» in «sonst so stillen Gassen». Landesstreik 1918 in Stadt und Bezirk Lenzburg. In: Lenzburger Neujahrsblätter 2009, 80 (2008), 5–26.

Alain Clavien, Prof. Dr. phil., Ordinarius für Geschichte der Neuzeit an der Universität Freiburg. Wichtigste Buchpublikationen: Clavien, Alain: Grandeurs et misères de la presse politique. Le match *Gazette de Lausanne – Journal de Genève*. Lausanne 2010; Clavien, Alain: Histoire de la *Gazette de Lausanne*. Le temps du colonel 1874–1917. Vevey 1997; Clavien, Alain: «Les Helvétistes. Intellectuels et politique en Suisse romande au début du [20e] siècle». Lausanne 1993.

Cédric Cotter, M. A., Doktorand im SNF-Sinergia-Projekt «Die Schweiz im Ersten Weltkrieg. Transnationale Perspektiven auf einen Kleinstaat im totalen Krieg» an der Universität Genf. Forschungsinteressen sind die Geschichte des Ersten Weltkriegs, die Geschichte der humanitären Hilfe und des IKRK.

Alexandre Elsig, M. A., Wissenschaftlicher Assistent an der Universität Freiburg. Arbeit an einer Dissertation zur deutschen Propaganda und ihrer Rezeption in der Schweiz im Ersten Weltkrieg. Gemeinsam mit Patrick Bondallaz Realisierung der Website «14-18. La Suisse en cartes postales» (www.14-18.ch). Elsig, Alexandre: Un «laboratoire de choix»? Le rôle de la Suisse dans le dispositif européen de la propagande allemande (1914–1918). In: Schweizerische Zeitschrift für Geschichte, 63 (2013), 382–404.

Irène Herrmann, Prof. Dr. phil., Professorin für transnationale Geschichte der Schweiz an der Universität Genf. Forschungsschwerpunkte sind die Geschichte der humanitären Diplomatie, die postsowjetische Geschichte und die Begriffsgeschichte. Wichtigste Publikationen: Herrmann, Irène (Hg.): Die Fabrikation staatsbürgerlichen Verhaltens (Schweizerische Zeitschrift für Geschichte, Heft 1, 2011); Herrmann, Irène: Les cicatrices du passé. Essai sur la gestion des conflits en Suisse (1798–1918). Bern 2006; Herrmann, Irène: Genève entre République et Canton. Les vicissitudes d'une intégration nationale (1814–1846). Genf 2003.

Rudolf Jaun, Prof. Dr. phil., Titularprofessor für Geschichte der Neuzeit und Militärgeschichte an der Universität Zürich. Neuere Publikationen: Jaun, Rudolf: Militärgewalt und das «revolutionäre» Gravitationszentrum Zürich 1917–1918. In: Hebeisen, Erika/Niederhäuser, Peter/Schmid, Regula (Hg.): Kriegs- und Krisenzeit. Zürich während des Ersten Weltkriegs. Zürich 2014, 185–198; Jaun, Rudolf: Preussen vor Augen. Das schweizerische Offizierskorps im militärischen und gesellschaftlichen Wandel des Fin de siècle. Zürich 1999.

Elisabeth Joris, Dr. phil., freischaffende Historikerin. Zahlreiche Arbeiten insbesondere zur Geschlechtergeschichte der Schweiz im 19. und 20. Jahrhundert. Wichtigste Publikationen: Joris, Elisabeth: Liberal und eigensinnig. Die Pädagogin Josephine Stadlin – die Homöopathin Emilie Paravicini-Blumer. Zürich 2011; Joris, Elisabeth/Witzig, Heidi: Brave Frauen – aufmüpfige Weiber. Wie sich die Industrialisierung auf Alltag und Lebenszusammenhänge von Frauen auswirkte (1820–1940), 3. Auflage. Zürich 1995; Joris, Elisabeth/Witzig, Heidi (Hg.): Frauengeschichte(n). Dokumente aus zwei Jahrhunderten zur Situation der Frauen in der Schweiz. 4. erw. Auflage. Zürich 2001.

Konrad J. Kuhn, Dr. phil., Wissenschaftlicher Assistent am Seminar für Kulturwissenschaft und Europäische Ethnologie der Universität Basel. Forschungsfelder sind die Wissensgeschichte der Volkskunde/Kulturwissenschaft, die Brauch-/ Ritualforschung, die Geschichts- und Erinnerungskultur, die Kulturgeschichte des Politischen sowie die Geschichte der Entwicklungspolitik. Aktuelle Publikationen: Kuhn, Konrad J./Ziegler, Béatrice (Hg.): Der vergessene Krieg. Spuren und Traditionen zur Schweiz im Ersten Weltkrieg. Baden 2014; Elmer, Sara/Kuhn, Konrad J./Speich Chassé, Daniel (Hg.): Handlungsfeld Entwicklung. Schweizer Erwartungen und Erfahrungen in der Geschichte der Entwicklungsarbeit. Basel 2014.

Patrick Kury, PD Dr. phil., lehrt neuere allgemeine und Schweizer Geschichte an den Universitäten von Luzern und Bern und hat verschiedene historische Ausstellungen kuratiert. Neuere Publikationen: Kury, Patrick: Der überforderte Mensch. Eine Wissensgeschichte vom Stress zum Burnout. Frankfurt, New York 2012; Sarasin, Philipp; Bochsler, Regula; Kury, Patrick (Hg.): Wertes Fräulein, was kosten Sie? Prostitution in Zürich 1875–1925, Katalog zur gleichnamigen Ausstellung. Baden 2004; Kury, Patrick: Über Fremde reden. Überfremdungsdiskurs und Ausgrenzung in der Schweiz 1900–1945 (Veröffentlichungen des Archivs für Zeitgeschichte ETH Zürich, Band 4). Zürich 2003.

Lea Moliterni, lic. phil., Mitarbeiterin im Schweizerischen Roten Kreuz (SRK) sowie Arbeit an einer Dissertation zum Thema «Um Gnade bitten im Ersten Weltkrieg. Militärjustizverurteilte und ihre Gesuche um Gnade». Forschungsfelder sind die Militärgeschichte, die Kulturgeschichte und Geschichtstheorien.

Carlo Moos, Prof. Dr. phil., emeritierter Professor für Neuere Allgemeine und Schweizer Geschichte an der Universität Zürich. Wichtigste Buchpublikationen: Moos, Carlo: Ausgrenzung, Internierung, Deportation. Antisemitismus und Gewalt im späten italienischen Faschismus (1938–1945). Zürich 2004; Moos, Carlo: Ja zum Völkerbund – Nein zur UNO. Die Volksabstimmungen von 1920 und 1986 in der Schweiz. Schweizer Beiträge zur internationalen Geschichte, 4, Zürich 2001; Moos, Carlo: L'«altro» Risorgimento. L'ultimo Cattaneo tra Italia e Svizzera. Mailand 1992.

Peter Moser, Dr. phil., Leiter Archiv für Agrargeschichte, Bern. Neuere Publikationen: Moser, Peter/Varley, Toni (Hg.): Integration through Subordination. The Politics of Agricultural Modernisation in Industrial Europe. Turnhout 2013; Moser, Peter: Bohnen, Speck und Schnaps oder Weissbrot, Bananen und Salami? Über das Konflikt- und Kooperationspotenzial der Pidgin-Essenskultur auf Bauernhöfen in der Schweiz in den fünfziger und sechziger Jahren. In: Jahrbuch für Geschichte des ländlichen Raums, 10 (2013), 109–122.

Serge Paquier, Prof. Dr. phil., Professor für Geschichte der Neuzeit an der Universität Jean Monnet in Saint-Etienne. Forschungsschwerpunkte sind die Geschichte von Innovationen und die Geschichte der (elektrischen) Energie. Neuere Publikationen: Paquier, Serge: l'Histoire de l'électricité en Suisse (1875–1939). La dynamique d'un petit pays européen, 2 vol. Genf 1998; Paquier, Serge (Hg.): L'eau à Genève et dans la région Rhône-Alpes (XIXe-XXe siècles). Paris 2007; Paquier, Serge/Williot, Jean-Pierre (Hg.): L'industrie du gaz en Europe aux XIXe et XXe siècles. L'innovation entre marchés privés et collectivités publiques. Brüssel 2005.

Roman Rossfeld, Dr. phil., Chercheur invité am Département d'histoire générale, Université de Genève, sowie Projektkoordinator des vom Schweizerischen Nationalfonds geförderten Forschungsprojektes «Die Schweiz im Ersten Weltkrieg: Transnationale Perspektiven auf einen Kleinstaat im totalen Krieg». Neuere Publikationen: Rossfeld, Roman: 1914–1918: Neue Zugänge zur Geschichte der Schweiz im Ersten Weltkrieg. Vorwort zum Themenschwerpunkt. In: Schweizerische Zeitschrift für Geschichte, 63 (2013), 337–342; Rossfeld, Roman/Straumann, Tobias (Hg.): Der vergessene Wirtschaftskrieg. Schweizer Unternehmen im Ersten Weltkrieg. Zürich 2008.

Oliver Schneider, lic. phil., Doktorand im SNF-Sinergia-Projekt «Die Schweiz im Ersten Weltkrieg. Transnationale Perspektiven auf einen Kleinstaat im totalen Krieg» an der Universität Zürich. Forschungsinteressen sind die Geschichte der Schweiz im 19. und 20. Jahrhundert sowie die Politikgeschichte. Schneider, Oliver: Von Knüppelgardisten, Revolutionshelden und Radaubrüdern. Die Luzerner Bürgerwehren nach dem Landesstreik 1918. In: Geschichte, Kultur, Gesellschaft. Jahrbuch, Historische Gesellschaft Luzern, 31 (2013), 63–84.

Michel Schultheiss, lic. phil., Wissenschaftlicher Mitarbeiter an der Université de Lausanne (Hispanistik) und freier Journalist. Schultheiss, Michel/Thyroff, Julia: «Friedensinsel» in der «Einigkeitsprobe». Eine Untersuchung von aktuellen Geschichtslehrmitteln zur Schweiz im Ersten Weltkrieg. In: Kuhn, Konrad J./Ziegler Béatrice (Hg.): Der vergessene Krieg: Spuren und Traditionen zur Schweiz im Ersten Weltkrieg. Baden 2014, 291–306.

Beatrice Schumacher, Dr. phil., freischaffende Historikerin. Forschungsfelder sind die Sozial- und Kulturgeschichte in der Schweiz im 19. und 20. Jahrhundert, die Konsumgeschichte, Soziabilität sowie die Stadt- und Regionalgeschichte. Neuere Publikationen: Schumacher, Beatrice: Freiwillig verpflichtet. Gemeinnütziges Denken und Handeln in der Schweiz seit 1800. Hg. von der Schweizerischen Gemeinnützigen Gesellschaft. Zürich 2010; Schumacher, Beatrice: In Bewegung. Geschichte der Gemeinde Emmen. Emmenbrücke 2004; Schumacher, Beatrice: Ferien. Interpretationen und Popularisierung eines Bedürfnisses. Schweiz 1890–1950. Wien 2002.

Jakob Tanner, Prof. Dr. phil., Professor für Geschichte der Neuzeit an der Forschungsstelle für Sozial- und Wirtschaftsgeschichte und am Historischen Seminar der Universität Zürich. Forschungsschwerpunkte sind die Geschichtstheorie, die Geschichte der Schweiz, die Wirtschafts-, Finanz- und Unternehmensgeschichte sowie die Wissenschafts-, Körper-, Ernährungs- und Medizingeschichte. Neue Publikationen: Tanner, Jakob: Opposition in der Schweiz. In: Braunschweig, Sabine (Hg.): «Als habe es die Frauen nicht gegeben». Beiträge zur Frauen- und Geschlechtergeschichte. Zürich 2014, 219–230; Tanner, Jakob: Die Zeit der grossen Neugierde. Über das «Neue» vor dem Ersten Weltkrieg (Gespräch mit Ruth Dreifuss). In: Steiner, Juri/Zweifel, Stefan (Hg.): Expedition ins Glück 1900–1914, Zürich 2014, 14–18.

Julia Thyroff, M. A., Wissenschaftliche Assistentin am Forschungs- und Studienzentrum für Pädagogik der Universität Basel und der Pädagogischen Hochschule FHNW. Thyroff, Julia/Gautschi, Peter: Studienreisen nach Yad Vashem als Teil der Lehrerausbildung. Ein Beitrag Pädagogischer Hochschulen zur Gestaltung von Erinnerungskulturen in der Schweiz. In: Gautschi, Peter/Sommer Häller, Barbara (Hg.): Der Beitrag von Schulen und Hochschulen zu Erinnerungskulturen. Schwalbach/Ts. 2014, 126–145.

Roman Wild, lic. phil., Wissenschaftlicher Assistent an der Forschungsstelle für Sozial- und Wirtschaftsgeschichte der Universität Zürich. Forschungsschwerpunkte sind die Wirtschaftsgeschichte als Kulturgeschichte, die Geschichte des Marktes sowie die Geschichte der schweizerischen Textilindustrie im 19. und 20. Jahrhundert. Wild, Roman: Volksschuhe und Volkstücher zu Volkspreisen: Zur Bewirtschaftung lederner und textiler Bedarfsartikel in der Schweiz im Ersten Weltkrieg. In: Schweizerische Zeitschrift für Geschichte, 63 (2013), 428–452; Wild, Roman: «Frau Mode ist launenhaft»: Überlegungen zum Niedergang der Basler Seidenbandindustrie in den 1920er-Jahren. In: Köhler, Ingo/Rossfeld, Roman (Hg.): Pleitiers und Bankrotteure: Geschichte des ökonomischen Scheiterns vom 18. bis 20. Jahrhundert. Frankfurt a. M. 2012, 287–316.

Heidi Witzig, Dr. phil., freischaffende Historikerin. Forschungen und Referate zu verschiedenen Themen der Geschlechter- und Alltagsgeschichte. Witzig, Heidi: Polenta und Paradeplatz. Regionales Alltagsleben auf dem Weg zur modernen Schweiz 1880–1914. Zweite Auflage. Zürich 2002; Joris, Elisabeth/Witzig, Heidi (Hg.): Frauengeschichte(n). Dokumente aus zwei Jahrhunderten zur Situation der Frauen in der Schweiz. 4. erw. Auflage. Zürich 2001.

Béatrice Ziegler, Prof. Dr. phil., Leiterin Zentrum Politische Bildung und Geschichtsdidaktik an der Pädagogischen Hochschule, Fachhochschule Nordwestschweiz, am Zentrum für Demokratie Aarau (ZDA). Forschungsfelder sind die Politische Bildung, Geschichtskultur und die Schweizer Geschichte des 20. Jahrhunderts. Aktuelle Publikation: Kuhn, Konrad J./Ziegler, Béatrice (Hg.): Der vergessene Krieg. Spuren und Traditionen zur Schweiz im Ersten Weltkrieg. Baden 2014.

Wir danken für die Unterstützung:

Lotteriefonds ZH
Swisslos BS
Pro Helvetia
Loterie Romande NE
Vontobel-Stiftung
Sophie und Karl Binding Stiftung
Ernst Göhner Stiftung
Lotteriefonds TG
Lotteriefonds SG
UBS Kulturstiftung
Schwyzer Stiftung
Fondation Sandoz
Stadt Zürich
Migros Kulturprozent
Mobiliar Jubiliäumsstiftung
Metrohm Stiftung

Dieses Buch ist nach den neuen Rechtschreibregeln verfasst. Quellenzitate werden jedoch in originaler Schreibweise wiedergegeben. Hinzufügungen sind in [eckigen Klammern] eingeschlossen, Auslassungen mit […] gekennzeichnet.

Lektorat: Urs Hofmann, Hier und Jetzt
Gestaltung und Satz: Christine Hirzel, Hier und Jetzt
Bildbearbeitung: Humm dtp, Matzingen

©2014 Hier und Jetzt, Verlag für Kultur
und Geschichte GmbH, Baden
www.hierundjetzt.ch
ISBN Druckausgabe 978-3-03919-325-7

Der Band erscheint als Begleitpublikation zur gleichnamigen Ausstellung «14/18: Die Schweiz und der Grosse Krieg».

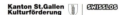